HISTOIRE D'ORAN

PAR

le Général L. DIDIER

PÉRIODE DE 1501 à 1550

*Ouvrage honoré des souscriptions
du Ministère de la Guerre, du Ministère de la Marine,
du Gouvernement Général de l'Algérie*

— 1927 —

IMPRIMERIE JEANNE D'ARC, 6, BOULEVARD MARCEAU
— ORAN —

HISTOIRE D'ORAN

PAR

le Général L. DIDIER

———▶•|◀———

PÉRIODE DE 1501 A 1550

———▶•|◀———

Ouvrage honoré des souscriptions
du Ministère de la Guerre, du Ministère de la Marine,
du Gouvernement Général de l'Algérie

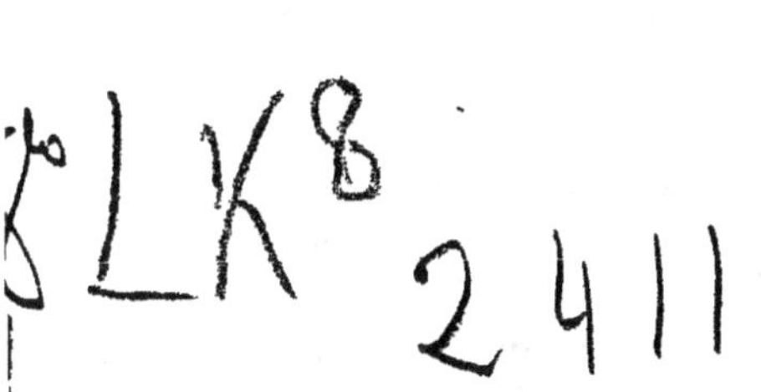

— **1927** —

IMPRIMERIE JEANNE D'ARC, 6, BOULEVARD MARCEAU

— ORAN —

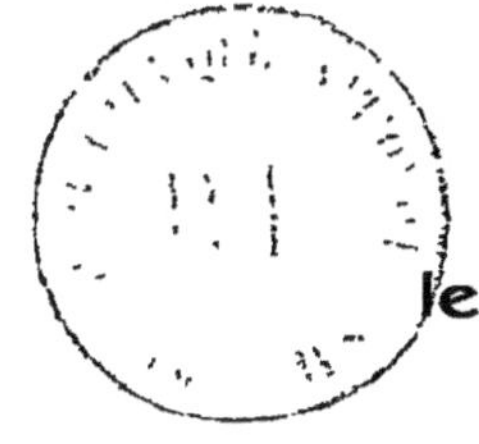

Oran, 5 Avril 1927.

Mon Cher Général,

Vous me demandez quelques lignes d'introduction pour votre bel ouvrage : je n'ai d'autres titres à cet honneur que votre amitié et l'attachement que je porte à cette belle ville dont vous avez entrepris d'éclairer les origines.

L'histoire d'Oran, telle que vous l'avez conçue et écrite, n'est pas une de ces œuvres purement littéraires où l'auteur, assez peu préoccupé des évènements et des forces concurrentes ou antagonistes qui les déterminèrent, cherche surtout à séduire le lecteur par un récit agréable. Qu'il soit nécessaire, pour y parvenir, de présenter en raccourci certaines périodes trop touffues, trop nourries de batailles, de traités, d'intrigues, de combinaisons politiques, d'entreprises simultanées ; qu'il faille, au contraire, développer des années indigentes sous des princes pacifiques ; que les documents manquent sur tel personnage moteur ou surabondent à propos d'inutiles comparses, il ne s'en embarrasse point. Elaguant ici, rajoutant là, imaginant des caractères, utilisant la chronologie comme un cadre élastique, il construit un roman semé de détails de mœurs plus ou moins exacts, d'anecdotes plus ou moins piquantes, et s'écrie : « Voilà mon tableau, n'est-il pas fidèle ? ».

Vous auriez pu, mon général, adopter cette méthode facile. Votre style précis, rapide, net, nourri de substance, vos phrases où ne traine aucun adjectif superflu, vous eussent permis même de donner l'illusion de la vérité. Mais vous avez du rôle de l'historien une trop haute idée pour rechercher de tels éléments de succès. Dans cette histoire d'Oran, où vous ne pouviez bénéficier que des travaux préparatoires d'un Fey, d'un Ruff, d'une Blum, d'un La Primaudaie, dont les archives morcelées n'ont été dépouillées qu'en partie, vous avez voulu accomplir une œuvre de construction aux bases solides et puissantes. Pas d'information que vous n'ayez soumise à un sévère contrôle, pas de document d'origine arabe ou espagnole que vous ne recoupiez et confrontiez. C'est M. le Consul d'Espagne Saura, qui vous aide à obtenir des précisions sur tel point demeuré obscur ; c'est la famille d'Alcaudète qui vous communique de merveilleuses reproductions de tableaux anciens ; c'est le Roi d'Espagne lui-même qui, par M. le Marquis de Torrès, vous accorde son appui et vous promet de tirer des trésors madrilènes et sévillans, les secrets qu'ils recèlent.

Pièces en mains, vous suivez sur le terrain même toutes les péripéties de la grande lutte du Croissant contre la Croix, et, grâce à votre science de tacticien, vous situez les ouvrages défensifs, vous déterminez le cheminement des attaques, vous rétablissez à travers les vantardises des uns ou les mensonges nécessaires des autres, la stricte vérité.

Faut-il dire qu'entre les Maures et leurs adversaires votre impartialité ne fait aucun choix ? Les uns et les autres en paraissent singulièrement grandis, car tous furent vaillants, et si les victoires ibériques n'eurent pas de lendemain, ne fut-ce pas déjà par suite d'une sorte d'erreurs politiques propres aux peuples latins et dont nous, Français ne fumes pas toujours exempts.

Vous avez cette admirable probité, lorsqu'un de vos prédécesseurs ne mérite point d'être repris et rectifié, de le citer in extenso, au lieu, par un savant démarquage d'incorporer sa substance à la vôtre. L'unité apparente de l'ouvrage y perd peut-être, mais quelle sécurité cette pratique ne donne-t-elle pas à ceux qui vous lisent !

Qu'ajouterai-je de plus ? Que nous attendons, avec impatience, la continuation de ce magnifique monument dont la première partie présente des proportions si puissantes et si harmonieuses.

Alf. CAZES.

GéNéRAL L. DIDIER

La Conquête Espagnole.

HISTOIRE D'ORAN

par le Général L. DIDIER (1)

De 1501 à 1550

1501, 1502 et 1503

Résumé des faits dans l'ordre chronologique

1501 (906 de l'Hégire). — D'après Fey, le Gouverneur d'Oran est toujours Guelmons ben Abd-el-Ouad.

Le traité de reddition de Grenade avait stipulé que les Musulmans pourraient pratiquer librement leur religion. Le cardinal Ximénès de Cisneros, devenu Premier Ministre des Rois catholiques, déchire le traité. Les Musulmans qui n'acceptent pas le baptême émigrent en Berbérie.

Les Portugais bombardent Mers-el-Kébir

1° Version : « Une flotte portugaise allant secourir les Vénitiens aux prises avec les Turcs, bombarde Mers-el-Kébir en passant. » (Garrot).

2° Version : « Le roi don Manuel de Portugal envoie une expédition (qui « échoue) châtier les Oranais qui voguant par la mer avec fustes et brigantins « armés, molestent grandement les étrangers. » (Primodan).

3° Version : « Mort du doge de Venise Augustin Barbarigo. Son succes-« seur demande un secours en vaisseaux contre les Turcs à son allié le roi « don Manuel de Portugal. Une forte escadre est envoyée sous le commande-« ment de don Juan de Menesez, comte de Taroca, avec ordre de s'emparer « en passant de Mers-el-Kébir, d'y détruire les pirates et d'y laisser une « garnison. »

« Début de juillet. Départ de l'expédition. »

« Arrivée en face de Mersa el Harchefa (plage des Andalouses ou plutôt des « Andalous, car c'est là que débarquèrent les premiers Maures chassés d'Es-« pagne) la flotte doit louvoyer pendant 3 jours à cause d'un vent contraire. « Les Arabes en profitent pour se rassembler. Les Portugais débarquent, « mais sont contraints de rejoindre précipitament leurs embarcations, en « laissant aux mains des Arabes, de nombreux prisionniers qui sont chargés « de chaînes et vendus à la criée sur la place publique d'Oran. » (Fey).

---

(1) Je serais reconnaissant à tous ceux qui relèveraient des erreurs ou des inexactitudes de vouloir bien me les signaler et à ceux qui connaîtraient des faits et des détails non donnés ci-après de me les indiquer, avec leurs dates, si possible.

Deux albums des cartes d'Oran, de 1732 à 1923, sont en vente, au prix de 20 frs. chacun, chez M. KOUKE, photographe, 16, Rue d'Arzew. Sur ces cartes, très nettes, on peut voir, à la loupe, tous les plus petits détails de mes cartes au 5.000ᵉ, réduites de 5 fois par la photographie (Général L. DIDIER).

1502 (907 de l'Hégire). — Il y a encore des Musulmans en Castille et Léon. Un édit ordonne que tous ceux non baptisés, âgés de moins de 14 ans, quitteront le pays dans les 2 mois. Emigration en Berbérie.

Juin. — Une embuscade espagnole enlève près d'Arzew une caravane allant de Mostaganem à Oran.

Septembre. — Des Majorquais, en route pour Cherchell, surprennent Dellys, l'incendient et emmènent 300 prisonniers.

Naissance à Kerzaz (Oued Saoura) de Ahmed ben Moussa el Hassani Moulaï Kerzaz, chérif descendant d'Edris. Devenu mokaddem des Chadelya ; il créa la *confrérie des Kerzazya ou Ahamedya*, dont la doctrine diffère peu de celle des Chadelya ; obéissance passive aux chefs de l'ordre, renoncement aux biens de ce monde, retraite, oraison continue, rejet de tout raisonnement comme conduisant à l'erreur. Le but principal des Kerzazya est de protéger les Ksouriens des oasis du Sahara contre les agressions des Nomades.

1504 (909-910 de l'Hégire)

Résumé des faits dans l'ordre chronologique
Ximénés (Sa pensée, son portrait).
Les renseignements du Venitien Vianelli.

1504

Résumé des faits dans l'ordre chronologique

Ximénès fait connaissance, à Médina, du marchand Vénitien Vianelli, de retour d'Afrique avec des pierreries qu'il vient offrir à la Reine Isabelle. A la suite des renseignements qu'il en reçoit (1), Ximénès se décide et décide la Reine à entreprendre la guerre contre les Mores d'Afrique. Le Chef de l'expédition sera le Comte de Teudilla (2) qui offre de « conquérir toute la portion du continent qui s'élève entre Mélilla et Alger avec 10.000 fantassins, 1.000 cavaliers et un subside de 40 millions de maravédis. »

12 Octobre. — Isabelle fait son testament qui se termine ainsi :

« Je prie la princesse ma fille et le prince mon mari que, comme princes catholiques, ils aient le plus grand souci des choses qui touchent à Dieu et à la Sainte Foi ; qu'il s'occupent sans relâche de la conquête d'Afrique et de combattre pour la religion contre les infidèles. ».

26 Novembre. — « Après 29 ans d'un règne glorieux, et à l'âge de 53 ans,

---

(1) Vianelli avait ses entrées chez Ximénès qui le recevait avec une familiarité à laquelle on était peu habitué dans son entourage.

(2) Nommé Gouverneur de Grenade par Isabelle, ce Comte avait d'après Mme Nelly Blum, « sauvé Ximénès, lorsque celui-ci avait soulevé dans Grenade une révolte qui risquait de compromettre à la fois cette précieuse conquête et tout son crédit auprès d'Isabelle ».

Isabelle meurt à Médina-del-Campo, loin de ce Ximénès qu'elle avait fait Archevêque de Tolède et qui ne put retenir ses larmes en apprenant la perte
que l'Espagne venait de faire. » (Blum).

Après avoir songé à debarquer à Hone puis avoir recueilli les renseignements du Garde du Corps Martin de Robles, envoyé par le Roi
Ferdinand, à Delhys, sous le prétexte d'achat de chevaux, Ximénès
accepte l'idée de Vianelli (prise de Mers-el-Kébir d'abord et d'Oran
ensuite).

Ximénès

SA PENSÉE, SON PORTRAIT

Pour moi, Ximénès a voulu conquérir l'Afrique du Nord afin
d'augmenter la puissance et la richesse du Catholicisme et de l'Espagne.

La prise de Mers-el-Kébir et celle d'Oran n'ont été que le début du
passage de cette *idée directrice* à l'action.

Dans un livre intéressant, paru à Oran (1) en 1898, « La Croisade de
Ximénès en Afrique », Mme Nelly Blum, Professeur d'Histoire au
Collège d'Oran, donne de Ximénès le portrait suivant, en 1492 :

« De taille haute, d'une démarche ferme et décidée, le visage anguleux et
régulier qu'animent des yeux enfoncés mais vifs et mobiles au regard aigu et
perçant, tout respire en lui le calme, l'autorité et l'énergie. Le front sans
aucune ride est ample sous la couronne de cheveux taillée selon la règle des
Franciscains. Sur la face oblongue et maigre se détache un nez aquilin aux
narines dilatées ; la lèvre supérieure relevée laisse apercevoir, au milieu de
dents bien jointes, des canines proéminentes ; le menton droit, l'oreille petite,
le sourcil fortement arqué, les joues maigres et les pommettes saillantes,
achèvent de donner à ce visage ascétique un air singulier de force, de foi
agissante et de fermeté inébranlable. »

D'après Gomez, lorsque, en 1545, « on rouvrit le caveau funéraire
pour cause de réparations, on vit que le crâne de Ximénès ne portait
la trace d'aucune suture ; il était d'une seule pièce. » (! ?)

Mme Nelly Blum situe en 1492 l'épisode caractéristique ci-après de la
pensée de Ximénès et de son caractère :

Alors Père Provincial des Franciscains, Ximénès, après une journée de
quête, regardait, avec le Frère François Ruiz, qui l'accompagnait « les premiers promontoires de la terre d'Afrique, du haut des derniers contreforts de
la Sierra Bernieja, dans la campagne de Gibraltar. D'une voix forte et virile
qui donne à sa parole brève et précise une sombre énergie, il rappelle la
gloire de Saint-François, apôtre de l'Egypte et il s'anime à conter comment,
depuis longtemps déjà, il désire se rendre, à l'exemple du Fondateur de leur
ordre, sur cette terre d'Afrique, pour annoncer le Christ aux Infidèles qui
sont venus le braver jusqu'en Espagne ». Il décide de partir sans retard.
Mais des Religieux du voisinage, qui l'ont reconnu, « lui apprennent qu'une

---

(1) Imprimerie Typographique et Lithographique Fouque.

Sainte femme vit près de la, dans la solitude et la prière, qu'elle a des vertus prophétiques et qu'il doit la consulter ». Ximénès consulte la *Béale*. Celle-ci cherche à le détourner de son projet : « Il doit se réserver pour mener à bien des entreprises considérables et où il aurait, pour le service de Dieu et du Royaume, à soutenir des luttes aussi dangeureuses et aussi importantes que s'il se rendait au milieu de peuples barbares et puniques. » (1) Renonçant à l'exécution immédiate de son projet, Ximénès repart à la Cour, rejoindre la Reine Isabelle dont il était le Confesseur. Avec une patience et une ténacité extraordinaires il va préparer l'exécution de son *idée directrice* pour plus tard.

J'estime, comme De Mas-Latrie (2) que « les plans conçus par Ximénès dépassèrent l'élan et les désirs réels de son pays. »

Voici ce qu'écrit Mme Nelly Blum :

« L'expédition de 1505 ouvre, dans l'histoire de l'Espagne, une ère nouvelle. Il s'agit de fonder une *politique Coloniale Africaine*. Ximénès ne vise pas la conquête d'Oran comme un but : c'est le moyen de marcher, par un port d'accès facile, à la conquête de toute l'Afrique ; il le répète sans cesse dans ses lettres et dans ses discours. Il entend réserver les fonctions à ceux-là seuls qui viendront s'établir dans le pays : quelques mois après la prise de Mers-el-Kébir, quelques marchands Espagnols sont installés, et, 3 jours après la conquête d'Oran, il écrit pour qu'on y envoie des Espagnols. Il demande que les ordres militaires s'y installent et qu'on commence la Colonisation méthodique de la contrée...

« Surexcité par la prise encore récente de Constantinople, témoin des luttes terribles au milieu desquelles se constituait l'unité de son Pays, partisan, propagateur ardent et chef de l'Inquisition qu'il voulait étendre au delà de l'Espagne, Ximénès croyait fermement à la *conversion possible des Mores*. Moine jusqu'au fond de l'âme, dans un pays où l'idée nationale et l'idée religieuse se confondaient encore, il considérait comme l'accomplissement d'un glorieux devoir la guerre sainte contre les ennemis de sa foi »...

« Enfin, il était nécessaire de poursuivre jusque sur leurs propres rivages ces Mores qui ne cessaient d'inquiéter et de ravager les côtes de l'Andalousie. Entre Espagnols et Mores, la guerre navale était perpétuelle : des 2 côtés, on se livrait, avec un égal acharnement à la course et à la traite. La conquête de Grenade n'assurait pas la *sécurité du Détroit de Gibraltar*, de Hone (3) et d'Oran partaient sans cesse de hardis forbans dont les pirateries devenaient plus que jamais redoutables. En effet, au moment de la découverte de l'Amérique, le mouvement naval entre l'Océan et la Méditerranée devenait particulièrement actif ; si le Détroit n'était pas sûr, l'Espagne perdait la plupart des avantages qu'elle voulait tirer de son nouvel empire. Gênes et Venise se disputaient jusqu'alors le commerce de toute l'Afrique septentrionale. On pouvait tenter de leur enlever ce marché au moment même où la puissance de la République Vénitienne était cruellement atteinte par les découvertes de Vasco de Gama *Faire de la Méditerranée, de Tunis au Cap Falcon, un lac*

---

(1) Gomez.
(2) « Traités de paix et de Commerce.
(3) Honein, Unain ou One. « *Cette ville fut entièrement détruite en 1553 par ordre de Charles Quint.* Elle servait de port à Tlemcen et était située entre l'embouchure de la Tafna et la ville moderne de Nemours. » (Blum).

Espagnol ; se réserver dans cette partie de l'Afrique la protection spéciale des Chrétiens en détruisant les principaux foyers de la piraterie, délivrer dès maintenant les captifs, dont l'imagination populaire augmentait aisément le nombre, n'était-ce pas servir en même temps l'Espagne et l'Humanité ! »

Jusqu'à l'expédition de Ximénès les rapports entre Chrétiens et Musulmans dans l'Afrique du Nord étaient empreints d'un large esprit de tolérance religieuse de la part des seconds, sauf à l'égard des Espagnols.

Comme le fait remarquer, avec raison, Mme Nelly Blum :

« L'Expulsion des Mores d'Espagne et l'Expédition de Ximénès ont pour conséquence immédiate l'assassinat des marchands Européens à Oran d'abord et à Tlemcen ensuite... L'établissement de droits prohibitifs à Oran y détruit tout commerce. En même temps, les agissements de Ximénès, qui se hâte d'implanter l'Inquisition à Oran, prouvent aux Musulmans qu'on veut avant tout les convertir et créent, entre Arabes et Européens, la haine fanatique soulevée en Espagne entre Chrétiens et Mores. »

Je partage la manière de voir de Mme Nelly Blum.

Mais ce n'est pas celle de M. Jean Cazenave (1). Pour lui l'idée serait « des Rois Catholiques » eux-mêmes. Je ferai seulement remarquer que Ximénès était le Confesseur et le Directeur de conscience d'Isabelle.

Voici ce que dit Monsieur Cazenave :

« Dès qu'ils eurent terminé la conquête du Royaume de Grenade, les rois Catholiques songèrent à poursuivre les Maures sur la terre algérienne et marocaine d'où, jadis étaient venus les envahisseurs ; ils rêvaient d'établir un empire Africain sur des contrées peu connues encore ; mais, au moment d'agir, les prétentions du roi de France, Charles VIII, détournèrent leur attention et leurs armées vers l'Italie. Ce n'était, à leur avis, que partie remise. Isabelle la Catholique mourait sur ces entrefaites, non sans avoir consigné dans son testament son désir et ses volontés pour la continuation de la guerre contre les Maures ; elle suppliait ses successeurs immédiats de ne point abandonner les projets qu'elle n'avait pu réaliser elle-même : « Il ne faut, prescrivait-elle, ni interrompre la conquête de l'Afrique, ni cesser de combattre pour la foi contre les Infidèles. »

« Telles étaient aussi les intentions de Ferdinand : il désirait ardemment étendre sa domination sur les territoires algériens, depuis la frontière marocaines jusqu'aux confins de la Tunisie Le plan élaboré par lui prévoyait la conquête et l'occupation des points importants du littoral méditerranéen : on en chasserait les Maures et on les peuplerait de Chrétiens. Oran, Bougie, Tripoli, recevraient une importante garnison, qui pourrait tenir en respect les tribus berbères (2) de l'intérieur ; les chefs des divers peuples musulmans se verraient bientôt dans l'obligation de se soumettre, de payer tribut et d'accepter le protectorat espagnol. »

« Les Portugais avaient devancé les Castillans en Afrique et Rome reconnaissait le Maroc comme « Conquête du Portugal ». Les Rois Catholiques

---

(1) dans son opuscule : « Pierre Navarro, conquérant de Velez, Oran, Bougie, Tripoli. »

(2) et arabes, au moins pour Oran.

revendiquèrent alors le droit d'occuper aussi une partie du Maghreb central (ou Royaume de Tlemcen). Le règlement de cette contestation fut soumis aux plénipotentiaires des 2 Couronnes réunis à Tordesillas (Juin 1494) Un traité fut signé, qui abandonnait à l'Espagne tout le territoire africain situé à l'Est de la Moulouya. Et le Pape Alexandre VI consacrait cet arrangement par une première bulle du 12 novembre 1494, qui invitait tous les fidèles à assister de leurs personnes et de leurs biens les souverains espagnols, et par une seconde du 13 février 1495, qui conférait à Ferdinand et à Isabelle l'investiture des royaumes et seigneuries à conquérir en Afrique. »

« Le 17 septembre 1497, le duc de Medina-Sidonia, avec une flotte destinée à l'Amérique, s'emparait de Melilla presque sans coup férir. »

Renseignements donnés à Ximénès par Vianelli

D'après Mme Nelly Blum.

« Imaginez-vous, disait Vianelli, au milieu de cette côte rocheuse où l'on ne peut aborder sans péril, une baie superbe où toute une flotte d'invasion serait à l'abri ; (1) j'en ai fait moi-même l'expérience ; je ne pense pas que, en tout le monde, il y en ait une autre si belle, si grande et si sûre ; quelques que soient la force et l'importance des vents, une flotte immense peut s'y abriter en toute sécurité ; mes compatriotes y retirent leurs galères, et, chaque fois que survenait la tempête, je ne manquais pas d'y chercher un refuge. J'ai l'habitude d'y attendre le temps calme, qui me permet de tranporter à Oran mes marchandises sur des barques. (2) A peine êtes-vous en vue de la rade que vous apercevez, comme un vaste écran de montagnes bleuâtres et boisées, qui protègent la région contre les vents brûlants du sud, et sont dominées à l'Est par le Murdjado dont les fauves mamelons s'étagent du sommet jusqu'à la mer pour former un cap d'aspect rectangulaire et tombant à pic dans la rade qu'il ferme, comme une citadelle plantée par la nature pour défendre l'approche de ce port magnifique. A l'Ouest et sur un second éperon, les Mores ont construit un boulevard autour duquel se sont groupées quelques maisons de pêcheurs. Et, tout en parlant, l'habile Vénitien qui, avant de lancer son affaire Africaine, s'était muni d'un dossier complet, mettait sous les yeux de Ximénès des cartes en relief (3) où celui-ci pouvait suivre le récit de son interlocuteur Il y avait fait représenter la ville proche du grand port, les collines, les monticules, les vallées intérieures, les routes et même les phares. (4) »

« Il montre du doigt la citadelle et la décrit avec sa faconde méridionale. Elle est composée de 2 ouvrages à cornes, dont les branches, qui correspondent à la mer, sont défendues par 2 petits flancs de chaque côté, et l'ensemble forme à peu près un quadrilatère. La porte principale avec les ponts-levis s'ouvre dans le cavalier de droite (3). Une artillerie importante défend le port qu'occupe une garnison de quelques centaines de Mores qui peuvent soutenir un siège, car, dans l'intérieur de la citadelle se trouvent des magasins et même 9 citernes, dont 3 en excellent état (3) ».

---

(1) Mers-el-Kébir.
(2) « Léon l'Africain »
(3) ! ?
(4) Gomez.

« Mais ce boulevard est construit à la mode africaine, c'est-à-dire en pisé, et les défenseurs de la batterie ne sont guère à même de manier l'artillerie qu'on s'est procurée à prix d'argent, mais qu'on ne sait pas utiliser, car les marchands qui fournissent les Mores ne tiennent pas cet article-là ». .

« D'ailleurs le débarquement peut se faire sur la place des Andalouses... »

« Et Vianelli insistait sur la prise de Mers-El-Kébir, parce qu'elle est la Clef d'Oran qui est inabordable par mer ». Au pied du quartier de Canastel, il y a une petite station semée d'écueils et intenable par les mauvais temps ; il en avait lui-même fait l'expérience en y abordant en barque. Il faut donc arriver en Afrique par mer à Mers-el-Kébir et gagner Oran par terre, entreprise difficile sans doute, mais qui ne dépassait pas les ressources ni le courage de l'Archevêque de Tolède. Et comme il serait récompensé de ses peines ! Représentez-vous, disait-il, une ville 20 fois plus grande que Tolède (1) dont les environs égalent en fertilité l'Andalousie (Bétique), à laquelle elle est supérieure par son climat salubre et tempéré (2). Aussi est-elle fréquentée par toute l'Europe (1) ; elle compte plus de 6.000 maisons (1) et une vingtaine de mille habitants (1) qui possèdent des trésors immenses ; autour de ses murs s'étendent des jardins magnifiques, où les fruits et les fleurs croissent à l'envi ; nul rêve ne peut donner l'idée de cette reine de la Maurétanie ».

« De plus, vous savez que cette superbe cité renferme les pirates les plus audacieux et qu'enfin elle détient dans d'horribles prisons les Chrétiens qui ont eu le malheur de tomber entre les mains des corsaires. Les plaintes de ces malheureux arrivent aux oreilles de quiconque traverse la ville ; n'est-il pas honteux de voir les ennemis de notre sainte foi catholique tenir une ville, le point extrême où aboutissent toutes les routes qui conduisent dans le royaume de Tlemcen ? et ce royaume n'est-il pas un danger perpétuel pour la Chrétienté ! »

1505 (910-911 de l'Hégire)

RÉSUMÉ DES FAITS DANS L'ORDRE CHRONOLOGIQUE.

L'OCCUPATION DE MERS-EL-KÉBIR (Renseignements d'anciens auteurs — Détails).

RODRIGO DIAZ GOUVERNEUR INTÉRIMAIRE.

ORAN EN 1505.

1505

A) Résumé des faits dans l'ordre chronologique

Ximénès présente au Roi Ferdinand un plan de conquête comprenant l'occupation successive de Mers-el-Kébir, d'Oran, de Bougie et de Tripoli, en lui demandant une réponse rapide.

Des corsaires d'Oran, (avec 12 brigantins ou frégates construits par leurs esclaves Portugais et pilotés par des Maures tagarins réfugiés

---

(1) I P
(2) Gomez.

d'Espagne), vont dévaster, la nuit, les faubourgs d'Elche et d'Alicante et ramènent de nombreux captifs.

Ferdinand objecte à Ximénès : l'appauvrissement de l'Espagne, le peu de générosité des Cortès, la ruine de l'agriculture et de l'industrie par l'expulsion des Maures et des Juifs, la dépense dans les conquêtes Italiennes de l'or arrivé d'Amérique.

Six bâtiments des Corsaires d'Oran, incendient, dans le port de Malaga, les navires de Commerce qui y sont (Espagnols, Flamands, Anglais et Allemands).

Cette insulte donne à réfléchir à Ferdinand d'autant plus que les progrès des Portugais au Maroc l'inquiètent.

Revenant à la charge, Ximénès déclare à Ferdinand que cette audace croissante des Corsaires d'Oran, la présence de Vianelli (guide et pilote d'un prix inestimable) et enfin l'ardeur de la jeune noblesse (ardeur qu'il ne faut pas laisser refroidir) commandent d'agir au plus vite. Il propose au Roi de lui « prêter la somme nécessaire à l'entretien pendant 2 mois d'une Armée suffisante pour enlever Mers-el-Kébir aux Maures et, en même temps, éloigner des rivages Espagnols les ennemis de la sainte foi catholique » (1).

Sa proposition étant acceptée, Ximénès avance 11 millions de maravédis (monnaie de Castille).

Pour former le Corps expéditionnaire Ferdinand porte surtout son choix sur les vainqueurs de Grenade, « habitués à combattre les Maures ».

Composition du Corps Expéditionnaire

Etat-Major :

Commandant en Chef : Capitaine Général Diégo de Cordoue, (2) Chef des anciens pages, (3) seigneur des villes de Lucena, Chillon et Espejo (4) ;

Commandant de la Flotte : Raymond Cardona ;

Commandant de l'Artillerie : Diego de Vera ;

       ?   Pierre Lopez Horosco, surnommé Zayala ;

       ?   Lopez Sanchez de Valenzuela, Commandeur de l'Ordre de Saint-Jacques (5) ;

---

(1) Gomez.

(2) Certains historiens l'appellent Don Diégo Hernandez de Cordova, d'autres Don Fernand de Cordoue ou Don Diégo de Cordoue.

(3) Alcade de los donceles

(4) Les faits suivants l'avaient rendu célèbre : « Il avait marché sur la ville de Lucena pour la reprendre aux Infidèles et avait fait prisonnier dans une sortie le petit roi (chiquito) more, avec une partie de la noblesse de Grenade ; exploit qui lui avait valu l'autorisation de faire représenter sur l'écu de ses armes un roi prisonnier » (Nelly Blum).

(5) « Le premier des 9 chevaliers de l'expédition à débarquer sur le rivage ». (Gonzalo de Ayora).

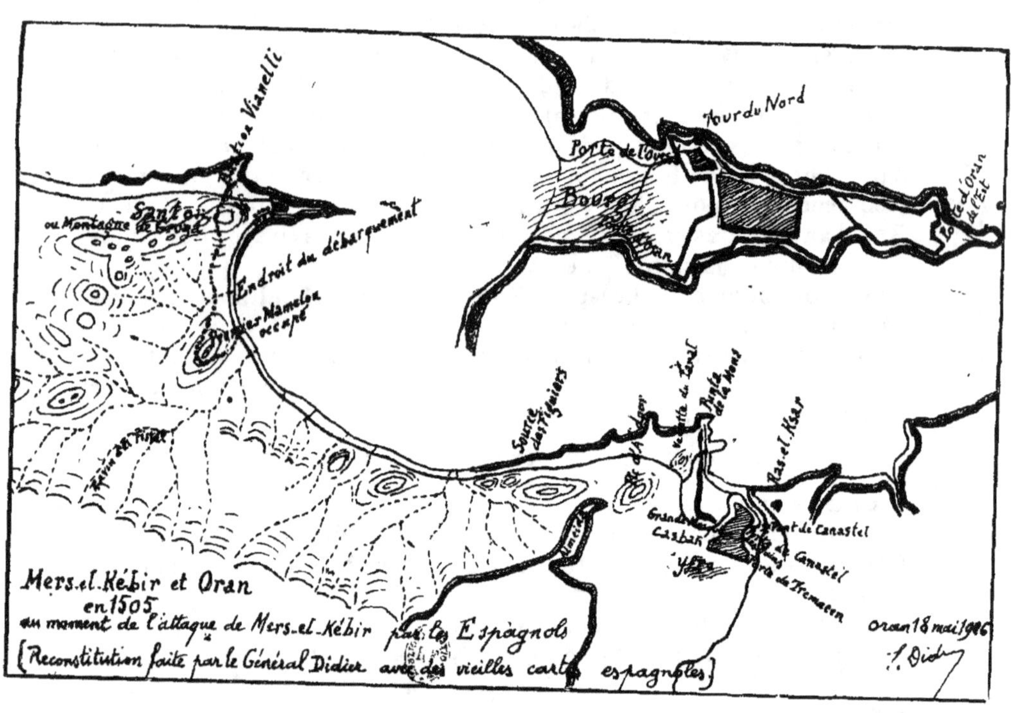

Mers-el-Kébir et Oran
en 1505
au moment de l'attaque de Mers-el-Kébir par les Espagnols
[Reconstitution faite par le Général Didier avec des vieilles cartes espagnoles]

Oran 18 mai 1906
J. Didier

     ?   Ruy Diaz de Céron ;
     ?   Juan de Ayora, et son frère Gonzalo
de Ayora (1) ;

Pilote de la Flotte : Vianelli ;

Mestre de Camp : Contrôleur Pedro de Madrid (2).

Flotte. — 134 Navires (3) se décomposant ainsi :

2 Navires de 300 tonneaux, le **Sercano** et le **Flores de Marquina**, ouvrant la marche et blindés avec des sacs remplis de laine et d'herbes marines. Portant l'Artillerie (fauconneaux, ribaudequins, lombardes) ils doivent « occuper l'ennemi pendant le débarquement » ; 10 bâtiments frétés ; 12 naos ; 57 caravelles ; 6 galères ; 37 galiotes en bois léger et en forme de troncs (fustes), montées par 1595 hommes d'équipage ; 6 embarcations montées par 31 manœuvres ; 4 chalands.

Corps de débarquement. — 10.490 Hommes avec les Marins, mais non compris des Galériens et 200 Aventuriers.

Dans le corps de débarquement proprement dit on trouvait :

1.069 Ecuyers, Hommes d'Armes et Ginetes (4) ; 4.440 Fantassins ; 130 ouvriers d'art ; 311 Pionniers ; 200 Armuriers ; 30 Alcades, Alguazils, Chirurgiens et Apothicaires.

Préparation. — Diégo de Cordoue choisit les Fantassins et les Cavaliers surtout parmi ses Vassaux, ses alliés et ses amis de Cordoue et des environs.

La concentration se fait à Malaga où sont armés les navires. Un Plan détaillé de débarquement est établi et notifié à tous. Puis, l'embarquement terminé, le Corps Expéditionnaire va faire escale à *Carthagène* « pour y prendre des pilotes et des matelots connaissant la navigation des côtes de Barbarie ».

Samedi 31 Août. — Au moment où l'on va mettre à la voile le vent tourne. Il faut attendre.

Mardi 3 Septembre. — *L'Armada* peut sortir du port de Carthagène, sauf quelques bâtiments qui sont forcés d'y rester jusqu'au lendemain. Mais, ne pouvant affronter encore la pleine mer, elle suit la côte.

Nuit du Jeudi au Vendredi. — Arrivée à Alméria « en vue des rochers voisins du port ».

Vendredi 6 Septembre. — Le vent d'Est se lève. L'Armada fait de l'eau à la Tour de l'Elpech en attendant un temps favorable. Mais le vent devient violent et dangereux. Il faut entrer dans le Port d'Alméria.

---

(1) « Historiographe royal, Capitaine des hallebardiers du Roi, qui s'était déjà distingué en 1503 au siège de Salsas » (Nelly Blum).

(2) Excellent comptable, Officier aussi sûr que capable qui devait rendre de très utiles services et dont le Rapport sur l'expédition constitue un document historique du plus grand prix (Nelly Blum).

(3) Certains auteurs donnent, en plus, 6 frégates.

(4) « Cavaliers armés de dard à la mode des Génois et montés sur des chevaux d'Espagne appelés « Ginetes ». (Nelly Blum).

Samedi 7 Septembre. — Ralliement de la flotte dans le Port d'Alméria.

Nuit du 9 au 10. — A minuit, l'Armada sort de ce Port.

Mercredi 11 Septembre. — Deux heures avant le jour, les navires les plus rapides arrivent devant le Cap Falcon et mouillent devant la plage actuelle de Trouville en attendant le reste de l'Armada.

2 Heures après le lever du soleil, arrivée des derniers bâtiments.

Bombardement du Fort de Mers-el-Kébir et débarquement, de vive force, sur la plage actuelle de St.-André.

Occupation du San on à la tombée de la nuit.

Pertes : Espagnols : 12 tués et une centaine de blessés ; Maures : 22 tués et une centaine de blesses.

Jeudi 12 Septembre. — Contre-attaque des Maures sur le Santon. Elle est difficilement repoussée.

Pertes : Espagnols : 2 tués et 26 blessés ; Maures 33 tués et 80 blessés.

Diégo de Véra commence à débarquer l'Artillerie. Pendant la nuit il ouvre le bombardement sur la forteresse.

Vendredi 13 Septembre — Nouvelle attaque infructueuse des Maures.

Plusieurs brèches sont ouvertes par les Espagnols dans la forteresse où le Gouverneur Maure (Caïd) est tué.

Nuit du 13 au 14. — Capitulation de la forteresse.

Samedi 14 Septembre — La garnison et la population Maures, évacuent Mers-el-Kébir — Massacre des Juifs et des marchands Chrétiens à Oran.

Dimanche 15 Septembre — Entrée solennelle de Diégo de Cordoue dans Mers-el-Kébir à 10 heures. *Vers midi — A la Source des Figuiers* (1) où Pédro Lopez fait le ravitaillement en eau, 10 Espagnols tombent sous les coups de Maures embusqués. Le courage et le sang froid de Pedro Lopez permettent d' « éviter des pertes beaucoup plus sensibles » (2).

16 Septembre — Diego de Cordoue fait prendre l'eau du côté du Cap Falcon — Les Maures inquiètent encore le ravitaillement (3).

17 Septenbre — Combat malheureux pour les Espagnols qui perdent 15 morts et 80 blessés pendant leur ravitaillement en eau (4).

24 Septembre — Départ, pour Malaga, de Raymond Cardona avec toute l'Armada, Diego de Vera, Gonzalo de Ayora, (5), Vianelli ; (6) Vargas et Giron de Rebolledo.

---

(1) Source près des « Bains de la Reine » actuels.

(2) I ?

(3) Transporté par mer à pied d'œuvre.

(4) A la source actuelle d'Aïn-el-Turk, je crois.

(5) Qui allait « faire son Rapport au Roi ».

(6) Envoyé par Diégo de Cordoue à Oran pour « traiter de la paix avec les Maures « et qui » en avait profité, aidé par Alonzo de Rebolledo, pour y nouer des intrigues secrètes dont il avait à rendre compte au Cardinal ». (Nelly Blum) Poussant l'audace jusqu'à pénétrer dans la ville même, il y avait constaté que « la plupart des riches Oranais s'étaient enfuis avec leurs biens et leur famille à Tlemcen ».

Pierre Lopez Horosco apportait à Ximénès, qui en fit don à son Université d'Alcala, « un bâton d'ébène, orné de brillants, porté par les prêtres Mores ». (1)

27 Septembre — La nouvelle de la prise de Mers-el-Kébir arrive à la Cour — Explosion d'enthousiasme dans toute l'Espagne — Ximénès ne dissimule pas sa joie et Ferdinand lui-même prenant part à l'allégresse générale « ordonne 8 jours d'actions de grâce dans toute l'Espagne pour remercier Dieu de la prise, par les Espagnols, de ce port africain, prise qui n'assurait pas seulement la sécurité du littoral Espagnol mais ouvrait encore à l'Espagne un large accès à l'occupation de toute la côte africaine » (Gomez).

Diego de Cordoue répare, met en état de défense et arme la forteresse ; il améliore le port. Mais les difficultés d'alimentation en vivres et même en eau amènent, peu à peu, la réduction des effectifs qui rentrent en Espagne. Il ne reste bientôt plus à Diégo de Cordoue que 2 vaisseaux et quelques centaines d'hommes.

Il demande des renforts, de l'argent, des vivres.

Le Roi Ferdinand, toujours gêné par le manque d'argent, fixe *l'effectif de la garnison de Mers-el-Kébir à 500 hommes.*

La conquête avait coûté 3.000 écus d'or ; l'entretien annuel de la petite garnison va coûter autant (2).

Début de Novembre. — Arrivée à Mers-el-Kébir de 400 fantassins et de 100 cavaliers légers. Cette petite troupe venue relever (3) la garnison, est sous le commandement de *Rodrigo Diaz Alvaro de Roxas*, nommé Gouverneur intérimaire pendant l'absence de Diego de Cordoue mandé par le Roi.

Diégo de Cordoue part pour l'Espagne. Le Roi le félicite (4), mais ne le suit pas dans son idée de s'emparer d'Oran le plus rapidement possible, pour se donner de l'air et la possibilité de tirer du pays une partie au moins des ressources nécessaires à l'entretien des troupes.

B) Renseignements d'anciens auteurs

Dans un Mémoire officiel Espagnol du 31 Décembre 1772, (Mémoire que je donnerai in extenso en faisant l'Histoire de 1772) on lit :

« Le Port de Mers-el-Kébir servait autrefois d'abri à des nuées de Corsaires qui infestaient continuellement les côtes d'Espagne.

« Ferdinand V, avec son zèle catholique et malgré les troubles du Royaume, résolut de faire la conquête de ce Port pour remédier à cet état de choses, en 1505.

« Cette prise fut glorieusement accompli par Don Diego Fernandez de Cordova, Alcade de Los Donzeles, qui, depuis, devint Marquis de Comarès. Il

---

(1) ! `

(2) « 3.000 ducats de novembre 1505 à mai 1506 » (Nelly Blum).

(3) certains historiens disent « renforcer ».

(4) d'après Mme Nelly Blum il ne l'aurait fait Marquis de Comarès qu'après sa campagne de Navarre, en 1512.

leva une armée de 6 galères et un grand nombre de caravelles et autres bâtiments sur lesquels il embarqua 5 000 hommes. ».

En 1840 le capitaine d'Artillerie Walsin-Esterhazy écrivait :

« Pour mettre un terme aux brigandages des habitants d'Oran, Don Diego de Cordoue vint, 5 ans après la défaite des Portugais, attaquer Mers-el-Kébir. Le Roi Ferdinand d'Aragon lui confia des forces considérables pour conduire cette opération. La flotte était sous les ordres de Raymond de Cardonne et portait 5.000 hommes de débarquement. Sortie du port de Malaga, elle vint mouiller, après une heureuse traversée (1) dans le Golfe d'Oran, à l'Ouest de Mers-el-Kébir. Le débarquement eut lieu, sans obstacle, sur la belle plage de sable qui s'étend depuis le cap Falcon jusqu'auprès du Fort et que les Arabes appellent *Mersa-el-Archefa* (2).

Après une défense vigoureuse, les Arabes cédèrent aux progrès d'un siège régulier et se retirèrent à Oran (1).

Dans un mémoire de 1853, existant dans les archives du Génie d'Oran, Mémoire dont s'est probablement inspiré Fey ou qui a été inspiré par Fey, on trouve ce qui suit :

« La vigueur apportée à l'exécution des décrets d'expulsion des Maures, de 1499 et 1500, décrets qui, à cette époque même, ont été l'objet de vives critiques et regardés comme une faute grave, devait faire penser que l'Espagne, une fois entrée dans cette voie d'hostilité violente à l'égard des Mahométans, ne s'arrêterait pas à les refouler chez eux, mais que bientôt elle irait les y attaquer. L'opinion publique était très prononcée pour une descente armée en Afrique. Ferdinand le Catholique qui tenait alors les rênes de l'Etat, pénétré de l'esprit du temps, était très désireux de poursuivre les succès des Chrétiens contre les Infidèles ; il y avait aussi pour lui nécessité de réprimer la piraterie qui était devenue intolérable, depuis que les Maures expulsés lui avaient donné une nouvelle activité. Mais les longues guerres dont le pays venait seulement de sortir avaient épuisé le trésor ; le manque d'argent mettait Ferdinand dans l'impossibilité de fournir à la dépense d'une expédition lointaine ; il est donc probable que l'invasion du Moghreb eût été remise à un temps plus éloigné sans Ximénès et le parti prêtre ».

« Si l'Etat était pauvre, les établissements religieux étaient riches, et le

---

(1) ! ?

(2) plage actuelle d'Aïn-el-Turk et de Trouville. Mais l'investissement et le bombardement de Mers-el-Kébir ne sont quand même pas plus explicables, pour moi, qu'avec le débarquement aux Andalouses (! ?) (d'après Fey). Les canons de siège n'ont pas pû être débarqués ailleurs qu'à pied d'œuvre, c'est-à dire sur la plage actuelle de Saint-André.

Il a donc fallu que l'Infanterie tienne d'abord et couvre bien cette plage.

Or le débarquement de cette Infanterie a eu lieu le 11 au matin et dans la nuit du 12 au 13 le bombardement a commencé par les pièces de siège *débarquées*, à partir du 12 au matin.

Il est impossible, avec la résistance rencontrée au débarquement par les Espagnols, que le débarquement de l'Infanterie ait eu lieu ailleurs qu'à Saint-André. Cette Infanterie n'aurait pas pû en 2! heures débarquer de force aux Andalouses ou à Aïn-el-Turk, arriver devant Mers-el-Kébir, s'emparer du Santon et protéger le débarquement de l'Artillerie de siège en allant couvrir ce débarquement du côté d'Oran, côté dangereux. Tout çà est, au contraire, possible avec le débarquement à Saint-André et avec un mouvement *en éventail* aussitôt après.

Cardinal Ximénès, qui avait été le promoteur des mesures sévères prises à l'égard des Maures, disposait de sommes considérables qu'il avait obtenues par la bonne gestion de son Archevêché de Tolède. Ne voulant pas laisser refroidir le zèle des fidèles, il offrit à Ferdinand de solder l'expédition à condition que les frais lui seraient remboursés par l'Etat lorsque la situation du Trésor le permettrait. A partir de ce moment, l'illustre Prélat devint le directeur des entreprises, qui, pendant sa vie, furent tentées sur l'Afrique et il y déploya une énergie et une entente qui lui firent le plus grand honneur et qui l'ont mis, dans l'Histoire, à la hauteur des Hommes d'Etat les plus renommés.

« La difficulté d'argent levée, il restait celle du choix du point de débarquement sur un littoral qui était presque complètement inconnu des Espagnols. Les Aragonais, comme nous l'avons dit, avaient eu, anciennement, avec l'Afrique, quelques relations de commerce, mais la piraterie les avait presque entièrement interrompues depuis près d'un demi-siècle ; de sorte que, sans les conseils d'un négociant Vénitien, du nom de Jérôme Vianelli, qui était alors en Espagne et qui connaissait le Mogreb, avec lequel ses compatriotes continuaient toujours à avoir des relations suivies, on eût débarqué à Hone, entre la Tafna et Nemours, au lieu de se porter sur Mers-el-Kébir, qui était, réellement le point important du littoral Africain.

« Les Portugais avaient, à la même époque, des renseignements plus précis sur cette position maritime. Don Manuel de Portugal avait donné l'ordre aux Généraux qui conduisaient sa flotte au secours des Vénétiens, en 1501, de s'emparer de Mers-el-Kébir en passant et d'y jeter garnison. Malheureusement, le mauvais temps ne leur permit pas de débarquer de suite ; ils ne purent le faire qu'au bout de 3 jours (1). Pendant ce temps les Maures et les Arabes, que leur présence avait attirés en grand nombre sur le rivage, eurent le temps de faire des préparatifs de défense et comme ils avaient aussi deviné le point de débarquement choisi, les Portugais y trouvèrent une très vive résistance et furent repoussés avec une assez forte perte.

« La première expédition des Espagnols a lieu en 1505. La flotte appareille le 3 Septembre à Malaga (2) ; elle cotoie les rivages de l'Espagne, mais, contrariée par le vent, elle n'arrive que le 6 à Alméria ; 3 jours après (3) elle était en vue de Mers-el-Kébir.

« Dès que les Maures l'aperçurent, ils se renfermèrent dans les Forts et allumèrent, en toute hâte, sur les sommets des montagnes, des feux destinés à répandre au loin la nouvelle de l'approche des Espagnols. Tout le pays fut bientôt en armes et l'on vit les collines du bord de la mer se couvrir d'une multitude de piétons et de cavaliers Arabes qui se précipitaient vers le rivage pour empêcher le débarquement des Chrétiens.

« L'Armée se composait de 5.000 hommes de troupes aguerries (4). Elle était commandée par Fernand de Cordoue, général d'une prudence et d'un courage consommés. L'Artillerie avait à sa tête Diégo de Vega (5) et la flotte

---

(1) Sur la Plage des Andalouses (!).
(2) Non ; à Carthagène.
(3) non ; le 11.
(4) Hum ! les Milices ? ?
(5) Vera.

Raymond de Vrega (1). On avait adjoint à l'expédition Jérôme Vianelli comme guide. Ximénès avait fait de ses deniers, l'avance de la solde à cette Armée pendant 2 mois.

« Pour ne pas laisser le temps à l'ennemi de ramasser des forces trop considérables, Fernand de Cordoue se porte sans retard à la plage comprise entre Mers-el-Kébir et le Cap Falcon (2). Cette plage est facile, à quelques pas en arrière se trouve une berge raide, de 20 mètres de hauteur environ. Malgré cet obstacle et la résistance des Infidèles « les vielles troupes Espagnoles parviennent à se maintenir sur le rivage ; la journée du lendemain fut entièrement consacrée à se fortifier, à repousser l'ennemi du côté de la terre et à faire la reconnaissance de la Place par mer (3).

« Le Château Maure de Mers-el-Kébir ne pouvait être pris que par terre. La langue de rocher sur laquelle il était assis était entourée d'escarpements, surmontés d'un mur en pisé qui en suivait les sinuosités et la partie haute était occupée, comme maintenant, par un réduit qui était le Château lui-même, de sorte que, du côté de terre, il ne présentait qu'une seule ligne de défense, et que, du côté de la pointe il en présentait 2. Le front de terre n'avait pas les belles escarpes en roc qu'il y a maintenant et qui datent de la seconde occupation Espagnole ; il a été complètement reconstruit depuis qu'il n'est plus entre les mains de ses premiers maîtres.

« Pour attaquer le Château de Mers-el-Kébir par terre, il fallait enlever les hauteurs qui le dominent, et dont les pentes ne sont pas d'un abord facile. Leur sommet, en outre, est couronné de masses de rochers calcaires qui forment des espèces de petits fortins naturels, derrière lesquels on peut s'embusquer et faire bonne résistance. Les Espagnols les assaillirent avec ardeur et malgré une vive résistance et des pertes nombreuses, ils les emportèrent. A peine maître de ce point, (4) ils y amenèrent de l'Artillerie et tandis que la Flotte attaquait le Fort par mer, ils le canonnaient par terre.

« Cependant la Place résistait et les Espagnols, occupés par un siège difficile, étaient encore obligés, avec leur petite Armée, de repousser, dans des combats qui se renouvelaient tous les jours, les troupes que le Roi de Tlemcen avait envoyées contre eux (5).

« Souvent vainqueurs, quelquefois vaincus, ils éprouvaient des pertes qui devenaient de plus en plus fâcheuses, quand le sort, si puissant à la guerre, les favorisa, au delà de leurs espérances, par la mort d'un seul homme. Un boulet emporta (6) le Gouverneur dont l'exemple, l'activité et le dévouement soutenaient le courage des assiégés. La garnison perdit aussitôt tout espoir et, dès ce moment, elle n'opposa plus qu'une faible résistance. Bientôt même, s'apercevant que tous les passages étaient gardés, qu'on ne pouvait plus lui apporter des vivres ou lui envoyer des secours, et qu'un feu meurtrier l'accablait de tous côtés, elle parla de se rendre.

---

(1) Raymond Cardona.

(2) même erreur que Walsin Esterhazy. Il a peut-être, eu, là, un simulacre de débarquement pendant que le vrai débarquement avait lieu sur la plage de Saint-André, à cause de l'Artillerie de siège.

(3) cette citation et la suite du Mémoire montrent bien que les Espagnols étaient maîtres aussi, à ce moment, de la Plage de Saint-André.

(4) le Santon.

(5) ! ?

(6) dans la matinée du 13 Septembre.

« Les hostilités furent suspendues pendant quelques jours, après lesquelles la Place devait être remise aux Espagnols, si elle n'était pas délivrée par le Roi de Tlemcen (1). Le secours attendu ne parut point et Fernand de Cordoue rassembla, le lendemain, son Armée devant la Porte qui conduit à Oran. Avant de tenter aucune hostilité, il somma les assiégés de tenir leurs promesses. Ils demandèrent 3 jours (2) pour enlever tout ce qu'ils possèdaient, ce qui leur fût accordé. Le Général Espagnol les fit respecter, eux et leurs biens, avec la plus grande sévérité.

« Le 23 Octobre (3) les Espagnols entrèrent, en poussant des cris de joie, dans la Place de Mers-el-Kébir. Cette conquête leur avait coûté 50 jours (4) de combats et de dangers. La nouvelle de ce succès fut reçue, en Espagne (5), avec d'autant plus d'enthousiasme que l'on n'avait pas reçu de nouvelles de l'Expédition depuis son départ de Malaga. Fernand de Cordoue reçut des mains du Roi le Commandement de cette position.

« On rapporte que, après la prise de Mers-el-Kébir, les habitants d'Oran, persuadés qu'ils allaient être attaqués, prirent la fuite vers Tlemcen, emportant ce qu'ils avaient de plus précieux. Dans le premier moment de terreur, Oran n'eût certainement opposé qu'une faible résistance ; mais Fernand·de Cordoue, mal instruit, ne se crut pas assez fort pour se présenter devant cette ville. Gardant près de lui ses meilleures troupes, il renvoya la plus grande partie de son Armée, dont la solde expirait, et il attendit, à Mers-el-Kébir, les ordres du Roi. Il reçut, quelque temps après, d'Espagne, sur sa demande, 100 hommes de cavalerie légère, et 500 fantasins, sous les ordres de Roderic Diaz, homme de guerre aussi distingué par son courage que par la noblesse de sa naissance.

« Les Espagnols, immédiatement après la prise du Château, ne firent relever que les murailles qui avaient le plus souffert du siège.

« On conçut d'abord une trop haute idée de cette conquête. Un des Généraux qui avaient le plus contribué à en assurer le succès, Don Gonsalves de Ayora (6), écrivait à Ximénès dans un rapport circonstancié sur les opérations du siège :

« Nous avons maintenant conquis l'Afrique à moitié. »

« Il ajoutait qu'une garnison de 1 500 hommes était plus que suffisante mais qu'il serait avantageux d'y attacher, en outre, un *camp* de 4.000 hommes d'infanterie, 2.000 chevaux, 500 artilleurs (7) et un certain nombre de bateaux de guerre, pour faire un *centre d'action* d'où l'on pourrait se porter, soit dans l'intérieur du pays, soit sur différents points du littoral. Il avait la conviction que, avec une garnison respectable, et quelques travaux de fortification, on rendrait imprenable une Place déjà si bien défendue par la nature qu'elle serait l'effroi de toute la contrée et assurerait au loin la domination Espagnole.

« Les évènements ne tardèrent pas à démentir ces prévisions. ».

---

(1) ! ?
(2) 3 heures.
(3) le 15 Septembre.
(4) le zéro est de trop ; c'est 5 jours.
(5) le 27 Septembre.
(6) Gonzalo de Ayora n'était que Capitaine (voir plus haut Etat-Major du Corps expéditionnaire)
(7) ce camp n'aurait pu trouver l'eau indispensable qu'à Aïn-el-Turck ou à Oran ! ?

C) Détails

Journée du Mercredi 11 Septembre 1505.

DÉBARQUEMENT DANS LE PORT DE MERS-EL-KÉBIR

OCCUPATION DU SANTON

D'après Madame Nelly Blum.

« Les derniers bâtiments n'arrivent (au Cap Falcon) que 2 heures après le lever du soleil ; mais le temps n'est pas perdu — Conformément au Plan préparé, on transborde les troupes de débarquement, des voiliers affrétés sur lesquels elles étaient, sur les fustes, brigantins et autres esquifs qui doivent entrer dans le Port à une lieue de là.

« Le Sercano et le Flores de Marquina doivent protéger le mouvement, qui promet d'être très pénible, car des Cavaliers d'Oran courent sur le rivage, ont reconnu la flotte, et dans la Citadelle (1), comme dans tous les endroits où l'atterrissement est possible, les ennemis veillent en armes et appuyés par une forte artillerie (2 . Malheureusement, ces 2 gros navires qui, dans le Plan Primitif, devaient appuyer l'entrée de l'Armada dans le Port (1), ne peuvent pas s'approcher de la forteresse à bonne distance (3) ; toutefois, ils canonnent les ouvrages ennemis, et, malgré les boulets de fort calibre qu'on leur envoie et qui tuent, sur les navires, 4 chrétiens, la flotte peut défiler devant la Citadelle sans dommage et aller se mettre à l'ancre, en même temps qu'à l'abri, dans le Grand Port, non sans avoir eu à lutter contre des difficultés considérables ; en effet, tous ceux qui se prétendaient bien informés s'étaient trouvés incapables de se conduire. Personne, sauf Vianelli ne savait comment entrer dans le Port. Le Vénitien, qui connaissait les 3 passes très étroites qui menaient au rivage (3), pilote si habilement les fustes qu'il sauve la situation (3) et la flotille se met à l'ancre à *30 pas de la terre.*

« Malheureusement, le temps était mauvais, il tonnait fortement sur la mer, les éclairs étaient terribles, on aurait dit que le Ciel allait tomber sur la terre. Malgré ces sinistres présages, personne ne perd courage, et chacun jette un coup d'œil sur cette côte abrupte qui s'élève en murailles à quelques pas de là. A l'horizon se dessinent, dans leur majestueuse ampleur, les lignes moutonneuses des montagnes qui entourent et ferment le golfe, tandis que, entre le Pic d'Aïdour et les dernières pentes du Santon, s'ouvre, blanche et sablonneuse, une plage déserte au bord de laquelle affleurent, comment autant d'écueils naturels, des petits bancs rocheux, écroulés des montagnes et dressant au-dessus des flots écumant leurs pointes fauves ».

« Sur la plage, sur les pentes, sur la montagne, à l'Est du côté d'Oran, à l'Ouest et au Sud, les uns au pas précipité de leurs petits chevaux numides, les autres en poussant de grands cris et en lançant vers le ciel leurs longs fusils damasquinés (3), accourent des quantités de Mores. « A la langue de l'eau », comme dit Ayora, sur le sable et au milieu des figuiers, ils sont 150 Cavaliers merveilleusement harnachés et 3.000 fantassins, prêts à défendre, contre l'en-

---

(1) De Mers-el-Kébir.
(2) (Ayora).
(3) ?

nemi héréditaire, le sol jusque là inviolé du Royaume de Tlemcen et à tailler en pièces la poignée d'hommes qui forment l'avant-garde (1) ».

Le Débarquement.

« Les difficultés sont considérables ; les Espagnols sont resserrés entre la montagne et la mer, et il faut débarquer de vive force en face de l'ennemi, opération toujours difficile et qui, d'ailleurs, n'a réussi que cette fois là, comme l'atteste l'histoire des invasions africaines, et à quel prix, nous allons le voir ».

« Les Mores, toujours confiants dans leur courage, toujours ardents au début de la lutte, croient avoir facilement raison d'un ennemi fatigué par une croisière dangereuse, pris de flanc par la forteresse et n'ayant d'autre ressource, au moindre échec, que de rejoindre la flotte dans une retraite désordonnée. Ils voient déjà les Espagnols rejetés à la mer.

« Mais, bientôt, il faut en rabattre, le bon ordre de l'Armée Espagnole les déconcerte. Il y a là des soldats expérimentés, une troupe d'élite, formée par Gonzalo de Ayora ; et le Capitaine Général est, depuis longtemps, familiarisé avec la tactique brillante mais aveugle des Mores. Il va se livrer là un combat héroïque, qui doit figurer parmi les beaux épisodes des guerres d'Afrique.

« *180 Espagnols*, s'avancent au milieu des flots soulevés par la tempête, les uns sur des canots, les autres à la nage, les troisièmes dans l'eau qui leur arrive jusqu'à la poitrine, et font, sous le feu et les traits de l'ennemi, le trajet qui les sépare de la plage, où ils sont attaqués de 3 côtés par *1500 fantassins et 30 cavaliers Mores.*

« *Lopez Zagal* (le Robuste) touche, le premier, la terre ennemie, fond sur les Mores et abat 2 cavaliers d'Oran. Il est suivi de près par les soldats d'élite qui forment cette héroïque avant-garde. Pierres et flèches volent de tous côtés ; les espingardes crépitent, les gros canons de la forteresse bombardent les navires qui ripostent, et, sous la pluie torrentielle et les éclairs, sur la langue de terre où « les hommes de l'ordonnance (2) » se sont rangés en bataille avec un ordre merveilleux, le corps à corps est si pressant et si terrible qu'on ne peut faire usage ni des longues épées ni des lances. On se serre étroitement autour des étendards. On frappe à coups redoublés pour venger les 8 chrétiens qui viennent d'être mortellement atteints, mais on a gagné 12 pas sur le sable et blessé tant de Mores que l'ennemi, déconcerté et démoralisé commence à se retirer. Les Espagnols ont lutté victorieusement 1 contre 10, mais ils sont presque tous blessés, et la flotte entière acclame, de ses cris enthousiastes, ceux qui viennent de planter si brillamment l'étendard du Christ sur la terre musulmane.

« Au nombre des blessés se trouvaient les *chefs de l'avant-garde, Ochoa Desua* et *Alonzo de la Mar*, (de la Capitainerie de Gonzalo de Ayora) auquel cette action d'éclat valut le titre de Capitaine avec le Commandement de 100 fantassins.

« *Raymond de Cardone, avec 12 matelots de ses galères, se précipite au secours des braves gens qui viennent d'occuper le rivage.* Il débouche d'un

---

(1) « C'est donc à l'Est du bourg de Mers-el-Kébir que s'opéra le débarquement, ainsi que le montrent Pedro de Madrid et Gonzalo de Ayora, et que le répète Suarez Montanes, et non sur la Plage des Andalouses comme l'affirme Fey, dans son Histoire d'Oran, écrite sur des documents de 2e ou 3e main, très incomplets en ce qui concerne le sujet qui nous occupe et qui ne peut plus faire autorité ». (Nelly Blum.

(2) Troupes régulières, par opposition aux Milices.

ravin sur le flanc des Mores (1) qui, surpris et le croyant suivi d'une troupe nombreuse, se replient en désordre : c'est le signal de la débandade.

« *Les Chevaliers arrivent à leur tour*, conduits par Ruy Diaz Ceron et Lope Sanchez de Valenzuela, qui frappent mortellement 2 Mores très courageux qui se retiraient les derniers. L'ennemi laissait sur le terrain 22 Mores, y compris le fils de l'Alcade de Mers-el-Kébir et avait plus de 100 blessés, parmi lesquels se trouvait la fleur de leur Armée.

Le terrain est déblayé (2) et *les autres troupes, auxquelles l'avant-garde a fait de la place, peuvent débarquer aisément.*

« Esearmouches, canonnades, combats d'abordage ont occupé la journée.

Malgré le mauvais temps qui recommence, et la pluie qui tombe à torrents, on choisit les troupes qui doivent s'emparer d'un contrefort du Santon, mamelon rond, très fort, (3) quoique peu élevé, situé entre les figuiers, le bourg et la montagne et commandant à la fois le chemin de Hone et celui d'Oran. Elles s'avancent sur un terrain inconnu, précédées de 4 Chevaliers, Lope Sanchez, Pedro Lopez, Ruy Diaz et Alonzo de Mata, qui leur servent d'éclaireurs (4). Le premier doit faire face à 7 fantassins Mores, qui tombent sur lui à coups redoublés, le deuxième à 4 cavaliers ; il coupe le cou à l'un d'eux et met les autres en fuite.

« Entrainés par de pareils guides, les fantassins Espagnols ont vite fait de parcourir le terrain.

« *A 16 heures le mamelon est pris*, pendant que les Mores rentrent dans la forteresse (5) pour la défendre et que le reste se retire à Oran sous la pluie et par crainte de la nuit qui commence à tout obscurcir.

L'occupation du Santon

« L'Alcade et ses Capitaines, en hommes de guerres avisés, comprennent que la retraite des Mores leur laissant le champ libre, il n'y a pas une minute à perdre et qu'il faut profiter de la nuit (6) pour s'emparer du plateau du Santon qui domine la forteresse. On désigne, pour conduire cette expédition, Don Diego Pacheco, Ochoa Desua, Alonzo de la Mar, Gonzalo de Ayora, c'est-à-dire les premiers débarqués, *avec 1.000 hommes* qui devront prendre et garder la montagne.

« Malgré le peu de résistance qu'on rencontre, l'expédition n'est pas sans dangers (4) ; pas même de sentier, la roche glissante, les palmiers nains obstruant la marche ; au loin, le cri des chacals et le crépitement des coups de fusil tirés à l'aventure et que répercute l'écho.

« Allant de mamelon en mamelon, les hommes s'aidant de piques, atteignent le plateau qui domine la forteresse et s'y installent.

« Le mauvais temps ne permet de transporter sur la montagne aucune provision (4) de pain, de vin, d'eau, ni de vêtements. Sous la pluie et par le grand vent de mer, sur cette montagne exposée à la bise froide, les

---

(1) Pour moi, c'est cette simple petite manœuvre d'initiative intelligente qui a déterminé le succès. (Général L. Didier).

(2) ! ?

(3) Briqueterie actuelle.

(4) ! ?

(5) De Mers-el-Kébir.

(6) Et surtout de la retraite de l ennemi.

Espagnols souffrent beaucoup et particulièrement les **blessés**, dont, par bonheur, aucun ne périt On se réchauffe en travaillant ; on passe la moitié de la nuit debout à élever un retranchement en pisé, (1) abri fortifié qui permettra de se garantir utilement des coups de l'ennemi s'il vient assaillir les Espagnols ».

Monsieur Jean Cazenave, dans son Opuscule sur Pierre Navarro dit :

« Don Diégo Fernandez de Cordoue, Alcade de Pages, l'un des héros les plus connus de la guerre de Grenade, débarque une petite armée dans le port de Mers-el-Kébir, à l'Ouest d'Oran, chasse les soldats Maures de la forteresse et s'y établit solidement aux cris de *« l'Afrique pour le Roi notre Seigneur »*.

Journée du Jeudi 12 Septembre 1505
CONTRE ATTAQUE MAURE SUR LE SANTON

D'après Mme Nelly Blum :

« Au point du jour, 150 cavaliers d'Oran, 100 cavaliers Arabes et 4.000 fantasins viennent attaquer la position (du Santon) qu'ils veulent enlever à tout prix. Ils comprennent qu'il faut déloger les Espagnols d'un poste qui domine la forteresse réduite par l'Artillerie de la flotte et dont les 400 défenseurs commencent à se décourager (2).

« Depuis le point du jour, jusqu'à 10 heures du matin, le combat est acharné ; le mur seul sépare les adversaires. Des 2 côtés les pertes sont sensibles ; les Chrétiens ont 2 tués et 26 blessés grièvement ; parmi les Mores 33 tombent pour ne plus se relever, et on emporte 80 blessés.

« A 10 heures les Mores se retirent rapidement.

« Cette retraite précipitée a pour cause l'imprudence de la Milice de Cordoue, qui manœuvre si mal que son intervention a pour seul résultat d'avertir l'ennemi qu'un corps envoyé sur ses derrières par l'Alcade va l'assaillir.

« L'Alguazil Major de Cordoue commet aussitôt lanouvelle imprudence d'occuper un second mamelon en avant de celui des 1.000 et s'efforce d'y construire un abri en pisé (3). Il y est rejoint par les fantassins pavoisés (4) de Xérès.

« Mais les Mores, poussés par les réfugiés de Grenade, qui s'étaient souvent mesurés heureusement avec les Milices, se livrent à une série d'escarmouches et serrent de si près les Miliciens de Cordoue et de Xérès, que malgré un nouveau secours, ces Miliciens sont repoussés.

« Les troupes de l'ordonnance, fatiguées de combattre continuellement et à peine remises du combat de la matinée, se bornent à appuyer la retraite des Milices, qui viennent se réfugier sur le plateau dominant la forteresse, pendant que les Mores s'emparent du retranchement que les Milices avaient eu l'imprudence d'élever à 100 pas de là. En même temps, vers le soir « à l'heure de l'Ave Maria », les Chrétiens du sommet voient arriver sur les mamelons voisins que les Mores viennent d'occuper, un renfort qui comprend 2.000 fan-

---

(1) En pierres sèches, oui ; mais comment aurait-on pu faire du pisé ! ?

(2) Le renseignement est intéressant ; la garnison Maure de Mers-el-Kébir n'était que de 400 hommes.

(3) en pierres sèches.

(4) ?

tassins, 300 lances de Tlemcen commandées par le Mezuar (1) et une foule d'autres cavaliers.

« La situation devient critique ; la retraite des Milices, l'occupation par l'ennemi du mamelon si imprudemment fortifié par le Grand Alguazil de Cordoue, l'arrivée d'une élite de troupes Mores, rendent singulièrement difficile la position des 1.000 qui ont si vaillamment tenu depuis le débarquement, marché et travaillé toute la nuit, combattu toute la matinée, qui manquent de tout, qui sont privés de nourriture, et même voient, avec inquiétude, s'épuiser leur provision de poudre et de flèches.

Mais l'Alcade désigne Gutierre de Aviles, qui commande à 126 fantassins de l'Ordonnance, Juan de Hurtade à 91, Lope de Salazar à 80, Pedro de Borja à 107 auxquels se joignent 1.000 fantassins du contingent des villes, pour aller secourir les Capitaines qui occupent le Santon. En même temps, par le chemin qui vient d'être ouvert, il fait monter 2 ribaudequins (2). Les soldats s'attellent eux-mêmes aux trains à 2 roues portant ces pièces.

« La troupe de renfort apporte, en même temps, de la poudre, des flèches, un peu de pain, de vin et d'eau.

« Les défenseurs, après s'être refaits et reposés sous un abri en alfa (3) construisent, à partir de minuit, du côté du Nord-Ouest, un nouveau retranchement par crainte d'une surprise de l'ennemi venant de l'autre côté de la montagne (4) ; il faut creuser dans le roc, travail extrêmement pénible, surtout pour Vianelli qui, mettant à profit son expérience d'Ingénieur, dirige, en personne, la construction du bastion tout entier et met lui-même la main à l'ouvrage.

« Au jour tout est prêt pour recevoir l'ennemi. »

Journée du Vendredi 13 Septembre 1505

NOUVELLE ATTAQUE MAURE CONTRE LE SANTON
BOMBARDEMENT DE MERS-EL-KÉBIR PAR LES ESPAGNOLS
CAPITULATION

D'après Madame Nelly Blum :

« Dès le lever du jour il faut, *sur le Santon, lutter contre une véritable Armée*. On est en présence de 6 500 fantassins dont 1.000 sont armés de pavois et de tablagines (5), 1 500 de boucliers, 500 d'espingardes ; le reste comprend des arbalétriers et des archers, 600 cavaliers dont 300 armés de lances, les appuient, ayant à leur tête le Mezuar et ses fils. L'ennemi occupe, d'abord, le retranchement abandonné la veille par la Milice de Cordoue, et la Cavalerie, avec 1.000 fantassins, va tenter un mouvement aussi hardi que bien conçu. Pendant que le gros des troupes maintient les Espagnols en bataillant sur le mamelon voisin, la troupe du Mézuar s'efforce de passer entre la mer et le bord du Santon, pour venir, à la fois, secourir la forteresse, combattre de haut les Espagnols du rivage, et prendre de flanc les Capitaines du sommet. Mais, pour exécuter un pareil mouvement, il aurait fallu connaître à fond le

---

(1) ?

(2) ancien nom des arbalètes à tour. C'étaient des canons de petit calibre assemblés 3 par 3.

(3) ?

(4) et pour compléter l'investissement de la forteresse de Mers-el-Kébir.

(5) « Petite planche servant de bouclier » (Nelly Blum).

terrain sur lequel on opérait, et les sentiers, comme les ravins de la montagne étaient inconnus de l'ennemi lui-même.

« A 2 reprises, le Mézuar est forcé de s'arrêter, de mettre pied à terre, de consulter les siens et de chercher sa route. Les Espagnols profitent de ces hésitations. Et Vianelli, qui suivait, de son rocher, tous les mouvements du Mézuar, qu'il connaissait particulièrement, pointe, lui-même, sur ce Chef, ses fils et leur cortège, un ribaudequin placé au bastion défendu par les Compagnies Désua et de la Mar. 2 cavaliers tombent près du Mézuar, un des fils a son cheval tué sous lui. Les ribaudequins, les espingardes déciment la cavalerie, et les Mores comptent beaucoup de tués et de blessés. Surpris par cette résistance d'autant plus imprévue qu'ils comptaient trouver les Espagnols épuisés et découragés, incapables d'avancer sur des sentiers abruptes et glissants sur lesquels il fallait conduire les chevaux à la main, comprenant qu'une retraite tardive pourrait se changer en désastre, les Mores se retirent en bon ordre, emportant leurs tués et leurs blessés et sans être poursuivis par les Espagnols. Mais ceux-ci n'en restent pas moins maîtres de la montagne, le mouvement tournant a échoué, et Mers-el-Kébir n'a reçu aucun secours.

« Le Mézuar établit son camp à 1/3 de lieue.

« Mais auparavant, dans le camp espagnol du rivage, on n'était pas resté inactif. Il avait fallu faire face à une partie des Mores ; *le bombardement,* commencé dans la nuit précédente, avait continué et, dans la journée avait ouvert plusieurs brèches (1) et produit la panique parmi les défenseurs de la Citadelle. L'Alcade avait essayé, aussi, de faire transporter sur le Santon quelques unes des grosses pièces dont il disposait, mais il avait été impossible de les monter si haut (2).

« Dans l'aprés-midi, un More, peut-être un esclave nègre, occupé à réparer la tour du nord, battue par l'artillerie, est blessé et, perdant l'équilibre, précipité dans la mer. Il nage vers les vaisseaux, où, faisant signe qu'il a des renseignements à donner, il est accueilli sans qu'on lui fasse aucun mal.

« On apprend par lui, que la garnison est terrorisée, le Caïd (3) mort, les troupes en désaccord, les citernes vides (4) ; qu'on a perdu tout espoir de secours et de ravitaillement et que le nouveau Caïd a déjà parlé de capitulation.

------

(1) tué le Gouverneur (Caïd).

(2) « On voit donc que le Général en Chef n'avait nullement l'intention de faire évacuer le Santon si brillamment occupé et défendu par ses principaux Capitaines et Vianelli. Cependant Ayora prétend qu'il aurait envoyé l ordre de se replier sur le rivage, et d'y rejoindre le gros de l'Armée qui alors serait allé camper de l'autre côté de la forteresse, entre le cap Falcon et Mers-el-Kébir. Il aurait fallu opérer devant l'ennemi, un embarquement et un débarquement. On aurait laissé libres les communications entre le Fort et Oran, par la porte du même nom, on n'aurait pu bombarder le Fort que par une pointe étroite, et on aurait, en effet, marché à un désastre, comme le démontre sans peine Ayora, qui veut attribuer aux Capitaines, dont il faisait partie, l'honneur d'avoir repoussé un Ordre aussi absurde. Mais le succès du matin, la retraite du Mézuar, l'ordre de monter de la grosse artillerie, les nouvelles arrivées par les prisonniers Mores, le silence de Gomez et les détails précis de Pedro de Madrid prouvent que l'Alcade n'a jamais songé à faire évacuer le Santon et à reprendre toutes les opérations de l'autre côté du bourg et n'a, par suite, pas pu donner l'ordre qui lui prête Ayora. » (Nelly Blum).

(3) Gouverneur. Les Espagnols de cette époque emploient le mot « Caïd » comme leur propre mot « Alcade » qui me semble un dérivé de « Al Caïd » (le Caïd).

(4) Les citernes, çà m'étonne d'autant plus qu'il venait de pleuvoir ; ce sont plutôt les silos à grains.

« Aussitôt après avoir appris ces détails, le Capitaine Général s'empresse de renvoyer le More à Mers-el-Kébir. Il devra offrir 300 doubles au nouveau Caïd, promettre la vie sauve à tous les défenseurs et aux habitants, si on rend immédiatement la Place.

« Le nouveau Caïd réunit ses hommes. Ayant vu les Espagnols de près à Carthagène, où il avait été esclave, il sait et rappelle comment les Souverains du Portugal ont traité les villes de Ceuta et d'Arzila et ceux d'Espagne, la forteresse de Mélilla. Il montre l'impossibilité de recevoir de nouveaux secours, et soutient qu'une capitulation honorable vaut mieux qu'une mort inutile, suivie du massacre des femmes et des enfants qui habitent le bourg. La majorité partage cet avis. Le feu de la forteresse cesse.

« L'Alcade ordonne alors à 4 hommes d'aller au pied de la muraille avec un interprète pour savoir ce que veulent les Mores.

« Le nègre informe aussitôt le Capitaine Général de la détermination prise par la garnison. Les Mores demandent l'autorisation de sortir de la Place avec armes et bagages et d'emporter leurs objets mobiliers. L'Alcade répond qu'il a fait une première sommation restée sans résultat et que, la veille, il a encore insisté pour que la Place se rende avant l'ouverture de brèches par lesquelles aurait lieu l'assaut. On lui a répondu la première et la seconde fois qu'on se rendra si aucun renfort n'arrivait de Tlemcen et on a continué la lutte.

« A Minuit le traité est conclu :

« les Mores sortiront libres de la Place avec leurs femmes et leurs enfants,
« mais sans armes ;

« ils prendront tout ce qu'ils pourront porter eux-mêmes, et personne ne
« les inquiétera pendant leur retraite ;

« les 35 esclaves Chrétiens détenus depuis 1501, (c'est-à-dire depuis la dé-
« route des Portugais) seront mis en liberté ;

« Celui qui enfreindrait la Convention serait sévèrement puni ».

Journée du Samedi 14 Septembre 1505

Évacuation de Mers-el-Kébir par les Maures
Massacre des Juifs et des Chrétiens a Oran

D'après Mme Nelly Blum :

« Au lever du jour, la garnison ne fait pas encore mine de capituler. Le Capitaine Général fait ranger en bataille les troupes du rivage devant la *Porte d'Oran* (1). Il commande à un Héraut de faire la dernière Sommation et les trompettes donnent le signal de l'assaut.

« Alors le Caïd vient se livrer en personne, et on n'a plus qu'à fixer les derniers détails. Les Mores devront avoir évacué la Place en 3 heures ; ils n'emmèneront ni chevaux, ni bêtes de somme ; ils n'emporteront ni armes, ni munitions, sous peine de mort.

---

(1) Je ne vois pas cette manœuvre, à moins que la flotte ait fait brèche dans le front Est. Il y avait 2 Portes d'Oran. La Porte d'Oran de l'Est était plutôt une poterne. Elle servait aux liaisons par mer entre le Fort et Oran. Un étroit sentier, à l'extérieur et au pied du mur en pisé permettait d'aller de cette Porte au Bourg. L'autre Porte d'Oran était au Sud de la Porte de l'Ouest (voir la carte jointe à 1504).

« Et, pour les empêcher, sans doute, de se joindre aux habitants d'Oran, Diégo de Cordoue exige que la sortie se fasse par la *Porte occidentale*.

« Comme il se trouvait lui-même du côté de l'Est au moment des pourparlers, il s'embarque pour contourner la forteresse et vient à l'Ouest surveiller le départ des assiégé. (1).

De 9 heures à midi., ils défilent, en bon ordre, dans un étroit passage formé par les soldats Espagnols rangés en haie, les femmes d'abord, enveloppées de leurs voiles, portant sous ce même voile un enfant attaché sur le dos et tirant les autres par la main. Les hommes venaient ensuite, ayant chargé, sur leurs épaules, le plus de vêtements, de poterie et de bijoux qu'ils pouvaient porter. En général attentif à maintenir parmi les troupes une exacte discipline et en véritable Chevalier respectueux de la foi jurée, l'Alcade en chef ne laisse à personne le soin de surveiller les opérations ; l'évacuation s'opère sous ses yeux et par ses ordres. Il ne quitte pas un instant son poste.

« Le dernier d'entre les Mores, un beau vieillard aux gestes et aux apparences que la peinture prête aux patriarches, lui remet solennellement les clefs de la Place, en lui disant : « Prends, Capitaine, ces clefs et le Fort, et que Dieu t'en laisse jouir comme tu l'as su gagner et par ta valeur ». Ceci dit en tremblant d'émotion, avec des larmes aux yeux, le malheureux More rejoint ses compagnons, jetant un dernier regard sur cette forteresse vaillamment défendue contre les Chrétiens et qu'il faut pourtant leur abandonner.

« Les soldats du Capitaine Général ne s'étaient permis aucun acte grossier ni même malveillant à l'égard des vaincus ; on raconte même qu'une vieille Mauresque, oubliée par les siens, fut reconduite, avec le plus grand soin, dans une barque auprès d'Oran et remise entre les mains des Mores à l'endroit appelé la Pointe du Singe *(Punta de la Muna)*. C'était donner aux Musulmans un éclatant exemple du respect de la foi promise.

« Un autre fait met encore en relief l'attitude chevaleresque de Diégo de Cordoue. Un des 200 aventuriers qu'avait amenés Inigo Valasco, poussé par le désir de tourmenter les vaincus. et, peut-être, de leur dérober quelque chose, se cache dans les derniers rangs pour insulter au malheur des Mores. Aussitôt s'élèvent des murmures qui arrivent aux oreilles du Capitaine Général ; celui-ci, selon l'antique et sévère usage des Espagnes, ordonne de mettre à mort le soldat qui manquait à la fois à la discipline et au respect dû au vaincu. Cette exécution sert d'exemple à toute l'Armée qui se montre remplie de crainte pour son chef et de déférence pour les vaincus.

« La Place une fois évacuée par les Mores on laisse, sur les bâtiments de la Flotte, juste le nombre d'hommes suffisant pour y monter la garde. On installe aux remparts, aux endroits surtout que l'Artillerie a démolis, une troupe suffisante en cas d'alerte, car on prétend que l'Armée du Roi de Tlemcen est en vue (2) et qu'elle compte 22.000 fantassins et 2.000 cavaliers.

---

(1) Je ne comprends pas l'explication de Mme Nelly Blum. Quant au geste lui-même je pense que Diégo de Cordoue l'a fait pour voir lui-même, de près, les possibilités de débarquer dans les rochers du front Nord. Il y avait, justement près de la Porte de l'Ouest, un endroit assez facile qui préoccupera longtemps les Espagnols une fois maîtres du Fort.

(2) C'est impossible, ou alors le Roi de Tlemcen avait réuni ses forces en apprenant la formation de l'Armada et avait commencé son mouvement sur Oran dès qu'il avait sû l'arrivée de cette Armada à Carthagène, c'est-à-dire le 6 ou 7 septembre. (Général L. Didier).

« En apprenant l'entrée des Espagnols à Mers-el-Kébir les Mores massacrent tous les juifs et les marchands chrétiens d'Oran, à l'exception du seul Franco Catanio ; tous leurs biens sont livrés au pillage.

Journée du Dimanche 15 Septembre 1505

ENTRÉE SOLENNELLE DE DIÉGO DE CORDOUE DANS MERS-EL-KÉKIR

D'après Mme Nelly Blum :

« Le Capitaine Général monte processionnellement à la mosquée. L'Armée entière est sous les armes.

« En tête marche le Capitaine Général, entouré de ses principaux Lieutenants, accompagné de Raymond Cardona et de Vianelli, escorté de ses Ecuyers, des Hommes d'Armes et des Ginetes aux longues lances et aux pesants boucliers.

« Viennent ensuite les 150 hommes de l'Alcade, les 21 Capitaines avec leurs contingents, puis ceux des cités et des villes, ceux de Séville et de Cordoue, ceux de Baza, de Murcia, et les 150 fantassins de Cazorla (le gouvernement le plus important du diocèse de Ximénès), ceux de Xérès (fantassins pavoisés), les Espingardiers, les Aventuriers, les 221 Pionniers avec le personnel de l'Artillerie

Les armes étincellent sous les rayons du soleil, arbalètes, arquebuses, lances, escopettes. Tout l'armement bizarre et compliqué, de cet âge de transition qui n'est pas encore celui des engins à feu et qui n'est plus celui de la Chevalerie, apparaît, porté ou traîné par les 10.000 hommes de l'Armée (1) à travers la chaussée, déserte et fruste, qui conduit à la mosquée.

« Il est *10 heures du matin*. La tête du cortège et les principaux officiers avec Raymond de Mendoza, Capitaine de Vaisseau, ceux de la *Trinidad* et ceux du *Florès de Marquina*, avec Pedro de Madrid, le grand Alguazil de Cordoue et les principaux Capitaines de troupe font leur entrée, à la suite du Seigneur Alcade, dans la mosquée toute blanche et toute nue, immédiatement affectée au culte de notre sainte foi catholique, sous l'invocation de Sainte Marie de la Conception. On y célèbre l'office de la messe avec beaucoup de dévotion, et l'on finit en rendant grâce et louanges à Dieu pour d'aussi grands bienfaits et une telle victoire !

« Ensuite, au son des fanfares guerrières et des trompettes ménestriles de la flotte et devant toutes les troupes, sur les tours en pisé de la vieille forteresse, on place les armoiries royales, et, de ces milliers de poitrines, monte vers le ciel une même acclamation d'espérance, de triomphe et de piété :
« Afrique ! Afrique ! Pour le Roi d'Espagne, notre Seigneur, dont Dieu Notre Seigneur le rend Roi et Seigneur, de nouveau que notre sainte foi catholique soit exaltée et ses ennemis abattus et subjugués.

Combat du 17 Septembre 1505

D'après Mme Nelly Blum :

« Diégo de Cordoue renforce le détachement (de ravitaillement en eau)

---

(1) Ils n'auraient pas pu tenir sur un petit espace et il avait certainement dû en rester sur le Santon. (Général L. Didier).

PLAQUE DU CONSULAT D'ESPAGNE A ORAN

Ximenès avait la main dure pour les nobles. Un jour, plusieurs de ceux-ci, vinrent chez lui et lui demandèrent « de qui il tenait ses pouvoirs ». Ouvrant sa fenêtre au premier étage Ximenès leur dit : « Voilà mes pouvoirs » en leur montrant, sur la place au-dessous, des troupes massées, où arquebusiers et canonniers avaient la mèche allumée. Les nobles n'insistèrent pas.

C'est cet épisode que rappelle la plaque ci-dessus.

formé par la Compagnie de Pedro de Borja, celles de Guttierre de Aviles, de la Mar et par un certain nombre d'Aventuriers, en tout 1.200 hommes, car les fustes n'en pouvaient transporter davantage. Survient une troupe de 1.200 lances d'Oran, de Tlemcen et de Hone et de 3.000 fantassins. Les cavaliers forment 5 escadrons sur 3 de front. Les Aventuriers, se croyant pris entre l'ennemi et la mer, commencent à fuir ; la mêlée devient désordonnée ; les Espagnols ont 15 morts et 80 blessés Raymond Cardona envoie, heureusement, des barques et brigantins où la troupe prend place, et l'on regagne en hâte la forteresse.

« Les 300 cavaliers qui chevauchaient aux côtés de *Helleli, Caïd d'Oran*, sont, disait Gonzalo de Ayora : « la chose la plus merveilleuse que j'ai jamais vue en fait d'armes, de riches harnachements de cordons de panaches à la française, de beaux chevaux ornés de brillants caparaçons de soie à la manière des Turcs. »

Rodrigo Diaz Alvaro de Roxas (1)
Gouverneur Intérimaire de Mers-el-Kébir

D'après Mme Nelly Blum.

Rodrigo Diaz Alvaro de Roxas « fameux chevalier d'Antequera, descendant des premiers conquérants colons et défenseurs de cet endroit » (2), de haute lignée et soldat intrépide, ne perdit pas son temps en l'absence du Gouverneur (3). Loin de rester inactif, il attaque fréquemment les Mores, comprenant qu'il est nécessaire de tenir sa petite troupe en haleine, et indispensable de vivre autant que possible avec les ressources du pays, il multiplie les razzias et ne ménage pas les coups d'épée qui, au 16e siècle, assuraient encore la réputation de certains capitaines en frappant d'admiration Mores et Castillans. Comme Pierre Lopez Oresco, Rodrigo Diaz est un admirable pourfendeur.

On raconte que, un jour, les Mores, résolurent de se venger de celui qui leur causait tant de dommages. Ils guettent le Capitaine au moment où il sortait de Mers-el-Kébir avec une petite troupe, car, il faut le dire, les Espagnols le suivaient à contre cœur dans ces sorties plus dangereuses qu'utiles. Quand les Mores croient le voir assez loin de la Place, pour qu'il lui soit impossible d'appeler du secours, ils arrivent en foule et entourent les Espagnols. On pourrait croire que pas un n'échapperait au massacre. Mais Diaz, avec un sang froid et une intrépidité remarquables, relève le courage des siens par son exemple ; il frappe, à droite, à gauche : chacun de ses coups fait des victimes ; les Mores sont saisis de stupeur et prennent bientôt la fuite. Diaz les poursuit à bride abattue, il atteint le caïd et le frappe de sa lance (2) avec une telle force que l'arme traverse non seulement le cavalier, mais encore le

---

(1) « Suarez écrit à tort que Rodrigo Diaz fit partie de l'expédition même qui s'empara de la Place et il prétend tenir ce renseignement de la bouche même du troisième Marquis de Comarès, petit fils du vainqueur de Mers-el-Kébir. Or, indépendamment du témoignage de l'auteur de l'histoire manuscrite, nous avons celui qu'en peut tirer de l'état dressé par les Inspecteurs et Trésoriers de Ferdinand ; nous y lisons que le Contingent d'Antequera (94 hommes) avait pour Capitaine Bartolome de Arroyo. » (Nelly Blum).

(2) ! ?

(3) Diégo de Cordoue.

pommeau de la selle et le col du cheval (1). Un tel coup de maître terrorise les Mores qui ne songent plus qu'à fuir, en poussant des cris et de toute la vîtesse de leurs chevaux rapides. Le bruit de ce fait d'armes se répand bien vite dans tous les douars environnants ; on est, tout à la fois, émerveillé et terrorisé par la valeur du vainqueur et pendant longtemps, cet exploit devient proverbial en pays more Quand on voulait défier un adversaire et, en même temps, le frapper de crainte, on le menaçait du coup de Rodrigo Diaz.

Oran en 1505

La description ci-après montre « la vie » à Tlemcen à cette époque. Il devait en être de même à Oran qui dépendait de Tlemcen.

Description de Tlemcen (2) par Jean Léon l'Africain (3) qui fut l'hôte d'Abou Thabet Mohammed (4), l'Abdelouadite :

« Telensin est une grande et royale cité... Du temps du roi Abou Tachefine 1er elle parvint jusqu'au nombre de 16.000 feux et si elle était accrue en grandeur, elle n'était moindre en civilité et honnête façon de vivre... Après la chute de la maison des Beni Mérine de Fez, elle ne fut pas relevée et parvint peu à peu jusqu'au nombre de 12.000 feux.

« Tous les marchands et artisans sont séparés en diverses places et rues, mais les maisons ne sont pas si belles qu'à Fez. Il y a de beaux temples avec plusieurs prêtres et prédicateurs ; puis on trouve 5 collèges d'une belle structure, ornés de mosaïques et d'autres ouvrages excellents, dont les uns furent édifiés par les rois de Tlemcen et les autres par ceux de Fez. Il y a plusieurs bains maures, mais ils n'ont pas tant d'eau à volonté que ceux de Fez. Il y a un plus grand nombre d'hôtelleries à la mode africaine, dont 2 où logent d'ordinaire les marchands Gênois et Vénitiens. Il y a une grande rue où demeurent un grand nombre de Juifs, jadis fort opulents, qui portent un turban jaune pour qu'on puisse les discerner des autres. Plusieurs fontaines s'écoulent dans la cité ; mais les sources sont au dehors, de sorte que les ennemis en pourraient facilement détourner l'eau. Les murailles sont merveilleusement hautes et fortes ; on entre par 5 portes très commodes et bien ferrées, près desquelles sont les logements des officiers, gardes et douaniers. Du côté du Midi est le palais royal, ceint de hautes murailles en manière de forteresses et embelli à l'intérieur de plusieurs édifices et bâtiments, d'une magnifique architecture, avec des beaux jardins et des fontaines. Il y a 2 portes, l'une vers la campagne, l'autre (où demeure le capitaine du château) du côté de la ville, hors de laquelle on voit des belles villas où les habitants passent l'été. Outre le charme de l'endroit, ces villes ont des puits et des fontaines

---

(1) Il est surprenant que, avec un pareil coup de lance, Diaz n'ait pas eu le bras droit (poignet au moins) cassé et n'ait pas été jeté à bas de son cheval.

(2) Traduction de Jean Temporal (Lyon 1556), mise en Français moderne.

(3) Géographe arabe, né à Grenade vers 1483, mort après 1526, pris par des corsaires Chrétiens en 1517 et baptisé Je crains qu'il exagère d'au moins moitié pour les « feux ».

(4) Ou Abou Abd Allah Mohamed el Tsabiti à qui son fils Abou Abd Mohamed succéda en 1505. Le dernier rejeton de ce souverain, embarqué à Mers-el-Kébir, s'éteignit misérablement en Espagne. La science fut en honneur à Tlemcen sous le règne d'Abou Thabet Mohamed. Parmi les savants de cette époque, enterrés à Tlemcen, on peut citer Senousi, théologien, grammairien, médecin, mathématicien et astronome et Sidi Zekir, théologien et jurisconsulte.

vives d'eau douce et fraîche, des treilles de vignes produisant des raisins de diverses couleurs et d'un goût fort délicat, et des cerises de toutes sortes en si grande quantité que je n'en ai jamais tant vu ailleurs. Il y a aussi des fi- gues douces, noires, grosses et fort longues, qu'on fait sécher pour manger en hiver ; des pêches, des noix, des amandes, des melons, des citrouilles, et d'autres espèces de fruits. Sur un fleuve nommé Sefsif, distant de la cité de 3 milles, il y a plusieurs moulins à blé et d'autres plus près, du côté du midi, dans la montagne Elcalha.

« En retournant vers la ville, on trouve les demeures de plusieurs Juifs, avocats, notaires, qui soutiennent et plaident les causes.

« Il y a de nombreux lecteurs et écoliers de diverses facultés, de droit et de sciences. Ils sont ordinairement nourris par les collèges.

« Les habitants sont divisés en 4 classes : écoliers, marchands, soldats et artisans. Les marchands sont riches, justes, loyaux et honnêtes en affaires ; prenant merveilleusement grand plaisir à tenir la cité garnie, ils se trans- portent au pays des noirs, pour y faire conduire de la marchandise. Les artisans sont fort dispos et bien pris de leurs personnes. Ils mènent une vie très plaisante et paisible... Les soldats du Roi sont tous des gens d'élite. Ils sont payés suivant leur valeur, de telle sorte que le moindre d'entre eux touche, par mois, 3 ducats, qui valent 3 ducats et demi des notres. Ce salaire est donné pour l'homme et le cheval, car, en Afrique, on entend par soldat un cavalier léger.

« Les écoliers sont fort pauvres et vivent misérablement dans les collèges. Mais, dès qu'ils sont docteurs, on leur donne un office de lecteur ou de no- taire, ou bien ils se font prêtres.

« Les marchands et les citoyens sont mieux vêtus que ceux de Fez même.

« Les artisans s'accoutrent assez honorablement, mais leur habit est court ; peu portent un turban ; d'autres portent des bonnets sans repli, avec des hauts souliers jusqu'à mi jambe.

« Les soldats sont les plus mal habillés. Ils ont sur eux des chemisoles de toile de coton, à manches larges, par dessus lesquelles ils jettent un linceuil qu'ils tiennent toujours attaché. En hiver, ils utilisent des pelisses en drap simple, faites à la manière des chemisoles. Ceux de plus grande qualité mettent d'autres vêtements de drap sur la chemisole et sur le linceuil, ou une cape, sorte de manteau porté autrefois dans le pays, et avec laquelle ils peuvent se couvrir en temps de pluie.

« Les écoliers sont vêtus suivant leurs conditions : les montagnards sont habillés en montagnards, les Arabes à la mode du pays. Mais les lecteurs, juges, prêtres et autres Ministres, se parent plus pompeusement.

« Le Roi de Tlemcen a une gravité et une réputation telles qu'ils se laisse voir peu souvent et ne donne audience qu'aux plus grands de sa cour ; ceux- ci, ensuite, expédient les affaires selon l'ordre accoutumé. Dans cette Cour, il y a plusieurs officiers :

« Le 1er est le Lieutenant du Roi, il assigne les provisions suivant la valeur et la capacité d'un chacun, dresse l'armée (les exercices) et, bien souvent, représentant la personne du Roi, marche avec elle (l'armée) contre les ennemis ;

« Le 2e est le Secrétaire Majeur, qui écrit les missives, fait partir les pa- quets et fait les réponses au nom de sa Majesté ;

Le 3ᵉ est le Trésorier qui reçoit et garde les deniers du revenu ; (1).

« Le 4ᵉ est l'Argentier qui distribue les deniers selon les ordres du roi :

« Le 5ᵉ est le Capitaine de la Porte, qui est commis à la garde du palais et de la personne du Roi quand il donne audience.

« Il y a plusieurs autres officiers de degré inférieur, comme le Capitaine des Estafiers, Ecuyers d'écurie, Grand Chambrier, qui ne s'emploie que quand le Roi donne audience, parce que, dans sa chambre, le Roi est servi par des esclaves, par leurs femmes, esclaves chrétiennes et par plusieurs eunuques préposés à la garde des femmes.

« Le Roi porte des habits dignes de lui. Il a un fort beau cheval. Mais il ne s'arrête pas aux pompes et cérémonies, parce qu'il n'entretient pas plus de mille chevaux (cavaliers). En temps de guerre, lorsqu'il accompagne son armée, il rassemble tous les Arabes et paysans et les soudoie pour tout le temps qu'il pense maintenir la guerre. Il n'emmène ni tentes ni pavillons ; il part en campagne comme un simple capitaine. Et bien qu'il ait sous ses ordres un grand nombre de soldats ils ne lui causent pas de grands frais. Il fait battre des ducats de bas or, qui, quoique fort larges, pèsent un ducat et le quart de ceux d'Italie et d'autre monnaie d'argent, cuivre et autres métaux. »

1506 (911-912 de l'Hégire)

RÉSUMÉ DES FAITS DANS L'ORDRE CHRONOLOGIQUE.

DOCUMENTS OFFICIELS

1506

Résumé des faits dans l'ordre chronologique

Mai. — Croyant avoir définitivement pris la supériorité morale sur les Maures, Rodrigo Diaz estime qu'une garnison de 500 hommes est largement suffisante pour garder Mers-el-Kébir.

Il laisse partir le Mestre de Camp Pedro de Madrid et les Capitaines Juan de Hurtado, Pedro de Boya, Lope de Salazar, Guturre de Aules et Alonzo de la Mar avec leurs 424 Fantassins.

Les Maures reprennent courage.

Juin. — Fêtes en Espagne pour la feinte réconciliation de Ferdinand et de Philippe le Beau. Ximénès manque y être tué par des taureaux échappés.

25 Septembre. — Mort de Philippe. Ximénès prend la Régence de Castille.

Cette même année 1506, les Portugais s'installent sur l'Atlantique à Mazagan. Le massacre de plus de 2.000 juifs, à Lisbonne, amène l'émigration dans l'Afrique du Nord des Juifs du Portugal.

---

(1) Les revenus, à cette époque où le Royaume de Tlemcen était démembré, n'étaient plus que de 3 à 400.000 ducats, soit 3 à 4 millions de francs.

Documents Officiels

« (1) Mémoire adressé par Juan Laso à son Altesse le Roi (2) ».

« Mers-el-Kébir, 12 Juin 1506 (3).

« Archives de Simancas. Mar y tierra, Legajo 1315 ».

« J'ai reçu le 17 mai une lettre de Votre Altesse, datée d'Astorga. Elle m'a
« été remise le 8 de ce mois de juin, et elle était accompagnée d'une copie de
« l'arrangement qui est intervenu avec l'Alcade des Pages (4). A mon avis,
« Votre Altesse a eu raison de donner son approbation à cet arrangement ; il
« est aussi avantageux pour elle que pour l'Alcade. On dit ici qu'avec 500
« hommes, il est très facile de garder celte Place. Je pense de même également ;
« l'expérience d'ailleurs l'a prouvé Je ne crois donc pas qu'il soit nécessaire
« d'imposer à l'Alcade l'obligation d'entretenir une garnison plus nombreuse,
« c'est-à-dire d'en porter le chiffre à 700 hommes, comme il est dit dans la
« lettre de votre Altesse. »

. . . .

« Il n'est rien stipulé dans l'arrangement en ce qui concerne le paiement
« des fournitures faites aux soldats, depuis le 1er janvier de cette année jus-
« qu'à ce jour. Rien n'a été payé. L'Alcade, qui doit à l'avenir prendre à sa
« charge, ainsi qu'il est convenu, les dépenses pour l'entretien de la garnison,
« sera-t-il tenu de solder ces fournitures ? Dans ce cas, il importe que tout le
« service soit remis entre ses mains aussitôt que possible. J'attends les ordres
« de Votre Altesse pour régler ces détails amiablement avec lui. Quant à ce
« qui est dû pour l'année dernière, c'est Votre Altesse qui devra payer. Il suf-
« fira d'ailleurs de 3.000 ducats pour que les fournisseurs soient entièrement
« remboursés.

« Les capitaines Hurtado, Lope de Salazar, Borja, Gutierre, Daviles et
« Alonzo de la Mar, qui sont venus avec l'*Armada* et qui ont quitté Mers-el-
« Kébir au mois de mai dernier, ont touché leur solde au moment de leur
« départ. L'Alcade des Pages devra-t-il tenir compte à Votre Altesse de ce qui a
« été payé à ces officiers ? Il serait important aussi de savoir si ceux qui doi-
« vent les remplacer et que l'Alcade doit avoir déjà désignés, tarderont à se
« rendre à leur poste. En ce qui concerne ces derniers, il est bien entendu
« que toutes les dépenses que nécessiteront leur voyage à Mers-el-Kébir et
« leur installation incomberont à l'Alcade.

---

(1) Extrait de l'« Histoire de l'occupation Espagnole en Afrique, (1506-1574) », par Elie de la Primaudaie.

(2) « Ce n'est que vers la fin du 16e siècle que les Rois adoptèrent la qualification de *Majesté*, réservée jusqu'alors à l'Empereur seul Leur titre commun était celui d'Altesse » (de la Primaudaie).

(3) « Ce document aide à fixer l'époque de la conquête de Mers-el-Kébir. Diego Suarez Montanes, dans sa *Chronique d'Oran*, est en désaccord complet pour certaines dates avec les principaux historiens espagnols. Ceux-ci disent que la forteresse de Mers-el-Kébir fut prise le 13 septembre (ou le 23 octobre) 1505. D'après Suarez, les Espagnols commencèrent l'attaque de cette place le lundi *13 juillet 1506*, et le lendemain mardi, 14 juillet. la garnison capitula. Berbrugger, auquel nous devons la traduction du curieux manuscrit de Suarez, paraît en dernier lieu avoir adopté son opinion. « Quand on sait dit-il, que notre auteur avait soin de prendre ses indications chronologiques dans les documents authentiques originaux, ordres de service, pièces de comptabilité, etc.., on est bien forcé de lui accorder plus de créance qu'aux autres écrivains ». Suarez s'est trompé cependant sur ce point, comme le prouve la présente lettre, qui a été écrite à Mers-el-Kébir même et qui porte la date du 12 juin 1506 » (de la Primaudaie).

(4) « D. Diego Fernandez de Cordoba » (de la Primaudaie).

« Je dois informer Votre Altesse que j'ai traité, en son nom, pour mille
« *cahiz* (1) de blé et quelques autres approvisionnements avec 2 marchands
« de Barcelone, nommés *Les Forcade's*. Lorsque j'ai fait ces divers achats, je
« ne connaissais pas encore l'arrangement qui a eu lieu avec l'Alcade des Pages.
« Je prie Votre Altesse de vouloir bien donner les instructions nécessaires
« pour que l'on paie d'urgence ces 2 fournisseurs.

« Le Contrôleur Pierre de Madrid, est un excellent comptable, qui nous a
« rendu de très utiles services. Je le recommande à Votre Altesse comme un
« de ses meilleurs serviteurs. C'est un officier très sûr et très capable, sur le-
« quel on peut compter en toute circonstance.

« Une lettre du capitaine Gonzalo Marino, que j'envoie à Votre Altesse,
« nous a appris que les 3 fustes attendues à Mers-el-Kébir, ont été forcées par
« la tempête de se réfugier dans le port de Caçaça » (2).

I507 (912-913 de l'Hégire)

RÉSUMÉ DES FAITS DANS L'ORDRE CHRONOLOGIQUE.
LA SORTIE MALHEUREUSE DE RODRIGO DIAZ. — DIEGO DE CORDOUE,
REVENU AVEC DES RENFORTS, REPREND LE COMMANDEMENT
A MERS-EL-KÉBIR. — LA RAZZIA DE PONT ALBIN, LA RECONNAISSANCE
DE MISSERGHINE, LE DÉSASTRE DU RAVIN D'EL FISTEL.
LA TENTATIVE MALHEUREUSE DES ORANAIS CONTRE MERS-EL-KÉBIR.
LA DISGRACE DE DIEGO DE CORDOUE.
LES OSCILLATIONS DU ROI FERDINAND POUR L'EXPÉDITION CONTRE ORAN.

I507

Résumé des faits dans l'ordre chronologique

« Mars. — Les Maures « de la montagne » ont demandé au Gouverneur de
Mers-el-Kébir un *sauf-conduit* pour amener leurs troupeaux sur la côte pendant l'hiver.

« Rodrigo Diaz (1) le leur délivre en arabe et en castillan.

« Ils n'en sont pas satisfaits.

« 17 Mai. — Ximénès est nommé Cardinal et Primat d'Espagne.

« 18 Mai. — Il est nommé Grand Inquisiteur de Castille.

« Les évènements d'Italie forcent Ferdinand à rester à Naples et à reléguer
au second plan la question Africaine. Les troubles de Castille et la disette
enrayent, aussi, l'exécution des projets de conquête d'Oran que Diego de
Cordoue, nommé Gouverneur Général sur la demande de Ximénès, et toujours
en Espagne, s'efforce, en vain, de faire aboutir.

« Craignant une catastrophe à Mers-el-Kébir, Diégo de Cordoue demande

---

(1) « Mesure de la contenance d'un peu plus de 12 boisseaux ». (de la Primaudaie).
(2) « Caçaça (K sâça) fut prise par les Espagnols la même année que Melilla (1496).
En 1534 elle leur fut enlevée par une trahison et peu de temps après complètement
rasée. La position de cette ville est incertaine. On croit qu'elle était située à 24 kilomètres, à l'ouest de Melilla, dans le voisinage d'une crique qui a gardé le nom de
Cala-Cassaza » (de la Primaudaie).
(3) « Sans doute avec l'autorisation de Diégo de Cordoue ». (Mme Nelly Blum.)

instamment des renforts, mais il n'aboutit pas, malgré une audience qu'il obtient, à Burgos, de la Reine Dona Juana, héritière des Royaumes de Léon et de Castille.

Juin. — Diégo de Cordoue n'a pas encore pu rejoindre son poste à Mers-el-Kébir. Tout ce qu'il a pu obtenir jusque là, c'est un arrangement lui accordant un traitement de 3.000 ducats d'or, à condition de prendre à sa charge les dépenses relatives à l'entretien de la garnison, de désigner les Capitaines à envoyer et de reprendre son Commandement le plus tôt possible.

Ecrasé dans une tentative de razzia, Rodrigo Diaz rentre dans Mers-el-Kébir avec une poignée d'hommes.

Du coup on écoute à peu près Diégo de Cordoue.

8 Juillet. — Diégo de Cordoue débarque à Mers-el-Kébir avec 3.000 hommes de renfort. Il a l'ordre de « tenter de suite un grand coup » pour venger la défaite de Rodrigo Diaz. Renseigné par celui-ci et par des espions, il prépare une grosse razzia vers Misserghine pour « se pourvoir d'approvisionnements et de chevaux et aguerrir ses soldats au combat contre les Maures », tout en exécutant l'ordre qu'il a reçu de Ximénès.

Nuit du 15 au 16 juillet. Vers 21 heures, départ de Mers-el-Kébir. Diégo de Cordoue a fixé, minutieusement, la *composition* et *l'ordre de marche* du détachement avec lequel il va faire la razzia. Pendant son absence, le commandement de Mers-el-Kébir sera exercé par le Capitaine Fernand Holquin.

16 Juillet. — *Razzia de Pont-Albin, Reconnaissance de Misserghine ; Désastre du Ravin d'El Fistel.*

Sorti de Mers-el-Kébir avec 3.000 hommes, Diégo de Cordoue est, au retour, contre-attaqué en travers de sa ligne de retraite et sur son flanc droit, par 4.000 fantassins et plusieurs centaines de Cavaliers Maures Il laisse 1700 morts sur le terrain (1) et 600 prisonniers entre les mains des Maures, son Infanterie s'étant débandée, vers 16 heures, aussitôt le Murdjadjo franchi et Mers-el-Kébir en vue.

17 Juillet. — Vers 2 heures du matin, Diégo de Cordoue arrive devant la « Porte d'Oran » à Mers-el-Kébir, avec 300 hommes environ (2), Esclave de sa consigne, Fernand Holguin refuse de lui ouvrir la porte avant « le jour clair ».

18 Juillet. — Par le Brigantin assurant sa liaison avec Carthagène, Diégo de Cordoue envoie ses comptes-rendus et demandes de secours au Cardinal Ximénès, alors à Burgos, au Marquis de Los Velez et au Marquis de Mondejar, Capitaine Général du Royaume et de la Côte de Grenade.

Ximénès fait lever 500 hommes des Milices comme Renforts pour Mers-el-Kébir et donne l'ordre aux « pourvoyeurs de Séville, Malaga et Carthagène d'envoyer à Mers-el-Kébir, provisions, victuailles, artillerie, armes, munitions et enfin numéraire pour la solde des troupes ».

Fin Juillet. — Diégo de Cordoue reçoit ces Renforts et approvisionnements ainsi que 6 Brigantins envoyés de Carthagène et de Véra. La Garnison de Mers-el-Kébir reprend confiance.

8 Août. — Avec les 6 brigantins, Rodrigo Diaz fait une descente de nuit

---

(1) Sans compter 12 cavaliers tués, 15 blesssés et 4 prisonniers sur les 170 cavaliers qui constituaient sa Compagnie personnelle.
(2) Il y aurait donc eu 400 « disparus ».

sur la côte « entre Oran et Canastel » (1) et ramène 3 barques et 58 personnes, dont 2 femmes, et 3 Juifs « venus d'Espagne en Berbérie » et auxquels « Diégo de Cordoue rend la liberté pour s'assurer sans doute des espions dans la Ville d'Oran ».

14 Août. — Attaque infructueuse des Oranais contre Mers-el-Kébir,

25 Août. — Arrivée à Burgos de Diégo de Cordoue, rappelé par Ximénès et qui a passé le Commandement de Mers-el-Kébir à Rodrigo Diaz (2).

29 Août. — Retour de Naples du Roi Ferdinand. Pedro Navarro, Capitaine Général de l'Armée d'Italie, le précède à Valence.

Ferdinand revoit sa fille à Tortone, en présence de Ximénès, à qui il remet lui-même, le chapeau de Cardinal à Mahamud. Il prend à Burgos la direction de la Régence de Castille. Ximénès le met au courant de la situation à Mers-el-Kébir et lui expose la nécessité d'agir immédiatement contre Oran ; mais Ferdinand louvoie.

Septembre. — Signature d'une première Convention entre Ferdinand et Ximénès ; « celui-ci paiera tous les frais de l'expédition contre Oran (3), il en aura le Commandement, il aura la possession des territoires conquis par lui, il choisira les Officiers, il fixera le nombre et l'approvisionnement des troupes, il sera en tout le représentant direct du Roi, l'Expédition se fera en automne 1508 après les mois de chaleur ».

Cette même année 1507, les Portugais s'installent sur l'Atlantique à Agadir et à Safi.

<h3 align="center">Fin Juin 1507. (ou 1ers jours de Juillet)</h3>

<h3 align="center">La sortie malheureuse de Rodrigo Diaz</h3>

D'après le Mémoire de 1853 :

« Malgré les efforts, l'intelligence et la noble intrépidité de Roderic Diaz, qui était parvenu à jeter l'effroi de son nom, dans le pays, par des courses hardies et imprévues, il devenait évident qu'il était dans un cercle de Popilius et que son action ne pouvait pas s'étendre au loin ».

D'après Madame Nelly Blum.

« La prise de Mers-el-Kébir avait placé les Mores dans une situation intolérable. Oran était, avec Hone, le centre par excellence d'importation et d'exportation pour tout le Royaume de Tlemcen, et son véritable port, Mers-el-Kébir, était entre les mains des Chrétiens. Il fallait donc rejeter ces Chrétiens à la mer.

« Les Mores n'approchaient plus du littoral et ne cherchaient plus à enlever des Chrétiens pour en faire des esclaves ; ils étaient, au contraire, tout occupés d'une idée nouvelle. Ils connaissaient les travaux de fortification qu'on ne cessait d'exécuter autour de Mers-el-Kébir, et ils voyaient que, dans un temps très proche, il serait impossible de reprendre cette place ; il fallait

---

(1) Pour moi, les Espagnols appelaient Canastel, non pas un point, mais une région allant de notre Pointe de Canastel actuelle aux « Jardins de Canastel » situés à 3 lieues au Nord Est d'Oran c'est-à-dire dans les environs du « Domaine de la Montagne des Lions » actuel.

(2) Et non pas, comme l'écrit Fey, à Martin d'Agotequi était prisonnier des Maures.

(3) « Son Archevêché avait alors 80.000 ducats de revenus (1 million de francs) » (Héfelé).

donc, sans perdre de temps, travailler à reconquérir leur ancienne forteresse.

« Des préparatifs sérieux occupent tous les guerriers du Royaume de Tlemcen, qui n'attendent que le moment favorable pour livrer un premier assaut.

« Juste au moment où les Espagnols de Mers-el-Kébir, en très petit nombre et mal approvisionnés, auraient dû être particulièrement circonspects, Rodrigo Diaz, incité peut-être aussi par la nécessité de nourrir sa petite troupe, se laisse aller à pousser une pointe téméraire en plein pays ennemi, pour s'emparer de bestiaux.

« Les Mores qui le guettaient, l'attaquent aussitôt avec furie.

« Diaz, surpris par cette agression imprévue, fait, avec les siens, des prodiges de valeur, mais vainement, car, bientôt, les Espagnols, trop inférieurs en nombre, sont exténués de fatigue (1), et tombent terrassés par les Mores. Diaz se replie en combattant et regagne la citadelle avec une poignée d'hommes.

. . . .

« Les Mores étaient excités par des agents du *Roi de Tlemcen* Moula Abd Allah ben Zian, fils de Moula Ahmed ben Zian Ce dernier ne voyait pas seulement la cause de l'Islamisme compromise dans une partie de ses Etats, mais il perdait avec Mers-el-Kébir le débouché principal de son Commerce, ce qui faisait une brèche dans le revenu annuel qu'il tirait de la douane de ce Port. Il craignait en outre que le voisinage des Chrétiens ne fût un danger permanent pour son Royaume.

« Il avait recommandé au Caïd d'Oran de tenir ses troupes en armes et lui avait envoyé l'ordre d'enrôler et de solder, à raison de 10 doblas zeyens (2) par mois, 2.000 cavaliers Mores pourvus de cottes d'armes, lances, rondaches, qui formeraient la *Garde permanente d'Oran* et constitueraient, en même temps, une garnison de frontière contre les Chrétiens de Mers-el-Kébir. Il voulait, en même temps, que le Caïd tienne sur le pied de guerre, tous les Mores, fantassins ou cavaliers, de la ville et des alentours ; il faisait circuler des ordres leur enjoignant de se tenir prêts à combattre dès que la défense l'exigerait ; en échange du service demandé, il leur octroyait même quelques libertés dont, en général, ses sujets ne jouissaient pas.

« On avait donc concentré à Oran tout le commerce de la côte, et les droits d'entrée et de sortie des marchandises devaient payer la solde des 2.000 cavaliers.

« C'est ainsi que, postés dans Oran, les Mores épiaient le moment favorable pour reprendre Mers-el-Kébir. Non sans craintes légitimes, le Roi de Tlemcen voyait la côte gardée par une frégate ou un brigantin constamment à la voile et destiné, ou à surveiller les bâtiments Arabes sortant d'Oran, ou à porter aux Rois catholiques des nouvelles de leur récente conquête et des demandes de secours, si le besoin s'en faisait sentir.

. . . .

« La superstition Musulmane avait été mise en éveil par une prédiction qui remontait, parait-il, antérieurement à la prise de Mers-el-Kébir.

---

(1) ?

(2 «La dobla zoyen des lexiques espagnols (doba ziana) est une expression équivoque. Si c'est un double ziani (monnaie des Rois Zyanites de Tlemcen) il valait environ 3 fr. 20 ; si c'est un double ordinaire, il ne vaut guère que la moitié ». (Nelly Blum),

Un vieux Marabout, Sidi Aben Guahna (1) étant sorti de Mers-el-Kébir, avait parcouru la campagne en criant : « Sortez tous d'ici, quand il en est temps encore, car les chrétiens vont bientôt venir prendre ces 2 Places ». Puis il ajoutait qu'il voyait 2 Flottes espagnoles, l'une enlevant Oran, l'autre prenant Mers-el-Kébir. Ce Marabout avait, d'abord, été considéré comme un fou, mais une fois Mers-el-Kébir au pouvoir des Espagnols, les esprits furent frappés des paroles de Sidi Aben Guahna et l'on craignit de voir se réaliser la suite de ces prédictions. On rendit même un culte au saint homme qui avait prédit tant de calamités. »

8 Juillet 1507
Diego de Cordoue, revenu avec des renforts, reprend le commandement à Mers-el-Kébir

D'après Madame Nelly Blum :

« La nouvelle de la défaite de Rodrigo Diaz fait une grande impression sur l'esprit du Cardinal Ximénès. On se rend compte de la situation difficile des soldats de Mers-el-Kébir obligés d'aller, tous les jours, conquérir, à la force des armes, leurs moyens de subsistance....

« Sur l'invitation de Ximénès, car Ferdinand n'est pas encore revenu de Naples, on donne à Diégo de Cordoue 3.000 hommes (2) et celui-ci s'embarque à Malaga où sont réunis d'importants approvisionnements de guerre et de bouche.

« C'était là un effort sans doute considérable, surtout si l'on songe aux difficultés que créaient l'absence de Ferdinand et la nécessité d'agir sans retard. Mais on procédait encore par petits paquets...

« Diégo de Cordoue rentre en hâte dans son Gouvernement dont il reprend possession le 8 Juillet.

« Il comprend qu'il faut châtier terriblement les Mores et leur faire expier la défaite des Espagnols.

« D'ailleurs, il allait être forcé aussi, car les provisions qu'il avait apportées d'Espagne n'étaient pas inépuisables, de recourir aux razzia pour nourrir

---

(1) Sidi Mohammed Aouari, d'après Fey

(2) « Ce chiffre est celui auquel nous nous arrêtons parce que :

« 1o Gonzalo de Ayora considérait ce nombre d'hommes comme indispensable pour la garde de Mers-el-Kébir ;

« 2o il est fourni par un manuscrit de la Bibliothèque National, écrit par un Officier Supérieur, muni de bons documents, et particulièrement compétent dans ces questions d'effectifs militaires :

« 3o La Fuente écrit que l'Alcade sortit de Mers-el-Kébir avec une Armée de 3.000 Espagnols.

« 4o Gonzalo de Ayora avait d'abord écrit le nombre 2.500 qu'il efface, il est vrai, pour le remplacer par celui de 1.700. Mais ce dernier chiffre est inacceptable, puisque le même auteur, à la page précédente, relate que le désastre de Misserghine coûta aux Chrétiens 1.500 tués, 600 prisonniers, parmi les Fantassins.

« Il faut donc admettre que l'Alcade disposait à peu près de 3.600 hommes, à savoir :

« les 3.000 hommes de renforts, qu'il amène à Mers-el-Kébir, y compris les *170 Cavaliers nobles*, de sa Compagnie,

« plus 600 vieux soldats, défenseurs de Mers-el-Kébir depuis la conquête et peutêtre établis dans la forteresse *avec leur famille*.

« Si l'on considère le Capitaine Général dût laisser dans Mers-el-Kébir une garnison d'au moins 600 hommes, minimum indispensable d'après la lettre de Juan Lazo, on peut admettre que 2.500 à 2.800 combattants prirent part à l'affaire de Misserghin et rencontrèrent 4.000 fantassins et au moins 400 cavaliers Mores ». (Nelly Blum).

ses hommes. On n'avait pas encore su trouver à la Cour un moyen plus pratique d'assurer le service des vivres sur la côte Africaine (1). Diégo de Cordoue, comme tous les hommes de guerre, ne se plaignait pas trop d'un système qui lui donnait l'occasion de se mesurer avec l'ennemi et d'aguerrir ses troupes, en vue de la prochaine conquête d'Oran, qui était devenue, surtout depuis qu'il avait, de nouveau, conféré avec Ximénès, sa pensée dominante.

« Il avait même, comme c'était la coutume, organisé un *système d'espionnage* mis en usage par les Gouverneurs Espagnols des Places prises à l'ennemi. Ces espions appartenaient à 2 catégories distinctes.

« La première comprenait les Indigènes qui avaient à se plaindre de leur Cheikh et voulaient trouver une occasion de s'en venger. Ils précisaient au Gouverneur le Douar à razzier, la Tribu à laquelle il appartenait, de combien de chevaux de guerre on pourrrait s'emparer, quelle était à peu près la distance qui séparait la Place du campement.

« Le Gouverneur envoyait à la suite de l'espion, des *Adalid*, c'est-à-dire des Mores déjà ralliés, qui allaient vérifier les dires de l'espion, ainsi que les détails de la route et devaient prévoir les dangers qui pourraient surgir au cours de l'expédition. Ils cherchaient les moyens d'exécuter la razzia et de faire le plus de prises possible en courant le moins de périls possible. Il fallait surtout que l'on fut certain de ne pas passer en vue de quelque Douar ennemi qui pourrait immédiatement lancer, dans toutes les directions, des cavaliers chargés d'appeler aux armes toute la Tribu.

« D'autres espions formaient la deuxième catégorie. Ils étaient recrutés parmi les *Almogatazes* (2), réfugiés Mores à qui l'accès de leur Tribu était interdit par suite de félonie au bénéfice des Chrétiens.

. . . .

« Au delà des montagnes qui entouraient circulairement la rade de Mers-el-Kébir de leurs mamelons en gradins, se trouvaient étagés les villages Mores de Carraza (3), Bozifar (4), la Onza (3), Bolota (3), peuplés de Mores qui n'étaient pas d'humeur à accepter facilement le joug des Chrétiens ; cependant, comme, au bout d'un certain temps, ils s'étaient aperçus que leur intérêt était de se soumettre, ils s'étaient résignés à demander l'aman, sur les conseils de leur chef, le Caïd d'Oran.

15 et 16 Juillet 1507
La razzia de Pont Albin, la reconnaissance de Misserghine, le désastre du ravin d'El Fistel

D'après Walsin Esterhazy.

Don Diégo de Cordoue était depuis peu de temps établi à Mers-el-Kébir, lorsqu'il fut prévenu par ses espions qu'un grand rassemblement d'Arabes avait lieu dans les environs de Misserghin ; qu'ils y étaient avec leurs tentes et leurs troupeaux, et qu'il serait facile d'y faire un grand butin. Don Diégo, voulant, à la fois, inspirer une terreur salutaire aux Arabes au commence-

----

(1) Le principe de guerre a été, est et sera toujours : « vivre le plus possible sur le pays » ; mais les modalités d'application pratique varient et diffèrent.

(2) Déformation des mots Arabes : « El Moghazni » « El Maghzen ». C'étaient les Maures passés au Service des Espagnols.

(3) ? ?

(4) Bou-Sfer.

ment de son commandement, et profiter de l'occasion qui s'offrait à lui d'approvisionner sa place aux dépens de l'ennemi, sortit pendant la nuit avec une partie de son monde.

« Les Arabes, pris à l'improviste, furent mis en déroute et abandonnèrent tous leurs bagages aux Espagnols. Le butin était immense et le nombre des prisonniers considérables. Mais, au retour, quelques soldats espagnols s'étant imprudemment avancés jusqu'en vue d'Oran, il sortit de la ville un corps nombreux de cavalerie qui tomba sur les chrétiens embarrassés de leurs prises, les harcela de toutes parts et les mit en fuite, en leur enlevant tout ce qu'ils avaient pris aux Arabes.

« Les Espagnols perdirent beaucoup de monde dans cette affaire, Don Diégo, dont le cheval fut tué dans le combat, fut sur le point de tomber entre les mains de l'ennemi et ne dut son salut qu'à la fuite.

« Peu de temps après cet échec, il passa en Espagne, laissant pour commander en son absence le colonel Martinez d'Argote (1).

« Jeanne, qui fut plus tard femme de Philippe, fils de l'Empereur Maximilien, régnait depuis 6 ans sur l'Espagne, sous la Tutelle de Ferdinand le Catholique ; Ximénès, cardinal, archevêque de Tolède, était premier ministre. Don Diégo de Cordoue, voulant avoir vengeance de sa défaite, s'adressa au Cardinal Ministre, et lui assura que la ville d'Oran ne résisterait point à une attaque bien combinée (2). Ximénès, fanatique ennemi des Maures et de tous les sectateurs de l'Islam, qui avait conseillé l'infraction aux articles du traité de Grenade, par lesquels l'égalité de tous les sujets du royaume espagnol, avait été reconnue et la tolérance de la religion mahométane solennellement promise, se laissa facilement séduire par l'idée d'une place importante enlevée aux Infidèles. Il prit à cœur cette entreprise dont il voulut lui-même faire tous les frais, et ne négligea rien pour en assurer la réussite. »

D'après Fey. Voici en résumé, sa version :

15 Juillet. — Diégo de Cordoue apprend par un espion que des contingents Arabes se réunissent aux puits de Bou Rechache pour l'attaquer.

Milieu de la nuit. — Il part avec la plus grande partie de ses forces et le Colonel Don Martinez Argote (1).

16 Juillet. — Au lever du jour il surprend les Arabes et leur enlève un important butin. Mais, au retour, la cavalerie espagnole, protégeant à droite (est) le repli, poursuit les Arabes jusque sous les murs d'Oran. Sortie subite des cavaliers Maures qui sabrent et enfoncent les cavaliers espagnols et en les poursuivant tombent sur l'infanterie de Don Diégo, au Sud de Roseville actuel. Surprise, cette infanterie est décimée et perd tout le butin qu'elle ramenait. Don Diégo a un cheval tué sous lui et s'échappe à grand peine. Il part peu après pour demander des secours en Espagne, après avoir confié le commandement au Colonel Don Martinez de Argote (1).

« *Description d'Oran.* (D'après Fey).

« A l'endroit où sera plus tard le fort St-Grégoire, est la « Lunette du Fanal, au bord d'un escarpement, sur le chemin de Mers-el-Kébir à Oran.

« Elle regarde, d'une part, la ville, et, de l'autre, Mers-el-Kébir. Pendant la

---

(1) Erreur : Martinez d'Argote qui était, à ce moment là, Capitaine, a été fait prisonnier le 16 juillet.
(2) Ils étaient, depuis longtemps, d'accord sur cette question. C'était l'époque de l'exécution qu'ils n'arrivaient pas à faire fixer.

nuit, on y voit briller un feu qui rappelle les phares des Grecs. Au delà se trouve Oran, située sur un terrain élevé et défendue par sa position autant que par ses fortes murailles et ses nombreuses tours » (Gomez).

« Les fortifications comprennent :

« Une enceinte continue, surmontée de fortes tours ;

« La citadelle ou Kasbah ;

« Les 3 grosses tours (existant encore) du Château Neuf, reliées entre elles. A cette époque, elles s'appellent : Bordj el Mehal (château fort des Cigognes), Alazercazar el Djedid ou Bordj el amar (Chateau fort rouge) pour les Indigènes ; Chateau Rouge pour les Espagnols. Cette forteresse aurait été construite par les Vénitiens ou, d'après un vieux manuscrit espagnol, par une Commanderie maltaise de l'ordre de St-Jean de Jérusalem. (1). »

Monsieur Garrot ne donne que les renseignement ci-après :

« Parti pour faire une razzia, Diégo de Cordoue laisse 3.000 hommes sur le terrain aux environs de Misserghine. (2).

« Oran comptait, à ce moment, 1500 boutiques de marchands et 6.000 maisons. »

Or la surface entre les murailles était *au grand max'mum* de 290.000 mètres carrés. C'est une toute petite ville. Donc, ou bien les chiffres donnés par M. Garrot sont très exagérés (3), ou les maisons étaient minuscules et s'étendaient sur tous les endroits utilisables aux abords immédiats des murailles (Yfre là où sont aujourd'hui les Planteurs, et un faubourg dont j'ignore le nom là où était le Quartier espagnol de la Marine).

Le Mémoire de 1853 s'exprime ainsi :

« Au commencement de 1507 les Maures firent une descente sur les côtes de la Péninsule, surprirent une petite ville et en massacrèrent tous les habitants. Cet acte de brigandage eut un grand retentissement en Espagne.

« Fernand de Cordoue voulut venger cette injure. Il apprit, par ses espions que, du côté de Misserghin, au delà de la montagne, il y avait un grand rassemblement d'Arabes avec leurs troupeaux. C'était une proie à saisir ; en même temps que sa prise jetterait la consternation dans les Tribus Arabes, elle lui donnerait le moyen de nourrir, pendant longtemps, les troupes à leurs dépens.

« Il sortit la nuit du 15 juillet avec une colonne de 3.000 hommes. Les Arabes, pris à l'improviste, furent mis en déroute et abandonnèrent leurs bagages aux Espagnols ; le butin était immense et le nombre des prisonniers considérable. Mais, à leur retour, embarrassés dans un pays difficile avec un convoi très étendu et attaqués de flanc par un corps nombreux de cavalerie venant de la ville d'Oran, les Espagnols éprouvèrent un échec complet et perdirent beaucoup de monde. Le Chef de l'expédition ayant eu son cheval tué sous lui dans le combat, fut sur le point de tomber entre les mains de l'ennemi et ne dut son salut qu'à la fuite.

---

(1) Pour les Indigènes ces tours étaient *un Ksar* (pluriel arabe ; *Ksour*) et ils appelaient le promontoire rocheux sur lequel elles étaient « *Ras-el-Ksar* » (*le promontoire du Ksar*) que les Espagnols ont transformé en *Rosalcazar*, bien que les tours et leurs murailles ne fussent ni rouges ni rosées.

(2) Erreur : à 1500 mètres au Sud Ouest de Roseville.

(3) Je crains qu'il ait un zéro de trop au nombre des boutiques et au nombre des maisons.

« Cette défaits ouvrit les yeux aux Espagnols (4). Ils reconnurent que la montagne à l'extrémité de laquelle était situé le Château de Mers-el-Kébir se détachait d'une ligne d'autres montagnes beaucoup plus élevées et plus considérables qui, depuis Arzew jusqu'à Rio Salado, ne pouvait être franchie facilement que par la trouée du Ravin Raz-el-Aïn (1) où se trouvait la Place d'Oran, et que cette Place, occupée par l'ennemi, prenait de flanc toutes les expéditions qui se seraient jetées dans les terrains inextricables des pentes Sud de cette chaine de montagnes pour opérer dans l'intérieur du pays. Ils venaient d'apprendre à leurs dépens que le Château de Mers-el-Kébir, quoique sur le sol Africain, en était isolé par une montagne difficile à franchir et qu'Oran en était la clef.

« Fernand de Cordoue fut en Espagne, après cette malheureuse affaire qui y avait produit une très vive sensation, pour démontrer l'indispensable nécessité de s'emparer d'Oran, ce qu'il ne regardait pas comme difficile. Il n'eût pas de peine à convaincre Ximénès qui, par les renseignements que lui avait donnés Jérôme Vianelli sur cette contrée, avait compris depuis longtemps l'importance de cette conquête. Le Roi Ferdinand en reconnaissait aussi l'utilité, mais le trésor était toujours vide. Le Cardinal fut encore obligé de faire les frais de ce cette seconde expédition, dont il voulut lui-même surveiller les préparatifs et se réserver la haute direction, pour être certain que rien ne serait négligé pour la réussite. »

Enfin voici les renseignements intéressants et complets de Madame Nelly Blum :

« Tous les préparatifs du Roi de Tlemcen et du Caïd d'Oran étaient connus de Diégo de Cordoue ; ils expliquent l'insistance qu'il avait mise à obtenir des renforts assez importants pour entreprendre le siège d'Oran (2). C'est que, en effet, il fallait détruire le mal à la racine et s'attaquer d'abord au repaire de ces brigands, à Oran même. Ce projet, bien que hardi (3), aurait pu réussir, sans l'affreux désastre que nous allons avoir à raconter.

« Aussitôt que les rapports des espions l'ont mis au courant de tous les préparatifs qui ont pour objet l'attaque de Mers-el-Kébir et ont annoncé l'arrivée d'un fort parti ennemi à 2 lieues de la place, il se résout à prendre l'offensive. Après avoir, peut-être, tenté contre Oran une escalade de nuit (2), il projette de disperser d'abord les Arabes dont on vient de lui signaler l'arrivée, de les détruire par une attaque à l'improviste (5) qui lui fournirait en même temps beaucoup de butin et alarmerait la garnison d'Oran.

« Il laisse la Place sous bonne garde au plus ancien Capitaine de la garnison, et, la nuit venue, donne le signal du départ. Toutes les précautions

---

(1) J'avoue humblement que je ne comprends pas.

(2) ! ? ?

(3) il était encore moins hardi que la razzia téméraire de Misseighine. Il est vrai que Diégo de Cordoue avait reçu l'ordre, avant son départ, de « frapper de suite un grand coup ».

(4) oui, pendant un certain temps, sur le danger qu'il y a à mépriser son adversaire.

(5) Idée audacieuse, téméraire même à cause de l'inexpérience des troupes, mais défendable au point de vue militaire. Je ne sais pas si Diégo de Cordoue a eu réellement cette idée, mais ce dont je suis certain (les faits le prouvent) c'est qu'il ne l'a pas suivie ; il a razzié un douar sans défense, ordonné la retraite au premier simulacre de résistance qu'il a rencontré après et cherché ensuite à éviter le combat jusqu'à la fin ; sauf pour la razzia, il a subi la volonté des Maures.

sont prises. On a mûrement examiné les rapports des espions et arrêté l'ordre comme la direction de la marche.

« Il fait nuit ; les brouillards, ordinaires à cette époque de l'année, entourent de leurs flocons blanchâtres le sommet des mamelons et isolent les unes des autres cette longue chaine de collines semblables à des colonnes tronquées. L'heure de la sortie a sonné ; derrière la Porte d'Oran sont rangés en bon ordre tous ceux qui ont été appelés à faire partie du petit corps expéditionnaire (1). Devant le Gouverneur à cheval et posté en travers de la Porte qui s'entrouve, vont passer un à un, comme « des grues » dit Suarez, tous les hommes faisant partie du détachement de razzia (2). Le plus grand silence règne dans les rangs et sera observé durant toute la marche, quels que soient les incidents qui pourraient se produire. L'Alcade passe en revue ses 1700 fantassins, exercés et armés à l'allemande, vieilles troupes ayant déjà fait leurs preuves sous les ordres du Grand Capitaine, mais qui ne valent pas, pour les guerres d'Afrique « cette redoutable Infanterie Espagnole » que le vainqueur de Mers-el-Kébir avait jadis conduite à la victoire (2). Et pourtant, d'excellents Capitaines dirigent la marche, Jean de Ayora, frère du chroniqueur, Ruyz Alvaro de Roxas, Martin d'Argote, et, parmi les Cavaliers, les plus hardis et les plus valeureux Seigneurs de la Cour, appartenant au Corps des Pages, comme Luis de Ixar et Jean d'Angola encore presque enfant : il a 15 ans.

« Aux côtés du Capitaine Général et portant son étendard, chevauche Pierre d'Armanta. *L'avant-garde*, composée de 200 fantassins et de 50 hommes de cavalerie légère, se déploie (2) en avant avec Ruys de Roxas et Jean de Ayora.

« Le long et mince serpent formé par le défilé s'allonge à travers les broussailles ; la marche est embarrassée et retardée par les obstacles à surmonter, palmiers-nains ou figuiers qu'il faut éviter, âpres rocs qu'il faut gravir, précipices, ravins, qu'il faut cotoyer. C'est à peine si l'on peut suivre, *marchant en tête, l'espion*, qui a donné tous les renseignements, suivi des *adalid* cheminant à la distance d'une portée d'arbalète en avant du reste de la troupe. Ils sont continuellement en communication avec le Général.

« On marche sur un grand Douar hostile de la Tribu de Gamara (3) qui campe auprès de Misserghin, un riche petit bourg situé de l'autre côté de la montagne, dans une plantureuse vallée arrosée par les sources dévalant des ravins et qui se trouve à « 3 lieues de Mers-el-Kébir et à 2 d'Oran (4) ».

« *Le Chef est à l'avant-garde* au milieu du front des Capitaines. Le pas de son cheval est moins bruyant que le vol d'un oiseau (2) : car le silence est de rigueur ; si même un des chevaux vient à hennir, aussitôt on le tue.

« Mais n'est-il pas trop tard pour prendre toutes ces précautions ? Les Douars environnants ne sont-ils pas déjà sous les armes ? Car le pays n'est pas si désert qu'on l'avait dit et on fait en chemin des prisonniers.

« L'Alcade demande, en soufflant dans une petite *corne de veau imitant le cri de la chouette*, si tout le monde est bien au complet ; l'Official de Cabo qui veille à l'arrière-garde lui répond par le *mot de passe*, le nom d'un Saint, répété à voix basse par les Compagnies d'Infanterie et qui revient au Général.

---

(1) Ils devaient être terriblement serrés ! !
(2) ! ? ?
(3) Le premier objectif est donc bien la razzia de ce Douar.
(4) Il y a, à vol d'oiseau, 12 kilomètres d'Oran et 16 de Mers-el-Kébir.

« Cependant ce dernier n'est pas sans inquiétude. Déjà quand on était arrivé à la Petite Lagune, vers la crête de la colline, Diégo de Cordoue avait hésité à pousser plus loin la marche (1). Cette expédition à travers un pays inconnu, avec des troupes dont il n'était pas certain et au cours de laquelle il fallait prendre pour guides des Indigènes naturellement trompeurs, lui inspirait de vives inquiétudes, et, en effet, soit erreur, soit trahison, on se trouve au lever du jour tout près d'Oran (2).

« Il faut vite attaquer avant que l'éveil ne soit donné. Les Compagnies d'Infanterie s'avancent les premières ; les Caporaux à la tête de leurs Escouades veillent au maintien de l'Ordre, les Sergents vont d'un endroit à l'autre pour transmettre les Commandements.

« *L'ennemi est vite cerné.* La terreur s'empare des Mores qui viennent se jeter aux pieds des Espagnols. Des hommes qui essaient de se défendre sont tués sans pitié. Le premier coup porté, et lorsque l'ennemi est tenu en respect, *on prend en abondance chevaux, bétail et Mores* ; quelques uns ont pu s'échapper ; où vont-ils aller ? Révéler sans doute aux Douars environnants la présence des Espagnols.

« L'Alcalde a de noirs pressentiments ; il se croit trahi. (1)

« A travers des halliers de cystes, de sabines et d'autres brousailles, *la colonne prend cette fois le chemin de Misserghin.* L'avant-garde a pour mission d'incendier les gourbis, de capturer tout ce qui est facile à emmener et de détruire le reste par le fer ou par le feu ; mais ces ordres ne sont pas exécutés.

« Déjà se détache très nettement le Pic de Tafaraoui et, aux yeux des Espagnols étonnés, apparaît l'immense Sebka aux paillettes d'argent (3).

« *On est devant le Bourg quand on se heurte à une centaine de cavaliers arabes et à autant de fantassins* qui barrent le chemin aux Chrétiens et les forcent à se replier vers le gros de la colonne en tête de laquelle marche l'Alcade. Celui-ci comprend que sa présence est connue et qu'il faut rentrer en toute hâte (4). Il donne *le signal de la retraite.*

« Pendant ce temps les Mores avaient pu se rassembler et prendre, à l'avance, position sur les collines que les Espagnols devraient franchir pour rentrer à Mers-el-Kébir, et celà dans le dessin de couper leur ligne de retraite, de les forcer à abandonner le butin et à combattre dans la position la plus défavorable, sous un soleil aveuglant, par une chaleur torride, *à midi*, et au moment où les hommes lourdement armés, fatigués par une marche forcée de 20.000 pas, étaient, de plus, épuisés par la soif.

« Le *combat* s'engage d'abord à l'avant-garde où 100 hommes d'élite avec Don Rodrigo Ruys de Roxas et Jean de Ayora n'hésitent pas à lutter contre un ennemi bien supérieur en nombre, mieux armé (4), abrité par sa position, habile à éviter les coups en fuyant, et qui les écrase en lançant contre eux, du haut de la colline, de gros morceaux de rocs rouges et pointus, qui viennent s'abattre lourdement sur le plateau où défilent les Espagnols couverts de blessures. Ils n'en combattent pas moins avec énergie et bientôt arrive la colonne sur le front (4) de laquelle chevauche le Capitaine Général.

---

(1) Singulière manière de donner du moral à ses troupes !
(2) Ce détail et celui des prisonniers déjà faits me font penser que l'itinéraire suivi passait par la Source Noiseux et Pont Albin (?).
(3) Il devait donc être vers 5 heures 1/2 du matin et les Espagnols devaient être sur la côte de la Tour Combes (?).
(4) ! ? ?

« L'Alcade était resté à l'arrière-garde pour rallier et ranimer son monde. Il fallait lutter avec acharnement, car on voyait descendre du sommet des mamelons de nouvelles troupes arrivant de Temcelme (Tensalmet), d'Aguas Blancas (Ma-el-Abiod), qui venaient prêter main-forte à ceux de leurs coréligionnaires qui avaient échappé au massacre du matin.

Le Général hésitait toujours à abandonner le butin produit par la razzia ; il lui semblait encore possible de conserver une prise aussi indispensable au ravitaillement de la Place. C'est pourquoi, apercevant en un endroit une espèce de route toute tracée dans la broussaille, il envoie dire à l'avant-garde d'appuyer vers l'Ouest ; (1) malheureusement cette manœuvre qui dirigeait la troupe sur le tertre de la Cuve (2), la mettait à une lieue de la ville d'Oran où bientôt le bruit des armes et les cris poussés par les Indigènes donnent l'éveil. (3)

« Aussitôt tout ce qu'il y avait d'hommes d'armes dans Oran s'élance à cheval et arrive au grand galop pour essayer de reprendre le bétail emmené par les Espagnols et de venger la défaite subie tout près de la ville.

« *Marlin d'Argote n'a qu'une idée : sauver la vie de ses hommes* (4) *et sans hésiter il abandonne le troupeau dont il avait la garde, puis se retire rapidement avec ses soldats du côté du Ravin d'El Fistel.* Mais une foule de cavaliers, de Mores à pied (5) arrivent armés d'arbalètes, d'espingoles, d'escopettes et surtout de javelots et de longues lances à 2 mains. Il semble au premier abord qu'une telle multitude doit écraser d'un seul coup la petite troupe Espagnole, mais l'intrépidité des Chrétiens n'a d'égale que la fureur des Infidèles (6). Les défenseurs de la foi conservent la supériorité pendant *3 attaques successives.*

« Et cependant ils ont affaire à des ennemis, qui, aux avantages du nombre, joignent l'audace, la connaissance du terrain et l'expérience de cette guerre de brousse, inconnue aux troupes d'Italie et qui ne laisse pas de les etonner.

« Avec une agilité et une souplesse surprenantes, l'Arabe, que son costume protège presque autant que ses armes (6), se glisse dans les sentiers les plus abrupts, se suspend à la pointe des rocs. Au moment où après de terribles efforts, on croit l'avoir atteint il est déjà bien loin et hors de portée. Les cavaliers ne sont pas moins alertes. Leurs petits chevaux ont une effrayante sûreté d'allures, rien n'arrête la fureur de leur charge ; ils avancent étincelants et bruyants, et leur fuite n'est pas moins redoutable que leur attaque. Ils se reforment, reviennent, s'enfuient de nouveau et harcèlent sans cesse l'adversaire, brisé de fatigue, assourdi par les cris, perdu dans une solitude inconnue et que commence à gagner l'irrésistible panique. Pourtant *la montagne est gravie. Les Espagnols sont forcés néanmoins, d'abandonner leurs*

---

(1) ce qui l'éloignait d'Oran.

(2) Source Noiseux qui est, à vol d'oi eau, à 5 kilomètres de la Kasbah d'Oran (?)

(3) Pour moi, le « Caïd » devait être prévenu depuis longtemps ; mais il a fallu, aux cavaliers et fantassins qu'il a envoyés sur le Murdjadjo, pour contribuer à couper leur ligne de retraite aux Espagnols, le temps matériel (2 heures environ) de grimper jusqu'au sommet. Ces combattants se sont alors embusqués et ont chargé, au moment propice, les Espagnols en flanc.

(4) hum ! était-ce bien son idée ? en tout cas, il ne l'a pas réalisée, puisqu'il n'a pas sauvé la vie de ses hommes, malgré sa *désobéissance* aux ordres de Diégo de Cordoue.

(5) 7.000 d'après Suarez Montanes ; 4.000 d'après Gonzalo de Ayora.

(6) ! ?

captifs et d'adopter un autre ordre de combat ; ils marchent alors par files (1)
pour donner moins de prise à l'ennemi, mais les Mores redoublent de furie et
combattent en poussant des cris terribles.

« *Au bruit de ce tumulte, Martin d'Argote revient en arrière pour porter secours aux siens.* On convient de *traverser le Ravin d'El Fistel.* Là encore les
broussailles paralysent les mouvements ; les Mores qui connaissent le sentier
où on peut marcher à l'aise, débouchent de toutes parts (3ᵉ attaque) et parviennent à séparer l'infanterie espagnole de la cavalerie. Les fantassins effrayés de se voir seuls prennent la fuite (2).

« L'Alcade et Martin d'Argote, entourés par l'ennemi, combattent comme
des lions ; ils font des prodiges de valeur, mais, tout d'un coup, le cheval du
Général est tué sous lui et son cavalier jeté à terre ; il aurait péri lui-même
sans la solide armure, la salade, l'épaulière, la cuirasse qui le protégeaient.

« Aussitôt, un Page de lance, appartenant à sa suite et dont le nom est Luys
de Cardena, d'après Montanes, et Métina, d'après Gonzalo de Ayora, lui passe
son cheval et n'a que peu d'efforts à faire pour remettre en selle le valeureux
vieillard qui montrait autant d'énergie qu'un tout jeune soldat. Il n'avait
qu'une idée : rallier l'Infanterie (3), entourée en ce moment par les Arabes,
et dont les mouvements gênés par la fatigue, le poids des armures et les difficultés du terrain, devenaient presque impossibles en face d'un ennemi, armé
pour l'offensive, d'une agilité et d'une souplesse merveilleuses. Alors se produit un véritable carnage ; chaque touffe de palmier cache un adversaire invisible, qui s'avance traîtreusement, et c'est un combat à l'épée, au poignard,
à coups de pierre. Les soldats Espagnols jettent leurs armes qui sont plus
dangereuses qu'utiles ; longues et lourdes piques, armures, arbalètes même
et arquebuses jonchent le terrain. Les fuyards gardent à peine l'épée et le
poignard à fine lame, richement damasquinés, qui restent entre leurs mains,
la plus redoutable des armes dans le corps à corps. Les étendards tombent
eux-mêmes avec les porte-drapeaux sur le corps desquels s'acharnent les
Arabes qui poussent des cris terribles. Le massacre est affreux, en achève les
blessés, on dépouille les morts, le sang coule à flots ; 1500 hommes sont tués.
On en aurait massacré plus encore, si les Cavaliers venus d'Oran n'avaient
arrêté la tuerie. Ils font appel à la cupidité des Indigènes ; « Prenez donc les
Chrétiens » crient les Morisques Mudjarès venus d'Espagne, car ils savent
combien est fructueux le rachat des prisonniers. Et alors, au lieu d'égorger
les fuyards, on se contente de les faire prisonniers par centaines.

« Pendant que, sur les flancs de la colline, se passent toutes ces scènes de
carnage, dans le fond du ravin (4), les Cavaliers Espagnols, l'élite de l'Armée,
veulent résister encore et tenter un suprême effort. Mais il leur est impossible

---

(1) ! ? ?

(2) Pour moi, je crois que la vérité pourrait bien être la suivante. Dès que, du
haut du Murdjadjo, les Espagnols ont vu Mers-el-Kéb'r ils ont cherché à y aller
tout droit. C'est humain, surtout dans leur situation et leur état de fatigue et de démoralisation ; mais la ligne droite n'est pas le meilleur chemin en montagne... et
c'est le terrain qui a séparé les cavaliers des fantassins dégringolant des pentes im-
praticables à des chevaux et ne cherchant qu'une chose, regagner Mers-el-Kébir
au plus vite.

(3) complètement débandée à mon avis... et c'est comme çà que les Mores ont pu
la massacrer. Ce fait s'est produit pour nous-mêmes, 2 fois au moins où notre Infanterie s'était débandée... pour aller boire coûte que coûte.

(4) d'où leur chevaux ne peuvent probablement plus sortir que très difficilement
à cause des pentes, des rochers et des broussailles.

de se déployer, et les 800 cavaliers du Roi de Tlemcen, les nués d'indigènes qui entourent la troupe vaillante, presque (1) privée de son Chef, lui font courir de grands dangers.

« Tombent alors pour ne plus se relever ; Jean d'Angola, un enfant de 15 ans ; Louis de Ixar et, avec eux, 10 autres Seigneurs ; 15 autres sont blessés. Bientôt la cavalerie a perdu près de un quart de son effectif ; il faut à tout prix assurer le retour du Capitaine Général, et il lui reste juste assez d'hommes pour lui faire escorte.

« Res'er dans le ravin, c'est risquer la captivité ou courir à une mort certaine. L'Alcade comprend qu'il a pour premier devoir de rallier les débris de son Infanterie, de rentrer coûte que coûte à Mers-el-Kébir pour conserver au Roi la forteresse si glorieusement conquise. Sa mort serait une faute peut-être irréparable (1) ; il est tenu de se conserver pour le Service du Roi et pour le salut de ses troupes (1). Cependant la poudre même fait défaut et le Général s'aperçoit de la détresse dans laquelle se trouvent les malheureux fantassins ; il faut à tout prix leur venir en aide.

« Cette attaque téméraire le jette dans une embuscade ; le moment est décisif. « *Il n'y a pas à hésiter, s'écrie Martin d'Argote, il faut fuir plutôt que de mourir de la main de ces Sauvages ou même de se rendre à eux* » Un coup d'éperon les sauve. Cependant une vingtaine de Mores se mettent à leur poursuite et tout semble perdu.

« Alors, *dans un mouvement de générosité qu'on ne peut trop louer, Martin d'Argote ralentit le pas.* On entoure le brave Capitaine qui attire sur lui et sur Jean de Ayora un fort parti de Mores, et, après un rude combat, au cours duquel il voit tomber autour de lui une dizaine de Nobles du Corps des Pages du Roi, il est fait prisonnier avec Jean de Ayora. (2) Pendant ce temps, l'Alcade a mis entre ses adversaires et lui une distance respectable, et, comme ils sont mal armés, il n'a plus guère à redouter leurs coups. D'ailleurs, les Cavaliers d'Oran, étonnés eux-mêmes de leurs succès et cédant aussi au désir de prendre leur part du butin, tournent bride, abandonnent, pour la plupart, la poursuite de l'Alcade et de la poignée d'hommes qui l'accompagnent, et reprennent le chemin d'Oran, où ils vont retrouver le gros des contingents Arabes, trainant les fantassins capturés, enlevant les blessés, dépouillant les morts et s'emparant surtout des armes et des armures qui jonchent toutes les pentes de la colline et jettent l'éclat de leurs notes métalliques sur le fond violet du ravin.

« Pendant que l'ennemi triomphant pousse les captifs vers la ville, l'Alcade se jette dans les sentiers les plus abrupts pour y trouver quelque abri. (1) Ne se sentant plus poursuivi et n'entendant même plus aucun bruit, il s'arrête avec ses cavaliers, harassé de fatigue, le cœur brisé de douleur, l'âme rongée d'inquiétude. Que se passe-t-il ? Les Mores de Bou-Sfer et des environs, qui luttent chaque jour contre les avant-postes Espagnols de Mers-el-Kébir, ne vont-ils pas tenter un coup de main sur la forteresse ? Ceux d'Oran ne l'ont-ils pas précédé ? Dans quel état va-t-il retrouver, s'il arrive jusqu'à Mers-el-Kébir la petite garnison qu'il y a laissée ? Tous les Douars environnants

---

(1) ! ?

(2) Il est à remarquer que, en fin de compte, sur les 170 Cavaliers de la Compagnie personnelle de Diégo de Cordoue, il n'y a eu que 12 tués, 15 blessés et 4 prisonniers.

connaissent déjà la défaite des Espagnols, et on sait que, en pays Arabe, les nouvelles éclatent plus rapides que l'explosion le long d'une trainée de poudre.

« Cependant l'heure s'avance, et la nuit rapide, que ne précède aucun crépuscule, a couvert les monts et la plaine (1). Alors le Capitaine Général remonte à cheval ; au milieu de mille précautions, dans un silence funèbre, à travers la brousse noirâtre, il reprend sa course, en proie à une affreuse anxiété. La buée d'automne couvre le pays ; à 20 pas on ne distingue rien. On s'égare, on revient sur ses pas, on s'interroge, on se dispute (2) ; à chaque instant l'alerte est donnée, mais c'est un fuyard, un fantassin Espagnol qui sort de l'obscurité ; on se reconnait, on se compte, on reprend un peu courage, et l'Alcade, espérant contre tout espoir, ralentit sa marche, ne veut pas se rendre à Mers-el-Kébir, sans avoir rallié tous ceux qui peuvent encore regagner la Place et que, à aucun prix, il n'entend abandonner.

« On se reforme peu à peu et l'Alcade a la satisfaction de se voir bientôt entouré de plus de 200 hommes échappés au désastre. C'est plus qu'il ne l'espérait, et, après avoir donné des ordres pour résister en cas d'embuscade, et recueillir les fantassins Espagnols qui pourraient encore battre la campagne, il reste à l'arrière-garde. Le silence est de plus en plus profond ; au loin, on entend les cris des chacals et des hyènes attirés par l'odeur du sang et des cadavres, et l'Alcade compare douloureusement les belles veillées d'armes de septembre 1505 à l'affreuse retraite que lui impose « la fortune douteuse et mobile des armes », comme dit le vieil historien Gomez....

En proie à ces douloureuses réflexions, il arrive enfin, vers 2 heures du matin. en vue de Mers-el-Kébir (3). Il ramène à peine 300 hommes et il parait que, pour comble de malheur, le Capitaine auquel il avait confié la garde de la forteresse ne voulait pas ouvrir la Porte d'Oran, soit par crainte d'une embuscade, soit par obéissance passive à une consigne préalablement donnée, comme le prétend Montanes qui avait, peut-être, entendu le petit-fils de l'Alcade raconter cette nuit historique ; le vieux soldat rapporte que l'Alcade dût attendre le jour clair pour obtenir de Fernand Holguin accès dans la forteresse (4).

« Le désastre était déjà connu. Des Mores étaient venus, dans la journée, jusqu'au pied des remparts, agitant de petits drapeaux blancs (2) et annonçant à grands cris la prise de la colonne et la mort du Capitaine Général. On n'avait, d'abord, ajouté aucune créance à ces fanfaronnades, et on s'était contenté de redoubler de surveillance sur les remparts. Mais le temps passait. La

____

(1) Il est, par conséquent, 20 heures (8 heures du soir).

(2) ?

(3) 6 heures pour parcourir 3 kilomètres au maximum ! ?

(4) En dehors de ces détails : « le récit de Suarez Montanes contient une série d'invraisemblances et d'inexactitudes que nous ne pouvons pas relever en détail ; il estime à 6.000 le nombre des Espagnols tués et à 3 000 celui des Mores qui périrent à la bataille d'El Fistel, chiffres absolument faux et auxquels nous avons préféré ceux de Gonzales de Ayora. Il place le désastre au 7 Juin 1507, alors que Gomez, Ayora, Mariana et Pierre Marty, s'accordent pour indiquer la première quinzaine de Juillet.

« Il prétend que Rodrigo Diaz de Roxas resta dans la Place pendant l'expédition, alors que Gonzalo de Ayora écrit le contraire. Enfin, il donne complètement tort à l'Alcade, qu'il accuse de cupidité, de témérité et d'inexpérience.

« Tous ces faits prouvent, une fois de plus, combien on a été mal inspiré en accordant, avec Berbrugger, à Montanes, une autorité qu'on n'aurait jamais dû lui donner. » (Nelly Blum).

Vigie établie, dès la conquête, sur la cime du défilé qui aboutit au Guiza (1) avait signalé l'approche d'une troupe considérable et même une bataille acharnée. La nuit entière s'était écoulée dans l'anxiété. Femmes et enfants des vieux soldats partis avec l'Alcade se répandaient dans la forteresse en poussant des cris affreux : on se lamentait dans l'église. On se demandait si un homme reviendrait de cette triste expédition.

« Telle fut l'inquiétude éprouvée qu'on raconta plus tard des scènes merveilleuses où la vive imagination des crédules Espagnols s'était donné libre carrière. On disait que, le jour même où avait eu lieu le massacre entendu de loin par le Poste de la montagne, et pressenti par toute la garnison, un Frère mineur, Jean de Robles, eut la vision du désastre pendant qu'il célébrait la messe et contemplait sur l'autel le corps divin du Christ. On racontait qu'il se mit à fondre en larmes, à pousser d'affreux sanglots et que tous les assistants durent le tirer de l'extase où il était plongé. « Pleurez et priez, s'écriat-il alors, mes très chers frères, je vois les Barbares égorger les Chrétiens nos frères ». Et il nommait ceux-là qui, dans l'instant même, tombaient, en effet, sous les coups des Mores (2). L'office terminé, il se précipite dans sa cellule, lève au ciel ses mains jointes et retombe en extase. 3 jours après, dit-on, il mourait de douleur...

« Le Chroniqueur Ayora nous dit même que si les Mores avaient su profiter de leur victoire et continuer la poursuite, ils auraient pu très facilement massacrer les débris de la colonne et reprendre Mers-el-Kébir (3). Mais ils laissèrent passer l'occasion.

« Aussitôt rentré au Fort, le vaillant Alcade prend toutes les mesures nécessaires pour réparer le désastre.

« Sans doute, il était vaincu, et, pour le vulgaire, on a toujours tort quand on ne réussit pas. Montanès enregistre ces commérages. On disait qu'il s'était lancé dans une expédition inconsidérée, au milieu d'une multitude de Mores, dans la banlieue d'Oran, en vue et à la face de cette ville, car l'entreprise était téméraire et périlleuse, même en terrain uni et ras ; à plus forte raison, au cœur d'une haute et âpre montagne, coupée de précipices sur ses 2 versants, couverte de broussailles épaisses et n'offrant que d'étroits passages. « Il se figurait sans doute » ajoutaient les critiques, « avoir mis un clou à la roue de la fortune, et que cette déesse constamment favorable, lui donnerait toujours la victoire comme par le passé ». Enfin, comme il faut bien que la calomnie achève d'accabler ceux que la fortune trahit, on déclarait que la convoitise avait aveuglé l'Alcade et l'avait poussé à entreprendre cette expédition, qui ne pouvait pas réussir, car tout le monde savait que « les Mores lui couperaient le passage en beaucoup d'endroits de la montagne à la montée et à la descente ». S'il voulait aguerrir les Recrues amenées d'Espagne il devait peu à peu les former aux sorties et escarmouches avec les Mores hostiles, qui s'avançaient jusque sous les remparts de Mers-el-Kébir et qu'il fallait tenir éloignés de la Place, au moyen de sorties exécutées avec des détachements de nouvelles troupes. Celles-ci auraient eu, d'ailleurs, un autre moyen de se former en fournissant des escortes pour aller, à quelque

---

(1) ! ?
(2) Les messes sont dites dans la matinée et le massacre a eu lieu dans l'après-midi, entre 15 et 16 heures (? ?)
(3) Je le crois aussi.

distance, protéger les corvées de bois et provisions nécessaires à la garnison ; les conscrits avaient là d'excellentes occasions de voir les Mores en face et de lutter avec eux...

La tentative malheureuse des Oranais contre Mers-el-Kébir.

D'après Madame Nelly Blum (1).

« Les Oranais, que la défaite des Espagnols animait d'une confiance aveugle, cherchaient par tous les moyens à les attirer dans une nouvelle embuscade. Il paraît que le Caïd d'Oran eût l'idée d'envoyer au Capitaine Général un espion double (2) avec mission de signaler aux Espagnols un Douar à razzier en vue du Fort sur le Plateau du Santon (3). En même temps, on prévenait le Douar en question et tous les Indigènes de la montagne et de la plaine des Andalous, en insurrection depuis le désastre, d'avoir à se tenir sur leurs gardes, et on était prêt dans Oran à escalader les murs de la Forteresse pendant la sortie de nuit qu'on poussait Diégo de Cordoue à entreprendre. Ce beau Plan avait, dit-on, été ourdi par un Mudejar d'Espagne, et l'on y retrouve, en effet, les traces de la haine inextinguible qui animait les Morisques contre l'ennemi héréditaire.

« Si nous en croyons Suarez Montanès « l'Alcade reconnut aussitôt le double jeu de l'espion qu'il fit arrêter tout d'abord ; puis, ayant appris à d'autres sources indigènes qu'il n'y avait aucun Douar hostile au lieu désigné, il ordonna d'attacher cet homme à un poteau, hors de la forteresse, en vue d'Oran, et il le fit cribler tout vif de flèches et d'arquebusades ».

Le Caïd d'Oran voulut pourtant utiliser les contingents qu'il avait appelés à la rescousse, et il résolut de marcher droit sur la Forteresse, convaincu qu'il allait, sur l'heure, en chasser les Chrétiens, car on dit qu'il avait réuni une Armée de plus de 10.000 Cavaliers et de 20.000 fantassins couvrant toutes les crêtes de la montagne et le plateau septentrional jusqu'à la mer et même au rivage, par le chemin même que devait prendre 2 ans plus tard Pedro Navarro pour assiéger et emporter la ville d'Oran.

« En tête de l'Armée Oranaise marchaient les Marabouts d'Oran, chacun avec sa bannière, tous dirigeant les champions de la Guerre Sainte, les animant et promettant le pardon général de leurs péchés (3) à ceux qui mourraient dans l'entreprise. Mais, comme le chemin pour accéder à la Place est étroit et abrupt, les Oranais furent obligés de s'allonger en files interminables, au lieu de marcher en bataille comme ils avaient fait jusque là.

Instruit par une cruelle expérience, le Capitaine Général savait que, étant donnée la nature du terrain, il n'avait pas à redouter une attaque largement déployée contre la Place.

« Prévenu par ses Vigies, il se prépare à diriger un feu plongeant (3) sur la file dispersée des fantassins ennemis, et il recommande à ses pointeurs de

---

(1) « Ce récit nous est fourni par Montanès, aussi le donnons nous à titre de simple probabilité ». (Nelly Blum).

(2) « Dans la garnison Espagnole d'Oran, on appelait « espia doblé » celui qui, se présentant aux Chrétiens pour leur indiquer un Douar à piller était, au fond, envoyé par les gens mêmes du dit Douar pour faire tomber les Chrétiens dans un piège. Jouant, en effet, un jeu double, qui ne leur réussit que trop souvent, ces doubles traîtres méritaient bien l'épithète par laquelle on les distingue de l'espion ordinaire ». (Berbrugger).

(3) ! ?

viser les Marabouts. Il n'ignore pas que les Mores suivent toujours aveuglément l'inpulsion du premier moment, et qu'ils sont aussi prompts à se décourager, s'ils sont repoussés dès le début, qu'acharnés à la poursuite de l'ennemi s'ils ont d'abord l'avantage. Il dispose donc toutes ses pièces et toute sa mousqueterie du côté de la montagne, et, conformément à ses ordres, les Marabouts sont les premiers criblés de balles au moment où, psalmodiant à plein gosier, ils s'avancent sous leurs bannières rouges, vertes et bleues.

« C'est le signal de la débandade générale. Les boulets tombant sur le terrain rocheux, soulèvent de tous côtés des éclats qui tuent plus de monde que l'artillerie elle-même. Les Fuyards s'entassent et s'étouffent dans les défilés ; cette fois encore, sur les pentes de la montagne, s'étalent de longues rangées de cadavres mais non plus de cadavres Chrétiens.

« Quant au Caïd Général, qui avait suivi de loin la marche des Indigènes et celle de ses cavaliers, il se hâte de tourner bride, laissant parmis les morts un de ses fils et quelques parents.

« Dans le premier moment de fureur, il prétend, se venger sur les 600 Chrétiens faits prisonniers récemment et surtout sur Martin d'Argote, parent du Gouverneur de Mers-el-Kébir. Mais il redoute les représailles que les Espagnols peuvent exercer sur les Mores saisis dans les eaux de Canastel et, d'autre part, la cupidité lui conseille de préserver des existences précieuses. Des Juifs chassés d'Espagne et ceux que l'Alcade avait mis en liberté lui font, sans doute, ressortir la valeur marchande des captifs ; quoi qu'il en soit, ils ne sont pas massacrés.

« D'autre part, les Oranais se le tiennent pour dit, et le désastre de la route d'Oran arrête l'élan donné par la victoire de Misserghin et les massacres du Ravin de la Cuve ».

Dans son Histoire de Bougie, Féraud donne la curieuse Version Arabe ci-après :

« Au début de l'année, Abou Beker, le seigneur de Constantine vient assiéger Bougie pendant 40 jours, échoue encore et rentre à Constantine après avoir fait couper les arbres des Vergers autour de Bougie.

« Toutes les tribus arabes, depuis la Tunisie jusqu'au Sud de la province de Constantine, sont en révolte permanente contre les souverains de Tunis qui sont obligés de faire contre elles de fréquentes expéditions.

« Après s'être concerté avec le sultan de Tunis, le sultan de Bougie, Abd el Aziz, s'était décidé à porter secours aux gens d'Oran pour les aider *à expulser les infidèles de Mers-el-Kébir*, et ses préparatifs étaient terminés, quand éclata la guerre avec son frère l'émir Abou Beker de Constantine. Il confia le commandement de *l'armée de secours d'Oran* à son fils Abou Farés, qui s'avança par terre pendant que son Ministre Mohammed ben Abdallah el Kennani et Brahim ben Younès se dirigeaient sur Mers-el-Kébir avec la flotte. Mais celle-ci fut battue par la flotte espagnole ».

Cette concordance d'une thèse espagnole et d'une thèse arabe sont, à mon avis, intéressantes. Pour moi :

1e L'occupation de Mers-el-Kébir par les Espagnols a eu une répercussion dans toute l'Afrique du Nord ;

2° Une réaction musulmane contre Mers-el Kébir a cherché vainement à déloger les Espagnols.

La disgrace de Diégo de Cordoue.

D'après Madame Nelly Blum :

« Comme il faut toujours une victime expiatoire, Ferdinand, fidèle à sa politique d'ingratitude et de duplicité, n'hésita pas à rappeler Diégo de Cordoue, et Ximénès prit la responsabilité de cette décision, soit qu'il partageât d'abord les préventions populaires contre l'Alcade, soit qu'il voulut entendre ses explications, et aussi le conserver près de lui, pour organiser la grande expédition qui allait permettre aux Espagnols de prendre leur revanche.

. . . .

« Au moment où l'Alcade arrive à la Cour de Burgos pour solliciter de Ximénès une entrevue et tenter d'échapper à la disgrâce qui le menace, l'émotion profonde produite, dans toute l'Espagne, par la nouvelle du sanglant désastre subi le mois précédent, commence à s'apaiser, et l'on attend le très prochain retour du Roi pour prendre des résolutions définitives.

« Mais, dans le premier instant, le coup avait paru d'autant plus terrible qu'il était moins attendu. La conquête si brillante de Mers-el-Kébir avait inspiré à la Cour, à l'Espagne, et même à la Chrétienté toute entière, une si grande confiance, qu'on avait oublié l'abandon de la Place, les réclamations incessantes du Capitaine Général, qu'on n'avait attaché aucune importance à l'échec subi par D. Ruy Diaz Alvaro de Roxas. On ne croyait pas au danger. Quand la nouvelle du désastre éclata comme un coup de tonnerre dans un ciel sans nuage, quand on apprit la mort ou la prise de 2.000 hommes des vieilles bandes Italiennes et Wallonnes, et même de l'Infanterie Espagnole naturelle, la désolation et l'indignation furent générales. L'Alcade fut sacrifié avant d'avoir été entendu, mais Ximénès et tous les Princes présents à la Cour étaient prêts à prendre immédiatement une revanche. « Le Cardinal, nous dit Gomez, aurait mis immédiatement à la voile pour entreprendre l'expédition contre Oran, qu'il souhaitait depuis bien longtemps, si la santé de la Reine et l'état du Royaume n'eussent ralenti son ardeur et ses efforts, et surtout, si le Roi n'avait pas été absent ; car, sans l'avis et le consentement de Ferdinand il pensait qu'on ne pouvait rien faire de régulier ».

Les Oscillations du Roi Ferdinand
pour l'expédition contre Oran.

D'après Madame Nelly Blum :

« L'état de la Castille où luttaient les partisans de Philippe-le-Beau, en tête desquels se trouvait le Marquis de Priégo, neveu du Grand Capitaine le contraignait de ménager avec le plus grand soin le Cardinal Ximénès, son plus utile auxiliaire dans sa lutte contre la noblesse. Il n'ignorait pas non plus les engagements pris et repris aux temps d'Isabelle, mais il n'aimait pas Ximénès, dont il subissait l'ascendant à contre cœur, et, tout en n'étant ni capable ni désireux de diriger en personne une grande expédition contre les Mores, il était homme à prêter quelque importance au langage habile de certains courtisans.

Il y avait, en effet, à la Cour et dans les Conseils un certain nombre d'anti-coloniaux. Par inimitié pour le Cardinal, dont le caractère inflexible et la haute fortune devaient susciter la jalousie, par esprit de flatterie pour le Roi, dont on connaissait le caractère soupçonneux, par une tendance très humaine à faire opposition, à critiquer les nouveautés, à blâmer les hommes d'action, bien des Courtisans se répandaient en diatribes contre Ximénès. Les uns l'accusaient d'ambition excessive et même impie : un moine, un Cardinal, un Grand Inquisiteur, allait se couvrir de sang et remplacer la crosse et la mitre par la lance et le casque ! D'autres, partisans cachés de la haute noblesse et du grand Capitaine, rappelaient qu'on enlevait ses troupes au valeureux conquérant du Royaume de Naples et que, en même temps, on transformait un Franciscain en Général en Chef.

« Les politiques accusaient Ximénès de démence et de témérité, car il entreprenait, disaient-ils, une œuvre qui dépassait ses forces et dont il ignorait les immenses difficultés. Les jaloux lui reprochaient son orgueil et prétendaient que, poussé par son caractère impérieux, il avait formé le projet, sous prétexte d'expédition Africaine, de soumettre à son autorité la Cour et la noblesse. Quant aux purs Courtisans, ils avaient trouvé mieux encore ; « d'après eux, une expédition aussi importante devait être conduite par le Roi en personne, seul capable de la mener à bien ».

« Ces propos se colportaient partout, et Ferdinand, toujours disposé à trainer les choses en longueur, gagnait du temps et employait très habilement le Cardinal au rétablissement de son autorité en Castille.

. . . .

« Il écoutait volontiers les récriminations des anti-coloniaux, tout en paraissant accepter immédiatement les propositions qui lui étaient faites par Ximénès d'expédition contre Oran.

« Il Ioue en pleine cour les projets du Cardinal, se déclare favorable à sa politique Africaine et ajoute, si nous en croyons Quintanilla « qu'on devait être fort reconnaissant au Cardinal d'assumer tant de tracas et un si dur travail à son âge ».

. . . .

« Si on veut avoir une idée exacte de la souplesse diplomatique et de l'indomptable énergie, de l'onctueuse habileté et de l'ardeur obstinée comme des talents d'organisation prévoyante et avisée que savait déployer Ximénès, il faut le suivre dans sa longue négociation de 2 années. Il doit lutter contre l'astuce doucereuse de Ferdinand, la toute puissante opposition de *Vargas*, homme de confiance du Roi, la cupidité effrénée des Intendants. la mauvaise volonté du Général (1), les délations des courtisans. Il arrivera enfin, à force de patience et de foi agissante, à briser tous les obstacles et à partir, lui, vieillard de 72 ans, en maître souverain, sur la plus grande Armada qu'on eût vue jusque là, pour conduire, lui, simple moine, des milliers d'hommes à la conquête de cette Afrique où il voulait planter à jamais l'étendard triomphant de l'Espagne et de la Chrétienté ».

---

(1) Pedro Navarro.

1508 (913-914 de l'Hégire)

RÉSUMÉ DES FAITS DANS L'ORDRE CHRONOLOGIQUE.
LE CHOIX DE PEDRO NAVARRO, COMTE D'OLIVET, COMME CAPITAINE
GÉNÉRAL (MAESTRE GÉNÉRAL) DE L'EXPÉDITION CONTRE ORAN.
LES DIFFICULTÉS AUXQUELLES SE HEURTE XIMÉNÈS. — QUELQUES
DOCUMENTS OFFICIELS.

1508

Résumé des faits dans l'ordre chronologique

Janvier. — Le Roi Ferdinand désigne Pedro Navarro comme Capitaine Général de l'Expédition contre Oran, le Conseiller Vargas pour
régler les préparatifs, Villalobos de Malaga pou réunir les approvisionnements, Diégo de Vera pour rassembler les munitions.

25 Février. — Il ordonne, officiellement, les préparatifs.

Soler, Capitaine des 4 Galères attachées à la côte du Royaume de
Grenade devra conduire sur ses galères, dans toutes les reconnaissan-
ces et opérations que voudra Pedro Navarro, ce Général et ses troupes.

Inigo Mauriqne, Gouverneur de Malaga, doit, sur l'ordre de Pedro
Navarro, faire livrer à Diégo de Véra, chargé de les mettre en état,
des cottes de mailles, cuirasses, brassards, salades, gorgealines,
piques, etc... récemment entreposées dans sa forteresse. Il doit livrer à
Pedro Navarro toutes les armes que celui-ci lui demandera.

20 Avril. — Ximénès obtient le brevret de Capitaine de toute l'A-
frique.

23 Juillet. — Pedro Navarro capture plusieurs vaisseaux corsaires
qui viennent d'attaquer les côtes d'Andalousie et poursuit les pirates
jusqu'à l'île Penon de Velez dont il s'empare.

Il la fait fortifier et, de là, bombarde puis détruit la ville de Velez de
la Gomera, asile de pirates

Enthousiasme en Espagne et à la Cour. Ferdinand annonce par
lettre, ce succès à Ximénès.

Réclamation du Roi de Portugal qui prétend avoir seul des droits
sur le Maroc.

1ᵉʳ Septembre. — Villalobos et Diégo de Véra n'ont pas réuni les
approvisionnements nécessaires et déclarent qu'il faut remettre l'expédition au printemps prochain.

Indignation de Ximénès qui a rassemblé des troupes à Alcala et à
Carthagène. Il écrit une lettre personnelle au Roi.

Mais il se heurte au dessein caché de Ferdinand et de Pedro Navarro, de faire une expédition non pas sur Oran mais sur Hone... ou
ailleurs.

10 Septembre. — Ximénès écrit à Ferdinand et envoie une lettre
pressante à son Agent auprès du Roi, le vénérable Diégo Lopez de
Ayola, Vicaire Général chanoine de l'Eglise de Tolède.

15 Septembre. — Nouvelle lettre de Ximénès à Lopez de Ayola.

16 Septembre. — Lettre jésuitique de Ferdinand à Pedro Navarro.

26 Septembre. — Ximénès adresse un nouveau Mémoire à Ferdinand.

5 Octobre. — Ximénès doit licencier les troupes qu'il a réunies. Pédro Navarro est parti aider les Portugais à Arcile (1).

15 Octobre. — Plaintes de Ximénès. Son chagrin n'est même pas atténué par l'ouverture solennelle de son Université d'Alcala.

Il met Ferdinand en demeure d'agir.

4 Décembre. — Ferdinand ordonne à Pedro Navarro de préparer l'Expédition contre Oran.

29 Décembre. — Signature de la seconde Convention entre Ferdinand et Ximénès. Les territoires conquis, tout en étant rattachés au diocèse de Tolède, appartiendront au Roi quand Ximénès aura été remboursé.

Le choix de Pedro Navarro, Comte d'Olivet, comme Capitaine Général (Maestre Général) de l'Expédition contre Oran

D'après Madame Nelly Blum :

« Ximénès désirait donner le Commandement au Grand Capitaine. Mais le soupçonneux Ferdinand, qui croyait que Gonzalve de Cordoue avait voulu accaparer le Royaume de Naples et qui le rendait responsable de la rébellion soulevée par son neveu Diégo, désigna Pedro Navarro, qu'il avait fait Capitaine Général au retour de Naples, qui lui devait tout, et sur le dévouement particulier duquel il voulait compter.

« Ximéné acquiesce.

« Soldat intrépide et d'une vigueur remarquable, particulièrement réputé pour ses « finesse étrange, art et singulière façon à prendre places » (2), monté de la plus humble origine à la plus haute situation, encore dans la force de l'âge, Pedro Navarro paraissait capable de diriger l'expédition habilement et heureusement. Pourtant, malgré le succès qu'il obtint et qui, pour la plupart, est une preuve de mérite, Pédro Navarro devait se montrer Général médiocre, organisateur imprévoyant, collaborateur hypocrite et administrateur plus que suspect. Habitué aux mœurs et au langage des routiers, peu fait pour entrer en rapport avec un prêtre et encore moins pour subir son autorité, avide de trouver des occasions de briller, peu soucieux de diriger sur Oran une armée qu'il aurait voulu conduire à une conquête suggérée et faite par lui seul, cupide et violent comme tous les condottieres de l'époque, prêt à servir quiconque le paierait bien, incapable de dominer ses passions et ses sentiments, ce « Biscayen rusé » allait provoquer de graves difficultés et avant, pendant et après l'expédition, causer de grands soucis au Cardinal qu'il aurait dû servir avec zèle et gratitude.

. . . .

« Pedro Navarro avait été fait, par Ferdinand, Comte d'Olivet, le

---

(1) Malgré l'aide efficace et désintéressée que Pedro Navarro a apportée là au Roi de Portugal, celui-ci a maintenu sa réclamation de Juillet.
(2) Brantôme : « Vie des Grands Capitaines. »

1er Juin 1505 ; mais il s'appelait, de son vrai nom, Pierre Bereterra. Il prit le nom de Navarro en sa qualité de Navarrais, né à Gorde, dans la vallée de Ronçale. « Il fut, ajoute Galindo, » le plus habile ingénieur de son temps et « l'inventeur des mines qu'il employa, pour la première fois, au siège de Cé- « phalonie, en 1500, pendant qu'il était au service des Florentins. »

Voici, avec mon avis, les renseignements très intéressants que donne M. Jean Cazenave dans son opuscule. « Pierre Navarro, conquérant de Velez, Oran, Bougie, Tripoli. »

Pour moi, Navarro, très vigoureux et très brave, dut ses succès militaires à son bon sens tactique (découverte de mines ; emploi de l'artillerie pour préparer l'attaque ; utilisation du terrain, de la marche rampante et de la position couchée sous le feu pour l'Infanterie). Quant à sa moralité et à sa loyauté, je suis très sceptique.

« Pirate, capitaine, ingénieur et général d'armée, il combattit tour à tour au service de l'Espagne et de la France. De basse origine, cet homme qui n'avait reçu aucune éducation et savait lire à peine, parvint aux plus hautes charges militaires et fut comblé d'honneurs par Ferdinand le Catholique et François 1er. D'une audace peu commune, il sillonna les mers avec une flottille de galères semant l'effroi chez les Musulmans ; le premier, il utilisa pour faire sauter les remparts et s'emparer des forteresses, les mines chargées de poudre ; dans les combats, toujours en quête de gloire, il mania avec autant d'habileté, l'Infanterie dont il fit une arme puissante, et l'artillerie ; sur la côte d'Afrique, il emporta de haute lutte des cités importantes ; Velez, Oran, Bougie, Tripoli, points d'appui sérieux pour une conquête totale des pays infidèles que les grandes luttes entre les divers Princes d'Europe, empêchèrent de mener à bonne fin.

« Pierre Navarro fut à une époque héroïque, le type parfait du *Condottière* hardi, entreprenant et désintéressé (1) qui ne vécut que pour la gloire et les honneurs. Ses contemporains, oubliant sa naissance modeste et ses grands défauts, surent rendre hommage à sa valeur. Des humanistes, aussi distingués que Paul Jove, le Cardinal Bembo et Léon X honorèrent ce rustre de leur amitié. Pierre Martyr d'Anghera, autre humaniste italien fixé à la cour d'Aragon, voyait en lui un général accompli : Vir mari ac terra bello aptissimus. Plus tard Brantôme écrivait que « le comte Don Pedro Navarro était un homme qui avait atteint de grands honneurs de guerre, pour une finesse étrange, art et singulière façon de prendre places, sans pourtant qu'il eust autrement aucune splendeur de lignage. »

« Par sa famille, Pierre Navarro appartenait en effet à la petite noblesse paysanne. En ce qui concerne sa naissance et sa jeunesse, les historiens ne nous ont conservé que des détails peu nombreux et peu précis. Paul Jove et Brantôme disent qu'il était Biscaïen ; d'autre part l'inscription latine, gravée sur son tombeau par le duc de Sessa, l'appelle Cantabre (ossibus et memoriæ Petri Navarri cantabri). Mais son contemporain Gonzalve Fernandez de Oviedo, auteur d'un ouvrage historique connu sous le titre de Quinquagenas, affirme « qu'il était Navarrais de naissance et fils d'un hidalgo nommé Pedro del Roncal, qu'il connaissait fort bien. » Sandoval, le chroniqueur de Charles-

---

(1) Hum !

Quint, parle de même. Enfin, le nom de Navarro (Navarrais) qu'il prit par la suite indique bien à quelle province il appartenait.

« De bonne heure Pierre de Roncal (il portait le même prénom que son père), quitta son pays natal, le village de Garde (un des sept bourgs qui constituaient le bailliage de Roncal, en Navarre), pour aller chercher fortune. Il guerroya et apprit aussi le rude métier de marin. Nous le trouvons, ayant déjà dépassé la trentaine, au service d'un prince aventurier, le marquis de Cotron, qui appréciait son adresse et son audace, et finit par lui confier le commandement de ses vaisseaux. Alors commença pour lui une existence hérissée de risques et de dangers, mais libre et profitable. Parcourant en tous sens la Méditerrannée, il devint le pirate redouté que l'on ne désigna plus que sous le nom de Roncal el Salteador (Le Brigand). De Tunis à Ceuta, les Africains appréhendaient de le voir descendre sur leurs côtes ou de le rencontrer en mer. Les chrétiens l'évitaient aussi ; car il ne les épargnait, guère. En 1449, pendant qu'il essayait de capturer un navire portugais, un boulet l'endommagea sérieusement Il vint se soigner dans le petit port italien de Civitta Vecchia. Rétabli, il renonça à la piraterie, pour servir dans l'armée régulière.

« Comme pour oublier son passé, Pierre de Roncal, l'ancien corsaire, abandonna son nom familial pour prendre celui de Pierre Navarro, qu'il devait illustrer. Il alla offrir ses services à Gonzalve de Cordoue, qui commandait en chef les troupes espagnoles dans le royaume de Naples. Et celui que les Castillans appellent le Grand Capitaine, devinant en lui un auxiliaire de valeur, lui confia une compagnie.

« Sous un tel chef, Navarro combattit pour la première fois dans l'expédition de la flotte espagnole et vénitienne contre les Turcs. En novembre 1500, on attaqua l'île de Céphalonie dans le golfe de Patras. Les Turcs tenaient la ville et trois cents de leurs hommes défendaient le château de Saint-Georges. Pendant plusieurs jours on canonna, sans grand succès, les remparts. Navarro alors sollicita l'autorisation d'expérimenter une nouvelle invention : les mines. Il ouvrit, dans les murs de Céphalonie, trois cavités assez profondes, y entassa plusieurs barils de poudre, ferma ensuite l'entrée avec des blocs de pierre, ne laissant qu'une étroite ouverture pour le passage de la mèche qui devait communiquer le feu aux poudres. Quand ces travaux furent terminés et que tout fut prêt pour un assaut général, on alluma la mèche ; un éclatement se produisit ; des pans de murs s'effondrèrent. Le résultat cependant ne répondait pas aux espérances ; mais la brèche fut suffisante pour permettre aux assiégeants de pénétrer dans la ville, qu'ils conquirent bientôt, après une lutte meurtrière. L'île entière se rendit et fut restituée aux Vénitiens.

Cet emploi de la poudre pour faire sauter les remparts et les forts apportait une révolution dans l'art militaire. Désormais une garnison ne serait plus en sécurité dans une forteresse, contre laquelle, jusque là, les canons restaient impuissants. Les mines étaient une invention de première importance qui permettait d'enlever des postes considérés comme imprenables. Cette invention émerveilla tout le monde ; les historiens de l'époque en parlent avec étonnement et admiration et mentionnent Pierre Navarro comme l'inventeur de ce puissant engin. Seul un chroniqueur espagnol, François de Herrera, témoin de beaucoup d'actions militaires, parle, à ce propos, dans son livre intitulé « Historia de las proezas », d'un certain Micer Antonelli de Trava, qui aurait été le maître du Navarrais. Il se peut, en effet, que les deux capitaines aient travaillé ensemble à expérimenter les effets de la poudre devant Céphalonie et plus tard devant Naples. Mais il est un fait certain, c'est que tous les contemporains attribuent l'invention des mines à Pierre Navarro.

« Lorsque l'armée victorieuse revint en Italie, on apprit que, durant l'expédition, les rois Louis XII et Ferdinant le Catholique qui, tous deux, revendiquaient le Royaume de Naples, avaient négocié et, par un traité signé à Grenade le 11 Novembre 1500, s'étaient partagé à l'amiable l'état convoité. Les troupes françaises et espagnoles occupèrent aussitôt le territoire qu'on leur avait assigné, Gonzalve de Cordoue profita de cette trêve qu'il prévoyait, malgré tout, de courte durée, pour réorganiser son armée. Pierre Navarro obtenait alors la charge et le titre de Général de l'Infanterie ; il s'appliqua aussitôt à réformer cette arme. Jusqu'alors la piétaille, comme on l'appelait avec dédain, était un ramassis de gens sans aveu, recrutés dans les plus abjects milieux de la société, mal équipés, mal nourris, sans discipline aucune. Les chevaliers, les gens d'armes, les vrais combattants, méprisaient de tout leur pouvoir ces hordes que l'on ne retenait que par l'appât des dépouilles et du butin.

L'ancien corsaire, accoutumé de longue date à ces gens, travailla patiemment et courageusement à l'organisation des fantassins dont il connaissait l'âme et la valeur. Il s'occupa de leur armement et de leur discipline ; il les équipa, les entraîna et parvint à constituer ainsi une force souple et solide, capable de jouer un rôle prépondérant sur les champs de bataille. Il fut ainsi le premier organisateur de cette redoutable infanterie de l'armée d'Espagne, dont parlera Bossuet un siècle plus tard, « infanterie dont les gros bataillons serrés, semblables à autant de tours, mais a des tours qui sauraient réparer leur brèches, demeuraient inébranlables au milieu de tout le reste en déroute et lançaient des feux de toutes parts. »

« Dans le royaume de Naples, Français et Espagnols ne tardèrent pas à se brouiller. Les tracasseries provoquées de part et d'autre entraînèrent tout d'abord des duels, puis des rencontres plus sérieuses ; la guerre ouverte éclata enfin. En juin 1502, le duc de Nemours, vice-roi, à la tête d'une forte armée, attaqua Pierre Navarro enfermé, avec 500 hommes, dans la petite cité de Canossa. Les assiégés y résistèrent vigoureusement pendant plusieurs jours mais, débordés de tous côtés, ils durent capituler. Le général et les 150 survivants défilèrent la tête haute, à travers le camp ennemi et allèrent rejoindre Gonzalve de Cordoue, qui se porta au devant des héroïques soldats, embrassa et félicita Navarro.

« Mais l'année suivante, l'armée espagnole se dirigeant sur Naples, qu'elle avait décidé d'occuper, rencontra l'armée française près de Cérignola : le choc fut rude. Pierre Navarro manœuvra habilement le corps d'infanterie flanqué de quelques pièces d'artillerie et fit de la bonne besogne. L'épée au poing, on le vit batailler, au plus fort de la mêlée, comme un simple piéton, donner de sa personne sans compter. Le défaite coûta cher aux vaincus : le duc de Nemours gisait parmi les morts. La route de Naples était libre.

Les troupes de Ferdinand le Catholique entraient triomphalement dans cette ville le 14 mais 1503 ; l'adversaire se repliait sur Rome. Restaient à prendre cependant plusieurs châteaux-forts que tenaient encore les garnisons françaises, notamment le Castel Nuovo (Château Neuf) dominant tout le port dans l'île San Salvador, le Castel del l'Ovo (Château de l'Œuf). L'ingénieur Navarrais fut chargé de s'en emparer. Ce fut une occasion inespérée de perfectionner son invention des mines, naguère expérimentée sans grand succès devant Céphalonie. Avec une sage maîtrise et une hardiesse habile, il mena à bien cette entreprise qui rendit son nom fameux dans toute l'Europe.

« En premier lieu, il s'attaqua au Castel Nuovo, emporta d'assaut la tour Saint-Vincent qui protégeait un de ses flancs, du côté de la mer et de là dirigea quelques pièces d'artillerie contre le château. Puis il eut recours à ses fameuses mines. Il fit creuser des fours dans le roc, au-dessus duquel s'élèvait le magasin à munitions. Lorsque tout fut prêt, le 12 Juin, Gonzalve de Cordoue, avec force bruit et grand déploiement de troupes, simula une attaque du côté de la terre, pour attirer les défenseurs. Ceux-ci en effet accoururent en masse afin de résister à l'assaut. Mais juste à ce moment, les pionniers mirent le feu aux mèches et, dans une terrible explosion, volèrent en l'air des quartiers énormes de rocher et le magasin qu'il supportait. Pierre Navarro, caché dans la tour Saint-Vincent avec deux compagnies de fantassins, se lança alors dans le nuage de poussière et de fumée, à l'escalade de la forteresse. Son ardeur inouïe, bousculant tout sur son passage, l'en rendit maître en quelques instants. Il bondit ensuite vers le château, dernier refuge où les défenseurs s'étaient enfermés. Une lutte acharnée eut lieu : les assiégés, épuisés, se rendirent à discrétion. De toutes les fenêtres des maisons voisines, les dames et les seigneurs napolitains, venus comme pour un spectacle, avaient assisté, émerveillés, à la prise du château-fort.

« Pour le récompenser, le Général en Chef nomma Navarro Gouverneur du Castel Nuovo : quelques jours après, comme il s'en allait, avec ses troupes, à la poursuite de l'armée française, il lui confiait la ville entière et lui laissait le soin de prendre le Castel del l'Ovo, situé sur un îlot, et qu'un simple pont faisait communiquer avec la terre. Notre Capitaine ne perdit point de temps. Quelques canons placés sur le mont Pizzifalcone qui le dominait, bombardèrent le fort sans répit. Un jour, à la tête de 50 hommes d'élite, il enleva une casemate adossée aux murs, à l'extrémité du pont. Ce point d'appui lui permettait de faire entrer en scène ses habiles pionniers. Nuit et jour, leurs pics entamèrent patiemment le roc, au flanc du château. Les assiégés, épouvantés par ce qu'ils avaient vu au Castel Nuovo, firent tous leurs efforts pour empêcher le travail. Une nuit, vingt d'entre-eux descendirent, à l'aide de cordes, pour massacrer les sapeurs, mais leur dévouement fut inutile.

Le 2 juillet, la mine étant creusée, remplie de poudre et murée à nouveau, Pierre Navarro prit place à bord d'un vaisseau et, toujours pour attirer les gens de la garnison, feignit une attaque du côté où la mine était située. Les Français accoururent ; mal leur en prit, car au même instant, une mèche allait, en serpentant, communiquer le feu aux poudres et une détonation retentit. Poussés par une force irrésistible, les blocs de calcaire dévalèrent dans la mer avec des pans de mur et les corps déchiquetés des malheureux soldats de la garnison. Le Gouverneur et ses officiers, réunis en ce moment dans la chapelle, moururent écrasés par les murs qui s'écroulèrent. Les quelques survivants se rendirent et l'Europe apprit les effets terrifiants des mines et les exploits du Navarrais.

« Ce fut aussi le fait d'armes dont celui-ci se montra le plus fier, au cours de sa carrière héroïque. Quelques années plus tard il demandait à son ami

Paul Jove de lui composer un blason. L'humaniste accédait à son désir et, pour faire connaître au monde l'ingénieur qui avait inventé les mines souterraines, il évoquait la prise du Château de l'Œuf. Voulant marquer la nouveauté et l'ingéniosité de cette découverte, et se basant sur la croyance populaire qui veut que l'autruche fasse éclore ses œufs rien qu'en les regardant, il figurait sur ce blason deux autruches fixant leurs œufs de toute la force du regard et lui donnait la devise suivante ; « Diversa ab aliis virtute valemus » (nous brillons d'une valeur à nulle autre pareille).

« Dans les mois qui suivirent, Pierre Navarro combattit encore aux côtés de Gonzalve de Cordoue ; devant Gaëte, dont on ne put déloger les Français ; en octobre, sur les bords du Garigliano où s'illustra Bayard, le preux chevalier, « qui oncques de là ne voulut desmarcher », comme dit son chroniqueur. La paix fut signée le 25 fevrier 1504, par Louis XII et Ferdinand le Catholique ; elle consacrait le triomphe définitif des Espagnols et la France perdait le royaume de Naples, dont Gonzalve restait seul vice-roi.

Les autres chefs obtinrent des récompenses ; Pierre Navarro reçut le titre de comte d'Oliveto avec, comme fief, la ville et le district d'Oliveto dans les Abruzzes. Dans l'acte délivré à Ségovie le 1er Juin 1505, le roi d'Espagne faisait de l'ingénieur les plus grands éloges. « Nous rappelons, disait-il, les mérites et les très hautes et très mémorables actions accomplies, pour notre cause et le bien de nos Etats, par le magnifique et vaillant capitaine, notre cher sujet Pierre Navarro, soit pendant la guerre, soit en temps de paix, et notamment dans la récupération de notre royaume de Sicile ; il a surpassé tous les autres et, dans l'art militaire, il s'est révélé comme un grand chef par ses belles qualités physiques et morales et autres vertus que possède un bon chef, dépensant sans compter son argent et ses peines, même au péril de sa vie... »

L'année suivante, le Navarrais fut chargé par Gonzalve de Cordoue d'une importante mission auprès du souverain pour traiter certaines questions relatives aux affaires d'Italie. Sa soif des honneurs et de la gloire lui fit tenir alors une conduite assez louche : il trahit en effet son général et ternit ainsi les lauriers qu'il avait cueillis sous sa direction. Car il accepta de se prêter aux machinations du sournois Ferdinand d'Aragon qui, se méfiant de Gonzalve de Cordoue, dont la popularité l'offusquait, avait décidé de le destituer pour le remplacer par son fils bâtard, l'archevêque de Saragosse. Mais la mort de Philippe le Beau, mari de Jeanne la Folle et gendre du roi, vint troubler ces projets et empêcher les complices de commettre une action déloyale. Un nouveau théâtre d'actions (1) allait permettre au comte d'Oliveto d'accomplir encore de brillants exploits.

. . . .

« Le 21 Mai 1526, le Roi de France, le Pape Clément VII et le duc de Milan formaient une ligue contre Charles-Quint qui retenait en prison les fils de François 1er et dont les armée ravageaient l'Italie. Dans la flotte alliée qui comprenait 37 galères, Pierre Navarro (2) reçut le commandement des 17 navires français et le titre d'amiral en chef. Parti de Marseille, il s'empara de Savone, courut les côtes italiennes, rencontra l'armada espagnole, mais ne put lui causer grand dommage.

---

(1) L'Afrique.
(2) Passé au service de la France.

« Il était de retour vers le milieu de l'année 1527, au moment où Lautrec traversait les Alpes sous prétexte de délivrer le pape et de reprendre la ville de Rome que le connétable de Bourbon avait enlevée et saccagée au mois de mai. Navarro rejoignit l'armée comme chef de l'Infanterie. Rapidement Lautrec reconquit le Milanais, rétablit à Gênes l'autorité de son souverain, s'empara de Bologne et se dirigea vers Naples : les Espagnols évacuèrent Rome le 17 Février 1528 ; mais ils se maintenaient encore dans Naples. Le 9 avril, les Français cernèrent la place défendue par le vice-roi Moncada. Lautrec et les autres officiers voulaient donner l'assaut dès l'arrivée : Navarro, au contraire, prétendit qu'il fallait temporiser et affamer la ville, « d'où vint, dit du Bellay, la principale ruine de notre armée ». Son avis prévalut.

« Bientôt André Doria, qui défendait l'entrée du port avec ses galères, se plaignait d'être mal payé, frustré de ses droits sur Gênes et sur Savone et passait au service de Charles-Quint. La peste se mit dans le camp des assiégeants ; les soldats mourraient par centaines. Les Espagnols organisaient des sorties presque journalières, massacraient et ramenaient du butin. Beaucoup de capitaines étaient malades ; Lautrec lui-même, atteint par le mal terrible, succombait dans la nuit du 15 au 16 août ; « à peine restait-il dans le camp français une centaine de chevaux, dit Guichardin ». Le marquis de Saluces prit le commandement de ces troupes décimées par l'épidémie et, à la fin du mois, ordonna la retraite vers le Nord. On partit sans bruit, abandonnant l'artillerie et les bagages. Les assiégés s'en aperçurent et se lancèrent à la poursuite. Pierre Navarro avait été laissé à l'arrière-garde ; gravement malade, il se faisait porter en litière ; mais, pour aller plus vite, il monta sur une petite mule et pendant qu'il cherchait un chemin de traverse il fut pris par un escadron de cavalerie albanaise et ramené à Naples, au moment où Saluces enfermé dans la ville d'Averse et menacé par les Impériaux, acceptait une capitulation honteuse.

« Il fut pris, nous dit Brantôme, à demi mort de maladie et déjà tant vieux et cassé qu'il n'en pouvait plus ». Tout endolori par une fièvre qui ne lui laissait pas de repos depuis près de quarante jours, il fut emprisonné pour la seconde fois dans ce Château-Neuf (Castel Nuovo) qu'il avait, vingt-cinq ans auparavant, emporté de haute lutte. Le gouverneur Louis de Icart traita ce vieillard avec déférence. Mais bientôt arrivait un ordre formel de l'empereur Charles-Quint prescrivant la mise à mort immédiate de tous les prisonniers. Qu'advint-il du vainqueur d'Oran ? Le mystère plane sur les circonstances de sa mort. Fut-il exécuté ? Mourut-il de vieillesse et de maladie, grâce aux retards apportés par le gouverneur à l'exécution de ce vaillant capitaine. Adhuc sub judice lis est : les historiens les mieux renseignés ne sont point d'accord. Brantôme raconte que « par le commandement de l'Empereur, il fut étouffé entre deux couettes, comme dirent aucuns vieux Espagnols la première fois que je fus à Naples et m'en montrèrent le lieu et la prison. D'autres disent qu'il fut étranglé de corde par main de bourreau, mais pourtant en cachette. »

« Quoi qu'il en soit, Navarro eut une fin triste et disparut oublié de tous. Il fut cependant enterré, à côté de Lautrec, dans l'église Santa Maria la Nova de Naples. Brantôme nous a conservé encore le texte de l'épitaphe qui ornait son sépulcre ; il l'a consignée dans son œuvre en l'accompagnant d'une traduction française : « Ossibus et memoriæ Petri Navarri, Cantabri, solerti in expugnandis urbibus arte clarissimi, Consalvus Ferdinandus Ludovici filius,

« magni Consalvi nepos, Suessiæ principis, ducem Gallorum partes secutum
« pro sepulchri munere honestavit ; cum hoc in se habeat virtus, ut vel in hoste
« sit admirabilis. C'est-à-dire : Aux os et à la mémoire de don Pedro de Na-
« varro, biscaïen, rusé, accort et renommé à prendre villes et places, Con-
« salve Ferdinand, fils de Louys, neveu du grand Consalve, prince de Sesse,
« a honoré un capitaine qui avoit suivy le party français de ce don pie et
« charitable de sepulchre. Voyez ce que peut la vertu, qu'il faille qu'elle soit
« admirable à son ennemy. »

« Telle fut l'existence mouvementée, tissée de glorieux exploits et de re-
vers, de ce hardi capitaine. Au physique, nous dit A. Capriolo qui a gravé
son portrait, Navarro était un homme de haute taille (1), au visage brun,
avec des yeux, une barbe et des cheveux noirs (Era il Navarro alto et de
volto bruno et de occhi, barba et capelli neri). Paul Jove ajoute que son allure
et ses manières dénotaient un reste de son origine rustique, mais qu'au demeurant l'ensemble de sa personne était assez agréable. Ses contemporains le
considérèrent et l'admirèrent pour ses merveilleuses inventions et pour sa
haute valeur militaire. Lorsqu'il s'en allait à la conquête d'Oran, le célèbre
Hernan Pérez del Pulgar, un des grands chefs et l'un des héros de la guerre
de Grenade lui adressait une longue lettre pour le conseiller et aussi lui dire
son admiration. « Très magnifique seigneur, écrivait-il, comme beaucoup
jadis allaient à Rome pour voir plutôt Tite-Live que la ville elle-même, ainsi
nous devrions faire tous et aller vous voir et je m'empresserais moi-même
d'accourir pour servir sous vos ordres, si mon grand âge ne m'en empêchait. »
Ces quelques mots dictés par l'intègre chevalier bardé de fer, sont le plus bel
éloge que l'on puisse faire de l'intrépide Pierre Navarro, comte d'Oliveto, qui,
méprisant les biens et la fortune, vécut uniquement, comme un soldat rude et
fier, pour l'honneur et pour la gloire. »

Les difficultés auxquelles se heurte Ximénès

D'après Madame Nelly Blum :

« Pour éviter les réclamations personnelles de Ximénès, Ferdinand désigne
le Conseiller Vargas avec mission de traiter toutes les affaires relatives à la
guerre d'Afrique Celui-ci, devinant et encourageant les secrets desseins du
Prince, va multiplier les moyens dilatoires. Ximénès devra, sans cesse, prier
le Roi d'ordonner au licencié Vargas de faire tout ce qui est à sa charge.
« Quelle inconséquence n'y aurait-il pas », s'écrie-t-il un jour, à bout de
patience « si, après avoir entrepris cette affaire qui est déjà si avancée, Satan
était assez puissant pour empêcher une si bonne œuvre. »

Villalobos de Malaga désigné pour réunir les approvisionnements, Diégo
de Vera, futur chef de l'Artillerie, chargé de rassembler les munitions, Vianelli, le grand Ordonnateur, paraissent faire en hâte tous les préparatifs
nécessaires.

« Mais Omedes signale au Cardinal leur inertie.

« Celui-ci, qui habite sa résidence préférée d'Alcala, où il prépare l'inauguration de son Université, écrit à Vargas, au Secrétaire particulier du Roi,
Pérez de Almazan, au Roi et surtout à son ami particulier « *nuestro special*

---

(1) en 1515 Pleurance le décrit « comme un petit homme maigre du Val de Ron-
cal ». (J Cazenave).
Son portrait par Jean de Bourgogne (voir la gravure de sa montée vers Oran avec
Ximénès) est pour moi, le plus exact.

amigo », le vénérable Diégo Lopez de Ayala, Vicaire Général chanoine de son Eglise de Tolède, chargé de suivre le Roi à Burgos, à Valladolid, à Cordoue et de mener toute la négociation comme Agent du Cardinal.

« L'hiver se passe au milieu de toutes ces démarches et aucun ordre vraiment précis n'a encore été donné par le Roi. Le *25 Février 1508*, celui-ci se décide enfin à signer, en son nom et au nom de sa fille Dona Juana, l'ordre de faire les préparatifs nécessaires...

« Mais, dans les recommandations finales de sa correspondance, se révèle sa conduite équivoque. D'accord avec le Comte d'Olivet, tandis que, en apparence, il fait tout préparer pour la conquête d'Oran, il médite, en réalité, une entreprise sur un autre point de la côte, et il en parle au Gouverneur du littoral comme d'une reconnaissance préliminaire. En effet, une certaine quantité de troupes et de navires étaient déjà réunis dans le port de Malaga quand les Corsaires Africains, anticipant exceptionnellement leurs actes de piraterie, attaquent les Côtes d'Andalousie pour y faire des vols et des captures comme de coutume.

« On se garde bien de laisser échapper un aussi bon prétexte et Pedro Navarro, aussi désireux d'agir pour lui-même, que de conquérir du butin, obtient du Roi l'Ordre d'aller immédiatement châtier les Corsaires.

(Prise du Penon de Velez le 23 Juillet et destruction de Velez de la Gommera).

« Tout en recevant avec autant de joie que le Roi la nouvelle de ce succès, le Cardinal y voyait une diversion fâcheuse aux préparatifs de l'expédition contre Oran et l'origine de complications au moins inutiles.

(Réclamations du Roi de Portugal).

« On temporise encore et voici septembre. La date fixée d'un commun accord l'année précédente pour le départ de l'expédition est arrivée. Non seulement Villalobos et Diégo de Vera n'ont pas réuni les approvisionnements nécessaires, mais ils écrivent de Malaga qu'il faut remettre l'expédition au printemps prochain et qu'il serait dangereux de s'embarquer en hiver. Ximénès indigné leur répond de la bonne encre et, par l'intermédiaire de son Agent Lopez de Ayala, s'efforce d'agir vigoureusement auprès du Roi.

« Il rappelle qu'il a rassemblé dans son diocèse une multitude de soldats venus d'Italie, que d'autres ont déjà pris les devant sur Carthagène, que les Milices Espagnoles sont désignées et prêtes à partir aux premières réquisitions. Il montre Alcala remplie de fantassins et d'hommes d'armes qui commettent toutes sortes de dégâts, malgré toutes les précautions prises : les mercenaires déjà rassemblés, etc...

« L'expédition est déjà connue, annoncée. Si le retard persiste, on risque de tout perdre. Il faut donner à Vargas des ordres précis pour que les agents de Malaga ne temporisent pas davantage, et à Pedro Navarro des instructions formelles pour qu'il s'occupe uniquement de l'Expédition d'Oran, se rende à Carthagène avec les vivres et les munitions et franchisse la mer immédiatement, car la côte de Malaga est très dangereuse en hiver.

« Je supplie Son Altesse, conclut le Cardinal, de commander qu'on aille vite et de s'en occuper elle-même, car si elle s'en occupe un seul jour, elle fera plus que depuis le temps qu'elle le néglige. Qu'elle prie instamment le licencié Vargas de ne manquer à rien de ce qui est écrit. De son côté, il verra que rien ne manquera avec l'aide de notre Seigneur. Que son Altesse

considère bien les inconvénients qu'il y aurait si l'on voyait qu'il y a quelque
retard dans ses Ordres. »

« De toutes les provisions que Pedro Navarro avait démandées dans son
Mémoire, il n'a rien retranché, et, le même jour, il adresse à Vargas copie de
la lettre de Villalobos, copie de la délibération du Chapitre de Tolède au sujet
des subsides, en même temps qu'un Mémoire spécial. Il écrit une lettre personnelle au Roi et il adresse à son Agent les recommandations les plus pressantes : « Si tu prévoyais quelque retard, fais le moi savoir tout de suite,
ainsi que toutes les nouvelles de là-bas. Ecris-moi toujours longuement. »

« Cette activité dévorante se dépense en pure perte. Pedro Navarro, qui se
sent soutenu par Vargas et le Roi, reste inactif. Il provoque toutes sortes de
difficultés et d'empêchements, il veut surseoir à l'expédition sous prétexte
qu'on est en hiver. Il parle même d'approvisionnements qu'on est en train de
faire, mais qui serviraient à d'autres fins, et de troupes destinées à une autre
expédition.

« On devine l'effet que produisent de pareilles nouvelles sur l'esprit de
Ximénès. Sans désemparer, il écrit à Ferdinand pour lui demander s'il permettra qu'une si grande entreprise soit désorganisée et qu'on ne fasse pas ce
qui est convenu et écrit. Il demande à Vargas d'avertir Villalobos qu'une
partie des provisions n'est pas encore arrivée, qu'on a oublié l'eau nécessaire
à la Cavalerie, qu'on n'a pas fait la provision de poissons. Lopez de Ayala
devra travailler à l'éclaircissement de toute cette affaire, savoir ce qu'on décidera, remettre sur le champ au Roi la lettre du Cardinal, et solliciter une
réponse immédiate.

« Je ne puis croire, conclut Ximénès, que Son Altesse permette toutes ces
manœuvres. Informe-toi de tout minutieusement et avise-m'en aussitôt.
Ecris-moi, par courrier, la réponse de Son Altesse. »

« Et, dans cette même lettre du *10 Septembre*, si courte, si pressante et si
éloquente dans son ardente simplicité, il répète, jusqu'à 3 fois, qu'on lui envoie la réponse, par messager spécial. On sent, à lire ces lignes, toutes vi-
brantes encore de la passion du Cardinal, quelles souffrances lui font endurer
les intrigues dont il est victime.

« *5 jours après*, il reprend la plume. Il vient de recevoir de Cordoue, résidence actuelle de la Cour, copie du Mémoire adressé au Roi par son Agent,
de la réponse de Ferdinand. Il signale les manœuvres du préposé de Vargas,
Villalobos, qui semble recueillir tous les approvisionnements conformément
au Mémoire remis par Pedro Navarro, quand, en réalité il travaille à préparer une expédition que médite le Comte d'Olivet.

« On n'a pas encore publié les Appels de Troupes, malgré les réclamations
réitérées de Ximénès. On ne lui envoie pas les Capitaines qui devaient venir
prendre les Milices dans les villages, et, pendant ce temps, on dirige sur Carthagène, Murcie, Séville, des Officiers, des soldats pour Hone et autres expéditions que Pedro Navarro veut entreprendre à son profit. On trompe le Roi,
on trompe le licencié Vargas, car il est impossible que Son Altesse accepte
tout ce qui se fait. Quant à Villalobos, il n'a, jusqu'à présent, fourni aucun
Inventaire exact des Approvisionnements réunis ; et si le Roi ne s'en mêle
pas, rien ne sera fait. Il se gardera bien d'ailleurs d'aller, comme on le lui
conseille, en personne à Carthagène ; en cas de nouveaux retards, il aurait la
honte de revenir dans son diocèse, sans avoir rien fait, et, au contraire,

d'Alcala, il peut suivre tous les évènements de près et arrêter les mesures nécessaires.

« Ferdinand comprend qu'il faut donner quelque satisfaction à l'impatience du Grand Chancelier ; celui-ci parait croire que le Roi est trompé par Pedro Navarro, il importe de le fortifier dans cette croyance. Alors le lendemain (*16 Septembre*) du jour où il recevait les réclamations si éloquentes et si justes de Ximénès, Il écrivait à Pedro Navarro de se rendre à Carthagène où, disait-il, le Cardinal devait arriver bientôt, et de s'y mettre à sa disposition... Or il savait que Ximénès ne voulait pas quitter son diocèse, certain qu'il était de ne rien trouver prêt en arrivant à Carthagène.

« A cette cédule était jointe une lettre du même jour où apparait la politique tortueuse suivie par Ferdinand pendant toute cette négociation.

. . . .

« Et, en effet, Pedro Navarro va débloquer Arcile pour le compte du Roi de Portugal et préparer en secret une expédition contre le port de Hone.

« Ximénès, sans avoir peut-être la conviction absolue que le Roi est pleinement d'accord avec les temporisateurs, est trop bien informé pour ne pas savoir qu'on va chercher de nouveaux prétextes afin de remettre encore à l'année suivante l'expédition et qu'on dépensera et emploiera la plus grande partie des provisions déjà fournies (1) pour toutes sortes de ruses et autres affaires telles que celle contre le port de Hone. On sait, en effet, que le Cardinal n'avait marchandé ni sur les hommes, ni sur les approvisionnements et avait accepté sans discuter toutes les conditions imposées par Pedro Navarro dans le Mémoire qu'il avait présenté. Et maintenant, ce n'est plus seulement de la lenteur et de la négligence qu'on lui oppose, mais il doit souffrir l'infidélité des employés, les spéculations des fournisseurs, bien plus, le pillage de ses approvisionnements, opéré avec la complicité de celui qu'il avait choisi comme Général en Chef !

« Aussi renouvelle-t-il ses instances auprès du Roi. *Le 26 Septembre* il lui adresse un nouveau Mémoire, dont il fait connaître le résumé à son Chanoine. Il écrit :

« Son Altesse dit qu'il y aurait quelques inconvénients à commencer la guerre « en ce moment parce que les navires ne pourraient pas transporter les provi- « sions pour l'armée. Or, j'ai décidé de porter outre mer des provisions qui, « jointes à celles qui y sont déjà, dureront 3 mois et plus. Elle ajoute qu'il « vaudrait mieux attendre le printemps ; mais on rencontrera les mêmes dif- « ficultés qu'aujourd'hui, car la mer est aussi mauvaise au printemps qu'en « hiver. »

« Il espère que le Roi va ordonner le départ prochain des troupes et le transport des approvisionnements à Carthagène, conformément à l'article de la Convention dont il cite le texte ainsi conçu :

« J'ordonnerai de rassembler tous les approvisionnements et toutes les mu- « nitions nécessaires à la flotte dans le port où cette flotte devra s'embarquer « à l'époque choisie par moi et Vous Cardinal. »

« Il est prêt à envoyer ses derniers ordres à Malaga pour le transport de l'argent à Carthagène. Il attend une réponse par courrier très rapide, demande qu'on brûle les fustes de Velez pour empêcher Pedro Navarro de ten-

---

(1) par lui.

ter une nouvelle entreprise, et, comme il connait bien le caractère de Ferdinand, il ajoute qu'une expédition nouvelle coûterait beaucoup d'argent.

« Cependant, il n'est pas encore sûr que le Roi donne les ordres qu'il sollicite si ardemment, et il ne peut dissimuler à son fidèle représentant sa très grande inquiétude.

« Et pourtant, il n'était pas encore au bout de ses peines. 9 jours après, il voyait « dispersées toutes les troupes qu'il avait réunies à Alcala et en d'autres lieux, inutilisées toutes les démarches qu'il avait faites », car Pedro Navarro était déjà parti pour Arcile, avec la flotte.

« Il avait fallu licencier les Milices et la plus grande partie des Capitaines, ce qui risquait de faire le plus grand tort. « Quand nous en aurons ensuite absolument besoin, disait Ximénès, ces gens-là n'auront plus confiance en personne, et je prévois beaucoup d'autres difficultés qui vont s'en suivre ; plaise à Notre-Seigneur que Son Altesse soit plus prévoyante à l'avenir ; que Dieu pardonne à Vargas et Villalobos tout le mal qu'ils nous ont donné, ils en rendront compte à Dieu. »

« L'affaire d'Arcile est terminée, et rien n'est encore définitivement réglé. Omédès ignore ce que médite Pedro Navarro ; Ximénès prépare un chiffre secret pour continuer sa correspondance avec le fidèle Lopez de Ayala, et ses plaintes deviennent de plus en plus pressantes et touchantes. Il écrit :

« Dieu sait que des choses de ce monde aucune ne pouvait m'aller plus à « cœur que le retard apporté à la guerre d'Afrique, car Notre Seigneur met « ordinairement la main à ces choses-là : Je m'en remets à Celui pour la « cause de qui nous agissons ; il ordonnera tout au mieux pour son service. »

« Rien ne pouvait dissiper l'affliction qu'éprouvait le Cardinal, pas même l'ouverture solennelle de cette grande Université d'Alcala dont on venait de fêter l'inauguration (15 Octobre 1508).

« Il faut dire qu'un parti puissant venait de se reformer contre lui et était d'autant plus hardi qu'il se sentait discrétement appuyé par le Roi. Dans les premiers temps et après la déclaration solennelle faite par Ferdinand, la Cour avait accepté l'expédition, et beaucoup même avaient espéré en tirer profit. Mais quand on vit les choses trainer en longueur, le Roi se désintéresser de la guerre d'Afrique et les troupes rentrer dans leurs provinces, l'opposition reprit courage. « Des hommes pervers », comme dit Gomez, tentent de faire revenir le Roi sur sa décision et on reprend toutes les objections lancées déjà l'année précédente.

« N'était-il pas injuste et ridicule, disait-on, au moment même où le Grand Capitaine était réduit à l'inaction, de voir un moine conduire des milliers d'hommes au combat ?

« Et on se vengeait ainsi, non seulement de la politique anti-aristocratique de Ximénès, mais de la prétention qu'il avait eue de choisir lui-même les principaux Capitaines de l'expédition, au lieu de les laisser, selon l'usage, désigner par le Comte d'Olivet. Il faut même voir dans ce fait, comme le remarque Mariana, une des causes principales du ressentiment éprouvé par Pedro Navarro contre le Cardinal.

« D'autres, plus pratiques encore, soulevaient la question d'argent, qui avait toujours tant d'importance aux yeux de Ferdinand. « Le Roi », disaient-ils, « devait surveiller attentivement les dépenses et craindre que, après avoir rapidement épuisé son trésor, Ximénès ne dût quitter l'Afrique, sans avoir rien fait, en abandonnant la flotte et l'armée aux caprises des Mores. »

« Et puis, pourquoi irait-on nécessairement à Oran ? Ce n'est pas l'avis du Général ; il dit partout que le fort du promontoire de Hone, à la hauteur d'Alméria, serait plus facilement et utilement emporté ? Enfin, on reparle de l'état de la mer, des dangers d'une navigation en plein hiver, et le Roi en vient à proposer de réunir les approvisionnements à Mers-el-Kébir, sous prétexte d'assurer à l'armée, dès son arrivée, tout ce dont elle aura besoin.

« Cette fois, le Cardinal ne peut plus contenir son indignation, il somme Ferdinand de prendre une décision définitive. Il rappelle tous les sacrifices qu'il a déjà faits, le bruit répandu d'une grande expédition qui se prépare et qui va échouer honteusement. Il déclare qu'il est décidé à tout abandonner plutôt que de se dessaisir des munitions et approvisionnements qu'on lui ferait, sans doute, payer une seconde fois en arrivant à Mers-el-Kébir. A aucun prix il n'acceptera la tutelle des Intendants et une organisation qui sépare une armée entière de tout ce qui lui est indispensable. Quant au fameux projet sur Hone, il en montre l'absurdité avec cette clairvoyance que donne la passion et avec une justesse de raisonnement qui prouve sa profonde compétence en matière coloniale. La prise du fort de Hone est inutile ou plutôt dangereuse. De ce point, ni même de toute l'Afrique, on ne fait pas autant de dommage au littoral Espagnol, que n'en cause la seule ville d'Oran ; et jamais on ne trouvera un accès plus facile à l'occupation de la Morétanie qu'en partant d'Oran, ville opulente et abri assuré. D'ordinaire, on dépense plus d'argent, et on perd plus d'hommes, pour enlever les bicoques, que pour prendre des villes importantes. Enfin, il ne voulait plus laisser sa ville d'Alcala exposée aux déprédations de la soldatesque, et, bien qu'il lui fût très pénible de congédier, sans aucun motif, des milliers d'hommes levés en Espagne, et surtout dans son diocèse, il est décidé à le faire, en même temps qu'à sacrifier tous les approvisionnements déjà réunis. Jamais il ne sera assez insensé pour emmener avec lui tant de soldats en armes et une si grande multitude d'hommes, en laissant à la disposition d'un autre le moyen de les nourrir. Il écrit :

« Je me suis occupé, toutes affaires cessantes, de cette expédition ; je me « suis efforcé d'en hâter les moyens, et tout serait prêt sans cette dernière « difficulté que l'on soulève à propos des approvisionnements. Je me repose « sur le témoignage de ma conscience, mais si on ne résout pas enfin cette « difficulté, je suis prêt à tout abandonner. »

« Cette fois Ferdinand comprend que l'heure des tergiversations est passée. Comme il veut pas braver le tout puissant Archevêque, il rejette la faute sur Vargas. Il comprend aussi, sans doute, qu'en forçant Ximénès à se séparer de ses approvisionnements qui seraient envoyés à Mers el-Kébir, on l'exposait à les payer une seconde fois au moment du débarquement comme ce fut le cas pour l'Alcade (1) ; il n'entend pas se faire le complice de tripotages déplorables, et risquer le salut de ses troupes en enlevant tout autorité au chef de l'expédition.

« *Le 4 Décembre*, en date de Séville, il donne, en son nom et au nom de sa

---

(1) Diégo de Cordoue. *On* lui avait accordé un traitement de 3.000 ducats d'or, à condition de prendre à sa charge les dépenses relatives à l'entretien de la garnison, mais *on* lui a fait payer 2 fois les approvisionnements soi-disant envoyés à Mers-el-Kébir. Le *on* de la Cour et de l'administration Espagnoles n'était pas précisément honnête et loyal !

fille Dona Juana, les premiers ordres définitifs au Comte Pedro Navarro (1).

« *Le 29 Décembre* (2) il signe, cette fois avec l'intention de l'observer, une seconde Convention avec Ximénès après un échange de nouveaux Mémoires et toute une série de démarches faites par Diégo de Ayala.

« On décide que la flotte partira dès les premiers jours du printemps. »

Voici ce que dit M. Jean Cazenave dans son opuscule sur Pierre Navarro :

« Après la conquête du royaume de Naples, Ferdinand le Catholique résolut d'amplifier ces premiers succès et chargea de cette tâche son général favori, Pierre Navarro. Il lui octroya des subsides pour lever des troupes et armer une petite flotte. Le cardinal de Cisnéros, grand Inquisiteur et archevêque de Tolède encourageait son souverain dans cette voie ; pour le décider, il lui représentait les terribles désastres causés par les pirates sur les côtes de la Méditerranée : dans l'espace de quatre ans, les galiotes de Yahia Raïs avaient, à elles seules, capturé un grand nombre de navires et enlevé, dans le royaume de Grenade, près de 4.000 chrétiens ; il parlait aussi du profit que la religion retirerait de l'occupation des pays infidèles.

« Navarro reçut l'ordre de donner la chasse aux corsaires. Au début de l'été 1508, il sortit de Malaga, avec ses galères, commença la poursuite et s'empara de quelques bateaux. Il arriva ainsi devant la ville de Velez de la Goméra, l'ancienne Badis, située sur la côte marocaine à 25 lieues de Ceuta. C'était un des nids les plus redoutables de la piraterie. Les dommages causés sur les rivages d'Espagne par ses brigands s'élevaient à près d'un million d'or par an : la tribu des Ghomara, qui en occupait les territoires environnants, ne vivait que de rapine et la merveilleuse situation de son port attirait les corsaires des pays barbaresques.

« Devant la ville, à quelques mètres seulement du rivage, se dressait un rocher abrupt, masse calcaire de près de 300 mètres de long sur 90 de large, couronnée d'une solide forteresse et que les Espagnols appelaient le Penon de Vélez. Lorsque l'Armada approcha, les quelques 200 hommes, qui formaient sa garnison, tirèrent contre elle le canon. Le général fit alors avancer ses navires, pendant que les défenseurs de la forteresse, croyant à une attaque sur la ville de Vélez, abandonnaient subrepticement leur poste pour gagner la terre ferme. Profitant de cette faute, Navarro prit tranquillement possession du Penon le 28 Juillet 1508. Maître désormais de l'îlot rocheux, qu'il était fort difficile d'emporter par les armes, il y installa une garnison espagnole avec de l'artillerie et se mit en devoir de bombarder la ville voisine. Effrayés, les indigènes sortirent de leurs maisons, évacuèrent la place qui resta propriété du roi d'Espagne, malgré les protestations réitérées du Portugal (3).

---

(1) Cette résolution de Ferdinand est confirmée par une lettre de lui à Jérôme Cabanillas, son Ambassadeur près le Roi de France. Sous le prétexte de la « guerre contre les Mores d'Afrique il réclame la paix et l'union de toute la Chrétiente et il donne sur l'état de ses finances des détails qui prouvent pourquoi il a dû accepter l'aide pécuniaire de Ximénès. Ni à Madrid ni à Paris (Archives nationales et bibliothèque du Ministère des Affaires Etrangères) on n'a trouvé de Rapports de notre Ambassadeur à Madrid sur la Croisade de Ximénès, » (Nelly Blum).

(2) Monsieur Jean Cazenave parle de mi février « lettre datée de Tolède, 20 février 1509. »

(3) Le Peñon de Vélez fut enlevé par ruse à l'Espagne en 1522 par le prince mérinide Abou Hassoun. En 1563, D. Sancho de Leiva, général de Naples, tenta vainement de le reprendre. Il ne devait tomber aux mains des Espagnols que l'année suivante : don Garcio de Tolède s'en rendit maitre, en effet, le 16 Septembre 1564. Au nombre des chevaliers qui prirent part à l'expédition figurait Brantôme.

« Sur ces entre faites, le souverain de Fez, Moulay Mohammed el Ouattas, attaquait les possessions portugaises du Maroc et enlevait de haute lutte la ville d'Arzila, dont la garnison se réfugiait dans la forteresse pour résister jusqu'au dernier homme. Aussitôt Ferdinand manda aux gouverneurs de toutes ses places fortes maritimes de voler au secours des assiégés. Pierre Navarro obéit le premier ; du port de Gibraltar, où il faisait alors escale, il mit à la voile aussitôt et se présenta devant Arzila le 30 Octobre. Après avoir canonné le camp marocain, il débarqua lui-même à la tête de quelques soldats d'élite, s'enferma dans la forteresse et fit des sorties si impétueuses qu'il bouscula l'ennemi et l'obligea à s'enfuir dans la direction de Ksar-el-Kébir, pendant la nuit. Le roi de Portugal, Don Manuel, fut si content en apprenant la délivrance de la cité qu'il envoya sur le champ, avec ses remerciements, 6.000 ducats d'or au vaillant capitaine Navarrais qui refusa, dit-on, d'accepter la somme, disant « qu'il avait agi par ordre et pour le service de Ferdinand, son seigneur, qui lui payait sa solde et dont était le sujet et, que, pour ce motif, il attendait de lui seul la récompense de ses travaux et de ses peines. »

« De retour en Espagne, ce général qui rêvait sans cesse de gloire, apprit les préparatifs que l'on faisait pour une expédition de grande envergure. Le cardinal Ximénès de Cisnéros, vieillard de haute valeur et d'une énergique ténacité, voulait commencer sans tarder la conquête de l'Afrique. Le moment ne pouvait être plus propice : les affaires d'Italie s'étaient terminées pour la plus grande gloire des armées espagnoles ; il fallait profiter de ce répit pour frapper un grand coup. Devant les tergiversations du roi, le cardinal changea de tactique et obtint l'autorisation d'entreprendre, à ses frais, la croisade ; il en serait l'organisateur, le bailleur de fonds, le chef.

Le 30 décembre 1508, Ferdinand lançant une proclamation solennelle, en son nom et au nom de sa fille Jeanne de Castille, conviait ses sujets à la guerre sainte. L'archevêque de Tolède était nommé Général en chef de l'expédition et recevait pleins pouvoirs pour lever une armée, ordonner les réquisitions nécessaires pour l'équipement, l'armement, le transport et le ravitaillement des troupes.

« Depuis plusieurs semaines déjà les levées d'hommes avaient commencé dans la Péninsule : aux compagnies, aguerries déjà, venues d'Italie, devaient se joindre les soldats recrutés en masse dans les deux évêchés de Tolède et d'Alcala et les milices que les villes et villages du royaume devaient envoyer au premier appel du souverain. Un grand nombre de capitaines et de seigneurs prenaient part à la campagne et les Ordres de chevalerie fournissaient un contingent assez important. Cisnéros réclama comme lieutenant son ami, le grand capitaine Gonzalve de Cordoue, vainqueur des Français dans le royaume de Naples. Mais Ferdinand le Catholique, astucieux et jaloux, se défiait de lui et lui avait retiré ses bonnes grâces ; il refusa la faveur demandée et confia cette mission à Pierre Navarro, avec le titre de Maître Général de camp (maestre Général).

« Un Vénitien, Jérôme Vianelli, bon marin qui connaissait les côtes de la Méditerranée et cherchait partout l'occasion de se signaler, se trouvait en ce moment à la Cour d'Espagne. Dès qu'il apprit les projets du cardinal, il alla lui offrir ses services et lui donna toutes indications nécessaires sur le port et la place d'Oran que l'on se proposait d'attaquer, à cause de son importante situation dans le royaume de Tlemcen, dans le voisinage de Mers-el-Kébir. Vianelli fut accepté comme conseiller technique.

« Cependant l'expédition, projetée pour les premiers jours de l'hiver 1508, subissait retard sur retard. Le Cardinal se plaignait amèrement et ouvertement de la mauvaise volonté du roi et de la jalousie de Pierre Navarro qui, désolé de partir sous les ordres d'un moine, ne se hâtait point d'amener ses galères et ses hommes à Carthagène où devait se faire l'embarquement. « L'archevêque vient de m'écrire, mandait Ferdinand à son général, le 16 Septembre 1508, que les bruit courent que je ne veux pas tenir ma promesse et qu'il doute aussi de vous. » Il lui donnait l'ordre de se mettre à l'entière disposition de Cisnéros et de lui obéir en toutes choses. Le Navarrais avait l'intention d'utiliser les armées sur un autre point de la côte africaine et préférait s'emparer de la ville de Hone (Honaïn), qui était le port de Tlemcen

Quelques documents officiels

25 Février 1508. — Lettre du Roi Ferdinand à Soler, Capitaine des 4 galères attachées à la côte du Royaume de Grenade (1).

« J'envoie le Comte Pedro Navarro, Capitaine Général de notre Infanterie
« faire les préparatifs nécessaires à la guerre que je veux, avec l'aide de
« notre Seigneur, entreprendre contre les Mores d'Afrique, ennemis de notre
« sainte foi catholique.

« Pour être mieux à même de pourvoir a tout, il se peut que le dit Comte
« doive se transporter sur quelque point de la dite Côte et sur celle d'Afrique
« pour les reconnaître ou faire toutes opérations qu'il jugera convenables. Par
« conséquent, je vous mande, toutes les fois que vous en serez requis par le
« dit Comte, de le recevoir et le conduire sur vos Galères, avec les troupes
« qu'il voudra, dans le but d'accomplir les dites missions. Vous devez agir en
« tout avec la plus grande diligence possible. »

« Fait à Burgos, le 25 Février 1508 »
« Moi, le Roy ».

« Par ordre de Son Altesse : Michel Pérez de Almazan ».

? Août 1508. — Lettre du Roi Ferdinand à Ximénès (1) :

« Au très Révérend Père en Jésus-Christ, Cardinal d'Espagne, Archevêque
« de Tolède, Primat des Espagnes, grand Chancelier et Inquisiteur Général
« des Royaumes et Seigneuries, notre ami très cher et très affectionné.

« A l'instant nous recevons une lettre du Comte Pedro Navarro ; nous vous
« l'envoyons avec celle-ci ; vous y verrez ce qu'il nous écrit de la victoire que
« Notre Seigneur lui a donnée au Penon contre les Mores, ennemis de notre
« sainte foi catholique et qui nous a causé beaucoup de joie.

« Nous croyons que les Mores, tels que nous les connaissons, ne tenteront
« plus de nouveaux combats, comme ils le font toujours quand ils éprouvent
« d'abord un échec, ils ne retourneront plus jamais à l'endroit où ils ont été re-
« poussés, et surtout après les pertes qu'ils y ont éprouvées.

« Nous avons mandé au licencié Vargas de nous écrire plus longuement les
« autres détails que le Comte nous donne, nous nous en remettons à sa lettre.

« Notre Seigneur vous tienne toujours en très spéciale garde et protection. »

16 Septembre. — Lettre du Roi Ferdinand à Pedro Navarro (1) :

« Vous savez ce qui est convenu entre Moi et le très Révérend Cardinal
« d'Espagne, à propos de son départ pour la guerre d'Afrique. Il vient de
« m'écrire, sous le coup d'un soupçon qu'on lui a inspiré en lui faisant

____

(1) Extrait de Madame Nelly Blum.

« savoir que je ne serais pas disposé à observer nos Conventions. En même
« temps, il doute de vous. Or j'ai été, et je suis tout prêt à tenir pour ma part
« les engagements convenus. J'ai ordonné au licencié Vargas de pourvoir ,
« d'urgence aux approvisionnements dont il est chargé pour que tout soit
« prêt quand le Cardinal arrivera à Carthagène avec l'Armée. Comme je ne
« voudrais pas, d'autre part, qu'il doutât de vous, je vous ai écrit, sur sa de-
« mande, aujourd'hui même, une cédule dont la copie est ci-jointe et où vous
« verrez que, au moment où le très Révérend Cardinal vous écrira qu'il se
« trouve à Carthagène, prêt à partir pour l'Expédition, vous devez, toutes
« affaires cessantes, vous mettre à sa disposition pour exécuter tous les or-
« dres qu'il vous donnera, et Moi, je vous demande d'agir ainsi.

. . . .

« De quelque façon que je vous écrive ceci, je vois bien que le temps ne
« permet pas de faire maintenant, en hiver, ce que le Cardinal désire, car, à
« l'époque où les navires et l'Armée seront réunis, on sera en novembre.

« Mais je ne voudrais pas que le Cardinal pensât qu'il pourrait y avoir de
« votre faute ou de la mienne si l'Expédition ne s'accomplit pas, mais bien de
« la faute du temps comme c'est la vérité. C'est la raison qu'il faut montrer
« au Cardinal.

. . . .

« Et, en attendant, comme vous ne pouvez pas rester oisif, vous pourrez
« faire ce que bon vous semblera. »

« De Cordoue, le 16 Septembre 1508 »
« Moi, le Roy. »

4 Décembre. — Ordres donnés en date de Séville (1) :

« A vous les Conseillers, justiciers, administrateurs, chevaliers, écuyers,
officiers et bourgeois de toutes les Villes et Villages de mes royaumes et de
mes seigneuries, à tous, salut et grâce.

« Vous savez que le Roi, mon seigneur et père, et moi, avons ordonné au
Comte Pedro Navarro, Capitaine Général de notre infanterie, de préparer
tout le nécessaire pour la guerre que nous lui ordonnons de faire contre les
Mores d'Afrique. »

29 Décembre. — Seconde Convention entre le Roi Ferdinand et
Ximénès (1) :

« Entre le Roi et le Cardinal d'Espagne, Archevêque de Tolède, a été entendu et convenu ce qui suit sur la guerre que, avec l'aide de Dieu notre Seigneur, nous voulons faire cette année, aux Mores, ennemis de notre sainte
foi catholique :

« Vous, le dit Cardinal, irez en personne entreprendre la dite guerre, et,
dans ce but, je vous accorde tous les pouvoirs nécessaires et convenables. En
même temps, je délègue à vos ordres une personne ou deux du Conseil des
Alcades pour que, après votre départ, avec l'aide de Notre Seigneur, elles
soient sur la côte pour commander tout le nécessaire avec pouvoirs suffisants,
de manière qu'il y ait complet et prévoyant approvisionnement de tout ce
qui sera indispensable à la dite guerre.   .

D'autre part, tout l'argent nécessaire à la dite guerre pour la solde de l'ar-

---

1) Extrait de Madame Nelly Blum.

mée, son entretien et le frêt des vaisseaux, devra être fourni par le dit Cardinal auquel sera imposé un trésorier payeur...

« Mais moi, par la présente, je vous promets et assure, sur ma foi et parole royale, que tout ce que vous dépenserez pour la dite guerre en la forme sus dite, vous sera très bien payé en la manière suivante : à savoir que tout ce qui sera perçu et obtenu de la dite croisade et tout ce qui proviendra des subsides que j'ai ordonné de lever dans ce Royaume de Castille, et dans tous mes royaumes et seigneuries, vous sera donné et payé réellement et en espèces pour tout ce que vous aurez donné et dépensé, une fois le prix des approvisionnements et munitions réglé.

« En outre, je m'entendrai avec notre Très Saint Père pour que tout ce qui sera pris du Royaume de Tlemcen ressorte spécialement à l'église de Tolède et que, s'il se fait une église collégiale à Oran, elle soit unie à celle de Tolède afin qu'également puissent résider dans ces églises les chanoines...

« Et moi, le dit Cardinal d'Espagne, Archevêque de Tolède, promets et m'oblige de faire et payer... »

1509 (914-915 de l'Hégire)

RÉSUMÉ DES FAITS DANS L'ORDRE CHRONOLOGIQUE.
RENSEIGNEMENTS D'AUTEURS ANCIENS. — COMPOSITION ET ORGANISATION
DU CORPS EXPÉDITIONNAIRE. — LA RÉVOLTE DE CARTHAGÈNE.
ORAN EN 1509, AVANT SA PRISE PAR LES ESPAGNOLS LE 18 MAI.
LE DÉBARQUEMENT. — LE COMBAT. — LA PRISE D'ORAN. — LA PRISE
DES MOSQUÉES ET DES DERNIÈRES MAISONS LE 19 MAI.
L'ENTRÉE DE XIMÉNÈS. LA REDDITION DE LA CASBAH LE 20 MAI.
LES FONDATIONS, LES INSTITUTIONS ET L'ORGANISATION DE XIMÉNÈS.
LES DÉMÉLÉS DE XIMÉNÈS AVEC NAVARRO ET FERDINAND.
DOCUMENTS OFFICIELS.

1509

Résumé des faits dans l'ordre chronologique

1er Janvier. — Pedro Navarro et Vianelli viennent rendre visite à Ximénès.

19 Janvier. — Par une ordonnance, datée d'Alva, Ferdinand fait connaitre sa volonté d'envoyer dans l'année une forte expédition contre les Mores, et charge le Commandeur Espinosa du recrutement en Castille :

« Par conséquent, tous ceux qui voudront prendre solde pour aller à cette guerre, hommes d'armes et cavaliers, dès qu'il seront reçus par le dit Commandeur Espinosa par devant notaire, toucheront la solde convenue pour tout le temps qu'ils devront servir. Ceux qui s'engageront ainsi devront partir bien équipés, en tenue de campagne, au moment et au lieu, désignés par le Commandeur, pour rejoindre le Cardinal d'Espagne, Archevêque de Tolède, que je désigne comme Capitaine Général de cette guerre ; il leur fera payer la dite solde pendant tout le temps de leur service, et j'ordonne qu'on obéisse, sous peine de 10.000 maravédis d'amende, à la présente cédule. » (1)

Ximénès profite de la présence de Pedro Navarro pour convoquer les Colonels et faire le *Plan de campagne*.

Février. — Mais Vargas n'a donné aucun ordre et, à Carthagène, Villalobos prétend que les approvisionnements qu'il a ont été constitués pour un autre but et qu'il les a achetés de ses propres deniers.

Il n'y a aucun Agent du Roi à Malaga, pas même un Trésorier pour assurer le service des achats.

Bien pis, les Agents de Vargas (2), après avoir accaparé toutes les denrées disponibles, créent une hausse artificielle pour exploiter Ximénès.

Celui-ci se fâche et Villalobos doit avouer que tous ses approvisionnements représentent le subside d'un décime levé en exécution de la Convention du 29 Décembre.

Ximénès quitte Alcala et se rend à Tolède.

« A Tolède dans une séance solennelle des Pères du Chapitre, il expose les motifs de son expédition, remercie son Clergé qui n'a pas hésité un instant à s'imposer les plus lourdes charges pour rendre l'expédition possible, règle les affaires ecclésiastiques et confie le diocèse à Jean Velasco, évêque de Calahora, qui présidait ordinairement le Chapitre en son absence. Il reçoit encore Pedro Navarro qui vient arrêter avec lui les dernières mesures « et qui lui certifie que » tout sera prêt à Murcie le jour de Pâques et qu'on pourra s'embarquer le dimanche suivant, 15 Avril ». (3)

Ximénès règle les derniers détails (cédule du Roi chargeant Pedro Navarro de s'occuper des munitions de l'artillerie à la place de Diégo de Vera « retenu » (! ?) ; ordre impératif du Roi à Villalobos de livrer les approvisionnements ; levée des hommes d'armes par Espinosa ; vérification de la réception de leurs lettres de service par les Capitaines).

Il fait enfin faire dans toutes les églises de Tolède et surtout dans celle de la Sainte Vierge, des prières solennelles pour demander la victoire.

21 Février (Mercredi des Cendres). — Ximénès quitte solennellement Tolède pour gagner Cathagène par la voie la plus courte. « Il est entouré des 24 gouverneurs de ses places épiscopales, vêtus d'écarlate, montés sur des chevaux admirables, couverts d'armures éclatantes. Le Cortège défile au milieu des acclamations enthousiastes de la foule. Auprès de Ximénès s'avancent 2 chanoines qu'il a autorisés à l'accompagner à Carthagène (4). L'un était François Alvarès de Tolède, théologien du Chapitre, qui emmenait avec lui 50 hommes d'armes admirablement équipés. L'autre est le

---

(1) Espinosa recruta en Castille, où l influence de Ximénès était considérable, la plus grande partie du Corps expéditionnaire.
(2) Aidés par Vianelli, d'après Madame Nelly Blum.
(3) Cartas.
(4) Tout son Chapitre aurait voulu l'accompagner.

confident de Ximénès, Charles de Mendoza, abbé de Sainte Léocadie, qui sera plus tard doyen du Chapitre. » (1)

Les préparatifs à Malaga sont surveillés par l'intime ami de Ximénès, Francisco Ruys et par le neveu du Cardinal, Garcia de Villaroel, gouverneur de Cazorla.

Ximénès traverse son diocèse « en prodiguant les aumônes aux pauvres, consolant les femmes dont les maris étaient enrôlés et les encourageant à espérer le succès. »

Arrivé à Lillo il doit régler des difficultés qui viennent encore de surgir :

1° Détruire la calomnie lancée au Roi qu'il n'avait pas d'argent, parce qu'il n'avait pas voulu payer les approvisionnements de Malaga déjà payés sur le subside. Sur son ordre, son Agent Diégo Lopez va trouver Ferdinand et lui prouve que Ximénès « a fait envoyer à Malaga assez d'argent monnayé pour qu'il lui restât encore plus de 10.000 écus d'or après avoir pourvu abondamment à toutes les dépenses nécessaires » ;

2° Protester contre la non expédition des ordres de convocation des troupes. Il envoie Valdés, Capitaine de la garde, avec 2.000 écus d'or et une lettre de crédit au Commissaire Espinoza pour que celui-ci lève les remplaçants de ceux qu'on n'a pas convoqués.

25 Février. — Ximénès arrive à Carthagène après avoir traversé Murcie.

Il veut, avec raison, organiser des *tribunaux militaires*. Mais il lui faut écrire lettre sur lettre pour obtenir l'envoi des 2 juges royaux Corneja et Herrera, de blancs seings permettant d'en nommer d'autres, du licencié Zarate de Murco et de 2 Alguazils.

Diégo de Vera n'est pas à son poste á Malaga ; Ximénès demande qu'on y envoie Fernand, le fils de Diégo de Vera, prendre le commandement de l'artillerie.

Lundi 26 Mars. — Pedro Navarro vient annoncer que tout est prêt et qu'on attend seulement le temps favorable pour faire voile pour Carthagène.

« Ximénès a une confiance dans le succès telle qu'il promet à Ferdinand de lui envoyer bientôt à Naples une partie des soldats de l'Armée d'Afrique. Pour éviter au Roi l'anxiété d'une longue attente, semblable à celle qu'on éprouva lors de l'expédition de Mers-el-Kébir, il organise entre la Cour et Carthagène un système de *communications* (2) rapides confié à 3 Messagers, y compris Miranda, auxquels il assure une somme mensuelle de 26 ducats ». (3)

Mercredi 28 Mars. — Ximénès espère encore pouvoir partir immédiatement après Pâques. Mais les vents défavorables retardent le départ.

---

(1) Gomez.
(2) le mot *liaisons* serait plus exact.
(3) Madame Nelly Blum.

Avril. — Le mois s'écoule sans que l'ordre d'embarquement définitif soit donné.

Tous les approvisionnements demandés par le Mémoire de 1507 de Pedro Navarro sont réunis à Malaga.

10 Mai. — Révolte des troupes concentrées à Carthagène. Villaroel blesse Vianelli à la tête d'un coup d'épée.

Dimanche 13 Mai. — La révolte calmée et les troupes embarquées, Ximénès s'embarque lui-même dans la soirée. Mais le vent a tourné (1).

15 Mai. — Le vent redevient favorable. (2)

16 Mai. — Départ de l'Armada dans la matinée.

17 Mai. — Vers midi. La vigie maure placée au sommet du Pic d'Aïdour (Santa Cruz) signale l'apparition, au large, de l'Armada.

Vers 20 heures. Ximénès, avec les galères, entre dans le Port de Mers-el-Kébir. Les 86 autres navires rejoignent peu à peu. Aussitôt l'ancre jetée Ximénès reçoit Rodriguez Diaz, se fait renseigner par lui sur la situation et réunit un Conseil de guerre qui, malgré l'avis contraire de Pedro Navarro, approuve le débarquement immédiat préconisé par le Cardinal.

Vendredi 13 Mai. — Avant le jour toute l'infanterie est débarquée et échelonnée sur la route d'Oran, sa tête un peu au Sud de St.-André actuel. L'artillerie légère débarque ensuite. Puis, malgré l'avis de Pedro Navarro qui estime inutilisables la grosse artillerie et la cavalerie, Ximénès fait débarquer ces 2 armes.

Vers 15 heures, après avoir passé les troupes en revue, il donne l'ordre d'attaquer de suite contrairement à la volonte de Pedro Navarro de n'attaquer que le lendemain.

Combat de la Source des Figuiers. — Enfonçant, avec son artillerie légère et une colonne d'assaut, la gauche ennemie, Pedro Navarro gagne le Pic d'Aïdour (Santa Cruz) d'où sa droite, avec la cavalerie, descend sur Ypre et la Porte de Tlemcen, en contournant la Casbah par le Sud Panique du reste de la ligne ennemie qui se voit, en même temps, tournée sur son autre aile par l'escadre avec des troupes de débarquement. Poursuivant les fuyards la pique dans les reins, les Espagnols escaladent la muraille du front Nord en profitant de son point faible et peuvent s'emparer ainsi de la Porte de Canastel.

---

(1) « Loin de se laisser décourager par ce nouveau retard et avec une étonnante présence d'esprit, Ximénès met à profit les loisirs forcés que lui donnent les vents, pour convoquer les chefs, rappeler à chacun ses devoirs, veiller au paiement des troupes, écrire au Roi et à Diégo Lopez de Ayala. Il ne peut dissimuler à son confident et ami les amertumes qu'il a endurées. « J'ai éprouvé, disait-il, beaucoup de peines, moi qui croyais savoir ordonner ces choses ». Mais la foi aidant, il ajoute aussitôt : « J'espère en Notre Seigneur et crois que tout réussira, grâce à sa Miséricorde ». Même avec une prévoyance excessive il demande au Roi de donner immédiatement les ordres nécessaires à la garde et à l'entretien de la Place d'Oran. » (Mme Nelly Blum).

(2) « A bord du vaisseau amiral. Ximénès adresse au Roi un dernier courrier, se sépare des 2 chanoines qui l'avaient accompagné, confie à Francisco Alvarez une lettre pour Diégo Lopez et le charge aussi de veiller au ravitaillement avec une sollicitude presque paternelle. » (Mme Nelly Blum).

A 18 heures les Espagnols sont maîtres d'Oran, à l'exception de la Casbah, des 2 Mosquées et de quelques maisons en pierres où se sont retranchés les derniers défenseurs. Massacre de plus de 4.000 habi-tants ; pillage ; orgie. Les Espagnols n'ont perdu, eux, que 30 hommes.

Samedi 19 Mai. — Prise de la Grand Mosquée. La petite Mosquée et les maisons fortifiées se rendent à discrétion, aussitôt après. Le Gouverneur de la Casbah fait savoir qu'il se rendra à Ximénès lui-même.

Dimanche 20 Mai. — Entrée de Ximénès dans Oran. Il traverse la ville en cortège et monte à la Casbah où le Gouverneur lui remet les clefs.

Délivrance des 300 (1) captifs Chrétiens de la Casbah. Les Espagnols ont fait eux 6.000 prisonniers Maures au moins.

Lundi 21 Mai. — Ximénès dédie :

La Grande Mosquée à notre Dame des Victoires et de l'Annoncia-tion ;

La Petite Mosquée à Saint Jacques (Santiago), patron de l'armée ;

Il décide la création d'un hôpital militaire consacré à Saint-Bernard.

Il implante un couvent de Franciscains et un autre de Dominicains.

Enfin il institue l'Inquisition à Oran.

Massacre des Chrétiens et des Juifs à Tlemcen.

Des cavaliers venus des environs (2) se heurtent aux Avant-Postes Espagnols placés dans les jardins et se replient de suite.

Mardi 22 Mai. — Ximénès nomme Gouverneur de la Casbah Vil-laroel ; celui-ci prend pour lieutenant Alonzo Castella d'Alcala avec 300 soldats de Castorla et 50 cavaliers d'élite.

Mercredi 23 Mai. — Cédant la place à Navarro, Ximénès, refusant toute escorte, part de Mers-el-Kébir avec un seul navire et suivi de ses familiers domestiques.

« Diégo de Vera, Vianelli, les duumvirs laissés pour remplir les fonctions de « Juges », Navarro l'accompagnent jusqu'au navire. Etait-ce par simple politesse ou par émotion vraiment sentie, était-ce par crainte des rapports qu'il pouvait faire sur leur compte, ou par une sorte de superstition qui leur faisait redouter que Ximénès emportât avec lui les chances de succès, toujours est-il qu'ils semblent transformés. Ils le supplient de ne pas les abandonner et Navarro se fait remarquer parmi ceux qui insistent le plus et qui multiplent les protestations de respect et d'affection à l'égard du Cardinal. Mais Ximénès ne revenait jamais sur une décision prise. Délibérer avec le plus grand soin, agir avec une imperturbable constance, parler peu et rester toujours calme, c'était sa politique ordinaire. Le jour même, Ximénès, favorisé jusqu'au bout par un temps admirable, entrait au port de Carthagène ». (Nelly Blum).

Il achète un Brigantin pour faire le courrier d'Oran et remet

---

(1) 30 d'après M. Jean Cazenave.
(2) Certains historiens les font venir de Tlemcen ! ? c'est bien loin.

1.000 écus d'or à Villalobos avec mission d'assurer par Malaga le service des troupes d'Oran.

12 Juin. — Ximénès revient à Alcala, en refusant d'entrer en triomphateur par la brèche que les habitants avaient ouverte dans le mur.

« Par les lettres du duumvir Zarata (1) il apprend, que Vianelli et Navarro se livrent à toutes sortes de concussions, que les Capitaines de navires ont manqué à leurs engagements, que le désordre le plus complet règne à Oran, qu'on n'a fait qu'une seule sortie, et encore sans dépasser le sixième mille. » (Nelly Blum).

« Le temps de la moisson étant arrivé, Ximénès rappelle ses braves paysans dans leurs pays et charge 2 chanoines de visiter les villages et d'indemniser tous les habitants auxquels la croisade aurait causé quelques pertes. » (Nelly Blum).

« Les lettres de Zarata deviennent plus pressantes ; la cupidité de Vianelli, l'incapacité administrative de Navarro, le relâchement de la discipline risquent de tout compromettre. Ximénès se rappelle alors *Diégo Fernandez de Cordoue* toujours en disgrâce. » (Nelly Blum).

Sur sa proposition Ferdinand nomme Diégo de Cordoue Capitaine Général avec 2.000 hommes et 300 cavaliers et Rodrigo Diaz, Gouverneur de la Casbah.

« En moins de 3 ans Diego de Cordoue fixera l'organisation religieuse et administrative d'Oran. » (Gomez).

1er Septembre. — Rodrigo Diaz (2) est nommé Gouverneur intérimaire d'Oran en attendant Diego de Cordoue (qui arrivera le 12 janvier 1510).

30 Novembre. — Navarro quitte Oran pour aller conquérir Bougie.

Renseignements d'auteurs anciens

Je donne ces renseignements à titre documentaire, afin de montrer la différence et de permettre la comparaison avec les 2 excellents historiens Mme Nelly Blum et M. Jean Cazenave que je cite seuls dans les articles détaillés qui suivent ces renseignements.

Dans un Mémoire officiel Espagnol du 31 décembre 1772, on dit :

« Oran fut conquis par le Cardinal d'Espagne Don Francisco Ximénès de Cisneros, le 18 Mai 1509. 4.000 cavaliers, 14.000 fantassins et 8.000 aventuriers composaient l'armée expéditionnaire. Elle était commandée par le Comte Pierre Navarro. Diégo de Véra était à la tête de l'Artillerie et Jérémino Vianel, Vénitien, à la tête de la flotte. Le Trésorier et ordonnateur était M. de Campotejar. Le Cardinal lui-même s'était réservé la direction générale. »

D'après Walsin Esterhazy (Version arabe).

« Don Diégo s'était aménagé des intelligences avec un riche Juif d'Oran, que les habitants du pays appellent Ben Zouwawa et qui entretenait pour son commerce des relations étendues avec les ports espagnols. Ben Zouwawa

----

(1) laissé à Oran comme « Juge ».
(2) Ruy Diaz de Rojas d'après M. Jean Cazenave.

promit au Cardinal de lui livrer la ville. Dès lors une expédition fut résolue et les préparatifs furent poussés avec vigueur.

« Enfin au mois de mai de l'année 1509, une flotte considérable, sortie de Carthagène, se dirigea sur Oran. Elle portait 15.000 hommes de débarquement, aux ordres de Don Pedro de Navarre, capitaine habile et renommé. Le Cardinal Ximénès avait voulu assister en personne à ce triomphe de la croix sur le croissant.

« Arrivée à hauteur d'Oran, la flotte garda le large ; mais plusieurs navires, appartenant à Ben Zouwawa, montés par des soldats espagnols, vinrent mouiller à la nuit tombante dans la rade d'Oran. Ils s'approchèrent, à la faveur de l'obscurité, du point où est aujourd'hui le fort Lamoune, où étaient alors les magasins du Juif. Les Espagnols débarqués s'emparèrent de la porte qui leur fut livrée par 2 douaniers du Roi de Tremesen, gagnés par Ben Zouwawa. Le lendemain, les habitants d'Oran virent la bannière d'Espagne flotter sur la porte de la mer et la rade pleine de vaisseaux castillans débarquant des soldats. Vaincus sans avoir pris les armes, ils renoncèrent à défendre la ville et l'abandonnèrent à ses nouveaux maîtres.

« Don Diégo joignit à son premier titre celui de Gouverneur d'Oran. Le fort qui fut bâti par les Espagnols au lieu de leur débarquement, et appelé par eux Castillo de la mona (le château du singe) a reçu des Arabes, en mémoire de la trahison de Ben Zouwawa, le nom de Bordj el Ihoudi, le fort du Juif. »

D'après Fey, Galibert, le Commandant Pimodan, Garrot, etc.

A son arrivée de Mers-el-Kébir en 1507, Don Diégo de Cordova avait soumis à Ximénès son plan d'attaque d'Oran. Il fut d'autant mieux accueilli que Ximénès avait déjà envisagé cette attaque avec son confident, le négociant vénitien Vianelli, ancien colonel d'artillerie au service du vice roi de Naples et qui connaissait à fond les côtes barbaresques.

Ximénès prêche cette nouvelle croisade. Jaloux de sa popularité en même temps qu'avaricieux, le Roi Ferdinand refuse son approbation sous prétexte que l'entreprise achèverait d'épuiser le trésor royal. Ximénès riposte en offrant, sous la seule promesse d'un remboursement ultérieur, de préparer lui-même l'expédition et de payer les troupes sur les fonds mis de côté dans son archevêché, grâce à son administration sage, économe et sévère. Sous la poussée de l'opinion publique, Ferdinand cède mais en laissant toute la responsabilité de l'entreprise à Ximénès.

Fey fait figurer, à tort, Diégo de Cordoue, dans le corps expéditionnaire et indique, dans l'Etat-Major de Ximénès comme « Maréchal de Camp adjoint : Don Sanche Martinez de Lerva » dont je n'ai retrouvé le nom nulle part ailleurs.

Corps de débarquement. — 24.000 hommes (4.000 cavaliers dont 800 lanciers ; 12.000 piquiers et hallebardiers dont beaucoup de vieux soldats ayant combattu en Sicile et 8 000 aventuriers aux gages du Cardinal Ximénès (1).

---

(1) ! ?

Flotte. — 84 bâtiments (33 vaisseaux de haut bord, 22 caravelles, 6 galiotes, 3 bateaux plats (tafureas). 1 fuste et 19 chaloupes).

16 Mai à 15 heures. — Départ de Carthagène,

17 Mai (Ascension), matin. — La flotte arrive en face du cap Ferrat (Nord Ouest d'Arzew) et vire de bord pour gagner Mers-el-Kébir.

A la nuit tombante, elle mouille dans la rade de Mers-el-Kébir. Conseil de guerre. Malgré l'avis du comte Pedro de Navarro, le débarquement commence de suite.

18 Mai. — Au jour le débarquement est terminé. Les bâtiments armés de canons vont devant Oran faire une diversion.

Le corps de débarquement bourre sur Oran (1) par la Lunette du Fanal, Arrêté par les rochers à pic, il attaque par le bord de la mer (fort de la Moune actuel et Marine) et par l'ouest de la Kasbah. La ville est facilement emportée ; la Kasbah ne se rend que le soir.

Détails.

D'après Galibert :

« Aussitôt débarqué Ximénès monte à cheval, revêtu de ses habits sacerdotaux et précédé d'un cordelier portant sa croix archiépiscopale. « Allons, « mes enfants, dit-il aux soldats, je marche à votre tête ; il faut qu'un prêtre « sache mourir pour la religion. »

« La cavalerie Maure ne peut entamer l'infanterie espagnole et quand celle-ci est rejointe par ses 2.000 cavaliers, débarqués après elle, l'ennemi culbuté rentre dans Oran (2) où Ximénès (3), qui s'était ménagé des intelligences, se voit ouvrir les portes par un Juif et un Maure. En voyant les cadavres qui jonchent sa route, Ximénès s'écrie ; « C'étaient des infidèles, mais « on aurait pu les faire chrétiens ; leur mort me ravit le principal avantage « de la victoire ». Il fait d'Oran une annexe de son diocèse de Tolède, convertit plusieurs mosquées en églises. trace le plan des nouvelles fortifications et fait distribuer tout le butin aux officiers et soldats. »

D'après le Commandant Pimodan :

« Les troupes marchent sur Oran qu'elles enlèvent par une attaque brusquée, aidée, peut-être, par une trahison. Seul le réduit (Kasbah) continue à résister. Son commandant accepte de capituler, mais en se rendant au Cardinal en personne. Ximénès y consent et, pour gagner la citadelle (Kasbah) traverse la ville en procession dans un luxueux appareil, rehaussé par les pompes religieuses mêlées aux pompes militaires. La vue des décombres et des cadavres l'émotionne : « Je pleure, dit-il, sur leurs âmes que j'aurais « voulu mener à la connaissance du vrai Dieu. »

D'après Fey :

« Un riche marchand Juif d'Oran, Ben Zouwawa (Cetorra (4) d'après Marmol) affidé de Don Diégo, avait envoyé la nuit à Mers-el-Kébir quelques

---

(1) « par crainte de l'arrivée du Souverain de Tlemcen avec des forces importantes ». (historien Cayetano Rosell).

(2) pour moi c'est du roman car il n'y a aucun terrain de cavalerie sur tout le trajet.

(3) en réalité, il est resté à Mers-el-Kébir pendant la marche d'approche et l'attaque de la Ville.

(4) fermier de la douane et acheté ainsi que 2 Maures ses associés (d'après Garrot).

bâtiments légers lui appartenant. Ils ramenèrent un détachement de soldats espagnols choisis qu'il coucha dans ses magasins (fort la Moune actuel). Au moment convenu ces soldats s'emparèrent de la porte voisine de l'enceinte (1), gardée par 2 Maures, gagnés aussi (Issa el Orraybi et Aben Canex, d'après Marmol). Les Espagnols venus par terre de Mers-el-Kébir paraissent sur les hauteurs dominant Oran après avoir bousculé Maures et Arabes (2). La flotte ouvre le feu sur la ville avec tous ses canons et lance ses marins de débarquement à terre. Après une demi-heure de combat, les soldats se servent de leurs piques en guise d'échelles, plantent les étendards chrétiens sur les murailles, et les colonnes victorieuses se précipitent comme un torrent dans les rues de la ville qu'elles trouvent barricadées. Les mosquées sont défendues par des fanatiques. Les Espagnols massacrent tout ce qui leur résiste. (3) L'intrépide Sosa, le premier, planta, sur les murs de la Marine, le guidon du Cardinal (crucifix d'un côté, armes de Ximénès de l'autre).

« Les Espagnols égorgèrent plus de 4.000 personnes et firent plus de 8.000 prisonniers (4). D'après Gomez, le butin fut de 500.000 écus d'or (24 millions de notre monnaie) (5) et un Officier reçut 10.000 ducats. Les tours de l'enceinte contenaient 60 grosses pièces de canon ; les arsenaux étaient bien fournis d'engins et de machines de guerre. Les historiens Espagnols évaluent les pertes des leurs à 30 hommes seulement (6). Quoique cernée la forteresse intérieure (7) (Kasbah) tenait encore. Son Gouverneur déclare qu'il ne remettra les clefs qu'à Ximénès lui-même.

« Le Cardinal se rend à Oran dans une embarcation magnifique. Les couleurs nationales flottaient au vent, la croix épiscopale brillait à la proue, et sur une large banderolle étaient écrits ces mots « In hoc signo vinces ». Lorsque l'illustre septuagénaire aperçut les remparts d'Oran pavoisés d'étendards victorieux, il adressa au ciel des actions de grâces. Aussitôt débarqué, il se dirigea vers le château (Kasbah) que Villaroël bloquait avec sa cavalerie. Pendant cette marche triomphale les acclamations des troupes le suivirent. Précédé de ses gardes, il récitait à haute voix ce passage d'un psaume de David ; « Non nobis, Domine, non nobis, sed nomini tuo da gloriàm ». Devant les amas de cadavres qui encombraient les rues, des larmes jaillirent de ses yeux et il dit qu'une victoire aussi cruelle excitait en son âme la plus profonde douleur. Sosa étonné lui dit « Seigneur, c'étaient des Infidèles ; de pareilles gens ne méritent pas compassion ». « C'étaient des Infidèles à la vérité, répartit le cardinal, mais leur mort me ravit le principal avantage de la victoire ; j'aurais voulu les gagner à l'empire bienfaisant du Christianisme ».

« A la porte de la forteresse (Kasbah), Ximénès trouva le Gouverneur, qui le salua selon la coutume des Maures et, lui ayant remis les clefs, lui déclara

---

(1) la plus proche était au moins à 500 mètres en admettant que, à cette époque, il y en eût une (porte ou poterne) sur le front nord de l'enceinte.
(2) Les Maures de Fey sont, sans doute, les Berbères,
(3) et même les autres, à voir les pertes réciproques indiquées par eux.
(4) ce qui donnerait une population totale d'environ 20.000 habitants. Comment une telle population pouvait-elle arriver à s'entasser entre les murailles, et entre le front nord de ces murailles et la mer ?
(5) ce qui prouve une ville riche.
(6) c'est faux ou bien les Espagnols n'ont rencontré, ni sur le trajet, ni dans l'attaque, aucune résistance tant soit peu sérieuse.
(7) elle ne constituait donc pas le front sud comme depuis et l'enceinte allait alors plus au Sud ? ? Je n'ai pas pu éclaircir cette question.

qu'il se tenait entièrement à sa discrétion. Le Cardinal permit aux troupes de se retirer à Tlemcen, avec armes et bagages ; quant à leur chef, il fut envoyé en Espagne, où il fut traité avec les égards que méritait son infortune.

« Les prisons souterraines renfermaient plus de 300 esclaves chrétiens, chargés de lourdes chaines.... Ximénès leur fit donner des vivres frais, des vêtements et leur distribua les différents quartiers rendus déserts par la fuite ou par la mort des habitants.

19 Mai. — D'après Fey :

« Sur l'ordre de Ximénès, les soldats se réunissent sur la grande place de la ville (1), et y apportent tout le butin conquis la veille. Ximénès se présente avec tout son Etat-Major. Il décerne des récompenses et des éloges aux chefs et aux troupes, les remercie au nom du Roi et de l'Eglise et choisit quelques objets précieux qu'il envoie à Grenade au roi Ferdinand. Il se réserve seulement, pour lui-même, quelques livres arabes (aujourd'hui dans la bibliothèque d'Alcala). Tout le reste du butin est partagé entre les Officiers et les soldats. Ximénès fait ensuite débarrasser la ville des cadavres. Il purifie les mosquées, les transforme en églises catholiques et dédie les deux principales, l'une à Notre Dame des Victoires et l'autre à Saint Jacques. Il donne des ordres pour la construction d'un hôpital sous le patronage de St-Bernard et pour la remise immédiate en état des fortifications. Enfin, après avoir établi un clergé régulier, des bénéfices et installé, dans de vastes bâtiments, des religieux de St. François qui avaient accompagné l'expédition, il veut qu'Oran reçoive un Inquisiteur, afin que les nouveaux convertis d'Espagne ne vinssent pas se réfugier à Oran pour tromper la vigilance du Tribunal de l'Inquisition ».

21 Mai. — « Le Roi de Tlemcen se présente devant Oran avec des forces considérables. (2) Mais, voyant l'étendard de la Croix flotter sur les forts et sur les murailles, il rebrousse chemin sans avoir rien tenté ».

23 Mai. — « Une lettre interceptée, adressée par le Roi Ferdinand à Don Pedro Navarro et contenant ces mots : « Empêchez le bonhomme de revenir de si tôt ; il faut user, autant que faire se pourra, sa personne et son argent » apprend à Ximénès que son souverain cherche à lui faire continuer la guerre pour arriver ainsi à l'exiler. Il passe aussitôt le commandement à Don Pedro Navarro, s'embarque à Mers-el-Kébir et arrive le même jour à Carthagène.

Ferdinand va à sa rencontre jusqu'à 4 lieues de Séville.

« Avant de partir Ximénès avait nommé :

« Don Esteban Villaroël, commandant de la Citadelle (Kasbah) d'Oran ;

« Don Diégo, marquis de Comarez, Gouverneur d'Oran

« Ce dernier fait construire :

« Sur l'emplacement des magasins de Cetorra : le « Castillo de la Mona » (Chateau fort de la Guenon) (3) (qui fut refait en 1563) ; pour rappeler la trahison, les indigènes le nommèrent « Bordj el Youdi » (Chateau fort du Juif) ;

---

(1) Je ne vois pas où elle pouvait être. La Place de la Perle actuelle pourrait à peine contenir un millier de personnes ; la Place d'Armes Espagnole qu'elle a remplacée ne devait pas pouvoir en contenir plus de 2 à 3.000

(2) il était venu joliment vite, c'est impossible s'il n'avait pas commencé son mouvement depuis 8 jours au moins.

(3) le pic d'Aidour, que couronne aujourd'hui Santa Cruz, était alors boisé et peuplé de singes.

« Sur le point culminant des mamelons ravinés entourant Oran au Sud Est (tout près du fort St. Philippe actuel) le « Castillo de los Santos » (Chateau des Saints appelé aussi Tour des Saints).

« Puis il cherche à entrer en relations avec les chefs arabes des environs.

Enfin voici l'extrait du Mémoire Officiel de 1853 (1).

« Il fallut 2 ans d'efforts et de persévérance au noble vieillard (Ximénès) pour rassembler la flotte et l'armée.

« La flotte se composait de 80 bâtiments de guerre, 10 galères et un grand nombre de bâtiments de transport.

« L'armée était forte de 4.000 cavaliers, 14.000 fantassins et 8.000 aventuriers. Ces troupes étaient commandées par Pierre de Navarre.

« Le départ eut lieu le 16 mai 1509, vers 3 heures de l'après-midi et le lendemain jour de l'Ascension, la flotte mouilla à la nuit tombante dans le port de Mers-el-Kébir. Ximénès débarqua le soir même et, malgré l'obscurité, tous les navires purent gagner le port et mouiller sans incident.

« Aussitôt arrivé, le Cardinal rassemble un Conseil de Guerre. Le Commandant de Mers-el-Kébir, Fernand de Cordoue (2) avait réuni sur la place d'Oran tous les renseignements qu'il avait pu se procurer et y avait établi des intelligences. Plusieurs Officiers pensaient que, pour assurer le succès, il fallait attaquer sur le champ et qu'il était important d'occuper pendant la nuit le sommet de la montagne qui sépare Oran de Mers-el-Kébir. Ximénès était de cet avis. Il fut donc décidé que l'on débarquerait à l'instant et que, cette opération terminée, la flotte irait assaillir Oran par mer et jeter, par une diversion, l'incertitude dans l'esprit de l'ennemi.

« Les troupes commencèrent à prendre terre avant le jour ; mais le débarquement ne se fit pas sans désordre, à cause de l'obscurité. Le Comte de Navarre lui-même y contribua, son avis n'étant point qu'on débarquât la Cavalerie dans un lieu aussi peu favorable. Il se hâta, dès que l'infanterie eût atteint le rivage, d'ordonner à la flotte de lever l'ancre pour se diriger vers Oran. Ximénès, qui crût voir, dans cette conduite, un mépris affecté de son autorité, exigea impérieusement que la cavalerie fut débarquée.

« Pendant que le débarquement de l'armée s'effectuait, quelques bâtiments chargés de troupes avaient reçu l'ordre de s'approcher à la faveur de la nuit, des escarpements qui bordent la mer à l'Ouest de la pointe Lamoune et de s'y cacher (3) jusqu'au moment où ils pourraient prendre terre pour se saisir de la porte que devaient leur livrer deux Douaniers du Roi de Tlemcen, qui avaient été gagnés par un Juif du nom de Ben Zouwawa. Ce Juif avait ses magasins sur l'emplacement actuel du Fort Lamoune, près de cette porte, et était à la devotion de Fernand de Cordoue. Le détachement devait protéger le débarquement dans l'anse d'Oran.

« Vers les 6 heures, l'infanterie divisée en 4 corps était rassemblée devant les portes de Mers-el-Kébir. (3) Ximénès, par quelques discours, parvint à exciter au plus haut degré l'enthousiasme des troupes.

« Cependant Pierre de Navarre, voyant s'amonceler sur les flancs de la montagne la multitude des Maures et des Arabes, craignit d'engager des troupes déjà fatiguées dans un combat inégal.

---

(1) des archives du Génie d'Oran.
(2) Confusion ?
(3) ! ?

« Il était près de 9 heures ; la nuit pouvait le surprendre et changer la face des affaires ; il redoutait, par dessus tout, qu'un mauvais succès ne décourageât ses soldats dès le commencement et ne rendît l'espérance aux Infidèles.

« Dans cette perplexité, il alla consulter Ximénès. Troublé, lui-même, par les incertitudes d'un chef aussi expérimenté, le Cardinal se recueillit pendant quelques instants :

« Combats ! s'écria-t-il enfin. Le Christ et Mahomet vont livrer bataille !
« Toute hésitation maintenant serait non seulement dangereuse mais crimi-
« nelle ! Chasse tes craintes, aborde l'ennemi, je te promets la victoire. »

« Cette résolution pleine de sagesse parut une inspiration divine, quand on sut (Oran était à peine depuis 3 heures entre les mains des Espagnols), que déjà le Mezuar (1) de Tlemcen, à la tête de forces imposantes, s'avançait pour secourir la ville (1).

« Navarre divisa son armée en 4 corps de 2.500 hommes ; il en garda un sous la main, fit avancer l'artillerie (2), et ordonna à ses troupes de déloger l'ennemi des hauteurs qu'il occupait.

« Au bruit du clairon et au cri de « Saint Jacques » les soldats s'élancent et gravissent les pentes escarpées de la montagne. Mais les Maures opposent une courageuse résistance ; ils accablent l'ennemi sous une grêle de flèches et roulent, du haut de leurs montagnes, d'immenses blocs de rochers sur les assaillants. Les plus hardis, profitant des accidents du terrain, s'avancent au devant des Espagnols et les provoquent au combat.

« L'ordre était qu'aucun soldat ne quittât son rang ; mais plusieurs, se laissant emporter à une ardeur aveugle, s'élancent contre les Barbares. Au milieu de tous se distinguait Louis de Coutreras. Son indiscipline reçut une cruelle punition ; entouré subitement, il eût le cou tranché ; sa tête sanglante, portée à Oran, excita l'enthousiasme du peuple et les enfants s'amusèrent à la rouler dans la boue des rues. Le bruit courut que cette tête était celle de l'Alfaqui des Chrétiens, c'est-à-dire de Ximénès Mais les Maures, bientôt détrompés par quelques esclaves, commencèrent à s'effrayer en remarquant qu'il lui manquait un œil, circonstance qui leur parut d'un présage fatal (1).

« Les Chrétiens redoublaient d'efforts, et, malgré un brouillard épais qui couvrait le sommet de la montagne, ils la franchirent et parvinrent à s'emparer sur la pente sud (1) d'une fontaine vaillamment défendue ; les eaux fraîches et abondantes dont ils purent alors goûter réparèrent leurs fatigues. On apercevait, de ce point, la ville et les maisons de campagne environnantes.

« Navarre y fit amener 4 couleuvrines, dont le feu répandit la consternation dans les rangs des Infidèles. Alors, à la tête d'un petit nombre de soldats choisis, il se précipite sur l'ennemi, le pousse, le presse, en fait un carnage terrible et reste maître du terrain. Les Barbares fuient de tous côtés et les Chrétiens, saisis d'un élan impossible à contenir, descendent comme un torrent les pentes inférieures de la montagne, culbutent tout ce qui s'oppose à leur passage et poursuivent, en désordre mais avec la confiance de la victoire, les Infidèles consternés et répandus dans la campagne.

« En même temps, un boulet, parti de la flotte, brise la seule pièce de

---

(1) ! ?
(2) légère.

quelque importance dont les assiégés pussent faire usage (1). Alors les marins s'élancent à terre et se réunissent aux troupes de Navarre. Les ennemis effrayés ferment les portes et les Arabes et les Maures qui combattaient au dehors sont forcés de s'éloigner à travers champs. Oran se trouvait ainsi dépourvue de défenseurs.

« Entraînés par un de ces mouvements subits qui, à la guerre, déterminent le succès, les Espagnols s'élancent contre les murs, les escaladent au moyen de leurs lances et, au moment où l'on s'y attendait le moins, 6 étendards sont aperçus flottant sur les tours de la citadelle (2). Au bout d'une demi-heure toute la ville était au pouvoir des Chrétiens (2).

« Ce brillant fait d'armes parut ensuite, quand on y pensa de sang-froid, si extraordinaire, que l'on ne pût jamais comprendre comment il était arrivé. Ceux-mêmes qui, les premiers, entrèrent dans la ville, ne purent l'expliquer et ils s'efforcèrent en vain, ensuite, de franchir les murailles au moyen du bois flexible et glissant de leurs lances (3). Sosa, Commandant des Gardes du Cardinal, eut la gloire de paraître le premier sur les murs et ce fut lui qui, du sommet de la Citadelle (4) annonça la victoire a toute l'armée, en agitant l'étendard de Cisneros et en criant : « Saint-Jacques et Ximénès ».

« Accablés de cet évènement imprévu, privés du secours de leurs soldats demeurés hors la ville, les Maures fuient de toutes parts ; les uns cherchent un refuge dans les Mosquées, les autres s'enferment et se retranchent dans les principales maisons. Un petit groupe de Maures résolus à vendre chèrement leur vie, se rassemble et attend l'ennemi.

« Mais les Chrétiens, animés d'une ardeur sanguinaire, excités dans leur fureur par la haine religieuse, poursuivent la victoire à travers des flots de sang et n'épargnent ni les hommes, ni les enfants, ni les femmes, ni les vieillards. Les soldats, chargés de butin, pillent, dévastent les maisons, égorgent l'ennemi et n'écoutent ni les ordres ni les prières des Officiers, dont la voix se perd dans cette horrible confusion. Le son des trompettes qui, à l'approche de la nuit, annonçait la retraite, sembla même un nouveau signal pour de nouveaux massacres. Enfin, accablés de lassitude et pleins de vin, les soldats tombent où le sommeil les surprend et, le lendemain, se réveillent couchés au milieu des cadavres.

« Touchés, alors, de l'horrible spectacle dont ils sont entourés, ces hommes, si farouches la veille, reviennent à des sentiments d'humanité et versent des larmes sur leur propre fureur. On pense que plus de 4.000 personnnes furent massacrées dans cette terrible journée et le nombre des prisonniers dépassa 8.000. Le butin était immense et s'élevait au prix de 500.000 écus d'or. Non seulement les Chefs, mais les soldats s'enrichirent et Alvarès Gomez rapporte qu'un officier eût pour sa part 10.000 ducats.

---

(1) renseignement précis et intéressant. Il s'agit, bien entendu, du front Nord de l'enceinte (front de mer).

(2) ! ??

(3) c'est un des résultats de l'excitation nerveuse produite par le combat. A la Bataille de l'Alma, en 1854, les Zouaves de la Division Bosquet, à la sonnerie de la charge, ont escaladé en vitesse, sac au dos, les pentes, si raides, de la berge sud de l'Alma que les Russes croyaient ces pentes ingravissables. Quelques jours après, les mêmes zouaves, voulant, de sang froid, recommencer ce tour de force, l'ont accompli avec peine... et sans sac.

Dans le cas particulier d'Oran, c'était moins difficile. Il y avait 2 points nettement faibles de l'enceinte sur le front Nord. C'est par l'un d'eux qu'est entré Sosa.

(4) Non, du saillant Nord-Ouest de l'enceinte.

« On vit un miracle dans cette conquête, Le bruit courut que le jour, dont on avait craint la fin trop prompte, avait été plus grand que d'habitude et que le soleil, suspendant les lois de son mouvement, s'était arrêté, comme au temps de Josué, pour éclairer la victoire des Chrétiens. Des esprits, plus réfléchis. crurent que Ximénès s'était ménagé des intelligences dans la ville et que ce magnifique succès était dû à la trahison de quelques Maures. L'impétuosité des Espagnols, l'indiscipline des Arabes et leur ignorance de la guerre nous paraissent tout expliquer.

« Nous avons copié presque textuellement le récit intéressant de la prise d'Oran, dans « l'Histoire d'Alger » de M. Charles de Rotalier. C'est l'auteur Français qui a donné le plus de détails sur cet évènement. Nous y avons ajouté quelques mots qui nous ont paru nécessaires pour la complète intelligence des faits.

« M. de Rotalier voudrait écarter de cet acte de guerre tout soupçon d'un moyen que, probablement, il ne croit pas avouable. Nous pensons comme lui que sa réussite est dûe en grande partie à la bonne direction des opérations militaires et à l'impéritie des Arabes.

« Mais on ne peut douter qu'il a existé des intelligences dans la place et qu'elles ont eu une très grande influence sur le résultat de cette affaire, par la raison que tout avait été prévu avec le soin le plus minutieux. On doit admettre que des hommes de la haute capacité de Ximénès et de l'expérience militaire de Pierre Navarre n'auraient pas lancé imprudemment, avec tant d'ardeur, leurs troupes sur les murs d'Oran, pour les mettre entre 2 feux, s'ils n'avaient pas eu la certitude que ces murs ne leur feraient pas une longue résistance. Il se peut fort bien que Pierre Navarre n'ait pas été complètement dans le secret, que Ximénès l'ait gardé pour lui et les siens, mais il est probable qu'il le lui a fait pressentir. Ces intelligences avaient été préparées par Fernand de Cordoue, Commandant de Mers-el-Kébir et étaient connues de Jérôme Vianelli et de l'entourage du Cardinal. Et, en effet, qui est-ce qu'on voit apparaitre d'abord, à la Citadelle (1), un étendard à la main, annonçant la prise de la ville, n'est-ce pas un officier attaché à la personne de Ximénès ?

« Fernand de Cordoue eût été bien peu pardonnable de ne pas s'être fait un parti dans la ville d'Oran avant sa prise, quand il avait tant de facilités pour le constituer. La population était cosmopolite en très grande partie et de mœurs relachées. Elle ne devait pas avoir un amour bien serré pour ses murs. La perte de Mers-el-Kébir l'avait ruinée et privée du bien être et des douceurs de la vie que procure toujours un grand commerce. Il devait y avoir, nécessairement, un certain nombre d'individus désireux d'un changement de situation. Les Juifs surtout avaient tout à gagner. Nonobstant les ordres contraires. ils continuèrent à faire, en contrebande, leur trafic avec Mers-el-Kébir. Ils s'y rendaient souvent la nuit. Ils devaient être complètement à la dévotion du Commandant de ce Château, qui avait, par conséquent, en main, tous les éléments pour constituer un parti nombreux lequel, au moment de l'attaque, devait lui être du plus grand secours ; c'est effectivement ce qui est arrivé (2).

« Le lendemain de la prise le Cardinal Ximénès se rendit à Oran par mer.

---

(1) mais non, la Citadelle (Casbah) ne s'est rendue que le surlendemain.
(2) ??

En approchant de la ville, il ne pouvait pas se laisser d'admirer ses murs redoutables, l'aspect gracieux de ses maisons et des terrasses qui bordaient le rivage. Aussitôt débarqué, il monta à la Casbah. Elle ne s'était pas encore soumise, mais le Gouverneur avait juré d'en remettre les clefs au Cardinal. A peine celui-ci les a-t-ils reçues qu'il se dirige vers les cachots où étaient enfermés 300 esclaves chrétiens, et lui-même les mit en liberté. On lui offrit ensuite le butin, comme au Chef de l'armée, mais il n'y voulut pas toucher et, après avoir détourné, pour être présentés au Roi, les objets les plus précieux, il distribua le reste aux officiers et aux soldats.

« Ximénès fit à cheval (1) le tour de la ville et donna les ordres nécessaires pour la réparation de quelques endroits mal fortifiés (2).

« De graves désordres ne tardèrent pas à se faire sentir à Oran. Après l'entrée des Espagnols, l'Administration Générale des affaires était tombée entre des mains inhabiles et même infidèles ; les troupes manquaient de vivres malgré des exactions insupportables, aussi nuisibles à l'Etat que fatales au Commerce.

« Dès que Ximénès en fut informé, il adressa au Roi un Mémoire et lui exposa ses idées sur les mesures à prendre pour utiliser une aussi précieuse conquête. Il demandait, pour Oran, un Gouverneur chargé de l'Administration Générale et Chef des forces militaires ; il pensait que le Commandant de Mers-el-Kébir devait relever du Gouverneur d'Oran ; il estimait à 2.000 hommes d'infanterie et à 300 chevaux, la garnison nécessaire à la ville ; mais il pensait qu'il serait utile d'augmenter plus tard la Cavalerie.

« La prise d'Oran répandit la terreur dans toute la contrée. On l'apprit à Tlemcen par 80 Maures qui avaient échappé au carnage. L'effroi fut si grand que le Sultan se renferma dans la citadelle et que les habitants, prenant les armes, se mirent en état de défense. Ils massacrèrent, sans pitié ni merci, tout ce qu'il y avait de négociants chrétiens dans leur ville, confondant les Juifs dans cette boucherie. Les petites villes voisines d'Oran furent abandonnées et les habitants s'enfuirent jusque dans le Royaume de Fez. Ces mêmes Mogrebiens, dont le pouvoir avait pesé si longtemps sur l'Espagne tout entière, étaient descendus à un tel degré d'abaissement et étaient si pénétrés de leur impuissance, qu'ils s'empressèrent de renoncer à toute idée de résistance ; les principaux chefs des Tribus et le Roi de Tlemcen lui-même vinrent faire acte de soumission, payer l'impôt et se mettre sous la protection du vainqueur.

« L'impression de cette évènement ne s'était pas seulement étendue aux environs d'Oran mais encore sur tout le littoral. Pierre de Navarre se présente le 6 janvier 1510 devant Bougie et s'en empare presque sans coup férir. Alger, Ténez ne tardent pas à reconnaitre la souveraineté du Roi d'Espagne et lui envoient des Ambassadeurs à Burgos avec de riches présents. Les Chrétiens, peu de temps après, étaient maîtres des côtes d'Afrique, à l'exception de Tunis, qui fut pris et repris plus tard par Charles-Quint. La possession du pays leur paraissait assurée s'ils n'avaient eu à faire qu'aux populations indigènes divisées et sans énergie.

. . . .

Ximénès ordonna de réparer les fortifications des Maures qui devaient être

---

(1) ? ?
(2) renseignement intéressant.

étendues, à en juger par le matériel que l'on y trouva et qui était considérable pour le temps. Il se composait de 60 pièces de gros calibre et d'un grand nombre de machines de guerre. Les travaux d'amélioration furent exécutés de 1509 à 1517, époque à laquelle les Espagnols firent leur première sortie pour aller au secours de Tlemcen qui était entre les mains du Corsaire Aroudj. Il est probable que, à partir de ce moment, ces travaux ne furent plus poussés avec la même activité, s'ils ne furent pas abandonnés, parce que la garnison était toujours en course. »

Composition et Organisation du Corps Expéditionnaire

Commandant en Chef. — Cardinal Ximénès.

Etat-Major.

Capitaine Général (Maestre Général): Pedro Navarro, Commandant l'Armée.

Colonel (1) : Diégo de Vera, Commissaire Général de l'Artillerie (et son fils Fernandez de Vera).

—   : Garcia Villaroel (2), Commandant la Cavalerie.

Colonel, Maître de camp : Jérôme Vianelli, Chef du Service des Renseignements, (3)
Sosa, Capitaine des Gardes de Ximénès.

Trésorier et Ordonnateur : De Campotejar,
François Ruis,
Jérôme Yllan, secrétaire de Ximénès,
Cazalla,

Personnalités.

Colonels (4) ; Rodrigue Moscoso, Comte d'Altamira,
Jean Espinoza,
Alphonse Vanégas,
Pedro Aria, « célèbre au jeu des lances et surnommé le jouteur ».
Jean Villavera,
Gonzalo Ayora, le Capitaine de 1505.

---

(1) d'après Mme Nelly Blum, Maréchal de Camp d'après d'autres historiens.

(2) Neveu de Ximénès, qui l'avait fait Gouverneur de Castoria à la mort de Mendoza, Villaroël ; « batailleur, emporté, cupide, perdant la tête », n'était pas apte à un pareil commandement.

(3) d'après Mme Nelly Blum : « Ximénès n'avait pas su deviner les agissements d'homme d'affaires de Vianelli qui était devenu l'homme indispensable et avait, peut-être même, pendant ces longues années d'attente, et par l'intermédiaire des prisonniers, notamment de Martin d'Argote, noué, à Oran, des intrigues profondément secrètes, connues du Cardinal seul, et qui devaient aider la prise surprenante de cette grande et forte ville. »

(4) Tous ces hommes, écrit Gomez, étaient si célèbres par leurs victoires à la guerre que j'ai souvent entendu dire par des vieillards contemporains de ces évènements, que Ximénès aurait pu, en tout sécurité, confier le commandement à ces officiers qui étaient pourtant de simples colonels. »

Capitaines : Pierre Castillo, Commandant le contingent d'Alcala.

Bernardin Menez, Commandant le contingent de Talmès et celui de Talavera,

Bustaman, Commandant le contingent de Lillo,

Alvarès de Salazar, Commandant le contingent de Tolède,

Pierre de Tolède, Commandant le contingent d'Illescas (1),

Garido, « qui avait fait la campagne de Mers-el-Kébir »,

Vadillo,

Arguesso.

Flotte. — 10 galères (Capitaine Soler),

35 naos (vaisseaux de haut bord),

22 caravelles,

6 galiotes,

3 tafinlas (bateaux plats),

1 fuste

19 barques.

ARMÉE.

Infanterie : 10.000 piquiers,

8.000 arquebusiers et archers.

Cavalerie : 2.000 Cavaliers (2) (dont 500 de grosse cavalerie et 1.500 de cavalerie légère).

200 arquebusiers et arbaletiers à cheval.

Artillerie. — ?

Génie : 1.200 sapeurs avec piques, pelles et pioches.

Aventuriers : 800 sous Bastetan (volontaires. ils ne touchaient aucune solde).

---

(1) Les contingents les plus nombreux étaient ceux du diocèse de Ximénès, mais il y en avait aussi d'Andalousie, des Asturies, de Galicie et de Biscaye (Cantabre). Mme Nelly Blum fait la juste remarque suivante : « Comme on le voit, ni les Commandeurs des 3 ordres militaires de Saint-Jacques, Calatrava et Alcantara, ni celui de Montesa, qui devaient à l'origine, prendre part à l'expédition, n'avaient fourni de contingent En somme, les paysans du diocèse de Tolède, habitués aux privations, anciens soldats de la guerre de Grenade, agiles, décidés, prêts à combattre de la pique et du couteau contre l'ennemi détesté, formaient la partie vraiment résistante du corps expéditionnaire. Les aventuriers, avides et cruels, les troupes d'Italie, indisciplinées et qui avaient déjà, malgré d'incontestables qualités militaires, tristement figuré dans le désastre de Misserghin, ne devaient pas être d'un grand secours, et si l'expédition, au lieu de se réduire à une brillante promenade militaire, suivie du sac de la ville d'Oran, avait duré 3 mois, comme on le croyait d'abord, il est probable qu'elles n'auraient pas obtenu grand succès, »

(2) d'après Quintanilla. Gomez parle de 4 000 et d'autres auteurs de 5.000 ; ça aurait fait beaucoup de chevaux à embarquer, transporter et nourrir ?

APPROVISIONNEMENTS.

Vivres. — (1) on avait réuni ;

    15.000 quintaux de biscuit sur 10 galères,
    2.000 fanègues d'orge pour les chevaux,
    1.600 outres valenciennes d'eau potable,
    1.200 quintaux de viande salée,
      600 quintaux de poissons,
      800 barils de sardines et anchois,
       30 outres d'huile,
       60 outres de vinaigre,
     300 fanègues de sel,
     500 outres de vin.

Armes et Munitions (2). — « Il y avait toute l'artillerie nécessaire à 150 voiles et 10 galères, et, en plus, pour le débarquement, 4 gros canons, 2 pierriers, 6 gérifaltes, et 4 couleuvrines, avec les quantités nécessaires de plomb et poudre. Il y avait aussi un nombre considérable de piques, fers, corselets, cuirasses, escopettes et, enfin, 70 sommiers. »

Ce que l'expédition a coûté à Ximénès (3) :

Frêt de 800 navires pour le transport

de 20.000 tonnes...................... 5.957.930 maravédis.

Armement des 10 galères............. 7.123.429 demi-maravédis.

Solde de l'Infanterie................. 9.836.276   »

Solde de la Cavalerie...............   906 079   »

Comptes particuliers................. 5.797.273   »

                                 30.659.839 demi-maravédis.

La Révolte de Carthagène

D'après Madame Nelly Blum :

« A peine l'Armée est-elle concentrée à Carthagène, que les Capitaines choisis par Pedro Navarro et les Colonels, commencent à répandre des bruits malveillants. Le bruit court, habilement propagé, que le vieux moine duperait tout le monde, qu'il n'avait pas d'argent, que personne ne toucherait de solde.

« On proférait ces calomnies surtout parmi les Officiers que Pedro Navarro avait choisis lui-même, contrairement aux conventions établies entre Ximénès et lui. Ils étaient jaloux de ceux qui tenaient du Cardinal lui-même leur nomination et lui étaient particulièrement dévoués.

« Si on songe qu'il y avait là, parmi les volontaires, des aventuriers de la

---

(1) d'après Quintanilla.
(2) ?
(3) Les chiffres sont extraits de l'ouvrage de Mme Nelly Blum qui les a « empruntés au résumé général donné par M. La Fuente » et qui termine ainsi : « Comme Ferdinand laissa à la charge de Ximénès tous les frais d'entretien de l'armée jusqu'au départ de Pedro Navarro pour Bougie, on arrive, pour les sommes avancées par l'Archevêque de Tolède au total de 30.659.839 demi-maravédis soit 459.897 frs. 58 centimes. »

pire espèce, hommes de sac et de corde, des mercenaires, véritables soudards pour qui la question d'argent primait toutes les autres et qui avaient une confiance aveugle dans leurs chefs de Flandre et d'Italie ; si on se rappelle aussi que Ximénès avait levé dans son diocèse et dans l'Espagne méridionale des Milices qu'on avait dû licencier à plusieurs reprises et qui avaient ainsi, en grande partie, perdu confiance, et, au nombre desquels se trouvaient beaucoup de braves gens ayant laissé, au village, femmes et enfants qu'ils désiraient voir à l'abri du besoin pendant leur absence, on comprendra quelle émotion dut produire, dans le camp, la nouvelle que le Cardinal ne paierait à personne la solde promise.

« En réalité, Ximénès craignait que Pedro Navarro ne conduisît son armée à Hone, et n'en disposât pour quelque aventure, fructueuse pour lui seul. Aussi entendait-il retenir l'argent par devers lui. De plus, il avait sagement décidé, avec le consentement de Pedro Navarro lui-même, que la solde serait remise directement aux troupes par les soins de trésoriers spéciaux et non par l'intermédiaire des Colonels et des Capitaines ; Ximénès, homme d'ordre et d'expérience, avait noté que trop souvent, quand l'argent prenait ce canal, il se produisait des fuites étranges, les Capitaines accusant des chiffres fictifs et les soldats réellement présents ne touchant même pas l'intégralité de leur solde.

« Mais Pedro Navarro, qui avait accepté cette condition au moment où il sollicitait du Cardinal son appui pour être nommé Chef militaire de l'expédition et avait depuis, contrairement au même traité, gardé entièrement pour lui, sans le verser au trésor de l'armée, le produit du butin fait à la Prise du Penon de Velez, entendait revenir sur ses promesses. Il avait toutes les troupes sous sa main, Vianelli, le secondait, Ximénès n'était, pour la plupart des soldats d'Italie, qu'un prêtre incapable d'inspirer la moindre crainte ; il croyait donc jouer à coup sûr en fomentant une révolte qui allait lui permettre, à lui et à ses acolytes, de s'emparer des trésors du moine.

« Alors, à l'instigation d'un certain Arnaud d'Alcala, rapiéceur d'habits, la sédition éclate. « Comme il était hardi et grand parleur, il se mit à parler et à raisonner dans le camp et à dire : que cette guerre était difficile ; que le Roi n'avait pas osé l'entreprendre, et qu'un moine l'entreprenait ; qu'il n'y avait rien à espérer d'un tel Général, sinon qu'il les menât à la boucherie ; qu'il n'était pas possible qu'il pût fournir aux dépenses de la guerre ; que, une fois qu'il les aurait fait passer en Afrique, ils auraient plus à craindre la faim que l'ennemi ; qu'enfin, il n'était ni sûr ni honorable de servir sous un Cordelier qui se mêlait d'un métier qu'il ne savait pas et qui voulait les accoutumer à vivre d'aumônes, comme il y avait autrefois obligé ses Religieux » (1).

« Ces discours produisent une impression d'autant plus profonde que les soldats se sentent encouragés par leurs Capitaines et les mutins font sécession sur la Colline de Carthagène en criant insolément : « Qu'il paie ! qu'il paie ! le moine est assez riche ! ». Ils menacent même de faire usage de leurs armes si on ne fait pas immédiatement la paie »,

« Vianelli, qui ne veut pas être soupçonné de tiédeur par le Cardinal, mais qui cherche aussi à aggraver les choses, fait saisir et exécuter quelques soldats. »

____

(1) Zurita.

« A ces nouvelles. Ximénès très ému, se sentant entouré d'embûches, redoutant une révolte générale et pis encore, désireux aussi d'épargner les milices diocésaines qu'il affectionnait particulièrement, envoie à Vianelli, Villaroel avec mission de recommander à tous la douceur. Celui-ci, qui considérait l'Italien comme un traitre et comme un intrus, lui parle d'un ton violent et méprisant. Vianelli, qui se sentait protégé et se savait nécessaire, lui réplique d'un ton déplaisant pour lui et pour le Cardinal ; le grand Seigneur Espagnol tire l'épée, blesse grièvement à la tête le faquin vénitien et, redoutant la colère de Ximénès, prend la fuite. On n'est pas plus maladroit.

« Ximénès trouve alors en Alvarès de Salazar, Capitaine des Tolédains, l'auxiliaire habile et dévoué qui va apaiser la rébellion. Homme de courage et de sang-froid, très estimé du soldat auquel il sait tenir le langage qui convient, Alvarès de Salazar harangue les révoltés, dissipe leurs préventions et adoucit leur colère. En même temps, il s'entend avec les 2 chanoines qui avaient accompagé le Cardinal, Alvarès de Tolède et l'abbé de Sainte Léocadie, pour recourir à un expédient qui va mettre tout le monde d'accord et détruire l'effet des surprises et des perfidies de Pedro Navarro. Puisque les mutins veulent être payés, on leur donnera leur solde, mais, comme Ximénès se méfie à bon droit de leurs chefs, on versera l'argent sur les bateaux, aussitôt l'embarquement opéré. On fait publier cette annonce à son de trompe, et, grâce à cet heureux expédient, la révolte va s'apaiser.

« En effet, on fait transporter, publiquement et aux regards de tous, des sacs pleins d'écus d'or, couronnés de festons et de fleurs et accompagnés au son des tambours et trompettes, sur le vaisseau Amiral où le trésorier a pris place et va faire la paie aussitôt que les hommes seront installés dans les fustes qui leur sont assignées. « Ce spectacle, écrit l'historien Gomez, les enflamme tous au point qu'oublieux de la sédition, ils s'embarquent immédiatement avec une hâte incroyable, et Ximénès, tout joyeux de cette gaîté des soldats, monte lui-même sur son navire le dimanche soir, 13 mai, pour quitter immédiatement le port ». Malheureusement, les retards causés par la mutinerie et la nécessité d'attendre le rétablissement de Vianelli avaient empêché le Cardinal de mettre à profit l'occasion que lui offraient les vents favorables, et il fallut attendre, dans le port de Carthagène, et à bord, que le temps permit à cette immense flotte de lever l'ancre. »

Oran, en 1509, avant sa prise par les Espagnols

J'ai déjà donné (dans l'Histoire de 1505 et 1507) des renseignements sur Oran à cette époque.

En voici d'autres.

En étudiant tous ces renseignements, part faite des exagérations (voulues des auteurs anciens) qu'ils renferment, en étudiant les vieilles cartes espagnoles, en mesurant, sur une carte exacte, la superficie de tous les terrains alors habités, j'arrive à cette conviction :

Oran, en 1509, avait, au grand maximum, un millier de maisons (huttes comprises) et une douzaine de mille (1) d'habitants ; avec ses faubourgs (Yfre et la Marine).

---

(1) d'après les chiffres des Espagnols eux-mêmes il y a eu 4 000 tués et 5.000 captifs ; 80 habitants ont pu s'échapper.

Quant aux pentes du Murdjadjo et de Santa Cruz elles étaient cou-vertes sinon d'arbres tout au moins de très grande broussaille dans laquelle vivaient des singes, des sangliers, des chacals, des hyènes, et, peut-être, quelques panthères.

D'après Madame Nelly Blum :

« Pendant que Ximénès et sa flotte font voile sur Mers-el-Kébir, on n'est pas sans connaître à Oran les projets du Cardinal. Sans doute, depuis l'af-faire de Misserghin, les Espagnols ont abandonné l'offensive. Entre Mers-el-Kébir et Oran se sont nouées des relations commerciales : les trafiquants indigè-nes, Mores de Guiza ou des environs d'Oran, bien accueillis dans la forteresse, l'approvisionnent abondamment. Les trafiquants Musulmans et Juifs, habitués jusqu'alors à commercer seulement avec des Italiens et des Français, pren nent l'habitude de se fournir auprès des Espagnols. En même temps, des né-gociations, dont le secret reste admirablement gardé pendant 2 ans, se nouent, par l'intermédiaire des prisonniers, et surtout de Martin d'Argote, entre Oran et Mers-el-Kébir, en vue de préparer une conspiration qui facilitera la prise de cette forte place Mais les Oranais, qui ne connaissent pas les projets des traîtres, se croient en sûreté ; les Marabouts ne cessent de prêcher la guerre sainte, le Roi de Tlemcen envoie des renforts. On a mis les remparts en état de défense et, sur la cime d'Aïdour, on a établi un poste qui veille nuit et jour et signale toute voile qui parait à l'horizon. A l'abri derrière leurs tours et leurs murailles, les Oranais se croient en sûreté.

« Ils savent, d'ailleurs, que la conquête de leur ville est tentante. Fondée au 10e siècle (903) par des Musulmans venus d'Espagne, déjà florissante au 12e et célèbre par l'activité et la fierté des habitants, formant dans le Royaume des Beni Zyian une République à peu près indépendante, Oran que les Mores appellent Guadaharan (1), s'allonge, presque invisible, sur le versant oriental d'Almeïda, comme un navire sur le flanc d'une immense vague.

« Entre le Djebel Khar et le Pic d'Aïdour, dans un angle du vaste golfe, on aperçoit, à mesure qu'on s'approche du rivage, les tours et les murailles de la grande ville (2). Les flots viennent mourir à quelques pas de petits baraque-ments (2) étroits et grossiers, qui s'étagent en dehors des portes et où, non loin de leurs barques, habitent les pêcheurs et abordent les étrangers. On y pêche les poissons les plus variés et parfois même, à la marine d'Oran, on a vu des baleines (3). Il y a aussi, des ruines qui attestent l'antiquité de ce port.

« Après avoir traversé ce quartier animé, on arrive par une côte assez dure aux remparts mêmes de la ville, qui se détache, blanche comme une colombe, et dont les hauts minarets (2) dominent les lourdes tours (2). Edifiée, partie en plaine et partie en montagne, elle est ceinte d'une muraille continue, pré-

---

(1) Çà, c'est un mot espagnol comme Gualdalquivir pour Oued-el-Kébir. Le mot arabe Guadaharan serait donc Oued Ouâhrane. Le mot Ouâhrane susbiste, seul, aujourd'hui. D'après mon ami le Colonel Cadi et d'autres Arabes que je connais, Ouâhrane vient de la racine Ouâhr (dur, sévère, exigeant) et veut dire « dur à par-courir ».

(2) ! ?

(3) « Montanès énumère les 70 espèces de poissons qui alimentent le marché d'Oran. »

Le débarquement de Ximénès à Oran le 20 Mai 1509.

(D'après la fresque de Jean de Bourgogne à la Chapelle Mozarabe à Tolède).

cédée de fossés dans quelques parties plus facilement accessibles. En montant de la marine, on aboutit par une âpre route muletière à un pont très élancé et d'une seule arche, au pied duquel se trouve la fontaine publique (1) et qui conduit à la porte orientale, dite de Canastel, dont l'architecture rappelle à s'y méprendre la Puerta del Cambron de Tolède. Etroite, si basse qu'elle ressemble plutôt à l'entrée d'une cave qu'à celle d'une ville, lourdement voûtée, flanquée de 2 tours avec toits en poivrière, large de 12 pas, elle donne accès aux campagnards qui apportent en ville les melons de Canastel, le blé, les fruits, la cire et montent par la longue rue qui conduit à la Grande Mosquée.

« Les maisons, basses et blanches, serrées les unes contre les autres, forment des îlots séparés par d'étroites ruelles. On se presse dans les bazars, les zaouïas, les hôtelleries, aux abords des bains et de l'hôtel des Génois où se fait le grand commerce d'exportation. On y échange les cuirs, les grains, le coton, les tissus du pays et les chevaux, les dattes du Sahara, la laine et la cire contre les draps rouges et bleus d'Espagne, la vaissellerie de Venise, les métaux, les armes, les teintures, les épices et les parfums d'Orient.

« Pendant tout le jour la ville entière est comme une immense ruche où personne ne chôme Sur les 5.000 maisons (2), on compte 1500 boutiques (2), où tisserands, brodeurs, orfèvres, épiciers, teinturiers, marchands de grains, de tapis et de soieries, et même débitants de vin (3) se livrent activement à leur commerce. La population flottante, qui s'ajoute aux 20.000 habitants, achève de donner à Oran son aspect de grande ville commerçante, où le luxe est poussé si loin que le Marabout vénéré, Sidi Mohammed el Aouari, prédit la venue de l'étranger. Les richesses abondent non seulement en nature dans les 113 silos, mais en métaux précieux, et les femmes, avec leur diadème d'or, leur lourd costume brodé d'argent et les bijoux multiformes qui les couvrent de la tête aux pieds, étalent complaisamment la fortune de leurs maris. Ça et là, de vastes maisons de pierre, véritables forteresses au centre même de la ville, puis, sur la hauteur de la petite Mosquée (4) où se réfugieront les derniers défenseurs de la ville, et, sur le même plateau, la grande Mosquée (5), dont la lampe monumentale fait l'admiration des visiteurs.

« On redescend sous la Porte de Tlemcen, avec 6 tours (2), vigies qui défendent les abords de la ville et l'approche de la source (2) qui alimente abondamment les habitants. Elle se répand dans d'immenses (2) jardins, qui jettent leur note verdoyante et gaie sur tout le ravin environnant et fournit la force motrice à 4 moulins toujours en activité. Au dessus, s'étage comme une véritable forteresse la Casbah, citadelle construite, peut-être, par les Commandeurs de Malte et protégée encore par un réduit, dont les 3 grosses tours (6) blanches commandent le ravin. 60 gros canons (2) sont en batterie

______

(1) Alimentée par une source débouchant là et indépendante de celle de Raz-el-Aïn.
(2) ! ?
(3) De Mas Latrie.
(4) qui deviendra l'Eglise de Santiago (St Jacques, le patron de l'Armée),
(5) Qui sera dédiée par Ximénès à Notre-Dame des Victoires et à l'Annonciation.
(6) Ces 3 tours ne sont pas à la Casbah, mais au Château-Neuf actuel. Le mouvement de terrain sur lequel elles s'élèvent, s'appelait, depuis leur édification par les Chevaliers de Malte : « Ras-el-Ksar » (le promontoire des tours) d'où les Espagnols ont fait Rosalcazar.

sur les remparts et des terrasses de la Casbah, où campent des milliers d'hommes (1), non loin des prisonniers chrétiens et tout près de ces immenses jardins où toute l'armée de Tlemcen pourrait bivouaquer à l'aise, le Caïd d'Oran contemple tranquille le spectacle qui se déroule à ses yeux, certain que, après 6 mois de siège, on n'arriverait pas encore à mettre en danger une ville aussi forte et aussi bien gardée. »

Le Débarquement.

D'après Madame Nelly Blum :

« Quand, vers midi, la vigie placée au sommet du Pic d'Aïdour, signale l'arrivée de l'immense flotte que commande le Cardinal, le Caïd d'Oran fait fermer les portes, rassembler les troupes, envoyer des Cavaliers au Roi de Tlemcen, et annoncer de douar en douar, la venue du grand Alfaqui Chrétien, La flotte espagnole est à plus de 40.000 pas du rivage, et, de montagne en montagne, sont allumés, dans une nuit sans lune, des feux innombrables qui appellent les Mores aux armes, mais qui servent en même temps de phares à l'ennemi.

« A la nuit noire, Ximénès entre au port de Mers-el-Kéir.... Malgré les fatigues de la traversée, tout pâle et les traits plus émaciés qu'à l'ordinaire, il reçoit Rodriguez Diaz, se met au courant des dernières nouvelles et convoque un conseil.

« Dans l'intervalle, il est sans doute informé de la conspiration, tramée secrètement par Martin d'Argote. Celui-ci, mettant à profit les loisirs forcés de sa captivité, avait noué des intrigues ténébreuses avec Ahmed Acanixa, son hôte. Aidé d'Alonzo Martos, prisonnier comme lui, il avait fini par amener le More à promettre de livrer la ville. « Il est en effet dans la nature de ces gens, note Gomez, de se tromper mutuellement, et de n'avoir pas le moindre patriotisme ».

« Cédant à la passion qui l'anime contre ses adversaires politiques, et aussi, sans aucun doute, à la cupidité, Ahmed tient, avec les Officiers Espagnols, des conciliabules au courant desquels Rodriguez Diaz est tenu, par l'intermédiaire du Juif Catora, qui avait échappé au massacre de 1505, et que Vianelli connaissait. Il est convenu que Cadrinus (2), parent d'Acanixa et gardien d'une des portes, probablement celle de Tlemcen, en livrera l'entrée aux Espagnols

« Rodriguez Diaz met le Cardinal au courant des derniers arrangements, d'après lesquels il a, peut-être même, été convenu que des drapeaux chrétiens seraient placés le lendemain sur les remparts, pour terroriser les Mores, en leur faisant croire que la ville était déjà prise, alors que l'ennemi était seulement en vue des murailles. » (3)

. . . .

(L'infanterie est débarquée).

---

(1) ! ?

(2) Nom donné par Gomez. Marmol parle d'un Issa-el-Orraybi. Il aurait eu 1 Juif et 2 Maures.

(3) « On comprend aisément qu'on ne peut donner sur ces intrigues secrètes que des renseignements incomplets. Aucun de ceux qui y ont pris part (Ximénès, Diégo de Cordoue, Vianelli, Rodriguez Diaz, Francisco Ruiz, Martin d'Argote) n'y a fait, par écrit, la moindre allusion. Les documents officiels, lettres et rapports, destinés au public, ne peuvent pas en parler. Aussi certains historiens comme Mariana et

« Estimant inutile le concours de la cavalerie en pays escarpé et montueux, Pedro Navarro prétend envoyer sans retard toute la flotte devant Oran, en remettant à plus tard le débarquement de la cavalerie ; il fallait appuyer immédiatement par mer la marche sur la ville. Ximénès ne partage pas cette opinion. Non seulement il n'admet pas qu'on enlève à Villaroel les moyens de se distinguer et qu'on abandonne aux soldats d'Italie le sort de l'expédition, mais il croit aussi qu'un corps de cavalerie est indispensable pour éclairer la route, garder les défilés et poursuivre l'ennemi après la victoire.

« Il ordonne donc le débarquement de l'artillerie et d'une partie de la cavalerie. Bien mieux, il sort tout indigné de la forteresse, où il s'était retiré pour prendre un peu de repos, et va en personne surveiller l'opération. Elle se fait assez confusément, et aussitôt qu'il a réuni quelques centaines de cavaliers, il leur assigne lui-même leur poste. Ils devront longer les sentiers qui surplombent le rivage et surveiller les ravins qui s'échelonnent au pied de la montagne. L'ennemi peut y avoir placé des troupes en embuscade, et celles-ci, lancées à l'improviste sur les derrières de l'armée, jetteraient le trouble et le désordre dans les rangs espagnols.

« On a conservé le nom du premier cavalier qui toucha le sol africain. Il s'appelait Caravajal et était d'Alcala où il gérait les immeubles épiscopaux. En mémoire de ce fait, Ximénès fit peindre, sous les traits de Caravajal, un Cavalier alerte, débarquant en hâte ; et le tableau fut placé à Oran, dans l'église de Saint-Bernardin.

« Tous ces mouvements avaient occupé la matinée entière.

« L'ennemi occupe en nombre la montagne voisine, quand on voit sortir de la citadelle Ximénès qui vient passer l'armée en revue.

« Etrange et inoubliable spectacle. Au lieu d'un Général à l'armure splendide et brillante, au casque ciselé, aux armes étincelantes, entouré d'officiers, s'avance, monté sur une mule, précédé d'une croix d'argent portée par Frère Fernand, un grand vieillard au crâne ras, à la mine ascétique, au regard décidé, et qu'entoure une légion de prêtres et de moines, ceints de l'épée espagnole qu'ils portent sur leur robe de Franciscains. Les soldats, auquels Ximénès, usant de son autorité épiscopale, a fait servir un repas fortifiant auquel ils ne s'attendaient pas, un vendredi, et que ce cortège extraordinaire intimide, sont partagés entre l'enthousiasme et le respect religieux. Ils plient le genou au passage du Cardinal, qui, d'un geste mystique et ardent, leur donne sa bénédiction. A peine a-t-il passé devant le front des Compagnies, que les cris et les acclamations éclatent, répercutés au loin jusque dans le

---

Cayetano Rosell n'en tiennent aucun compte ou estiment que c'est une supposition.
    « En admettant que les témoignages arabes soient á écarter comme inspirés par le désir d'expliquer honorablement la prise de la ville, en négligeant Marmol et Montanès, il est impossible de ne pas ajouter foi au témoignage de Gomez qui déclare tenir le récit des conciliabules clandestins, d'un Oranais, parent des traitres. Il conte comment la fille de Fernand, occupa des fonctions importantes et comment les seules maisons des 2 Mores et de Catora, furent préservées du pillage. Ce dernier fut employé comme interprète, et, tombé plus tard entre les mains des Mores, fut cruellement supplicié. Ce récit n'est donc point une légende. Et nous pouvons conclure avec Gomez : « En réalité, avant d'entreprendre l'expédition d'Afrique, Ximénès traita avec les Mores pour obtenir que la ville lui fut livrée ». (Nelly Blum).

fond des ravins. Ximénès ne reste pas silencieux et adresse au chefs et aux soldats des exhortations ardentes. (1).

« Dans son enthousiame, il veut se mettre lui-même à la tête des troupes avec François Ruis, son secrétaire Jérome Yllan, Cazalla, et tous les prêtres et clercs à cheval qui l'entourent. Il faut insister vivement, lui remontrer instamment que sa présence est une cause de péril et d'embarras, que son âge autant que son caractère ne lui permettent pas de prendre part à la bataille qui va se livrer, pour obtenir, après beaucoup de peine, qu'il regagne Mers-el-Kébir.

Voici ce que dit M. Jean Cazenave :

« Vers la mi-février cependant les préparatifs avançaient bon train et les difficultés semblaient avoir été à peu près aplanies. Les 2 grands chefs de l'expédition signaient une convention, par laquelle le Général (2) prenait à sa charge tout le ravitaillement de l'armée, la flotte pour le transport et la protection des troupes, ainsi que la direction de l'infanterie (3). Rendez-vous était donné pour le dimanche de Quasimodo, 15 Avril, à Carthagène. Et, en effet, Navarro arrive dans cette ville le 26 mars pour recevoir les divers corps de combattants, hâter l'assemblement des vaisseaux, des munitions de guerre et de bouche, de l'artillerie. L'embarquement des soldats eût lieu dans la journée du dimanche 13 mai ; les vents contraires retinrent la flotte dans le port et elle ne put lever l'ancre que le mercredi matin. Après une bonne traversée, le lendemain soir, fête de l'Ascension, elle abordait dans le port de Mers-el-Kébir.

Dès qu'ils l'aperçurent et durant toute la nuit, les Maures des environs d'Oran allumèrent de grands feux au sommet des collines voisines pour avertir les diverses tribus éparses dans la plaine. Le soir, les chefs de l'expédition tinrent conseil sur la galère du Cardinal et se concertèrent sur les opérations du lendemain.

Le vendredi, dès avant le lever du jour, le débarquement commençait. A 10 heures, toute l'infanterie était à terre, rangée en ordre de combat et présentant 4 corps de 2.000 hommes chacun. Puis ce fut le tour de la Cavalerie et de l'Artillerie. »

Le Combat

Pour moi tout le succès de la journée revient à Pedro Navarro. Après avoir fixé l'ennemi sur tout le front, ce Général a fait, avec son artillerie, un trou dans la gauche de la ligne de bataille oranaise. Son infanterie en réserve, lancée dans ce trou, l'a élargi et a débordé aussitôt après la gauche ennemie en dévalant de Santa Cruz vers la Casbah et Yfre.

Devant ce mouvement, combiné avec celui de la flotte à l'autre aile,

____

(1) « Gomez et Jean Frias, qui compose l'histoire à la mode antique, lui font prononcer un discours. Frias lui fait prononcer la phrase suivante : « Vous allez attaquer, sans doute, les murailles d'une seule ville ; mais, en la prenant, c'est la Maurétanie tout entière que vous prendrez. Elle donne, en effet, accès dans toute l'Afrique, et, quand elle sera en votre possession, tout le domaine des Sarrazins sera chrétien. » (Nelly Blum).

(2) ?

(3) « lettre datée de Tolède, 20 février 1509 » (Jean Cazenave).

toute la ligne Oranaise a lâché pied et s'est enfuie par les 3 chemins (ou sentiers) permettant de gagner la Porte de Canastel. Les Oranais se sont enfuis d'autant plus vite que, au même moment, la flotte espagnole avec des troupes de débarquement tournait leur droite et, se dirigeant vers la Marine, menaçait de leur couper leur ligne de retraite vers la Porte de Canastel. L'Infanterie Espagnole les a poursuivis, la pique dans les reins. Cette Infanterie n'avait, du reste, pas dû rencontrer une résistance sérieuse puisque, en 5 heures seulement, elle a parcouru 10 kilomètres de terrain montagneux, livré un combat et pris Oran.

D'après Mme Nelly Blum (1).

« Pendant que le Cardinal et ses prêtres se répandent en prières ardentes dans la chapelle de la forteresse (Mers-el-Kébir) une nouvelle inattendue vient les bouleverser. Navarro ne veut pas donner l'ordre de l'attaque. Il prétend que les troupes, fatiguées par la traversée, par des manœuvres de nuit, par une matinée occupée entièrement à mettre les armes et les munitions en état, sont incapables de tenter l'effort considérable que va exiger l'attaque immédiate de la forteresse d'Oran. Toutes les crêtes sont occupées. Pendant la nuit les Mores ont organisé la défense : 2.000 hommes, appuyés par 10.000 cavaliers (2) des douars environnants, éclairés par des vedettes nombreuses, attendent les Espagnols sur une hauteur escarpée, à peine abordable par une route ravinée qui longe la mer et conduit à un premier plateau élevé de 500 pieds et qu'il faut escalader. La chaleur et la soif menacent de paralyser les troupes, auxquelles une retraite désordonnée en pleine nuit, car il est tard, pourrait infliger un désastre analogue à celui de Misserghin.

. . . .

« Ximénès ne doutait pas du succès...

« Faut-il croire, comme on l'a dit, qu'il venait de recevoir d'Ahmed un message pressant? Les Conspirateurs lui auraient fait savoir que la ville, du côté de la Porte de Tlemcen, était défendue seulement par quelques centaines d'hommes, que le gros des troupes était disposé sur la montagne, et que le gardien de la porte avait égaré les clefs, en vue d'empêcher les Oranais de rentrer dans la ville. Il est possible qu'un émissaire venu par mer ait transmis à Ximénès ces renseignements qui expliquent en partie l'ordre formel qu'il intime à Navarro de marcher immédiatement à l'ennemi.

« En effet, quand le Comte, hésitant, lui fait connaître qu'il ne peut prendre seul la responsabilité d'engager les hostilités, car il va être 15 heures, et un combat de nuit pourrait être désastreux, le Cardinal lui réplique après quelques instants d'hésitation : « Allez, Comte, et bataillez aujourd'hui. Jésus-Christ et Mahomet se livrent combat, mais tout retard est un avantage pour les Infidèles et une injure pour la religion. Attaquez l'ennemi en toute confiance, vous vaincrez. »

« A ces mots, Navarro, dégagé de toute responsabilité personnelle, prend résolument ses dispositions pour agir, donne ses ordres et se place lui-même à la tête du corps de réserve.

---

(1) le récit de Mme Nelly Blum se rapproche beaucoup, à certains moments, de celui du Mémoire de 1853.

(2) ! ?

« Les Mores occupent un plateau qui domine la seule voie possible d'accès, où s'élevait une vedette et où sera, plus tard, construit le Fort St. Grégoire. Non loin de là, sous les figuiers, est une source abondante. Les infidèles sont nombreux, armés, les uns de hallebardes, d'escopettes, les autres de piques, couverts de brassards, cottes et cuirasses, protégés par de petits pavois aux couleurs rutilantes. Ils sont placés dans un poste avantageux, à même de résister longtemps en se contentant de lapider l'ennemi en précipitant sur lui cailloux et morceaux de roc. Des Marabouts portent l'étendard du Prophète et, au milieu des cris des fantassins, récitent les versets les plus farouches du Coran.

« Navarro ne se laisse ni intimider ni troubler : une fois l'attaque décidée, il retrouve toutes ses qualités de brillant soldat et de chef habile. Il forme 4 corps de 2.500 hommes chacun et, au son des trompettes, au bruit des cymbales, aux cris mille fois répétés de Saint Jacques (Santiago), patron de l'Espagne, il donne le signal de l'assaut.

Les 4 premiers carrés (1) s'avancent avec un élan irrésistible, pendant qu'un Corps de réserve garde l'arrière pour se porter du côté où son aide pourrait devenir nécessaire. Du haut de la montagne, les Mores lancent pierres, traits et flèches sur les Espagnols, qui escaladent péniblement, à travers la brousse, les palmiers-nains et les figuiers, le pic qui les sépare du plateau qui descend vers Oran.

« Pleins de confiance dans l'avantage que leur donne la position qu'ils occupent, solidement établis sur une hauteur, poussés en avant par les prêtres dont les chants guerriers et les incantatione alternent avec le bruit des clameurs et d'une musique stridente, quelques Mores descendent à la rencontre des Espagnols et n'hésitent pas à les provoquer en combat singulier. En dépit des recommandations réitérées des Chefs, qui ordonnent à tous la plus exacte discipline, le seul moyen de briser l'ardeur inconstante de l'ennemi, le contingent de Guadalaxara, surexité par l'insolence de ces provocateurs, s'élance à la rencontre des agresseurs. Entre ces Espagnols alertes, aussi agiles que l'ennemi, au teint bronzé, au regard terrible, mais dispersés et dépourvus d'armes de jet et les Musulmans, s'engage une mêlée confuse au cours de laquelle Louis Coutreras trouve dans une mort inutile le châtiment de son indiscipline téméraire, pendant que ces compatriotes sont forcés de se replier en désordre sur le premier carré.

« L'ennemi s'acharne sur le Cadavre de l'Espagnol ; on tranche la tête et au milieu de cris féroces, on la porte, trophée sanglant, jusqu'à la ville, où les prisonniers chrétiens, enfermés dans la Casbah, entendent anxieux les cris de victoire. Pour les braver, on promène devant eux la tête coupée, en répandant le bruit qu'elle est celle du Cardinal. Les Chrétiens frémissent d'horreur ; heureusement, parmi les captifs, se trouvait un ancien serviteur de Ximénès, fait prisonnier à l'attaque de Mers-el-Kébir et retenu comme esclave depuis 4 ans. Il demande à voir la tête qu'on promenait au bout d'une pique et déclare immédiatement qu'elle est celle d'un soldat quelconque, et d'un soldat borgne. A cette nouvelle, les sorcières (1), qui ne manquent jamais en pays arabe, déclarent que la mort de ce borgne est un présage ninistre (1), et que la ville est perdue. Pendant que ces *Cassandre* se répan-

---

(1) ! ?

daient en prophéties que l'évènement allait réaliser, le combat avait repris du côté de la montagne.

« Après quelques instants d'hésitation pendant lesquels les Mores se croient vainqueurs, Pédro Navarro ranime ses troupes et les lance, d'un mouvement irrésistible, à l'assaut de la montagne. La lutte est vive et meurtrière. De plus, au fur et à mesure que les Espagnols gravissent la montagne, ils entrent dans une sorte de nuée, qui, souvent, en effet, tombe à cette heure sur le mont et couvre le versant occidental (1). A la faveur de ce brouillard, les soldats de Navarro, devenus presque invisibles pour les Mores, arrivent, en rampant (1) dans la brousse et en combattant, jusqu'au sommet qu'ils occupent enfin. L'artillerie, que Ximénès a eu le mérite de faire débarquer, les suit de près.

« Il se livre, autour de la source du Figuier, une lutte acharnée, car on est maintenant face à face. Le canon entre en ligne et sème le carnage dans les rangs ennemis. En batterie entre les figuiers et quelques maisons arabes, il déverse sur les Mores une pluie de balles et de boulets. Le fer à la main et à la tête d'une troupe d'élite, le Général charge l'ennemi avec une irrésistible impétuosité. La cavalerie arrive à son tour. Les Mores, envoyés en embuscade sur les derrières de l'armée, se sont heurtés à des postes importants, prudemment disposés par Ximénès sur le plateau entre Mers-el-Kébir et la montagne.

« L'ennemi, d'abord si confiant en lui-même, commence à lâcher prise ; la source est abandonnée. Les Espagnols, fatigués par les difficultés d'une rude escalade, altérés par une longue course sous un soleil brûlant (1) s'emparent avec joie de la position, et ce premier avantage ranime leur vigueur et leur confiance. Refaits et encouragés, soutenus par l'artillerie qui canonne les massifs de brousse où se cachent les Mores, ils poursuivent, d'un feu roulant et ininterrompu, leurs ennemis qui évacuent peu à peu le plateau et bientôt prennent la fuite.

« La panique se déclare ; au lieu de résister dans les abris et le poste fortifié qu'ils avaient construit à la pointe même du plateau, les Mores, aveuglés par la terreur, affolés par le fracas de l'artillerie, découragés par la mort des marabouts et des principaux chefs, abandonnent définitivement le terrain et s'enfuient vers Oran. Les Espagnols, arrivés enfin sur le versant oriental de la montagne. découvrent la ville toute blanche au soleil de l'après midi, avec ses tours et ses tourelles, ses longues murailles, ses édifices et mosquées et ses centaines de maisons, Comme jadis les Croisées devant Constantinople, ils ne peuvent contenir leur admiration. Ceux de Tolède et de Ségovie, ceux de Guadalaxara, sont stupéfaits à la vue de cette ville 2 fois plus grande que la leur (1) et tous, dans un même mouvement d'enthousiasme, invoquent Dieu et Saint-Jacques.

« Mais il n'y a pas un instant à perdre. Navarro a compris immédiatement qu'il fallait profiter de cette panique pour occuper le plateau voisin et se porter sur la ville. Il donne l'ordre de commencer cette nouvelle attaque. Les soldats, enflammés par leur première victoire, se précipitent des hauteurs ; sourds aux instances des Officiers, qui leur commandent de se déployer avec ordre et discipline dans la plaine (1) ils poussent d'immenses clameurs et

---

(1) ! ?

vont à la débandade poursuivre les fuyards. C'était une faute grave et que l'Armée de Ximénès eût sans doute chèrement expiée si la terreur n'avait aveuglé l'ennemi ; bien mieux, celui-ci prend ces troupes dispersées pour une simple avant-garde, envoyée en éclaireur (1), et s'imagine que l'armée espagnole est beaucoup plus nombreuse qu'elle ne l'était en réalité. La descente s'opère sans difficulté ; on contourne par le plateau les murailles de la ville, et on avance avec tant d'ardeur et de succès qu'on arrive sur la porte de Tlemcen pour menacer la ville et occuper la route, seule ligne de retraite possible (1) pour les Mores qui ne pourront pas rentrer en ville.

« Pendant ce temps, les galères ne sont pas restées inactives. Du côté de la Marine et sur les tours qui environnent le pont de Canastel, les Oranais ont posté 500 hommes. Ils disposent d'une bonne artillerie, qui tient en respect les 10 galères espagnoles. Celles-ci, d'abord arrêtées, approchent ensuite avec la plus grande peine. Mais un pointeur Espagnol vise si habilement la batterie ennemie qu'il démonte la pièce la plus importante et jette le trouble dans tout le fort. Ses défenseurs, qui peuvent suivre tous les détails de la défaite subie par les Mores, ralentissent de plus en plus leur tir, et, quand l'avant garde de Navarro atteint la porte de Tlemcen, la flotte, maitresse de la Marine, lance ses Compagnies de débarquement à l'assaut de la Porte de Canastel.

Voici le Récit de M. Jean Cazenave (2) :

« Ayant disposé son armée sous le regard des Maures stupéfaits qui occupaient les hauteurs, Navarro ordonna la marche en avant, vers 2 heures de l'après-midi. Son but était d'atteindre la cime de la colline qui domine toute la baie de Mers-el-Kébir (appelée Cerro Gordo par les Espagnols), d'en suivre la crête et d'attaquer Oran par le nord-ouest, tout en refoulant l'ennemi devant lui.

« Le Cardinal de Cisnéros, monté sur une mule et précédé de la croix donna sa bénédiction solennelle aux troupes et se préparait à diriger en personne les opérations, lorsque le général s'y opposa énergiquement ; une altercation s'en suivit. Les capitaines appuyèrent le comte d'Oliveto et firent comprendre à l'ecclésiastique, qu'avec son escorte de moines il n'était point désigné pour conduire des soldats au combat. Devant ces exigences, Cisnéros dut céder et se retira pour prier dans la fortesse, laissant le commandement au militaire expérimenté.

« La montée fut rude : les hommes qui avaient souffert du mal de mer étaient fatigués et mouraient de soif ; on n'avait pas eu le temps de débarquer l'artillerie (3) pour appuyer leur avance. Les Maures, en fort grand nombre, armés d'arbalètes et d'espingoies, tentèrent de s'opposer à eux. Or, atteignit cependant, à mi-hauteur de la colline, une source d'eau fraîche où l'on put se désaltérer ; puis, en combattant à coups d'arquebuse, on parvint au sommet avec quelques pièces légères d'artillerie. La cavalerie ne tarda pas à rejoindre les fantassins et la poursuite commença dans la direction d'Oran. Les Maures fuyaient en désordre, si bien qu'à la tombée du jour les Espagnols se trouvèrent sous les remparts de la ville.

« Navarro à cause de l'approche de la nuit, proposa de retarder l'assaut

---

(1) ! ?
(2) Extrait de son Opuscule sur Pierre Navarro.
(3) lourde.

jusqu'au lendemain, il fit connaitre son opinion au Cardinal qui aussitôt, par le même courrier, (1) lui intima l'ordre d'attaquer sur le champ. Le général obéit ; il reçut en même temps un renfort de cavalerie de Mers-el-Kébir. Les fantassins, excités par l'espoir du butin, n'attendirent pas l'arrivée des échelles pour escalader ; ils se servirent de leurs longues piques dans les endroits où les murs se trouvaient en contre-bas de la colline, sautèrent sur les remparts et de là se répandirent dans la ville. (2) D'un autre côté, deux gouverneurs des portes (alcaides de las puertas), un maure et un juif qui avaient été achetés par le gouverneur de Mers-el-Kébir dès avant ce jour, ouvrirent la Porte de la Marine, à la cavalerie chrétienne (3). Les infidèles qui n'avaient pu pénétrer dans la place furent activement poursuivis.

« Dans Oran, les Espagnols commençaient à piller les maisons. Les habitants n'opposèrent pas grande résistance ; jamais surprise ne fut pareille : bien loin de se défendre, ils couraient en foule vers les mosquées, croyant y trouver un asile contre la prèmière fureur du vainqueur. La soldatesque, bientôt maitresse de la cité, se livra impunément à ses instincts dépravés. Les bannières d'Espagne et du Cardinal flottèrent sur les tours et les canons de quelques galères réduisirent au silence l'artillerie de Rosalcazar qui essayait de résister.

« La nuit vint mettre un terme à la tuerie ; les soldats, épuisés de fatigue et s'étant gorgés de victuailles trouvées dans les maisons, s'endormirent d'un lourd sommeil. Mais Pierre Navarro, toujours vigilant, ne se coucha point et, malgré l'abattement causé par une si dure journée, ne voulut point quitter ses armes. Tous les officiers qu'il retint près de lui l'imitèrent. Il plaça partout des corps de garde et des sentinelles (4) et les tint si bien éveillés par les rondes continuelles qu'il fit toute la nuit, que les Maures enfermés dans les mosquées n'en purent sortir et profiter du désordre général. Le lendemain les mosquées étaient emportées d'assaut après une vive résistance ; le cardinal Cisnéros arrivait pas mer, montait vers la ville entre deux haies de combattants et Navarro lui présentait les clefs d'Oran et une trentaine de captifs chrétiens que l'on avait délivrés. On consacrait le plus grand des temples musulmans à Notre-Dame de la Victoire ; on chantait un Te-Deum solennel

---

(1) hum ! il est très difficile d'arrêter des troupes lancées ainsi à la poursuite, on aurait perdu le bénéfice de l'attaque par surprise du front Nord et des portes, on aurait donné aux Maures affolés le temps de se ressaisir, enfin et surtout, à moins que Ximénès et Navarro n'eussent un Code par signaux, il aurait fallu au *moins* 2 heures (aller et retour) au « *Courrier* » pour rapporter la réponse de Ximénès. Je préfère la thèse de Mme Blum ; c'est avant de partir de Mers-el-Kébir que Navarro a proposé de retarder jusqu'au lendemain le mouvement en avant sur Oran. (Général L. Didier). -

(2) « Cf Lettre du maître Cazalla au Docteur de Villalpando, pour lui rendre compte de la prise d'Oran, écrite à Carthagène le 24 Mai 1509, et publiée dans Codoin, XXV, p. 439. Cazalla qui avait été de l'expédition, dit : « Las escalas para tomar la ciudad y entrar fueron las picas ; y cuando uno no bastaba, los otros compañeros a mano lo alzabàn... » (Cazenave).

« Un autre témoin, Don Geronimo Yllan s'exprime dans les mêmes termes : « Las escalas para entrar fueron las picas... » Cf Cartas, p. 246. (Cazenave).

« Cabrera de Cordoba : « Relaciones de las cosas sucedidas en la Corte de España. Madrid, t. I p. 362 ».

« Diégo Suarez : « Historia del maestre ùltimo que fué de Montesa, Madrid, 1889, p. 334 (Cazenave).

(3) Il n'y avait pas de Porte de la Marine et c'est devant la Porte de Tlemcen qu'est arrivé Villaroel (Général L. Didier).

(4) il y avait donc des troupes (mais je n'ai pu découvrir lesquelles) qui avaient conservé leur discipline et leur sang froid ? (Général L. Didier).

d'actions de grâces et, pendant que les uns enterraient les morts qui gisaient nombreux dans les maisons et le long des rues, les autres dénombraient les prisonniers et richesses ou organisaient la résistance ».

La prise d'Oran

Il est certain que, une fois qu'ils ont eu lâché pied devant la Source des Figuiers, à la suite de la manœuvre de débordement de leur aile gauche par Pedro Navarro et du débordement simultané de leur droite par la flotte avec les troupes du débarquement, les Maures n'ont, pour ainsi dire, plus opposé de résistance et que la prise d'Oran a été très facile.

Cette facilité est-elle aussi le résultat des intrigues de Vianelli et de Martin d'Argote comme le disent presque tous les historiens. C'est possible. Mais c'est un fait qui sera bien difficile à élucider (1).

Par contre, voici un fait d'observation personnelle. C'est la muraille du front Nord que les Espagnols ont franchie ce jour-là. C'est cette même muraille que Hassan escaladera fin février 1708. Cette muraille était la moins difficile à franchir, d'abord parce qu'elle était la moins bien construite et la moins bien flanquée, sous prétexte qu'elle était la moins exposée à une attaque par terre, et ensuite, parce qu'elle présentait près du saillant Nord Ouest, deux endroits particulièrement faibles (abaissement excessif du rempart).

J'ai donné plus haut le récit de M. Jean Cazenave.

Voici celui de Mme Nelly Blum (2) :

« La situation paraissait désespérée : et pourtant la ville aurait encore pû être sauvée sans l'intervention des traîtres. Ils étaient caïds des portes. Si, comme c'était le premier de leurs devoirs, ils avaient ouvert aux fuyards l'accès de la ville (3) ; celle-ci, munie d'une forte artillerie, approvisionnée pour longtemps, aurait pu attendre, sans crainte, les secours qui seraient venus de Tlemcen (4). Mais, tout en faisant semblant de chercher anxieusement les clefs de la porte, Cédrinus, qui les avaient jetées dans une cachette où on les retrouva plus tard, se gardait bien d'ouvrir, et les fuyards arrêtés à l'entrée même de leur ville, sont forcés de se répandre dans les immenses jardins qui avoisinent le ravin et où ils se cachent, tandis que les plus favorisés s'éloignent dans la direction de Tlemcen. En même temps, des bannières chrétiennes apparaissent du côté de la Casbah, et alors l'ardeur des Espagnols ne connaît plus de bornes. »

---

(1) pour moi, Ximénès a eu, sûrement, un ou des espions dans Oran. Mais je crois qu'il ne lui ont servi qu'à avoir des renseignements sur la valeur matérielle et morale de ses adversaires (effectifs, armements, secours possible des environs puis de Tlemcen, points faibles de l'enceinte, etc...) (Général L. Didier).

(2) « Le récit de la prise d'Oran, tel que nous allons le raconter » (après l'enfoncement de la gauche des Maures) « est fait d'après Gomez, Jean de Frias, cité par Quintanilla, les lettres de Jérôme Yllan, secrétaire du Cardinal et celles de Cazalla à Villalpondo, Vicaire Général de Tolède ». (Nelly Blum).

(3) hum ! Les fuyards étaient talonnés par les Espagnols qui auraient pu, par suite, pénétrer avec eux. Les exemples historiques ne manquent pas de portes ne s'ouvrant pas dans un cas pareil. Le 17 Juillet 1507, Fernand Holguin a attendu le jour pour ouvrir à Diégo de Cordoue la porte de Mers-el-Kébir. (Général L. Didier).

(4) ! ?

« En un assaut d'une demi-heure cette grande et forte Cité va être enlevée. Les soldats n'ayant pas d'échelle pour tenter l'escalade, se servent de leurs larges lances à main pour se hisser jusqu'à la muraille, et franchissent la distance qui la sépare de la tour. Sosa, Capitaine des Gardes du Cardinal, plante, le premier, sur la forteresse, l'étendard de Ximénès en criant : « Victoire ». C'est à qui imitera l'exemple du chef. Les premiers arrivés sautent des murailles dans l'intérieur de la place, brisent les portes et ouvrent le passage au flot d'assaillants qui occupent le pont du ravin.

« Du côté (1) de la Porte de Canastel, Bernard Menes, Capitaine du contingent de Talavera, s'empare lui aussi de la porte.

« Alors les quelques combattants restés dans la ville s'enferment dans la Casbah ou se barricadent dans quelques maisons fortifiées. D'autres, dans un effort suprême, essaient de faire une trouée et de rejoindre le gros des troupes sorties pendant la nuit précédente pour occuper la montagne. »,

« A leur vue, les Mores dispersés dans les jardins veulent les rejoindre et tombent, au nombre de 150 cavaliers, sur les escadrons de Villaroel, qui se tenait à la Porte de Tlemcen et ne songeait qu'à prendre sa part du butin. Surpris par cette attaque et croyant avoir affaire a une armée de secours arrivant de Tlemcen (2), Villaroel, au lieu de faire face à l'ennemi et de protéger les Espagnols qui avaient déjà pénétré dans la Place, tourne bride et se sauve précipitamment dans la ville. Mettant à profit cette panique inespérée, les Mores serrent de près les Cavaliers Chrétiens : Villaroel a son cheval tué sous lui ; 10 de ses hommes, tous d'Alcala, périssent sous la lance des Arabes et il faut qu'une simple trompette, qui suivait les cavaliers, arrête ses camarades dans un mouvement d'indignation ».

« « N'êtes-vous pas honteux, s'écrie-t-il ! Ne voyez-vous pas que vous avez affaire à des Mores qui viennent, non point de Tlemcen, mais des jardins voisins où ils s'étaient réfugiés, et maintenant vous fuyez vos captifs ». Ramenés par ces paroles énergiques, les Espagnols reprennent leur sang-froid et se retournent contre leurs ennemis qu'ils mettent rapidement en fuite après en avoir tué quelques-uns. Le mouvement opéré, Villaroel s'empresse de rappeler ses cavaliers ; il n'a pas de temps à perdre, l'heure du pillage a sonné » (3)....

« Cependant l'armée victorieuse occupait la ville, mais des Mores s'étaient réfugiés dans les mosquées, dans des maisons fortifiées et dans la Casbah... Pour le moment, la Marine, les maisons mores disséminées dans les jardins, les rues et les ruelles, avec les boutiques, les bazars, les tavernes et les maisons bourgeoises, étaient entre les mains des Espagnols.

« Il est 18 heures ; la nuit tombe rapidement, et, dans la ville désolée, les Espagnols envahissent, massacrent et pillent. Ils ont trouvé, dans les maisons, tout préparé, le repas du soir destiné aux combattants qui ne sont pas revenus (2). Gorgés de vins, ivres de sang, ils arrachent aux femmes et aux enfants

---

(1) extérieur.
(2) ! ?
(3) « Ximénès qui avait de bonnes raisons pour éviter, si loin de l'Espagne, des querelles dangereuses (entre Pedro Navarro et Villaroel) ne parut pas garder rancune à son neveu ; mais, plus tard, quand celui-ci, de retour dans son gouvernement, implora la protection de son oncle, à la suite d'un meurtre qu'il venait de commettre, Ximénès lui prouva qu'il avait noté et qu'il n'oubliait pas son inqualifiable conduite » (Nelly Blum).

leurs bijoux, brisent les meubles, s'emparent des robes, des tapis, des matières d'or et d'argent, n'oublient rien et ne font grâce à personne. On cite des Officiers dont la part de butin fut estimée à 10 000 ducats ; de simples soldats et mêmes des valets rentrèrent en Espagne chargés d'or et d'argent, rapportèrent dans leurs villages des tapis, des objets d'art, des meubles, une véritable fortune.

« Plus de 4.000 êtres humains sont sacrifiés. Dans les rues, qui sont pourtant larges, on ne peut pas marcher, tant est grand l'amoncellement des cadavres. A la Marine, dans les jardins, devant les maisons, c'est un amas horrible de piques brisées, de corps dépouillés et mutilés.

« Il y a, en outre, 5.000 prisonniers qu'on vient de faire, que l'esclavage attend, et dont la vente sera fructueuse.

« Enfin, sous l'influence de la fatigue et du vin, dans la nuit noire, les vainqueurs, cédant au sommeil, s'endorment pêle-mêle au milieu des places et des rues, auprès des cadavres et dans le sang même de leurs ennemis.

« Pedro Navarro, qui a été impuissant à contenir son armée (elle ne brillait guère par la discipline), comprend le danger que court cette multitude appesantie par le lourd sommeil de l'ivresse, dans cette ville aux portes ouvertes, dont les alentours sont remplis d'ennemis et dont la citadelle comme les mosquées n'ont pas encore été prises. Il dispose partout des postes et des gardes ; il veille, en personne, à l'exécution de ses ordres. De toute la nuit, il ne prend pas un instant de repos, il reste même revêtu de son armure.

« Pendant ce temps, Ximénès n'avait cessé de suivre avec la plus vive anxiété les mouvements des troupes. Il avait de loin, assisté à l'escalade de la montagne, et, depuis plusieurs heures, il attendait impatiemment des nouvelles précises. Il passait son temps à prier ardemment, à invoquer la Vierge et Saint François au milieu des prêtres qui l'environnaient. Cazalla rappelait qu'en débarquant il avait vu briller une croix dans les cieux ; on signalait une immense multitude de vautours qui volaient au-dessus de l'armée ennemie, comme si les oiseaux de proie pressentaient déjà le carnage des Mores. On croyait entendre à travers les forêts frémissantes le rugissement des lions. Enfin Mendoza signale à Frias un arc-en-ciel. A cette nouvelle, Ximénès se retourne vers ses prêtres en leur disant que c'est là un signe de combat et que « l'arc étant double, la lutte doit être ardente ». Quant à ceux qui auront la victoire, ajoute-t-il, ils l'obtiendront. de la seule volonté de Dieu. Les marins ballotés par la tempête voient dans l'arc-en-ciel un présage de beau temps. Faisons comme eux : espérons que ceux qui, tout à l'heure fatigués et brûlant de soif, se voyaient interdire l'occupation de la montagne, entreront bientôt dans la ville ». « Au moment où il achevait ces paroles, dit Gomez, arriva un messager qui lui annonça la prise d'Oran. »

PRISES FAITES PAR LES ESPAGNOLS :

« Presque sans subir aucune perte et en quelques heures, les Espagnols venaient de prendre une place, que Navarro déclarait la plus forte qu'il eût jamais vue (1), avec 60 gros canons de bronze, un nombre immense de catapultes, de balistes, de traits, d'armes de tous genres, des approvisionnements suffisants pour nourrir une armée pendant plusieurs mois, et d'une valeur de plus de 3.000 ducats, 113 sillos garnis de blé, facile à moudre dans les 4 moulins de

____

(1) ! ?

l'*Oued-Rekhi* (Raz-el-Aïn) un butin de plus de 50.000 écus d'or, 5.000 captifs (1). Qu'on ajoute à toutes ces prises la valeur même de cette grande ville, entourée de magnifiques jardins rappelant les huertas d'Andalousie, placée en un site admirable, au fond d'un golfe merveilleux, sous un ciel clément, rafraichi sans cesse par la brise de mer, et on comprendra quel enthousiasme dut provoquer le récit de cette expédition, dont le succès parut aisément merveilleux aux imaginations incultes des Espagnols du XVIᵉ siècle. »

LÉGENDES ET MIRACLES :

« Dans l'entourage du Cardinal, où dominaient les prêtres, les récits miraculeux devaient se développer naturellement. Les poètes s'en mélèrent à leur tour. (2) Et bientôt, toute une floraison de légendes vint couvrir et orner un fond historique, pourtant suffisamment merveilleux en lui-même.

« Au dire des uns, avant le départ de Malaga, une croix avait déjà paru dans les nues. Cazalla, le soir de l'arrivée, en vit une autre à l'horizon.

« Au moment de l'assaut du Murdjadjo, un énorme sanglier, sortant des fourrés voisins, apparut entre les 2 armées, et d'une seule voix, les Espagnols crièrent : « C'est Mahomet en personne ». Un instant après il tombait transpercé.

« Ensuite, venaient l'histoire des vautours volant au-dessus de l'armée more sans jamais s'appuyer du côté des Chrétiens ; celle du double arc-en-ciel et surtout, la réédition du fameux miracle fait jadis en faveur de Josué. On contait, non sans quelque hésitation pourtant (3), qu'au moment où les Espagnols commençaient l'escalade de la montagne, le jour venant à décliner, le soleil prolongea sa course, et il la prolongea de 4 heures. (4) Après avoir représenté Ximénès arrêtant et dirigeant les vents pendant la traversée, lançant, entre les Chrétiens et les Arabes, une nuée (5) qui cachait ses soldats à leurs ennemis, on le montra, nouveau Josué, prolongeant le jour, pour donner à son armée le temps d'enlever la ville ».

« Des traditions épiques se perpétuèrent à Oran et, pendant les sièges que les Espagnols eurent à soutenir dans ses murs, on crut voir, plusieurs fois, dans l'air, le bienheureux Archevêque, vêtu en religieux, l'épée d'une main et le crucifix de l'autre, défendant lui-même sa ville, comme il l'avait prise ».(6)

Prise des Mosquées et des dernières maisons
Samedi 19 Mai 1509

D'après Madame Nelly Blum.

« Si Ximénès avait pu voir, au soleil levant, l'affreux spectacle que présentait la ville dévastée et ensanglantée, il aurait, peut-être, pensé, malgré la haine implacable qui l'animait contre les Musulmans, qu'on avait fait payer bien cher aux malheureux Oranais, une victoire qui coûtait 30 hommes aux

---

(1) y compris ceux de la Casbah.
(2) « Romance sur la conquête d'Oran » imprimée à Alcala en 1512, rééditée par Don Galindo. » (Nelly Blum).
(3) « Gomez, en citant les témoignages, avoue que ce qu'il va dire « paraitra sans doute merveilleux. » (Nelly Blum).
(4) la notion exacte du temps disparait pendant un combat. En regardant sa montre on s'aperçoit que des moments qui ont paru très longs ont été courts et inversement. (Général L. Didier).
(5) pour moi c'était la fumée des armes à feu des Espagnols. (Général L. Didier).
(6) Léonce de Lavergne.

Chrétiens. Les soldats, eux-mêmes, en apercevant autour d'eux tant de cadavres percés de blessures béantes, sont incapables de maîtriser leurs sentiments. La rage et la fureur de la veille laissent place à un sentiment de honte pour de pareils excès, et de pitié, à l'égard des vaincus.

« Entre tant d'objets horribles, dont la vue blessait le plus insensible, ils aperçoivent une toute petite enfant couchée au travers du chemin, sur le corps inanimé de sa mère, au sein de laquelle elle est suspendue ; elle pressait de ses lèvres, en se jouant, ce cadavre glacé, attendant encore, dans son ignorance, que cette morte lui donnât de quoi vivre (1). Il paraît que la pauvre enfant fut vendue à un nommé Baracaldus, qui appartenait à la maison de Ximénès.

« Les soldats, calmés, occupent tranquillement quelques maisons qui avaient échappé au pillage de la nuit, en invitant doucement les Oranais à se rendre.

« Restaient les 2 principales mosquées, et les maisons fortifiées où s'étaient réfugiés un certain nombre d'hommes, décidés à vendre chèrement leur vie. Navarro, qui a déjà éprouvé à plusieurs reprises l'esprit d'indiscipline qui anime les milices et la cupidité insatiable des aventuriers, confie à quelques soldats d'élite le soin d'enlever les derniers postes de l'ennemi. On combattit vivement à la Grande Mosquée. La lutte paraissait devenir dangereuse. quand 2 Andalous, les frères Ariana, suivis de quelques compagnons, gagnent en rampant le minaret (2). Arrivés au faîte de l'édifice, et sentant qu'il fallait vaincre ou mourir, ils se précipitent au milieu des ennemis, que cette surprise et l'impétuosité de l'attaque réduisent bientôt à l'impuissance. Tous les Mores sont pris jusqu'au dernier, et après la Grande Mosquée, la Petite, ainsi que les maisons fortifiées, se rendent à discrétion.

« Le Gouverneur de la Casbah est encore enfermé dans la citadelle moresque où il peut soutenir un long siège : c'est là, pour les Espagnols, un grand sujet d'inquiétudes. Mais le Caïd subit-il l'influence du découragement général ? se laissa-t-il gagner, comme son parent, à prix d'or ? En tous cas, il fait savoir à Navarro qu'il est disposé à se rendre, mais qu'il ne remettra les clefs de la Casbah qu'au Cardinal en personne. En réalité Oran est pris. L'occupation de la forteresse se réduira le lendemain à une simple cérémonie, dont tout les détails auront été réglés à l'avance.

....'.. ....

« On n'a plus qu'une seule préoccupation ; déblayer les rues et les places, assurer la sécurité depuis la Marine jusqu'à la Casbah, amonceler devant la porte le butin, et de la mer à la haute ville, déployer en cordon continu l'armée tout entière. En effet, Ximénès a fait annoncer sa venue par Villaroel, qui avait été chargé de lui apprendre la prise de la place ».

D'après M. Jean Cazenave :

« Le Vendredi 19 Mai la conquête d'Oran était un fait accompli.

« On s'attendait les jours suivants à voir reparaître les Maures appuyés par les troupes du Roi de Tlemcen, à qui appartenait la ville conquise. Mais personne ne bougea ».

---

(1) « Gomez a reproduit ici le récit de Gonzalo Gil de Burgos, directeur de la faculté de héologie d'Alcala de 1508 à 1526, et auteur d'un petit traité sur la guerre d'Afrique, ouvrage qui ne fut pas imprimé, mais qui fut confié à Gomez ». (Nelly Blum).
(2) ! ?

Entrée de Ximénès — Reddition de la Casbah
Dimanche 20 Mai 1509

D'après Madame Nelly Blum (1).

« Après avoir passé la nuit au milieu des siens, sans dormir, à chanter des hymnes de grâce, Ximénès s'embarque à bord d'une galère et se dirige vers Oran. Pendant la traversée, il admire le bel aspect de la ville, aux terrasses nombreuses et aux tours toutes blanches qui resplendissent sous le soleil (2). Escorté par les galères que guide Vianelli, salué par le canon de la forteresse, il aborde à la Marine, où l'attendent, avec le Général en Chef, tous les Colonels montés sur leurs chevaux caparaçonnés, l'épée à la main, pendant que le Capitaine de ses Gardes incline l'étendard de soie aux cordelières d'or, à la hampe énorme avec l'écu du Cardinal, échiquier d'or et de gueule, surmonté de la croix archiépiscopale que domine le chapeau rouge.

« Le Cortège se met en marche. Après la Cavalerie, Commandée par Villaroel, et la Compagnie des Gardes, guidée par le Comte d'Olivet, s'avance, entre une double haie de soldats, Ximénès, au devant duquel marche la croix à doubles croisillons. Il monte lentement par la Porte de Canastel, dont les tours retentissent (2), pendant que l'armée tout entière salue de ses acclamations le vainqueur de la Berbérie et chante les louanges du Dieu des armées. Ravi de par ce spectacle, il rayonne de joie ; son âme ardente de patriote et de prêtre est profondément remuée, et, après tant de fatigues, et de veilles, il trouve la force de prononcer d'une voix assez haute pour être entendu de tous, ce verset de David qu'il répète tout le long du chemin : « Non nobis, Domine, non nobis sed nomini tuo da gloriam ». Ce n'est pas à nous, Seigneur ce n'est pas à nous, c'est à votre saint nom qu'il en faut donner la gloire.

« Arrivé à la *Casbah* ; il reçoit du Gouverneur les *clefs de la Citadelle*, qui lui sont remises avec le cérémonial d'usage (3). Immédiatement, on rend la *liberté aux 300 captifs chrétiens* que détenaient encore les Oranais. Ce dût être pour le Cardinal un instant de joie ineffable que celui où il vit sortir des souterrains (2) de la Casbah et se précipiter à ses pieds, pour embrasser sa robe et recevoir sa bénédiction, les esclaves miraculeusement rendus à la liberté et au nombre desquels se trouvaient, sans doute, beaucoup d'Espagnols faits prisonniers en 1505 et en 1507. C'était vraiment pour lui l'épisode essentiel de la croisade qu'il avait entreprise, car le tableau qu'il fit placer dans la cathédrale de Tolède retrace cette scène considérée par lui comme la plus intéressante de l'expédition (4).

---

(1) J'ai donné plus haut les renseignements de M. Jean Cazenave.
(2) ! ?
(3) « Cette remise des clefs soulève un problème archéologique. On conserve à l'université centrale de Madrid, des clefs qui passent pour être celles d'Oran. Mais au témoignage de M. Godard elles sont trop petites pour être des clefs de porte de forteresse. Si elles proviennent d'Oran, elles ont dû servir pour quelque appartement de la Casbah. Quant à celles qui sont conservées à Talavera et consacrées à Notre-Dame du Prado de Talavera, elle proviennent sûrement de la Porte de Canastel. Tous les témoignages s'accordent à reconnaitre que Ximénès en fit présent aux gens de Talavera, pour les récompenser d'avoir enlevé cette porte. (Nelly Blum).
(4) « Ce tableau, placé en 1514, sur les murailles de la Chapelle Mosarabe, a pour auteur Jean de Bourgogne. Francisco Ruis y figure aux côtés du Cardinal. M. l'Abbé Godard dit : « cette peinture représente la prise d'Oran, mais sans égard à l'aspect réel de cette ville et de ses alentours : la scène est encadrée par un grand arc cintré formé dans l'épaisseur de la muraille. 2 autres peintures, qui ne sont pas accom-

« Selon l'usage du temps, on offre ensuite à Ximénès, en sa qualité de Général en Chef de l'armée victorieuse, le *butin* qui formait un énorme amoncellement sur la place publique. Il y avait là, de l'or, de l'argent, des objets d'art de la plus grande valeur, des meubles incrustés de nacre, des armures ciselées et damasquinées, des étoffes lamées d'or et d'argent, des haïcks de soie, des selles merveilleusement brodées, une immense quantité de bijoux mauresques. Le Cardinal fit simplement mettre de côté quelques livres de médecine et d'astrologie, qu'il réservait à son Université, quelques armures curieuses ()1 et enfin la grande lampe de bronze suspendue dans la Mosquée d'Oran, sculptée à jour et dont le dessin formait les plus fines arabesques (2).

« Par contre, il fait réserver une part importante du butin pour l'entretien de l'armée ; selon la Convention faite, le reste sera versé au trésor royal.

« En même temps, il procède à la *distribution des décorations*, et tous ceux qui s'étaient distingués aux cours de ces journées mémorables reçoivent, en même temps, avec des chaleureux remerciements, les vives louanges du Cardinal.

« Tout l'éclat de cette pompe et tous ces bruits de fête ne font pas oublier à Ximénès ces questions d'hygiène qu'il traitait toujours avec une si paternelle sollicitude. Nul n'a jamais poussé aussi loin le souci du bien être du soldat. On a vu avec quelle prodigalité il avait dispensé les approvisionnements, et comment, 2 années durant, il s'en était préoccupé. A peine est-il débarqué à Oran qu'il s'inquiète de la santé du soldat, exposé à vivre dans un air infesté par la présence de milliers de *cadavres*. Il recommande de les faire disparaître, ordre plus facile à donner qu'à exécuter, car, victimes dès le premier jour de leur politique impitoyable, les Espagnols ne trouvaient plus d'hommes pour creuser des fosses dans les faubourgs ou allumer d'immenses bûchers. Longtemps après le départ de Ximénès des multitudes de cadavres remplissaient encore les rues d'Oran. »

Fondations, institutions, organisation de Ximénès
Lundi 21 Mai 1509

D'après Madame Nelly Blum (3).

« Après avoir inspecté la ville entière, donné des ordres pour la restauration des bâtiments, qui avaient été endommagés pendant la lutte ou le pillage, Ximénès retourne à la *Grande Mosquée* pour la faire purifier et la consacrer au culte catholique ; il la dédie à *Notre Dame des Victoires et à l'Annonciation*. Il fait élever dans la nouvelle Eglise un maitre-hôtel en forme

---

pagnés d'inscriptions, décorent à droite et à gauche, la tombée de l'arcade. A droite, c'est le débarquement de Ximédès à Oran, précédé de la croix archiépiscopale ou à double croisillon A gauche, c'est, je crois, l'embarquement à Carthagène. » (Nelly Blum).

(1) Un inventaire des armes possédées par le Collège Major de Saint Ildefonse, a été dressé en 1526. De tous ces objets, il reste à la bibliothèque de l'Université centrale : 2 armures incomplètes, 1 escopette à mèche, des fers de hallebarde. Il faut y ajouter, bien qu'ils ne soient pas mentionnés à l'inventaire de 1526 ; 3 drapeaux et l'étendard de Cisnéros, conservés aussi dans la même bibliothèque. » (Nelly Blum).

(2) « Cette fameuse lampe mauresque est conservée aussi à la bibliothèque de l'Université Centrale. » (Nelly Blum).

(3) J'ai donné plus haut les renseignements de M. Jean Cazenave.

20 Mai 1509

Ximénès et Pierre Navarro partent de la Marine pour traverser Oran et monter à la Kasbah.

(d'après la fresque de Jean de Bourgogne à la chapelle Mozarabe à Tolède).

de cénotaphe, où devait être célébré, le 18 Mai de chaque année, un service anniversaire pour lui et consacre à cette œuvre un don perpétuel de 3.000 ducats. *L'autre mosquée* prend le vocable de *Saint-Jacques*, patron de l'armée. Dans l'une, comme dans l'autre, des prêtres célèbrent immédiatement le service divin et Barthélémy Miranda est créé Vicaire Général d'Oran.

« En même temps, fidèle à son habitude, Ximénès n'oublie pas les fondations philanthropiques Il consacre à « *Saint Bernard* », auquel il avait voué un culte tout particulier, *l'hôpital militaire* (1) qu'il voulait élever à Oran sur un plateau admirablement choisi, occupé alors par le *quartier Juif* (2), et qui formait la partie la mieux exposée et la plus saine de toute la cité. Dans la chapelle de l'hôpital, ancienne synagogue (2), on devait célébrer un service perpétuel, et, par une autorisation spéciale du Souverain Pontife, accorder indulgence et même absolutions à ceux qui seraient accusés de crimes.

« Afin d'assurer les services religieux, il faut des couvents. Pour Ximénès, le véritable serviteur et propagateur de la foi n'est pas le prêtre, mais le moine. Appartenant lui-même à un ordre monastique dont il porte toujours le costume, entouré de moines, rêvant d'appliquer à l'Etat tout entier l'esprit militaire et la discipline inflexible de la règle monastique, il ne manque pas d'implanter dans sa nouvelle conquête 2 couvents, l'un de Franciscains, l'autre de Dominicains.

« Le prêtre avait créé des Eglises et des hôpitaux, le moine, des monastères ; maintenant l'Inquisiteur Général va importer d'Espagne sur la terre d'Afrique, *l'Inquisition*.

« Parmi les captifs, dit Gomez, il y avait beaucoup de Juifs, chassés d'Espagne. Onze ans auparavant, craignant beaucoup, comme on le voit dans ses lettres au Roi, que les nouveaux convertis ne vinssent se réfugier d'Espagne à Oran (2), il avait nommé Yédra Inquisiteur et institué l'Inquisition L'homme qui, dans les 11 années de son ministère, devait faire condamner 52.865 personnes, dont 3.564 à la peine du feu, considérait le tribunal de l'Inquisition « avec ses formes terribles, le secret de ses procédures, l'appareil effrayant de ses supplices, le nombre de ses familiers », comme l'indispensable soutien de l'unité religieuse et du despotisme politique. Et il était trop aveuglément persuadé de la bonté absolue de son système, pour ne pas l'étendre à cette conquête qu'il venait de faire si glorieusement et qu'il désirait conserver à son pays. Il prit ainsi une mesure dont il ne vit pas sans doute les conséquences : l'Inquisition, jusque là réservée à la seule Espagne, devient un article d'importation. Les successeurs de Ximénès l'imiteront, et l'Inquisition déjà si funeste dans la métropole, deviendra une cause de ruine et de dépeuplement pour les Colonies Espagnoles.

« Ainsi la fondation de l'Inquisition à Oran est une date importante, car elle marque le premier établissement au dehors de ce tribunal impitoyable et, en même temps, montre l'orientation que lui donne Ximénès pour le plus grand mal de l'Espagne et de l'humanité.

« Ces préoccupations religieuses n'empêchent pas Ximénès de veiller à la sûreté de la ville ; il indique avec le plus grand soin toutes les mesures à

---

(1) ? Nous aurions donc repris l'idée de Ximénès en construisant notre Hôpital Baudens ?

(2) ?

prendre, les réparations à faire, les armements à donner aux troupes. Il pré -
pare tout en vue de l'exécution rapide et prochaine de ses projets de *colonisation*. Il veut qu'on installe à Oran des *colons*, qui, retenus par la fertilité
de la région et la beauté du climat, assureraient la conservation de la ville,
cultiveraient les champs et combattraient, comme s'ils étaient nés dans le
pays même, pour leurs biens et leurs foyers. Il ne veut pas qu'on donne des
concessions aux étrangers, qui s'empresseraient de les vendre. Quant à celles
qu'on accordera aux Espagnols, elles seront faites à condition que ceux-ci
s'engagent à résider au moins 2 ans. Ensuite, on les autorisera à s'absenter,
sans jamais leurs permettre de dépasser 2 mois de séjour à l'extérieur. Il faut
préparer immédiatement des logements pour ces colons, qu'il veut voir
arriver le plus tôt possible De plus, il compte sur le concours des Ordres
Militaires qui assureront la défense du littoral, tout en colonisant l'intérieur.
*Le Roi, avant le départ, avait accepté ces plans, et Ximénès ne se doutait pas,
alors, que Ferdinand, pour se réserver des bénéfices et aussi par mesure
d'économie mal comprise, ne donnerait aucune suite à ses vues de colonisation* ».

« Pour le moment, il est tout entier à ses projets d'avenir ; il fixe le système
de division des terres, il arrête les grandes règles de l'administration civile,
il ordonne à Diégo Vera la réfection de la Casbah et la construction d'un
Fort avancé. Il rêve même la continuation de la guerre et, dans son entourage, on voit déjà tout le Royaume de Tlemcen réduit et on dit que, avant
20 jours, Hone et toutes les autres forteresses seront prises.

« En effet, la nouvelle de la victoire extraordinaire remportée par les
Espagnols avait terrorisé tout le pays. Quand on connut la prise et le pillage
de cette forte et magnifique ville d'Oran, quand on sut que, de tous les
habitants, 80 seulement avaient pu s'échapper, le reste ayant été tué ou fait
prisonnier, on égorgea tous les marchands chrétiens de Tlemcen et naturellement tout les Juifs. Le Bey (1) fut forcé de s'enfermer dans le Méchouar (1)
et toutes les tribus du voisinage s'enfuirent ; beaucoup allèrent même se réfugier dans le Royaume de Fez.

« Ximénès avec son énergie et son ordinaire esprit de décision, comprend
qu'il n'y a pas une minute à perdre, qu'il faut poursuivre les avantages
obtenus, profiter de l'enthousiasme de l'armée et de la démoralisation des
Mores et marcher sur Tlemcen.... Et pourtant il s'arrête... et il rentre en
Espagne ! ».

Les démêlés de Ximénès avec Navarro et Ferdinand

D'après Madame Nelly Blum.

« Le départ inattendu de Ximénès, d'Oran pour l'Espagne, surprit vivement les contemporains qui n'en voyaient pas les raisons, tout en devinant
qu'il avait dû se passer des faits graves.

« En effet, le Cardinal avait rencontré des hostilités, sourdes d'abord,
bruyantes ensuite, qui l'arrêtèrent complètement.

« Navarro savait que Ximénès pouvait s'attribuer une bonne part de la
victoire, par suite des précautions qu'il avait prises et de la décision qu'il
avait imposée de combattre sur l'heure. Il savait aussi que le Cardinal avait

---

(1) ! ? ? ?

noté le désordre de la marche sur Oran et l'indiscipline des troupes Italiennes fournies par Navarro. Celui-ci ne pouvait pas, en présence du grand Ministre, se livrer à ses instincts de cupidité : tant que Ximénès serait là, ni lui, ni Vianelli ne pourraient se faire leur part de butin, ni piller les approvisionnements. Il était donc urgent de se délivrer du vieux Moine. Ajoutons que Navarro connaissait les sentiments de Ferdinand à l'égard de son Ministre. Il était certain de ne pas être inquiété, s'il se montrait brusque ou même brutal envers ce dernier. Enfin, très jaloux de son autorité, très humilié d'être, lui, homme d'épée, sous les ordres d'un homme à capuchon, il devait saisir la première occasion qui se présenterait pour donner libre carrière à ses sentiments.

Un soldat de Navarro ayant, au cours d'une rixe, tué un domestique de Ximénès, celui-ci adresse des reproches au Comte d'Olivet, qui, dans un accès de colère, découvre le fond de son âme :

« Vous êtes la cause, s'écrie-t-il brutalement, de tous ces désordres et de
« tous ces tumultes. Quittez la place, laissez à moi seul le commandement
« militaire, et bientôt, soyez-en sûr, j'aurai soumis une grande partie de
« l'Afrique. Mais maintenant votre présence paralyse tous mes projets :
« quand on est deux pour commander, rien ne réussit. Retournez en
« Espagne ; le moment est favorable après la glorieuse et rapide victoire qui
« vient d'être remportée. D'ailleurs, si vous demeurez, sachez, que, à l'avenir,
« on ne vous traitera pas autrement qu'un simple particulier. Tout ce qui
« se fera désormais s'accomplira, non en votre nom, mais au nom du Roi
« Catholique. Vous aviez pouvoir pour prendre Oran, c'est fait, et maintenant
« vos pouvoirs sont expirés. Tant que le Roi n'aura pas rendu une nouvelle
« Ordonnance en votre faveur et déclaré qu'il joint Oran au Diocèse de
« Tolède je suis le seul Chef. Je vais, en votre présence même, proclamer,
« au son des trompettes et enseignes déployées, Oran ville royale. Cessez
« enfin d'afficher une puissance qui n'appartient qu'au Roi ; faites votre office
« de prêtre et laissez aux militaires le casque et l'épée. »

« Là-dessus, prenant congé du Cardinal fort impoliment, il part pour faire ce qu'il vient d'annoncer, et Ximénès entend, en effet, qu'on proclame sa nouvelle conquête ville royale, sans tenir aucun compte des Conventions passées entre lui et Ferdinand.

« Il dût être particulièrement sensible à l'outrage que lui fait le brutal soldat, qui lui devait pourtant la situation qu'il occupait. Mais, toujours maître de lui, il n'oppose à Navarro qu'un silence dédaigneux, et il comprend l'impossibilité de résister. En effet, il a eu le tort, dont il voit maintenant toute la portée, de ne pas se contenter des Milices de son Diocèse et de Celles de la Province de Murcie : les soldats d'Italie sont entre les mains de Navarro et n'hésiteraient pas à obéir à ce dernier quoi qu'il voulût leur commander. Il sentait aussi que Vianelli et les autres désiraient le voir partir et ne le défendraient pas.

« Enfin, on lui apporte une lettre du Roi au Comte d'Olivet, lettre interceptée par ses familiers. (1).

« Empêchez le bonhomme de repasser sitôt en Espagne, écrivait Ferdinand,
« il faut user et sa personne et son argent, autant que possible ; amusez-le si
« vous pouvez, dans Oran, et songez à quelque nouvelle entreprise ».

---

(1) ! ??

« Cette lecture éveille la colère du vieillard. Que peut vouloir dire le Roi ? Espère-t-il que le climat de l'Afrique et les fatigues de l'expédition amèneront la mort d'un Ministre utile, mais, qu'il déteste et redoute ? Veut-il doter son fils naturel de l'Archevêché de Tolède (1) ? Quoi qu'il en soit, Ximénès n'entend pas rester plus longtemps comme une espèce d'otage au pouvoir de Navarro, et loin de la Cour, où il sent qu'on intrigue contre lui. Il faut ajouter qu'un accident singulier, fort peu important en lui-même, mais cependant de nature à nuire au Cardinal, vient encore compliquer la situation.

« En effet, immédiatement après la prise de la Ville, il avait confié à Fernandez Vera, fils du Commissaire Général de l'Artillerie, l'honneur et le soin de porter au Roi, avec une lettre, la nouvelle de la victoire ; Fernandez devait conter au Roi tous les évènements qui s'étaient passés depuis le départ de la flotte. Le messager, imprudent comme tous les jeunes gens de son âge, non seulement ne se hâtait pas, mais passait ses nuits à jouer, ses journées à dormir, et laissait trainer ses dépêches. Un soldat de sa suite profite d'une bonne occasion pour soustraire les lettres et gagner, en hâte, la cour où cependant la nouvelle de la prise d'Oran arrive fort tardivement (2).

« Pour l'instant, en Espagne comme en Afrique, tout est embrouillé et il faut partir...

« Le mois suivant, quand il rentrera à Alcala, et, quand un des maîtres de son Université, Fernand de Balbas, remarquant la maigreur et la pâleur de son visage, en prendra texte pour le féliciter d'avoir abandonné un climat malsain et d'être revenu auprès de ses amis. Ximénès, découvrant le fond de son âme, répliquera vivement : « Vous ne connaissez-pas suffisamment mon énergie, Fernand de Balbas ; si on m'avait donné une armée fidèle, ce n'est pas seulement la conquête d'Oran, mais celle de toute l'Afrique, que j'aurais faite, tout affaibli que fut mon corps ».

« Et il tiendra le même langage à Jean de Frias et à Lopez de Ayala.

« Il se faisait sûrement illusion et l'évènement prouva cruellement, quelques années plus tard, aux Espagnols que la conquête de toute l'Afrique ne se fait pas en quelques mois. Pourtant, s'il n'avait pas été trahi par Navarro et Vianelli plus avides de butin que de gloire, et s'il avait été soutenu par son Roi, le Cardinal eût peut-être occupé le Royaume de Tlemcen et sa Capitale (3). Une fois maître de ce vaste pays (3), il aurait pû profiter de sa Régence pour y réaliser ses projets de colonisation (1). Mais les peuples ont leurs destins ; et il était dit qu'en Afrique l Espagne ne fonderait jamais que des présidios.

« Ximénès se résout donc à partir, et, en véritable homme d'Etat, qui paraît toujours dominer les circonstances, même quand il les subit, il reprend avec Navarro les relations les plus courtoises. Il continue à régler avec lui les détails de l'occupation et ceux de la marche en avant, car la victoire du 18 Mai ne doit être, d'après lui, que le prélude de beaucoup d'autres. Il a

---

(1) ! ! ?

(2) « Ximénès apprit cette nouvelle en arrivant à Carthagène. Se souvenant de son Ethiopien de Grenade, par la négligence duquel il avait manqué de tomber en disgrâce, il s'écria : « Je ne suis pas heureux en messagers. » Mais, heureusement, il avait près de lui son fidèle Ruis, auquel il confie, comme au temps de la révolte des Grenadins, le soin de se rendre à la Cour, de présenter ses excuses à Ferdinand, et surtout de lui conter en détail les agissements de Navarro. » (Nelly Blum).

(3) Hum ! ce n'était plus un coup de massue unique à donner, avec des forces très supérieures, rapidement et dans un espace restreint, c était une *guerre de mouvements ! ?* difficile et longue ! ?

l'œil à tout ; il sait que Soler, Capitaine des Galères et chef excellent, qui a rendu au Roi de très grands services, risque de voir ses hommes mourir de faim. (1) Il leur fait donner du biscuit.

« Dans un conseil où sont convoqués Navarro, Villaroël, Diégo de Vera et tous les Colonels, il décerne au Comte d'Olivet le titre de Général en chef en faisant son éloge et en déclarant qu'il le considère comme appelé à conquérir toute l'Afrique. « La présence d'un vieillard, ajoute-t-il, peut gêner les opé-« rations. La guerre exige rapidité et vivacité, et je vous servirai plus utile-« ment auprès du Roi où je pourrai hâter vos affaires. Je connais les Minis-« tres, notamment Vargas ; il pourrait bien laisser Généraux et soldats dans « le dénûment. A la Cour je veillerai sur vous. Mon départ a donc pour cause « essentielle l'intérêt de l'armée. Pour le moment, vous n'avez rien à craindre « au point de vue des approvisionnements, je vous laisse 6.000 tonneaux de « vin grec (1), 6.000 mesures de farine, une quantité considérable de biscuits, « de lard et de salaisons, qui assureront facilement la nourriture de l'armée « pendant quelques mois ; enfin vous savez qu'il y a à Oran plus de 113 silos « remplis de blé. Au dire d'un Génois et d'un prêtre captif, il y a encore « 150.000 mesures de farine cachées dans la ville, et le Comte d'Olivet, avec « lequel j'en ai conféré en particulier, n'ignore pas où elles sont. Vous avez « donc du pain pour plus de 2 ans, si on ne gaspille pas la farine, et si on ne la « livre pas aux Capitaines des 80 navires qui ont entassé sur leurs bâtiments « une foule de captifs (1) ; il faudra, chaque jour, pétrir la quantité « nécessaire aux besoins de l'armée. Le produit de la vente sera remis au « Général en Chef, qui l'emploiera à la réparation des murailles et à la cons-« truction d'édifices nouveaux. Je rappelle, ajoute-t-il, avec son habituelle « sollicitude pour le bien être des troupes, qu'il faut brûler ou enterrer les « cadavres pour éviter la peste qui nait de l'air corrompu, faire camper les « soldats dans les jardins des faubourgs, envoyer des fourrageurs couper les « blés mûrs ». Revenant à ses préoccupations d'ordre militaire il recommande qu'on tienne l'armée en haleine, qu'on se prépare à ravager le littoral africain avec les galères et les navires sur lesquels on fera monter 2.000 hommes et qui seront remis en bon état pour le prix de 600 écus d'or qu'il vient de verser ».

. . . .

« Navarro reçut enfin de Ferdinand l'ordre de continuer sa campagne, au cours de laquelle devait périr obscurément, dans l'Ile de Querguernes (3), Vianelli, quelques jours avant la prise de Bougie (5 Janvier 1510) (2).

« Mais Ferdinand entrave tous les projets de colonisation du Cardinal...

« Bien mieux, quand il s'agit de régler les frais de l'expédition, l'avarice de Ferdinand reparait dans toute sa laideur. Avec la complicité de Vargas, il provoque difficultés sur difficultés... Ximénès doit subir une visite domiciliaire jusque dans son Palais d'Alcala, où les huissiers de Son Altesse viennent perquisitionner, pour voir si le Cardinal n'a pas détourné du butin quelque objet précieux. On fouille les maisons des paysans. On veut réduire par tous

---

(1) ! ! ?

(2) M. Jean Cazenave, à qui je me rallie, fait mourir Vianelli le 20 février 1511 dans l'île Kerkennah (au Nord de Djerba) avec les soldats Espagnols massacrés, dans la nuit après leur débarquement, par les habitants musulmans de l'île.

(3) Kerkennah.

les moyens le montant de la dette contractée à l'égard de Ximénès. Celui-ci, poussé à bout, déclare au Roi qu'il gardera la souveraineté de la ville qu'il a conquise et que Ferdinand pourra garder ses écus... Celui-ci se décide alors à exécuter la Convention qu'il avait signée... »

. . . .

« On sait que Ximénès avait plutôt réduit que détruit l'opposition soulevée dans son Ordre par la réforme qu'il avait imposée et qu'Isabelle avait sanctionnée. Une sourde hostilité régnait contre lui parmi les Franciscains. L'un d'entre eux, Louis Guillaume, avait été nommé par le Pape, Evêque in partibus d'Auriensis (1).

« Prétendant qu'Auriensis se confondait avec Auranensis, Guillaume réclame comme son bien propre le titre d'Evêque d'Oran, où serait constitué un Evêché indépendant. Ferdinand ne repousse pas cette proposition, et Ximénès est forcé de réunir un Conseil de docteurs chargé de décider.... Ce Conseil découvrit qu'Oran, colonie de Tlemcen, avait été fondée postérieurement à l'occupation de l'Afrique par les Musulmans, que les documents anciens mentionnaient seulement, parmi les Eglises de la Tingitane, celles de Sétif, de Bougie et de Bône, et que l'ancienne ville épiscopale d'Aurien était dans la Province de Carthage...

« Gomez raconte la longue histoire de ce procès canonnique, conduit avec une âpreté et une habileté singulières et qui troubla le Cardinal jusqu'à sa mort. La question de l'Evêché d'Oran n'a été définitivement tranchée que de nos jours, par suite de l'institution de l'Evêché actuel.

« Guillaume reprit son procès à la mort de Ximénès et, en 1526, il obtint de l'Archevêque Fonsera une rente importante.»

Voici ce que dit Monsieur Jean Cazenave (2).

« La mission de Cisnéros était terminée ; il appartenait désormais au roi d'Espagne de défendre la place, de la conserver à ses propres dépens , lui seul devait donner les ordres nécessaires, s'il lui plaisait d'étendre sa domination vers l'intérieur du pays. Il ne se souciait guère, dans son égoïsme, de manifester sa reconnaissance au cardinal en lui permettant de cueillir d'autres lauriers sur la terre africaine. D'autre part Pierre Navarro supportait difficilement la présence, auprès de lui, de l'homme énergique qui avait organisé avec une si admirable maîtrise et dirigé avec tant d'habileté l'expédition. Il ne tarda pas à le lui faire comprendre fort brutalement.

« Le cardinal, ayant intercepté une lettre de Ferdinand, apprit qu'on voulait profiter de son éloignement de la Cour pour nuire à ses intérêts. Il résolut de revenir en Espagne et, s'étant embarqué le mercredi 23 mai, il arriva le même jour à Carthagène. De là, il rendit compte, dans une longue lettre à son souverain, du résultat de sa mission et s'occupa activement de pourvoir à l'approvisionnement de l'armée, à l'administration de la ville, ainsi qu'à son repeuplement. Il exigea que toutes les provinces de la côte méditerranéenne envoyassent sur le champ des provisions de bouche et des colons à Oran. Puis il revint dans son archevêché, prétextant que « les chaleurs d'Afrique étaient très contraires à sa santé », écrivant au chapitre de Tolède, à ses amis et fidèles sa joie d'avoir arraché aux Infidèles la ville d'Oran « qui était la

____

(1) Evêché Romain disparu.
(2) dans son opuscule sur « Pierre Navarro ».

plus solide, la plus belle et la plus riche place forte du monde ». Il demandait seulement l'envoi d'un gouverneur pour l'organisation de la nouvelle colonie ; Navarro, disait-il, était un excellent soldat, mais un mauvais administrateur ».

« Pendant les quelques semaines qui suivirent, l'armée expéditionnaire s'établit solidement dans Oran et Mers-el-Kébir, par des razzias fréquentes (1) sema la terreur parmi les tribus voisines et fit une ample provision de blé, d'orge et d'animaux. Le 1er septembre, Ruy Diaz de Rojas fut nommé gouverneur intérimaire en attendant la venue du conquérant de Mers-el-Kébir, Don Diego Fernandez de Cordoue, qui arriva le 1er Janvier 1510.

« Cependant Pierre Navarro, que le roi d'Espagne appelait « notre Capitaine général et notre conseiller », rêvait de nouveaux exploits sur la terre d'Afrique. Il s'agissait d'ailleurs de mettre à exécution le plan établi avant l'expédition d'Oran. Il obtint des renforts et, laissant les places fortes d'Oran et de Mers-el-Kébir sous bonne garde, le 30 Novembre 1509, il mit à la voile vers Ibice, l'une des îles Baléares, où Vianelli lui amena peu après des secours et des provisions. Il consacra tout le mois de décembre à refaire son armée et sa flotte : la mer démontée s'opposait à toute tentative d'embarquement. Enfin le 2 Janvier 1510, profitant d'une accalmie, il partit avec vingt vaisseaux, qui transportaient 4.000 hommes, à la conquête de Bougie.

Documents Officiels

(2) Certificat délivré a Pedro de Arevalo, homicide (3)

« Oran : 8 Novembre 1509 ».

« Archives de Simancas. Estado, Costas de Africa. Legajo 461 ».

« Nous, Alonzo de la Puente, commissaire de la Reine, notre souveraine (4) sur cette terre conquise et pendant la guerre qui se fait en Afrique contre les Maures, ennemis de notre sainte foi catholique :

« Attestons par la présente que Pedro de Arevalo, se disant habitant de la ville de Arevalo, a comparu devant nous en cette ville d'Oran, (5) le dernier jour du mois d'août de cette année, déclarant qu'il se présentait comme étant homicide et parce qu'il avait été informé que, au moment où *l'Armada* se préparait à venir contre cette place, d'après les ordres de Son Altesse, on avait publié dans la ville de Valladolid, où la Cour résidait alors, que quiconque se joindrait à ladite *Armada* et prendrait l'engagement de servir 2 mois à ses frais, serait pardonné de quelque crime qu'il eut commis (6) ; qu'en suite de cette proclamation, il venait de servir pendant les dits 2 mois et qu'il nous requérait de constater sa présentation, attendu qu'il s'était rendu coupable d'homicide en donnant la mort à Gil Andres Fernandez, habitant de ladite ville de Arevalo. »

---

(1) ! ?

(2) Extrait de l' « Histoire de l'Occupation en Afrique (1506-1574) », par Elie de la Primaudaie.

(3) « Cette pièce mentionne une particularité curieuse. Il paraît que, pour obtenir le pardon d'un crime, il suffisait, du moins dans les premières années de la conquête, d'aller en Afrique, et d'y servir 2 mois à ses frais contre les Maures ». (de la Primaudaie).

(4) « Isabelle de Castille, femme de Ferdinand le Catholique, était morte en 1504. la reine dont il est ici question est Jeanne, surnommée la Folle, qui épousa Philippe le Beau et fut la mère de Charles Quint. » (de la Primaudaie).

(5) « La ville d'Oran fut prise par les Espagnols le 18 Mai 1509, le lendemain de l'Ascension. » (de la Primaudaie).

(6) en voilà un procédé de recrutement. (Général L. Didier).

« Et que, en plus de cette première comparution, il s'est représenté devant nous aujourd'hui (accompagné de témoins), pour que, en témoignage de l'accomplissement de son obligation, nous lui donnions un acte constatant que, du jour où il s'est déclaré homicide, il a résidé en cette ville et a servi à ses frais jusqu'à ce moment, et que, en conséquence, nous eussions à recevoir les dépositions des dits (témoins) pour connaitre la vérité. »

« Après avoir prêté serment, les témoins, interrogés par nous, déclarèrent, tous conformes en leur dire, que Pedro de Arevalo était arrivé avec ses armes en cette ville d'Oran, le dernier jour du mois d'août, et qu'il avait fait partie de la compagnie du Colonel Pedro Arias, que, depuis ce moment jusqu'à ce jour, il n'avait reçu ni la solde ni les vivres d'aucune nature que, d'après les ordres de Son Altesse, on donne aux troupes qui font la guerre sur cette frontière ; que, au contraire, il s'était refusé à accepter quoi que ce fût, et que, pendant 2 mois, ainsi qu'il avait promis de le faire et qu'il le devait, il avait servi, à ses frais, passant les nuits, faisant des rondes et prenant part aux escarmouches contre les Maures avec la troupe du dit Colonel Pedro Arias. Les témoins ont affirmé ce qu'ils disaient, ajoutant qu'ils le savaient fort bien, parce qu'ils sont de la même compagnie. »

« De tout quoi, le Colonel Pedro Arias a fait foi, sous serment, et il a signé de son nom le présent certificat et la minute restée en notre pouvoir ; et tous ont déclaré, en outre, ainsi que l'a fait le dit Colonel, que Pedro de Arevalo s'est toujours conduit comme une personne craignant Dieu, et désireux de bien servir Son Altesse, et qu'il a rempli toutes ses obligations. »

« Et nous, le susdit Commissaire, nous certifions que nous avons vu Pedro de Arevalo résider en cette place d'Oran, avec ses armes de guerre, comme il y était obligé, jusqu'au présent jour, pourvoyant à sa subsistance avec ses seules ressources, sans recevoir ni solde, ni vivres, et sans avoir figuré dans les revues de décompte qui ont lieu dans cette ville. »

« En foi de quoi, nous avons délivré le présent certificat, signé de notre nom et daté de la ville d'Oran. »

1510 (915-916 de l'Hégire)
RÉSUMÉ DES FAITS DANS L'ORDRE CHRONOLOGIQUE.
DOCUMENTS OFFICIELS.

1510
Résumé des faits dans l'ordre chronologique

1er Janvier. — Don Diégo Fernandez de Cordoba (alias Diégo de Cordoue) prend ses fonctions de Capitaine Général Gouverneur d'Oran.

5 Janvier. — Prise de Bougie par Pédro Navarro (1).

13 avril. — Pédro Navarro écrase dans une sortie les forces du sultan de Bougie, Abderrahman. Enthousiasme en Espagne et même en France. Un Te deum est chanté à Notre Dame de Paris.

Les Maures épouvantés envoient des embassadeurs pour traiter de leur soumission. Alger se déclare tributaire du roi d'Espagne et accepte une garnison espagnole sur le Penon. (2) Cherchell, Dellhys, Ténès font des présents.

Mai. — Ferdinand envoie à Navarro une lettre lui indiquant *son Plan d'occupation et d'organisation de l'Afrique du Nord (3)*.

Les caïds, marabouts et cheikhs de Mostaganem et Mazagran entament des pourparlers (4) avec le Gouverneur d'Oran.

« Le roi de Tlemcen lui-même accepte à la même époque des capitulations assez humiliantes, se reconnait vassal des souverains espagnols et autorise le gouverneur d'Oran à prendre le titre de Capitaine Général du Royaume de Tlemcen et de Ténès ». (J. Cazenave).

25 Juillet. — Navarro s'empare de Tripoli. (5)

---

(1) Voici un extrait du compte-rendu de Navarro au roi « Comme les Maures occupaient la crête de la colline et osaient même descendre jusqu'au lieu où nous avions commencé à débarquer, je pris la résolution d'attaquer la ville avec les gens que j'avais sous la main : a peu près la moitié du corps d'expédition. Miraculeusement conduits par notre divin Rédempteur, sa glorieuse mère, et Saint-Jacques notre saint patron, nous sautâmes rapidement à terre, vers une heure de l'après midi à l'ouest de la cité et occupâmes le promontoire appelé Buzacatis (Bouac). Les Maures nous attaquèrent avec fureur ; ils dévalaient de la colline et s'approchaient à portée d'un jet de pierre ; ils étaient au nombre de 3000 et lorsque nous voulumes escalader la colline, ce nous fut chose impossible...

« Mais il plût à Dieu, dans cette entreprise, de nous montrer la voie que nous devions suivre et presque miraculeusement nous nous trouvâmes deux heures après, à l'intérieur de la ville : nous l'avions, en effet, contournée, et nous pénétrâmes par la partie haute. Comme elle est grande et très étendue, de l'autre côté elle commençait à se vider de tous les gens inutiles. Le roi fut obligé d'abandonner son palais et sa ville, et ce même jour nous nous trouvâmes maîtres de la cité et de ses faubourgs, et nous nous installâmes pacifiquement ».

(2) Amirauté aujourd'hui. D'après Suarez Montanès, les habitants d'Alger fournirent les matériaux nécessaires à la construction de ce chateau et travaillèrent même avec les soldats espagnols.

(3) Voir cette lettre aux documents officiels ci-après.

(4) Voir la capitulation de Mostaganem (26 mai 1511) aux documents officiels de 1511.

(5) Ferdinand écrit de Monzon à Ximénès : « Dans notre joie nous rendons des « grâces infinies à Dieu qui a donné une si merveilleuse ardeur et un si grand courage à notre armée ; ainsi sa divine clémence nous indique chaque jour plus clairement et nous ouvre le chemin que nous devons suivre pour lui être agréables dans sa sainte entreprise ». (J. Cazenave).

30 Août. Il échoue en voulant mettre la main sur l'île de Djerba. (1).

Ferreras donne les intéressants renseignements ci-après :

« Pour mieux assurer la possession de certaines villes conquises en Afrique, le roi Ferdinand avait projeté d'y mettre en garnison des ordres militaires. Les chevaliers de St-Jacques devaient s'établir à Oran, ceux d'Alcantara à Bougie, et ceux de Calatrava à Tripoli ; mais, en attendant que cela fut fait, le roi envoya à Oran 600 vieux chrétiens (cristianos viejos) avec leurs familles, dont 200 devaient servir à cheval, à leurs frais, et les autres à pied, au moyen de quoi il les exempta de tout impôt et partagea entre eux les maisons, les campagnes et les héritages de la ville. (2).

Documents Officiels

(3) « Lettre du roi *Ferdinand le Catholique* au comte Don Pedro Navarro, son Capitaine Général en Afrique (4).

« Monzon... mai 1510.

« (Archives de Simancas. Estado, costas de Africa, Legajo 461).

« Comte Don Pédro Navarro, notre capitaine général et notre conseiller, j'ai lu vos trois lettres du 3 mai que vous m'adressées par la voie de Valence, et celles du 5 du même mois, que m'a remises Miguel Cabrero, *contino* (garde du corps) de ma maison.

« A l'heure même, je donnai l'ordre d'écrire à Alonzo Sanchez pour qu'il fît moudre sans délai, dans le royaume de Valence, 1.000 sacs de blé qui ont été apportés, et qu'il eut à vous les envoyer à Bougie (5). Vous recevrez, en même temps, du biscuit fabriqué avec une partie de cette farine, pour quinze jours au moins et pour 8.000 hommes. Comme, en ce moment, à Valence les provisions de bouche font défaut, j'ai écrit aussi à Malaga au trésorier Vargas, en lui recommandant particulièrement que, au reçu de ma lettre et avec la plus grande diligence, il vous expédiât tous les vivres dont il pourrait disposer afin que vous en soyez pourvu en temps utile, et que vous puissiez partir. J'ai prescrit, de même, au dit trésorier, de vous envoyer 10.000 ducats. S'il plaît à Dieu, en arrivant en Sicile, la flotte pourra y compléter ses approvisionnements, parce que le vice-roi de ce royaume m'a écrit que tout était prêt.

« Quant au traité qu'il vous parait convenable de conclure avec le roi Mouleï Abd-Allah (6), comme dans ces sortes de choses, on doit avant tout

---

(1) C'est encore un exemple d'infanterie se débaudant pour aller boire. (Général L. Didier).

(2) C'est le système romain des « limitanei ». (Général L. Didier).

(3) Extrait de l' « Histoire de l'occupation espagnole en Afrique (1506-1574) », par Elie de la Primaudaie.

(4) « Cette lettre donne d'intéressants détails sur le système politique que le roi Ferdinand avait adopté à l'égard des établissements espagnols de la côte d'Afrique. » (de la Primaudaie).

(5) « Les Espagnols étaient maîtres de Bougie depuis le 5 janvier 1510 ». (de la Primaudaie).

(6) « Cet Abd-Allah était le roi légitime de Bougie. Quelques années auparavant, son oncle Adb-er-Rahman l'avait détrôné, et rélégué dans une étroite prison. A l'arrivée des Espagnols, il essaya de l'entrainer à sa suite. Mais, dans la confusion de la retraite, Abd-Allah parvint à s'échapper et se réfugia à Bougie, auprès du comte Pedro Navarro. Abd-er-Rahman, non content de ravir à son neveu le trône et la liberté, avait encore voulu le priver de la vue, en faisant passer un fer rouge devant ses yeux.

« Il parait que l'opération avait été mal faite, car il n'en était résulté qu'une cécité momentanée qui céda á l'art des chirurgiens espagnols ». (de la Primaudaie).

penser à ce qui a été acquis, et que pour cela, il importe que le traité soit stable à perpétuité, et que des 2 côtés on puisse l'observer fidèlement, je crois, ainsi que vous me l'avez écrit à diverses reprises, que, si nous voulons nous maintenir en Afrique, nous devons occuper les villes d'Oran, de Bougie et de Tripoli (au cas qu'on prenne cette dernière) (1) et les repeupler entièrement de chrétiens. Autrement, comme les Maures sont maîtres de tout le reste du pays, si nous leur permettions d'habiter les villes du littoral, il nous serait impossible de conserver longtemps ce que nous avons conquis. »

« Les trois places dont il s'agit devront donc, en attendant mieux, être munies d'une bonne garnison de chrétiens, et aucun Maure ne pourra y être admis. »

« Pour les mêmes causes, le titre de Bougie, se trouvant inscrit comme à nous appartenant dans le mémorial de l'église romaine, (2), et ayant été joint à nos autres titres royaux, il nous paraît convenable que ledit roi Mouleï-Abd-Allah ne s'intitule plus *roi de Bougie*, mais qu'il se nomme, à son choix, roi de quelque autre terre, ville ou province du territoire qui fait partie du dit royaume, à l'exception toutefois de celles qui se trouvent sur le littoral. La ville de Bougie avec toutes ses dépendances, ses revenus et sa juridiction, ainsi que les autres villes, bourgs et villages situés sur la côte doivent aussi nous appartenir entièrement, et le roi Mouleï Abd-Allah ne pourra élever à leur sujet aucune prétention, que leurs habitants soient chrétiens ou maures. »

« Les dites villes et localités étant reconnues comme notre propriété, nous consentons, d'ailleurs, à ce que le roi Mouleï Abd-Allah possède toutes les autres terres dudit royaume, avec leurs revenus et juridictions, nous réservant seulement la haute et supérieure distribution de la justice, apanage inséparable de la suprême couronne royale, et sauf la fidélité qui nous est dûe. En reconnaissance de notre droit de souverain, le roi devra aussi s'obliger à nous payer chaque année un certain tribut, et comme vous devez savoir ce que rapportent les dites terres qui lui sont laissées, et conséquemment ce qu'il peut raisonnablement payer, vous fixerez vous-même le chiffre de ce tribut. Dans le cas où sa valeur serait telle qu'il n'y eût pas en faire grand profit, vous demanderez seulement un certain nombre de chevaux chaque année. »

« Mais il est bien entendu que, si les revenus de ces terres le permettent, vous exigerez du roi qu'il s'acquitte du tribut en argent afin de nous aider à couvrir les dépenses que nécessite l'occupation de Bougie. »

« La chose principale que vous aurez à observer dans ce traité, ou dans tout autre qui pourrait être conclu avec les Maures, c'est la question des

---

(1) « Comme l'indique ce passage, l'expédition contre Tripoli était déjà résolue. Elle eut lieu, en effet, cette même année. Revenu en Sicile au mois de juin 1510, le comte Pierre Navarro rassembla de nouvelles troupes, pour remplacer celles qu'il avait laissées à Bougie et se dirigea aussitôt pour Tripoli, dont il s'empara par escalade.

« Les habitants se défendirent de rue en rue, maison par maison, avec le courage du désespoir, il y en eut plus de 5 000 de tués. Tripoli, plus rapprochée de la Sicile que des autres états du roi Ferdinand fut réunie à la vice-royauté de cette île. On sait qu'en 1528, l'empereur Charles Quint céda cette ville aux chevaliers de Malte ». (de la Primaudaie).

(2) « Un des premiers soins du roi Ferdinand avait été d'établir un évêque à Bougie, comme il avait fait à Oran ». (de la Primaudaie).

approvisionnements. Il faut que ncus puissions largement nous soutenir en Afrique, avec les seules ressources du pays ; parce que nous y soutenir plus longtemps, en tirant tout d'Espagne, serait impossible, et nous perdrions bientôt le fruit de nos efforts actuels (1). Il importe donc que les choses soient organisées de manière que nous puissions toujours conserver les places que nous avons conquises et nous y maintenir, sans être obligés de les approvisionner du dehors, ainsi que nous l'avons fait jusqu'à ce jour.

« A l'avenir nous ne devons pourvoir qu'aux dépenses qui pourraient être nécessitées par des secours en troupes ou en navires, suivant les cas qui se présenteront.

« En conformité de ce qui est dit plus haut et d'après d'autres idées qui me sont venues, j'ai cru devoir faire quelques changements au traité.

« Je vous le renvoie, avec la présente lettre qui vous fera connaître de quelle manière j'entends qu'il soit exécuté. (2) Dépossédé comme il l'est, le roi Mouleï Abd-Allah ne peut se refuser à l'accepter ; le traité lui laisse le titre de roi et une grande partie de son royaume, ce qui lui permettra de vivre d'une manière convenable. De plus, s'il nous reste fidèle, comme nous comptons qu'il le sera, on pourra l'aider plus tard à organiser son territoire dans l'intérieur des terres.

« Le traité conclu, vous ferez en sorte que tous les Maures du royaume qui n'habitent pas les villages de la côte soient avertis que, en se soumettant au dit roi Mouleı Abd-Allah, ils pourront compter sur notre assistance et qu'ils seront bien traités et partout accueillis honorablement ; mais, qu'on fera la guerre aux autres, ajoutant tout ce que vous croirez utile pour les déterminer à se ranger à l'obéissance du roi. Nous espérons que de cette manière Mouleï Abd-Allah étant maître de tout le royaume moins le littoral, et demeurant notre allié fidèle et dévoué, la ville de Bougie se trouvera à l'abri de toute hostilité, et que les autres localités de la côte pourront être occupées et conservées sans beaucoup de peine Le dit roi, gardant son autorité à part et les intérêts des deux populations n'étant plus confondus, pourra ainsi se maintenir plus facilement parmi les Maures.

« J'ai retranché le chapitre du traité par lequel le roi demandait qu'on lui permit d'avoir une ou deux mosquées dans le faubourg de Bougie. Il n'est pas nécessaire que cette clause y soit insérée, puisqu'il est convenu que les Maures ne seront tolérés, dans ledit faubourg, que jusqu'à ce que le roi puisse résider ailleurs en sûreté.

« J'ai entretenu Michel Cabrero de divers autres objets dont il vous parlera ; vous pouvez lui accorder toute votre confiance. »

---

(1) « La grave question des subsistances, ainsi que le prouve ce paragraphe, préoccupait déjà le gouvernement espagnol ; mais, on sait, d'ailleurs, qu'il ne parvint jamais à se soutenir en Afrique, comme le demandait le roi Ferdinand. Non seulement Bougie, mais tous les autres points du littoral occupés par les Espagnols, furent toujours obligés de tirer leurs approvisionnements du dehors. » (de la Primaudaie).

(2) « La capitulation dont il est question ici n'a pas été retrouvée. Le départ du comte Pierre empêcha sans doute d'y donner suite ». (de la Primaudaie).

1511 (916 de l'Hégire)
RÉSUMÉ DES FAITS DANS L'ORDRE CHRONOLOGIQUE.
DOCUMENTS OFFICIELS

1511
Résumé des faits dans l'ordre chronologique

Nuit du 20 au 21 Février. — Désastre espagnol de l'île Kerkennah (au nord de Djerba), où Vianelli et tous les soldats débarqués avec lui sur l'ordre de Pedro Navarro sont massacrés. (1).

« Navarro en apprenant ces faits, n'osa pas débarquer ; il regagna la haute mer et mit le cap sur l'Italie, sans avoir même fait sa provision d'eau. L'expédition coûta cher encore : pendant la traversée, les soldats embarqués dans de fort mauvaises conditions, entassés les uns sur les autres, manquant d'eau potable, furent décimés par la maladie : chaque jour, affirme l'historien espagnol Marmol, on jetait à la mer une quarantaine de cadavres ». (J. Cazenave).

Au printemps. — Les Barberousse, avec trois navires, s'emparent, près de Lipari, d'un vaisseau portant à Barcelone 300 soldats espagnols et la Maison du vice-roi de Naples. Aroudj est blessé. Ils reviennent à Tunis, leur port d'attache, et donnent au Sultan de Tunis, en plus du cinquième convenu sur leur prise : des canons, des chevaux, 80 faucons dressés pour la chasse, 30 dogues, 20 lévriers, 40 captifs chrétiens et 6 jeunes filles chrétiennes.

26 Mai. — Capitulation de Mostaganem (la voir aux documents officiels ci-après).

4 Octobre. — « Le Pape Jules II, Venise et Ferdinand le Catholique, signent la constitution de la Sainte Ligue en vue de chasser définitivement les Français d'Italie. Le Roi d'Espagne donne comme chef à l'armée de la Ligue Don Ramon de Cardona, vice-roi de Naples, jeune homme de haute noblesse et de bonnes manières, très élégant. L'Italien Fabrice Colonna, appartenant à l'aristocratie napolitaine, reçoit la charge de Lieutenant-Général. Quant à Pierre Navarro, qui avait amené ses « 1.500 soldats échappés au désastre de Djerba, tout déguenillés et mal en point », il doit se contenter du troisième rang avec les fonctions de Général de l'Infanterie. Cette nomination blessa vivement son orgueil ». (J. Cazenave).

Documents Officiels

CAPITULATION DE MOSTAGANEM (1) — (2)

« 26 Mai 1511 ».

« (Arch. de Simancas. Capitulaciones con Moros, Legajo 2 ».

« Les Kaïd, marabout et cheikhs de Mostaganem et de Mazagran, ainsi que tous les habitants, Maures et Juifs, s'obligent à servir le roi et la reine de

---

(1) Ils s'étaient endormis près d'un puits, sans se garder.
(2) Extrait de l' « Histoire de l'occupation Espagnole en Afrique (1506-1574) » par Elie de la Primaudaie
(3) « La conquête de Bougie, qui avait suivi de si près celle d'Oran, répandit l'effroi parmi tous les petits princes de la Barbarie. Ennemis ou jaloux les uns des

Castille loyalement et fidèlement. Ils paieront les taxes, contributions, dons gratuits et autres droits qu'ils payaient au roi de Tlemcen par mer et par terre. Le premier juin de chaque année, le montant des dites impositions sera versé entre les mains du trésorier de la ville d'Oran, sans fraude et sans qu'il y manque rien. Leurs Altesses pourront, d'ailleurs, si elles le désirent, donner ces mêmes droits à ferme ou établir à Mostaganem un Almoxarife (1) pour les percevoir.

« Tous les esclaves chrétiens qui appartiennent aux habitants de Mostaganem et de Mazagran seront rendus,

« Le seigneur D. Diego Fernandez de Cordoba, Alcade des pages, capitaine général du royaume de Tlemsên (2), prendra possession, au nom de leurs Altesses, si celles-ci le demandent, des forteresses de ces 2 places, et les habitants ne refuseront pas de vendre aux soldats, au prix courant, les vivres dont ils auront besoin. Dans le cas où l'on voudrait réparer les dites forteresses, augmenter leurs moyens de défense ou même en construire de nouvelles, ils ne n'y opposeront pas ; ils devront, au contraire, prêter leurs bêtes de somme et fournir les matériaux au plus juste prix.

« Ils approvisionneront des vivres qu'on leur demandera les villes d'Oran et de Mers-el-Kébir, et ils ne permettront pas qu'on charge ou décharge aucun navire dans le port de Mostaganem, sans le consentement du roi et de la reine.

« Ils aviseront le capitaine général de tout ce qu'ils apprendront pouvant intéresser le service de leurs Altesses, ainsi que la sûreté des dites places d'Oran et de Mers-el-Kébir, et, selon ce qui leur sera ordonné, ils feront la guerre ou la paix.

« Si les dits Kaïd, marabout, cheikhs et autres habitants de Mostaganem et de Mazagran gardent et accomplissent ce qui est dit ci-dessus, leurs Altesses s'engagent à les défendre contre tous leurs ennemis, soit par mer, soit par terre. Elles ne les obligeront pas à se faire chrétiens et leur permettront de vivre et de se gouverner selon leur roi. On leur laissera leurs maisons et leurs propriétés, et on fera le commerce avec eux. Lorsqu'ils voudront se rendre à Oran ou sur quelque autre point de la côte d'Afrique occupé par les chrétiens, pour tout autre motif, ils pourront le faire librement et en toute sécurité, partout ils seront traités comme de fidèles serviteurs et vassaux de leurs Altesses.

« Tout esclave chrétien qui, d'une manière ou de l'autre, s'enfuira du pays des Maures et se réfugiera à Mostaganem ou à Mazagran, devra être conduit en sûreté à Oran et remis aux autorités de cette ville.

---

autres, au lieu de s'unir contre l'ennemi commun, ils ne songèrent qu'à se mettre, par un arrangement quelconque. à l'abri des coups du vainqueur. Les populations du littoral furent surtout épouvantées, et plusieurs villes maritime- s'empressèrent de reconnaître la suprématie de l'Espagne. La présente capitulation des habitants de Mostaganem nous fait connaître les conditions auxquelles ces villes durent souscrire pour obtenir la paix. » (de la Primaudaie).

(1) « *Almoxarife*, receveur des droits d'entrée et de sortie des marchandises ». (de la Primaudaie).

(2) D. Diego Fernandez de Cordoba, chef des pages du roi, le même qui avait pris « Mers-el Kébir en 1505, fut nommé capitaine général du *royaume de Tlemsên*, au mois de Janvier 1510. Il résida á Oran jusqu'à la fin de 1512. Le roi Ferdinand le rappela alors auprès de lui et l'envoya guerroyer en Navarre. En récompense de ses bons services dans cette guerre, D. Diégo de Cordoba fut fait marquis de Comares. Revenu à Oran au mo's de septembre 1517, il reprit ses fonctions de gouverneur et mourut dans la même ville au mois de mars 1522. » (de la Primaudaie).

« Les marabouts, fakirs et autres personnes qui ont obtenu certains privi-
lèges des anciens rois de Tlemcen, conserveront les dites franchises et libertés pendant 5 ans et même plus longtemps, si leurs Altesses y consentent.

POUVOIR DONNÉ PAR LE ROI FERDINAND A ANTONIO DE RAVANEDA
POUR L'AFFAIRE DE BOUGIE (1).

« Honrubia, 23 Octobre 1511. »
« Arch. de Simancas. Capitulaciones con Moros, Legajo 2. »
     « Le Roi ».

. . . .

« Vous prendrez les mesures nécessaires pour que la ville soit repeuplée
aussitôt que possible de Maures *Mudejares* (2) qui sont nos vassaux ».

. . . .

« Le nombre des habitants de Bougie diminue tous les jours. Une de vos
principales préoccupations devra être d'y faire revenir les Maures qui se sont
éloignés. Vous ferez insérer dans la capitulation une clause portant que tous
ceux qui voudront venir y résider, seront bien accueillis et protégés par nos
officiers. S'ils demandent qu'on ne les oblige pas à se faire chrétiens, s'ils désirent même qu'on leur donne à ce sujet des garanties, vous le ferez » (3).

1512 (917 de l'Hégire)
RÉSUMÉ DES FAITS DANS L'ORDRE CHRONOLOGIQUE

1512
Résumé des faits dans l'ordre chronologique

La liberté du Culte chrétien n'est plus tolérée dans les Etats Barbaresques.

11 Avril. — Bataille de Ravenne. Du côté français Gaston de Foix
est tué ; du côté espagnol Pedro Navarro est fait prisonnier et son roi
ne veut pas payer sa rançon fixée à 20.000 écus d'or par le roi de
France.

Voici un fait intéressant de la bataille :

« L'artillerie de Pedro Navarro battait les gens de pied français à découvert et vous assure qu'il y avait grand meurtre, car ils étaient à deux jets de
pierre près. (Seigneur de Fleurance).

« Pendant deux heures, les adversaires restèrent en présence. Les bouches
à feu espagnoles tiraient sans discontinuer tuant et blessant beaucoup

---

(1) Extrait de l'« Histoire de l'occupation Espagnole en Afrique *(1506-1574)* », par
Elie De la Primaudaie).

(2) « Maures de la Castille et l'Andalousie. On donnait le nom de *Tagarins* ou
Tagartins à ceux du royaume de Valence. On a vu dans l'instruction adressée au
comte Pierre Navarro, que le roi Ferdinand avait d'abord décidé qu'aucun Maure
ne pourrait résider dans les places d'Oran et de Bougie, et que la population de ces
2 villes se composerait entièrement de chrétiens ; mais le peu d'empressement que
montraient les Espagnols à se rendre en Afrique lui avait fait reconnaitre la difficulté de mettre cette mesure à exécution. » (De la Primaudaie).

(3) « Cette clause se retrouve dans tous les traités conclus avec les princes africains. Elle était certainement exigée par ces derniers qui n'ignoraient pas que le
roi Ferdinand, après avoir promis aux Maures de Grenade de leur laisser le libre
exercice de leur culte, avait voulu les convertir violemment ». (De la Primaudaie).

d'ennemis. Pour riposter, Gaston de Foix fit avancer l'artillerie du Duc de Ferrare son lieutenant. Mais alors Navarro ordonna à ses fantassins de se coucher à plat ventre dans l'herbe et les boulets passaient ainsi par-dessus, sans les atteindre. L'énervement commençait à gagner les rangs français ; Fleurance estime que, dans l'espace de trois heures, les siens avaient perdu presque tous les capitaines de l'infanterie (38 sur 40) et plus de 2.000 hommes ». (J. Cazenave).

30 Juillet. — Le Pape Jules II autorise le Père Christophe Radeneles, nommé évêque de Constantine, à ne pas se rendre dans son diocèse et à résider dans celui de Brême « à cause du danger qu'offre le séjour en Afrique ».

Tlemcen qui a envoyé en Espagne son hommage de vassalité doit fournir des vivres pour les garnisons espagnoles d'Oran et de Bougie.

Aroudj et Kheir et Dine échouent dans une a.taque de vive force contre Bougie. Aroudj a le bras traversé par une balle, il faut le lui couper.

Fin Décembre. — Le roi Ferdinand rappelle d'Oran D. Diego Fernandez de Cordoba et l'envoie guerroyer en Navarre.

1513 (918 de l'Hégire)
RÉSUMÉ DES FAITS DANS L'ORDRE CHRONOLOGIQUE.
DOCUMENTS OFFICIELS.

1513
Résumé des faits dans l'ordre chronologique

Janvier. — D. Martin de Argote est gouverneur intérimaire d'Oran (1).

Les Portugais conquièrent, au Maroc, le Doukkala (entre Mazagan et Safi) et s'emparent d'Azemmour.

Documents Officiels

LISTE DES CAPITAINES GÉNÉRAUX ET GOUVERNEURS D'ORAN ET DE MERS-EL-KÉBIR (2)

« 1505-1708 ».

« (Arch. de Simancas. Secrétaria de guerra moderna, Legajo « 4698) ».

« *Prise de Mers-el-Kébir* (13 Septembre 1505) ».

« 1. — D. Diego Fernandez de Cordoba, marquis de Comarés (3), capitaine général et Gouverneur de Mers-el-Kébir, du 13 Septembre 1505 au mois de Mars 1508.

---

(1) Voir, aux « Documents Officiels » ci-après, la liste des Gouverneurs d'Oran.
(2) Extrait de l' « Histoire de l'occupation espagnole en Afrique (1506-1574) », par Elie de la Primaudaie.
(3) Si l'on se reporte aux renvois de la capitulation de Mostaganem en 1511, on voit que D. Diégo Fernandez de Cordoba, d'après De la Primaudaie lui même, n'aurait été fait marquis de Comarès qu'après sa campagne de Navarre, c'est-à-dire en 1513 ou 1514.

D. **Ruy Diaz Alvarez de Rojas**, gouverneur intérimaire, (de décembre 1506 à Juin 1507).

« 2. — D. **Ruy Diaz Alvarez de Rojas**, capitaine général et gouverneur de Mers-el-Kébir, du mois de Mars 1508 au 17 Mai 1509.

« *Conquête d'Oran* (19 Mai 1509). »

« 3. — Le comte D. **Pedro Navarro**, capitaine général et gouverneur d'Oran et de Mers-el-Kébir, du 23 Mai 1509 à la fin août 1509.

« D. **Ruy Diaz Alvarez de Rojas**, gouverneur intérimaire (du 1er Septembre 1509 à Janvier 1510).

« 4. — D. **Diego Fernandez de Cordova**, marquis de Comarès, capitaine général, du mois de Janvier 1510 au mois de mars 1522.

« D. **Martin de Argote**, gouverneur intérimaire (de Janvier 1513 à Septembre 1517),

« 5. — D. **Luiz Fernandez de Cordova**, deuxième marquis de Comarez, fils du précédent Capitaine Général, du mois de Mars 1522 au 1er Juin 1534.

« D. **Luis de Cardonas**, gouverneur intérimaire (du 15 Septembre 1523 au 21 Mai 1525).

« D. **Pedro de Godoy**, gouverneur intérimaire (de février 1531 au 1er Juin 1534).

« 6. D. **Martin de Cordova y Velazco** comte d'Alcaudète, capitaine général, du 4 Juin 1534 au 26 Août 1558.

« D. **Alonzo de Cordova y Velazco**, gouverneur intérimaire (du 4 décembre 1545 au 7 Juillet 1546).

« 7. — D. **Alonzo de Cordova y Velazco**, comte d'Alcaudète, fils du précédent, gouverneur intérimaire pour la seconde fois (du 27 Août 1558 au 20 Décembre 1558), puis capitaine général, du 21 Décembre 1558 au 17 Juillet 1564).

« D. **Andres Ponce de Leon**, gouverneur intérimaire (du 12 Juin 1564 au 17 Juillet 1564).

« D. **Andres Ponce de Leon** et **Francisco de Valencia**, gouverneurs intérimaires du 18 Juillet 1564 au 30 Novembre 1565.

« **Hernan Tello**, gouverneur intérimaire (du 21 Novembre 1565 au 9 Juillet 1567).

« 8. — D. **Pedro Luis Garzeran de Borja**, marquis de Navarres, grand maitre de l'ordre de Monteza de Saint-Georges, capitaine général du 10 Juillet 1567 au 12 Mars 1573.

« D. **Felipe de Borja**, frère du précédent, gouverneur intérimaire (du 3 Novembre 1571 au 12 Mars 1573).

Dans la liste ci-dessus on lui a, je crois, donné par délicatesse, ce titre dès 1505 bien qu'il ne l'ait pas eu effectivement encore à cette époque.

Toutefois, se mettant en désaccord avec son affirmation de 1511, De la Primaudaie écrit ce qui suit en se basant sur Suarez Montanes qui ne m'inspire pas confiance · « D. Diego Fernandez de Cordoba était depuis longtemps déjà marquis de Comarès, lorsqu'il s'empara de Mers-el-Kébir. Voici ce que dit à ce sujet Suarez Montanes dans son *Histoire manuscrite de la maison de Cordoba* :

« *Los Reyes Catolicos por lo mucho bien que les servia cada dia D. Diego Fer-* « *nandez en las guerras de Granada, le hicieron donacion y merced, con titulo de* « *marquès, acerca del ano 1487, de Castilla y Villa de Comarès, lugar fuerte de sitio* « *de la cerquia de Màlaga y Velez Màlaga, cerca del mar mediterraneo* ».

« 9. — D. Diego Fernandez de Cordova, troisième marquis de Comares, capitaine général, du 13 Mars 1573 au 8 Décembre 1575.

« D. Luis de Veranegra, inspecteur des places d'Oran et de Mers-el-Kébir, gouverneur intérimaire (du 5 Février 1574 au 8 Décembre 1575).

« 10. — D. Marti de Cordova y Velazco, marquis de Cortez, capitaine général du 9 décembre 1575 au 25 Août 1585.

« D. Pedro de Padilla, Commandeur de Medina de las torres, mestre de camp, gouverneur intérimaire (du 25 Juillet 1580 au 23 Avril 1581,

« D. Pedro de Padilla, gouverneur intérimaire pour la seconde fois (du 26 Août 1585 au 14 Novembre 1589).

« 11. — D. Diego Fernandez de Cordova, duc de Cardona, troisième marquis de Comares, capitaine général pour la seconde fois, du 15 Novembre 1589 au 20 Mai 1596.

« D. Gabriel Nûno de Zuniga, gouverneur intérimaire (du 17 Août 1594 au 20 Mai 1596).

« 12. — D. Francisco de Cordova y Velazco, comte d'Alcaudète, capitaine général du 21 Mai 1596 au 5 décembre 1604.

« 13. — D, Juan Ramirez de Guzman, marquis de Hardales, comte de Teba, capitaine général (mort de maladie à Oran) du 6 Décembre 1604 au 4 Juillet 1607.

« D. Diego de Toledo y Guzman, fils du précédent, gouverneur intérimaire (du 5 Juillet 1607 au 10 Août 1608).

« 14. — D. Félipe Ramirez, comte d'Aguilar, seigneur de los Cameros, capitaine général, du 26 Octobre 1608 au 25 Octobre 1616.

« 15. — D. Jorge Cardenas Manrique, duc de Maqueda, capitaine général, du 26 Octobre 1616 au 11 octobre 1625.

« D. Juan Manrique de Cardenas, mestre de camp, gouverneur intérimaire (du 9 Avril 1622 au 9 Mai 1624).

« 16. — D. Antonio Sancho Davila y Toledo, marquis de Velada, capitaine général, du 12 Octobre 1625 au 6 Avril 1628.

« D. Francisco de Andiaira Razaval, vicomte de Santa Clara et inspecteur des places frontières de Barbarie, gouverneur intérimaire (du 7 avril 1628 au 8 Février 1632).

« D. Antonio de Zuniga y de la Cueva, marquis de Flores Davila, gouverneur intérimaire (du 9 Février 1632 au 16 Juin 1639).

« D. Alvaro de Bazan, marquis del Viso et amiral des galères de Sicile, gouverneur intérimaire (du 17 Juin 1639 au 2 Décembre 1643),

« 17. — D. Rodrigo Pimentel Ponce de Leon, marquis de Viana. capitaine général (du 3 Décembre 1643 au 28 Novembre 1647).

« 18. — D. Antonio de Zuniga y de la Cueva, marquis de Florès Davila, capitaine général (mort de maladie à Oran), du 29 Décembre 1647 au 31 Janvier 1652.

« Du 1er Février 1562 au 4 Octobre de la même année, une junte composée de 6 personnes fut chargée du gouvernement des places d'Oran et de Mers-el-Kébir.

« 19. — D. Antonio Gomez Davila Toledo y Osorio, marquis de San Roman, capitaine général, du 5 Octobre 1655 au 30 Juin 1660.

« 20. — D. Gaspar Felipe de Guzman, duc de San Lucar et marquis de Leganez, capitaine général, du 1er Juillet 1660 au 22 Mai 1666.

« 21. - D. Fernando Joaquin Fajardo de Requesens y Zuniga, marquis de los Velez, vice-roi du royaume de Murcie, capitaine général, du 23 Mai 1666 au 10 Mai 1672.

« D. Diego de Portugal, chevalier de l'ordre d'Alcantara, gouverneur intérimaire (du 11 Mai 1672 au 10 Mai 1675).

« 22. — D. Inigo de Toledo Osorio, capitaine général, du 20 Mai 1675 au 11 Juin 1678

« 23. — D. Pedro Andres Ramirez de Guzman, marquis de Argava et de Hardales, comte de Teba, capitaine général (tué dans une sortie de la garnison) du 12 Juin 1678 au 9 Mars 1681.

« Du 10 Mars 1681 au 12 Avril de la même année, sa veuve, dona Marianna de Velazco, gouverna les Places d'Oran et de Mers-el-Kébir.

« 24. — D. Gaspar Porto Carrero, comte de la Mondova, capitaine général, du 13 Avril 1681 au 18 Septembre 1682.

« 25. — D. Pedro Feliz José de Silva y Meneses, comte de Cifuentes, marquis d'Arcouchel et grand-porte étendard de Castille (1), capitaine général, du 19 Septembre 1682 au 2 Septembre 1683.

« 26. — D. José de Villapando, marquis d'Osera y Castaneda, capitaine général (mort de maladie à Oran), du 3 Septembre 1683 au 18 Mars 1685.

« Du 19 Mars 1685 au 2 Mai de la même année, sa veuve, dona Maria Leonor de Monroy y Aragon, gouverna les Places d'Oran et de Mers-el-Kébir.

« 27. — D. Antonio Panyagua y Zuniga, marquis de Santa Cruz, capitaine général (mort de maladie à Oran), du 3 Mai 1685 au 15 Janvier 1687.

« Du 16 Janvier 1687 au 4 Avril de la même année, sa veuve dona Beatriz-Maria-Antonia de Escobar y Ovando, gouverna les Places d'Oran et de Mers-el-Kébir.

« 28. — D. Diego de Bracamonte, grand-croix de l'ordre de Saint-Jean, capitaine général (tué dans une déroute de la garnison d'Oran, presque sous les murs de la ville), du 5 Avril au 9 Juillet 1687.

« Du 9 Juillet 1687 au 14 du même mois, l'inspecteur Miguel de Zufre, le major Diego Merino et le capitaine de cavalerie Francisco Ramirez de Arellano administrèrent la dite place.

« D. Pedro Manuel Colon de Portugal, duc de Veraguas, Amiral des galères d'Espagne, gouverneur intérimaire (du 15 Juillet 1687 au 19 Septembre 1687).

« 29. — D Feliz de Silva, chevalier de l'ordre d'Alcantara, comte de Guaro, capitaine général (mort de maladie à Oran), du 20 Septembre 1687 au 10 Février 1691.

« D. Lorenzo de Ripalda, sergent général de bataille, gouverneur intérimaire (du 11 Février 1691 au 27 Juillet 1691).

« 30. — D. Juan Luis de Orliens (Orléans), compte de Charny (1), capitaine général (mort de maladie à Oran) du 28 Juillet 1691 au 22 Juin 1692.

« D. Lorenzo de Ripalda, gouverneur intérimaire pour la seconde fois (du 23 Juin 1692 au 24 Septembre 1692).

---

(1) « *Alferez, mayor de Castilla* ou *Alferez del Rey*. C'était anciennement celui qui portait l'étendard royal et qui, en l'absence du roi, commandait l'armée. » (De la Primaudaie .

(2) « Le comte de Charny était un fils naturel de Gaston, duc d'Orléans et frère de Louis XIII ». (De la Primaudaie).

« 31. — D. Andres Copola, duc de Canzano, marquis de Robledo, capitaine général, du 25 Septembre 1692 au 14 Juillet 1697.

« 32. — D. Arias Gonzalo Davila y Pacheco Coloma y Borja, marquis de Casasola, capitaine général, du 15 Juillet 1697 au 31 Mai 1701.

« 33. — D. Juan Francisco Manrique Arana, capitaine général, du 1er Juin 1701 au 21 Octobre 1704.

« 34. — D. Carlos Carafa, chevalier de l'ordre de Saint Jean, Capitaine général, du 22 Octobre 1704 au 7 Septembre 1707.

« 35. — D. Melchior de Avellaneda Sandoval y Rojas, marquis de Valdecanas, Chevalier de l'ordre de Saint-Jacques et Commandeur de Alibesca, capitaine général, du 8 Septembre 1707 au 21 Janvier 1708.

« Ce même jour (21 Janvier), par suite de l'abandon d'Oran, le dit Capitaine général s'embarqua au port de Mers-el-Kébir, pour retourner en Espagne. »

1514 (919 de l'Hégire)
RÉSUMÉ DES FAITS DANS L'ORDRE CHRONOLOGIQUE

1514
Résumé des faits dans l'ordre chronologique

Aroudj s'empare du comptoir génois de Djidjelli.

Août à Novembre. — (D'après Garrot) (1). Proclamé Émir par les Berbères Ketama, Aroudj avec 20.000 Berbères des montagnes de Bougie, soulevés contre les Espagnols par leurs marabouts, assiége en vain Bougie défendue par Don Ramon Cairoz.

Forcé de se retirer il s'installe à Djidjelli.

1515 (920 de l'Hégire)
RÉSUMÉ DES FAITS DANS L'ORDRE CHRONOLOGIQUE

1515
Résumé des faits dans l'ordre chronologique

Printemps-Troisième (2) attaque infructueuse de Bougie par les Barberousse.

Les Espagnols possèdent sur la côte Oran, Mers-el-Kébir et Bougie ; ils font sentir leur autorité à Alger, Dellys, Tenès, Tlemcen.

En Europe.

1er Janvier. — Mort de Louis XII, François 1er lui succède. Il offre la liberté sans conditions et une haute situation dans son armée à Pedro Navarro qui accepte.

---

(1) Féraud, l'historien de Bougie, situe ces faits en 1515.
(2) d'après Garrot.

« Navario écrivit à Ferdinand pour l'informer de sa décision ; il renonçait officiellement au comté d'Oliveto et aux autres grâces reçues en récompense de ses services en Italie et en Afrique et demandait à être délié de son serment de fidélité, «pour combattre plus librement, ajoute encore Paul Jove, « auprès de François 1er qui lui donnait la liberté, après avoir été dédaigné et « délaissé par l'avare souverain de son pays ». (J. Cazenave).

13 septembre. — Bataille de Marignan.

1516 (921 de l'Hégire)

RÉSUMÉ DES FAITS DANS L'ORDRE CHRONOLOGIQUE.

DOCUMENTS OFFICIELS.

1516

Résumé des faits dans l'ordre chronologique

22 Janvier. — Mort de Ferdinand le Catholique. Son successeur Charles est un enfant.

Aroudj s'empare de Cherchell puis d'Alger.

2 Octobre. — Désastre de Diégo de Véra devant Alger.

Documents Officiels

Dans son opuscule de février 1860 sur le « Pégnon d'Alger », Adrien Berbrugger écrit :

« Diégo de Véra dit (n° 19 de l'appendice de la chronique de Gomara) (1), que si l'expédition d'Alger réussit, les gens de Tlemsên effrayés par ce résultat se décideront à faire ce que Lope Hurtado leur demande, s'ils n'en sont empêchés par la mauvaise volonté qu'ils ont en ce qui touche les mesures de Cordoba (Don Luis Fernandez de Cordoba, marquis de Comarès, gouverneur d'Oran). Cette phrase n'est pas claire ».

1517 (922 de l'Hégire)

RÉSUMÉ DES FAITS DANS L'ORDRE CHRONOLOGIQUE

1517

Résumé des faits dans l'ordre chronologique

Juin. — Aroudj s'empare de Ténès, puis prend possession de Dellys et des environs. Médéa et Milianah lui font leur soumission.

Août. — 2 partis se disputent le pouvoir à Tlemcen :

Abou Hammou III vassal du roi d'Espagne ;

Son neveu Abou Zeyan, frère de l'émir défunt et qu'il avait fait jeter en prison.

---

(1) Je n'ai pas pu me procurer cet appendice. (Général L. Didier).

Les partisans d'Abou Zeyan appellent Aroudj à leur aide au nom de l'Islam. Il accepte (1).

Septembre. — A la nouvelle de son approche, Abou Hammou III se réfugie à Fez, puis à Oran et Abou Zeyan remonte sur le trône. Aroudj prend par les plateaux, pour éviter les Espagnols d'Oran, laisse un poste de liaison de 600 Turcs à la Kalaa des Beni Rachid et entre à Tlemcen aux acclamations de la population. Pillage du quartier juif.

Quelques jours après, Abou Zeyan, ayant fait quelques observations sur les exigences et les brutalités des Turcs d'Aroudj, celui-ci le fait pendre aux murs de son palais, puis fait noyer sa famille (2) dans le bassin du Sharidj et massacrer l'élite de la population.

Aroudj se proclame ensuite roi de Tlemcen, s'installe dans le Méchouar, enjoint aux commerçants, sous peine de mort, de cesser toutes relations avec les Espagnols d'Oran (qui tiraient leurs approvisionnements de Tlemcen), et se rend rapidement odieux à tous les habitants.

. . . .

Retour de D. Diégo Fernandez de Cordoba comme Gouverneur à Oran. A la suite des services rendus en Navarre, il avait été fait Marquis de Comarès par Ferdinand.

---

(1) Piesse et Canal disent : « La gloire de Baba Aroudj remplit si bien le Moghreb, que des habitants de Tlemcen viennent le complimenter à Tenès et lui demander son concours contre leur propre souverain. Baba Aroudj les suit ; son armée se grossit en route de tous ceux qui escomptent le pillage de Tlemcen. »

Fey écrit : « Deux personnages importants de Tlemcen, Mouley Youssef et Sidi Bou Yahia se rendent auprès d'Aroudj à Tenès dont il venait de s'emparer et le supplient de les aider à renverser leur souverain Abou Hammou qui les opprimait et leur était devenu odieux à cause de son alliance avec les Espagnols d'Oran.

« Aroudj écrase Abou Hammou près d'une ville ruinée au sud-est d'Oran (Arbaî-lah, l'ancienne Gilva d'après Mac Carthy, aujourd'hui Arbal.) »

(2) 70 personnes d'après Garrot. Piesse et Canal donnent d'autres renseignements : « Au bout de quelques jours ayant fait pendre le roi Abou Zeyan qu'il était venu délivrer, ainsi que ses enfants, aux piliers de Méchouar, Aroudj ordonna qu'on lui amenât tous les princes de la famille des Beni Zeyan, au nombre de 22, et les fit jeter, sous ses yeux, dans les eaux du Sharridj. Pendant que ces malheureux enfants luttaient contre la mort, le barbare prenait plaisir à considérer leurs efforts désespérés, leurs mouvements, leurs grimaces et les angoisses de leur lente agonie. »

Ailleurs ils disent : « Aroudj fait étrangler Abou Zeyan avec son fils et noyer ses 19 autres parents dans le Sharidj. »

Fey donne encore un autre récit :

« *Septembre.* — Après avoir soumis les Arabes sur son passage, Aroudj entre dans Tlemcen dont les habitants lui ouvrent les portes.

« Après avoir prêté serment sur le Koran qu'il rétablirait Bou Zeyan sur le trône, il le fait sortir de prison, mais le fait pendre avec deux de ses fils.

« Puis il fait précipiter dans un étang, où il se noient, tous les autres membres de sa famille. »

1518 (924 de l'Hégire)

RÉSUMÉ DES FAITS DANS L'ORDRE CHRONOLOGIQUE.

LA MORT DE BARBEROUSSE (BABA AROUDJ).

DOCUMENTS OFFICIELS.

1518

Résumé des faits dans l'ordre chronologique

30 Janvier. — Abou Hammou, avec le Caïd Ahmed et les Arabes, investit El Kalaa après un combat heureux contre les Turcs (Commandant Iskender avec 3 à 400 Turcs (1)). Devant la solidité des murailles de la place, il demande des secours au Gouverneur d'Oran, Diego Fernandez de Cordoba.

Celui-ci lui envoie Martin d'Argote avec 300 hommes environ et 3 ribaudequins (2).

15 février. — Sortie de nuit infructueuse du Commandant Iskender contre le camp Espagnol (1).

27 février. — Diego de Vera avec 3 navires amène à Oran 2.000 hommes de renfort.

Mars. — Après avoir reçu des renforts en hommes et en artillerie, Martin d'Argote s'empare d'El Kalaa et en massacre tous les Turcs.

Avril. — Le Pape proclame la Croisade Générale contre les Musulmans et propose aux souverains d'Europe une trève de 5 ans.

Juin. — Une armée (?) espagnole, commandée par Alfonso Velasco, se présente devant Tlemcen avec Abou Hammou. Les habitants s'empressent d'ouvrir leurs portes à Abou Hammou.

Baba Aroudj se réfugie dans le Méchouar (citadelle).

Juillet. — Après 26 jours de résistance, Baba Aroudj s'enfuit par une galerie souterraine (3).

---

(1) Voir les documents officiels ci-après

(2) Ce fait prouve le prestige c'est-à-dire la supériorité morale qu'avaient encore les Espagnols à cette époque

(3) Voici comment certains historiens racontent les faits qui précèdent :

« *Janvier.* — Le Gouverneur d'Oran, le marquis de Comarès, avait d'abord conseillé à Abou Hammou d'aller en Espagne demander au roi Don Carlos (depuis Charles Quint) les secours nécessaires pour rentrer en possession de son royaume. Il finit par céder à ses sollicitations et à celles des chefs arabes de l'intérieur, parmi lesquels Bou el Saba (4), qui lui avait donné en otages 32 enfants de grande tente ». (Fey). « Il accorde à Bou el Saba 300 hallebardiers choisis, avec lesquels celui-ci se porte au devant des renforts envoyés d'Alger par Kheir ed Dine à son frère Aroudj. Comarès fait suivre les hallebardiers de 600 hommes de plus, sous le commandement des capitaines Rijas et Arnalte. Ceux-ci rejoignent le cheikh près de la Kalaa des Beni Rached, où le Général turc Iskander les taille en pièces. Quelques hommes seulement peuvent regagner Oran ». (Fey). Sur l'ordre de Comarès, le Colonel Don Martinez de Argote, sort d'Oran avec 3.000 hommes, gagne la Kalaa des Beni Rached à marches forcées, l'emporte, passe la garnison turque au fil de l'épée et, se rabattant sur Tlemcen, l'investit avec le concours des contingents arabes amenés par le cheikh Bou el Saba.

(Voir la fin de ce renvoi page suivante).

(4) Cheïkh montagnard, allié et ami d'Abou Hammou, d'après Fey.

Rattrapé par la cavalerie Espagnole, il est tué par l'Alferez Garcia de Tinéo.

Fin de l'année. — Kheïr ed Dine qui a succédé à son frère Baba Aroudj dans le commandement des forces corsaires et s'est organisé à Alger, envoie à Selim 1er Sultan de Constantinople, alors en Egypte, son Lieutenant Hadj Husseïn lui demander l'honneur d'être son vice roi (beylerbeg ou beylerbey). Selim accepte, lui donne droit de battre monnaie et lui envoie 4.000 volontaires levantins avec des armes et des munitions.

La mort de Barberousse (Baba Aroudj)

Certains historiens placent la mise à mort de Barberousse près d'Aïn-Témouchent, d'autres près d'Oudjda.

Pour moi, c'est à 7 ou 8 kilomètres d'Oudjda, dans la plaine des Angad, au lieu dit Tombeau des Turcs (Kebor el Turc) qu'il a été tué. Mais la dualité d'opinions est peut-être explicable ainsi. Barberousse, malin et retors, a scindé sa troupe de sortie en 2 tronçons ; l'un allant vers Mostaganem et l'autre, avec lui, vers le Maroc.

Les Espagnols ont lancé 2 détachements de poursuite et les 2 tronçons ont été rattrapés et massacrés.

Voici maintenant les opinions des historiens :

Je cite d'abord Fey.

« Don Martinez de Argote, averti à temps, se précipite sur ses traces avec de la cavalerie, ne laissant pas ses hommes s'arrêter pour ramasser l'or et l'argent monnayés, les riches vêtements, la vaisselle et les pierreries que l'artificieux corsaire faisait répandre sur son chemin dans l'espoir d'arrêter ses poursuivants. Don Martinez le rejoignit sur les bords de la rivière d'Ouchda (Oudjda). »

Voici le récit de Sandoval, l'évêque de Pampelune ;

« Accablé de fatigue et de soif, Aroudj se réfugia dans un parc de chèvres (ou de moutons) qu'entourait une faible muraille de pierres amoncelées sans ciment. Là il se mit en défense avec ceux qui ne l'avaient point quitté ; il combattit valeureusement et avec une singulière audace jusqu'au moment où Garcia de Tinéo, porte étendard de Diego de Andrade, qui pouvait passer

---

Avec le restant de ses forces, Comarès débarque à Rachgoun et rejoint Argote devant Tlemcen. Le siège et le bombardement commencent aussitôt. Comarès a avec lui 10.000 hommes.

Mai. — Aroudj convie dans son palais 70 notables de Tlemcen et les fait égorger sous ses yeux « afin qu'ils ne lui deviennent pas traîtres comme ils l'avaient été à leurs rois légitimes ».

Juin. — Les murailles de Tlemcen portent des larges brèches ; les assiégés manquent de vivres et de munitions.

Juillet. — Les Espagnols prennent p ed dans la ville. Barricades. Guerre de rues. Aroudj se décide à fuir, en allant à la rencontre du roi de Fez Beni Ouattari qui lui amenait 20.000 hommes. Par une nuit obscure, sortant du Méchouar par une galerie souterraine avec son ami Ben Alcadi et une dizaine d'hommes, il franchit secrètement une poterne au pied d'une tour d'Agadir (aujourd'hui dans la propriété Guérin, d'après Piesse et Canal) en emportant avec lui tous les trésors des Beni Zeyan.

pour un brave soldat espagnol (1), lui donna un coup de pique qui le renversa. Il se jeta sur lui et lui coupa la tête qu'il emporta à Oran où elle resta ; il s'empara également des vêtements. Tineo fut blessé à un doigt de la main droite ; son ongle était fendu et la cicatrice lui en dura toute la vie ; il en était fier, avec raison, et disait que Barberousse étant à terre, si cruellement frappé lui-même, lui avait fait cette blessure. »

D'après Marmol :

« La tête du corsaire et ses vêtements, qui étaient de velours rouge brodé d'or, furent envoyés au Gouverneur d'Oran, qui fit présent de la veste au Monastère de Saint Jérôme de Cordoue, où elle servit à faire une chape qui portait le nom de Barberousse. »

PORTRAIT DE BABA AROUDJ D'APRÈS L'HISTORIEN HAEDO

« Il avait 44 ans lorsqu'il fut tué. D'une taille moyenne, il était robuste, infatigable et très vaillant ; il avait les yeux vifs et brillants, le nez aquilin, la barbe rousse et le teint brun. Il fut aimé, craint et obéi de ses soldats qui déplorèrent amèrement sa perte. Il ne laissa ni fils ni fille et vécut en Berbérie 14 ans. »

Fey continue :

« Le roi de Tlemcen, Abou Hammou, rentré en possession de son royaume, renouvela son serment d'obéissance à Charles Quint et fut fidèle aux Espagnols d'Oran. Il versait au Gouverneur, chaque année :

« à titre de redevance, 12.000 ducats d'or,

« en signe de vasselage, 6 gerfauts femelles et 12 chevaux. »

A la nouvelle du désastre d'Aroudj, les tribus soumises aux Turcs se soulèvent. Tenès et Cherchell chassent leurs garnisons turques.

Mais de nombreux auteurs, dont Piesse et Canal, font s'enfuir Aroudj vers Rio Salado, c'est-à-dire vers Oran ou Mostaganem et placent sa mort « sur les bords du Rio Salado, près du Marabout de Sidi Moussa ».

Galibert réduit le siège à 26 jours et fait fuir Aroudj vers Alger.

Garrot le fait poursuivre « par une quarantaine de cavaliers espa-« gnols sous l'enseigne Garcia de la Plaza de Tinéo » et place sa mort « dans les Beni Snassen, près de la Koubba de Sidi-Moussa ». Il lui donne 50 ans.

Les historiens espagnols disent que Aroudj fut tué près de la rivière de *Huexda*.

Le voyageur anglais Shaw y voit une simple déformation espagnole du mot *Oued*. Il dit :

« A 3 milles de Sinan (Aïn-Témouchent ?) est le gué de Wed el Maileh (Oued el Mélah-Rio Salado). Ses bords sont d'un sable léger, lequel était creusé de 15 pieds lorsque j'y passai. On me montra ici près le lieu où l'ancien Barberousse répandit son trésor ; dernier effort qu'il fit pour éviter la poursuite de ses ennemis, mais qui ne lui servit de rien ».

____

(1) Piesse et Canal l'appellent « l'alferez Garcia de Tineo, officier espagnol ». Galibert déclare que « le coup de pique perça le cœur de Aroudj qui avait alors 45 ans. »

D'autres auteurs, depuis, ont rapproché Houexda de Oued Adda, près du Rio-Salado. D'autres ont rapproché Houexda de Ouchda, aujourd'hui Oudjda, et l'Oued d'Oudjda serait l'Oued Isly

Morgan raconte que « Aroudj avait déjà passé une rivière qui le mettait à l'abri de ses ennemis, lorsqu'il revint sur ses pas pour porter secours à quelques uns de ses compagnons. Ce n'est guère vraisemblable. »

Et enfin voici l'avis particulièrement intéressant (1) du Commandant en retraite E. Graulle qui, pendant qu'il était chef du bureau arabe de Tlemcen, a recherché l'endroit exact où Aroudj avait été tué.

« Nous avons 3 relations de la mort du Corsaire.

« La 1re a pour auteur un moine espagnol, nommé Haëdo, qui, lorsque les Turcs occupaient Tlemcen, était dans leur prison à Alger ; la 2e est due à Sandoval, évêque de Pampelune et historien espagnol, qui vivait à la même époque , et, la 3e nous est donnée par la lettre de noblesse que l'Empereur Charles Quint délivra au porte étendard, Garcia de Tinéo, qui tua Baba Aroudj de sa main.

« Il résulte de l'ensemble de ces documents que les faits se passèrent de la façon suivante :

« Les Espagnols, qui assiégeaient le corsaire turc dans le Méchouar de Tlemcen, apprirent, le matin, qu'il s'était sauvé pendant la nuit. Ils lancèrent aussitôt toute leur cavalerie à sa poursuite et celle-ci parvint à le rejoindre le même jour un peu avant la tombée de la nuit. A ce moment, Aroudj qui venait de traverser une rivière nommée *Houexda*, s'avançait dans un *désert*, situé dans la principauté de *Dougoudou*, et cherchait à gagner la *montagne de Mecenele.* »

« ... Quelle direction Aroudj avait-il intérêt à prendre à sa sortie du Méchouar pour ne pas tomber aux mains de ses ennemis ? Quelle était, par suite, la situation politique du pays ?

« Cette situation était la suivante :

« Afin d'assurer ses communications avec Alger, par mer et par terre, Aroudj avait placé une petite garnison à Mostaganem et une autre beaucoup plus forte (500 hommes) à Kalaâ, lors de son passage dans ces 2 localités pour se rendre à Tlemcen. Lorsque les Espagnols se décidèrent à chasser Aroudj de Tlemcen et à rétablir le sultan Bou Hammou sur son trône, le Colonel Martin d'Argote, qui commandait l'expédition, jugea, avec raison, que la première opération à faire était d'isoler Aroudj de sa capitale (Alger) qui lui fournissait toutes ses munitions. A cet effet, il se rendit à Kalaâ, mit le siège devant cette ville, l'emporta d'assaut et passa ses défenseurs au fil de l'épée. Après ce succès, il laissa une garnison à Kalaâ, revint à Oran, s'y ravitailla et se mit en route pour Tlemcen. A son approche, Aroudj s'enferma dans le Méchouar et après avoir épuisé ses vivres, s'enfuit de cette citadelle, avec toute sa troupe, par un souterrain qu'il avait fait creuser.

« Pendant que le Colonel assiégeait Kalaâ, les Turcs étaient chassés de Mostaganem, par les habitants, à cause de leurs exactions et le marquis de Comarès, gouverneur d'Oran, faisait occuper le petit port d'Onéïm (Honcîne) par où Aroudj pouvait s'embarquer.

---

(1) Paru dans « Oran » du 5 Mai 1923.

« Les Turcs n'avaient donc plus accès à la mer et la route d'Alger leur était coupée , celle du Sud conduisait dans un pays presque désert, où l'on trouve difficilement à s'approvisionner et dont les habitants, des nomades pillards et rapaces, sont plus disposés à détrousser les voyageurs qu'à leur offrir l'hospitalité.

« La route de l'Ouest était de beaucoup préférable Elle s'avançait au milieu de populations assez accueillantes et les Turcs pouvaient espérer que, en leur qualité de Musulmans, elles les défendraient contre les chrétiens.

« La grande montagne des Beni Zenassen, située non loin d'Oudjda, s'appelait alors (et aujourd'hui des lettrés musulmans lui donnent encore ce nom) *Djebel ez Zenata*, montagne des Zénètes. Les autorités espagnoles d'Oran, lorsqu'elles parlaient des *Zenata,* dans leur correspondance avec le sultan Bou Hamou, les appelaient toujours « *Zenètes* ». L'assonance des mots « Ez Zenata » « Mecenète » « Zenètes » étant la même, la *montagne de Mecenète* est donc bien la *montagne des Zenètes* de cette époque, c'est-à-dire la montagne des Beni Zenassen d'aujourd'hui. Au moment où ils furent rejoints par la cavalerie espagnole, Aroudj et sa troupe avaient parcouru 80 kilomètres au plus.

« A cette distance de Tlemcen il n'existe qu'une seule plaine ayant l'aspect d'un désert, celle de la grande tribu des Angad, qui lui a donné son nom. Anciennement on appelait cette plaine *le desert d'Angad.*

Il n'est pas impossible qu'avec leur talent tout spécial pour écorcher et déformer les noms arabes, les Espagnols aient fait de « *d'Angad* » « *Dougoudou* ».

« ... Il est probable que, ignorant le nom de l'oued que venait de franchir Aroudj lorsqu'ils l'attaquèrent, les Espagnols appelèrent cet oued « *Houexda* » parce qu'il n'était pas éloigné de la ville d'Oudjda (1).

« Convaincu qu'Aroudj était passé près de cette ville, lors de sa fuite, et qu'il avait été tué dans la plaine des Angad, je m'enquis s'il n'existait pas, chez les populations de cette région, des légendes se rapportant à cet évènement qui, dans son temps, avait dû avoir un immense retentissement dans tout le pays. J'appris alors que, à environ 7 kilomètres d'Oudjda, dans la plaine des Angad, et non loin d'un ravin, se trouve un endroit, recouvert de quelques tombes anciennes, qui s'appellent « Kébor et Turc » le Tombeau des Turcs, et qu'il porte ce nom, parce que c'est là, dit la légende du pays, qu'une bande de Turcs, qui s'était enfuie de Tlemcen, avait été rejointe et massacrée par des cavaliers arabes qui la poursuivaient.

« Ces cavaliers ne pouvaient être que ceux du sultan Bou Hamou (2). Les Espagnols les avaient certainement emmenés avec eux pour les aider à combattre les Turcs ou les populations qui auraient voulu les défendre et aussi pour les guider dans un pays qu'ils ne connaissaient pas, puisqu'ils y pénétraient pour la première fois.

« Au surplus, le seul fait d'avoir coupé la tête d'Aroudj, après qu'on l'eût tué, prouve que des Arabes étaient là, car ce sont les seuls qui, dans un combat, pratiquent cette opération sur leurs ennemis, après les avoir occis.» (3).

---

(1) Les indigènes ou les Arabes avec eux leur ont peut être désigné cet oued sous le nom de « Oued Oudjda » la (ou une) rivière d'Oudjda, qu'ils ont traduit la rivière Houexda. (Général L. Didier).

(2) Ou des Maures Almogatazes d'Oran. (Général L. Didier).

(3) Hum ! je crois fort que les Espagnols, d'Oran au moins, l'ont faite aussi quelques fois. (Général L. Didier).

Documents Officiels

Lettre d'Antonio Rico au très noble Seigneur Lope Hurtado de Mendoza (1)

« Oran, 27 Février 1518 ».

« (Arch. de Simancas. Estado, Legajos Sueltos) ».

« Très noble Seigneur, j'ai reçu le 22 de ce mois votre dernière lettre qui ne portait pas de date. Toutes les autres que vous m'aviez adressées précédemment par les courriers du seigneur Marquis (2) me sont également parvenues ; mais n'ayant que peu de chose à vous dire et craignant de vous importuner, j'avais négligé de vous répondre. A l'avenir, je serai plus exact à vous écrire, puisque mes lettres vous font plaisir et je ferai en sorte que vous me pardonniez mon silence. Je vous prie de me payer en la même monnaie.

« Vous avez dû apprendre ce qui est arrivé jusqu'à ce jour, et je ne vous en parlerai pas Voici ce qui se passe en ce moment. Le roi de Tlemcen (3), avec le caïd Ahmed et les Arabes, est toujours devant El Kala (4) où se trouvent bloqués le frère de Barberousse et les Turcs qui l'accompagnaient. Le 30 Janvier il y a eu un combat. Les Turcs ont perdu 180 hommes, et partie de leurs bagages qu'ils n'avaient pas eu le temps d'enfermer dans la place est tombée aux mains des gens du roi. Si ceux-ci n'avaient pas faibli et ne s'étaient pas amusés à piller, tout aurait été fini cette fois. Malheureusement, favorisés par la nuit et profitant de la faute que la rapacité des Arabes leur avait fait commettre, les Turcs, au nombre de 300, ont pu se retirer dans El Kala. La Place étant de difficile accès et surtout trop fortifiée pour des Maures, le roi n'a pas tardé à comprendre qu'il ne pouvait pas seul s'en rendre maître, et il a fait demander des secours au seigneur Marquis. Ce dernier lui a envoyé Martin d'Argote, avec environ 300 hommes.

« Le 15 dans la nuit, le commandant des Turcs, nommé Iskender, fit une sortie avec tous ses gens et attaqua le camp des Chrétiens. Les notres, quoique surpris, firent bonne contenance et parvinrent à repousser les Turcs, après leur avoir tué quelques hommes, et en avoir blessé un plus grand nombre, entre autres le Commandant lui-même, qui mourut 2 jours après. De notre côté, nous avons eu 2 soldats tués, avec l'alguazil Baena, et quelques blessés. Depuis cette sortie, les Chrétiens ayant soin de se mieux garder, il n'y a pas eu de nouveau combat (5).

---

(1) Extrait de l' « Histoire de l'Occupation Espagnole en Afrique (1506-1574) », par Elie de la Primaudaie.

(2) « D. Diego de Cordoba, marquis de Comarès ». (De la Primaudaie).

(3) « Ce roi s appelait Bou Hammou. Marmol raconte qu'il avait usurpé, avec l'appui des Espagnols, la couronne de son neveu Abou Zeiân. Appelé par les partisans du prince légitime, Baba-Aroudj venait de le chasser lui-même de Tlemcen ». (De la Primaudaie).

(4) « El Kala des Beni-Rachid, situé à une journée à l'Est de Mascara, sur la route qui conduit de cette ville dans les vallées de la Mina et du Chélif. Baba-Aroudj, qui ne se maintenait qu'à grande peine dans Tlemsên, avait fait occuper ce point par une garnison de 300 à 400 Turcs, *tous armés d'arquebuses*, afin d'assurer ses communications avec Alger. Iskender, rénégat Corse, compagnon et ami dévoué d'Aroudj, et un des frères de ce dernier, nommé Ishak, commandaient ce détachement ». (De la Primaudaie).

(5) « Sandoval (Vida de Carlos Quinto) raconte les choses très différemment ; mais son récit ne peut guère être accepté en présence de cette lettre, écrite d'Oran le 27 Février, lorsque les Turcs occupaient encore El Kala ». (De la Primaudaie).

« Nos gens n'ont que 3 ribaudequins (1) pour battre la place. S'ils avaient des pièces plus grosses, en 2 jours elle serait démantelée ; mais on s'occupe de renforcer l'artillerie, et tout sera terminé promptement.

« Le vaisseau de Diego de Vera et 2 autres navires ont mouillé aujourd'hui dans le port. Ils apportent 2.000 hommes. De jour en jour, on attend le reste des troupes. Ces renforts arrivent bien à propos. Si Son Altesse veut bien envoyer tout ce qui nous manque ici, le Marquis pourra enfin mettre à exécution tout ce qu'il projette. Jusqu'à présent, il a fait au-delà de ce qui était possible et pris partout où il pouvait pour parer aux nécessités. Malheureusement elles sont grandes, et je ne crois pas qu'on arrive à rémédier à tout.

« Les galéasses ont été quelques jours à Ilone (2) où elles ont fait un grand trafic ; mais nous n'avons rien pu savoir de positif de Tlemsên. Barberousse a su imprimer aux habitants une telle épouvante, que personne n'ose sortir de la ville ou envoyer quelque messager. Il a fait mettre à mort tous les princes de la famille royale, de manière que Bou-Hammou lorsqu'il retournera à Tlemsên, pourra se considérer comme un roi absolu et n'aura plus de motif de se tenir enfermé. J'espère qu'il ne laissera pas vivant un seul Andalou ou Maure d'Oran et de Mers-el-Kébir, car ils lui ont fait plus mal que Barberousse.

« Azouz est à El-Kala. et je pense qu'il paiera enfin les bons morceaux qu'il mangeait dans la maison du Français, sans en remercier personne ; Martin d'Argote s'est chargé de lui et, au besoin. il sera aidé par Alcantara et Lezcano.

« Osiel est encore ici. Salomon de Leroa est parti pour Tlemsên avant les derniers troubles. Quant au pauvre Çatorra, il a payé ses dettes d'une bien triste façon ; il y a un mois et demi à peu près, Barberousse l'a fait empaler. Sa maison est perdue et ses créanciers n'auront pas un maravédis (3).

« Estevan Moralès et Ginès del Bano sont encore à Tlemsên. Ils ont essayé une ou deux fois de se sauver, et ils auraient réussi, peut-être, si la ville n'était pas comme bouleversée et si les Arabes ne la tenaient pas bloquée de manière que bien peut de gens peuvent entrer ou sortir. Corbajal, qui avait

---

(1) « Canons de petit calibre. On les plaçait, au nombre de 2, de 3 et même de 4, sur un train à 2 roues, garni d'un mantelet de bois qui protégeait les canonniers contre les projectiles ennemis, et la partie antérieure était armée de fers de lance imitant ce qu'on nomme aujourd'hui cheval de frise. Cette espèce de voiture, traînée par des hommes ou par un cheval, s'appelait *ribaudequin,* du nom donné autrefois à des arbalètes à tour qui jouaient le même rôle. Ces canons sont les premiers dont l'histoire fasse mention. Ils étaient déjà en usage au 14e siecle. N. L. Bonaparte *Etudes sur le passé et l'avenir de l'Artillerie* T. I. p. 37 ». (De la Primaudaie).

(2 « Unem, Hunam, Oney dans les anciens portulans. Le Mersa-henneit des Arabes. One dit Marmol. est une ville sur la côte, à la hauteur d'Alméria, avec de fortes murailles et un petit port fermé de part et d'autre d'une bonne tour. Les mosquées y sont bien bâties et les maisons habitées de marchands et d'artisans, parce que, chaque année, les galéasses de Venise y viennent descendre en allant à Tlemcen Elle est fort peuplée et l'on y fait de belles toiles et d'autres étoffes de coton. Le roi de Tl.mcen y tient garnison pour la sûreté du commerce ». (De la Primaudaie).

(3) « Quel était ce Catorra, que les Turcs firent empaler ? Marmol dont le témoignage est confirmé par Suarez Montanès, dit que les Espagnols s'emparèrent d'Oran à l'aide des intelligences qu'ils s'étaient ménagées d'avance dans la place. Un marchand juif, nommé Cetorra (Stora) qui entretenait, pour son commerce, des relations importantes avec les ports espagnols, leur ouvrit une des portes de la ville. Le Çatorra dont parle la présente pièce a bien l'air d'être le même personnage que le Cetorra qui livra Oran aux Espagnols ». (De la Primaudaie)

été pris à Mostaganem, s'est fait turc ; il se trouve en ce moment à Tlemsên avec des chevaux et un commandement.

« La caravane, qui, de Tlemsên s'était rendue à Hone pour commercer, a été attaquée à son retour par les Arabes. Il y a eu un rude combat ; 45 personnes ont été tuées, entre autres... maître de la maison de Cristobal Rejon et Abou... frère d'Azouz ; mais les Arabes n'ont pu enlever la caravane ; elle l'aurait été certainement, si elle n'avait pas été escortée par des Turcs. Aussitôt que l'affaire d'El-Kala sera terminée, s'il plaît à Dieu, on en finira promptement avec celle de Tlemsên. Barberousse a soulevé toute la ville contre lui, et ses meilleurs soldats sont partis avec Iskender (1).

« J'aurais désiré vous envoyer quelques bonnes dattes ; mais je n'ai pas eu de bonheur à ce sujet ; deux charges que je faisais venir du Sahara ont été arrêtées auprès de Tlemsên par les parents de celui qui me les avait vendues, et offertes à Barberousse, de sorte que j'ai perdu non seulement les dattes, mais aussi mon argent. Je ne puis que vous prier d'agréer ma bonne volonté. Je pense que le roi de Ténès (2) partira demain. Avec cette dernière nouvelle, je finis ma lettre. »

. . . .

« Mostaganem s'est déclaré pour Bou-Hammou, qui a envoyé dans cette ville le Kaïd Sidi Ahmar. C'est ce même Kaïd qui a fait venir Barberousse à Tlemsên ; mais il a déjà reçu une partie de la récompense que méritait sa trahison ; les Turcs ont saccagé sa maison, et ils l'auraient tué, s'il ne s'était pas enfui. Voyant aujourd'hui que les affaires de Bou-Hammou prospèrent il s'est empressé d'accourir à Mostaganem et a fait soulever le pays. Les Arabes ont tué le commandant turc, fait prisonniers tous ses gens et les ont envoyés au roi. Les otages, au nombre de 10 et choisis parmi les fils des principaux cheïkhs et du Kaïd des Beni-Rachid, sont à Oran ; ils valent mieux pour nous que la personne du roi, et on peut être sûr que les Arabes feront ce qu'ils doivent.

« Ma lettre était fermée à la date du 1er mars, lorsque ce jour même il nous est venu un messager de Martin d'Argote, avec des lettres de certains juifs pour l'almoxarife... et pour Jacob Alegre. Ces lettres nous ont appris que plusieurs Maures des principaux de Tlemsên, ayant réussi à s'échapper de cette ville, sont entrés à Hone avec l'aide des Arabes de Trara et que, après avoir tué 8 Turcs qui s'y trouvaient, ils ont pris possession de la place au nom de Bou-Hammou. C'est une bonne nouvelle. On craignait ici que

---

(1) « L'affaire de Tlemsên ne se termina pas tout-à-fait aussi facilement que le pensait l'auteur de cette lettre. Une armée espagnole que commandait Alfonso Velasco et non Martin d'Argote comme le dit Marmol (observation de Suarez Montanes), s'étant présentée devant Tlemsên avec le roi Bou-Hammou, les habitants s'empressèrent d'ouvrir leurs portes à ce dernier. Baba-Aroudj n'eut que le temps de se réfugier dans la citadelle (El Mechouar). Pendant 26 jours, il résista vaillamment ; mais convaincu enfin de l'inutilité de la défense, il s'évada une nuit par une poterne, avec ce qui lui restait de soldats. Averti de cette fuite audacieuse, Alfonso Velasco se précipita sur ses traces avec sa cavalerie et l'atteignit sur les bords de la rivière d'Ouchda, Aroudj, déterminé à vendre chèrement sa vie, se jeta dans un parc de chèvres qu'entourait une faible muraille de pierres amoncelées sans ciment. Il s'y défendit pendant longtemps en désespéré ; mais, accablé par le nombre. il fut tué avec tous les Turcs qui l'accompagnaient » (De la Primaudaie).

(2) « Le roi de Ténès, Hamido el Abid, battu par Baba-Aroudj et chassé de sa petite Capitale s'était réfugié à Oran auprès du marquis de Comarès ». (De la Primaudaie).

Barberousse ne cherchât à s'enfuir de ce côté. Les mêmes Juifs écrivent que tous les Turcs qui étaient à Alger et dans le royaume de Ténès ont été massacrés et que la ville d'Alger elle-même s'est soulevée ».

DIPLÔME PAR LEQUEL L'EMPEREUR CHARLES V ACCORDE DES ARMOIRIES A L'ENSEIGNE GARCIA FERNANDEZ DE LA PLAZA QUI AVAIT TUÉ AROUDJ DE SA PROPRE MAIN (1)

« Vous, Garcia Fernandez de la Plaza, enseigne (Alferez) dans la compagnie de Diego de Andrada, un de nos capitaines, vous qui êtes né à Tinéo, dans la principauté des Asturies ; vous nous avez rendu quelques bons et loyaux services dans l'expédition que nous avons envoyée, au commencement de cette année 1518, au royaume de Tlemcen, contre le Turc Barberousse, qui s'intitulait roi des royaumes de Tlemcen, de Tunis et d'Alger, qu'il possédait tyranniquement après en avoir expulsé les souverains indigènes, nos vassaux et alliés, que nous avons actuellement rétablis dans leurs possessions.

« Par la présente, nous vous accordons, pour armoiries, un écu avec la tête et la couronne du dit Barberousse, sa bannière et son cimeterre, au naturel, sur champ de gueule, et avec 5 autres têtes de Turcs pour orle dudit écu ; le tout en signe et souvenir que vous avez gagné ces armes au service de Dieu et au nôtre, de la manière suivante :

« Il y a 6 mois environ, Barberousse était assiégé par un détachement de notre dite expédition dans la citadelle de Tlemcen où il s'était réfugié et faisait ferme , mais, se voyant sur le point d'être pris ou tué par nos gens, en raison de leurs attaques, des mines que l'on faisait jouer, des murs anciens et de ceux successivement réparés par les siens qu'on lui détruisait, il sortit une nuit de cette forteresse avec certains Turcs et Kabiles de son parti.

« Accompagné de quelques soldats de nos troupes et excité par votre zèle à notre service, vous l'avez poursuivi avec bon courage et énergie, avec grande fatigue et danger pour vos personnes et vous l'avez atteint à 23 lieues de Tlemcen, dans le royaume de Dugudu (3) sur la montagne qu'on appelle Mecenete. Là, Barberousse, vous voyant arriver avec 45 chrétiens, s'enferma, lui, 30 fusiliers Turcs et quelques Kabiles (2), dans un parc à bestiaux qu'il y avait dans cette montagne. Il répara ce poste, il y fit certaines traverses pour se défendre. Mais vous, décidé a mettre fin aux maux que cette homme avait causés, aux tyrannies qu'il avait commises dans les dits royaumes, vous l'avez attaqué dans cette position. Car bien qu'il y eut là, à sa poursuite, beaucoup de Kabiles et d'Arabes au nombre de plus de 15.000 et comme campés en cet endroit, cependant ils n'osaient l'attaquer par crainte du mal que ses fusiliers leur avaient fait et qu'ils leur pouvaient faire encore. De sorte que, par le fait, vous et les 45 chrétiens, l'avez seuls combattu, entrant

---

(1) Extrait de « Le Pégnon d'Alger » par Adrien Berbrugger (Alger, Février 1860)
(2) « En général, les auteurs espagnols entendent parler de Kabiles ou Berbers quand ils emploient le mot *Moros*. Les Arabes sont appelés par eux *les Alarabes* Ce dernier mot, où l'article s'est soudé avec le substantif, vient évidemment de *El Arab*, les Arabes » (Berbrugger).
(3) « Sandoval, évêque de Pampelume, raconte dans sa chronique, que les Espagnols commencèrent à apercevoir Aroudj dans le *Désert* qui fait partie du *royaume de Dubdu*, à 30 lieues de Tlemcen ». Extrait de Berbrugger, qui considère que Dugudu ou Dubdu est une déformation du mot *Debdou* ville marocaine, chef lieu d'un canton jadis qualifié de royaume et confinant au Sud des Beni Iznassen (Snassen).

dans le dit parc sans y être aidés par les Kabiles ; et vous, Enseigne, vous avez été le premier à l'assaut. C'est ainsi que votre monde, et vous, vous avez pénétré pour combattre dans l'endroit où était Barberousse avec qui vous avez lutté corps à corps et l'avez tué, de même que quelques Turcs qui le venaient secourir ; ainsi que le tout est publié, notoire et nous est attesté par des témoignages authentiques qui ont été présentés devant nous, dans le conseil de guerre.

« Ces armes à vous accordées, il est de notre grâce et volonté que vous, vos fils, vos petits fils et descendants, à tout jamais, vous les puissiez porter et les portiez sur vos housses, maisons et portes d'icelles, ainsi que sur les autres objets et dans les autres endroits que vous et eux et qui que ce soit d'entre vous, voudrez et aurez pour bon de les avoir peintes, ou sculptées sur un écu semblable à celui que nous vous donnons, etc... »

1519 (925 de l'Hégire)

RÉSUMÉ DES FAITS DANS L'ORDRE CHRONOLOGIQUE.

EXTRAITS D'HISTORIENS CONTEMPORAINS

1519
Résumé des faits dans l'ordre chronologique

NOUVEAU DÉSASTRE ESPAGNOL DEVANT ALGER

15 Mai. — Charles Quint charge le marquis Hugues de Moncade, vice-roi de Sicile, de diriger une expédition contre Alger.

Fin juillet. — Moncade arrive et s'arrête en rade de Mers-el-Kébir avec 30 navires, 8 galères, et de nombreux brigantins de transport, pour s'entendre avec le sultan de Tlemcen, qni a promis d'envoyer, par terre, des forces indigènes coopérer à l'attaque d'Alger. Mais, débarquant avec quelques troupes, Moncade enlève des troupeaux « dans la plaine de Ceirat, près de Mostaganem »(1). Cet acte abusif et impolitique indigne les Arabes : il entrainera l'abstention devant Alger des troupes promises par les sultans de Tlemcen et de Ténès.

13 Août. — Moncade arrive dans la baie d'Alger. Il débarque 5.000 hommes, au fond de la baie, sur la rive gauche de l'Harrach.

18 Août. — Après 5 jours de combat, Moncade s'établit sur le mamelon de Koudiat es Saboun où il attend les contingents promis par Abou Hammou III, sultan de Tlemcen.

24 Août. — Une tempête jette une partie de ses vaisseaux à la côte. Kheir ed Dine en profite pour l'attaquer. Quelques centaines d'Espagnols seulement peuvent gagner le Penon à la nage. Le nombre des prisonniers fut tel que, quelques jours après, Kheir ed Dine en fit massacrer 3.000 sous prétexte d'un projet de révolte.

---

(1) D'après les historiens les plus récents ; mais je me demande si ce n'était pas beaucoup plus près d'Oran et à une trentaine de kilomètres au plus de cette ville. (Général L. Didier),

Extraits d'historiens contemporains

Extrait du *Razavuat* (1) (2) :

« Le sultan de Tlemcen, marchant sur Alger, n'était plus qu'à quelques lieues de cette ville, lorsque Kheir-ed-Din, qui l'attendait de pied ferme, aperçut tout-à-coup les vaissaux des chrétiens qui s'avançaient à pleines voiles. Il les avait découverts à midi ; et vers 4 heures du soir, ils étaient mouillés près du rivage. Le chef de la flotte espagnole lui écrivit de songer au sort de ses frères Ishak et Aroudj et d'éviter, en se rendant, un destin analogue. »

« Kheir-ed-Din répondit · « Le sabre décidera qui de vous ou de moi sera le « plus digne de commander cette ville ».

Extrait de Marmol (1) :

« Martin de Argote, arrivé à Oran, trouva au port de Mers-el-Kébir, Don Hugo de Moncada, qui voguait contre Alger avec l'armée navale d'Espagne, parce que Bou Hammou et le Gouverneur de Tlemcen s'étaient offerts à l'aller assiéger par terre, pour dénicher de là ces corsaires qui incommodaient si fort le royaume de Tlemcen et faisaient tant de désordre sur la côte d'Espagne. Moncada commandait plusieurs bonnes troupes : et avant que de sortir du port, il résolut avec les chefs d'aller enlever du bétail dans les plaines de Céfine (3), qui est une grande habitation (canton) près d'Oran, où sont plusieurs douars d'Arabes et de Berbers. Penant donc la route du vieil Arzeu pour tromper les espions des Maures qui étaient aux portes d'Oran, ils tournèrent tout court, sur le minuit, vers cette habitation, mais ils ne purent arriver avant le soleil levé, parce que leur guide les jeta dans une ravine si etroite qu'ils eurent de la peine à s'en tirer. Alors, ils donnèrent sur 35 villages d'Arabes qui étaient dans ces cabanes ; et, les prenant au dépourvu, parce que leur cavalerie s'était avancée vers Arzeu, ils enlevèrent 15.000 pièces de gros et de menu bétail qui étaient dans les montagnes voisines. Mais tout le reste de ces barbares s'étant sauvés, ils ne firent que 160 prisonniers et retournèrent victorieux à Oran avec ces dépouilles ».

---

(1) Tiré du livre « le Pégnon d'Alger » de Berbrugger (Alger. Février 1860).
(2) « Il ne faut jamais perdre de vue que l'auteur de cette chronique est précisément Kheir-ed-Din. » (Berbrugger)
(3) « Ce doit être le pays de Garabas, dans a plaine du Sig. » (Berbrugger).
D'après la conférence du 15 janvier 1530 (voir à cette année) les Maures de Çafin étaient vassaux du roi d'Espagne (! ?) (Général L. Didier).

1520 (926 de l'Hégire)

RÉSUMÉ DES FAITS DANS L'ORDRE CHRONOLOGIQUE.
ADMINISTRATION, ORGANISATION CIVILE ET MILITAIRE D'ORAN.
DOCUMENTS OFFICIELS.

1520

Résumé des faits dans l'ordre chronologique

Alger. — Kheïr ed Dine est écrasé, dans les Beni Mansour, par le roi de Koukou, Ahmed ben el Kadi. Il peut, à grand peine, se réfugier à Djidjelli, qui devient alors l'arsenal des Corsaires. Ahmed ben el Kadi entre dans Alger et s'y installe aux acclamations de la population.

La Mazoule. — D'après Galibert « des négociants Français, proven-« çaux, traitent avec les tribus de la Mazoule pour faire exclusivement « la pêche du corail depuis Tabarca jusqu'à Bône ».

Bougie. — D'après Féraud :
« Un prince de la famille de l'ancien roi de Bougie (probablement l'émir El Abbas, qui, d'après la version arabe, serait parvenu à se rendre au milieu des Espagnols, ou bien le Mouley Abdallah dont parle la lettre de Ferdinand de 1510) fait partie de la suite attachée au vice-roi des Baléares, Don Miguel de Gurrea ; une fille du même monarque est à l'institution de Crianza, à Palma de Mayorque. »

Oran. — Les autorités militaire (Gouverneur) et civile (Corrégidor) ne s'entendent pas. Le Corrégidor demande le remplacement du Gouverneur (Marquis de Comaiès) (1) qu'il accuse de concussion. (2).

Administration, Organisation civile et militaire d'Oran

ADMINISTRATION DE LA VILLE

L'Administration de la ville est confiée à une *municipalité*, présidée par un Corrégidor et comprenant des régidors subalternes, des jurats et un conseil de ville (*cabildo*).

Dans le cabildo sont des échevins et des officiers (capitaines, alcades ou jurats).

AUTORITÉS CIVILES

Le Corrégidor avec un lieutenant et un prieur.

Le Corrégidor est chargé de la politique étrangère (suivant les instructions de son souverain) et d'une partie de la justice.

---

(1) Fey écrit que le Gouverneur d'Oran était alors « Don Sanche Martinez de Lerva ». Je n'ai pu trouver aucun renseignement sur ce Don Sanche, ce qui m'aurait, peut-être, expliqué l'erreur commise par Fey.
(2) Une enquête fut ouverte... et c'est le Corrégidor qui fut remplacé.

Il est chargé aussi des achats, (blé, orge. vin, huile, vêtements, etc...)

Il se mêle enfin de fortification et de tactique puisqu'il lance l'idée de construire une tour près de l'endroit où sera plus tard le fort de Santa Cruz.

Autorités Militaires

1ᵉ Le Gouverneur (marquis de Comarès) avec une maison militaire et un comptable.

Le Gouverneur est chargé de payer les troupes, de nommer les capitaines et autres officiers et de rendre l'autre partie de la justice.

2° 7 Capitaines d'infanterie et 2 de cavalerie, ce qui donne une garnison d'un millier d'hommes, plus 50 artilleurs.

D'après le Mémoire ci-après du Corrégidor (Voir documents officiels) il se serait passé, à ce moment, à Oran, des choses assez singulières :

1° Oran n'avait plus le privilège exclusif de tout le commerce que les ports d'Espagne faisaient avec la Barbarie ;

2° Les autorités militaires tyrannisaient la ville et maltraitaient les Maures ;

3° Sur les 50 artilleurs beaucoup étaient « incapables » ;

4° Des fraudes se produisaient dans les revues ;

5° Les soldats coupables d'un délit pouvaient se réfugier dans une eglise et y rester un an, ne faisant aucun service et touchant néanmoins leur solde ;

6° Un certain nombre de maisons et de jardins avaient été donnés, irrégulièrement, à des gens qui ne payaient rien comme location ;

7° Beaucoup de jeunes gens d'Oran allaient s'enrôler en Espagne et on envoyait à Oran des recrues d'Espagne ;

8° Chaque soldat donnait par an 3 réaux pour l'hôpital (1) ; cet argent servait à payer le pharmacien, le médecin et le chirurgien.

9° Le choix du fournisseur civil d'Oran, Cristobal Rejon n'était pas heureux ;

10° Il ne restait plus dans la ville que 6 familles juives et pas de rabbin ;

11° Les désertions étaient nombreuses.

L'organisation résumee ci-dessus durera jusqu'au 4 juin 1534. A cette date, Charles Quint supprimera, avec raison à mon avis, le Corrégidor et mettra tous les pouvoirs entre les mains du Comte d'Aleaudète, qu'il nomme à Oran « Capitaine Général et justicier ».

---

(1) La lettre du 26 octobre 1535 de Don Bernardino de Mendoza (Voir documents officiels de 1535) montre que les soldats payaient aussi les mèches de leurs arquebuces et la poudre qu'ils dépensaient.

Documents Officiels

MÉMOIRE DU CORRÉGIDOR D'ORAN SUR LA MANIÈRE
DONT CETTE VILLE EST ADMINISTRÉE. (1) (2)

Sans date (1520).

« Arch. de Simancas. Estado, Africa, Legajos Sueltos.

« 1° Le corrégidor d'Oran dit que si le marquis de Comarès continue à être chargé de payer les troupes, de nommer les capitaines et autres officiers et de rendre la justice, tout est perdu. On ne se préoccupe en aucune manière du service de Sa Majesté et tous les jours les rentes de la ville diminuent. Elles se sont élevées autrefois jusqu'à 26.000 doblas (3) et, cette année, elles ont à peine produit 8.000 ducats. Il conviendrait que Sa Majesté gardât pour elle le gouvernement de cette place frontière. Si l'on rétablissait l'ancien ordre de choses et si Oran avait le privilège exclusif de tout le commerce que les ports d'Espagne font avec la Barbarie, on pourrait tirer de cette ville plus de 30.000 ducats par an.

« *On lit en marge* : Que l'on confère de cela avec les maîtres des comptes. »

« 2° Il y a 7 capitaines pour l'infanterie et 2 pour la cavalerie. On pourrait facilement les réduire à 4 et on économiserait ainsi 700 ducats chaque année. Sa Majesté devrait elle-même nommer ces capitaines pour le bien de son service : on ne se conforme pas a ce qu'elle ordonne ; son nom même n'est pas respecté et celui qui demande justice ne peut l'obtenir. Ces capitaines tyrannisent la ville ». (*En marge*) : Qu'on s'informe de cela.

« 3° Sa Majesté paie la solde pour 50 artilleurs. Beaucoup sont absents, les autres sont incapables, parce que les gens du Marquis désignent pour ce service ceux qu'ils veulent ou qui leur donnent de l'argent. Il n'y a d'ailleurs besoin que de 30 artilleurs. C'est une économie de 800 ducats qu'on pourrait faire.

« *(En marge)*, Qu'on n'admette dans l'artillerie que des personnes suffisantes qui servent elles-mêmes.

4° Dans les revues, il se commet des fraudes nombreuses. On paie pour beaucoup de gens qui ne peuvent servir ou qui n'ont jamais existé. Le Corregidor offre de remédier au mal si on le lui permet ». (*En marge*) ; Que le Corrégidor dise ce qu'il y a à faire.

« 5° Les soldats, coupables de quelque délit, se sauvent dans les églises, et

---

(1) Extrait de l' « Histoire de l'occupation Espagnole en Afrique, (1506-1574) », par Elie de la Primaudaie.

(2) « Cette pièce est très curieuse. On ne trouve dans aucun auteur des renseignements sur le régime administratif de la ville d'Oran, à ce te époque. Il parait qu'il y avait un corrégidor nommé par le roi et indépendant du Capitaine Général. Ses fonctions devaient avoir quelque analogie avec celles de nos anciens intendants civils ; cela dura jusqu'en 1534, comme on le verra plus loin. La mention de *regidors* subalternes, de jurats et d'un conseil de ville (cabildo) nous apprend aussi qu'il y avait une municipalité constituée. Nous ne parlons pas des détails que donne le même document sur la manière dont le marquis de Comarès gouvernait Oran et Mers-el-Kébir. Si le tableau n'est pas chargé, le désordre devait être grand. D'après les notes écrites en marge, on peut croire qu'une enquête eût lieu a ce sujet, mais on ignore ce qui en résulta. Ce qu'il y a de certain, c'est que Don Diégo de Cordoba demeura capitaine général ». (De la Primaudaie).

(3) « La *dobla zeyen* ou mieux *dobla ziania* valait environ 11 à 15 réaux castillans, soit 3 fr. 75 ». (De la Primaudaie).

il arrive qu'ils restent là une année, ne laisant aucun service et touchant néanmoins leur solde.

« Le corrégidor prie Sa Majesté d'ordonner que, à l'avenir, celui qui se réfugiera dans une église n'aura droit à sa solde que pendant 3 jours. » (*En marge*) : Sa Majesté approuve.

« 6° Un certain nombre de maisons et de jardins ont été donnés par les gens du Marquis à des personnes qui ne paient rien pour la location des dits immeubles. Le comptable du Marquis, les capitaines et les alcades ont aussi amassé de grandes sommes par des moyens illicites. Le Corrégidor demande qu'on fasse rendre gorge aux derniers et qu'on exige des autres le loyer des maisons qu'ils occupent depuis le jour où ils sont entrés en jouissance. Avec cet argent on pourrait construire une tour dans un endroit appelé *Polvorista* (1), entre Oran et Mers-el-Kébir. Cet ouvrage, qui coûterait peu, pourrait être terminé en 2 mois.

« (*En marge*) : Qu'on s'informe de cela.

7° Beaucoup de jeunes gens d'Oran passent en Castille pour s'enrôler dans les troupes de Sa Majesté. Il conviendrait qu'ils fussent retenus ici parce que, ayant été élevés dans le pays, le connaissant et parlant la langue des Maures, ils peuvent rendre de plus utiles services que les recrues qu'on fait venir d'Espagne.

« (*En marge*) : Sa Majesté approuve.

« 8° Chaque soldat donne tous les ans 3 réaux pour l'hôpital. Cet argent sert à payer le pharmacien, le médecin et le chirurgien. La dite contribution et la vente des médicaments ont produit 2.000 ducats, qui sont entre les mains du Marquis. Le Corrégidor propose de placer cette somme au profit de l'hôpital et de payer les officiers de santé avec ce que l'on gagne sur les médicaments ; de cette manière, on pourrait exonérer les soldats de ce tribut de 3 réaux.

« (*En marge*) : Qu'il soit fait une enquête à ce sujet.

9° Le Corrégidor a acheté de divers marchands, chrétiens, maures et juifs, du blé, de l'orge, du vin, de l'huile et des vêtements pour les soldats qui mouraient de faim et de froid. Ce qu'il doit s'élève à environ 4 000 ducats. Il prie Sa Majesté de donner des ordres pour que les dits marchands soient payés.

« (*En marge*) : Que l'on fasse ce que l'on pourra.

10° Si Sa Majesté veut venir en aide à cette pauvre ville d'Oran et désigner un autre gouverneur qui dépendra entièrement d'elle, le corrégidor ne doute pas qu'on puisse économiser 8.000 ducats chaque année. Il croit que, au bout de 3 ans, il sera possible de subvenir à toutes les autres dépenses que nécessite l'occupation de cette place. Il promet aussi que tous les Maures de la province feront leur soumission ; s'ils se montrent hostiles, c'est parce qu'ils sont maltraités par le Marquis et ses officiers.

(*En marge*). Que le Corrégidor dise ce que l'on pourrait faire.

---

(1) « Le pic d'Aidour forme, avec l'extrémité d'une crête voisine, une embrasure très remarquable, qui sert de repère aux navigateurs à une grande distance au large. Par cette espèce de créneau sortent de violentes rafales contre lesquelles les navires doivent se précautionner, même en été. Les Espagnols appelaient *polvorista* le vent qui souffle ainsi du fond de la baie de Mers-el-Kébir. Bérard, Description nautique des côtes de l'Algérie ». (De la Primaudaie).

11° Cristobal Rejon a été chargé d'approvisionner Oran. Le Corrégidor regrette que Juan Vasquez, de Murcie, n'ait pas été désigné pour cet objet. Il est déjà fournisseur de Bougie et du Peñon d'Alger. C'est un homme bien connu, jouissant d'un grand crédit et qui, au besoin, peut avancer l'argent nécessaire pour la solde et pour l'achat des vivres, ce que Cristobal Rejon n'est pas en état de faire.

(*En marge*) : Qu'on s'informe de celà.

12° On chasse les Juifs de la ville. C'est à peine si on y compte, en ce moment, 6 familles, et il n'y est pas resté un seul rabbin. Le Corrégidor dit que ces gens là sont très utiles pour le commerce et qu'on a tort de les renvoyer.

« (*En marge*) : Que le Corrégidor fasse connaître ceux qui sont restés.

13° Le Corrégidor demande que tous les déserteurs maures soient déportés en Castille. Ils ne consentiront jamais à se faire chrétiens, si on les laisse à Oran, parce qu'ils fréquentent les autres Arabes. Le roi catholique avait donné des ordres à ce sujet (1) ; mais les alcades qui tirent profit de ces déserteurs, ont fait en sorte qu'on n'a pu retrouver les lettres du roi.

« (*En marge*) : Que l'on recherche les dites lettres dans les registres de la chancellerie.

« 14° Il conviendrait de ne pas admettre dans le conseil municipal (cabildo) ceux des échevins qui ont été ou sont encore au service du Marquis, parce que, lorsqu'ils font une motion, les autres officiers, capitaines, alcades ou jurats n'osent pas les contredire.

« (*En marge*) : Qu'on s'informe de celà.

« 15° Beaucoup de soldats partent d'Oran et de Mers-el-Kébir, meurent ou sont faits esclaves par les Maures. Le Marquis continue néanmoins à toucher leur solde, et ce qu'il a reçu ainsi s'élève déjà à une somme considérable. Le corrégidor demande qu'il ne soit fait au Marquis aucun nouvel envoi de fonds, jusqu'à ce que l'on ait vérifié les comptes. Il indiquera, si on le désire, comment cette vérification pourrait être faite utilement.

« (*En marge*) : Que le Corrégidor dise comment il faut faire. »

LETTRE D'ISABELLE DE FONSECA A MESSIRE JACOB, BACHELIER (2)

Oran 20 Mai...

(Arch. de Simancas. Estado, Legajos Sueltos).

« Je ne puis vous dire combien nous sommes malheureux de ce qui se passe
« ici. Il parait que le Corrégidor ne reviendra pas. C'est du moins ce que
« disent et répètent les gens du Marquis. Ce bruit qu'ils font courir a éloigné
« les Maures qui approvisionnaient la ville de blé et d'autres vivres. En se
« retirant, ces mêmes Maures ont dit que le Corrégidor avait promis de ne
« pas les quitter et que, à l'avenir, ils ne croiront plus personne. Si on ne le

---

(1) « La mention, que fait ici le Corrégidor d'Oran, de lettres émanées de la chancellerie du roi Ferdinand le Catholique permet de fixer approximativement la date de cet important document. Il fut écrit, vraisemblablement, quelques années après la mort de ce prince, qui arriva le 23 janvier 1516. Nous avons indiqué l'année 1520 ; mais nous n'avons aucune certitude à ce sujet. Le Mémoire est adressé à *Sa Majesté* et comme Charles-Quint ne dût prendre ce titre qu'après son élection à l'empire en 1519, nous avons pensé qu'il ne pouvait pas être antérieur à cette dernière date ». (De la Primaudaie).

(2) Extrait de l' « Histoire de l'occupation Espagnole en Afrique (1506-1574) », par Elie de la Primaudaie.

« renvoie pas à Oran, ils n'y reparaitront pas et n'apporteront plus
« rien (1)

« Les gens du Marquis ont fait de grandes réjouissances, parce que, disent-
« ils, un autre Corrégidor doit venir. Le lieutenant de celui qui est parti a
« reçu d'eux de l'argent et les laisse faire ce qu'ils veulent. Tous les habi-
« tants, marchands et autres, chrétiens, maures ou juifs, sont dans un tel
« désespoir, que, s'ils savaient où aller, ils s'enfuiraient de la ville.

« S'il faut croire ce que publient partout les gens du Marquis, le Président
« du Conseil, auquel ils ont écrit, s'opposera au retour du Corrégidor. Ainsi
« que je vous l'ai dit, les Maures n'apportent plus de vivres à Oran et nous
« mourrons de faim. Le mois dernier, nous n'avons touché qu'une demi-
« ration, et, si la femme du Corrégidor n'avait pas fait distribuer de l'orge
« aux habitants, nous étions perdus.

« Je vous prie, pour l'amour de Dieu, si le Corrégidor ne doit pas venir,
« de me procurer les moyens de m'en aller d'ici. Je crains que les gens du
« Marquis ne me maltraitent, car ils ne respectent personne. La nouvelle
« qu'ils ont reçue les a rendus si joyeux, qu'ils courent comme des fous par
« la ville, insultant et attaquant tous ceux qu'ils rencontrent : ils ont presque
« tué Alvarado. On les craint et on n'ose rien leur dire. S'ils désirent que
« l'on envoie un autre Corrégidor, c'est qu'ils espèrent l'acheter, comme ils
« ont fait du lieutenant de celui-ci. Je puis vous assurer que tout le monde
« abandonnera la ville, si le Corrégidor ne revient pas.

« Le prieur a été gagné. Vous le verrez là bas, car les gens du Marquis
« l'ont envoyé à la cour Il a dit en partant qu'il ferait son possible pour em-
« pêcher le retour du Corrégidor. Prenez bien vite vos mesures, mais surtout
« avertissez-moi de ce qui aura été décidé, afin que je puisse partir aussitôt. »

---

(1) « Nous pensons qu'il s'agit ici du Corrégidor qui a écrit la dépêche précédente,
et dont le nom ne nous est pas connu. La présente lettre a été trouvée dans la même
liasse que la précédente. Sur l'adresse on lit ces mots : *Cartas de las nuevas de
Oran al consejo de la hacienda*. Elle fut sans doute placée sous les yeux du Conseil,
chargé de l'enquête dont nous avons parlé ». (De la Primaudaie).

1521 (927 de l'Hégire)
RÉSUMÉ DES FAITS DANS L'ORDRE CHRONOLOGIQUE.

1521
Résumé des faits dans l'ordre chronologique

D'après Martin :

« Le Saadien Ahmed el Aredj s'empare de Marrakech. Le sultan zeyanite Abou Hammou III fait régler par son caïd Hadjou une réclamation des Touatiens contre les Arabes d'Angad ».

1522 (928 de l'Hégire)
RÉSUMÉ DES FAITS DANS L'ORDRE CHRONOLOGIQUE

1522
Résumé des faits dans l'ordre chronologique

Une trahison enlève aux Espagnols le Peñon de Velez.

Mars. — Don Luis Fernandez de Cordova, deuxième marquis de Comarès, fils de Don Diégo, succède à son père comme Capitaine Général d'Oran.

1523 (929 de l'Hégire)
RÉSUMÉ DES FAITS DANS L'ORDRE CHRONOLOGIQUE

1523
Résumé des faits dans l'ordre chronologique

D'après Martin :

« Création de l'oasis et du Ksar de Meraguen. Sidi Salem el Asnouni revient à Tamentit du Pélerinage mais il se retire dans sa propriété de Beni Tamert où il restera jusqu'à sa mort en 1562. Il eut, comme Cadi, une grande réputation de science et d'intégrité. Un de ses fils, Ahmed, instruit par lui, devint, dit-on, Cadi au Caire. Son oncle Sidi Abdallah et son père Sidi Mohamed, venus de Tlemcen, faisaient remonter leur origine, tantôt à Abou l'Abbas et tantôt à Hassane ben Ali. »

15 Septembre. — Don Luis de Cardenas prend les fonctions de Gouverneur intérimaire d'Oran (il les conservera jusqu'au 21 mars 1525).

1524 (930 de l'Hégire)

Résumé des faits dans l'ordre chonologique

1524

Résumé des faits dans l'ordre chronologique

D'après Garrot :

« Mort à Méquinez, où il était né vers la fin du 14ᵉ siècle, de M'hammed ben Aïssa, d'origine édriside, fondateur de la Confrérie religieuse des *Aissaoua*. De ses voyages en Orient et aux Indes, il avait rapporté des connaissances en agriculture, médecine et thaumaturgie. Chassé de Méquinez par le sultan, jaloux de sa popularité, il partit avec ses disciples les Aissaoua. Ceux-ci lui demandant à manger, il leur répondit de se nourrir de tout ce qu'ils trouveraient sur la route. Dans leur foi, les Aïssaoua avalèrent, sans mal, des cailloux et ce qu'il y avait dessous (serpents, scorpions, etc...). Rentré en grâce, distribuant ses richesses aux pauvres et à ses fidèles, M'hammed ben Aïssa n'avait pour lui qu'une peau de panthère sur laquelle il couchait. Il y a 2 de ces peaux aujourd'hui, l'une à la maison mère de l'ordre à Méquinez et l'autre conservée pieusement par les descendants de M'hammed ben Aïssa, dans le douar Ouzara près de Ben chicao ».

1525 (931 de l'Hégire)

Résumé des faits dans l'ordre chronologique

1525

Résumé des faits dans l'ordre chronologique

4 Avril. — Charles Quint ordonne le baptême, sous peine de bannissement, pour tous les Maures encore en Espagne. Les nouveaux chrétiens s'appelent Moriscos (Morisques).

Après s'être allié avec Abd-el-Aziz, le sultan hafside des Beni Abbès, Kheïr-ed-Dine bat le roi de Koukou, Ahmed ben-el-Kadi, au col de Beni Aïcha. Ahmed ben-el-Kadi est tué dans sa fuite par ses propres soldats.

21 Mai. — Don Luis Fernandez de Cordova, deuxième marquis de Comarès, reprend ses fonctions de Gouverneur d'Oran.

1526 (932 de l'Hégire)

RÉSUMÉ DES FAITS DANS L'ORDRE CHRONOLOGIQUE.

Kheïr ed Dine soumet la Kabylie et fait tenir Cherchell et Tenés par des garnisons turques.

1527 (933 de l'Hégire)

RÉSUMÉ DES FAITS DANS L'ORDRE CHRONOLOGIQUE.

Kheïr-ed-Dine rentre vainqueur à Alger.

1528 (934 de l'Hégire)

RÉSUMÉ DES FAITS DANS L'ORDRE CHRONOLOGIQUE

Mort du sultan Abou Hammou III. Son fils Moulei Mohammed Abdallah lui succède.

1529 (935 de l'Hégire)

RÉSUMÉ DES FAITS DANS L'ORDRE CHRONOLOGIQUE
DOCUMENTS OFFICIELS

1529

Résumé des faits dans l'ordre chronologique

Alger. — Kheïr-ed-Dine reçoit à Alger la soumission du nouveau roi de Koukou, El Haoussine, frère d'Ahmed-ben-el Kadi.

Vendredi 27 Mai. Kheïr-ed Dine s'empare de la forteresse espagnole du Peñon d'Alger et la rase. Il songe aussitôt à s'emparer d'Oran et envoie des ambassadeurs à Tlemcen, Fez et Tunis.

Oran. - *12 Juin* Le Corrégidor, Docteur Lebrijà, part d'Oran pour Tlemcen, afin d'acheter du blé et de l'orge. Le sultan Abou Mohamed

Abdallah accepte (voir la lettre du 7 juin aux documents officiels ci-après) et promet au Docteur Lebrija de se joindre aux Espagnols pour faire la guerre à Barberousse, qui, de son côté, lui avait envoyé un embassadeur et des présents. Il demande 5.000 Espagnols pour marcher contre Kheïr-ed-Dine.

Fin Juin. — Abou Mohammed Abdallah s'allie secrètement avec Kheïr-ed-Dine.

Juillet.— 500 hommes de renfort partent d'Espagne pour Oran avec le Corrégidor.

Début d'Octobre. — Combat naval près de l'Ile Fromentera entre Kheïr-ed-Dine et le capitaine Général des galères espagnoles Portundo. Celui-ci est tué et les Turcs prennent 7 galères espagnoles sur 8.

Abou Mohammed Abdallah rompt la paix avec les Espagnols d'Oran.

16 Octobre. — L'impératrice donne des ordres pour :

1° Renforcer en hommes et approvisionner Bougie et Oran ;

2° Accorder 300 lances des gardes et tout le reste de ce qu'il demande au marquis de Comarès à qui elle prescrit de rejoindre Oran. (1).

Documents Officiels

LETTRE DE PEDRO DE GODOY, ALCADE D'ORAN,
A GEORGES RUIZ DE ALARCON, CORRÉGIDOR DE MURCIE,
LORCA ET CARTHAGÈNE. (2)

« Oran, 7 Juin 1529.
(Arch, de Simancas, Estado, Legajo 461).

« Juan del Banos m'a remis votre lettre. Nous avons appris, aujourd'hui même, par la voie de Tlemsên et par celle de Mostaganem, que le turc (Khaïr ed Din) s'était emparé du Peñon, (3) le vendredi 27 Mai (4). Voici comment on raconte la prise de cette forteresse.....

« On nous a dit qu'il y a en ce moment à Tlemsên un ambassadeur de Khaïr ed Din.

« Il est venu pour presser le roi de se mettre en campagne avec toute son armée. Khaïr ed Din promet de l'aider par mer, s'il veut assiéger Oran. Je ne sais ce que fera le roi de Tlemsên. »

---

(1) Il devait donc être, à ce moment, en Espagne, sans s'être fait remplacer comme Gouverneur d'Oran par un intérimaire (voir en 1513 la liste précédemment donnée de ces gouverneurs).

(2) Extrait de l' « Histoire de l'occupation Espagnole en Afrique. (1506-1574) », par Elie de la Primaudaie.

(3) « Peñon, augmentatif de Peña, veut dire en espagnol *roche élevée, gros rocher*. (de la Primaudaie).

(4) « Les historiens espagnols qui racontent la prise du Peñon assignent à cet événement une date différente. Haëdo le place en 1530, Gomera et Sandoval en 1529. La lettre de Pédro Godoy donne raison aux 2 derniers. » (de la Primaudaie).

Lettre écrite d'Alger par un espion juif (1)

Sans date. (2)

(Arch. de Simancas, Estado, Legajo 461).

« Prise du Penon le vendredi, 23 mai. (3).

. . . .

« La forteresse du Penon a été rasée. 2 tours seulement sont restées debout, l'une au levant et l'autre au couchant. En ce moment en s'occupe à combler le canal entre l'île et la terre ferme.

« Barberousse (4) a fait publier que tous ceux qui voudront gagner le paradis se hâtent de le rejoindre. Son intention est d'attaquer Oran et Mers-el-Kébir. Il a envoyé en même temps un messager à (5)..... de Tunis, qui commande 40 fustes, pour lui demander de l'aider dans cette entreprise. Les dites fustes sont mouillées dans le port de Tédlés, toutes prêtes et armées.

. . . .

« Un ambassadeur de Barberousse est parti pour Tlemsên, afin d'inviter le roi à se mettre en campagne avec tous ses gens. Le même ambassadeur se rendra ensuite auprès du roi de Fez et de Velez, pour lui demander d'envoyer devant Oran toutes les fustes dont il peut disposer.

Lettre du docteur Lebrija, Corrégidor d'Oran,
a sa Majesté (1),

« Oran, 7 juin 1529.

(Arch. de Simancas. Estado, Costas de Africa Legajo 461).

« Je suis parti de Tlemsên le 1er de ce mois, avec une réponse favorable à la demande que j'avais faite au roi au nom de Votre Majesté (6) ; il consent à vous vendre, pour la somme à premier prix de 30.000 *doblas*, 40.000 fanégues (7) de blé et 60.000 d'orge ; mais, comme il faut porter en compte les 2.000 *doblas*, dont j'ai fait remise au roi par ordre de Votre Majesté, 500 autres que j'ai promises, comme il était convenu, et qui ont été dépensées en étoffes de soie brochée et en pièces de drap (8) et de plus, 1.000, employées en présents et frais indispensables, j'estime que la fanégue de blé reviendra à 6 réaux et celle d'orge à 2.

---

(1) Extrait de l' « Histoire de l'occupation Espagnole en Afrique (1506-1574) », par Elie de la Primaudaie.

(2) « La lettre précédente du gouverneur d'Oran perm-t de fixer la date de celle de l'espion juif. » (De la Primaudaie).

(3) « Le Penon fut pris par les Turcs un *vendredi*. Haèdo et Gomara disent la même chose... mais, d'après eux, le Penon fut pris *le vendredi 21 mai* ». (De la Primaudaie).

(4) Khair-ed-Din.

(5) « Les mots laissés en blanc sont lacérés dans l'original ». (de la Primaudaie).

(6) « Le roi de Tlemsên, dont il est question, s'appelait Abd-Allah, et il avait succédé à son frère Bou Hammou. Ce dernier, rétabli sur le trône par le marquis de Comarès, ainsi que nous l'avons dit, demeura, pendant tout son règne, l'allié fidèle des Espagnols. Abd-Allah, comme on le verra, ne suivit pas son exemple ». (De la Primaudaie).

(7) « *Hanega, fanega*, boisseau. Mesure pour le grain ou le sel ». (De la Primaudaie).

(8) « Il sera parlé un peu plus loin de ces divers objets, que le roi Abd-Allah prétendait n'avoir pas reçus ». (De la Primaudaie).

« Votre Majesté saura que, cette négociation étant vers sa fin, il m'arriva, de plusieurs côtés, la nouvelle positive que Barberousse s'était emparé de la forteresse du Peñon, et qu'il y avait pris ou tué tous ceux qui étaient dedans.

« Grâce à Dieu, j'en fus instruit, lorsque je me trouvais encore à Tlemsên, et, avant de parler au roi des autres choses que nous avions encore à régler ; j'insistai auprès de lui pour qu'il se joignit à nous afin de faire la guerre à Barberousse. Je parvins à le gagner, comme Votre Majesté le verra avant peu (1). Je crois que, sans cela, l'ambassade et les présents que Barberousse lui a, dit-on, envoyés, l'eussent décidé à se déclarer en sa faveur, ainsi que ce dernier l'en sollicite. »

Lettre de Pedro de Ameçaya, Réceptor, (2) a Sa Majesté (3)

« 1529 ou 1530, non datée. »
(Arch. de Simancas. Estado, Costas de Africa, Legajo 461).

....
....

« Cette lettre donne une étrange idée de la manière dont la place de Bougie était commandée et entretenue ». (De la Primaudaie).

Lettre de Charles Quint a l'Impératrice (4)

« ... Par lettre de l'alcade Ronquillo, faite à Malaga le 9 de ce mois, j'ai avis que les 500 hommes qui devaient aller à Oran étaient embarqués et avec eux le corrégidor de cette ville. Moyennant ce renfort j'espère — en Dieu notre Seigneur — que ladite ville (d'Oran) sera en état de défense. Si, par la suite des temps, il y avait nécessité de faire plus ample provision pour la sûreté de cette ville, je m'en rapporte à vous pour le faire, quand, comment et de quelle manière qu'il vous plaira. Je vous remets aussi l'affaire qui se traitait avec le marquis de Comarès sur les 5.000 hommes que demandait le roi de Tlemcen pour marcher contre Barberousse. Car mon embarquement et départ est tellement imminent que le temps me manque pour pouvoir y aviser ».

« ... De Barcelone, le 27 juillet 1529. »
« Moi, le Roi. (Contressigné) Coros. »

Lettre de l'Impératrice, au sujet de la déroute (5)
et de la mort du Capitaine Général des galères espagnoles
Portundo dans son combat naval du début d'Octobre
contre Barberousse près de l'ile de Fromentera (4)

« Madrid 16 octobre 1529.
« ... (envoi d'hommes et de munitions à Bougie)... »
« Oran est dans le même péril et a le même besoin de secours ; le roi de Tlemcen a rompu la paix et s'est fait ami de Barberousse. Pour ces motifs,

---

(1) « Le Corrégidor se trompait ? Un mois à peine s'était écoulé que Abd-Allah était de nouveau brouillé avec les Espagnols d'Oran. L'année suivante, au mois de janvier, il y eût une tentative de réconciliation ; mais elle n'aboutit pas ». (De la Primaudaie).
(2) « Receptor, commissaire délégué pour examiner la conduite des personnes en charge ». (De la Primaudaie).
(3 Extrait de l' « Histoire de l'occupation Espagnole en Afrique (1506-1574), par Elie de la Primaudaie.
(4) Extrait de « le Pégnon d'Alger » d'Adrien Berbrugger (Alger, Février 1860).
(5) Les Turcs prirent 7 galères sur 8 ; une seule put se sauver.

j'ai fait prescrire au marquis de Comarès d'aller résider dans cette ville (Oran). Il m'a répondu qu'il le ferait avec plaisir, pourvu que je lui mande 300 lances des gardes, qu'il lèvera pour faire la guerre du dit roi ; car, allant à Oran, ce ne devait pas être pour s'y trouver assiégé et contraint à ne point sortir de la ville ; qu'il avancerait l'argent nécessaire pour son passage et celui de cette troupe...

« En considération des circonstances, l'impératrice accorde ses demandes, etc...

1530 (936 de l'Hégire)

Résumé des faits dans l'ordre chronologique
Documents Officiels.

1530

Résumé des faits dans l'ordre chronologique

15 Janvier. — Après un échange de correspondances entre le Docteur Lebrija, Corrégidor d'Oran et Abou Mohammed Abdallah, sultan de Tlemcen, une conférence s'ouvre à Oran pour traiter de la paix.

Assistent à cette conférence :

Du côté Espagnol, Pedro de Godoy. Perafan de Ribera et le docteur Lebrija ;

Du côté du Sultan, son représentant Jacob Beniazar, porteur d'une lettre de créance.

Charles Quint ordonne au Génois André Doria, passé à son service en 1528, de préparer une expédition contre Alger.

Documents Officiels

LETTRE DE MOULEI ABD-ALLAH, ROI DE TLEMSÈN,
AU CORRÉGIDOR D'ORAN, AVEC UN PRÉCIS DE LA CONFÉRENCE
QUI A EU LIEU POUR TRAITER LA PAIX. (1)

15 Janvier 1530.

Arch. de Simancas. Estado, Costas de Africa, Legajo 461.

I

« Nous avons reçu votre lettre et nous avons compris ce qu'elle contient. En conséquence, notre serviteur Jacob Beniazar se rend auprès de vous. Il vous fera connaître comment nous nous trouvons ici, et ce qu'il vous dira de notre part, croyez-le.

II

« Le dit Beniazar, en vertu de la lettre de créance dont il est porteur, expose d'abord qu'il est venu à Oran pour entendre ce qu'on a à lui dire, conformément à ce que le corrégidor a écrit au roi de Tlemsên.

---

(1) Extrait de l' « Histoire de l'Occupation Espagnole en Afrique (1506-1574) », par Elie de la Primaudaie.

Pedro de Godoy, Perafan de Ribera et le docteur Lebrijà répondent qu'ils se sont réunis pour s'expliquer avec Beniazar, relativement aux conditions de la paix qui a été conclue entre Sa Majesté et le dit roi de Tlemsên. En conséquence, ils requièrent le dit Beniazar, fondé de pouvoirs du seigneur roi, de garantir l'exécution des dites conditions, telles qu'elles ont été convenues avec Sa Majesté, et ils déclarent qu'ils sont bien décidés à les faire observer entièrement.

« Beniazar réplique que le roi a reçu la lettre par laquelle l'Impératrice l'invite à exécuter les dites conditions ; qu'il y est bien disposé, mais, que par suite de la rupture survenue et dont il n'est pas cause, il en est résulté pour lui de grandes dépenses et qu'il supplie Sa Majesté de vouloir bien lui abandonner les droits de la porte de Tlemsên, parce qu'il n'est pas en mesure de payer le tribut accoutumé.

« De plus, puisque les Maures qui ont été faits prisonniers par les gens de Carthagène sont de Tâbekrit (1) et sujets du roi, ce que ce dernier attestera par un écrit signé de sa main et, s'il le faut, en donnant sa parole royale, il supplie *Sa Majesté* de lui faire rendre ces Maures et les 500 doblas qu'il a déjà payées pour eux, ce dont le Corrégidor d'Oran est instruit.

« Quant aux petits-fils du cheikh Moussa ben Abd-Allah, qui sont retenus en ôtage pour la rançon des fils du dit cheik, sur laquelle rançon ceux-ci restent devoir .... doblas, Beniazar demande que les chrétiens qui les ont faits prisonniers injustement à Bouzifar, (2) lorsqu'ils venaient avec la caravane, se contentent de ce qui a été déjà payé, et que Sa Majesté ordonne que les ôtages soient remis en liberté.

« Le roi demande aussi que Sa Majesté supprime dans la Ville d'Oran le droit de courtage (Truxamania), nouvel impôt qui porte le plus grand préjudice aux revenus de Sa Majesté, à ceux que le roi doit recouvrir à la porte de Tlemsên et au commerce.

« Beniazar expose ensuite que la chose que Sa Majesté doit principalement ordonner, afin d'enlever tout prétexte à une nouvelle rupture de la paix, c'est que, puisque le roi est serviteur et ami de Sa Majesté, on ne puisse, pendant la paix dans son royaume, ni sur terre, ni sur mer faire aucun captif, que l'on tue ceux qui, contre sa volonté, feraient la guerre aux chrétiens, mais qu'on ne les fasse pas prisonniers. Le roi promet, si la paix est rétablie, qu'aucun de ses vassaux n'attaquera ceux d'Oran....

« .... C'est la cupidité des chrétiens qui a été la cause de la rupture survenue l'an passé.

« Le roi demande, en outre, que Sa Majesté donne les ordres nécessaires pour que l'on exécute la clause relative aux soldats qu'elle a promis de lui fournir, sous condition qu'il payera la solde, et qu'elle envoie non plus 200, mais 300 hommes.

« Que Sa Majesté n'exige plus à l'avenir aucun tribut des Maures qui habitent la Zafina (3) et la montagne de Guiza. (4)

---

(1) « Léon l'Africain et Marmol indiquent la situation de ce petit port dans le voisinage du Cap Hone ». (De la Primaudaie).

(2) Bou Sfer aujourd'hui.

(3) Cafina est une grande habitatiou près d'Oran, où sont plusieurs douars d'Arabes et de Berbères ». (Marmol),

(4) Santon actuel. « Il y avait aussi un village de Guiza, dont parle Marmol ; il était situé entre Oran et Christel. Le docteur Shaw le cite et fait remarquer la ressemblance de cette appellation avec celle de la Colonie romaine de *Quiza* ». (De la Primaudaie).

« Après avoir donné ces explications, Beniazar déclare qu'il attendra la réponse des délégués de Sa Majesté, avant de leur communiquer les autres choses dont le roi l'a chargé.

« Les dits Pedro de Godoy, Perafan et docteur Lebrija répondent ;

« Que, relativement au tribut, ils n'ont pas le pouvoir d'en affranchir le roi ; que cependant Sa Majesté consentira sans doute à abandonner les 1.000 doblas dont le docteur a fait remise, en raison des grains que le dit roi avait promis de livrer l'année dernière, bien qu'il n'ait pas tenu entièrement sa promesse et que le roi n'aura par conséquent à payer que 3.000 doblas.

Que, en ce qui concerne les Maures qui ont été faits prisonniers par les gens de Carthagène, ils ne doutent pas que Sa Majesté ne consente à les rendre ; mais quant aux 500 doblas réclamés, ils doivent prendre les ordres de Sa Majesté pour savoir si elle veut les payer.

« Que, si les fils de Moussa ben-Abd-Allah ne peuvent payer en argent ce qu'ils restent devoir pour leur rançon, ils s'acquittent en livrant des grains et du bétail, la fanègue de blé à 2 réaux et celle de l'orge à 1 réal ;

« Que la demande du roi de supprimer le droit de courtage, parait juste, et qu'ils s'engagent à solliciter cette grâce de Sa Majesté ;

« Que le Maure de Mostaganem sera remis en liberté, ainsi qu'on a fait de beaucoup d'autres, sur la simple demande du roi ;

« Que, relativement aux Maures qui habitent la montagne de Guiza et la Zafina, la réclamation du roi n'est pas fondée, attendu que ces Maures sont vassaux de Sa Majesté ; mais qu'on la suppliera de leur faire grâce du faible tribut qu'ils paient, lequel ne s'élève pas à 100 doblas.

« Beniazar, après avoir entendu ces réponses, déclare, au nom du roi, que puisque les dits Pedro de Godoy, Perafan et docteur Lebrija ne peuvent rien de plus, il ne leur fera point part des autres choses dont le roi l'a chargé ; qu'il consultera son maitre et que, d'après sa réponse, il agira.

« La conférence étant terminée et le docteur Lebrija se trouvant avec Beniazar, celui-ci lui fait connaitre les autres conditions proposées par le roi de Tlemsên ;

« Que le marchand gènois et le juif auxquels est affectée la porte de Tlemsên pour la somme de 3 000 doblas à payer en tribut à Sa Majesté n'ont pu et ne peuvent rien recouvrer de cette somme, à cause de la guerre qui a duré plus de quatre mois et qu'il parait juste de leur faire remise d'un tiers ;

« Que le roi sait que Sa Majesté l'Impératrice lui a envoyé une pièce de brocard, 2 pièces d'étoffe écarlate et 4 de toile de Hollande, lesquels objets le Corrégidor ne veut pas lui donner, parce qu'il prétend que le roi n'a pas livré les grains qu'il avait promis Beniazar demande qu'on lui remette au moins la pièce de brocard, en échange de laquelle le roi livrera immédiatement une certaine quantité de blé.

« Le roi demande aussi qu'on ne retire pas d'Oran le docteur Lebrijà, parce qu'il préfère avoir à traiter avec une personne qui ait à cœur de maintenir la bonne entente entre les 2 pays, attendu que, avec les gens de guere d'Oran, la paix ne peut pas longtemps durer.

« Béniazar déclare que le roi fera aussitôt proclamer la paix, si sa Majesté consent à l'accorder aux conditions suivantes :

« Le roi paiera 2.000 doblas pour tribut ;

« On lui rendra les Maures de Tabekrit et les 500 doblas ;

« On lui remettra la pièce de brocard et les autres présents qui peuvent valoir 500 doblas.

« De son côté il livrera immédiatement 5.000 ou 6.000 fanègues de blé, à un demi ducat, et les fera conduire à Risgol (Harchgoun) (1) à l'embouchure de la rivière.

« Les marchands d'Oran offrent de payer, pour le maintien de la paix, 1.000 doblas sur les 3.000 que le roi doit pour le tribut. »

1531 (937 de l'Hégire)

RÉSUMÉ DES FAITS DANS L'ORDRE CHRONOLOGIQUE.
DOCUMENTS OFFICIELS.

1531
Résumé des faits dans l'ordre chronologique

FRANÇOIS Ier CHERCHE A S'ALLIER AVEC LES TURCS

François 1er pensant, comme sa mère, que le salut de son royaume est dans une alliance avec les Turcs envoie une embassade à Soliman le Magnifique qui la reçoit avec sympathie à Belgrade.

TURCS CONTRE ESPAGNOLS. (Cherchell)

Juillet. — Rejoint par quelques vaisseaux français mis à sa disposition après la paix de Cambrai, André Doria part de Gênes avec 20 galères portant 1.500 hommes de débarquement. Il débarque devant Cherchell (fabriques de biscuits, ateliers de cordages et de voitures, entrepôts de bois de construction des forêts d'alentour). La garnison turque coule ses vaisseaux et s'enferme dans la citadelle. Après avoir pillé la ville, les Espagnols débandés, en sortent pour aller piller la campagne. Les Turcs sortent alors de la citadelle. André Doria doit se rembarquer. Il embarque d'abord 800 captifs délivrés, mais 400 soldats manquent à l'appel. Il va attaquer les Turcs quand arrivent 20 vaisseaux algériens. Doria fuit vers Majorque, serré de près par les Algériens qui lui prennent 2 navires de transport chargés d'armes et de vivres. Mais, quelques heures après, Doria capture, à hauteur de Porto Farina, 4 vaisseaux d'Alger et délivre leur chiourme (400 chrétiens).

---

(1) « Harchgoun ou Arech-Koul était au 12e siècle le port de Tlemsên. Cette ville qui n'existe plus, était située sur les bords de la Tafna (el rio de Aresgol, comme l'appelaient les Espagnols), à 2 milles de l'embouchure de cette rivière ; selon toute apparence, elle occupait l'emplacement de l'ancienne Siga ». (De la Primaudaie).
Les Iles Rachgoun et Siga sont en face de Rachgoun qui est aujourd'hui à l'embouchure de la Tafna. (Général L. Didier).

A la fin de l'année. — Avec 36 vaisseaux, Kheïr-ed-Dine avait, en 7 voyages, ramené d'Espagne 70.000 *Maures Andalous* qui apportaient à Alger, leurs arts, leur industrie et surtout une haine farouche contre la chrétienté. 7.000 esclaves chrétiens peuplaient les bagnes d'Alger qui se développait à vue d'œil (chantiers, fonderies, nouveau port etc.)

Kheïr ed Dine hiverne aux iles d'Hyères, capturant tous les navires qui passent à sa portée. Il a avec lui Sinan, Chaban, Dragut et son fils Hassan : ce sont tous des capitaines de corsaires réputés.

FAITS PARTICULIERS A L'ORANIE

Fin Janvier. — Le Sultan de Tlemcen, Mouleï Abdallah, rejette la suzeraineté de Charles Quint.

Début de février. — Le Gouverneur d'Oran, le Capitaine Général Don Luiz Fernandez de Cordova, deuxième marquis de Comarès, part pour l'Espagne (1) en déclarant que « l'affaire d'Oran ne le regarde plus ». (2).

Pedro de Godoy le remplace comme Gouverneur intérimaire.

Milieu de Février. — Mouleï Abdallah envoie 22 arquebusiers de Tlemcen renforcer la garnison d'Arbal assiégée par les Arabes alliés des Espagnols d'Oran.

Il rappelle presque aussitôt ces arquebusiers, en apprenant que son fils le prince Mohammed, qui s'est enfui de Tlemcen, marche contre lui, avec de nombreux Arabes soulevés contre lui par les Espagnols et dont quelques cheikhs ont mis leurs enfants en otage à Oran.

Mais les Espagnols d'Oran ne font rien pour aider militairement ces Arabes, malgré l'avis du Corrégidor d'Oran le Docteur Lebrija (3), qui se heurte à l'opposition et au refus des 2 lieutenants du marquis de Comarés ; Pedro de Godoy, gouverneur intérimaire et Hernando Arias.

Oran manque de pain mais est bien approvisionnée en viande par les Arabes.

27 Février. — 2 navires venant de Malaga apportent à Oran du pain, du blé et de l'orge.

Début de Mars. — Les Arabes du prince Mohammed s'emparent d'Arbal et assiégent Tlemcen.

10 Mars. — Le Docteur Lebrija demande : des *renforts*, la garnison d'Oran ne se composant plus que de 1.500 hommes dont 106 pionniers de Minorque,

Et de *l'argent* « qui lui fait défaut et que doit apporter Cortinas ».

26 Juillet. — Un Rapport à l'Empereur insiste sur la nécessité de « former une armée navale pour attaquer Barberousse et le chasser d'Alger ».

____

(1) d'où il ne reviendra plus.
(2) ! ?
(3) Voir aux documents officiels sa lettre du 23 février à l'Impératrice.

L'Archevêque de Tolède offre :

Si l'armada est prête, pour le printemps ou l'été prochain, 50.000 fanègues de blé et 12.000 ducats en argent pour les autres vivres nécessaires à la troupe que l'on embarquera;

de partir lui-même comme Capitaine-Général chargé de commander la flotte. (1)

13 Août. — Don Alvaro de Bazan arrive á Mers-el-Kébir avec 11 galères, 2 brigantins et 1 fuste. Il prend 250 soldats de la garnison d'Oran comme renforts pour aller attaquer Hone.

18 Août. — Le Sultan Mouleï Abdallah demande au Docteur Lebrija à renouer les négociations. (1) Celui-ci lui envoie 2 Juifs choisis avec soin. Mais, à l'arrivée à Tlemcen d'un « Ambassadeur du Grand Turc », (1) Mouleï Abdallah fait tuer les 2 Juifs.

20 Août. — Dans une lettre à l'Archevêque de Santiago, Pedro de Godoy estime « indispensable de faire d'abord l'expédition de Tlemcen et ensuite celle d'Alger » et proteste contre « la pensée qu'on a de faire d'Oran un lieu destiné à recueillir tous les gens de guerre de mauvaise vie qui se trouvent en Castille ».

24 Août. (Saint Barthélémy). — *Prise de Hone* par Don Alvaro de Bazan (2).

Fin Août. — Le prince Mohammed fait prévenir le Docteur Lebrija de son arrivée prochaine à Oran, avec ses femmes, ses enfants, les principaux cheikhs de son parti et les otages qui lui avaient été demandés.

Ne pouvant ni accepter ni refuser le Docteur, Lebrija part aussitôt pour Malaga d'où il écrit à l'impératrice le 2 Septembre.

Documents Officiels

LETTRE DE JACOB ALEGRE ÉCRITE EN HÉBREU (3)

« Tlemsên, 22 Février 1531.
(Arch. de Simancas. Estado, Legajo 461).

« Je vous fais savoir que 22 arquebusiers sont sortis de Tlemsên pour renforcer la garnison d'Agabel (4). Après leur départ, certains cavaliers, accourus du Ponant, ont appris au roi que son fils marchait contre lui avec de grandes forces, et le roi a envoyé immédiatement l'ordre aux arquebusiers de revenir à Tlemsên. On s'attend à ce que l'affaire sera rude.

---

(1) ! ?
(2) Pour les détails, voir aux documents officiels ci-après, la lettre de l'Archevêque de Tolède du 8 septembre.
(3) Extrait de l' « Histoire de l'occupation Espagnole en Afrique (1506-1574) », par Elie de la Primaudaie.
(4) « Gabel, Agabel, Akbel : « Ancienne ville située à 4 lieues d'Oran, dit Marmol, qui fut détruite par un roi de Fez et ne s'est jamais relevée depuis. Elle était fort peuplée et avait de bonne murailles. Les Arabes qui habitent son territoire sont riches en blé et en troupeaux ». Au rapport d'O. Mac-Carthy, Akbel est l'ancienne *Gilva*. On distingue encore les ruines de la ville arabe, en face de Miseighin, au delà du grand lac salé ». (De la Primaudaie).
Pour moi *Arbal actuel* s'élève sur cet emplacement. (Général L. Didier).

« Informez les seigneurs Pedro de Godoy et le Corrégidor d'Oran que je suis entièrement à leur disposition, et demandez leur s'ils veulent que je leur envoie des courriers pour être avisés de tout ce qui se passe. Dites leur d'agir libéralement avec les Arabes et de se tenir prêts, car le moment est venu de châtier celui qui le mérite.

« On attend aujourd'hui à Tlemsên Bou-Ziân, le Kaïd d'Agabel. Un de ses messagers, qui l'a précédé ici, nous a appris que les chrétiens ne faisaient aucune démonstration pour attaquer Agabel, et que les Arabes qui s'étaient présentés devant cette place, se sont retirés mécontents. C'est très fâcheux. Je vous dirais que, si l'on prenait Agabel, on y trouverait 700 silos pleins de blé ».

LETTRE DU DOCTEUR LEBRIJA, CORRÉGIDOR D'ORAN
A SA MAJESTÉ L'IMPÉRATRICE (1) (2) (3)

« Oran, 23 Février 1531.
« (Arch. de Simancas. Estado, Costas de Africa, Legajo 461).

« Depuis que le roi de Tlemsên a rompu la paix, j'ai écrit plusieurs fois à Votre Majesté en lui faisant connaître ce que je croyais opportun de faire dans la circonstance pour obliger Mouleï Abd-Allah à se soumettre ; mais on n'a répondu à aucune de mes lettres. Il est urgent cependant d'aviser, dans l'intérêt du commerce et de l'approvisionnement d'Oran, et de rétablir les choses comme elles étaient autrefois. Je pense, d'ailleurs, que Votre Majesté m'avait écrit et envoyé ses instructions à ce sujet par le navire qui a été obligé de relâcher à Minorque. Nous l'attendons avec le premier vent,

« J'ai appris de source certaine, que le fils du roi a quitté Tlemsên sans la permission de son père, et a rejoint les Arabes du Ponant. On dit qu'il s'est approprié une partie de ses trésors. Voulant mettre à profit cette circonstance, je n'ai rien négligé pour amener les Arabes de la province à se déclarer contre le roi. Les principaux cheiks sont venus à Oran et ont promis de faire cause commune avec le prince révolté ! Ils ont même offert de livrer comme otages 20 de leurs enfants, si on voulait leur donner quelques soldats, afin de les aider à prendre le *Corral* d'Akbel, où se ont établis 10 à 12 arquebusiers et d'autres gens du roi de Tlemsên. Ils assuraient qu'en voyant les chrétiens ou même en apprenant que nous nous disposions à attaquer Akbel, la petite troupe qui occupe ce poste s'empresserait de l'abandonner.

« Akbel, d'après le rapport qui nous a été fait par le capitaine Gonzalo de Alcantara et le jurat Luis Hernandez, que nous avions envoyés sur les lieux, et par d'autres personnes, est situé à 4 lieues d'Oran, dans la plaine, et le *Corral*, dont il s'agit, n'est qu'un espace découvert de 50 pas, entouré

---

(1) Extrait de l' « Histoire de l'occupation Espagnole en Afrique (1506-1574) », par Elie de la Primaudaie.

(2) « On voit, par cette lettre, que la conférence de l'année précédente ne s'était pas terminée heureusement. L'Empereur avait sans doute refusé d'accepter les propositions du roi de Tlemsên ; et celui-ci, cédant aux inspirations de Khaïr-ed-Din, dont les intrigues ne cessaient d'agiter le pays, avait décidément rejeté la suzeraineté de l'Empereur. La lettre suivante du Corrégidor d'Oran donne au sujet de la rébellion du fils du roi des détails plus complets ». (De la Primaudaie).

(3) « Isabelle de Portugal, femme de Charles Quint. A cette époque l'Empereur était en Allemagne, où il s'occupait de l'élection de son frère Ferdinand comme roi des Romains ». (De la Primaudaie).

d'une muraille en pierres sèches, crénelée et haute de 2 statures d'homme (1) ; mais c'est tout ce qu'il faut pour résister aux Arabes.

« J'étais d'avis qu'on accordât aux cheiks les soldats qu'ils demandaient, et j'ai même offert de les accompagner à Akbel. Mais les 2 lieutenants du Marquis, Pedro de Godoy et Hernando Arias s'y sont opposés. Votre Majesté trouvera ci-joint la demande que je leur avais adressée, ainsi que leur réponse (2). Je considère leur refus comme une chose fâcheuse, parce qu'on m'a informé qu'Akbel, le canton le plus fertile du royaume, renferme de nombreux silos, et, qu'on y trouverait plus de 50.000 fanègues de blé, sans compter de grandes quantités d'orge.

« Convaincu que l'alliance de ces cheiks arabes serait très utile et que, avec leur aide, on pourrait enfin mettre à la raison le roi de Tlemsên, je fais tout mon possible pour les maintenir dans leurs bonnes dispositions. La ville manque de pain ; mais, grâce aux dits Arabes, elle est bien approvisionnée de viande. Depuis 8 jours, ils nous ont procuré 100 bœufs, 500 moutons et des dattes ; mais il est urgent que, d'ici à 8 autres jours, la situation s'améliore ; autrement, comme le carême approche, il faudra que la garnison se résigne à faire gras, si elle veut manger.

« La provision de blé et d'orge est entièrement épuisée ; il ne reste que 20 fanégues. J'ai dit qu'on les gardât pour nourrir les Arabes. Quant à nous-mêmes, tous, habitants et soldats, nous n'avons que du biscuit, vieux de plusieurs années et à demi corrompu ; mais, comme nous savons qu'un navire chargé est tout prêt à appareiller de Malaga, nous croquons le dit biscuit sans trop nous plaindre, et l'espérance nous le fait trouver bon. Il y a encore un peu de riz, et de temps en temps, on a du poisson ; avec tout cela, nous parvenons à vivre ; mais on a tort de tenter Dieu si souvent. La population est exposée à se passer de pain pendant longtemps encore, si, malheureusement, le navire de Malaga vient à se perdre comme l'autre (3). Je regrette qu'on ne m'ait pas permis d'aller à Akbel ; je ne serais pas obligé d'importuner Votre Majesté, ainsi que je le fais ; mais personne ne m'obéit ici, à moins que Votre Majesté ne l'ordonne.

« À diverses reprises, le Marquis de Comarés a écrit que le gouvernement d'Oran ne le regarde plus. Ses lettres ont produit un très mauvais effet. Tout est dans la plus grande confusion, et rien ne se fait comme il conviendrait. Je ne puis vous dire tous les inconvénients qui résultent de la situation ; mais, à mon avis, si l'on veut remédier au mal, il importe que le Marquis revienne bien vite ; s'il s'était trouvé ici, je sais qu'il n'aurait jamais permis que la garnison devint ce qu'elle est devenue. En somme, c'est Votre Majesté qui paie tout ».

---

(1) « *Estado*, mesure de la hauteur d'un homme ». (De la Primaudaie).

(2) « Après la mort de D. Diégo de Cordoba, marquis de Comarès, Charles Quint donna à son fils, D. Luis de Cordoba, 2ᵉ marquis de Comarès, le gouvernement d'Oran et de Mers-el-Kébir. D. Luis fut capitaine général de 1522 à 1534, et s'absenta 2 fois de son gouvernement, en 1523 et en 1531.

« Ces renseignements nous sont fournis par un document inédit précieux, qui contient une liste chronologique des Capitaines Généraux de Mers-el-Kébir et d'Oran, de 1505 à 1708 (première occupation). Le même document nous apprend que, pendant la seconde absence de D. Luis de Cordoba, Pedro de Godoy fut capitaine général par intérim (de 1531 à 1534). La sommation et la réponse des lieutenants du marquis de Comarès, dont parle ici le docteur Lebrija, n'ont pas été retrouvées ». (De la Primaudaie).

(3) « On voit par ce passage, quelle était la triste situation d'Oran, n'ayant plus, pour s'approvisionner la ressource du roi de Tlemsên. » (De la Primaudaie).

LETTRE DU DOCTEUR LEBRIJA, CORRÉGIDOR D'ORAN, A SA MAJESTÉ (1)

« Oran 27 Février 1531.

(Arch. de Simancas. Estado, Legajo 461).

« Le 23 de ce mois, j'ai fait connaitre à Votre Majesté les troubles qui ont éclaté dans le royaume de Tlemsên, la fuite du fils du roi Abd-Allah et sa jonction avec les chefs rebelles du Ponant. On nous apprend à l'instant que, ayant réuni beaucoup de monde, ce prince s'est dirigé sur Tlemcen et qu'il a fait appel aux cheiks de cette partie du royaume. Ce sont les mêmes qui, comme je l'ai dit précédemment à Votre Majesté, ont mis leurs enfants en ôtage dans cette ville, en nous demandant de leur donner quelques chrétiens pour les aider à prendre Akbel, ce qui serait pour Oran une chose très avantageuse ; mai on n'a pas cru devoir leur accorder les soldats qu'ils demandaient.

« J'ai pensé qu'il convenait que ces Arabes ne s'en allassent pas trop mécontents du refus qu'ils ont éprouvé et, comme ils sont misérables, je leur ai fait distribuer des burnous et quelques autres objets. Que Votre Majesté veuille bien ordonner que cette dépense s'élevant à 200 doblas et faite pour son service et dans l'intérêt de cette ville, soit payée par Cristoval Rejon.

« Je demande aussi, puisque le roi de Tlemsên le mérite si bien, qu'on lui suscite au moins des embarras, si on ne veut pas lui faire la guerre sérieusement.

« Il me semble que, avec l'escadre de D. Alvaro de Bazan et avec l'appui de ces mêmes Arabes qui tiennent la campagne et ont avec eux le fils du roi, on pourrait infliger à Mouleï Abd-Allah quelque correction qui aurait d'excellents résultats.

. . . .

« J'en étais là de cette lettre, lorsque on est venu me prévenir que 2 navires apparaissaient au large, venant du côté de Malaga. Comme je pense qu'ils nous apportent des secours en pain, blé et orge, ainsi que les instructions de Votre Majesté sur la conduite que nous devons tenir ultérieurement, je ne m'étendrai pas sur les inquiétudes que nous avions ici à ce sujet. Je ne sais si je pourrai retenir le bâtiment qui doit vous porter cette lettre, jusqu'à ce que ceux qui sont en vue soient arrivés, parce que le vent qui leur est contraire est précisément favorable pour partir d'Oran ».

LETTRE DU MAURE ZIRIQUE A PEDRO DE GODOY ET AU CORRÉGIDOR D'ORAN (1)

« Mars 1531.

« (Arch. de Simancas. Estado, Legajo 461).

« Votre fils Zirique vous fait savoir qu'il y a eu un combat entre les Arabes et les gens du roi. Les Arabes ont été vainqueurs. Ils ont saccagé tout le pays et fait d'Akbel un monceau de pierres. Mohamed, le fils du roi, est sous les murs de Tlemsên et tient la ville bloquée. Il a écrit à tous les Arabes

---

(1) Extrait de l'« Histoire de l'Occupation Espagnole en Afrique. (1506-1574) » par Elie de la Primaudaie.

ennemis de son père, pour les inviter à se réunir à lui. Le roi est fort perplexe ; il ne sait s'il doit rester ou fuir. (1)

Lettre du Docteur Lebrija, Corrégidor d'Oran a Sa Majesté l'Impératrice (2)

« Oran, 10 mars 1531.

« (Arch. de Simancas. Estado, Legajo 461).

« Moulei Abd-Allah est bloqué dans sa capitale par son fils. Il me semble que le moment serait bien choisi pour en finir une bonne fois avec lui, à peu de frais. Si le Marquis revenait à Oran, et si les galères qui ne sont pas loin, se montraient de ce côté, tous les Arabes de la province, je n'en doute pas, feraient cause commune avec nous, et Votre Majesté pourrait placer à Tlemsên un roi à sa convenance qui tiendrait ses promesses mieux que ne l'a fait celui-ci.

« Mais d'après tout ce que j'entends dire, je n'ose plus espérer que le Marquis reviendra ici. Comme je ne veux pas importuner Votre Majesté, je n'entrerai à ce sujet dans aucun détail. Le Marquis a écrit que l'affaire d'Oran ne le regarde plus. Nous l'avons supplié vainement, nous lui avons dit que nos vies et nos fortunes étaient entre ses mains, la seule réponse que nous ayons pu obtenir de lui, c'est que Dieu nous aidera. (3)

« On a licencié un certain nombre de soldats, et la garnison, en y comprenant les pionniers, ne se compose aujourd'hui que de 1.500 hommes, comme l'a ordonné Votre Majesté. 106 pionniers de Minorque ont été envoyés ici ; quelques uns sont tombés malades et d'autres ont été reconnus incapables pour le service. Leur nombre s'élève à 26. On a occupé les 80 qui restent aux travaux de réparation de la Kasbah, et, vers le milieu du mois, on enverra une partie de ces pionniers travailler aux fortifications de Mers-el-Kébir. Par suite du manque de chaux, on n'avait pu encore rien commencer ; on attendait de jour en jour l'argent qui nous fait défaut et que doit apporter Cortinas ; mais nous avons fait de notre mieux dans la circonstance, et nous avons, en ce moment, 200 cahiz de chaux pour entreprendre les premiers travaux de Mers-el-Kébir. »

---

(1) « Cette lettre et celle de Jacob Alégre (du 22 février) font partie d'une même liasse de documents. Les autres pièces sont des lettres de cheikhs arabes, tous ennemis du roi de Tlemsên. On n'a pas cru devoir les publier ; elles se ressemblent toutes ; ce sont des protestations de fidélité et de dévouement à l'empereur et au *roi* Mohammed. Ces cheikhs étaient nombreux et puissants, et on s'étonne que l'empereur Charles-Quint ne mit pas à profit cette bonne occasion de relever son influence dans le royaume de Tlemsên. Comme on l'a vu, le docteur Lebrija conseillait de traiter avec Moulei Mohammed, mais Pedro de Godoy s'y refusait. Il y a lieu de croire que la sourde hostilité qui existait entre les 2 pouvoirs, civil et militaire, empêcha le gouvernement espagnol d'intervenir dans la lutte. Il convient aussi d'ajouter que l'empereur se trouvait en ce moment fort occupé en Allemagne ». (De la Primaudaie).

(2) Extrait de l' « Histoire de l'occupation Espagnole en Afrique (1506-1574) », par Elie de la Primaudaie.

(3) Le marquis de Comarès ne revint pas à Oran et fut remplacé, le 24 juin 1534, par le comte d'Alcaudète. On ne peut expliquer que par quelque dissentiment survenu entre le conseil de Castille et D. Luis de Cordoba, la réponse de ce dernier « que l'*affaire* d'Oran ne le regardait plus ». (De la Primaudaie).

LETTE DU DOCTEUR LEBRIJA, CORRÉGIDOR D'ORAN,
A SA MAJESTÉ L'IMPÉRATRICE (1) (2)

« Oran 22 juin 1531.

« (Arch. de Simancas, Estado, Legajo 461).

« Votre Majesté aura sans doute pris connaissance des lettres que nous avons reçues du roi Mohammed, et que lui a envoyées Pedro de Godoy, par l'entremise du marquis de Comarès. De mon côté, j'ai expédié, par la voie de Carthagène, un double des dites lettres adressé à Georges Ruiz de Alarcon.

« L'occasion qui se présente est très favorable, et j'ai l'espoir que Votre Majesté voudra bien ordonner qu'on ne la laisse pas échapper. Si le marquis de Comarès est toujours capitaine général de ce royaume, et si, dans les conjonctures actuelles, il n'est pas ici, je ne sais pour quel temps il se réserve. Mon avis est qu'il faudrait agir avec un peu plus d'ardeur et qu'il importe d'obliger chacun au service qu'il doit à Votre Majesté.

« Il convient également que nous soyons promptement informés de tout ce qu'elle voudra bien ordonner, afin que nous sachions comment nous devons nous conduire avec le prince et les gens qui marchent avec lui, lesquels sont, nous assure-t-on, plus nombreux qu'on ne le peut croire. Nous aurons bientôt ici le prince, ses femmes et ses enfants, qu'il veut nous donner en échange des troupes, des effets et de l'argent dont il aura besoin pour son expédition, les principaux cheïkhs arabes ont promis de nous livrer des ôtages. Le roi Mohamed nous presse à ce sujet, en faisant les plus belles promesses. Comme j'ai entendu dire que, s'il n'envoie pas des ambassadeurs à Votre Majesté, c'est parce qu'il manque d'argent, je lui ai offert de payer les frais de leur voyage, et même d'aller avec eux, s'il était nécessaire. Je prie Votre Majesté, si cela lui convient, de nous faire connaître sans retard ce qu'elle aura décidé. »

LETTRE ÉCRITE A SA MAJESTÉ SUR LA NÉCESSITÉ DE FORMER
UNE ARMÉE NAVALE POUR ATTAQUER BARBEROUSSE (1) (3)
(ET LE CHASSER D'ALGER)

« Avila, 26 juillet 1351.

« (Arch. de Simancas. Estado, Legajo 461).

. . . .

« L'Archevêque de Tolède offre ;
« si l'armada est prête, pour le printemps ou l'été prochain, 50.000 fanè-
« gues de blé et 12.000] ducats en argent pour les autres vivres néces-

---

(1) Extrait de l' « Histoire de l'occupation Espagnole en Afrique (1506-1574) », par Elie de la Primaudaie.

(2) « La lettre précédente, datée du 10 mars, annonçait que le prince Mohammed tenait son père bloqué dans Tlemsên. Il parait que ses affaires, au mois de juin, n'allaient plus aussi bien, car, dans celle-ci, il est question de son arrivée à Oran et de son intention d'y laisser ses femmes et ses enfants comme ôtages, eu échange des troupes et de l'argent qu'il demande pour tenter une nouvelle expédition. Il y a lieu de remarquer que le Corrégidor d'Oran lui donne le titre de roi, ce qui semblait indiquer que le Gouvernement Espagnol l'avait reconnu comme tel. Cependant les lettres qui suivent nous apprennent que l'on continuait à négocier avec le roi de Tlemsên ». (De la Primaudaie).

(3) « Cette lettre n'est pas signée, mais celui qui l'a écrite était certainement un des ministres de l'empereur ». (De la Primaudaie).

« saires à la troupe que l'on embarquera, de partir lui même comme
« Capitaine général chargé de commander la flotte. »

Lettre de Pedro de Godoy (1) a l'Archevèque de Santiago (2)

« Oran, le 20 Août 1531.

« (Arch. de Simancas. Estado, Legajo 461).

« Voici ce qui se passe en ce moment dans le royaume de Tlemsên, et ce
que je puis dire à Votre Seigneurie. Le roi et son fils se font la guerre.
Mouleï Abd-Allah a envoyé son Mezouar (3), avec une partie de ses gens,
contre le prince Mohammed. Il y a eu un combat et l'avantage, dit-on, est
resté à ce dernier ; mais le Kaïd des Beni-Rachid étant survenu avec 500
cavaliers, le fils du roi a dû se retirer.

« Tous les Arabes du royaume sont soulevés ; les uns sont pour le roi ; les
autres pour son fils. Mais je crois que tous les cheikhs de cette partie du Levant se joindraient au prince Mohammed s'il se montrait de ce côté. Il
conviendrait fort que la chose arrivât, parce que, si le fils du roi devenait
notre allié, nous tiendrions en main toutes les bonnes cartes du jeu, et Sa
Majesté pourrait jouer la partie comme elle l'entendrait. Avec le prince
Mohammed, nous aurions les Arabes, et, le roi de Tlemsên, abandonné par
eux, serait bien obligé de se soumettre. Mon avis est donc qu'il faut favoriser
le fils et non le père.

« Pour ce qui regarde le Turc, tout ce que je puis dire à Votre Seigneurie,
c'est que, si l'on est toujours dans l'intention de faire l'expédition d'Alger, il
me parait indispensable de faire d'abord celle de Tlemsên. Cette expédition
peut être promptement terminée, soit qu'on fasse la guerre ou qu'on négocie
avec le roi et son fils. Il me semble que les choses pourraient s'arranger pra-
tiquement de la manière suivante : que Sa Majesté veuille bien favoriser le
prince Mohammed et le reconnaître pour roi ; qu'elle lui donne une bonne
part des terres que l'on prendra au Turc et que, en même temps, il ne soit
porté aucun préjudice au roi de Tlemsên, c'est à dire qu'on laisse à ce dernier
tous ses domaines. Je pense que, de cette manière, tous 2 se montreront satisfaits et se joindront à nous pour faire la guerre à Barberousse ; et le roi et
son fils y allant, aucun Maure, Arabe où Zénète, ne refusera de les suivre,
parce que tous considèrent les Turcs comme leurs ennemis. Il ne se présentera jamais une meilleure occasion de mener à bonne fin ces 2 affaires.

« Le roi de Tlemsên a fait appeler un juif d'ici, et je crois que c'est dans
l'intention d'entrer en négociation. Le juif est parti. Les Arabes que Mouleï
Mohammed nous a envoyés, ont été un peu scandalisés en apprenant le départ
de ce Juif pour Tlemsên. J'ai fait de mon mieux pour les apaiser. Voilà ce
qui arrive, quand on entretient des intelligences avec les 2 partis.

---

(1) « On a vu que Pedro de Godoy était Gouverneur intérimaire d'Oran ». (De la
Primaudaie).

(2) Extrait de l' « Histoire de l'occupation Espagnole en Afrique, (1506-1574) »,
par Elie de la Primaudaie.

(3) « Parmi les nombreuses causes d'incertitude et d'erreur que présente l'histoire
de l'Afrique arabe, dit Berbrugger, il y a les variantes de signification qu'un même
nom de fonction subit d'une époque et d'une contrée à l'autre. Le Mezouar du roi
de Tlemsên avait certainement d'autres attributions que celui d'Alger, agent de
police, chargé de faire donner la bastonnade, et préposé à la surveillance des femmes de mauvaise vie ». (De la Primaudaie).

« Je puis certifier à Votre Seigneurie que la troupe qui tient ici garnison sert mieux que celle de bien d'autres frontières, et cependant cette troupe est la plus mal partagée. Si l'on pense toujours à faire de cette place d'Oran un lieu destiné à recueillir tous les gens de guerre de mauvaise vie qui se trouvent en Castille, il conviendrait qu'on leur assignât un quartier particulier, où ils seraient nourris et entretenus jusqu'au moment de les employer utilement ; autrement, on chassera d'ici le petit nombre de bons soldats qui nous restent.

« Don Alvaro de Bazan est arrivé à Mers-el-Kébir, le 13 de ce mois, avec 11 galères et 1 fuste. En faisant route sur Risgol (Harchgoun) il rencontra 1 fuste ennemie et lui donna la chasse ; mais, comme les Turcs avaient sur lui une grande avance, ils ont eu le temps de se jeter à la côte et se sont sauvés. Toutefois, 15 chrétiens esclaves, qu'ils avaient avec eux, ont pu s'enfuir.

LETTRE DU DOCTEUR LEBRIJA, CORRÉGIDOR D'ORAN,
A SA MAJESTÉ L'IMPÉRATRICE (1)

« Malaga, 2 Septembre 1531.
« (Arch. de Simancas. Estado, Legajo 461).

« Ainsi que je l'ai mandé plusieurs fois à Votre Majesté, j'ai mis tout en œuvre pour déterminer les Arabes du royaume à faire cause commune avec nous, parce qu'il me paraissait que, de cette manière, on pourrait arriver à châtier le roi de Tlemsên de son manque de foi et de son obstination à ne plus permettre a ses gens de nous apporter des vivres, comme ils le faisaient autrefois. A cet effet, j'avais entamé des négociations avec le prince Mohammed et fait en sorte que son père, le roi Abd-Allah en fût informé par la voie la plus sûre, afin qu'il comprit tout ce qu'il avait perdu en renonçant à servir Votre Majesté.

« Il y a 15 jours, il me demanda de lui envoyer une personne avec laquelle il put s'entendre, et je m'empressai de faire partir 2 Juifs, hommes prudents et instruits, les plus adroits que j'avais pu trouver. D'abord tout alla bien ; le roi paraissait content de renouer les négociations ; mais sur ces entrefaites, il arriva à Tlemsên un ambassadeur du Grand Turc. Mouleï Abd-Allah fut si fier de la venue de cet envoyé que, non content de refuser audience aux 2 juifs, il ordonna leur arrestation et les fit mettre à mort.

« Dans le même temps, le prince Mohammed me faisait prévenir de son arrivée prochaine à Oran, avec ses femmes, ses enfants et les principaux cheikhs de son parti ; il me disait qu'il nous amenait les otages qu'on lui avait demandés. Je me trouvais fort embarrassé, car j'avais en effet promis au prince que, s'il remettait sa famille entre nos mains et si les cheikhs en faisaient autant, Votre Majesté lui donnerait des hommes et de l'argent pour s'emparer de Tlemsên, sous condition qu'il exécuterait plus fidèlement que son père les clauses du traité qui serait conclu.

« Il y a longtemps déjà que le prince Mohammed a écrit à ce sujet à Votre Majesté ; mais il n'a reçu aucune réponse. Ne sachant que lui dire, je n'ai pas cru devoir l'attendre et je me suis entendu avec le commandant des navires

---

(1) Extrait de l' « Histoire de l'occupation Espagnole en Afrique (1506-1574) », par Elie de la Primaudaie.

de Votre Majesté pour effectuer mon passage jusqu'ici, (1) Toutefois j'ai laissé en partant des instructions relativement à ce que l'on devra répondre au prince lorsque qu'il se présentera. J'ajouterai que ce motif n'est pas le seul qui m'ait décidé à me rendre en personne auprès de Votre Majesté ; j'ai aussi à lui faire part de beaucoup d'autres particularités, qu'il n'est pas toujours possible d'expliquer par correspondance.

« Je considère la prise de Hone et son occupation comme une chose fort importante. Il sera facile maintenant de punir le roi de Tlemsên ou de l'obliger à tenir ses promesses. En partant de Hone, plus rapprochée de Tlemsên que ne le sont Oran et Mers-el-Kébir, on pourra, sans beaucoup de peine, pénétrer dans l'intérisur du royaume et enlever à Moulef Abd-Allah la meilleure partie de ses possessions. Je m'arrêterai ici jusqu'à ce que j'ai vu le terme de la maladie de ma femme, que j'ai trouvés accablée par la fièvre, puis je me rendrai auprès de Votre Majesté pour connaître ses intentions relativement aux affaires de ce pays.

Prise de Hone

LETTRE DE L'ARCHEVÊQUE DE TOLÈDE A SA MAJESTÉ (2) (3).

« Avila, 8 Septembre 1531.

« (Arch, de Simancas. Estado, l egajo 461).

« D. Alvaro de Bazan, avec 11 galères et 2 brigantins, (les dits navires bien équipés et pourvus de vivres pour 2 mois), sortit de Malaga (au mois d'août dernier) dans le but d'entreprendre quelque chose d'utile pour le service de Notre Seigneur et de Votre Majesté. Il fit route pour Oran où il prit avec lui 250 soldats de la garnison de cette place, conformément à ce que j'avais prescrit à ce sujet. J'avais envoyé l'ordre à Pedro de Godoy que, si le dit D. Alvaro demandait quelques compagnies, on les lui donnât (4).

« Avec ce renfort, D. Alvaro partit d'Oran. et, le jour de la Saint-Barthélémy, il se présenta devant la Ville de Hone qui appartient au roi de Tlemsên. Il pénétra dans le port avec l'escadre de Votre Majesté, et, grâce aux

---

(1) « Le Corrégidor d'Oran aurait pu ajouter, comme Pedro de Godoy : « tels sont les inconvénients d'entretenir des intelligences avec 2 partis ». Cette politique sans décision et sans franchise du Gouvernement Espagnol ne lui profita guère, comme on le verra plus loin ». (De la Primaudaie).

(2) Extrait de l' « Histoire de l'occupation Espagnole en Afrique. (1506-1574) », par Elie de la Primaudaie.

(3) « On ne trouve nulle part, sur la prise de Hone, les détails précis que contient cette lettre. Il parait que cette ville, qui n'existe plus aujourd'hui, avait alors une certaine importance. L'archevêque de Tolède dit « qu'elle était à peu près aussi grande que Malaga, ceinte de bonnes murailles avec une citadelle très forte ». Pellissier raconte, d'après Marmol, que la ville de Hone fut prise en 1533. C'est une erreur, comme le démontre le présent document. Hone fut occupée par les Espagnols en 1531, le 24 août, jour de Saint-Barthélémy. Pellissier ajoute que D. Alvaro de Bazan, après y avoir établi une bonne gainison, s'éloigua peu de jours après. « A quelque temps de là, dit-il, D. Alvaro reparut porteur d'ordres plus rigoureux. La ville qui, d'abord avait été pillée et saccagée, fut cette fois complètement détruite ». La ville de Hone fut, en effet, abandonnée par les Espagnols, mais 3 ou 4 ans après. En 1534, ils l'occupaient encore, ainsi que le prouvent 2 lettres de Inigo de Vallejo, commandant de Hone, en date des 13 mars et 26 avril de cette même année. Suarez Montanes, dans le fragment inédit de sa *Chronique d'Oran* dont nous avons parlé, relève cette erreur de Marmol ». (De la Primaudaie).

(4) L'archevêque de Tolède qui envoie directement un ordre pareil au Gouverneur d'Oran ! ? (Général L. Didier).

bonnes dispositiions qu'il avait su prendre, il plut à Dieu qu'il se rendit maître de la ville et de la Kasba.

« La place ne s'attendant pas à être attaquée se trouvait dépourvue d'une partie de sa garnison ordinaire, ce qui a facilité ce coup de main. La conquête de Hone nous a coûté peu de monde ; nous avons eu seulement 40 hommes tués et 100 blessés.

« D. Alvaro m'écrit d'Almeria qu'il a laissé pour garder la ville 700 hommes, dont 400 arquebusiers, avec des vivres pour 15 jours et 20 pièces d'artillerie, dont 16 petites et 4 plus grosses qu'il a prises dans la Kasba. De Malaga, où il se trouve en ce moment, il doit envoyer à Hone 2 galères chargées de blé avec quelques autres provisions. Pour défendre cette place, il pense qu'il suf-fira d'une garnison de 400 soldats et de 120 lances, et il me prie de donner des ordres pour que cette troupe, destinée à remplacer les hommes de ses galères qu'il a dû laisser à Hone, soit mise à sa disposition. Cette opération terminée et ses équipages remis au complet il reprendra la mer avec son es-cadre et ira sur un autre point tenter quelque bonne entreprise.

« Des personnes qui connaissent bien le pays m'ont assuré que la ville et le port de Hone étaient d'une grande importance. Cette place, ceinte de bonnes murailles a une citadelle très forte, et elle n'est éloignée que de 12 lieues de Tlemsên, ce qui est un grand avantage pour les relations commerciales que l'on pourra établir avec les Maures de cette partie du royaume, et en même temps pour tenir le roi de Tlemsên dans notre dépendance. Oran se trouvera aussi plus en sûreté parce qu'il est à croire que, nous voyant solidement éta-blis sur une nouvelle frontière, le roi de Tlemsên ne sera pas tenté de venir l'attaquer.

« Il a donc jugé convenable de conserver Hone en attendant que Votre Majesté ait fait connaître ce qu'elle aura décidé à ce sujet, et j'ai cru devoir donner des ordres pour que les 400 soldats, demandés par D. Alvaro, fussent mis à sa disposition en plus des 250 qu'il a pris à Oran et que 100 lances *des Gardes* fussent aussi envoyées à Hone pour y tenir garnison (1). Pour le présent, il n'y aura d'augmentation de dépense que pour l'Artillerie, les 400 hommes envoyés d'ici, les munitions et les autres approvisionnements nécessaires. Quant aux 250 soldats tirés d'Oran, ils n'accroitront pas les frais non plus que les 100 lances qui seront payées par les Gardes. On peut craindre, il est vrai, que le roi de Tlemsên, en apprenant la perte de Hone, ne cherche à se réconcilier avec son fils, et que tous deux ne se concertent pour tenter quelque chose contre cette place ou contre celle d'Oran. Dans ce cas, il faudra des secours d'hommes et d'argent ; mais je ne crois pas que cela arrive.

« J'envoie à Votre Majesté un plan de la ville de Hone et de son port. (2) J'ajouterai que son enceinte est un peu moins grande que celle de Malaga. Après avoir examiné ce plan, Votre Majesté avisera et m'enverra ses instruc-tions. On espère que l'occupation de Hone permettra de réduire celle d'Oran, dont on pourrait conserver seulement les forteresses et démolir tout le reste, ce qui serait une grande économie.

« D. Alvaro de Bazan a si bien conduit toute cette affaire qu'il paraît juste

---

(1) Encore des ordres directs ! ? (Général L. Didier).
(2) « On n'a pas retrouvé ce plan ». (De la Primaudaie).

que Votre Majesté lui en témoigne sa satisfaction. On pense qu'elle devrait lui octroyer la lieutenance de Hone. Blasco Nunez, de Malaga, que j'avais envoyé sur la flotte en qualité d'inspecteur général des Galères (1) s'est également très bien montré, ainsi que le Commissaire général, qui est inspecteur ordinaire et un excellent serviteur. Je prie Votre Majesté de ne pas oublier de les récompenser tous.

LETTRE DE MOULEI MOHAMMED, ROI DE TLEMSEN
A PEDRO DE GODOY ET AU CORRÉGIDOR D'ORAN

« (1531).

« (Arch. de Simancas. Estado, Legaje 461). (2).

« J'ai reçu vos lettres et compris que vous me voulez du bien. Je prie Dieu de vous récompenser du conseil que vous m'avez donné pour que ma demande fut accueillie favorablement. Je mets toute ma confiance dans votre bonne et solide amitié. Aidez-moi et soyez mes interprètes auprès de l'empereur, roi de Castille. Faites lui connaitre la situation dans laquelle je me trouve, et qu'il sache que je suis votre ami. Je m'en remets entièrement pour tout ce qui me concerne à ce que vous jugerez à propos de faire. Vous savez mieux que moi ce que, dans la circonstance, il est utile de dire à Sa Majesté ; celui qui est sage n'a pas besoin qu'on le conseille. Veuillez écrire au Marquis de Comarès, l'informer de ma bonne volonté et lui raconter tout ce qui se passe.

« Pour le reste, je charge mon serviteur Ben Taleb, qui connait toutes mes affaires, de conférer avec vous.

1532 (938 de l'Hégire)
RÉSUMÉ DES FAITS DANS L'ORDRE CHRONOLOGIQUE.
DOCUMENTS OFFICIELS.

1532
Résumé des faits dans l'ordre chronologique

Printemps. — Kheïr ed Dine revient à Alger vendre ses captifs et son butin et se ravitailler. Puis, franchissant le détroit de Gibraltar, il va capturer dans l'Océan des galions espagnols rapportant à Cadix les trésors du Nouveau Monde.

21 Avril. — Une réclamation faite à Hone par le Gouverneur Inigo de Vallejo Pacheco montre les étranges prérogatives que s'arrogeaient les gouverneurs des villes frontières (voir documents officiels ci-après).

---

(1) Encore des ordres directs ! ? (Général L. Didier).
(2) Extrait de l' « Histoire de l'occupation Espagnole en Afrique. (1506-1574) », par Elie de la Primaudaie.

24 novembre. — L'Ingénieur Hernando de Quesada se plaint d'Oran à l'Impératrice du retard des travaux par manque d'argent et manque d'hommes (voir documents officiels ci-après).

Documents Officiels

Réclamation de D. Inigo de Vallejo Pacheco, Gouverneur de la ville de Hone (1) (2)

« 21 avril 1532.

« (Arch. de Simancas. Estado, Legajo 491).

« Inigo de Vallejo Pacheco, gouverneur et capitaine général de Hone pour le très magnifique seigneur D. Alvaro de Bazan (3), se présente devant Juan de Godoy, alcade-major de ladite ville de Hone, et déclare qu'il lui a été notifié à la requête du capitaine Miguel Perera, une cédule par laquelle Sa Majesté lui défend d'acheter la viande apportée par les Maures dans ladite ville pour y être vendue, à moins qu'elle ne soit exposée sur la place publique.

« Le dit Inigo de Vallejo Pacheco élève des réclamations contre cet ordre royal et prétend que ladite cédule basée sur des informations inexactes, porte préjudice aux places frontières des Maures et aux gouverneurs qui les tiennent de Sa Majesté.

« Pour prouver cette assertion Inigo de Vallejo Pacheco demande à faire entendre devant l'alcade-major, assisté du commissaire de Sa Majesté, notaire public, des témoins dignes de foi, lesquels connaissent les us et les coutumes des dites places frontières, ainsi que ceux qui les commandent, afin que le résultat de leurs dépositions puisse éclairer Sa Majesté et les membres de son très haut conseil de guerre, et que Sa Majesté puisse faire justice.

. . . .

« Or donc, ce même 21 avril 1532, ont lieu, en présence de l'alcade-major, les interrogatoires des témoins produits par Inigo de Vallejo Pacheco, et voici les 8 questions qui leur sont posées identiquement et successivement :

« 1° Connaissez-vous D. Inigo de Vallejo Pacheco et le capitaine D. Miguel Perera ?

« 2° Savez-vous si, sur les frontières de Portugal et de Castille, lorsque des espions viennent pour donner avis des choses qui se passent dans la contrée habitée par les Maures, il est d'usage de ne les laisser voir à personne, excepté au gouverneur et à l'interprète, lequel rapporte ce qu'ils disent ; et cela, parce qu'il y a beaucoup de *mauvais chrétiens* (Maures convertis) qui, lorsqu'ils abandonnent la foi catholique et reviennent musulmans, dénoncent les dits espions et sont cause qu'on les tue ou qu'on les chasse du pays ?

« 3° Savez-vous quel est l'usage dans lesdites places frontières, lorsque les *Maures voleurs* (4) y apportent, de jour ou de nuit, du butin pour être

---

(2) Extrait de l'« Histoire de l'occupation Espagnole en Afrique (1506-1574) », par Elie de la Primaudaie.

(2) « Ce singulier document nous fait connaitre les étranges prérogatives que s'arrogeaient les gouverneurs des villes frontières ». (De la Primaudaie).

(3) « On a vu (8 septembre 1531) que l'archevêque de Tolède avait demandé à l'empereur d'octroyer à D. Alvaro de Bazan la lieutenance de Hone ». (De la Primaudaie).

(4) « Moros ladrones ». (De la Primaudaie).

vendu ? Appartient-il au gouverneur et ne peut-il être acheté par aucune autre personne ?

« 4° Savez-vous si, lorsqu'un Maure quelconque, ou un cheval, ou un bœuf, ou une vache ou tout autre bétail est surpris en dedans de l'enceinte, il devient oui ou non la propriété du gouverneur ?

5° Savez-vous si, lorsqu'une fuste, frétée par des Maures, s'échoue sur la plage de quelque frontière, elle est soumise au droit de bris ?

6° Savez-vous si, les Maures voleurs, pendant les derniers 6 mois, ont amené à Hone 20 vaches volées, et si le gouverneur les a fait peser à la boucherie, à raison de 20 maravédis l'arrolde (1), ce qui met la livre à 5 maravédis ?

« 7° Savez-vous si la ville de Hone a quelque lieu de paix, (2) où les Maures viennent vendre la viande ou d'autres provisions de bouche ?

« 8° N'est-il pas à votre connaissance que tout ce qui vient d'être dit plus haut est de notoriété publique dans la dite ville de Hone et dans les autres places frontières de l'Afrique ?

. . . .

« Les témoins, après avoir prêté serment, en étendant la main droite sur la croix et juré de dire la vérité, sont interrogés successivement sur chacune des questions posées par D. Inigo de Vallejo Pacheco.

« Ces témoins sont au nombre de 7 savoir :

     « Sanchez de Sepulveda, soldat ;

     « Martin de Verlonga, soldat ;

     « Inigo de Ortega, artilleur ;

     « Inigo de Serrano, écuyer ;

     « Antonio Morillo, écuyer ;

     « Manoel Miguel, écuyer, maréchal ferrant ;

     « Mariano de Requena, artilleur.

« Tous ces témoins répondent affirmativement aux questions qui leur sont faites. Quelques uns citent des exemples tirés des places de Kelilla, de Caçaça, d'Oran et de Bougie, à l'appui de leurs dépositions toutes favorables à la réclamation de D. Inigo de Vallejo Pacheco.

« (Le document se termine ainsi) :

« Après ce qui est relaté ci-dessus le seïgneur alcade-major a dit qu'il ordonnait et ordonne de remettre la dite enquête juridique au dit Capitaine général, close et scellée en publique forme, et il a signé de son nom, Juan de Godoy, ainsi que moi, Benio Erriquez Gallego, commissaire de Sa Majesté et notaire public de la dite ville de Hone, en présence des susdits témoins.

LETTRE DE HERNANDO DE QUESADA, INGÉNIEUR
A SA MAJESTÉ L'IMPÉRATRICE (3)

                 « Oran, 24 Novembre 1532.

       « (Arch. de Simancas. Estado, Legajo 461).

« J'ai toujours eu le plus grand soin d'informer Votre Majesté de ce qui se passe de ce côté, afin qu'elle pût aviser en temps utile ; mais, bien que depuis

---

(1) « Poids de 4 livres ». (De la Primaudaie).
(2) « Lugar de pazas, lieu habité par des Maures de paix ». (De la Primaudaie).
(3) Extrait de l' « Histoire de l'Occupation Espagnole en Afrique (1506-1574) », par Elie de la Primaudaie.

longtemps déjà j'ai appelé son attention sur diverses choses très importantes, j'attends toujours qu'elle veuille bien me faire connaître ses volontés.

« Si je ne craignais de mécontenter Votre Majesté, puisqu'il n'y a personne qui la sollicite là-bas, je serais moi-même le messager qui irait l'informer de tout ce que l'on fait ici et de tout ce qui reste à faire. S'il doit être donné suite aux fortifications projetées, il faudrait que Votre Majesté ordonnât qu'on nous fournît les choses dont nous avons un pressant besoin ; il importe qu'on ne fasse pas fausse route et qu'on termine sans retard les dits travaux. J'ai dressé le plan d'un retranchement qu'on pourrait faire à la porte de mer et qui serait avantageux sous tous les rapports : la ville serait alors plus resserrée et plus forte. J'aurais été heureux de pouvoir placer sous les yeux de Votre Majesté ce plan, qui a été approuvé par Pedro de Godoy et les autres capitaines qui résident en cette ville

« Je prie Votre Majesté de vouloir bien m'envoyer l'argent nécessaire et des hommes au nombre de 100 ; elle doit se souvenir qu'elle avait décidé qu'on m'en donnerait 150. Je demande aussi qu'on me débarrasse des malades et de ceux qui ne savent pas travailler, afin que je puisse terminer promptement toutes ces constructions. Votre Majesté peut être assurée que nous ne perdons pas une heure, et que tout ce qu'il est possible de faire sera fait.

1533 (939 de l'Hégire)

RÉSUMÉ DES FAITS DANS L'ORDRE CHRONOLOGIQUE
DOCUMENTS OFFICIELS

1533

Résumé des faits dans l'ordre chronologique

Turcs contre Espagnols. Kheïr ed Dine et André Doria. (D'après les historiens les plus récents).

Grâce à André Doria, Charles Quint enlève aux Turcs plusieurs îles de l'Archipel et des places fortes en Morée et en Dalmatie.

Pour lutter contre André Doria, le sultan ottoman, Soliman, appelle Kheïr ed Dine à Constantinople avec le titre de capitan pacha (amiralissime). (1).

---

(1) Galibert, qui situe en 1534 l'occupation de Tunis, donne la variante suivante :
« Kheïr ed Dine laisse son fils à la garde de son parent Celebi Ramadan, confie le commandement d'Alger à un officier dévoué, Hassan Aga, renégat sarde, élevé par ses soins, et se dirige sur Constantinople avec 40 galères. Il ravage en chemin les côtes de Sardaigne et de Sicile et entre dans le port de Constantinople avec 18 navires capturés et 1 400 esclaves chrétiens. Nommé Capitan-Pacha, la 2e dignité de l'empire, il repart avec 80 vaisseaux, reprend aux Vénitiens Coron, Patras et toutes les autres villes enlevées par eux, fait plusieurs descentes sur les côtes d'Italie et jette l'épouvante jusque dans Rome. Il surprend de nuit Fondi (Pouille) pour s'emparer, pour Soliman, de Julie de Gonzague, dont la beauté était célèbre ; mais elle peut s'échapper dans les ténèbres...

(Voir la suite de ce renvoi page suivante).

Mai. — Laissant Alger sous le commandement de son lieuteuant, l'eunuque Hassan Aga, renégat sarde, Kheïr ed Dine se rend avec 20 vaisseaux à Constantinople. Le Grand Seigueur lui confie 80 galères et 8.000 janissaires, avec ordre de prendre Tunis dont le sultan hafside Moulaï Hassen a détrôné son frère Rached *et a pris le parti des Espagnols.*

Août. — Kheir ed Dine touche à Bône, y embarque des renforts venus d'Alger avec Hassan Aga, débarque à La Goulette et entre dans Tunis qui lui a ouvert ses portes. (1)

Moulaï Hassen se réfugie en Espagne (2) et implore le concours de Charles Quint.

A Oran. — Les Arabes de la banlieue entrent dans la ville quand ils veulent, y vendent bien leurs marchandises et sortent sans que personne les inquiète.

Mort du Sultan de Tlemsên Abdallah. Il avait désigné pour lui succéder un de ses fils portant le même nom Abdallah que lui. Mais les Turcs, soupçonnant ce prince d'être l'allié secret des Espagnols, font nommer, par les cheïkhs, son frère Mohammed, le Mouleï Mohammed de 1531 qui (s'étant, sans doute, brouillé avec les Espagnols, lesquels promettaient toujours de l'aider et ne faisaient rien pour lui), s'était d'abord retiré à Fez et de là était venu à Alger où les Turcs l'avaient eux mêmes appelé.

Documents Officiels

Mémoire sur les Affaires d'Alger (3) (4)

« (Arch. de Simancas. Estado, Legajo 461)

« Ceux qui gouvernent Alger sont Hacen Agha (5) et, en son absence, Hadj Pacha et le caïd Ali Sordo.

« Il y a, dans la ville, environ 1.800 Turcs.

. . . .

Changeant de direction, Keir ed Dine se porte brusquement sur Tunis pour satisfaire sa rancune contre Moula Mohammed ou plutôt contre son successeur (Mouley Hassan) appartenant à la même famille. Bizerte et la Goulette enlevées par surprise, Kheir ed Dine pénètre dans Tunis avec 6 000 Lommes, en chasse Mouley Hassan, prend possession de la ville au nom du sultan Soliman et se fait nommer bey par acclamation. »

(1) De la Primaudaie situe la prise de Tunis en 1531.

Piquet situe aussi le fait en 1534 et dit : « Kheïr ed Dine s'empare de Tunis par ruse et déclare les Hafsides déchus du trône. Mais peu sympathique aux habitants, il doit, pour se faire accepter, répandre l'argent et les faveurs et accorder une amnistie générale. Il est même contraint de recourir à la force et d'envoyer à Kairouan une garnison turque. »

(2) Voir 1534. Mouley Hassan ne serait pas venu en Espagne mais serait resté en Tunisie et Charles Quint lui aurait envoyé Anfran de Camugio.

(3) Extrait de l' « Histoire de l'occupation Espagnole en Afrique (1506-1574) », par Elie de la Primaudaie.

(4) « Cette pièce paraît être un rapport d'un des agents secrets que l'Espagne entretenait à Alger ». (De la Primaudaie).

(5) « Kheir-ed-Dine venait de partir pour Constantinople ». (De la Primaudaie).

« En tout, le nombre des Turcs peut s'élever à 2.600. On compte dans Alger 3.000 familles maures et 300 juives.

. . . .

« Les Arabes sont si maltraités par les Turcs, qu'ils en sont venus à désirer de voir les chrétiens maitres d'Alger. Ils savent que les Arabes de la banlieue d'Oran entrent quand ils veulent, dans cette ville, vendent leurs marchandises, sont bien payés, et sortent, sans que personne les inquiète. Aussi, disent-ils que, si Alger était au pouvoir des chrétiens, ils pourraient faire comme on fait à Oran, et conserver ce qu'ils possèdent. Les Turcs enlèvent les femmes, et, lorsque les Arabes se plaignent personne n'ose leur faire justice.

« (suivent des détails sur l'armement d'Alger) »

. . . .

Mémoire du Capitaine Ochoa d'Ercilla (1) sur les Affaires du Roi de Tunis (2)

« Sans date (1533).

« (Arch. de Simancas. Estado, Legajo 461).

. . . .

« La ville de Tunis, qui n'a qu'une mauvaise enceinte, sans fossés ni parapets, compte à peine 6.000 habitants. Elle était plus peuplée autrefois ; mais aujourd'hui elle est comme abandonnée ; beaucoup de maisons tombent en ruines. La population des 2 faubourgs. (Bab el-Souika et Bab-el-Djezira), composée de Maures et d'Arabes, s'élève à 14.000 âmes ; elle a diminué comme celle de la ville...

« ... (Armement en artillerie inexistant).

« Le capitaine Ochoa parle ensuite de certains chrétiens qui habitent Tunis, les *Rebatines* (3) comme il les appelle...

---

(1) « Qui a été longtemps prisonnier du roi de Tunis ». (De la Primaudaie).

(2) Extrait de l' « Histoire de l'occupation Espagnole en Afrique (1506-1574 », par Elie de la Primaudaie.

(3) « On sait que les rois de Tunis et les autres souverains du Maghreb entretenaient à leur service des hommes d'armes chrétiens. On trouve à ce sujet des détails intéressants dans certains Traités conclus avec les rois d'Aragon.

« Les anciennes chroniques parlent aussi d'un noble vénitien, nommé Franceno Zuliani, qui fit longtemps la guerre en Afrique avec un corps de cavaliers pour le compte d'un roi de Tunis. Voici comment l'historien Ibn Khaldoun explique la présence des soldats chrétiens dans les armées africaines : « Les rois du Maghreb, dit-il, ont pris la coutume d'enrôler des troupes franques ; ils le font parce que leurs compatriotes en combattant feignent toujours de fuir ; puis, se retournant, reviennent fondre sur l'ennemi ; les Francs, au contraire, combattent en restant inébranlables à leur poste » Les Rabatins de Tunis dit Marmol, ainsi appelés parce qu'ils habitaient un des faubourgs de la ville (Rabat), descendaient de ces chrétiens, musarabes que Jacob Almansor, de la lignée des Almohades, avait fait venir d'Espagne pour la Garde de sa personne et pour s'en servir à la guerre. Passant par Tunis, il en laissa quelques uns au gouverneur de ce royaume. Les Rabatins, tous gentilshommes, étaient fort riches et fort vaillants, et les rois en faisaient grand état, parce qu'ils s'opposaient à la furie des Arabes. Lorsque Charles Quint s'empara de Tunis, ils entrèrent à son service, repassèrent en Europe avec lui, et se répandirent en divers endroits, où il leur donna quelques appointements ». (De la Primaudaie).

1534 (940 de l'Hégire)

RÉSUMÉ DES FAITS DANS L'ORDRE CHRONOLOGIQUE.

LE COMTE D'ALCAUDÈTE. SA PENSÉE. SON PORTRAIT

DOCUMENTS OFFICIELS. — LA SITUATION EN ORANIE.

1534

Résumé des faits dans l'ordre chronologique

FRANÇOIS Ier S'ALLIE AVEC LES TURCS. SIGNATURE
DE LA 1re CAPITULATION (1)

Cessant de faire un mystère de ses relations avec Soliman, François Ier lui demande son alliance par une ambassade qui est reçue avec de grands honneurs à Constantinople.

L'ambassadeur du Forest signe la 1re *capitulation* (traité ainsi nommé à cause de sa division en chapitres). La France obtient :

le protectorat des Lieux Saints,

le droit d'établir des Comptoirs dans les Echelles du Levant,

la libre navigation et la liberté du commerce pour son seul pavillon, (les négociants des autres nations, ceux de Venise exceptés, qui veulent trafiquer dans ses mers doivent s'y placer sous la protection des consuls de France, reconnus inviolables),

le pied d'égalité, sur le pied des nationaux, pour les marchands français et musulmans dans les Etats respectifs des 2 souverains,

le droit d'établir des baillis ou consuls dans tout l'empire ottoman avec pleine juridiction sur les diéffrends entre Français,

le jugement des sujets français dans leurs procès civils contre les musulmans par les cadis, sur pièces écrites, et en présence de leurs drogmans (interprètes).

le jugement par les magistrats turcs pour les causes criminelles,

l'absence de solidarité entre un délinquant français et ses co-nationaux,

toutes garanties pour la liberté civile et religieuse et pour les successions,

la mise en liberté réciproque des esclaves et prisonniers des 2 partis,

la punition de tout corsaire qui prendrait des sujets de l'un ou l'autre monarque.

la soumission des sujets respectifs à un impôt seulement après 10 ans de séjour continu.

---

(1) Pour comprendre cette politique étrangère de François 1er, il ne faut pas oublier que ce Souverain avait été concurrent de Charles Quint pour l'élection à l'Empire d'Allemagne. (Général L. Didier).

Le sultan (1) consent à ce que le Pape, le Roi d'Angleterre et le Roi d'Ecosse entrent dans ce traité s'ils le ratifient dans les 8 mois.

Le sultan de Tunis chassé de sa capitale par Kheïr-ed-Dine s'adresse encore à Charles Quint qui lui fait envoyer, pour poser les bases d'une alliance, Anfran de Camugio par le vice-roi de Sicile.

FAITS PARTICULIERS A L'ORANIE

12 Février. — L'ancien Mouleï Mohammed, nommé Sultan de Tlemcen, quitte Alger, pour gagner Tlemcen, avec une escorte que lui donne Kheïr-ed-Dine.

20 Avril. — Après avoir réuni des forces pour marcher contre Hone le sultan Moulei Mohammed les passe en revue, puis les licencie sur la fausse nouvelle de la mort de Kheir-ed-Dine.

26 Avril. — Le gouverneur de Hone, Don Inigo de Vallejo Pacheco, se plaint de manquer de tout (vivres et argent). (2).

Milieu de Mai. — El Mansour, mezouar du sultan de Tlemcen, écrit au Gouverneur intérimaire d'Oran, Pedro de Godoy, et au Corrégidor, le licencié Melgarejo ; il insiste pour le prompt retour de son frère, ambassadeur à la Cour d'Espagne.

Samedi 23 Mai — Le chef de bande Refefa tend une embuscade dans la montagne de Guiza. Le Commandant de Mers-el-Kebir, Hernando Arias de Saavedra, prévenu, lui tue 2 hommes, fait 2 prisonniers et met le reste en fuite (2).

4 Juin. — Charles Quint nomme Don Martin de Cordoba, comte d'Alcaudète « Capitaine Général et Justicier de la ville d'Oran », supprime le Corrégidor et concentre tous les pouvoirs entre les mains de Don Martin de Cordoba, qui devient le seul maitre et le seul administrateur dans Oran. (2)

4 Septembre. — Le Turc, chef de l'escorte qui avait accompagné Moulei Mohammed le 12 février, repart de Tlemcen pour Alger. Le sultan Mouleï Mohamed lui donne une escorte de « 400 lances et de plus de 100 « arquebusiers ».

Entrée en scène, en faveur des Espagnols, de *Ben Redouan*, grand père du prince Abdallah dépossédé du sultanat de Tlemcen par les Turcs pour son frère Mouleï Mohammed.

11 Septembre. — Le licencié Melgarejo est toujours corrégidor à Oran, le comte d'Alcaudète n'ayant pas encore rejoint son poste.

Dans une lettre à Charles Quint (2) ce corrégidor se plaint, avec raison, que, depuis 6 mois, ses lettres sont restées sans réponse et que « Oran manque de vivres, de munitions et d'autres choses très nécessaires ».

---

(1) de Constantinople, Soliman, « le Grand Seigneur ».
(2) Voir les « Documents Officiels » ci-après.

Le sultan de Tlemcen fait emprisonner El Mansour et nomme mezouar le caïd Mesguin,

Fin de l'année ou debut de 1535. *Les Espagnols évacuent Hone* qu'ils rasent complétement.

Le Comte d'Alçaudète, sa pensée, son portrait (1)

Les faits qui sont déroulés en Oranie de 1534 à 1558 parlent tout seuls. Le comte d'Alcaudète a été un grand patriote Espagnol et un grand Gouverneur d'Oran. Rêvant d'une Afrique du Nord espagnole il a vu clair et juste sur la manière dont ce beau rêve pourrait être réalisé : bouter les Turcs dehors avec l'aide du Sultan du Maroc et n'avoir ensuite, de Tunis à Fez, que des souverains indigènes qui fussent, soit des alliés sûrs, soit des vassaux dévoués de la plus grande Espagne.

Malheureusement pour l'Espagne ses dirigeants ont voulu, à cette époque lui faire conquérir et occuper trop de territoires à la fois : l'Amérique, le Mexique, l'Inde, les Flandres, l'Allemagne, l'Italie, la Tunisie, l'Algérie, etc..

Ses ressources humaines, financières, matérielles, économiques, ont été insuffisantes pour soutenir un pareil effort pendant le temps suffisant pour qu'il ait pu devenir productif. La ténacité et la méthode indispensables dans l'exécution ont été impossibles. Je ne suis pas de l'avis des historiens qui écrivent que la politique de l'Espagne en Afrique a été une politique au jour le jour La pensée directrice de cette politique existait bien, mais sa réalisation pratique au moment opportun était souvent, très souvent, trop souvent, tellement difficile sinon impossible, que l'Espagne a dû, la plupart du temps, en Oranie notamment, se contenter de faire ce qu'elle pouvait et pas du tout ce qu'elle voulait L'à peu près, toute l'histoire le prouve, est, presque toujours, la plus mauvaise des solutions.

On a reproché aux Espagnols de « n'avoir su être en Afrique ni des colonisateurs ni des conquérants ». A mon avis, c'est parce qu'ils n'ont pas pu. On leur a reproché aussi de n'avoir, par systéme politico-religieux, pas cherché à gagner les Indigènes. Selon moi, ce reproche n'est pas fondé non plus. Si certains fonctionnaires Espagnols, plus ou moins haut placés, surtout des militaires, ont eu, comme principe, de considérer et traiter les Indigènes comme des êtres inférieurs, « des sauvages », taillables et corvéables à merci, il y en a eu d'autres (les documents officiels eux-mêmes le prouvent) qui ont cherché à partiser sincèrement, honnêtement, humainement, avec les Indigènes. Malheureusement, là encore, les historiens ont généralisé un peu trop vite et trop facilement d'après les premiers seuls et sans tenir compte des seconds. Et puis, s'il y a « un orgueil castillan », il y avait une « superbe maure ». Cet important facteur psychologique a-t-il été mis dans la balance des appréciations et déductions ?

Quoi qu'il en soit, et je le répéte, le comte d'Alcaudète, à mon avis, a vu clair et juste pour réaliser la plus grande Espagne dans l'Afrique du Nord. Il n'a pas été suivi par les dirigeants de son pays et, peut être bien, par son pays lui-même. Avec des moyens insuffisants, avec des ressources minimes, il a cependant fait des belles choses et obtenu des résultats importants.

---

(1) Général L. Didier.

Que l'historien de l'époque Diégo Suarez lui soit hostile ! Peu m'importe. Comme toutes les personnalités ayant un caractère, le comte d'Alcaudète a dû être rude et même brutal parfois pour ceux qui, n'étant pas à sa mesure, cherchaient à le rabaisser à la leur. Aux jaloux il a ajouté des mécontents plus ou moins haineux. Ça ne change ni les faits ni son œuvre.

Dans son livre « La Domination Espagnole à Oran sous le Gouvernement du Comte d'Alcaudète (1534-1558) (1) », Paul Ruff a écrit, en parlant des Indigènes de cette époque :

« Fidèles tant que la crainte ou l'intérêt les retenait, ils étaient toujours prêts à la défection et à la guerre. Les princes qu'on leur imposait n'étaient supportés que jusqu'au moment où leurs rivaux se sentaient assez forts pour entrer en campagne. Il fallait donc entreprendre de nouvelles expéditions pour maintenir les chefs que l'on avait établis ou parfois pour les renverser lorsqu'ils passaient eux-mêmes à l'ennemi. Au milieu des populations à l'esprit mobile, dont le seul sentiment persistant était la haine du chrétien, les expéditions militaires, même heureuses, ne pouvaient laisser de traces durables. Pour contenir les habitants il aurait fallu conquérir le pays et nous savons quels sacrifices d'hommes et d'argent eussent été nécessaires ».

On croirait relire les historiens romains et byzantins quand ils parlent des Indigènes de leur époque.

Paul Ruff fait du Comte d'Alcaudète le tableau suivant :

« Le nouveau capitaine-général, don Martin de Cordoue et Velazco, comte d'Alcaudète, seigneur de la maison de Montemayor, appartenait à la vieille noblesse d'Andalousie. Le fondateur de la maison, Alonso Hernandez de Cordoue, adelantado ou gouverneur d'Andalousie, avait, en récompense de ses services, reçu le chateau et la ville de Cañete. Ses héritiers se distinguèrent dans les luttes contre les Maures. L'un d'eux remporta même une brillante victoire sur le roi de Grenade au camp de la Verdad. Le grand-père du gouverneur d'Oran été célèbre par la terreur qu'il inspirait aux Infidèles ; ceux-ci l'appelaient le « pied de fer » ou « l'épouvantail » (cancajo). Le fils ainé de ce vaillant héros, Alonso Hernandez, épousa la fille du comte de Siruela qui servit en Espagne et en Italie sous le roi Ferdinand. Enfin don Martin, qui fut le premier comte d'Alcaudète, devint à son tour, le chef de cette illustre famille.

« Il était né vers 1498. Il s'allia à l'une des grandes familles de la province dont il était lui-même originaire en épousant Leonor Pacheco, fille de D. Diego Fernandez de Cordoue, alcade des pages et premier marquis de Comarès, le vainqueur de Mers-el-Kébir. Il était donc le beau-frère du deuxième marquis, son prédécesseur au gouvernement d'Oran. Ses proches parents avaient ainsi joué un rôle considérable dans les entreprises africaines et la direction des affaires dans cette région semblait se transmettre dans la même famille. La succession du Comte devait également revenir à ses héritiers. Il eut 5 fils : l'ainé, Alonso, lui succéda dans le gouvernement d'Oran ; le second, Diego, entra dans l'Eglise et devint évêque de Calahorra ; les autres furent Francisco, Martin et enfin Carlos.

« Avant d'être appelé à Oran, don Martin remplit en Espagne des fonctions importantes. Tout jeune, dès 1520, il avait été envoyé comme corrégidor

---

(1) — Paris. — Ernest Leroux, éditeur, 28 rue Bonaparte — 1900.

ou administrateur à Tolède. Toute l'Espagne venait d'être profondément troublée par l'agitation des Communeros. Le jeune corregidor se montra fort habile, chercha à ramener les mécontents par la douceur et, pour effacer le souvenir des rigueurs ordonnées par le roi, fit célébrer de grandes fêtes. Il se distingua encore au siège de Fontarabie (1), Enfin il exerçait avec mérite les hautes fonctions de vice-roi de Navarre lorsqu'il fut nommé capitaine-général d'Oran.

« Il nous est possible, sinon de nous représenter cet important personnage, tout au moins de distinguer quelques uns des traits essentiels de son caractère. Nous possédons, en effet, sur son compte, les appréciations de ses admirateurs tels que Baltazar de Morales ou Francisco de la Cueva, mais aussi celles d'écrivains moins bienveillants comme Diego Suarez, Marmol, ou le soldat obscur qui nous a laissé une relation de la déroute de Mostaganem ».

Et voici les qualités et les défauts que lui attribue Paul Ruff.

Qualités : Entreprenant, actif, intelligent, brave et audacieux parfois jusqu'à la témérité et à l'imprudence, plein d'amour propre et du desir de se distinguer.

Défauts : Se faisant des illusions ; ne préparant et n'organisant pas suffisamment ses expéditions ; orgueilleux au point d'accepter difficilement les critiques ou les conseils ; parfois crédule et facile à tromper ; ambitieux, emporté et peut être cruel (2).

A mon avis, il avait seulement les défauts de ses qualités.

« Paul Ruff donne encore les renseignements suivants :

« Le comte d'Alcaudète, nommé le 4 Juin 1534, ne put prendre immédiatement possession de son poste. Il devait s'embarquer à Malaga. Mais il y tomba gravement malade (3). Ce fut son fils ainé, Alonso, qui le précéda et le suppléa ; ce fut donc lui qui exécuta l'ordre donné au comte d'évacuer et de démanteler la place de Hone. Cette ville, qui était occupée depuis 3 ans, se trouvait sans cesse menacée par les Indigènes et nécessitait une garnison qui ne rendait pas de grands services. Don Alvaro de Bazan, général des galères d'Espagne, procéda, de concert avec don Alonso, à l'évacuation de la ville qui fut ensuite démantelée et détruite. Les troupes furent emmenées à Oran et Alvaro de Bazan reprit l'artillerie qui appartenait à ses galères (4).

« C'est seulement dans les premiers mois de 1535 que le Comte, qui était allé achever sa guérison dans ses terres d'Alcaudète, revint s'embarquer à Malaga, Il arriva enfin a Oran où sa présence était très nécessaire et très attendue.

---

(1) prise par les Français, en septembre 1521, reprise par les Espagnols en 1522.
(2) « L'auteur de la relation de la déroute de Mostaganem l'affirme : « era cruel » et il en donne une preuve (l'enterrement vif d'un soldat qui tombait de fatigue et de faim). B. de Moralès reconnait qu'il s'emportait jusqu'à brutaliser des gentilshommes ». (P. Ruff).
(3) « Quelques historiens ont cru à tort que le comte avait été retenu en Navarre ». (P. Ruff).
(4) ? ! ?

Le Comte d'Alcaudète et sa descendance

(Document remis par M. Saura, Consul d'Espagne à Oran. Traduction du Vice-Consul, M. Pablo de Tremoya y Alzaga).

DON MARTIN DE CORDOBA Y VELASCO. fué el 1º Conde de Alcaudete por gracia del Rey Don Carlos 1º de España Emperador V de Alemania, que firmó en el año 1529.

Ilustrisimo y valeroso Capitan, mandó en Orán. Viene de sangre Real con muchos méritos y honores en la guerra, politica y justicia.

DON FRANCISCO FERNANDEZ DE CORDOBA, VI Conde de Alcaudete fué Mayordomo y Gentil hombre de Cámara de Su Majestad. Gobernador y Capitan General de Orán, Comendador de los Bastimentos en Castilla en la Orden de Santiago. Ayo y Mayordomo Mayor del Infante Don Carlos.

Este titùlo de Conde de Alcaudete lo tuvó la Marquesa de Villena Doña Ana Maria Lopez Pacheco Fernandez, que tambien fué Duquesa de Escalona, Condesa de Oropesa y otros titùlos, por el año 1769, reinado de Carlos III.

DON BERNARDINO FERNANDEZ DE VELASCO Y BALFE en 1890 fué XVI Duque de Frias (1492) ; XII Marqués de Belmonte (1613); de Caracena (1643) ; de Frechilla (1592), y de Villaramiel (1592) ; de Jarandilla (1599), de Toral (1612), del Villar de Grajanajos (1607), Conde de Alcaudete (1529), de Colmenar de Oreja (1625) ; de Deleytosa (1529), XX de Haro (1431); de Salazar (1599).

DON MARTIN DE CORDOBA Y VELASCO fût le premier Comte d'Alcaudete par la volonté du Roi Charles 1er d'Espagne et V comme Empereur d'Allemagne, qui signa le décret dans l'année 1529.

Très illustie et vaillant capitaine, il commanda à Oran. D'origine royale il se distingua par ses mérites et honneurs dans la guerre, la politique et la justice.

DON FRANCISDO FERNANDEZ DE CORDOBA, sixième Comte d'Alcaudete fut Majordome et gentilhomme de Chambre de Sa Majesté, Gouverneur et Capitaine Général d'Oran, Commandeur des « Bastimentos » en Castille dans l'ordre de Santiago, précepteur et premier majordome de l'Infant Don Carlos.

Ce titre de Comte d'Alcaudete fut acquis par la marquise de Villena Doña Ana Maria Lopez Pacheco Fernandez qui fut aussi Duchesse d'Escalona, Comtesse d'Oropesa et autres litres de noblesse, pendant l'année 1769, sous le règne de Charles III,

DON BERNARDINO FERNANDEZ DE VELASCO Y BALFE, en 1890 fut le seizième Duc de Frias (titre conféré en 1492) douzième Marquis de Belmonte (1613), de Caracena (1643), de Frechilla (1592) et de Villarramiel (1592), de Jarandilla (1599), de Toral (1612), de Villar de Grajanajos (1607), Comte d'Alcaudete (1529), de Colmenar de Oreja (1625), de Deleytosa (1529), le vingtième comte de Haro (1531), de Salazar (1599).

Nació en Madrid, en 1° de mayo de 1866, falleció en Madrid á 2 de diciembre 1916, su matrimonio en Tanger en 16 de julio 1892 con Mary Cecile Boleyn Knowles.

Su hija Doña Maria Victoria Fernandez de Velasco y Knowles, sucedió en los titúlos de su difunto padre excepto en el de Duque de Frias y Conde de Haro por ser de agnación rigurosa. Nació en Tánger en 5 de noviembre de 1894.

Don Guillermo Fernandez de Velasco y Balfe por fallecimiento de su hermano Don Bernardino heredó en el año 1919 el titúlo de Duque de Frias y Conde de Haro por ser de agnación rigurosa. XVII Conde de Oropesa (1477) con Grandeza de España.

Nació en Madrid 12 de diciembre de 1870. Su matrimonio en Paris 14 de Enero de 1904, con Doña Carolina Sforza-Cesarini y Publicola-Santa-Croce, nacida en Roma 10 de marzo, 1871, hija de los Condes de Santa-Fiora de la Casa de los Príncipes de Genzano.

Dona Mencia Fernandez de Velasco y Balfe, XVII Condesa de Fuensalida (1470) Grande de España, Marquesa de Berlanga, nació en Paris 5 de mayo de 1867, sucedió en estos titúlos à su padre en 16 de agosto de 1891.

Né à Madrid le 1er mai 1866, il décéda à Madrid le 2 décembre 1916. Il s'était marié à Tanger le 16 juillet 1892 avec Mary Cecile Boleyn Knowles.

Sa fille, Doña Maria Victoria Fernandez de Velasco, y Knowles, hérita des titres de son défunt père, excepté ceux de Duc de Frias et de Comte de Haro, rigoureusement réservés à la succession directe. Elle était née à Tanger le 5 novembre 1894.

Don Guillermo Fernandez de Velasco y Balfe, par suite du décès de son frère Don Bernadino devient en l'an 1919 Duc de Frias et Comte de Haro, en sa qualité de parent de sang direct. Il fut le dix septième Comte de Oropesa (1477) et Grand d'Espagne.

Né à Madrid le 12 décembre 1870, il se maria à Paris le 14 janvier 1904 avec Doña Carolina Sforza-Cesarini y Publicola Santa Croce, née à Rome le 10 mars 1871, fille des Comtes de Santa-Fiora, de la maison des Princes de Genzano.

Dona Mencia Fernandez de Velasco y Balfe, dix-septième Comtesse de Fuensalida (1470), Grande d'Espagne, Marquise de Berlanga, naquit à Paris le 5 mai 1867. Elle succéda dans ces titres à son père le 16 août 1891.

Documents Officiels

LETTRE DE D. INIGO DE VALLEJO PACHECO. GOUVERNEUR DE HONE
A SA MAJESTE (1) (2)

« Hone, 13 Mars 1534.

(Arch. de Simancas).

« Le 4 Mars, j'ai écrit à Votre Majesté pour lui donner avis que Mouleï Mohammed était arrivé à Tlemsên. Ce que j'ai aujourd'hui à lui faire savoir, c'est que le 9, 10 et 11 de ce mois, j'ai reçu 3 rapports de divers espions maures qui m'avertissent habituellement de ce qui se passe dans l'intérieur du pays. Les renseignements, qui, jusqu'a ce moment, m'ont été fournis par ces Maures ont toujours été exacts, et je dois croire ce qu'ils m'ont dit.

« Il parait que le roi de Tlemsên se prépare à venir attaquer cette ville avec toutes les forces dont il dispose ; les cheïkhs arabes du royaume se sont tous ralliés à lui et ont promis de le servir fidélement dans cette entreprise de Hone. Ces Maures m'on dit également que le fils de Barberousse a offert à Mouleï Mohammed de l'artillerie, et même son assistance, s'il la demandait : ils affirment que le roi partira le 15 avril au plus tard, et ils me conseillent de me tenir sur mes gardes le mieux que je pourrai. Mouleï Mohammed ne parle pas d'autre chose avec les cheïkhs qui viennent le voir. Je m'empresse d'informer Votre Majesté de ce projet du roi de Tlemsên, afin qu'elle prenne les mesures qu'elle jugera convenables.

« Je ne sais si Votre Majesté a vu les autres lettres que j'ai écrites à l'Impératrice, notre souveraine, où je lui faisais connaitre l'étendue de cette place, qui a 1500 estados (3) de muraille, et seulement 400 soldats et 80 lances. Que Votre Majesté n'en doute pas ; pour garder cette enceinte, c'est bien peu de monde. Je prends, d'ailleurs, les meilleurs précautions pour parer à tout ce qui pourrait arriver, et, avec l'aide de Notre Seigneur, je ferai mon devoir, comme il convient au service de Votre Majesté.

---

(1) Extrait de l' « Histoire de l'occupation Espagnole en Afrique (1506-1574) » par Elie de la Primaudaie.

(2) « Nous avons vu que, dans les premiers mois de 1531, la guerre avait éclaté entre le roi de Tlemsên Abd Allah et son fils le prince Mohammed. Au mois de juin de la même année, le docteur Lebrijà, corrégidor d'Oran, sollicitait des instructions du gouvernement espagnol pour savoir quelle conduite tenir à l'égard du jeune prince révolté et des gens qui marchaient avec lui. Au mois d'août suivant le désordre était à son comble dans le royaume de Tlemsên : le roi et son fils continuaient à se faire la guerre et tout le pays était soulevé. Enfin, au mois de septembre, le corrégidor d'Oran entamait des négociations avec le roi de Tlemsên, tout en continuant à promettre â son fils les secours de l'Espagne.

« A partir de cette époque, les documents nous manquent et nous ne savons rien des événements survenus dans le royaume de Tlemsên. Pendant ces 2 ans, voici ce qui s'était passé : le roi Abd-Allah était mort en 1533, après avoir désigné, pour lui succéder, un de ses fils qui portait le même nom que lui ; mais les Turcs, soupçonnant que le prince Abd-Allah étai l'allié secret des Espagnols, avaient si bien fait par leur influence croissante, que son frère Mohammed avait été choisi pour roi par les cheikhs arabes. Ce dernier n'était autre que ce même Mouleï Mohammed, qui en 1531, s'était révolté contre son pere, et recherchait alors l'appui de l'empereur Charles Quint. Dé espérant de s'emparer de Tlemsên et s'étant, sans doute, brouillé avec les Espagnols, qui promettaient toujours de l'aider et ne faisaient rien pour lui, il s'était d'abord retiré à Fez, et, de là, était venu à Alger, où les Turcs l'avaient eux-mêmes appelé ». (De la Primaudaie).

(3) « Estado, mesure de la hauteur d'un homme. Ce mot ne s'emploie ordinairement que pour donner la mesure de certaines hauteurs ou profondeurs ». (De la Primaudaie).

« L'époque où Esteban Salvador était obligé d'approvisionner cette place est déjà loin, comme peut s'en assurer Votre Majesté par le marché qu'elle a fait passer avec lui. En cé qui concerne l'entretien et les dépenses de cette ville il y a une bien grande négligence. Les fournisseurs n'envoient rien, bien que je leur aie écrit plusieurs fois. Ils disent qu'ils n'ont reçu aucune injonction à ce sujet. Je supplie Votre Majesté de vouloir bien donner des ordres, pour que cette place soit approvisionnée, sans perte de temps, en raison de ses pressants besoins

« Aujourd'hui même sont arrivés ici 2 chrétiens esclaves, l'un vieux chrétien, et l'autre, Maure du royaume de Grenade, lesquels étaient prisonniers dans Alger. Lorsque Mouleï Mohammed partit de cette ville, le 12 février dernier, pour venir à Tlemsên, un Tuic, le maître de ces 2 esclaves, l'accompagna comme Kaïd et commandant de l'escorte que le fils de Barberousse avait donnée au roi. Le Turc emmena avec lui ces 2 chrétiens pour qu'ils le servissent pendant le voyage.

« Ces prisonniers nous ont appris les nouvelles suivantes d'Alger :

« Le pays occupé par les Turcs n'est pas tranquille : sur plusieurs points, il y a eu des soulèvemeuts, et un cheïkh maure, nommé Marzo (Marzouk) (1) leur fait la guerre et tient Alger bloqué. Le jour même de leur départ, 6 fustes qui se trouvaient dans le port en sont sorties pour faire une croisière contre les chrétiens.

« Les mêmes eaptifs nous ont dit que 2 bâtiments de commerce français étaient mouillés dans le dit port ; mais que la plus grande partie du chargement de ces navires se composait de poudres et de métal pour faire des canons. 2 esclaves de la même nation sont occupés à fondre ce même métal, et ils ont déjà fabriqué 12 ou 14 excellentes pièces d'artillerie.

« Il parait aussi que les Turcs et les Maures sont en grande crainte, parce qu'ils ont appris les armements que fait Votre Majesté, et que les Français leur ont dit que votre intention était d'envoyer contre eux 60.000 hommes ».

LETTRE DE D. INIGO DE VALLEJO PACHECO, GOUVERNEUR DE HONE, A SA MAJESTÉ (2)

« Hone, 26 avril 1534.

« (Arch. de Simancas).

« Ces jours passés j'ai écrit à Votre Majesté pour l'informer que j'avais eu des nouvelles du roi de Tlemsên par divers espions maures venus en cette ville ; j'ai su par eux que Mouleï Mohammed avait réuni des troupes pour nous attaquer et que, le 20 de ce mois, il avait passé une revue de son armée, prête à le suivre où il voudrait la conduire.

« Un de ces espions m'a dit qu'un courrier d'Alger avait apporté au roi une lettre dans laquelle on lui annonçait la mort de Barberousse. En apprenant cette nouvelle, Mouleï Mohammed a été consterné ; il s'est jeté par terre, pleurant et témoignant la plus grande affliction ; puis, s'étant relevé, il a dit à quelques uns des principaux cheïkhs qui se trouvaient en ce moment avec lui, que puisque *son père* Barberousse était mort, il n'y avait plus rien à faire

---

(1) « Marzouk, nom que l'on donne en Algérie aux mulâtres ». (De la Primaudaie).
(2) Extrait de l' « Histoire de l'occupation Espagnole en Afrique. (1506-1574) », par Elie de la Primaudaie.

et il les a engagés à retourner chez eux, jusqu'à ce qu'il connût la vérité à ce sujet, et qu'il eût trouvé, de nouveau, auprès des Turcs, aide et protection. Les cheïkhs, ayant entendu le discours du roi, sont partis, mais en disant de lui beaucoup de mal.

« D'autres espions prétendent que le roi a reçu d'Alger une seconde lettre qui dément la première : Barberousse ne serait pas mort, mais on ne sait ce qu'il est devenu. Quelques uns disent même que, si Moulaï Mohammed ne veut plus faire la guerre aux chrétiens, c'est parce qu'il a toujours été un homme de peu de cœur, vicieux à l'excès et ne songeant qu'à extorquer de l'argent à tout le monde. Ils racontent qu'il a fait venir d'Alger 2 femmes avec lesquelles il s'était marié dans cette ville, et 2 autres qu'il avait emmenées avec lui à Fez, à l'époque où il était brouillé avec son père. Depuis qu'il est à Tlemsên, il s'est déjà marié 16 fois, et il ne sait faire autre chose que des noces ou demander de l'argent aux Maures, aux Juifs et aux Arabes.

« Tous nos hommes, fantassins et cavaliers, travaillent jour et nuit pour mettre la place en état de défense, depuis que la nouvelle nous est venue que le roi de Tlemsên voulait l'assiéger. Ils sont littéralement rendus de fatigue. De plus, ils manquent d'argent, sont criblés de dettes et dénués de tout On doit aux soldats le dernier quartier de l'année passée et celui de l'année qui court. Quand à la cavalerie elle n'a rien reçu depuis 18 mois ». *(1)*.

« Il n'y a, dans la ville, aucun approvisionnement de vivres appartenant à Votre Majesté. Les marchands, en petit nombre, qui apportent quelques provisions ne veulent plus les vendre à crédit à la troupe, et celle-ci est réduite aux plus tristes extrémités. Je supplie Votre Majesté de vouloir bien ordonner à Francisco de Cortinas, payeur de cette garnison, qui se trouve en ce moment à la cour, de prendre de promptes mesures pour que ces marchands soient payés. Les soldats, en se voyant secourus, serviront avec une meilleure volonté, et la nécessité ne les contraindra plus à me demander chaque jour la permission de s'en aller. Leur dénûment est tel, qu'ils n'ont pas même de quoi acheter une sardine, bien qu'il y en ait en abondance.

« Les marchands de Malaga et des autres ports d'Espagne ne veulent plus venir à Hone, parce qu'ils savent que nous n'avons pas d'argent pour payer ce qu'ils pourraient nous apporter ». (2).

LETTRE DE PERAFAN DE RIBERA, COMMANDANT DE BOUGIE.
A SA MAJESTÉ L'EMPEREUR (3).

                   « Bougie, 17 Mai 1534.
     « (Arch. de Simancas. Estado, Legajo 461).

« La garnison de Bougie, qui se compose de 500 hommes aurait besoin d'être augmentée. Il serait nécessaire de porter ce nombre à 600 avec

---

(1) « Pendant tout son règne, mais surtout au commencement, Charles Quint fut toujours en grande pénurie d'argent. Non seulemen la solde des gens de guerre dans les villes frontières n'était jamais régulièrement payée, mais plus d'une fois l'empereur se vit obligé de licencier ses troupes, parce que son trésor était vide. » (De la Primaudaie).

(2) « Il n'est plus parlé de Hone dans les autres documents. Cette ville fut abandonnée par les Espagnols cette même année ou l'année suivante. On en renversa de fond en comble les fortifications, on n'y laissa pas même une maison debout. Tout fut si complètement rasé, que cette malheureuse cité ne s'est jamais relevée. » (De la Primaudaie).

(3) Extrait de l' « Histoire de l'occupation Espagnole en Afrique, (1506-1574) », par Elie de la Primaudaie.

40 lances, parce qu'il y a 2 forts à garder et bien des occasions où il faut attaquer ou se défendre, notamment pour faire de l'eau et ramasser du bois et du fourrage... »

Lettre du Licencié Melgarejo, Corréjidor d'Oran
a Sa Majesté (1)

« Oran 24 Mai 1534.

« (Arch. de Simancas. Estado, Legajo 461).

« El-Mansour, mezouar du roi de Tlemsên, nous a écrit, à Pedro de Godoy et à moi, une lettre dont j'envoie copie à Votre Majesté (2) et dans laquelle, comme dans beaucoup d'autres que j'ai reçues de lui, il supplie Votre Majesté de vouloir bien congédier promptement son frère l'ambassadeur maure qui se trouve en ce moment à la Cour. El Mansour a un grand désir de servir Votre Majesté, et il voudrait que son frère revint de là bas satisfait, afin que les Maures reconnaissent qu'il a eu raison de conseiller au roi son maître de se faire le vassal de Votre Majesté, comme son père Mouleï Abd-Allah en avait l'intention (3), en échange de la promesse que Votre Majesté le défendra contre tous les Maures rebelles et tous les Turcs qui sont en Afrique.

« Le mezouar m'a écrit ces choses à diverses reprises, ainsi que je l'ai dit à Votre Majesté ; et, comme il est le personnage le plus important du royaume, et que c'est par ses conseils que Mouleï Mohammed se laisse conduire, il me paraît convenable, dans l'intérêt du service de Votre Majesté, en ce qui touche cette frontière, de lui donner satisfaction, particulièrement parce que ses actions sont d'accord avec la bonne volonté qu'il témoigne dans ses lettres.

« Refefa (4) avait demandé au roi de Tlemsên de lui donner des soldats, avec lesquels il se posterait à Abbel et observerait les chemins, ne permettant à personne d'entrer dans Oran ou d'en sortir. El Mansour ne se trouvait pas auprès du roi, lorsque Refefa fit cette demande ; il était occupé en ce moment, à lever la *garrama* dans le royaume. Mouleï Mohammed répondit à Refefa que, en l'absence de son mezouar, il ne pouvait pas faire la guerre aux chrétiens d'Oran, mais que si lui, Refefá, et d'autres Maures en avaient la fantaisie, ils pouvaient aller guerroyer contre les dits chrétiens. D'après cette réponse, beaucoup de Maures se joignirent à Refefa ainsi que 200 arquebusiers de la garde du roi. Ayant appris cela, El Mansour envoya immédiatement l'ordre aux arquebusiers d'abandonner Refefa et de revenir à Tlemsên, les menaçant, s'ils n'obéissaient pas, de leur *mettre la tête où ils avaient les pieds.*

---

(1) Extrait de l' « Histoire de l'occupation Espagnole en Afrique (1506-1574) », par Elie de la Primaudaie.

(2) « Cette copie n'est pas jointe à la lettre du Corrégidor. » (De la Primaudaie).

(3) « Il paraîtrait que, en dernier lieu, le roi de Tlemsên, Mouleï Abd-Allah avait résolu de rompre son alliance avec les Turcs et d'accepter celle de l'Espagne, puis qu'il avait envoyé un ambassadeur à Madrid. Ce fut peut-être à la suite de ce rapprochement que le prince Mohammed, n'ayant plus d'espoir d'être soutenu dans sa rébellion par les Espagnols, se retira d'abord à Fez et ensuite à Alger. » (De la Primaudaie).

(4) « Ce nom n'est pas Arabe. C'était peut-être un Turc ou un renégat espagnol. Le Corrégidor d'Oran dit un peu plus loin, en parlant de lui : ce traître de Refefa ». (De la Primaudaie).

« Cependant Refefa s'en était allé dans la montagne de Guiza. C'est un homme habile et rusé, qui s'est fait une certaine réputation sur cette frontière et nous a tué un grand nombre d'hommes. Hier, samedi, un quart d'heure avant l'aube, il entra avec 70 cavaliers dans *El-Marza* et se posta avec eux dans le ravin que nous appelons *Agua de Miguel*. Laissant 10 de ses gens dans un certain endroit, nommé *la Herradura*, il pensa que le commandant de Mers-El-Kébir, quand il sortirait avec sa troupe, irait tout droit sur ce petit nombre de cavaliers et qu'alors lui, Refefa, sortant tout à coup de son embuscade avec les 60 cavaliers qu'il avait gardés, surprendrait les chrétiens et qu'il en aurait bon marché.

« Mais les choses ne se passèrent pas comme il avait espéré. Lorsque Refefa s'embusqua avec ses gens dans le ravin, 3 chrétiens, qui avaient été aux tours de Ruy Dias (1) chasser des pigeons, entendirent le bruit que faisaient les chevaux Maures en toussant (2), et, incontinent, ils donnèrent avis à Hernando Arias de Saavedra, Commandant de Mers-el-Kébir. Celui-ci envoya aussitôt 35 arquebusiers tourner par la hauteur l'endroit nommé *la Herradura*, ce qu'ils firent sans avoir été aperçus par les Maures, et lui-même, avec 6 lances et une petite troupe de gens de pied, il se porta en avant. Lorsqu'il arriva au ravin de l'*Agua de Miguel*, Refefa et ses cavaliers sortirent de leur embuscade pour tomber sur lui. Il y eut alors un moment où se donnèrent de bons coups de lance ; mais les arquebusiers étant survenus firent beaucoup de mal aux Maures qui, vigoureusement pressés d'autre part, furent obligés de se retirer en toute hâte.

« 2 Maures blessés ont été faits prisonniers par les arquebusiers, et 2 autres ont été tués. Nous avons aussi pris une jument et un cheval. De notre côté, pas un homme n'a été blessé ; le cheval du Commandant a seulement reçu un coup de lance. De cette manière, par l'œuvre du Saint-Esprit (c'était la veille de ce saint jour), Dieu a permis que Refefa fût confondu dans son projet astucieux. Je crois toutefois que Hernando Arias fera bien de prendre ses précautions, parce que ce traître de Refefa cherchera certainement à se venger. (3)

« Le Cheïk Hayn, pour lui et au nom du mezouar, m'a répondu au sujet de la lettre que j'avais écrite au roi de Tlemsên. Il m'invite à écrire de nouveau à Mouleï Mohammed, et il m'annonce que le roi doit nous envoyer un Juif, personnage considérable de sa maison, chargé de nous faire connaitre sa volonté. En conséquence, j'ai pensé, d'accord avec Pedro de Godoy, qu'il était convenable d'écrire une seconde fois à Mouleï Mohammed, par le même courrier que nous à expédié le cheïk Hayn et qui partira demain, et de le prier d'envoyer à Oran le Juif qu'il voudra, afin que nous sachions bien clairement ce qu'il demande, et que nous puissions instruire Votre Majesté de ce qui se passe ».

---

(1) Je n'ai pas pu trouver de renseignements sur ces tours. (Général L. Didier).

(2) ?, j'aimerais mieux « en s'ébrouant ». (Général L. Didier).

(3) « Il parait que ce Refefa était un rude et avisé compagnon, avec lequel il était important d'être toujours sur ses gardes ». (De la Primaudaie).

« Oran, 26 Mai 1534.

« Après avoir écrit à Votre Majesté la lettre qui précède (1), j'étais toujours dans le doute quant au motif qui avait déterminé le roi de Tlemsên à charger le cheïkh Hayn de traiter de la paix, et je ne m'expliquais pas pourquoi il ne m'avait pas écrit directement, ou n'avait pas communiqué ses intentions à l'ambassadeur de son père, qui se trouve à la Cour de Votre Majesté. Aujourd'hui, j'ai reçu une réponse aux lettres que j'avais écrites à Tlemsên, à certaines personnes, en les priant de m'éclairer à cet égard, et de me faire connaitre ce qu'elles avaient pu apprendre des projets du roi et du cheïkh Hayn. Ces personnes me disent que Mouleï Mohammed ne veut pas faire la paix avec les chrétiens parce qu'il attend Barberousse. Si ce dernier revient et que son voyage ait été heureux, le roi se déclarera contre nous ; si au contraire, Barberousse ne revient pas, ou quand même il reviendrait, s'il n'a pas réussi dans ses entreprises, Mouleï Mohammed s'empresserait de conclure la paix avec Votre Majesté. En attendant, il désirerait que, sans autre arrangement ou convention, on lui permit de percevoir dans Oran les droits accoutumés, que les communications restassent libres et que les relations ne fussent pas interrompues. (3)

« Je crois vrai, et je tiens pour tel, ce que me mandent ces personnes de Tlemsên parce que j'ai su, par différentes voies, que le roi se souvenant des bons services que lui a rendus Barberousse, lorsqu'il était à Alger, ne se déclarera jamais contre lui.

LETTRE DE L'EMPEREUR A DON MARTIN DE CORDOBA, COMTE D'ALCAUDÈTE. (2) (4)

» Ségovie, 4 Juin 1534.

« (Arch. de Simancas. Estado, Legajo 461).

« Don Carlos etc.., à vous Don Martin de Cordoba, comte d'Alcaudète, notre capitaine-général et justicier de la ville d'Oran.

« Sachez que notre bon plaisir et notre volonté sont de savoir de quelle manière le licencié Melgarejo, notre corrégidor dans la dite ville d'Oran, a rempli et exercé ses fonctions pendant tout le temps qu'elles ont duré ; lui et les autres officiers de justice devront vous rendre compte de leur gestion, conformé-

---

(1) « La lettre datée du 24 mai. Celle-ci peut être considérée comme un postscriptum de la première. Dans l'original, les 2 dépêches sont écrites sur la même feuille ». (De la Primaudaie).

(2) Extrait de l' « Histoire de l'occupation Espagnole en Afrique (1506-1574) », par Elie de la Primaudaie.

(3) Je suis stupéfait et de l'expression d'un pareil désir et de sa transmission. (?). (Général L. Didier).

(4) « Cette dépêche impériale est très importante. Elle dispose que, à l'avenir, tous les pouvoirs, y compris les varas del corregimiento, les baguettes, c'est-à-dire le signe de la dignité du corrégidor, seront concentrés entre les mains du Capitaine-général. Don Martin de Cordoba fut nommé par Charles Quint, gouverneur d'Oran, le 4 juin 1534, et la lettre de l'empereur est datée du même jour. Il est permis de croire qu'il ne voulut accepter les hautes fonctions qui lui étaient offertes, qu'à la condition qu'il serait le seul maître et le seul administrateur dans Oran. Nous avons dit que Don Luis de Cordoba, 2ᵉ marquis de Comarès, lorsqu'il abandonna son gouvernement, en 1534, était, peut-être, en désaccord avec le conseil de Castille ; mais il est très possible que sa retraite fut seulement motivée par ce même contrôle d'un corrégidor indépendant dont il aurait demandé à être affranchi. Le comte d'Alcaudète fut gouverneur d'Oran, du 4 juin 1534 au 26 août 1558 ». (De la Primaudaie).

ment aux dispositions que la loi faite par les Cortès de Tolède prescrit en pareil cas.

« En conséquence, nous ordonnons :

« Que vous preniez en vos mains le gouvernement et l'administration de la ville et de ses dépendances ;

« Que vous exigiez et receviez du licencié Melgarejo et de ses officiers, dans le délai de 30 jours, ainsi que le veut la loi, le compte de leur gestion ;

« Que vous fassiez bonne justice et accordiez satisfaction aux plaignants, en vous conformant aux lois de nos royaumes ;

« Si, après information secrète, vous trouvez le dit corrégidor et ses officiers coupables en quelque point, que vous les fassiez appeler devant vous afin de les entendre, de découvrir la vérité, et de nous la faire connaître ensuite ;

« Que votre investigation se porte également sur les autres fonctionnaires civils de la dite ville d'Oran et des lieux qui en dépendent, afin de savoir s'ils y résident habituellement et s'ils remplissent convenablement leurs obligations ;

« Que vous fassiez publier que toute personne qui aura quelque plainte à formuler contre eux, en raison du dommage qu'ils ont pu causer dans leurs fonctions s'adresse à vous, et que justice lui soit rendue ;

« Que le Corrégidor et les autres juges vous rendent compte de toutes les condamnations aux galères qu'ils auront prononcées et de l'application faite par eux de cette peine. Si les amendes n'ont pas été payées exactement, vous aurez à les recouvrer et à les verser au Trésor ;

« Que vous vous informiez comment et de quelle manière les écrivains du Conseil, les notaires publics (1), et les autres officiers municipaux ont exercé leurs fonctions et s'ils ont prélevé quelque chose de plus que ce qui leur est alloué par les tarifs de la ville ;

« Que vous rendiez la justice en notre nom dans la ville d'Oran, jusqu'à ce que nous ayons nommé un autre corrégidor, si nous le jugeons à propos ; en attendant, notre bon plaisir est que vous receviez, chaque jour, pendant tout le temps que vous occuperez les fonctions de juge, autant de maravédis qu'en recevait le licencié Melgarejo ».

. . . .

« Charles-Quint prescrit ensuite les formalités à remplir par tous les fonctionnaires pour se démettre de leurs pouvoirs entre les mains du comte d'Alcaudète. Les délinquants à cet ordre seront punis selon les peines réservées à quiconque exerce indûment des fonctions qui ne lui ont pas été dévolues ;

« Nous voulons, en outre, continue Charles-Quint, que vous connaissiez de toutes les affaires civiles ou criminelles dans la ville d'Oran et ses dépendances, vous accordant, à cet effet, tout le pouvoir que tenait de nous le licencié Melgarejo, et nous ordonnons que dans la dite ville, il y ait un alcade qui soit lettré, suffisant et capable, lequel jouira du même traitement annuel qui était accordé aux autres alcades ;

« Enfin, et particulièrement, nous vous mandons de prendre des mesures pour que les rues et chemins, dans la dite ville d'Oran et ses dépendances,

---

(1) « Escribanos públicos del numero, notaires qui ne pouvaient exercer que sur le territoire dans lequel ils étaient reçus ». (De la Primaudaie).

soient toujours sûrs et que, à cet effet, vous adressiez des réquisitions aux propriétaires de la banlieue (caballeros comarcanos) qui auraient des vassaux. (1).

« Donné en la ville de Ségovie, le quatrième jour du mois de juin de l'année 1534.

« Moi le Roi ».

Lettre du licencié Melgaréjo, Corrégidor d'Oran a Sa Majesté l'Empereur (3) (2)

« Oran, 11 Septembre 1534.

« Un Juif de cette ville, qui arrive d'Alger et qui en est parti le dimanche, 30 du mois dernier, nous avait dit qu'on n'avait encore aucune nouvelle de la venue de Barberousse ; mais il parait qu'on l'attend. Le Turc, qui commande a sa place, a reçu plusieurs lettres de lui, annonçant son retour prochain, et il les montre à tout le monde. (4).

« Le 4 de ce mois, le Turc qui avait accompagné Mouleï Mohammed à Tlemsên, le 12 Février dernier, s'en est retourné à Alger. Le roi lui a donné une escorte de 400 lances et de plus de 100 arquebusiers.

« Mouleï Mohammed est fort mal vu des Maures de Tlemsên, et des Arabes, à cause de ses nombreuses injustices et de la vie déréglée qu'il mène. Il se laisse entièrement diriger par les Turcs, et tout le monde est mécontent de le voir ainsi dans la dépendance complète de Barberousse.

« Les Maures et les Arabes disent que, si les Turcs veulent venir à Tlemsên et les commander, ils ne le souffriront pas ; qu'ils se mettront avec Ben Redouan et reconnaîtront son petit-fils pour roi. Ben Redouan m'a fait demander le sauf-conduit que doit m'envoyer Votre Majesté ; n'ayant encore rien reçu, je lui ai répondu que je l'attendais de jour en jour. (5).

« D'après ce que j'ai appris de certains Maures et Juifs, je crois pouvoir assurer Votre Majesté que, si Ben Redouan était à Oran avec son petit-fils, non seulement Mouleï Mohammed, alors même que les Turcs consentiraient à l'aider, n'oserait rien tenter contre cette ville, mais on pourrait, sans

---

(1) « Pour mieux assurer certaines villes conquises en Afrique, dit Ferreras, le roi Ferdinand avait projeté d'y mettre en garnison des ordres militaires ; les chevaliers de Saint-Jacques devaient s'établir à Oran, ceux d'Alcantera à Bougie, et ceux de Calatrava à Tripoli ; mais, en attendant que cela fut fait, le roi envoya à Oran 600 vieux chrétiens (cristianos viejos) avec leurs familles, dont 200 devaient servir à cheval, à leurs frais, et les autres à pied, au moyen de quoi il les exempta de tout impôt et partagea entre eux les maisons, les campagnes et les héritages de la ville. Les Caballeros comarcanos, dont il est ici question, étaient, sans doute, ces mêmes vieux chrétiens. Quant à l'établissement des chevaliers des 3 ordres à Oran, à Bougie et à Tripoli, les guerres d'Italie ne permirent pas au roi de réaliser ce projet ». (De la Primaudaie).

(2) « La présente lettre qui nous apprend que le licencié Melgarejo était toujours corrégidor d'Oran, au mois de septembre 1534, a lieu d'étonner, après la lecture de celle qui précède ; mais le corrégidor nous explique lui même cette apparente contradiction : le comte d'Alcaudète n'avait pas encore pris possession de son gouvernement ». (De la Primaudaie).

(3) Extrait de l' « Histoire de l'Occupation Espagnole en Afrique (1506-1574) », par Elie de la Primaudaie.

(4) « Kheïr-ed-Dine se trouvait en ce moment à Tunis, dont il venait de s'emparer au nom du Grand-Seigneur » (De la Primaudaie).

(5) « Il sera souvent parlé de ce Ben Redouan dans les lettres suivantes. Son petit-fils était le prince Abd-Allah, frère de Mouleï-Mohammed, que les Turcs avaient dépossédé du trône au profit de ce dernier ». (De la Primaudaie).

13

beaucoup de peine, le chasser de Tlemsên. A cet effet, il serait bien de faire ce que Ben Redouan demande, et même de l'inviter, de la part de Votre Majesté, à venir à Oran.

« Le comte d'Alcaudète n'ayant pas encore pris possession de son Commandement, il est de mon devoir de faire connaitre à Votre Majesté, le grand besoin que nous avons de blé, de fourrage et d'autres approvisionnements. Il n'y a, dans toute la ville, que 3.500 fanègues de blé, et à peine 100 d'orge. Quant aux munitions de guerre, poudre, boulets, roues de canons, affûts, elles nous font complètement défaut. Nous manquons aussi de beaucoup d'autres choses très nécessaires.

« J'ai écrit très souvent à Votre Majesté par la voie de Carthagène et par celle de Malaga ; mais on ne m'a jamais répondu. La dernière lettre que j'ai reçue était datée du 13 Mars et venait de Tolède. Je suis très peiné de ce silence, et je me demande quel peut en être le motif ; j'ai toujours eu soin d'informer Votre Majesté de tout ce qui se passe ici. (1)

....

« Le roi de Tlemsên, comme je l'ai déjà écrit à Votre Majesté, a fait jeter en prison El Mansour, frère de l'ambassadeur, que son père avait envoyé à Votre Majesté. Il a confisqué tous ses biens, et nommé mezouar le Kaïd Mesguin. On assure qu'il est très irrité contre El Mansour, et qu'il le laissera mourir en prison. Les parents de ce dernier, qui sont nombreux et des principaux du royaume, ont pris la fuite, en apprenant son arrestation. Le bruit court qu'il se sont joints à Ben Redouan. »

MÉMOIRE DE LUIS PRESENTA, ENVOYÉ EN MISSION A TUNIS. (3) (2)

« Madrid, 7 Novembre 1534.

« (Arch. de Simancas. Estado, costas de Africa, Legajo 462).

....

COMPTE-RENDU DE CE QU'ÉCRIT ANFRAN DE CAMUGIO, ENVOYÉ PAR LE VICE-ROI DE SICILE POUR RASSURER LE ROI DE TUNIS (3) (4)

« Tripoli, 24 Décembre 1534.

« (Arch. de Simancas. Estado, Legajo 462).

....

La Situation en Oranie

D'après Paul Ruff (5) :

« Lorsque le comte d'Alcaudète fut nommé capitaine-général d'Oran en 1534, les Espagnols, maîtres de cette ville depuis 1909, y étaient encore aussi

---

(1) « On ne s'explique pas que pendant 6 mois (du 13 mars au 11 septembre) le gouvernement espagnol ait laissé sans réponse les let res du corrégidor d'Oran. Si la conquête n'avançait pas, on ne doit pas s en étonner ». (De la Primaudaie).

(2) D'après De la Primaudaie ce Mémoire aurait été annoté de la main de Charles Quint. Dénoncé, Presenda, jeune gentilhomme Génois, attaché à la personne de Charles Quint, eût la tête tranchée devant Kheïr-ed Dine.

(3) Extrait de l' « Histoire de l'occupation Espagnole en Afrique (1506-1574) », par Elie de la Primaudaie.

(4) « Le roi de Tunis, chassé de sa capitale par Khair-ed-Din, essaya d'abord d'armer les Arabes contre les Turcs ; mais, obtenant peu de succès de ses démarches, il suivit le conseil que lui donnait un de ses renégats et s'adressa à Charles Quint. Ce dernier, qui songeait à attaquer les Turcs, accueillit favorablement les ouvertures du roi de Tunis. Anfran de Camugio fut envoyé auprès de Mouleï Hacen pour le confirmer dans sa résolution et discuter avec lui les premières bases du traité d'alliance ». (De la Primaudaie).

(5) La Domination Espagnole à Oran sous le gouvernement du comte d'Alcaudète (1534-1558). (Paris-Leroux 1900).

étroitement enfermés qu'au premier jour de la conquête. Leur autorité n'était reconnue que là où pouvait se faire sentir leur force. Seules étaient soumises les populations arabes qui, réfugiées dans le voisinage immédiat de la cité, y trouvaient une protection contre leurs ennemis et un marché pour y vendre leurs produits. Encore leur fidélité ne devait-elle pas être mise à une trop rude épreuve et la confiance qu'avaient en eux les Espagnols ne devait pas être exagérée. Les Maures « de paix » ou alliés restaient toujours suspects et lorsque le gouverneur d'Oran entreprenait quelque expédition, quelque razzia, il se gardait bien de les en prévenir. Tout au contraire devait-on les éviter, car on était certain qu'ils avertiraient l'ennemi.

« Nous avons quelques renseignements sur les populations qui occupaient le territoire d'Oran. Nous connaissons les noms de quelques grandes familles, les Ouled Abdallah, les Ouled Moussa, les Ouled Brahen ou Brahim, les Abderrahman ben Açoror. Ces familles nobles comptaient un grand nombre de sujets et de vassaux. Ces alliés, ou plutôt ces tributaires, fournissaient aux habitants d'Oran des vivres, du bétail, du charbon, etc... Mais il ne fallait pas trop compter sur eux et c'est d'Espagne que l'on faisait venir presque tout ce qui était nécessaire à la garnison et même à la population civile.

« Au milieu de ces tribus soumises, mais presque toujours secrètement hostiles, les ennemis des Espagnols pouvaient facilement se glisser jusqu'aux abords d'Oran. Fréquemment on les voyait arriver près des murailles, s'embusquer dans les ravins voisins et surprendre des sentinelles isolées, de petits détachements en reconnaissance. Il n'y avait donc aucune sécurité dans la région la plus proche de la ville.

« Les rivalités entre les indigènes, leurs querelles et leurs rancunes, fournissaient heureusement aux Espagnols d'utiles indicateurs, des guides qui leur facilitaient à leur tour des surprises souvent fructueuses. Il y avait, en outre, à Oran même, toute une troupe de Maures réfugiés, les almogatazos (1), véritables renégats politiques, qui étaient à la solde du gouvernement et laissaient dans la ville leurs familles qui servaient d'otages.

« La zône soumise à l'influence espagnole n'allait guère au delà de 2 journées de marche, c'est-à-dire qu'elle comprenait seulement le territoire que pouvait parcourir la garnison sans entreprendre une véritable expédition. Cette zône s'étendait donc à l'Est jusqu'aux montagnes voisines de Cristel, au Sud jusqu'vers Arbal, à l'extrêmité de la grande Sebkha de Misserghin, à l'Ouest jusqu'au cap Falcon. Les remparts d'Oran et la forteresse de Mers-el-Kébir étaient au centre de ce territoire.

....

« Pour défendre Oran et son territoire il fallait une garnison que Diégo Suarez évalue à 3.000 hommes. Mais le nombre en était souvent moindre. En outre, une troupe aussi peu nombreuse était forcément réduite à l'impuissance, parce qu'elle était obligée de garder la défensive en face d'ennemis toujours prêts à l'attaque.

« Ce qui compliquait encore la situation et rendait les entreprises très difficiles, c'était la pénurie des ressources mises à la disposition des Gouverneurs d'Oran.

----

(1) Déformation du mot arabe « el Mokhazni » (les gens du Maghzen). Mais je crois qu'ils n'existaient pas encore à cette époque et que Paul Ruff les confond avec les otages dont il sera parlé dans les années suivantes (Général L. Didier).

« Non seulement il leur était, comme nous le verrons, très pénible d'obtenir des renforts lorsqu'ils voulaient tenter quelque expédition importante, mais ils ne pouvaient même pas arriver à se faire payer les sommes qu'ils avaient avancées ou la solde arriérée de leurs soldats. Les vivres, les munitions, les armes faisaient toujours défaut.

« Les revenus de la ville consistaient surtout en impôts payés par les Maures soumis, la Roumia. Ils étaient versés dans le Trésor et il fallait des ordres spéciaux pour les distraire au profit de la défense.

« Le Gouvernement de la place appartenait au capitaine-général Jusqu'en 1534, l'administration civile, relevait du corrégidor, à la fois intendant et Juge. Mais il résultait, de cette division des pouvoirs, de nombreux conflits. Charles Quint y mit fin en réunissant leurs attributions entre les mains du comte d'Alcaudète lorsqu'il le nomma Capitaine-Général. Ce personnage devenait ainsi à la fois le chef militaire, l'administrateur civil et le juge suprême, c'est-à-dire qu'il était l'unique représentant du roi d'Espagne.

« Mais le système de centralisation politique institué par Ferdinand le Catholique et fortifié par Charles Quint empêchait l'initiative du gouverneur de s'étendre bien loin. Toute décision importante était subordonnée aux volontés du roi et aux avis de ses conseils. Toutes les négociations étaient immédiatement soumises au souverain qui, de Valladolid, de Flandre, ou d'Italie, en conservait la haute direction. C'est d'Espagne qu'étaient expédiés, avec une irrégularité qui soulevait de continuelles plaintes, les vivres, les armes et les munitions. Le gouverneur ne traitant par lui-même avec les fournisseurs était obligé de recourir à l'intervention royale pour leur faire exécuter leurs contrats. (1).

« La tribu des Beni-Amer était, en partie au moins, devenue de très bonne heure l'alliée des Espagnols, et sa situation à proximité d'Oran avait rendu son concours fort utile. Ce peuple appartenait lui-même à la grande tribu

---

(1) Revenant un peu plus loin sur le même sujet, Paul Ruff écrit : « Il y avait bien, dans le voisinage immédiat d'Oran, quelques jardins que les Espagnols cultivaient non sans péril, car de petites bandes d'Arabes ennemis s'approchaient fréquemment des murailles pour surprendre quelques soldats isolés. Ils arrivaient la nuit sous la conduite de quelque rénégat, s'embusquaient dans les ravins qui débouchent vers Oran et attendaient qu'au soleil levant, quelque troupe tombât dans l'embuscade. Ils tiraient ou blessaient quelques hommes et s'enfuyaient avant que la garnison avertie fût sortie pour les combattre. Parfois ils enlevaient les troupeaux destinés à l'approvisionnement de la ville. Le plus souvent ils pillaient quelque douar soumis aux Espagnols. Il était difficile, par suite, de compter sur les produits du pays pour nourrir les habitants et la garnison. Lorsque la paix régnait avec le roi de Tlemcen, on pouvait encore s'approvisionner de blé, d'orge, d'avoine, d'autant plus qu'il acquittait fréquemment en céréales son tribut annuel. Mais, comme la paix n'était jamais bien solide, que le roi ne remplissait pas très régulièrement ses obligations, et qu'enfin on ne pouvait compter ni sur les fournisseurs arabes, ni sur les récoltes, fort irrégulières et sans doute généralement médiocres, c'était l'Espagne qui devait faire face aux besoins de la colonie... Il est certain que le service des approvisionnements laissait fort à désirer et que les fournisseurs n'étaient pas très exacts ni probablement très honnêtes. Les formalités exigées pour le contrôle retardaient souvent l'envoi des céréales...

« Aussi le moindre prétexte suffisait pour qu'on allât razzier les tribus voisines. Le simple soupçon que les Maures soumis avaient pu s'entendre avec les ennemis, Arabes ou Turcs, provoquait de rigoureuses répressions et l'on ramenait de ces expéditions, généralement aussi fructueuses que peu périlleuses, des prisonniers et du bétail... Mais c'étaient là des ressources sur lesquelles on ne pouvait pas compter.

« Il en était de même des munitions et des armes. Il fallait des demandes répétées pour obtenir l'indispensable...

(Voir la suite de ce renvoi page suivante).

des Zoghba (1). Les Beni Amer s'étaient d'abord établis sur les Hauts Plateaux vers le désert, au Sud de Tlemcen ; puis ils étendirent leur domination à toute la province. Ils occupèrent la région s'étendant du Tessalah et de la Plaine de la Mléta jusqu'à la plaine de Zidour située à l'ouest d'Aïn-Témouchent. Tout le pays plat leur fut abandonné par les sultans de Tlemcen qui ne conservèrent que les villes. Les Beni-Amer se divisaient en 3 branches : les Beni-Yaqoub, les Beni Hamid et les Beni Chafa. Ces peuples, qui habitaient jusque dans les environs d'Oran, devaient par leur aide favoriser puissamment les projets des Espagnols. Il se trouva que leur chef personnellement intéressé dans les luttes intestines du royaume de Tlemcen, Abderrahman ben Redouan fut, en quelque sorte, obligé de se placer sous la protection des chrétiens et de mettre à leur service toute son influence et celle des chefs qui lui obéissaient. Mais, comme toujours, cette alliance n'avait rien de solide et ne devait subsister qu'autant que les Espagnols seraient vainqueurs et que leur appui paraîtrait utile. On l'avait bien vu au moment des luttes contre Aroudj : Les Beni-Amer étaient restés hésitants jusqu'à ce que la victoire se fut décidée. C'est cependant parmi eux que les Espagnols recrutèrent longtemps leurs auxiliaires indigènes.

« Il n'en fût pas de même des Beni-Rachid. Le territoire de cette tribu s'étendait au Sud-Est de celui d'Oran. La province des Ben-Arax ou Beni Rachid comprenait des plaines du côté du Sud, des collines fertiles en blé et riches en pâturages du côté du Nord. Tandis que les habitants des montagnes demeuraient dans des villages et travaillaient aux champs, ceux de la plaine vivaient à l'état nomade, bien que tous fussent d'origine berbère. Les principales de leurs villes étaient Mascara (Mohaxar), Caala, Batha (2) et la capitale, Ben Aradj, qui comptait plus de 2.000 habitants. Les Beni-Rachid appartenaient à la grande famille des Beni-Badin. Ils avaient d'abord habité une région montagneuse à la limite du désert (Le Djebel Amour). Plus tard ils franchirent ce massif et refoulèrent les Médiouna et les Beni Ournid qui occupaient les plaines situées au Nord. Les Médiouna se réfugièrent dans les plaines situées au Nord de Tlemcen. Quand aux Beni Rachid, solidement retranchés dans les montagnes du Sud, ils dominaient sur les plateaux jusqu'à Tlemcen. Aussi jouaient-ils dans le royaume un rôle considérable, et l'un de

---

« Même pour élever des retranchements nécessaires ou pour réparer les murailles, le Comte avait de la peine à obtenir de l'argent. Il n'arrivait pas à obtenir le paiement régulier des sommes dûes aux troupes. La solde était toujours en retard et les troupes s'en irritaient...

« La pénurie d'argent devait aussi gêner le Gouverneur dans ses relations avec les indigènes. Il en fallait en effet pour payer leur dévouement, entretenir leur fidélité et surtout pour réchauffer le zèle des espions. Il était nécessaire de se tenir sans cesse au courant de ce qui se passait partout, à Tlemcen comme à Alger. Or l'argent faisait presque toujours défaut, et le Comte ne pouvait pas, même en cas de besoin urgent, prendre ce qui manquait sur les revenus de la ville. On conçoit les difficultés qu'il y avait à gouverner dans de telles conditions.

« Il faut ajouter que le capitaine-général n'était pas toujours bien secondé... Le comte d'Alcaudète devait informer l'Empereur de tout ce qui se passait chez les Maures et surtout chez les Turcs. Aussi entretenait-il une véritable armée d'espions, tant à Tlemcên, à Mostaganem ou Fez qu'à Alger. Il tirait encore des renseignements intéressants des prisonniers. L'une des continuelles préoccupations de Charles Quint, était de connaître l'importance des forces turques qui défendaient Alger, car il tenait à s'emparer de cette capitale de Barberousse. Il fallait que le comte d'Alcaudète se procurât des détails complets et précis... »

(1) qui étaient des Hilaliens. (Général L. Didier).
(2) « Sur l'Oued Mina, près du confluent du Chéliff ». (P. Ruff).

leurs principaux caïds, El Mansour Ben Bogani, devait, comme nous le verrons, exercer à plusieurs reprises une influence décisive sur le sort de cet Etat. L'importance de cette tribu provenait en grande partie de la fertilité de son sol et du grand nombre de ses habitants. Elle fournissait, en effet, au rois de Tlemcen un revenu considérable (1) et pouvait mettre sur pied 25.000 hommes, tant de cavalerie que d'infanterie (2). »

1535 (941-942 de l'Hégire)

RÉSUMÉ DES FAITS DANS L'ORDRE CHRONOLOGIQUE

DOCUMENTS OFFICIELS. — LE DÉSASTRE DE TIFIDA (ou Tibda)

1535

Résumé des faits dans l'ordre chronologique

Juillet. — Expédition heureuse de Charles Quint contre Tunis où il entre le 21 Juillet (3).

Décembre. — Rappelé par le sultan de Constantinople, Kheïr ed Dine confie le commandement d'Alger à Hassan Aga, qu'il nomme Bey et arrive à Constantinople après avoir impunément traversé les croisières de Doria.

ESPAGNOLS DE BOUGIE

Le Gouverneur espagnol de Bougie est Perafan de Ribéra (4).

D'après Feraud :

« Le 14 Février (5), l'infant de Bougie « Don Fernando écrit à Charles Quint, près de qui il est, de l'aider à apaiser les créanciers de son père, afin que l'âme de celui-ci soit hors de peine et de lui permettre de venir demeurer, au moins momentanément, a Bougie afin de décider beaucoup d'âmes à se convertir à la Sainte Foi de Notre Seigneur et de susciter des embarras à Barberousse ». Par décision du même jour, Charles Quint lui fait remettre 450.000 maravédis, mais ne l'autorise pas à retourner en Afrique.

AU MAROC

D'après Garrot :

« Moulaï Ahmed El Ouattasi succéde à son père Mohammed. El Aredj se proclame, à Merrakech, indépendant du sultan de Fez. Moulaï Ahmed el Ouattasi veut le réduire. Une insurrection fomentée par les confréries religieuses éclate à Fez après son départ et l'oblige à traiter de puissance à puissance ».

----

(1) 25.000 ducats, d'après Léon l'Africain ; 40.000 pistoles, d'après Marmol.
(2) d'après Marmol.
(3) Voir les effectifs de Barberousse aux documents officiels ci-après (lettre du 4 anvier 1535 du frère Juan de Iribès).
(4) Voir, aux documents officiels ci-après, son intéressante lettre du 4 juin 1535.
(5) Non, en janvier ; c'est la décision de Charles Quint qui est du 14 février (voir documents officiels ci-après).

Au Sahara

D'après Martin :

« A Tamentit, guerre du cheikh Ali ben Amor contre les Oulad Ali ben Moussa. Il meurt. Son fils Abdallah ben Ali prend le pouvoir et dépense tous ses biens (sauf 1 jardin et 1 cheval) pour agrandir Tamentit. D'après Et Tamenti-ti : « Cette famille était originaire des Beni Meniar, du Tell Oranais, qui sont les frères des Djaafra ; elle s'était installée, 100 ans avant, à l'ouest de Tamentit, à Tadjaafert. Attaquée vers 1510 par les Oulad Neslam, elle s'était réfugiée à Tasfaout où vinrent la chercher les Oulad Ali ben Moussa qui l'amenèrent à Tamentit, lui firent don du quart des Jardins et la reconnurent pour cheikhs du pays.

Lundi 25 Août. — Prise de Bône par le Marquis de Mondejar. (1)

Faits particuliers a l'Oranie

Cette année-là, la récolte a été mauvaise.

Mercredi 30 Juin. — Engagement, près de *Tifida* (ou Tibda) (2) de Ben Redouan (3) (renforcé par 600 Espagnols de la garnison d'Oran, commandés par Don Alfonso Martinez de Angulo, châtelain d'Alcaudete) (4) avec le caïd des Beni Rachid (5) (renforcé par des contingents arabes et par des arquebusiers de Tlemcen).

Le caïd se retire dans son camp à Tifida. Ben Redouan l'y poursuit, l'y attaque et le fait décamper. Mais au lieu de pousser sur Tlemcen, il s'arrête sous prétexte d'attendre des propositions de négociations de Mouleï Mohammed.

Vendredi 2 Juillet. — Une tentative de retour offensif du caïd échoue.

Dimanche 4 Juillet. — Contre offensive du caïd à qui sont passés des contingents de Ben Redouan à cause de ses hésitations. Ben Redouan bat en retraite.

Pour accélérer sa marche, il abandonne, après les avoir fait mettre hors de service, les 4 pièces d'artillerie de campagne amenées et servies par son renfort espagnol.

Mercredi 7 Juillet — *Désastre de Tifida.* Surprise complète des forces de Ben Redouan, D. Alfonso Martinez est fait prisonnier avec ceux

----

(1) Voir, aux documents officiels la lettre du 13 Septembre 1535 de D. Alvar Gomez de Horosco el Zagal à Charles Quint.

(2) Près de l'oued Isser.

(3) Avec qui était le prince Abd-Allah.

(4) Ce fait, tout à fait nouveau, de troupes espagnoles mises par le comte d'Alcaudète, ou tout au moins sur sa proposition, à la disposition d'un des partis, est très interessant. Il inaugure la politique nouvelle que va chercher à suivre le comte d'Alcaudète, mais dans laquelle, comme on le verra plus loin, il ne sera pas suivi par le Conseil d'Espagne et le Gouvernement Espagnol. Ximénès a bien eu les yeux plus gros que le ventre de l'Espagne dont les ressources humaines, financières et économiques n'ont pas été suffisantes pour s'assimiler tout ce qu'elle conquérait. (Général L. Didier).

(5) Commandant les forces du Sultan Mouleï Mohammed de Tlemcen.

de ses 600 hommes qui n'ont pas été tués ou qui ne sont pas arrivés à s'enfuir à Oran (1).

Ben Redouan se retire dans le Sahara.

12 Juillet. — Pour rassurer le Gouvernement Espagnol, le Comte d'Alcaudète écrit, après avoir rendu compte du désastre : « la ville (Oran) est toujours bien pourvue de troupes ; je renvoie même en Castille plus de 300 hommes qui ne sont pas nécessaires ».

16 août. (2). — Charles Quint licencie de Tunis, et renvoie en Espagne, une partie de son infanterie et de sa flotte. Il n'a pas accepté la proposition, qui lui avait été faite fin juillet, de s'emparer de Mostaganem, puis de Tlemcen, en partant de Harchgoun (Rachgoun) où il irait débarquer. Mais, dans ses Instructions au Marquis de Mondéjar, à qui il a donné le commandement des troupes licenciées, il prescrit de « voir s'il n'y aurait pas moyen d'employer dans le royaume de Tlemcen toute l'infanterie licenciée qu'emmène la flotte, ou au moins en partie, et cela sans la payer en la nourrissant seulement ».

27 Août. — *Razzia dirigée par le Comte d'Alcaudète* (3). Partant d'Oran à minuit, le comte d'Alcaudète va razzier des douars hostiles.

29 Août. — *Il envoie une Reconnaissance* (3) dans la montagne de Guiza, où des Maures hostiles veulent faire payer un tribut à des villages.

3 Septembre. — Dans une lettre à l'Empereur (4), le comte d'Alcaudète rend compte que le « Roi Mouleï Mohammed lui a fait offrir de lui rendre les prisonniers espagnols et de payer le tribut que payaient son père et son aïeul ».

5 Septembre. — Mouleï Mohammed envoie à l'Empereur, par le comte d'Alcaudète, une lettre et un *Projet de traité* (4) signé de lui.

13 Septembre. — Le comte d'Alcaudète lui répond en lui adressant une *« capitulation pour traiter de la paix* (4).

3 Octobre. — Mouleï Mohammed renvoie cette capitulation signée de lui et scellée de son sceau.

Les autres faits particulièrement intéressants sont donnés par les 2 documents suivants (4).

1° Rapport (de novembre ou décembre 1535), du Conseil de Sa Majesté sur les affaires du royaume de Tlemcen.

2° Les « Instructions » du comte d'Alcaudète à Garcia de Navarette, commandant de Mers-el-Kébir, instructions dans lesquelles le comte d'Alcaudète déclare : « J'ai eu plus de peine à défendre Oran et Mers-el-Kébir contre la faim que contre l'ennemi ».

---

(6) Le total des prisonniers aurait été de 70 d'après la lettre du 5 Septembre suivant du sultan Mouleï Mohammed (voir cette lettre aux documents officiels ci-après).

(2) Voir aux documents officiels ci-après les « Instructions » de ce jour de Charles Quint et l' « Avis » qui lui avait été donné à Tunis fin Juillet.

(3) Voir aux documents officiels ci-après la lettre compte-rendu du 3 Septembre.

(4) Voir aux documents officiels ci-après.

Pour permettre de comprendre plus facilement les documents d'ordre militaire qui suivent, voici, enfin, l'explication de quelques termes techniques.

Sacre, demi-canon, quart de couleuvrine, dont le calibre était de 10 à 12 livres vénitiennes (3 à 4 kilogr.).

Culebrina, couleuvrine, canon très long et très mince. Il y avait des couleuvrines de différents calibres, depuis 30 livres (9 à 10 kilogs.) jusqu'à 120 livres (36 à 37 kilogs.).

Falconete, fauconneau ou sacret ; on lançait avec cette petite pièce d'artillerie des boulets en plomb de 3 livres (0 k. 906).

Verso, sorte de demi-couleuvrine.

Documents Officiels

RELATION DU FRÈRE JUAN DE IRIBÈS SUR LES ÉVÉNEMENTS DE TUNIS (1).

« 4 Janvier 1535.

« (Arch. de Simancas. Estado, Legajo 462).

. . . .

« Les troupes (de Barberousse) se composaient de 1800 janissaires, 6500 Grecs, Albanais et Turcs et 600 renégats, la plupart Espagnols. La flotte était forte de 84 galères...

LETTRE DE L'INFANT DE BOUGIE A SA MAJESTÉ (1) (2)
(pour qu'elle l'aide à payer ses dettes et celles de son père)

« Janvier 1535.

« (Arch. de Simancas. Estado, Legajo 462).

LETTRE DE L'EMPEREUR AUX MAITRES DE SA CHAMBRE DES COMPTES POUR L'AFFAIRE DE L'INFANT DE BOUGIE (1)

« Madrid, 14 Février 1535.

« (Arch. de Simancas. Estado, Legajo 462).

« L'Illustre Infant de Bougie don Fernando (3), devait recevoir, chaque année, selon notre bon plaisir, 500.000 maravédis, avec l'obligation de payer, sur la dite somme, 600 ducats à ses sœurs, cousines et nièces, pour leur entretien. Ces 500.000 maravédis lui ont été comptés pour l'année passée, pour la présente et pour celle à venir de 1536.

« L'Infant m'ayant fait savoir qu'il devait 450.000 maravédis à Hugues Moreau, dit Jean de Bourgogne, duquel il a reçu sommation, j'informe les officiers de la Chambre des Comptes, que, en considération des services que

---

(1) Extrait de l'« Histoire de l'Occupation Espagnole en Afrique. (1506-1574) » par Elie de la Primaudaie.

(2) « L'infant de Bougie, dont il est ici question, était fils du roi Mouleï Abd-Allah. Il s'était converti au christianisme, ce qui lui avait valu ce titre donné en Espagne aux princes du sang ». (De la Primaudaie).

(3) « Le fils du roi de Bougie avait reçu au baptême le nom de Fernando, en mémoire sans doute du roi Ferdinand ». (De la Primaudaie).

le dit Infant Don Fernando m'a rendus et qu'il continue à me rendre, je consens à ce qu'il lui soit fait remise de la somme dont il s'agit, alors même qu'il viendrait à décéder avant la fin de l'anné 1536. Le paiement à Jean de Bourgogne devra se faire de la manière suivante : 250.000 maravédis en 1535, et 200.000 en 1536.

EXTRAITS DE LETTRES DE CONSTANTINOPLE (1)

14 et 15 Avril 1535 et 1er et 2 Mai).
« (Arch. de Simancas. Estado, Legajo 462),

. . . .

« Le bruit public à Constantinople est que *l'armada* de Sa Majesté est formidable. »

COMPTE-RENDU DE LA LETTRE ÉCRITE A SA MAJESTÉ
PAR PERAFAN DE RIBERA, COMMANDANT DE BOUGIE (1)

« Bougie, 4 Juin 1535.
« (Arch. de Simancas. Estado, Legajo 462).

« Perafan de Ribera dit qu'il serait très heureux de faire partie de l'expédition qui se prépare (contre Tunis), et il sollicite l'autorisation de quitter son commandement.

« Il informe l'Empereur que la garnison de Bougie compte à peine 600 hommes, et que tous les jours le nombre des soldats diminue, parce qu'ils demandent à retourner chez eux ou à s'embarquer pour les Indes ; (2) si la garnison doit être maintenue au complet, c'est-à-dire à 700 hommes, il est nécessaire d'envoyer des renforts.

« Il pense que les approvisionnements suffiront pour atteindre octobre ou novembre ; mais il dit qu'on a tort d'attendre que les besoins deviennent pressants, surtout lorsqu'on est obligé de tirer toutes les subsistances de dehors. Il fait observer que les Maures et un grand nombre de femmes sont nourris sur l'ordinaire, de sorte que, si, comme le veut Sa Majesté, les forteresses doivent être approvisionnées pour un an ; il faut qu'on expédie de Malaga, sans retard, un autre bâtiment avec des vivres.

« Comme les soldats profitent, pour s'échapper, de la complaisance des patrons de navires, il demande que défense soit faite à ceux-ci, sous les peines les plus graves, de recevoir à leur bord aucun homme de la garnison, à moins qu'il ne soit muni d'une permission signée de sa main.

« On n'a reçu à Bougie, pour la solde des troupes, que 4.500 ducats, dont 3.500 en espèces et 1.000 en denrées, et, relativement à ce qui est dû, c'est peu de chose. Perafan supplie Sa Majesté de donner des ordres pour qu'il soit fait un nouvel envoi de fonds. On doit à la garnison 18 mois de solde.

« La troupe crie contre le payeur qui lui vend les vivres fort cher : elle dit que sa paie s'en va par morceaux, Perafan trouve qu'elle a quelque raison

---

(1) Extrait de l' « Histoire de l'occupation Espagnole en Afrique (1506-1574) » par Elie de la Primaudaie.

(2) « Les désertions étaient fréquentes parmi les soldats des garnisons de Bougie et d'Oran. Pour eux, les Indes, « où l'on trouvait de l'or et des perles en courant le *pays* » étaient un appât autrement séduisant que les villes frontières d'Afrique, *« las fronteras »*, comme on les appelait ». (De la Primaudaie).

de se plaindre. Il fait remarquer que, ayant demandé au payeur de lui remettre ses livres, celui-ci a répondu que l'argent lui était envoyé directement et qu'il en rendrait compte plus tard à qui de droit. Le Commandant de Bougie pense que les choses ne se font pas bien, et que les fonds doivent être répartis en sa présence et celle de l'inspecteur. (1)

« Il demande aussi qu'on lui permette de payer, comme il l'entend, les espions dont il se sert.

« Enfin, Perafan de Ribera écrit que les Maures se sont présentés plusieurs fois devant la place, et qu'ils ont toujours été repoussés avec perte. »

EXTRAIT D'UNE LETTRE DE CONSTANTINOPLE (2)

« 19 Juin 1535.

« (Arch. de Simancas).

(Venue de l'ambassadeur de France, La Forêt, à Constantinople).

COMPTE-RENDU D'UNE LETTRE DE L'EMPEREUR, ÉCRITE DU CAMP
DEVANT LA GOULETTE, AU MARQUIS DE CANETE,
VICE-ROI ET CAPITAINE GÉNÉRAL DE LA NAVARRE (2)

« 29 Juin 1534,

« (Arch. de Simancas).

....(Historique des faits depuis le 12 Juin)....

LETTRE DE BEN REDOUAN AU COMTE D'ALCAUDÈTE (2) (3)

« Sans date (4) (2 ou 3 juillet 1535).

« (Arch. de Simancas. Estado, Legajo 492).

« Votre Seigneurie saura que mercredi, dans l'après-midi, le Kaïd des Beni Rachid (5) vint à notre rencontre de ce côté-ci de la rivière de Tifida (6),

---

(1) « On peut conclure de ce passage, que l'administration militaire espagnole, à cette époque, laissait beaucoup à désirer sous tous les rapports ». (De la Primaudaie).

(2) Extrait de l' « Histoire de l'occupation Espagnole en Afrique (1506-1574) », par Elie de la Primaudaie.

(3) « Au mois de septembre 1534, le licencié Melgarejo écrit que Ben Redouan avait réclamé la protection de l'Espagne et demandait un sauf-conduit pour venir à Oran, avec son petit fils le prince Abd-Allah. Le corrégidor d'Oran conseillait à l'empereur d'accueillir favorablement les ouvertures de Ben Redouan, comme le seul moyen d'en finir avec le roi de Tlemsên, Mohammed, leur ennemi commun et l'allié des Turcs. Cette lettre nous apprend que la négociation avait réussi, et que le gouvernement espagnol s'était engagé à soutenir les prétentions du prince Abd-Allah. En réalité, il importait peu a l'empereur que l'un ou l'autre des 2 princes régnât â Tlemcen : mais il ne pouvait permettre aux Turcs de s'y établir ». (De la Primaudaie).

(4) « Les 2 lettres qui suivent nous donnent la date de celle-ci ». (De la Primaudaie).

(5) « Beni-Arax, dit Marmol, est une province qui a 17 lieues de long sur 9 de large. Tout le côté du midi est une plaine, et celui du Nord n'est que collines qui abondent en blé et en pâturages. Les habitants sont Berbères de la tribu de Magaroa (Maghrâoua). Les rois de Tlemcen tiraient de ce pays 40.000 pistoles par an et 25.000 hommes de combat dans l'occasion, tant cavalerie qu'infanterie, tous braves gens et équipés ». (De la Primaudaie).

(6) « La rivière de Tifida, comme l'appelaient les Espagnols, est l'Oued-Isser. Tifida ou mieux Tibd, était une ancienne ville déjà ruinée au temps de Marmol ». (De la Primaudaie).

avec les hommes de sa suite, les contingents arabes et les arquebusiers de Tlemsên. Nous eûmes un engagement avec lui, et nous lui tuâmes 6 cavaliers et plusieurs chevaux. Le Kaïd se retira alors à Tifida, où il avait son camp et il dit à ses gens. « Je n'abandonnerai pas Tifida, et, s'il le faut j'y laisserai ma tête ».

« Cette nuit, nous dormimes sur le bord de la rivière. Il avait été décidé que le lendemain de bonne heure, on attaquerait l'ennemi. Les chrétiens, qui formaient l'avant-garde, abordèrent vaillamment la position qu'il occupait, pendant que nous passions la rivière un peu au-dessus du lieu où le Kaïd avait dressé ses tentes. Se voyant menacé d'être tourné, il se hâta de décamper. Le vendredi, ayant reçu dans la nuit du renfort de Tlemsên, l'ennemi essaya un retour offensif , mais nous étions prêts a le recevoir. Après avoir fait ranger notre cavalerie en bataille, je marchai à la rencontre du Kaïd avec nos fantassins et les arquebusiers espagnols. Vigoureusement attaqués et poursuivis jusque dans leur nouveau camp, les Arabes s'enfuirent laissant sur le terrain 8 de leurs cavaliers morts, et parmi eux, le fils d'un de leurs principaux cheïkhs.

« Nous avons pris beaucoup de chevaux ; celui que montait le fils du cheïkh qui a été tué est une bête magnifique. L'ennemi est tellement démoralisé que, avec l'aide de Dieu et de Votre Seigneurie, nous espérons arriver promptement à Tlemsên. Un grand nombre des Arabes du Kaïd, gagnés par mes promesses, sont passés de notre côté.

« Je n'ai rien de plus à vous mander, si ce n'est que chaque chrétien de ceux que vous nous avez donnés vaut au moins 100 hommes. Quant au commandant Angulo (1), il est impossible de se montrer plus intrépide. Je n'oublie pas les recommandations que vous m'avez faites, et je puis vous assurer que je prends plus de soin de lui que et de ses soldats que de ma propre personne. J'informerai exactement Votre Seigneurie de tout ce qui arrivera ultérieurement ».

ABDERRAHMAN BEN REDOUAN.

« Cette lettre a été écrite par moi, Alcantara, qui baise les mains de Votre Seigneurie et lui fait savoir que les ennemis ont disparu, depuis que nous les avons obligés d'abandonner la position de Tifida ».

LETTRE DU COMTE D'ALCAUDÈTE A SA MAJESTÉ (2)

« Oran, 6 Juillet 1535.

« (Arch. de Simancas. Estado, Legajo 462).

« Il est arrivé ici, ce matin, de très bonne heure, un messager de Ben Redouan. Il parait que des maraudeurs arabes lui ont enlevé les lettres qu'il apportait du camp des chrétiens et de la part de son maitre (3).

---

(1) « Le commandant des Espagnols, D. Alfonso Martinez de Angulo, dont il sera souvent parlé dans les lettres suivantes ». (De la Primaudaie).

(2) Extrait de l' « Histoire de l'occupation Espagnole en Afrique. (1506-1574) », par Elie de la Primaudaie.

(3) « Les détails que contient cette lettre du comte d'Alcaudète, d'après le rapport de l'Arabe, sont relatifs à une affaire postérieure de quelques jours à celle dont le récit se trouve dans la dépêche précédente et non datée de Ben Redouan. On voit, en effet, que ce dernier combat, dont les suites paraissent avoir été fatales au parti que soutenaient les Espagnols, a eu lieu le dimanche matin, 4 juillet, tandis que les 2 rencontres dont parle Ben Redouan, arrivèrent le mercredi et le vendredi (30 juin et 2 juillet). La lettre qui suit confirme le désastre éprouvé par les Espagnols et leur allié ». (De la Primaudaie).

« Ce messager qui arrive de Tifida, m'a dit que, pendant qu'on négociait avec les gens de Tlemsên, certains Arabes du kaïd des Ben Rachid écrivirent à Ben Redouan qu'ils voulaient se ranger du côté de son petit fils. A la faveur de cette fourberie, ils vinrent le joindre dimanche dernier. Comme dans les affaires précédentes ils avait éprouvé de grandes pertes, on crut que leurs intentions étaient bonnes, et on les laissa pénétrer dans le camp au nombre de 200 *lances*. Ceux de Ben Redouan, convaincus qu'ils venaient pour servir le roi (le prince Abd-Allah), comme ils le disaient, étaient sans défiance. Attaqués à l'improviste ils se défendirent à peine, et tous, avant-garde et corps de bataille, cherchèrent leur salut dans la fuite. Toutefois, les chrétiens étant venus au secours de Ben Redouan, obligèrent les gens du Kaïd à se retirer, et leur tuèrent même beaucoup de monde.

« Les choses en étaient là, lorsque le messager est parti. Il avait entendu dire que Ben Redouan et son petit-fils s'étaient enfuis ; mais, en chemin, d'autres Arabes lui ont appris que les cheikhs, s'étant ralliés, avaient pu rejoindre les chrétiens qui occupent une bonne position où ils se sont retranchés.

« Je ne crois pas que Ben Redouan ait abandonné les chrétiens ; il sait bien que les Arabes, ceux mêmes de son parti, le tueraient ou le feraient prisonnier. Quoi qu'il en soit, j'écris à Alfonso Martinez de Angulo que, dans le cas où il ne lui resterait pas assez d'Arabes de Ben Redouan, si réellement ce dernier s'est enfui pour essayer de regagner Oran en sûreté, il traite avec l'autre roi (Mouleï Mohammed) ; il parait précisément..... Je doute qu'il l'eût fait, parce que la troupe qu'il a avec lui (1)...... entrer dans Tlemsên, il peut se retirer en toute sécurité, sans que personne ne puisse l'inquiéter.

« Le messager de Ben Redouan assure que les chrétiens, dans les rencontres qu'ils ont eues avec le kaïd des Benî-Rachid, avant et après leur arrivée à Tifida, lui ont tué 600 ou 700 hommes, et qu'ils ont démonté un grand nombre de cavaliers. Grâce à Dieu, les notres n'ont eu que 6 blessés, sans un seul mort ; aucun ne l'est même dangereusement. On dit qu'ils occupent un lieu si fort, qu'ils pourront s'y défendre tout le temps qu'il voudront, quand bien même tout le royaume se réunirait contre eux. Ils ont aussi des vivres en abondance.

« Le même Arabe m'a dit que, si ceux de Tlemsên ne se sont pas déclarés en faveur de Ben Redouan, ainsi qu'ils avaient promis de le faire, c'est parce que le bruit a couru que le roi de Fez lui envoyait des secours. Je rendrai compte à Votre Majesté de ce qui arrivera plus tard. Je pense que les Arabes de Ben Redouan, se souvenant que 21 enfants des principales familles de leurs tribus m'ont été livrés comme otages, ne nous trahiront pas, et que les chrétiens seront sauvés. Dans ce but, je ferai tout ce qu'il me sera possible, et, Dieu aidant, j'ai l'espoir que les choses se passeront bien, comme il convient au service de Votre Majesté.

« La troupe qui a combattu avec Ben Redouan est certainement une des meilleures du monde et, dans le nombre, il y a des hommes qui depuis longtemps font la guerre dans ce pays ; je crois que, si la nécessité les presse, ils sauront bien se tirer d'affaire.

---

(1) « Les mots laissés en blanc sont lacérés dans l'original ». (De la Primaudaie).

Lettre du Comte d'Alcaudète a Sa Majesté (1)

« Oran, 12 Juillet 1535.

«Arch. de Simancas. Estados, Legajo 462).

« Votre Majesté aura vu le rapport que je lui ai adressé relativement aux troupes et aux autres choses qui ont été mises à la disposition de Ben Redouan, conformément au désir qu'elle avait exprimé (2). Je lui ai fait connaitre, en même temps, les justes motifs qu'il y avait d'accorder à Ben Redouan ce que depuis longtemps il demandait, les inconvénients qui auraient pu résulter de tout nouveau retard, et la nécessité de traiter promptement avec lui. Ce qu'il aurait été possible d'ailleurs de lui donner en plus de ce qu'il demandait et des instructions de Votre Majesté était fort peu de chose, et, pour ce qu'elle avait à faire, l'excellente troupe qui a rejoint Ben Redouan était suffisante.

« Voici ce qui est arrivé depuis et ce que l'on m'a raconté.

« Il parait que les Arabes, dans lesquels Ben Redouan avait le plus de confiance et que, pour cette raison il avait cru pouvoir laisser chez eux, jusqu'au moment où il en aurait besoin, non seulement lui ont manqué de parole, lorsqu'il les a mandés auprès de lui, mais ont fait cause commune avec ses ennemis. Ainsi que je l'ai écrit à Votre Majesté, les Arabes demeurés fidèles ont été maltraités par ces mêmes tribus réunies à 200 lances des Beni-Rachid. Voyant que de Tlemsên il ne venait personne des gens qu'il attendait, Ben Redouan, après avoir tenu conseil avec les chrétiens, se décida à se retirer dans la nuit du dimanche 4 du présent mois, avec le roi (le prince Abd-Allah) et les Arabes qui lui restaient. L'ennemi s'était mis à leur poursuite, et, afin de pouvoir accélérer la marche, il fut convenu qu'on abandonnerait les 4 pièces de campagne que les chrétiens avaient emmenées d'ici. En conséquence, elles furent mises hors de service, et, cela fait, on continua de battre en retraite. Mais, presque au même moment, le Kaïd des Beni-Rachid apparut avec ses cavaliers. Ils attaquèrent les nôtres aussitôt, et les chargèrent si vigoureusement que tous, chrétiens et Arabes, perdirent la tête et cherchèrent leur salut dans la fuite. Une partie des soldats parvint cependant à se rallier autour du Chatelain d'Alcaudète (Alfonso Martinez) ; mais ils n'étaient pas assez nombreux pour pouvoir se sauver en continuant la retraite. On m'a dit qu'ils sont retournés à Tifida, avec la résolution de s'y défendre jusqu'à la mort, si l'ennemi refusait de leur accorder une capitulation honorable.

« Bon nombre de fuyards ont réussi à regagner Oran, et, chaque jour, il en arrive quelques uns ; d'autres ont été faits prisonniers par les Arabes. Quant à ceux qui sont restés avec Alfonso Martinez, nous n'en avons aucune nouvelle : le bruit court qu'ils ont capitulés, et que le kaïd les a emmenés à Tlemsên.

« Comme cela devait être, j'ai été péniblement affecté, tant pour ce qui touche au bien du service de Votre Majesté que pour la perte des chrétiens,

---

(1) Extrait de l' « Histoire de l'occupation Espagnole en Afrique (1506-1574) », par Elie de la Primaudaie.

(2) « Il est parlé un peu plus bas de 4 pièces de canon de campagne, envoyées par le Gouverneur d'Oran. Mais cette lettre ne donne pas le chiffre des troupes espagnoles qui accompagnaient Ben Redouan. On verra plus loin que ce détachement était fort de 600 hommes ». (De la Primaudaie).

du triste résultat de cette affaire. Ce qui est arrivé, il est vrai, n'est pas chose nouvelle ; mais on ne doutait pas ici du succès de l'expédition. La conviction à ce sujet, d'après ce qu'on avait vu et entendu, était même si grand e que tout le monde voulait rejoindre Ben Redouan. J'ai craint un moment que la ville ne restât abandonnée, et j'ai dû faire publier qu'aucun soldat, sous peine de la vie, ne pourrrait sortir d'Oran, à l'exception de ceux qui avaient été désignés. Malgré cette précaution, quelques uns sont parvenus à s'échapper. Plaise à Dieu que les autres choses se terminent plus heureusement au gré de Votre Majesté, et que tout le mal se borne à ce qui est advenu. Je suis obligé d'en faire l'aveu, on doit considérer comme un véritable désastre la défaite que nous venons d'éprouver.

« Suivant ce que disent ceux qui sont arrivés ici, le nombre des chrétiens tués serait peu considérable. Au moment de la déroute, on ne comptait que 4 morts et 30 blessés. J'ai envoyé des espions sur les lieux et j'espère qu'ils pourront m'apprendre le nombre et les noms des soldats qui ont été faits prisonniers. Les Arabes qui ont ici des otages croient qu'ils n'ont pas été emmenés à Tlemsên et qu'on nous les rendra. Mouleï Mohammed avant ce malheureux évènement, nous avait fait des propositions de paix, et certains Maures détenus à Oran ont écrit au roi pour lui demander de les échanger contre nos soldats. S'il y consent et s'il se montre disposé à conclure la paix, en acceptant nos conditions et en offrant des garanties suffisantes, j'accueillerai favorablement les ouvertures qu'il nous fera.

« Mouleï Mohammed n'ignore pas qu'il vient d'échapper à un grand péril. Son frère d'ailleurs est toujours libre, et il est possible que ces considérations le déterminent à traiter de bonne foi, ce qu'il n'a pas voulu faire jusqu'à ce jour. Bien qu'il nous ait battus, il a pu juger, en voyant à l'œuvre le petit nombre des Chrétiens qui étaient avec Ben Redouan, ce qu'un plus grand nombre pourrait faire.

« La ville est toujours bien pourvue de troupes ; je renvoie même en Castille plus de 300 hommes qui ne sont pas nécessaires. Les otages de Ben Redouan et tous les autres Arabes s'emploient activement à terminer les affaires de l'expéditon. Ben Redouan m'a fait aussi demander un sauf-conduit dans le même but.

. . . .

« Je venais d'écrire ce qui précède, lorsque m'est arrivé un messager de Tlemsên, avec la lettre ci-jointe que j'envoie à Votre Majesté. Elle est d'El-Mansour, Kaïd des Beni-Rachid, et adressé à son frère, celui-là même qui avait été envoyé à la cour de Votre Majesté, en qualité d'embassadeur, par le père du roi de Tlemsên, et qui est détenu par le motif que j'ai mandé à Votre Majesté (1). Les chrétiens qui sont prisonniers n'ont pu obtenir la permission d'écrire ; mais un juif a envoyé la liste de plusieurs dont il a su les noms. J'ai appris que, lorsque les Maures et les chrétiens arrivèrent victorieux à Tifida, tout se passa bien, jusqu'au soir ; ce jour-là et l'autre, ils n'avaient eu

---

(1) « C'est le même embassadeur Maure dont il est parlé dans les lettres du licencié Melgarejo. Le motif de sa détention à Oran ne nous est pas connu. Nous avons vu également que, au mois d'août 1534, Mouleï Mohammed avait fait arrêter le frère de l'ambassadeur, ce même El Mansour, qui était alors son mezouar, et qui reparait ici. Le corrégidor d'Oran annonçait même que le roi de Tlemsên avait confisqué tous ses biens, et que son intention était de le laisser mourir en prison ». (De la Primaudaie).

à combattre que les cavaliers du Kaïd des Beni-Rachid, au nombre de 1.000 lances tout au plus. Ce qu'il avait à faire, c'était de marcher rapidement sur Tlemsên ; les gens de cette ville et les autres Arabes s'attendaient à voir paraitre Ben Redouan d'un moment à l'autre ; mais ayant appris que, au lieu de pousser en avant, il s'était arrêté à Tifida et négociait avec le Kaïd, ils pensèrent qu'il se défiait de ses propres forces, et, n'espérant plus rien de lui, ils commencèrent à se déclarer pour Mouleï Mohammed.

« Le messager arrivé de Tlemsên et d'autres Arabes venu d'El-Kala assurent que plus de 2.000 Maures ont été tués ; je n'ose même pas répéter le chiffre qui m'a été attesté par quelques uns. El Mansour, si j'ai bien compris sa lettre parait désirer qu'on fasse la paix. J'ai tiré de ce fait les 2 conclusions suivantes : le roi de Tlemsên a reçu sans doute la nouvelle que Votre Majesté a réussi dans son expédition contre Tunis, et, en même temps, il a reconnu combien il avait été près de perdre son royaume.

« Si Votre Majesté ne veut pas faire davantage pour le petit-fils de Ben Redouan et l'assister d'une manière plus sérieuse, il conviendrait de s'entendre avec le frère d'El-Mansour ; ce que ce dernier promettra au nom du roi de Tlemsên, le Kaïd le fera observer là bas. Je persiste néanmoins à croire que ce qu'il y aurait de mieux à faire serait de soutenir Ben Redouan jusqu'au bout ; mais, comme il n'est pas possible de se fier aux Maures, il faudrait pour cela beaucoup d'hommes

« Ben Redouan m'a fait dire qu'il se rend dans le Sahara ; il va y chercher son argent, et, comme il redoute une nouvelle trahison des Arabes, s'ils viennent à apprendre sa défaite avant qu'il ne les ait rejoints, il est parti en toute hâte. Il viendra ensuite ici, et son intention est de se rendre auprès de Votre Majesté pour la supplier de lui venir en aide. S'il le faut, il dépensera ... (1) .. doblas, et si votre Majesté, libre d'agir comme elle l'entendra dans le rovaume de Tlemsên, veut bien le choisir pour son lieutenant, il sera satisfait. Il n'a qu'une pensée, celle de se venger de Mouleï Mohammed. Il m'a donc demandé un sauf-conduit pour revenir à Oran, et tous les cheikhs qui ne l'ont pas abandonné m'ont fait la même demande. J'ai envoyé les saufs-conduits, et, comme il importe de tenir les Arabes toujours divisés, j'ai engagé Ben Redouan et les cheikhs à continuer les hostilités. Ils m'ont répondu qu'ils déposeront ici les femmes et les enfants qui leur restent, et feront à leurs ennemis une guerre sans trêve, jusqu'à ce qu'ils aient pris assez de Maures pour racheter les chrétiens captifs et leurs otages.

« 2 Cheikhs m'ont ramené aujourd'hui 4 de nos soldats : 2 qui leur ont été vendus, et les 2 autres qu'ils ont repris à des Arabes. Les chrétiens m'ont dit que ces cheikhs ont tué les 5 Maures qui les emmenaient. Je vais travailler à fomenter la discorde entre les 2 partis. Si Ben Redouan apporte l'argent dont il m'a parlé, j'en informerai immédiatement Votre Majesté et je lui ferai connaitre ce qu'il me paraitrait convenable de faire (2).

---

(1) « Chiffres illisibles ». (De la Primaudaie).

(2) « Au rapport de Marmol, la défaite d'Alfonso Martinez eut lieu en 1541 ; mais il se trompe, comme le prouve cette dépêche. Suarez Montanes, dans le fragment inédit que nous avons déjà cité, signale cette erreur ». (De la Primaudaie).

LETTRE ÉCRITE, AU NOM DU KAID EL-MANSOUR, DES BENI-RACHID, A SON FRÈRE (1) (2)

« Sans date.

Sid-Abd-Allah. fils du Mezouar, de la part de votre frère El Mansour Benbogani.

« Vous aurez certainement appris ce qui est arrivé, par la permission de Dieu, entre nous et Beni Redouan et ses Arabes. Il a été battu et s'est enfui pendant la nuit. Nous aurions bien voulu que cette chose n'arrivât pas ; mais nous devons nous soumettre à la volonté de Dieu. Ben Redouan qui a trompé ceux d'Oran, est le seul responsable de ce qui est advenu.

« J'ai un grand désir de vous revoir. Je vous prie de me faire connaitre où en sont vos affaires, si le comte est disposé au bien au nom de Dieu (s'il n'est pas irrité et si l'on peut s'entendre avec lui). Comme dit le proverbe : « il n'y a pas de paix meilleure que celle qui se fait après la guerre ». Que Dieu nous la procure bonne : Donnez-moi des nouvelles de votre situation ».

ORDRE POUR L'ATTAQUE DE LA GOULETTE (1) (3).

« Au camp devant la Goulette, 12 juillet 1535.

« (Arch. de Simancas. Estado, Legajo 462).

.........(4).... ....

« Sa Majesté promet et assure à tout homme de terre ou de mer qui entrera, le premier, par la brèche, dans la Goulette, sans quitter son guidon et son corps, conformément à l'ordre d'attaque, 300 ducats de rente pendant sa vie, au second 200, au troisième 100. Celui qui arborera le premier un drapeau sur la Goulette aura 400 ducats de rente, le second 300, le troisième 200. »

DISPOSITIONS POUR OUVRIR LE FEU CONTRE LA GOULETTE ET DONNER L'ASSAUT (1).

« 12 juillet 1535.

« (Arch. de Simancas. Estado, Legajo 462) ».

.. ..

RÉSUMÉ DE LA CONFÉRENCE QUI A EU LIEU AUJOURD'HUI, PAR ORDRE DE SA MAJESTÉ, AVEC LE ROI DE TUNIS (1) (5).

- « 23 juillet 1535.

« (Arch. de Simancas........ ....) »

....

---

(1) Extrait de l' « Histoire de l'occupation Espagnole en Afrique (1506-1574) », par Elie de la Primaudaie.

(2) « Cette lettre était jointe à la dépêche précédente. Le comte d'Alcaudète annonce à l'Empereur qu'il la lui envoie ». (De la Primaudaie).

(3) « La Goulette fut emportée d'assaut, ce même jour, 12 juillet. Le lendemain matin, de bonne heure, Charles Quint fit son entrée dans la forteresse, ayant à sa gauche le roi de Tunis Mouleï Hacen ». (De la Primaudaie).

(4) « Dans l'ancienne milice espagnole, on appelait indifféremment *escuadron* un corps d'infanterie ou de cavalerie appartenant à une armée ». (De la Primaudaie).

(5) « Charles Quint fit son entrée dans Tunis, le 21 juillet ». (De la Primaudaie).

LETTRE DE SA MAJESTÉ AU COMMANDANT DE BOUGIE (1).

« Tunis, 23 juillet 1535.

« (Arch. de Simancas. Estado, Legajo 462).

« Vous savez que, avec notre Armada, nous sommes venus à Tunis, pour en chasser Barberousse et les autres corsaires, ennemis de notre sainte foi catholique, et pour rétablir sur le trône le roi Mouleï Hacen, qui avait imploré notre assistance. Nous avons pris de vive force la forteresse de la Goulette où les Turcs ont perdu beaucoup de monde, ainsi que toutes leurs galères, galiotes et fustes et laissé entre nos mains une nombreuse et excellente artillerie.

Après avoir occupé la Goulette, nous avons marché sur Tunis ; le mardi, 21 du présent mois, Barberousse étant sorti de la ville avec ses Turcs pour nous présenter la bataille, nous l'avons attaqué et défait complètement : un grand nombre de ses gens sont restés sur la place : de notre côté nous n'avons éprouvé aucune perte notable (2). Barberousse s'est enfui, et le même jour, nous avons pris possession de Tunis ; mais comme les habitants n'ont pas accueilli leur souverain, ainsi qu'ils devaient le faire et qu'il avait le droit de l'être nous avons cru devoir, pour les punir de leur obstination, permettre le pillage de la ville (3).

« Barberousse s'est enfui, comme je viens de le dire, avec les autres corsaires. Si nous devons croire ce que nous ont appris plusieurs esclaves qui se sont échappés, les Turcs sont encore 5.000 (3.000 fantassins et 2.000 cavaliers), mais ils manquent de tout : ils sont sans vivres, sans eau, et les Arabes se sont mis à leur poursuite, comme ils le font après toute armée en déroute. Un grand nombre d'entre eux, accablés par la chaleur, sont morts de soif. »

. . . .

MÉMOIRE SUR L'ENTREPRISE D'ALGER (1).

« Sans date, le   juillet 1535.

« (Arch. de Simancas.   ).

. . . .

« J'envisage de nombreuses difficultés dans les moyens à employer pour réduire la ville d'Alger. Votre Majesté a vu à l'œuvre les maitres de son

---

(1) Extrait de l' « Histoire de l'occupation Espagnole en Afrique (1506-1574) », par Elie de la Primaudaie.

(2) « Les Espagnols n'eurent, en effet, que 18 hommes tués ou blessés. Les Turcs qui avaient si bien défendu la forteresse de la Goulette, ne montrèrent pas leur valeur accoutumée en cette circonstance ; la bataille de Tunis fut moins un combat qu'une déroute ». (De la Primaudaie).

(3) « Ceci n'est pas exact. L'empereur n'osa pas avouer qu'il avait promis aux soldats le pillage de Tunis. Lorsque les principaux habitants vinrent lui présenter les clés de la ville en se recommandant à sa clémence, il regretta la promesse qu'il avait faite et chercha même un moyen de ne pas la tenir ; mais, averti que les soldats murmureraient, il leur abandonna Tunis. On sait que cette malheureuse ville fut horriblement pillée et saccagée. Dans une lettre que Charles Quint écrivit le lendemain (24 juillet) à son ambassadeur en France et qui a été publiée dans les *Papiers d'Etat du cardinal de Giouvelle*. II. p. 366, on trouve la même raison donnée par lui du sac de Tunis : « Voyant, dit-il, que les habitants ne s'étaient mis en nul devoir envers leur roi ni envers nous, le dit lieu a été saccagé et pillé par les soudards de notre armée. » L'empereur ajoute même que ce fut du consentement du roi de Tunis, ce qu'il est difficile d'admettre ». (De la Primaudaie).

artillerie et compris qu'elle ne pouvait guère compter sur elle (1). Il convient de considérer que nous manquons de pionniers, ainsi que de l'armement et des outils nécessaires. Les troupes, soldats et marins, sont exténuées de fatigue. Je m'inquiète aussi des vivres et de la saison ; mais je suis surtout préoccupé des dangers que pourrait courir la personne de Votre Majesté, après la notable victoire que Dieu vient de lui accorder. Si Barberousse a abandonné Tunis, c'est que, sans doute, il avait trouvé, dans Alger, une retraite assurée. »

L'auteur du Mémoire préfèrerait la chasse contre Barberousse sur mer « avec la flotte, allégée de tous les malades et de toutes les personnes inutiles » et le blocus d'Alger par un certain nombre de galères choisies.

AVIS DONNÉ A TUNIS A SA MAJESTÉ SUR CE QU'IL SERAIT POSSIBLE DE FAIRE AVEC LA FLOTTE POUR NUIRE AUX ENNEMIS (2).

> « .... juillet 1535.

« (Arch. de Simancas. Estado, Legajo 462). »

« De Tunis Votre Majesté pourrait se rendre à Bizerte .. (puis à Bône, Kollo, Djildjel, Tedlès, Brest).

« De Brest, Sa Majesté irait à Mostaganem, ville qui appartient au roi de Tlemsèn. Les habitants, enrichis par le commerce, sont au nombre de 4.000. La place n'étant éloignée de la mer que de 600 pas, pourrait être facilement canonnée par l'artillerie des Gardes. Mazagran, située à 3.000 de Mostaganem est à une distance un peu plus grande de la mer.

« Ceci fait jusqu'à la fin de septembre, temps suffisant et favorable, toute l'armée irait débarquer au port de Harchgoun et se rendrait par terre à Tlemsèn, qui n'est qu'à 6 lieues de là (3), avec une rivière en amont et une route commode. On mettrait la ville à sac, et l'armée s'y installerait pour l'hiver. Le pillage de la ville satisferait les soldats et leur servirait de paie ; et, comme le royaume de Tlemsèn est très fertile en blé et que le bétail y abonde, l'armée ne manquerait pas de vivres pendant l'hiver. De cette manière, on parviendrait à châtier le roi de Tlemsèn, que protège Barberousse et qui s'est fait son vassal ; puis, lorsque l'armée quitterait la ville, on la laisserait au frère du roi qui est bon serviteur de Sa Majesté. »

---

(1) « Au 16e siècle, l'artillerie espagnole était très inférieure à l'artillerie française ». (De la Primaudaie).

« Les Français, dit Paul Jove (I. XIV), n'attèlent pas leurs voitures, comme les Espagnols et les Italiens, de faibles chevaux ni les premiers venus, mais ils achètent à grand prix les meilleurs et les plus fougueux. Ils ont beaucoup de considération pour les maîtres de l'artillerie et les canonniers, leur donnent de grosses paies et ont organisé des écoles pour les jeunes gens qui s'adonnent avec zèle à cet art. Les Espagnols et les Italiens, quoi qu'ils aient appris à fondre des canons avec un grand art et qu'ils en soient bien approvisionnés, ne savent pas s'en servir dans l'occasion, à cause de l'ignorance de ceux qui gouvernent l'artillerie et qui sont, d'ailleurs, en petit nombre, parce qu'on refuse de leur donner une solde supérieure, et qu'il est difficile de trouver des hommes qui consentent à s'exposer à un danger manifeste, si on ne les paie pas bien ». (De la Primauraie).

(2) Extrait de l' « Histoire de l'occupation Espagnole en Afrique, (1506-1574) », par Elie de la Primaudaie.

(3) « L'ancienne lieue espagnole était de près de 8 kilomètres ». (De la Primaudaie).

Traité de paix entre l'Empereur Charles Quint et le roi de Tunis (1).

« 6 août 1535.

« (Arch. de Simancas. Estado, Legajo 462).

. . . .

. . . .

Instructions de Sa Majesté au Marquis de Mondejar (1)

« Tunis 16 août 1535.

« (Arch. de Simancas. Estado, Legajo 462).

« Charles Quint, au moment de quitter l'Afrique pour passer en Sicile, renvoie en Espagne une partie de son armée et de sa flotte. Il en confie le commandement au marquis de Mondejar, capitaine-géneral du royaume de Grenade... Celui-ci devra passer à Bône. Conformément au traité conclu avec le roi de Tunis, il devra prendre possession de la Kasbah, pour la garde de laquelle, ainsi qu'il a été convenu, il sera prélevé 8.000 ducats sur les rentes et les revenus de la place. Le marquis laissera dans la forteresse 600 fantassins espagnols et pour gouverneur le capitaine D. Alvar Gomez el Zagal (2), avec les vivres et munitions nécessaires.

. . . .

« Cette opération terminée, le marquis de Mondejar, ainsi qu'il a été dit, fera voile pour Malaga ou Carthagène, ou tout autre point de la côte orientale. Son premier soin, en arrivant, sera de débarquer immédiatement l'infanterie, la cavalerie et tous les gens de guerre. Chacun s'en ira chez soi ou dans tel lieu qui lui conviendra. Les capitaines et enseignes ne devront lever aucune bannière ni emmener les soldats par bandes. On leur enjoindra de se disperser tous immédiatement par petites troupes de 10 à 12 hommes au plus, afin que les soldats ne puissent pas piller et voler en route ou causer du dommage à qui que ce soit. Il sera écrit en conséquence aux corrégidors, alcades et autres officiers de justice de tous les lieux de passage, et ces magistrats devront veiller, avec la plus grande rigueur, au maintien du bon ordre.

« Les mêmes mesures sont applicables au personnel de la flotte.

« En ce qui concerne particulièrement le licenciement de l'infanterie, on a examiné, poursuit l'empereur, s'il n'y aurait pas moyen d'employer dans le royaume de Tlemsèn toute celle qu'emmène la flotte, ou au moins une partie, et cela sans la payer, en la nourrissant seulement. Il serait très avantageux que la chose put se faire ; nous en aurions une grande sstisfaction. Vous savez bien la manière de vous y prendre, et je n'ai rien de plus à dire si ce n'est que ce sera nous rendre un véritable service si l'on peut occuper dans

---

(1) Extrait de l' « Histoire de l'occupation Espagnole en Afrique (1506-1574) », par Elie de la Primaudaie.

(2) « C'était un des signataires du traité de paix conclu avec le roi de Tunis. Ce surnom d'El Zagal (le vaillant) lui avait été donné sans doute par les Arabes ». (De la Primaudaie).

« Il y avait déjà un Zagal en 1505 à la prise de Mers-el-Kébir ». (Général L. Didier).

le royaume de Tlemsên, pour cet hiver ou pour plus longtemps, s'il y a lieu, le plus grand nombre de ces gens ». (1).

Lettre du Marquis de Mondejar a Sa Majesté (2).

« Bône, 29 août 1535.

« (Arch. de Simancas. Estado, Legajo 462).

(Après avoir tiré quelques coups de canon contre les galères, les Maures n'attendent pas les 2 colonnes formées avec les troupes débarquées et lancées contre le château ; ils abandonnent château et ville).

. . . .

« Je laisserai à Bône 800 hommes, comme Votre Majesté l'a ordonné. Avec 200 soldats dans le château, et les 600 autres dans la ville, je crois que l'on peut se maintenir, en attendant que Votre Majesté ait fait connaître ses intentions à ce sujet. Il serait utile, si la ville doit être repeuplée de Maures, de construire une tour, sur un mamelon près de la marine, afin de pouvoir secourir, au besoin, ceux du château. Cette tour construite, on permettrait aux Maures de rentrer à Bône, et, à mon avis, 300 hommes suffiraient alors pour garder la forteresse....

« Les vivres sont avariés pour la plus grande partie. On s'en aperçoit à la mine des soldats, pas un n'a la figure d'un homme sain. Quelques uns sont déjà morts, et un grand nombre d'autres sont malades... »

Lettre du Comte d'Alcaudète a Sa Majesté

« Oran, 3 septembre 1535,

« (Arch, de Simancas. Estado, Legajo 462).

« Depuis que j'ai mandé à Votre Majesté la défaite de Ben Redouan et des troupes qu'il avait emmenées avec lui, il ne s'est rien passé d'important jusqu'au 27 août. Quelques uns des cheïkhs qui étaient avec Ben Redouan, ainsi que je l'ai dit à Votre Majesté, m'avaient supplié, postérieurement à la déroute, de leur permettre de se réfugier sous la protection de cette place, afin de se refaire de leurs fatigues et d'y rallier leur monde, parce que les gens du roi de Tlemsên les poursuivaient.

« Je leur donnai les saufs-conduits qu'ils m'avaient demandés, et, pour cette bonne œuvre, ils m'offrirent de continuer la guerre contre Mouleï Mohammed. S'ils nous avaient tenu parole, ils ne nous devraient plus rien ; mais comme tous sont de la même foi, quoique d'opinion différente, ils ne se font pas la guerre, ainsi qu'il conviendrait pour nous dédommager des pertes que nous avons éprouvées.

« Les dits cheïkhs m'ayant demandé, plus tard, pour d'autres tribus qu'ils avaient invitées à les rejoindre, la même permission de se retirer sur notre territoire, je ne voulus pas leur donner, avant qu'ils ne m'eussent livré de

____

(1) « Cette disposition est fort étrange. Il fallait que le soldat renvoyé dans ses foyers y fût bien malheureux, pour que l'on pût espérer qu'il accepterait une semblable proposition ». (De la Primaudaie).

(2) Extrait de l' « Histoire de l'occupation Espagnole en Afrique (1506-1574) », par Elie de la Primaudaie.

nouveaux otages et juré (1) .. .. et de faire la
guerre aux ennemis de (2) .... Malgré ce que je
leur ordonnai, en cette occasion, au nom de Votre Majesté, ils se réunirent,
au nombre de 20 ou 30 tribus après d'être concertés avec leurs amis et leur
avoir donné certaines choses pour qu'ils les laissassent . ... (3) ..... avec
leurs troupeaux.

« Aussitôt que j'eus avis de ce qui se passait, j'envoyai reconnaitre ces
tribus et je communiquai aux capitaines et à certaines personnes expérimentées le rapport qui me fut fait par nos espions. Tout le monde fut d'avis que
l'on pouvait surprendre facilement quelques unes de ces tribus. Elles
comptaient, il est vrai, plus de 1.000 fantassins et de 400 lances ; mais les
espions s'étaient assurés que, avec notre cavalerie, nous aurions le temps de
nous retirer en toute sécurité, avant qu'elles pussent se réunir pour se mettre
à notre poursuite, attendu que se défiant les unes des autres, elles ne cam-
paient pas ensemble (4) ».

« En conséquence la veille de Saint-Augustin, nous sortîmes de la place, à
minuit, et, à la pointe du jour, nous arrivâmes à une petite distance de leurs
douars. Nous pénétrâmes, sans avoir été vus et entendus des sentinelles, jusqu'au milieu du camp d'une des plus nombreuses tribus, et, ayant coupé les
cordes des tentes, nous rassemblâmes à la hâte tous les gens qui s'y
trouvaient. Lorsque le soleil se leva, nous étions déjà loin, emmenant avec
nous 200 Arabes environ, hommes, femmes et enfants, et la plus grande
partie des troupeaux de cette tribu. Je ne permis pas que l'on prit tout ce
qu'il y avait dans les tentes, parce que les ennemis, revenus de leur surprise,
se donnaient beaucoup de mouvement pour se réunir, et parce que notre
retraite n'aurait pu se faire en bon ordre, si nous avions emmené un plus
grand nombre de bestiaux. De la sorte, nous avons pu regagner Oran, sans
aucun risque. J'ai voulu, moi-même, diriger cette expédition, afin d'être sûr
que tout se passait bien (5).

« Que Dieu soit loué, et grâces lui soient rendues pour la bonne réussite de
cette affaire. C'est un commencement de vengeance et une consolation dans
notre malheur. L'échec de Tifida fut un véritable désastre : Votre Majesté
doit en être bien persuadée. Nous savons aujourd'hui, très positivement, que,
le vendredi, lorsque le roi de Tlemsên apprit l'arrivée des notres à Tifida, il
considéra la partie comme perdue. Il était déjà monté à cheval pour s'enfuir,
après avoir donné ordre de charger sur les chameaux ses femmes et ses
trésors ; mais Ben Redouan n'osa pas se porter en avant. Nous ne méritions
pas d'obtenir le succès que nous avions espéré, et c'est pour cela que Dieu
n'a pas permis qu'une affaire si bien commencée se terminât heureusement.

« Le lendemain de la fête de Saint-Augustin, le 29 août, je fus informé que
certains Maures parcouraient la montagne de Guiza et s'étaient présentés

---

(1) « L'original est endommagé en cet endroit ». (De la Primaudaie).
(2) « Autre lacune ». (De la Primaudaie).
(3) « Un mot omis et un autre illisible ». (De la Primaudaie).
(4) « Pour comprendre ceci, il faut se souvenir que, au combat de Tifida, ces
mêmes cheikhs arabes avaient abandonné Ben Redouan et la petite troupe espagnole qui marchait avec ce dernier. Le comte d'Alcaudète leur gardait rancune ».
(De la Primaudaie).
(5) « Le récit de cette razzia, conduite par le capitaine général en personne, semble
avoir été emprunté aux bulletins de notre armée d'Afrique. En lisant ces vieux
documents du XVIe siècle, on reconnait que les mœurs, les habitudes, les instincts
des indigènes n'ont pas changé ». (De la Primaudaie).

dans les villages qui sont en paix avec nous, exigeant un tribut des vassaux de Votre Majesté. Je fis partir immédiatement, dans la nuit, quelques soldats à pied et à cheval ; ils sont revenus hier, à midi, ramenant avec eux 25 Maures. Je n'ai rien de plus à dire à Votre Majesté. Plaise à Dieu que les choses continuent ainsi ; afin que nous ayons toujours de bonnes nouvelles à lui mander, et non plus des mauvaises pour lui causer des ennuis.

J'attends tous les jours Ben Redouan, selon ce qu'il m'a écrit. Le roi Mouleï Mohammed m'a fait offrir de me rendre les prisonniers et de payer le tribut que payaient son père et son aïeul. Il m'a demandé aussi d'envoyer à Tlemsên une personne avec laquelle il pourrait traiter. J'ai envoyé quelqu'un là-bas, comme il le désirait, afin de connaître ses véritables intentions. Dès que ce messager sera de retour, j'informerai Votre Majesté de ce qu'il aura appris, et je lui dirai ce que je pense de ces ouvertures de paix qui nous sont faites par le roi de Tlemsên.

. . . .

« J'ai reçu, par la voie du Levant, la nouvelle de la victoire que Dieu vient d'accorder à Votre Majesté, et, comme son serviteur loyal et dévoué, je lui en rends des grâces infinies, surtout parce que Votre Majesté emploie toute sa puissance à faire la guerre aux infidèles. Je la supplie de ne point se lasser dans cette sainte entreprise, et de ne s'arrêter que lorsqu'elle aura remporté autant de victoires que lui en méritent la grandeur et l'excellence de sa valeur.

« J'apprends, à l'instant même, de certains Juifs de Tlemsên et d'Alger, que Barberousse s'est enfui de cette dernière ville avec 16 galères, et qu'il a emmené son fils avec lui (1). Je savais déjà qu'il s'était échappé de Tunis et qu'il était revenu à Alger, et, le roi de Tlemsên m'ayant demandé de le recevoir comme serviteur de Votre Majesté, moyennant les offres dont j'ai parle, j'envoyai aussitôt une personne auprès de lui pour l'informer que je n'ignorais pas le retour, à Alger, de Barberousse ; mais que je pensais qu'ils n'oserait pas y attendre la flotte de Votre Majesté, et chercherait peut-être un refuge dans le royaume de Tlemsên. Je lui disais que, si Barberousse, son fils, ou tout autre corsaire venait dans ce royaume, il les fît arrêter et les tînt sous bonne garde, ou qu'il me les envoyât pour être livrés à Votre Majesté. J'ajoutais que s'il agissait ainsi, Votre Majesté le reconnaîtrait pour son serviteur et ferait tout ce qu'il demandait ; que, au contraire, s'il accueillait Barberousse et le laissait libre, lorsqu'il serait si facile de prendre, lui et son royaume seraient anéantis

« Je lui rappelais que les 600 hommes, donnés par Votre Majesté à Ben Redouan, avaient été sur le point de le chasser de sa capitale, et qu'il pouvait ainsi juger de ce que ferait l'armée que Votre Majesté enverrait contre lui. Le roi et le Kaïd des Beni-Rachid, lequel est celui qui gouverne réellement, m'ont fait assurer que, si Barberousse se présente dans le royaume de Tlemsên, ils le prendront et me l'amèneront ; mais ils ne pensent pas qu'il osera venir de ce côté, parce que tous les Arabes sont très-mal disposés pour lui.

« Don Alonzo de Cordoba, mon fils, dira à Votre Majesté différentes choses qui intéressent son service ; je la supplie de vouloir bien l'écouter et de le croire. »

____

(1) « Kheir-ed-Dine, revenu à Alger, en était sorti, en effet, avec la pensée de s'enfuir ». (De la Primaudaie). Après un échec contre l'île de Majorque, il s'empara de Mahon et revint à Alger avec ses navires chargés de butin.

Lettre du Roi de Tlemsên a Sa Majesté, avec le projet de traité qu'il lui envoya, signé de sa main (1).

« Tlemsên, 5 septembre 1535.

« (Arch. de Simancas. Estado, Legajo 462).

I

« J'informe Votre Majesté par la présente, que, à diverses reprises, je lui ai écrit pour la supplier de me recevoir au nombre de ses alliés et serviteurs, et que je n'ai jamais reçu de réponse. Dieu sait cependant le grand désir que j'avais de devenir l'ami de Votre Majesté. Sur ces entrefaites, Ben Redouan m'a déclaré la guerre, et est venu m'attaquer avec un certain nombre de chrétiens. J'ai été forcé de me défendre, au risque de déplaire à Votre Majesté ; cela m'a coûté beaucoup, mais je ne pouvais pas faire autrement. J'ose espérer que Votre Majesté ne m'en voudra pas d'avoir défendu mon royaume et ma personne.

« J'ai toujours la même volonté et le même désir de devenir l'allié et le serviteur de Votre Majesté, et je serai heureux qu'elle veuille bien m'admettre comme tel. A cet effet, j'envoie un traité, signé de ma main et scellé de mon sceau, au comte d'Alcaudète, capitaine-général d'Oran, et je prie Votre Majesté de le ratifier ». (2)

II

« Je dis que, depuis longtemps, j'ai la volonté d'être l'allié et le serviteur de l'empereur Don Carlos (Dieu le fasse prospérer !) et cela avant même que Ben Redouan et son petit-fils ne vinssent dans la ville d'Oran, ce dont le comte d'Alcaudète se montra satisfait. Depuis, est survenu ce qui s'est passé avec le dit Ben Redouan. Je supplie Votre Majesté de vouloir bien me recevoir pour son allié et son serviteur, et de mander au dit comte d'Alcaudète et aux habitants de la dite ville d'Oran, de me considérer comme ami et de me traiter comme tel.

« En échange de quoi, je demande et promets ce qui suit :

« Premièrement, que Sa Majesté me reconnaisse pour allié et serviteur, et qu'elle me protège en toutes circonstances de manière que mes amis et ennemis deviennent les siens, déclarant que les amis et ennemis de Sa Majesté seront les miens également, et cela sans difficulté ni doute aucuns.

« De plus, je dis et promets que je paierai, chaque année, 4.000 doblas, aux mêmes échéances et ainsi que le faisait mon père, sous condition que le revenu de la porte de Tlemsên m'appartiendra, de même qu'il lui appartenait (3).

---

(1) Extrait de l' « Histoire de l'occupation Espagnole en Afrique. (1506-1574) », par Elie de la Primaudaie.

(2) « La défaite de Kheïr-ed-Din, à Tunis, explique cette lettre du roi Mohammed. Croyant les Turcs perdus, et sachant bien qu'il ne pouvait pas, avec ses seules forces, résister aux Espagnols, il voulaii essayer de se reconcillier avec eux. Comme on le verra par un des paragraphes de la capitulation qui accompagne sa lettre, il n'oubliait pas, en même temps, de demander sa part des dépouilles de ses anciens alliés, dans le cas où Charles Quint viendrait à s'emparer d'Alger, de Cherchell ou de Ténès ». (De la Primaudaie).

(3) « Toutes les marchandises et denrées, achetées ou vendues par les Maures du royaume de Tlemsên, devaient acquitter un certain droit à l'entrée et à la sortie d'Oran. Le roi Mohammed demande que ce droit soit prélevé à son profit ». (De la Primaudaie).

« Il est convenu que, si les droits de la dite porte s'élèvent, par an, à plus de 4.000 doblas l'excédent sera pour moi.

« En témoignage de ma volonté bien sincère et de mon vif désir d'être l'allié de Sa Majesté, et, pour que personne n'en doute, je prends l'engagement de renvoyer au comte d'Alcaudète les Chrétiens prisonniers, au nombre de 70, qui sont en ce moment à Tlemsên. 5 d'entre eux appartenant à certains Maures qui ont eux-mêmes 5 de leurs parents au pouvoir des Chrétiens, je prie Sa Majesté de permettre qu'il soit fait un échange.

« Je demande que Ben Redouan et son petit-fils, ainsi que tous ceux de son parti, gardes, serviteurs ou autres, ne puissent être reçus dans la ville d'Oran, et qu'on ne les assiste en aucune manière ; dans le cas où ils s'y présenteraient, je supplie Sa Majesté de les faire arrêter et retenir prisonniers.

« Si Sa Majesté parvient à s'emparer des royaumes d'Alger, de Cherchell et de Ténès, je demande aussi qu'ils me soient remis, Sa Majesté se réservant les dites villes d'Alger, de Cherchell, de Ténès et les autres ports qu'elle voudra, parce que ces royaumes faisaient autrefois partie des domaines de mes ancêtres, et qu'ils en ont été dépouillés contre toute raison et justice.

« La paix devra être consentie et ratifiée pour 10 ans ; en garantie de quoi, je dis et m'oblige, par le présent écrit, signé de ma main et scellé de mon sceau, à faire et accomplir entièrement tout ce qui précède, Sa Majesté accordant et confirmant, par ordonnance royale, les susdites conditions. »

LETTRE DE D. ALVAR GOMEZ DE HOROSCO EL ZAGAL A SA MAJESTÉ (1) (2).

« Bône, 13 septembre 1535.

« (Arch. de Simancas. Estado, Legajo 462).

« Le samedi 23, dans la matinée, les galères se présentèrent devant Bône. On nous tira 3 ou 4 coups d'un mauvais petit canon de fer qui ne nous fit aucun mal : nous avons trouvé ce canon qui n'est bon ni à tuer, ni même à épouvanter. Les galères se retirèrent dans la partie du couchant, à une demi-lieue environ de la ville. Les Maures, au nombre d'une trentaine de cavaliers, se montrèrent bientôt .... nous avons su ensuite .... les Turcs .... des galères qui faisaient de l'eau se réunirent à nous par ....

---

(1) Extrait de l' « Histoire de l'occupation Espagnole en Afrique (1506-1574) », par Elie de la Primaudaie.

(2) « On a vu, dans l'instruction adressée par l'Empereur au marquis de Mondejar, Capitaine Général de Grenade, que Don Alvar Gomez el Zagal avait été choisi par Charles Quint pour commander la place de Bône. La présente pièce, qui nous fait connaitre la date précise de l'occupation de Bône par les Espagnols est fort curieuse. Don Alvar décrit longuement cette ville, et signale son heureuse situation. Il note particulièrement ce fait, que la flotte, revenant de Tunis, avait mouillé à l'entrée de cette même rivière comme autrefois la flotte de Publius Sittius, lieutenant de César, qui y détruisit celle de Metellus Scipion. C'était là aussi que Kheïr-ed-Din avait caché les 15 galères qui lui servirent à échapper à la poursuite des Espagnols. Malheureusement, cette lettre est très endommagée : toutes les feuilles sont brisées par le milieu, et, malgré le soin que l'on a pris d'indiquer leur concordance par des chiffres correspondants, il est impossible de rétablir les lignes altérées. Les lacunes qui existent dans le texte ont été remplacées par des points ». (De la Primaudaie).

.... raboteux, et ils atteignirent 3 ou 4 chrétiens. Le lendemain, dimanche, ils firent de même. Les Maures et les Turcs avaient allumé de grands feux, et pendant ces 2 jours, ils conservèrent leurs drapeaux arborés sur la Kasba et sur la ville, de sorte que le roi de Tunis ne pourra pas dire que cette place est à lui.

« Le lundi, au point du jour, le marquis de Mondejar parut avec le reste de la flotte. Le débarquement se fit immédiatement dans une anse, au couchant de la ville, et nous prîmes possession de cette dernière et de la forteresse, sans rencontrer aucune résistance. Je restai, dans le château avec 2 compagnies, celle de Francisco de la ... . et de Juan Avellan. Le marquis s'établit dans la ville avec les autres troupes et une bonne partie des hommes de la flotte. La cavalerie ne débarqua pas : nous n'avions pas besoin d'elle.

« Le jour suivant, on commença à mettre à terre l'artillerie, les vivres et les munitions. 3 demi-canons, 10 fauconneaux et 20 barils de poudre, furent transportés au château, et on laissa, auprès de la porte de mer, sur une petite place qui s'y trouve, les autres approvisionnements et le reste de l'artillerie. Les officiers comptables de Votre Majesté ont eu soin de prendre note de tout.

....

« Pendant les 12 ou 13 jours que sont restés à Bône les soldats débarqués avec le marquis de Mondejar, ils ont si bien employé leur temps, qu'ils ont enlevé tout ce qu'il y avait dans les maisons, jusqu'aux marbres des murs et aux moulins (1), petits et grands, dont on fait usage dans le pays. Ceux de ces objets qu'il n'était pas possible d'emporter, on les brisait pour en avoir les ferrements. Quant aux coffres et aux bahuts que les Maures avaient laissés chez eux, il faudra, s'ils y reviennent, qu'ils en apportent d'autres. Bien peu de maisons ont encore des portes et des fenêtres : tout a été détruit. Les soldats ont percé en beaucoup d'endroits la muraille du côté de la mer, comme si les portes de la ville n'étaient pas assez grandes, et par là ils ont fait passer du blé, de l'orge et des fèves. Les rues en sont pleines. Ils craignent sans doute de n'avoir pas le temps de tout embarquer.

....

« Le marquis m'a laissé la compagnie de Rodrigo d'Avalos, qui est forte de 200 hommes. Avec cette compagnie et les 600 soldats de la forteresse, il lui a paru qu'il était possible de garder le château et la ville, mais il ne m'a pas expliqué comment il pense que la chose peut se faire. J'avoue que je ne le comprenais pas ; les gentilshommes et les capitaines, venus avec lui sur la flotte, auxquels il en a parlé, ne le comprennent pas plus que moi. Ils ont tous été d'avis que, pour défendre la ville et le château, il fallait 2.000 hommes au moins et une artillerie plus nombreuse, attendu que celle qu'on a laissée pour la forteresse seulement .... et le château, la chose était évidente pour tous ceux qui s'y connaissent. On observa au marquis qu'il me faisait tort en agissant ainsi, et qu'avec si peu de monde je ne pouvais pas me maintenir dans la forteresse et occuper en même temps la ville. »

....

(Il obtient du marquis de Mondejar 200 hommes de plus « qu'il paiera, s'il le faut de sa bourse », afin de pouvoir en garder 400 avec

---

(1) « Tahona, atahona, moulin à blé mû par des chevaux ». (De la Primaudaie).

lui dans le château et d'établir les 600 autres dans la ville « jusqu'à ce que l'empereur ait fait connaitre ses intentions ».)

. . . .

« Non seulement je manque de vivres, d'artillerie et de munitions ; mais le petit nombre d'hommes que je commande est à peine en état de servir. Les soldats sont dénués de tout, sans chaussures et sans vêtements, affaiblis par les fatigues et la faim qu'ils ont endurées, et démoralisés complètement. Je crois et tiens pour certain que la moitié succombera cet hiver ; il en est déjà mort plus de 50, et notre pauvre hôpital est encombré de malades.

. . . .

« Les soldats, comme je l'ai dit à Votre Majesté, sont très mal disposés. J'ai surtout à me plaindre de leur manque de discipline et de leur peu de courage. Pendant que la flotte a été ici, il est arrivé certaines choses qu'il m'est impossible d'avouer à Votre Majesté : 10 chrétiens ont fui sans honte devant 1 Maure, comme s'ils eussent été des femmes, et, chaque jour l'ennemi ramenait les soldats à coups de lances jusqu'aux murs de la ville et aux proues des galères. Nous avons perdu de cette manière plus de 20 hommes.

. . . .

« Les Arabes disent que la montagne est très giboyeuse. On y trouve des lions, des porcs-épics, des ours, des sangliers, des lièvres, des lapins, des perdrix. Les sangliers surtout y pullulent à tel point qu'on les voit rôder par bandes en beaucoup d'endroits...

« Les 2 rivières sont si abondantes en poissons, qu'on les tue à coup de bâton...

. . . .

« Il y aurait une chose à faire, ce serait de repeupler Bône au moyen de Grecs ou d'Albanais (2) ; avec 200 cavaliers de ces gens, nous serions maitres d'une grande partie de la campagne...

CAPITULATION ADRESSÉE PAR LE COMTE D'ALCAUDÉTE AU ROI DE TLEMCEN POUR TRAITER DE LA PAIX QUE CE PRINCE AVAIT DEMANDÉ A CONCLURE (1) (3).

« Sans date (13 sepfembre 1535).
« (Arch. de Simancas. Estado, Legajo 462).
« Moi, Mouleï Mohamed, roi de Tlemsên,
« Je dis que, en témoignage de ma ferme volonté d'être le serviteur, l'ami, l'allié et le tributaire du seigneur empereur Don Carlos, roi d'Espagne, si Sa

---

(1) Extrait de l'« Histoire de l'Occupation Espagnole en Afrique. (1506-1574) » par Elie de la Primaudaie.

(2) « Alvar Gomez veut sans doute parler des Grecs et des Albanais qui, après la mort du fameux Scanderberg (1467), s'étaient réfugiés en grand nombre dans l'Italie méridionale ». (De la Primaudaie).

(3) « Ce document n'est pas daté, mais dans une autre dépêche que l'on trouvera plus loin, le Comte rappelle au roi Mohamed qu'il lui a envoyé, le *13 Septembre,* un traité pour le signer. La présente capitulation était, sans doute, accompagnée d'une lettre d'envoi : le comte d'Alcaudête ne pouvait laisser sans réponse celle que le roi de Tlemcen lui avait écrite le 5 septembre ; mais cette lettre n'a pas été retrouvée ». (De la Primaudaie).

Majesté (1) veut bien me prendre sous sa protection, je promets et m'oblige de faire tout ce qui est contenu dans les chapitres suivants, suppliant Sa Majesté de vouloir bien m'accorder les choses que je lui demande pour l'avantage de ma personne et de mon royaume, et cela sans dommage ni préjudice pour les siens.

I

« Premièrement, je déclare que je suis l'ami, l'allié confédéré et le tributaire de Sa Majesté. Je promets d'être l'ami de ses amis et l'ennemi de ses ennemis, et de m'opposer au passage, par mon royaume, de tous Maures ou chrétiens qui seraient en guerre avec l'empereur ou avec ses sujets ou vassaux.

« Si Sa Majesté vient en personne dans le royaume de Tlemsên pour guerroyer, contre les autres rois du pays, je m'engage à l'accompagner partout où Elle ira, avec toutes les forces dont je pourrai disposer ; mais si Sa Majesté ne vient pas elle-même et envoie seulement une armée avec le Capitaine Général d'Oran, je serai dispensé de servir personnellement et je pourrai me faire remplacer par un de mes principaux officiers, lequel devra faire tout ce qu'ordonnera le capitaine-général de Sa Majesté. Par réciprocité, l'empereur devra, avec les troupes qui tiendront garnison dans ses places frontières, m'aider et secourir contre quiconque voudrait me faire la guerre ou me causer du dommage.

« Si Sa Majesté vient en personne dans le royaume de Tlemsên ou si elle y envoie une armée, je m'engage, dans l'un et l'autre cas, à fournir les vivres et les bêtes de somme nécessaires, au juste prix de leur valeur.

II

« Je dis et je promets que je rendrai et je ferai conduire sains et saufs, dans la ville d'Oran, 8 jours après la conclusion de la paix, tous les Chrétiens prisonniers désignés dans un mémoire que m'a adressé le comte d'Alcaudète, lesquels se trouvent actuellement dans le royaume et la ville de Tlemsên (2).

III

« Je ne recevrai dans mon royaume ni Barberousse ni aucun corsaire turc, non seulement parce qu'ils sont les tyrans et les ennemis de tout le monde, chrétiens ou Maures, mais aussi et surtout parce qu'ils sont hostiles à Sa Majesté. S'il arrive que, par ruse ou autrement, Barberousse s'introduise dans le royaume, je ferai tout mon possible pour m'emparer de lui et, si je réussis à le prendre, je le livrerai au capitaine-général de Sa Majesté à Oran.

IV

« Je défendrai à toute personne de mon royaume, Arabe ou Zénète, de

---

(1) « Il y a lieu de remarquer que, dans ce traité, comme dans tous les autres conclus avec les rois de Tlemsên et de Tunis, le titre de *Majesté* n'est jamais donné qu'à l'Empereur Charles Quint ». (De la Primaudaie).

(2) « Comme l'indique ce paragraphe, le comte d'Alcaudète, en dictant ce projet de capitulation, était surtout préoccupé des soldats faits prisonniers au combat de Tifida. Ceci nous explique pourquoi il se montre si empressé d'accueillir les propositions de paix du roi de Tlemsên. Il consent même, comme il est dit plus bas et comme l'avait demandé le roi Mohamed, *si toutefois l'empereur l'ordonne ainsi*, à retenir dans la ville d'Oran, pendant tout le temps que durera la paix, Ben Redouan, et son petit-fils, le prince Abd-Allah ». (De la Primaudaie).

faire la guerre ou de causer du dommage aux villes d'Oran et de Mers-el-Kébir et à leurs habitants, Maures ou Juifs, ainsi qu'aux Arabes qui vivent dans la montagne, pendant tout le temps que devra durer la paix. Quiconque contreviendra à cet ordre sera châtié sévèrement. »

V

« Je donnerai des ordres pour que tout le commerce du royaume passe par la ville d'Oran, et je ne laisserai pas charger ou décharger des marchandises sur d'autres points du littoral, à moins que Sa Majesté n'y consente.

« De son côté, l'empereur me permettra d'avoir, dans la dite ville d'Oran, un ou plusieurs *almoxarifes*, receveurs et fermiers, comme il me conviendra, pour le recouvrement des droits qui m'appartiennent tant à l'entrée qu'à la sortie des marchandises. Ces agents n'auront rien à percevoir sur les approvisionnements destinés à la ville d'Oran, excepté sur les dattes, lesquelles sont considérées comme marchandise.

« Ces dispositions sont applicables, le cas échéant, aux villes de Mostaganem et de Mazagran. »

VI

« Les Maures, Arabes ou Zénétes et les Juifs qui habitent ou habiteront les territoires d'Oran et de Mers-el-Kebir, ou tout autre endroit appartenant à Sa Majesté, lui paieront les mêmes droits que s'ils étaient ses sujets, pour toutes les marchandises qu'ils exporteront du royaume de Tlemsên ou y introduiront, ainsi que le font les autres Maures qui sont mes vassaux. »

VII

« Les Maures et les Juifs, habitants de Tlemsên ou de toute autre ville du royaume, pourront venir à Oran et résider dans la dite ville ou son territoire ou dans tout autre lieu appartenant à Sa Majesté, librement, pacifiquement et sans empêchement aucun, moyennant la permission de Sa Majesté ou du capitaine général. Il en sera de même pour les habitants d'Oran et de Mers-el-Kébir qui voudront venir ou s'établir à Tlemsên avec ma permission. »

VIII

« Si quelques Arabes ou Maures de la montagne de Guiza, de Zafina, de Canastel (1) ou de Benarian, lesquels sont obligés de payer tribut à Sa Majesté, à titre de vasselage, viennent, en vue de s'en dispenser, pendant le temps de la paix, à se déclarer rebelles ou à s'éloigner pour cette cause ou pour toute autre relative au service de Sa Majesté et à celui de la ville d'Oran, il m'en sera donné avis immédiatement et je devrai faire tout ce que je pourrai pour remédier au mal et châtier les délinquants. »

IX

« Tous les Arabes du royaumes, cheikhs ou autres, seront tenus d'accepter les conditions du présent traité de paix, dans le délai de 30 jours. Ceux qui s'y refuseront seront considérés comme étant hostiles à Sa Majesté et pour-

---

(1) « Canastel, dit Marmol, est une ancienne peuplade parmi des jardins et des vergers, à 3 lieues d'Oran, du côté du Levant. On y recueille beaucoup de bois rouge qui est le principal trafic des habitants. »

« Benarian était un village indigène de la banlieue d'Oran ». (De la Primaudaie).

ront être partout poursuivis comme tels — même dans les villages de la banlieue d'Oran et quoique munis d'un sauf-conduit, à moins qu'ils ne fassent partie d'une caravane — sans que pour cela la paix soit rompue. »

X

« Sa Majesté prendra sous sa protection les Almoxarifes, receveurs, inspecteurs des poids et mesures, gardes, ou tous autres qui auront été désignés par moi pour recouvrer dans la ville d'Oran les droits qui m'appartiennent. Nul ne pourra percevoir les dits droits à leur place. Je me réserve la faculté de disposer de ces agents comme je l'entendrai, et de les révoquer, le tout sans empêchement de la part du capitaine général d'Oran qui devra, au contraire, leur prêter son assistance, lorsqu'ils la réclameront.

« Sa Majesté devra également assigner un local à ces mêmes agents dans la douane publique et permettre que ceux qui frauderont les droits soient punis et châtiés, quand bien même ils seraient ses sujets. Toutes les marchandises de contrebande qui seront saisies appartiendront aux dits almoxarifes et receveurs, et les contestations qui s'élèveront au sujet des susdites dispositions, devront être résolues en première et seconde instance dans la ville d'Oran et devant le Conseiller de la cour des comptes. »

XI

« Les marchands Maures, Juifs ou autres, qui viendront commercer dans la ville d'Oran, en caravane ou isolément, ainsi que les marchandises qu'ils introduiront dans la ville ou qu'ils exporteront, si elles proviennent du royaume de Tlemsên ou si elles y vont, ne pourront être ni retenues ni saisies pour les dettes que j'aurais contractées ou que je contracterais envers Sa Majesté, à moins que ce ne soit pour sommes dûes aux almoxarifes ou receveurs. (1)

« Les dits Maures, Juifs et autres, pourront trafiquer à Oran, venir et s'en retourner, en toute sécurité, soit par mer, soit par terre, sans qu'il leur soit fait aucun tort, offense ou injustice. Quiconque les maltraitera ou leur causera du dommage sera puni comme s'il eût agi contre un chrétien sujet de Sa Majesté, et châtié de la même manière qu'il le serait en Castille. »

XII

« Lorsque je voudrai envoyer à Sa Majesté des ambassadeurs ou d'autres personnes, avec ou sans présents, pour me plaindre de quelque tort qui m'aura été fait, à moi ou à mes vassaux, ou pour quelque autre motif que ce soit, le capitaine général de Sa Majesté ou son lieutenant ne pourra pas s'opposer au départ des dits ambassadeurs ou envoyés et de toute personnes qui les accompagneront. Il devra même leur fournir un navire à juste prix pour se rendre en Espagne. Il est, d'ailleurs, bien entendu que, si les dits ambassadeurs emportent avec eux des marchandises, ils paieront les droits accoutumés.

---

(1) « Le tribut que le roi de Tlemsên s'oblige, par le même traité, à payer annuellement, devait être prélevé sur le montant des droits d'entrée et de sortie des marchandises, perçus par les agents du prince, et cette circonstance explique l'exception dont il s'agit ici ». (De la Primaudaie).

XIII

« On ne pourra pas contraindre mes sujets, Maures ou Juifs, à se faire chrétiens. Ils vivront librement, selon leurs lois, dans leurs maisons et propriétés, et pourront faire le commerce dans tous les royaumes et avec tous les sujets de Sa Majesté, en se conformant aux lois des dits royaumes. »

XIV

« Sa Majesté prend l'engagement de me considérer comme ami, allié, confédéré et tributaire, et, si j'exécute et accomplis loyalement tout ce qui est stipulé dans le présent traité, à me garder bonne foi et amitié, à moi et à mes vassaux, tant sur mer que sur terre. »

XV

« Le présent traité de paix et d'alliance durera 5 années, qui commenceront du jour où il aura été proclamé dans la ville d'Oran. Selon le bon vouloir de l'Empereur, la durée de la dite paix pourra être prolongée ou réduite ; mais, dans ce dernier cas, si Sa Majesté veut rompre la paix avant que les 5 ans soient expirés, il me sera accordé 6 mois de trêve ainsi qu'à mon royaume, pendant lesquels je n'aurai rien à payer. Si, au contraire, la paix se prolonge au delà du terme fixé, les 6 mois de trêve en feront partie, et je serai tenu de payer le tribut pour le même temps. »

XVI

« Je m'engage à payer et à donner à l'Empereur, que je reconnais comme mon suzerain, ou à la personne désignée par lui, 4.000 doblas, chaque année, en bon or et de poids juste, au titre de 17 carats (1), lesquelles (doblas) je m'oblige à verser dans la ville d'Oran, par tiers, tous les 4 mois, à partir du jour que le dit traité de paix, ratifié par l'Empereur, aura été proclamé dans la dite ville.

« Je promets, en outre, de faire hommage au dit seigneur Empereur, chaque année, de 2 chevaux, tels qu'entre souverains on doit se les donner, et de 12 faucons crécerelles, sous la condition que Sa Majesté m'accordera le revenu libre de la porte de Tlemsên, de la même manière qu'en jouissaient mon père et mon aïeul, et que les fermiers de la dite porte s'obligeront, en donnant caution suffisante, à payer les 4.000 doblas, soit en argent, soit en approvisionnements, ainsi que cela se fait pour les rentes royales. »

XVII

« Le dernier traité conclu par l'Empereur avec mon père, le roi de Tlemsên, portait que, en cas de nécessité, Sa Majesté lui accorderait, s'il les demandait, 500 hommes pour la défense de son royaume. Dans le cas où j'aurai le même besoin de gens de guerre, je supplie Sa Majesté de mettre à ma disposition les dits 500 hommes. Je prends, d'ailleurs, l'engagement de payer leur solde, du jour où ils quitteront la Castille pour s'embarquer, et de rembourser toutes les autres dépenses qui seront faites. En garantie de ma parole, je livrerai les otages qui seront exigés par le Capitaine-Général de Sa Majesté ou son Lieutenant.

---

(1) « On sait que l'or le plus parfait est supposé au titre de 24 carats ». (De la Primaudaie).

« Si la dite troupe que je demande n'était point prête à venir de Castille, je prie Sa Majesté, en raison de la nécessité dans laquelle je me trouverai, d'ordonner au capitaine-général d'Oran de me donner, sous les mêmes conditions, 300 hommes de ceux qui tiennent garnison dans la dite place. »

XVIII

« Il arrive fréquemment que des Maures ou Juifs, habitants de Tlemsên, viennent à Oran pour commercer avec les marchands de cette ville, souscrivent des billets payables à leur retour, puis s'éloignent et ne reparaissent plus ; je m'engage à payer aux dits marchands ou à toute autre personne, authentiquement autorisée par eux, les sommes qui leur seront dûes.

« De même, tout marchand de la dite ville d'Oran qui se trouvera débiteur de quelque Maure ou Juif de Tlemsên, devra être mis en demeure de payer ce qu'il doit. »

XIX

« Dans le cas où Ben Redouan viendrait à Oran avec son petit-fils Mouleï Abd-Allah, le capitaine-général de Sa Majesté prendra les mesures nécessaires pour qu'ils soient retenus dans la dite place, pendant tout le temps que durera la paix, ainsi qu'il importe au service de Sa Majesté, et, comme il fut fait autrefois sous le règne du roi mon père, losrque le roi de Ténès se retira dans la même ville. »

XX

« Les stipulations contenues dans le présent traité et relatives aux Arabes, seront portées à la connaissance de mes sujets du royaume de Tlemsên, qui se sont révoltés contre moi, et ont embrassé le parti de Mouleï Abd-Allah, mon frère, et celui de Ben Redouan, aïeul du dit Mouleï Abd-Allah. Je promets de bien traiter ceux qui se conformeront aux dites stipulations et de les reprendre à mon service ; mais les autres, ceux qui refuseront de se soumettre, ne devront pas être reçus dans la ville d'Oran ou sur son territoire, et Sa Majesté devra les considérer comme ennemis.

« Pour l'accomplissement de tout ce qui est dit et contenu dans la présente capitulation, j'engage ma parole royale que, du moment qu'elle aura été ratifiée par l'Empereur, j'observerai et ferai observer tout ce que je m'oblige a faire pour le service de Sa Majesté et dans l'intérêt de la ville d'Oran.

« Et enfin que la chose soit notoire à Sa Majesté, ainsi qu'à tous, j'ai signé la dite capitulation de ma main et de mon nom, et fait apposer au bas d'icelle le sceau de nos armes.

« Fait dans la ville de Tlemsên, le ....

« LE COMTR D'ALCAUDÈTE. »

HONE

Comte rendu des lettres écrites de la Goulette et apportées par le Capitaine Louis de Haro (1).

« Palerme. 14 septembre 1535.
« (Arch. de Simancas. Estado. Legajo 462).

« Voici ce qu'il parait convenable que réponde Votre Majesté :

. . . .

« La garnison (de la Goulette) travaille beaucoup : son installation est très mauvaise et elle ne peut se procurer des vivres qu'en les payant fort cher. Elle demande la même solde que les troupes qui servent en Italie.

« Afin de ne pas créer un précédent fâcheux, le Conseil pense qu'on ne doit pas lui accorder une solde plus forte que celle que l'on donne en Sicile où les capitaines reçoivent 16 écus et 2 tiers, les enseignes 6, les caporaux 4, les arquebusiers 3 et les piquiers 1 (2).

Lettre du Comte d'Alcaudète au roi de Tlemsên (1).

« Oran, 21 Septembre 1535.
« (Arch. de Simancas. Estado, Legajo 462).

« Je sais qu'on publie, dans la partie du Levant, que Barberousse a l'intention de venir attaquer la ville d'Oran. Je ne crois pas qu'il ait cette audace et j'ai prié Abd-Allah Benbogani et Beniazar d'écrire à Votre Seigneurie que c'est une ruse pour vous tromper.

« Le 13 de ce mois, je vous ai adressé un traité de paix pour le signer afin que je pusse rendre compte de cette affaire à l'Empereur. Abd-Allah et Beniazar vous feront connaitre certaines autres choses dont je leur ai parlé. Si vous me renvoyez le dit traité signé de votre main, je m'emploierai auprès de Sa Majesté pour qu'elle l'approuve ; mais si vous ne voulez pas la paix aux conditions que je vous propose, avertissez-moi sur le champ, et il n'en sera plus question.

« Que votre Seigneurie réfléchisse bien à ce que je dis. Si elle met sa confiance dans Barberousse, elle passera par son couteau comme les autres rois qui ont accepté sa protection, et l'Empereur s'emparera du royaume de Tlemsên, comme il vient de le faire de celui de Tunis. Répondez-moi promptement. On m'a dit que vous receviez des Turcs dans Tlemsên. D'après ce que j'entends, vous vous exposez à perdre votre royaume, et cela arrivera certainement, si vous n'y prenez garde. Le Châtelain d'Alcaudète vous parlera de toutes ces choses, et je m'en réfère à ce qu'il vous dira. ».

Lettre du Comte d'Alcaudète au caïd des Beni-Rachid (1).

Oran, 21 Septembre 1535.
« (Arch. de Simancas. Estado, Legajo 462).

« Très honorable et très vaillant chevalier El Mansour Benbogani, caïd des Beni-Rachid.

« Le retard que le roi apporte à répondre à ce que je lui ai écrit, le 13 de

____

(1) Extrait de l' « Histoire de l'occupation Espagnole en Afrique (1506-1574) » par Elie de la Primaudaie.

(2) « On lit en marge : « C'est bien : ne pas faire connaitre le chiffre de la solde de Sicile, lequel est plus élevé, et dire à la garnison qu'elle doit se contenter de ce qui a été réglé ». (De la Primaudaie).

ce mois, me fait croire qu'il compte sur Barberousse. S'il en est ainsi, je vous demande d'obtenir de lui qu'il me réponde sur-le-champ et sans ambages ; oui ou non. Si, en raison de l'amitié qu'il a contractée avec Barberousse, il persiste à garder le silence, il ne connaîtra que trop vite le mal qui en résultera pour sa personne et son royaume, lorsque Barberousse aura étendu sa main sur lui.

« On me dit que Barberousse a annoncé hautement son intention de marcher sur Oran et Mers-el-Kébir. Je reconnais que c'est un grand homme de guerre et je sais qu'il est dévoré d'un grand désir d'être roi ; mais, s'il ose nous attaquer, il verra de quelle manière nous le recevrons ici, lui et ses gens, et le profit qui lui reviendra d'avoir essayé de tromper le roi et tous ceux de son entourage. Croyez-le bien, il veut vous couper la tête et se faire roi de Tlemsên, et cette année ne se passera pas sans que cela arrive. Il est temps de faire ce qui est convenable. Le roi le peut encore, s'il est bien conseillé, et vous aussi ; mais si vous vous laissez abuser, vous en serez puni par ceux-là même que vous aurez introduits dans votre maison.

« On me dit encore que, chaque jour, il arrive des Turcs à Tlemsên. C'est une preuve très évidente de l'intention de Barberousse. Si son but n'était pas celui que je viens de dire, il n'enverrait pas ses janissaires à Tlemsên et les garderait auprès de lui. Je vous ai déjà entretenu longuement à ce sujet, ainsi que Beni-Azar.

« Voyez ce que vous avez à faire et répondez-moi promptement. Le moment paraît venu où il serait utile que vous fussiez auprès du roi, car il ne manquera pas de gens qui se réjouiront de le voir, ainsi que tous les principaux de son royaume, se mettre dans la dépendance de Barberousse afin que, plus tard, celui-ci puisse faire dans la ville tout ce qu'il voudra.

« Ce qui s'est passé autrefois et ce qui se passe aujourd'hui vous montre clairement le profit que rapporte l'amitié de Barberousse à ceux qui placent en lui leur confiance. Vous ne pouvez être trompé que si vous le voulez bien. »

LETTRE DU COMTE D'ALCAUDÈTE AU CHATELAIN D'ALCAUDÈTE (2), ALFONSO MARTINEZ DE ANGULO (1) (3).

Oran, 21 Septembre 1535.

« (Arch. de Simancas. Estado, Legajo 462).

« Le 13 de ce mois, j'ai écrit au roi Mohammed et je lui ai adressé un traité de paix, en le priant de le signer, afin que je puisse conférer de cette affaire avec l'Empereur. Faites-moi savoir s'il consent à signer le dit traité, et, dans ce cas, qu'il me le renvoie immédiatement ; s'il s'y refuse au contraire, avertissez-moi aussitôt que possible. Le temps viendra où il nous fera

---

(1) Extrait de l' « Histoire de l'occupation Espagnole en Afrique (1506-1574) », par Elie de la Primaudaie.

(2) « Alcayde, Allide ». (De la Primaudaie).

(3) « Cette lettre prouve que le Commandant espagnol ne fut pas tué au combat de Tifida acec presque tous les soldats, comme le disent plusieurs historiens. Nous donnons plus loin quelques dépêches où il est encore parlé du châtelain d'Alcaudète, toujours prisonnier à Tlemsên ; une d'elles a même été écrite par lui. Il est singulier que le général Sandoval, qui paraît avoir consulté les archives de Simancas, n'ait pas relevé cette erreur dans sa *Notice historique*, assez complète d'ailleurs, sur les 2 places d'Oran et Mers-el-Kébir ; au contraire, il répète ce qu'ont dit Marmol, Farreras et les autres écrivains du temps ». (De la Primaudaie).

de nouvelles ouvertures de paix ; aujourd'hui on veut bien l'écouter, mais plus tard on ne l'écoutera plus.

« Je soupçonne que le retard mis par le roi à me répondre tient à ce qu'il a appris que Barberousse n'était pas loin avec ce qui lui reste de son Armada. Il suivra un bien mauvais conseil, s'il ne saisit pas cette occasion de se placer sous la protection de l'Empereur. Celui que n'éclaire pas le mal fait aux autres ne saurait être considéré comme un homme de bon sens. Rappelez au roi le tort qui a été fait à son royaume par l'autre Barberousse, celui qui est mort, lorsqu'il fut reçu dans Tlemsên. Quant à celui-ci, on sait quelles preuves d'amitié il a données aux princes qui l'ont accueilli dans leurs royaumes.

« Je lui demande en grâce de considérer que Barberousse ne sait où reposer sa tête en sûreté. L'intention de l'Empereur, après avoir fortifié Tunis, où notre armée se trouve en ce moment, est de poursuivre les Turcs partout. S'il le faut, Sa Majesté s'exposera à perdre tous ses royaumes plutôt que de renoncer à ce projet. Elle est bien résolue à en finir cette fois avec Barberousse, et Elle a juré de l'anéantir, lui et toute sa puissance.

« Faites en sorte que Mouleï Mohammed soit bien persuadé de cela. Barberousse le sait, et il cherche à tromper le roi en publiant qu'il veut venir attaquer Oran. C'est un homme rusé qui s'ingénie de toutes les manières pour retarder la paix que le roi semble disposé à conclure, le détourner de l'amitié de Sa Majesté et l'obliger à rester dans sa dépendance afin que, en cas de nécessité, il puisse trouver un refuge dans le royaume de Tlemsên.

« Dites encore à Mouleï Mohammed que j'engage ma foi qu'avant un mois il aura la tête coupée et que son royaume sera envahi. C'est pour en arriver là que Barberousse envoie des Turcs à Tlemsên ; autrement il les garderait auprès de lui pour sa propre défense, car il en a un grand besoin. En ce qui concerne Oran et Mers el-Kébir, je n'ai aucune crainte : Barberousse n'osera rien tenter contre nous ; alors même qu'il se présenterait avec toute son armée et celle du Sultan, nous sommes en état de le recevoir. Mais je voudrais, en raison des paroles d'amitié que le roi de Tlemsên et moi nous avons échangées, qu'il prit plus de soin de défendre contre ce tyran sa personne et son royaume.

« Prévenez-le donc de me répondre, parce que, s'il tarde encore, il pourra arriver que je ne serai plus en mesure de faire ce qu'il demandera. »

LETTRE DU ROI DE TLEMSEN A SA MAJESTÉ,
AVEC LA CAPITULATION QUE LE DIT ROI RENVOYA
SIGNÉE ET SCELLÉE ET QUI EST CELLE QUE LE COMTE D'ALCAUDÈTE
LUI AVAIT ADRESSÉE TOUTE PRÉPARÉE (1) (2).

« Tlemsên, 3 Octobre 1535.

« (Arch. de Simancas, Estado, Legajo 462).

I

« Mouleï Mohammed, roi de Tlemsên et loyal serviteur de votre Majesté.

« Je fais savoir à Votre Majesté qu'il y a déjà longtemps que je lui ai écrit pour la supplier et lui demander de me faire la grâce de me recevoir pour

----

(2) Extrait de l' « Histoire de l'occupation Espagnole en Afrique (1506-1574) », par Elie de la Primaudaie.

(2) « Le roi se décide enfin à renvoyer le traité de paix réclamé par le comte d'Alcaudète. Il y a lieu de remarquer que cette dépêche est la reproduction à peu près textuelle de celle qu'il avait écrite le 5 septembre et qui accompagnait le premier projet de capitulation rédigé par lui ». (De la Primaudaie).

son allié et son serviteur ; mais je n'ai jamais reçu aucune réponse. Dans cet intervalle, il est arrivé que Ben Redouan et son petit-fils m'ont attaqué avec l'aide de 600 chrétiens, et que j'ai été obligé de me défendre. Je regrette ce qui s'en est suivi ; mais je me plais à croire que Votre Majesté, comprenant que je ne pouvais pas faire autrement, n'aura pas été courroucée contre moi.

« Je désire que votre Majesté sache bien que ma ferme volonté est de devenir son serviteur, et je la supplie de vouloir bien me considérer comme tel, de me prendre sous sa protection, ainsi qu'elle avait fait pour mon père, et d'ordonner au capitaine général de la ville d'Oran de conclure la paix avec moi, conformément au traité que j'envoie signé de ma main et scellé de mon sceau.

« Je supplie aussi Votre Majesté, dans le cas où elle s'emparerait du royaume d'Alger, de m'octroyer en don les terres dudit royaume, lesquelles appartenaient autrefois à mes ancêtres, et cela, afin que je puisse la servir utilement, comme je le dois et comme j'en ai le désir sincère, ainsi que le verra d'ailleurs Votre Majesté par les ordres qu'elle me donnera. »

II

CAPITULATION (1).

. . . .

XXI

« Les receveurs, fermiers et inspecteurs des poids et mesures qui devront résider dans la ville d'Oran pour percevoir les droits qui m'appartiennent, pourront habiter le quartier qui leur conviendra, en payant le loyer des maisons qu'ils occuperont ; et si lesdits agents, se conduisant d'ailleurs comme ils le doivent, sont obligés de sortir la nuit, pour affaires concernant les droits qu'ils sont chargés de recouvrer en mon nom, ils pourront le faire en toute liberté, sans être arrêtés ou molestés par les hommes de justice. »

LETTRE DE BEN REDOUAN AU COMTE D'ALCAUDÈTE (2).

« 7 Octobre 1535.

(Arch. de Simancas, Estado, Legajo 462).

« Après vous avoir baisé les mains, je vous fais savoir que vos lettres nous ont été remises par notre ami. Nous avons lu ce qu'elles contenaient, et nous vous remercions du délai que vous nous avez accordé. Que Dieu prolonge votre vie ! Nous nous sommes aussi réjouis de ce que vous avez fait.

« Nos chevaux étaient ferrés et nous nous disposions à partir, lorsque notre fils Ahmed est tombé dangereusement malade, il a été bien près de la mort et, pour l'amour de lui, nous avons dû retarder notre départ.

« Il nous vient ensuite la nouvelle que vous étiez allé en Castille, et nous étions dans une grande incertitude, ne sachant ce que nous devions faire. Jusqu'à l'arrivée des Arabes nos alliés, nous étions même embarrassés pour vous écrire.

Veuillez nous faire savoir, par votre réponse, si vous êtes à Oran et si vous devez prochainement vous rendre en Castille. »

---

(1) « Voir pour le traité le 13 septembre. Nous donnons seulement la clause supplémentaire qui fut ajoutée sur la demande du roi Mohammed ». (De la Primaudaie).

2) Extrait de l' « Histoire de l'occupation Espagnole en Afrique (1506-1574) », par Elie de la Primaudaie.

Lettre du Comte d'Alcaudète a Ben Redouan (1).

« ... Octobre 1535.

« (Arch. de Simancas. Estado, Legajo 462).

« Très honorable et vaillant chevalier Abderrahmân Ben Redouan,

« J'ai reçu votre lettre, mais c'était vous que j'attendais. Je regrette beaucoup que vous n'ayez pu venir au jour que vous m'aviez promis, parce que Mouleï Mohammed a fait de telles offres de service, qu'il était impossible de ne pas les accueillir favorablement. L'Empereur, je le crois, ne pourra faire autrement que de le recevoir comme son allié. Je vous conseille, en conséquence, de venir ici promptement et d'amener avec vous le seigneur roi Mouleï Abd-Allah. Nulle part vous ne trouverez une retraite plus honorable, et je puis vous assurer que vous pourrez y demeurer sans crainte d'aucun mal ou dommage pour vos personnes et celles de ceux qui vous accompagneront.

« Votre salut est dans la promptitude de votre arrivée : le moindre retard peut devenir un péril. Agissez donc prudemment. Il ne vous sera fait, je le répète, ni tort ni offense ; mais hâ‑ez-vous de vous *retirer du feu*, je sais que les Arabes qui vous entourent vous trahissent, et que vous êtes en grand danger au milieu d'eux, beaucoup plus grand que vous ne le pensez.

Lettre de Sa Majesté a Don Alvar Gomez de Horosco el Zagal, commandant de Bone (1).

« Messine, 23 Octobre 1535.

« (Arch. de Simancas, Estado, Legajo 462).

. . . .

« Nous avons ordonné et ordonnons ce qui suit :

« On occupera seulement, comme nous appartenant, la forteresse de la dite ville de Bône, ainsi qu'il avait été d'abord décidé et ordonné.

« La garnison sera de 600 fantassins espagnols avec leurs officiers et gens de service, et dans le port stationneront 2 brigantins.

. . . .

« Lorsque vous aurez fait ce qui est dit ci-dessus, vous remettrez la ville aux Maures et vous vivrez avec eux en bonne intelligence ; mais vous ne devrez pas leur permettre de recevoir des Turcs ...

. . . .

« Nous avons ordonné à Messer Benedits de retourner à Bône ; il y restera jusqu'à ce que tous les travaux soient terminés. Pour revenir en Espagne, il prendra passage sur l'un des brigantins qui ont été mis à votre disposition. La distance n'est pas grande de Bône à Bougie, et il s'arrêtera dans cette dernière place pour examiner les fortifications. On nous a informé qu'il y a là des choses qui ne sont pas faites comme elles devrait l'être.

« Pour les dites dépenses et réparations, frais d'espions et de messagers, nous avons donné ordre qu'il vous fût remis immédiatement 1.000 ducats prélevés sur l'argent qui est envoyé à notre payeur Sebastiano de Cicaguirre, ainsi que vous le verrez, par le bordereau ci-joint, signé du grand commandeur de Léon, notre secrétaire et de Pedro de Aïaçola, notre trésorier-général

---

(1) Extrait de l' « Histoire de l'occupation Espagnole en Afrique (1506-1574) », par Elie de la Primaudaie.

et notre conseiller. Vous recevrez aussi, par le premier navire qui partira d'ici, les bois de construction, munitions et autres approvisionnements que vous avez demandés.

« Vous aurez soin de veiller à ce que, dans la répartition de cet argent et l'emploi des matériaux, il soit procédé avec la plus grande économie. Je me repose sur vous à ce sujet. Vous ne devrez dépenser que modérément ce qui sera nécessaire et qu'on ne saurait absolument éviter, d'autant plus que les travaux de réparation dont il s'agit sont de peu d'importance et qu'il ne peut être question de rien faire de neuf hors de propos.

. . . .

« Il y a lieu de croire qu'avec les vivres qui vous restent encore et ceux qu'on vous envoie, vous serez convenablement pourvus jusqu'à la fin de cette année et même au-delà. Quant aux 6 premiers mois de l'année prochaine, des ordres ont été donnés pour que l'on se procure toutes les choses dont vous pourriez avoir besoin et pour qu'on vous les expédie sur un bon navire. Cependant on ne pourra le faire que lorsqu'il commencera à geler, à cause des viandes salées que l'on doit vous envoyer. En ce moment, avec la chaleur qui règne en Sicile, on ne peut préparer les dites viandes dans la crainte qu'elles ne se gâtent. On aura soin, d'ailleurs, que les vivres que vous recevrez plus tard soient de bonne qualité et qu'ils vous soient expédiés le plus promptement possible. Des ordres ont été donnés à cet effet au pourvoyeur de Palerme, chargé de cet envoi.

. . . .

« Défense a été faite à tous nos vassaux, marchands ou autres, sous les peines les plus graves, de commercer avec Alger ou tout autre port occupé par les Turcs. Il ne leur est permis de trafiquer qu'à Oran, Bougie, Bône, La Goulette, qui nous appartiennent. Ces ports sont situés dans de très bons pays et parfaitement à la convenance des marchands ; cette mesure doit profiter également aux sujets du roi de Tunis, et, de cette façon, les garnisons des dites places se trouveront toujours bien approvisionnées.

« Je vous donne avis de cette disposition, afin que, si cela est nécessaire, les Maures de paix en soient avertis, et que les habitants de Bône sachent que notre intention est de les traiter avec bonté, et de faire tout ce qui nous sera possible pour augmenter la prospérité de leur ville, s'ils se montrent, comme ils le doivent, fidèles à notre service et à celui du roi de Tunis. »

LETTRE DE DON BERNARDINO DE MENDOZA A SA MAJESTÉ (1).

« La Goulette de Tunis, 26 Octobre 1535.
« Arch. de Simancas. Estado, Legajo 463).

. . . .

« Je ne pense pas, néanmoins, qu'il convienne, en toutes circonstances, de traiter les Maures avec cette grande douceur dont parle Votre Majesté, parce qu'ils s'imaginent que l'indulgence des chrétiens n'a d'autre mobile que la crainte ou l'intérêt. Dans certains cas, on peut les ménager, mais, dans d'autres, si l'on veut obtenir d'eux ce qu'on leur demande, il est nécessaire de les mener rudement.

. . . .

____

(1) Extrait de l' « Histoire de l'occupation Espagnole en Afrique (1506-1574) », par Elie de la Primaudaie.

« Votre Majesté ne me fait connaître, dans ses lettres, que le prix du pain et du vin que l'on doit distribuer aux soldats. Quant aux autres provisions de bouche, on ne me dit rien, et, jusqu'à ce que l'on m'ait donné des instructions, je ne puis tenir aucun compte exact. Les vivres dont je ne connais pas les prix sont : l'huile, le vinaigre, les pois-chiches, les fèves, le riz, les biscuits et le fromage. Aussitôt que Votre Majesté m'aura envoyé ses ordres à ce sujet, je m'empresserai de m'y conformer.

« On peut se procurer dans ce pays, à meilleur marché, qu'en Espagne, de l'huile et de l'orge, et il vaudrait mieux envoyer de l'argent pour acheter ici. Chaque mois, les soldats reçoivent 2 arrobes et demie de farine (1). Dans les autres forteresses, cette ration est suffisante ; mais il conviendrait qu'elle fût portée à 3 arrobes pour la garnison de La Goulette, continuellement occupée à faire des rondes ou à creuser des fossés. Les soldats n'ont même pas le temps de s'approvisionner d'eau et sont obligés d'avoir à cet effet un homme de peine — 1 pour 4 soldats. Il paraît juste d'ailleurs qu'ils touchent cette ration, puisqu'elle leur est comptée dans leur solde.

« Je demande aussi qu'on ne les oblige pas à payer les mèches de leurs arquebuses et la poudre qu'ils dépensent, tant que les nouvelles fortifications ne seront pas terminées, en raison de la nécessité où ils se trouvent, par suite des corvées et des gardes, d'avoir la plus grande partie du jour et toute la nuit les arquebuses chargés et les mèches allumées. Si on n'avise pas à cet égard, aucun ne voudra être arquebusier (2).

. . . .

« J'ai passé la revue des artilleurs qui sont restés à La Goulette, et j'ai reconnu que beaucoup d'entre eux ne sont pas en état de faire un bon service. Je prie Votre Majesté de vouloir bien nous en envoyer 6, des meilleurs que l'on pourra trouver et d'ordonner que le nombre des autres soit porté à 26. Avec ce qu'on a laissé ici d'artilleurs, nous ne pouvons pas arriver à servir tous les pièces. Il importe aussi que Votre Majesté donne promptement des ordres à ce sujet, car les fortifications sont déjà fort avancées.

« Voici comment j'ai organisé le service des espions. Mouleï Hacen et moi, nous en avons quelques uns que nous payons de moitié, et ceux-là je les ai envoyés à Alger ; mais j'en ai d'autres qui surveillent le roi et m'informent de tout ce qui se passe dans la ville et dans le pays.

« J'aurai soin de consigner leurs rapports dans un livre, et le comptable de votre Majesté tiendra également note de la dépense qu'ils occasionnent. Ces espions ne peuvent pas nous coûter bien cher, car ce sont tous de pauvres gens. »

RAPPORT DU CONSEIL DE SA MAJESTÉ SUR LES AFFAIRES
DU ROYAUME DE TLEMSEN

« Novembre ou Décembre 1535,
« (Arch. de Simancas, Estado, Legajo 463).

« I. — Le comte d'Alcaudète a écrit, ces jours passés, à Sa Majesté l'Impératrice, notre souveraine, en lui faisant connaître l'état des choses dans le

---

(1) « Un peu plus de 17 kilogrammes ». (De la Primaudaie).
(2) « On se demande, en lisant ceci, ce que les soldats n'étaient pas obligés de payer. On a vu (1520. Mémoire du corrégidor d'Oran sur la manière dont cette ville est administrée) qu'ils donnaient tous les ans 3 réaux pour le service de l'hôpital et qu'ils devaient, en outre, acheter les médicaments dont ils avaient besoin ». (De la Primaudaie).

royaume de Tlemsen. Il a transmis. en même temps, une copie de la capitulation que le roi Mouleï Mohammed lui a envoyée signée de sa main.

« Le comte dit que Sa Majesté n'est pas dans l'intention de secourir Ben Redouan et son petit-fils ; il serait avantageux de traiter avec le roi pour de nombreux motifs, et notamment pour que la flotte de Barberousse ne puisse se réfugier dans le port d'Arzew, ce qui est une chose très importante ; pour la reddition des prisonniers et parce que. avec le tribut que le roi de Tlemsên s'engage à payer, on pourra fortifier Oran et Mer-el-Kébir. On doit considérer aussi que la dite capitulation est faite de manière que le roi de Tlemsên ne pourra pas remplir les engagements qu'il a pris, et qu'il sera toujours loisible à Sa Majesté de lui faire la guerre, lorsqu'elle le jugera à propos et qu'elle y verra son intérêt. (1).

« Voici ce que contient la dite capitulation (2).

. . . .　　. . . . .　. . . . .

« Le Conseil n'a aucune observation à faire, et il pense qu'elle peut être ratifiée.

« Fiat ».

« II. — Le comte demande 2 ou 3000 ducats pour terminer le retranchement qu'il fait élever dans la montagne et quelques autres ouvrages de la Casbah d'Oran et de Mers-el-Kébir. Ces travaux sont très nécessaires.

« Le Conseil donne son approbation ; mais il n'accorde pas l'argent demandé. Si la paix se fait, le comte devrat essayer d'obtenir de Mouleï Mohammed qu'il paie le tribut à l'avance ; si le roi s'y refuse, il pourvoira aux choses les plus urgentes avec l'argent qu'il pourra se procurer à Oran.

« III. — Il y a dans l'arsenal de Malaga, un gros canon appelé San Juan, trop pesant pour être employé à la mer. Le comte demande à Sa Majesté de donner des ordres pour qu'il soit envoyé à Oran ; il servira à défendre l'entrée du port de Mers-el-Kébir. Il demande aussi, pour remplacer les canons que les galères ont emportés, quelques unes des pièces d'artillerie qui armaient la ville de Hone (3). Sa Majesté avait ordonné d'envoyer cette artillerie à Oran, mais on ne l'a pas fait.

« Le Conseil est d'avis qu'on donne le canon au comte d'Alcaudète. Quant aux autres pièces d'artillerie, on peut attendre ».

---

(1) « L'observation est curieuse », (De la Primaudaie) mais pas loyale (Général L. Didier).

(2) La voir au 13 Septembre 1535 et au 3 Octobre 1535.

(3) « Ce passage nous fait connaître l'époque de l'évacuation de Hone. Cette ville fut abandonnée par les Espagnols dans le courant de l'année 1535 ». (De la Primaudaie).

SITUATION DE L'ARTILLERIE QUE L'ON TROUVE ET DE CELLE QUI MANQUE DANS LA KASBAH D'ORAN DANS LA VILLE ET DANS LE CHATEAU NEUF
(*FORTALEZA DE RAÇALCAZAR*) (1) (2).

« (Arch. de Simancas. Estado, Legajo 462*).*

Traduction de M. Pedro Saura, Consul d'Espagne à Oran et du Général L. Didier.

« Alcaçava » (3).

« En la parte de la sierra donde se hizó el atajo del alcaçava viejo, hay un cubo (4) que se dize de Contreras. En este conviene que dos sacres ó dos medias culebrinas, en lo alto, para defender que en los padrastros (5), que señorean el alcaçava no se pudiese tener artilleria y para guardar las estradas de los caminos que vienen à la ciudad por esta parte, y para las defensas baxas deste cubo para la de los traveses tiene necessidad de otros dos medios cañones. Tiene en lo alto dos sacres, faltan dos medios cañones para las defensas baxas.

« Dans la partie de la montagne où l'on a fait le chemin raccourci de la vieille Kasbah il y a une tour qui s'appelle de Contreras. Dans cette tour, il conviendrait qu'il y ait 2 sacres ou 2 demi-coulevrines, dans le haut, pour défendre les lieux élevés qui dominent la Kasbah où l'on ne pourrait pas avoir de l'artillerie et pour battre les parties praticables aménagées des chemins qui arrivent à la ville de ce côté ; pour les défenses basses de cette tour il faudrait, pour les feux croisés, 2 autres demi-canons. Il y a dans le haut 2 sacres, il manque 2 demi-canons pour les défenses basses.

---

(1) Extrait de l' « Histoire de l'occupation Espagnole en Afrique (1506-1574) », par Elie de la Primaudaie.

(2) En 1535, les Espagnols appelaient donc le *Chateau-Neuf* actuel *Raçalcazar*, ce qui confirme mon opinion sur l'origine de ce nom : *Raz el Ksar*, c'est-à-dire la *Pointe du Ksar* (des tours). Comment *Raçalcazar* est-il devenu *Rosalcazar* c'est-à-dire le *Château Rouge* ? Je n'en sais rien. Les Espagnols ont-ils badigeonné les tours avec de l'argile rouge ? La toiture en bois, élevée par eux, sur l'une des tours, était-elle rouge ? Ne seraient-ce pas plutôt les retranchements en terre élevés par eux qui étaient creusés dans de l'argile rouge ? Je ne vois pas d'autre hypothèse possible ; une simple déformation du mot par l'usage, n'expliquerait pas, à mon avis, le nom *Bord-el-Hamra* (le Château Rouge) donné au même moment par les Arabes. (Général L. Didier).
Voici ce que dit De la Primaudaie : « Le Chateau-Neuf, le Bordj-el-Mohal (fort des Cigognes) ou Bordj-el-Hamra (Château rouge) des anciens Maures.
« Marmol dit qu'il fut reconstruit par le Comte Pierre Navarro en 1510 ; mais il se trompe, comme le prouve Suarez Montanez. Le Comte Navarro et le Cardinal Ximénès firent seulement lever le plan de cette forteresse, et elle ne fut restaurée qu'en 1514 par Diégo de Véra. On a dit (Revue Africaine 1857, 2e année, page 39) que le mot de Raçalcazar ou Rosalcazar, comme il est écrit dans plusieurs chroniques, était une « mauvaise traduction » des 2 mots espagnols Rojas Casas, les maisons rouges. Il nous parait difficile d'admettre cette explication. On se demande qui aurait fait cette mauvaise « traduction », les Espagnols ou les Maures ? Ces derniers avaient leur appellation toute trouvée Bordj-el-Hamra, le château rouge. Quant aux Espagnols, on comprend encore moins qu'ils eussent adopté, surtout dans leurs pièces officielles, cette dénomination empruntée à leur propre langue et défigurée par les Arabes. »

(3) « *La Kasbah*, appelée par les Espagnols *Castillo Viejo*, où résidait le Capitaine Général ». (De la Primaudaie).

(4) « *Cubo*, tour dans les anciennes murailles ». (De la Primaudaie). Tour ronde dans un angle (M. Saura).

(5) « *Padrastro*, lieu élevé qui commande une place ». (De la Primaudaie).

« Dende este cubo hasta otro que hizó Rodrigo Baçan à la otra parte del alcaçava, hazia la sierra y hazia el padrastro del Bermejal, que es el mas peligroso, hay un terrapleno de cinquenta pasos que hizó D. Alonzo mi hijo (1) para defensa y ofensa de estos padrastros, y porque dende el cabo deste terrapleno que junta con el cubo de Rodrigo Baçan y dende el mismo cubo se ha de defender el largo de la muralla de la ciudad dende la Madre vieja hasta el cubo de Coral y la punta de la playa, tiene necessidad el cubo y el terrapleno de cuatro medias culebrinas y un muy buen cañon doble para este alto ; para las defensas baxas tiene necessidad de otras dos pieças, como el otro, que sean dos medios cañones ó falconetes, y con este estara razonablemente proveido. Tiene este terrapleno y cubo dos sacres y en las defensas baxas no hay pieça.

« Dende este cubo hasta el esquina del Alcaçava sobre la ciudad, hay una barrera de mas de cien pasos en largo. En esta he hecho yo dos sitios de artilleria contra el padrastro del Bermejal, y en el mas baxo que es en el esquina del Alcaçava sobre la ciudad se le hazen quatro cañoneras baxas, las dos que guardan el traves y guarda de esta cava, porque no tenia ninguna defensa, y las otras dos guardan el largo

« Depuis cette tour jusqu'à une autre bâtie par Rodrigo Baçan dans l'autre partie de la Kasbah, vers la montagne et vers le lieu élevé du Bermejal (2) qui est le plus dangereux, il y a un terre-plein de 50 pas, édifié par Don Alonzo, mon fils, pour la défensive et l'offensive de ces lieux élevés. Parce que, depuis la pointe de ce terre-plein qui touche la tour de Rodrigo Baçan et depuis cette même tour il faut défendre le long de la muraille de la · ville depuis la Vieille Mère jusqu'à la tour de Coral et à la pointe de la plage, on a besoin, pour la tour et le terre plein, de 4 demi couleuvrines et d'un très bon canon double pour cette hauteur ; pour les défenses basses il faudrait 2 autres pièces comme dans l'autre tour, pièces qui seraient des demi-canons ou des fauconneaux. De cette manière la défense serait raisonnablement assurée. Il y a dans ce terre-plein et dans cette tour 2 sacres et dans les défenses basses il n'y a aucune pièce.

Depuis cette tour (De Coral) jusqu'à la pointe de la Kasbah auprès de la ville il y a une barrière de plus de 100 pas (3) de long. Dans cette barrière j'ai préparé des emplacements pour 2 pièces d'artillerie contre le lieu élevé du Bermejal, et dans la partie la plus basse qui est au coin de la Kasbah sur la ville on bâtit 4 embrasures basses, 2 qui protègent en feux croisés et gardent cette dépression du terrain (cava) parce

----

(1) « D. Alonzo de Cordoba y Velasco, 2ᵉ comte d'Alcaudète. Après la mort de son père, il fut nommé capitaine général d'Oran et de Mers-el-Kébir ». (De la Primaudaie).

(2) « Terrain jaune rouge ». (M. Saura).

(3) D'après les renseignements de M. Saura : le pied était de 12 pouces de 23 m/m soit de 28 c/m. ; le pas court était de 33 c/m. et le long de 75 c/m.

de la muralla de la ciudad, dende el cubillo de Pedro Alvarez hasta el esquina de sobre la Madre vieja que hay ciento y sententa pasos.

« Este quartel hasta el cubo de Coral, que son otros ciento y treinta pasos adelante de este esquina es lo mas flaco de esta ciudad, porque tiene el padrastro del Bermejal por la parte fuera que señorea la muralla, y otro por las espaldas de la otra parte de la ciudad, á buen tiro de escopeta ó arcabuz, à punteria que no dezarian estar nadie en la muralla ; y por esta necessidad le he hecho estos sitios de artilleria en la barrera, de manera que no puede quitar el artilleria de los enemigos la que nosotros alli tuvieramos para defensa deste quartel. Hay necessidad muy grande en esta barrera de quatro medias culebrinas ó sacres y de dos falconetes. No hay ninguna pieça en ella. »

FUERA DEL ALCAÇAVA

« En un sitio de artilleria que está delante del alcaçava en el Gibel, que tira al campo quando corren los Moros y á la playa estan tres sacres y dos cañones razonables que bastan para este efecto que no han de tirar muy lexos. Esto está bien proveido, »

MURALLA DE LA CIUDAD

« En el Gibel, hay una vuelta que haze la muralla donde hay

qu'il n'y avait là aucune défense ; les 2 autres protegent le long de la muraille de la ville. Depuis la petite tour de Pedro Alvarez jusqu'au coin de celle de la Vieille Mère il y a 170 pas.

« Ce quartier, jusqu'à la tour de Coral où sont 130 autres pas jusqu'à ce coin (de la Vieille Mère) est le plus faible (maigre) de cette ville, parce qu'il y a le lieu élevé du Berméjal pour la partie du dehors qui domine la muraille et un autre (lieu élevé) de l'autre côté de la ville à portée d'escopette ou d'arquebuse de telle façon que des bons tireurs ne laisseraient personne sur la muraille. Pour cette raison j'ai fait faire ces emplacements d'artillerie à la barrière de façon à éviter que l'artillerie ennemie puisse détruire celle que nous avons pour la défense de ce quartier. Il y a un besoin très grand, dans cette barrière, de 4 demi-couleuvrines ou sacres et de 2 fauconneaux. Il n'y a aucune pièce. »

HORS DE LA KASBAH

« Dans un emplacement d'artillerie qui se trouve devant la Kasbah dans le Gibel (1) et qui tire sur la campagne lorsque les Maures courent et sur là plage, se trouvent 3 sacres et 2 canons raisonnables qui suffisent à cet effet puisqu'ils ne doivent pas tirer trop loin. C'est bien pourvu. »

MURAILLE DE LA VILLE

« Dans le Gibel la muraille fait un tour où il y a 2 embrassures

---

(1) Je me demande si ce n'est pas le mot arabe « Djebel » (montagne). (Général L. Didier).

cañoneras que guardan el mura
del alcaçava hasta el cubo de Contreras ; tienen necessidad de un
medio cañon pedrero ó medio sacre. No tiene ninguna pieça.

« En el cubo nuevo que hizo
Hernando de Quesada, hay necesidad para lo alto de un buen
cañon, porque ha de guardar toda
la muralla hasta el cubo de Contreras y un barranco que esta
junto con él, donde podrian poner
sitio haziendo reparos los enemigos, y hay desde este cabo hasta
el de Contreras quatro cientos y
cinquenta pasos, y otras pieças
menores no podrian hazer el
efecto que está à esta parte por la
cañonera del otro lado tiene necesidad de un falconete reforçado
para la guarda de la puerta de
Tremecen hasta donde hay dozientos y cinquenta pasos, y para
la guarda de la entrada del camino de la Torre gorda y para las
defensas baxas de este cubo tiene
necessidad de dos falconetes.

« En el cubillo que esta al espolon y junto à la puerta de Tremecen que hizo Pero Alvarez,
hay necessidad de una dozena de
versos y de un falconete que este
sobre un terrapleno que esta en
frente de la puerta de Tremecen
para guarda del camino de las
Huertas. De los versos hay recaudo, no hay falconete.

En la torre sobre la puerta de
Tremecen no ha de haver pieça
gruesa, sino versos y arcabuces.

qui gardent le mur de la Kasbah
jusqu'à la tour de Contreras ; il y
a là besoin d'un 1/2 canon pierrier
ou d'une demi sacre. Il n'y a aucune pièce.

« Dans la tour neuve que fit
Hernando de Quesada, il y a besoin pour le haut d'un bon canon
parce qu'il devra protéger toute la
muraille jusqu'à la tour de Contreras et un ravin près d'elle ; depuis là
l'ennemi pourrait causer des dommages et depuis cette élévation de
terrain jusqu'à la tour de Contreras il y a 450 pas ; d'autres petites pièces ne pourraient pas
faire le même effet que ce grand
canon dans cette partie. Pour
l'embrasure de l'autre côté on aurait besoin d'un fauconneau renforcé pour la garde de la porte de
Tlemcen. Depuis cette embrasure
jusqu'à la porte de Tlemcen il y a
250 pas. Pour la garde de l'entrée
du chemin de la Torre Gorda (1)
et pour les défenses basses de
cette tour (d'Hernando de Ques-
sada) on a besoin de fauconneaux.

« Dans la petite tour qui se
trouve au saillant en proue auprès de la porte de Tlemcen et
qui a été construite par Pero Alvarez il y a besoin d'une douzaine
de versos et d'un fauconneau ;
celui-ci sur le terre plein qui se
trouve vis-à-vis de la porte de
Tlemcen pour garder le chemin
des Huertas (jardins potagers).
Des versos il y a l'approvisionnement ; il n'y a pas de fauconnau.

« Dans la tour sur la porte de
Tlemcen ne doivent pas exister
des grosses pièces, mais des versos et des arquebuses.

---

(1) « Grosse tour », d'après M. Saura.

« En la torre del espolon que es sobre el rio, hay necessidad de un falconete para guardar el pié del cubo de la puerta de Tremecen y la entrada baxa del camino de la Torre Gorda, y mas seis versos. Los versos hay y el falconete no.

« Entre esta torre y otra que esta á la carrera (1), hay tres torres y cinquenta pasos de una à otra ; en estas ha de haver algunos versos y arcabuzes, y en la que està á la estrada de la carrera un falconete. No lo hay, tiene que guardar del traves de la muralla hasta el cubo de Santo Domingo ciento y ochenta pasos.

« En el cubo de Santo Domingo (2), hay necessidad de un falconete en lo alto. No lo tiene ; hay dos lombardas en las defensas baxas.

« Desde este cubo hasta un terrapleno hay ciento y treinta pasos en una vuelta que haze el mura es menester un falconete para la guarda del camino de Canastel. No lo tiene.

« En una torre que se ha henchido de tierra agora junto à la puerta de Canastel (3), tiene necessidad de dos sarces para guarda del rio, y es la principal guarda de las moliendas y del otro hasta

« Dans la tour du saillant en proue qui se trouve sur le ruisseau, il y a besoin d'un fauconneau pour protéger le pied de la tour de la porte de Tlemcen et l'entrée basse du chemin de la Torre Gorda et, en plus, de 6 versos. Des versos il y en a, de fauconneau non.

« Entre cette tour et une autre qui se trouve à la partie praticable aménagée du chemin de la Carrera, il y a 3 tours et 50 pas de l'une à l'autre ; dans celles-ci il faudra quelques versos et arquebuses et dans celle qui se trouve à la partie praticable du chemin de la Carrera il faut un fauconneau. Il n'y en a pas ; il doit protéger les feux croisés de la muraille jusqu'à la tour de Saint-Dominique 180 pas.

« Dans la tour de St-Dominique, on a besoin d'un fauconneau dans le haut. Il n'y en a pas ; il y a 2 lombardes dans les défenses basses.

« Depuis cette tour jusqu'à un terre-plein il y a 130 pas et dans un des détours du mur il faudrait un fauconneau pour la garde du chemin de Canastel. Il n'y en a pas.

« Dans une tour qui vient d'être maintenant remplie de terre près de la porte de Canastel il y a besoin de 2 sacres pour la garde du ruisseau et pour être la principale protection des moulins et de

---

(1) « Aujourd'hui la rue du Vieux Chateau » (De la Primaudaie).

(2) « La tour de Saint-Dominique est encore parfaitement visible à l'angle sud du boulevard Oudinot ». (De la Primaudaie).

(3) « La porte de Canastel était située sur le flanc est de la muraille d'enceinte — c'est la belle voûte courbe qui débouche sur le carrefour Kléber ». (De la Primaudaie).

la mar. No hay en ella ninguna pieça.

« En el cubo de la puerta de la mar que hizo Diego de Vera habia de haver dos pieças gruesas para la guarda del puerto, porque para este efecto se hizo encima de la playa y para que pudiese ayudar al castillo de Raçalcaçar y à el cubo de coral que está á la mano izquierda hazia el Bermejal. No puede sufrir cañon grande ni sacre por ser la obra falsa y porque està hundida. Tiene necessidad de dos falconetes reforçados para lo alto y otros dos para las défensas baxas, en el revellin de este cubo sobre la puerta hay necesidad de dos dozenas de versos. Destos hay recaudo.

Dende el cubo de la puerta de la mar, hasta la casa de Ramon de Molina hay cien pasos, y porque el artilleria no se podia poner en el dicho cubo, se hizo un sitio para ella junto à la casa de Ramon de Molina que descubre bien la playa. Tiene necessidad de dos cañones buenos ; no hay mas de uno.

« Dende el sitio del artilleria de Ramon de Molina hay dozientos y quarenta pasos hasta el cubo de Coral ; este, si fuera bien labrado, havia de tener quatro sacres, dos para las defensas altas porque esta en punta donde defiende dos traverses de la muralla de la ciudad por estas que la parta, y esta sobre la mar para lo baxo. Tenia necessidad de dos falconetes reforçados ; es tan flaco y falsa-

là jusqu'à la mer. Il n'y a dans cette tour aucnne pièce.

« Dans la tour de la porte de la mer faite par Diégo de Vera, il devrait y avoir 2 grosses pièces pour la garde du port. A cet effet on l'a bâtie sur la plage et pour qu'elle puisse aider le chateau de Raselksar (chateau neuf), et la tour de Coral qui se trouve à main gauche vers le Bermejal. Elle ne peut pas supporter un gros canon ni un sacre parce que le travail ayant été faux elle s'est enfoncée. Elle a besoin de 2 fauconneaux renforcés pour le haut et de 2 autres pour les défenses basses. Dans le ravelin de cette tour sur la porte il y aurait besoin de 2 douzaines de versos. De ceux-ci, il y a provision.

« De la tour de la porte de la mer jusqu'à la maison de Ramon de Molina il a 100 pas et puisque l'artillerie ne pouvait pas être placée dans la dite tour, on a fait pour elle près de la maison de Ramon de Molina un emplacement qui découvre bien la plage. Il y faudrait 2 bons canons, il y en a seulement un.

« Depuis cet emplacement de l'artillerie de Ramon de Molina jusqu'à la tour de Coral il y a 240 pas ; pour que ça soit bien labouré (mis en état de défense), il devrait y avoir 4 sacres, 2 pour les défenses hautes, parce que cette tour est en pointe d'où l'on défend par des feux croisés la muraille de la ville.... (1) et de celle-ci sur la mer pour le bas. Il y a besoin de 2 fauconneaux renfor-

---

(1) Cinq mots incompréhensibles, erreur de copie certaine, d'après M. Saura,

mente obrado que no puede sostener encima mas que falconete. Ha menester dos falconetes reforçados y en lo baxo dos rebadoquines. Esto hay açà, los falconetes no.

« En un terrapleno que este encima de la *Madre vieja,* yendo deste cubo à la alcaçava à ciento y cinquenta pasos del hay necessidad de une pieça media culebrina ó sacre, ó medio cañon pedrero que guarde el arroyo de la *Madre vieja* (1), porque descubra los sitios donde podria estar gente escondida. Y no hay ninguna pieça. »

RAÇALCAZAR

« Tiene très cubos sin el revellin, que en cada uno dellos ha menester dos pieças para las defensas baxas y las que hoy tienen en la alto, y una muy buena culebrina ó cañon refoçado, porque desde aqui se vee toda la bahia y puerto de Maçarquivir, y habia de ser el artilleria de la una parte y de la otra tan buena que se alcançasen ; el cubo de revelin tiene necessidad de otras très pieças.

« En la torre de los Santos hay un sacre y un medio cañon pedrero, y un falconete y un ribadoquin son menester para la torre por esta parte que guarda las huertas y el nacimiento del agua, quando los Moros corren les tira.

cés ; mais c'est si maigre et si mal façonné qu'en ne peut mettre dessus (la muraille) qu'un fauconneau. Il faudrait 2 fauconneaux renforcés et, dans le bas 2 ribaudequins. De ceux-ci il y en a, des fauconneaux non.

« Dans un terre-plein qui se trouve au-dessus de la Vieille Mère à l'angle de cette tour (de Coral) à la Kasbah il y a 150 pas où il est nécessaire d'avoir une pièce demi-couleuvrine, sacre, ou demi-canon pierrier qui garde le petit ruisseau de la Vieille Mère. parce qu'il découvre les endroits où pourrait se cacher l'ennemi. Il n'y a aucune pièce ».

RASELKSAR (2)

« Il y a 3 tours sans ravelin et, dans chacune d'elles, il faudrait 2 pièces pour les défenses basses, et celles que, actuellement, il y a en haut, et une très bonne couleuvrine ou canon renforcé parce que, depuis cet endroit, on voit toute la baie et le port de Mers-el-Kébir. Il faudrait des artilleries, d'une part comme de l'autre si bonnes qu'elles puissent se rejoindre (3). La tour du ravelin aurait besoin de 3 autres pièces.

« Dans la tour des Saints il y a un sacre et un demi canon pierrier ; un fauconneau et un ribaudequin sont nécessaires pour cette tour dans sa partie qui garde les jardins potagers et la naissance (nacimiento) de l'eau, et quand les Maures courent elle tire.

---

(1) « Le conduit royal de la Vieille mère ». (De la Primaudaie).
(2) 3 mots arabes signifiant : « la pointe du Ksar (chateau avec des tours) » Château-Neuf aujourd'hui. (Général L. Didier).
(3) Il y a 5 bons kilomètres à vol d'oiseau ! ! ? (Général L. Didier).

« Esta es relacion del artilleria que hay y de la que falta. Vuestra Majestad mande proveer lo que fuere servida, que muy grand necessidad hay della (1). »	Telle est la situation de l'artillerie existante et de celle qui nous fait défaut. Je prie Votre Majesté de vouloir bien ordonner qu'il soit pourvu à nos besoins ; ils sont urgents. » (1) (2)
« EL CONDE DE ALCAUDETE ».	« LE COMTE D'ALCAUDÈTE ».

LETTRE DE DON BERNARDINO DE MENDOZA A SA MAJESTÉ, (3)

« La Goulette de Tunis, 20 Décembre 1535.

« (Arch. de Simancas. Estado, Legajo 463).

« Par le retour des brigantins, j'ai fait connaitre à Votre Majesté le bon effet qu'avait produit ici l'arrivée du prince André Doria. La ville de Bizerte a fait sa soumission au roi, et, ainsi qu'il avait été convenu avec le prince, Mouleï Hacen s'y étant rendu, l'a fait démanteler sous ses yeux. Ce serait une bonne chose si on traitait de la même manière les autres places maritimes du royaume, afin que les corsaires ne puissent y trouver un refuge ou s'y ravitailler. Le roi a fait pendre 4 des principaux rebelles, les habitants ont livré toutes leurs armes et payé une contribution de 10.000 ducats.

. . . .

« Les villes de Badja (Béja), de Mater (Nateur) et tout le pays à l'ouest jusqu'à Bône obéissent au roi. Tunis commence à se repeupler, mais cela va lentement, et il reste beaucoup à faire pour que la ville redevienne ce qu'elle était. Les faubourgs sont toujours très mal disposés pour Mouleï Hacen. Ce dernier a fait arrêter certains Turcs qui se tenaient cachés dans la ville et avaient formé un complot pour massacrer les marchands chrétiens.

. . . .

« Les navires que Votre Majesté a fait partir pour l'approvisionnement de la Goulette sont arrivés ; mais ils ont mis un tel retard à venir que nous manquions de tout. Je prie Votre Majesté de donner des ordres pour qu'il ne soit apporté à ce sujet aucune négligence ; il importe aussi à son service que nous soyons pourvus un peu plus largement : car si un navire venait à se perdre ou s'il ne se hâtait pas plus que ceux-ci ne l'ont fait, nous serions exposés à mourir de faim.

. . . .

« Jusqu'à ce moment Mouleï Hacen, conformément à la capitulation, m'avait rendu exactement tous les déserteurs de la Goulette, soldats ou autres, qui s'enfuyaient à Tunis ; mais aujourd'hui il fait des difficultés et refuse de me les livrer. Je prie Votre Majesté de me faire connaitre ce que je dois faire dans la circonstance. Il y a urgence d'aviser à ce sujet.

----

(1) « Ce mémoire donne, en effet, une assez triste idée de l'armement d'Oran à cette époque ». (De la Primaudaie).

(2) Cette dernière phrase seule a été traduite par De la Primaudaie. C'est cette traduction qui est donnée ci-dessus. Voici celle de M. Saura : « Ceci est la relation de l'artillerie qu'il y a et de celle qui manque. Votre Majesté voudra ordonner ce qui convient à son service car il y a grand besoin de l'artillerie ». (Général L. Didier).

(3) Extrait de l' «Histoire de l'occupation Espagnole en Afrique (1506-1574) », par Elie de la Primaudaie.

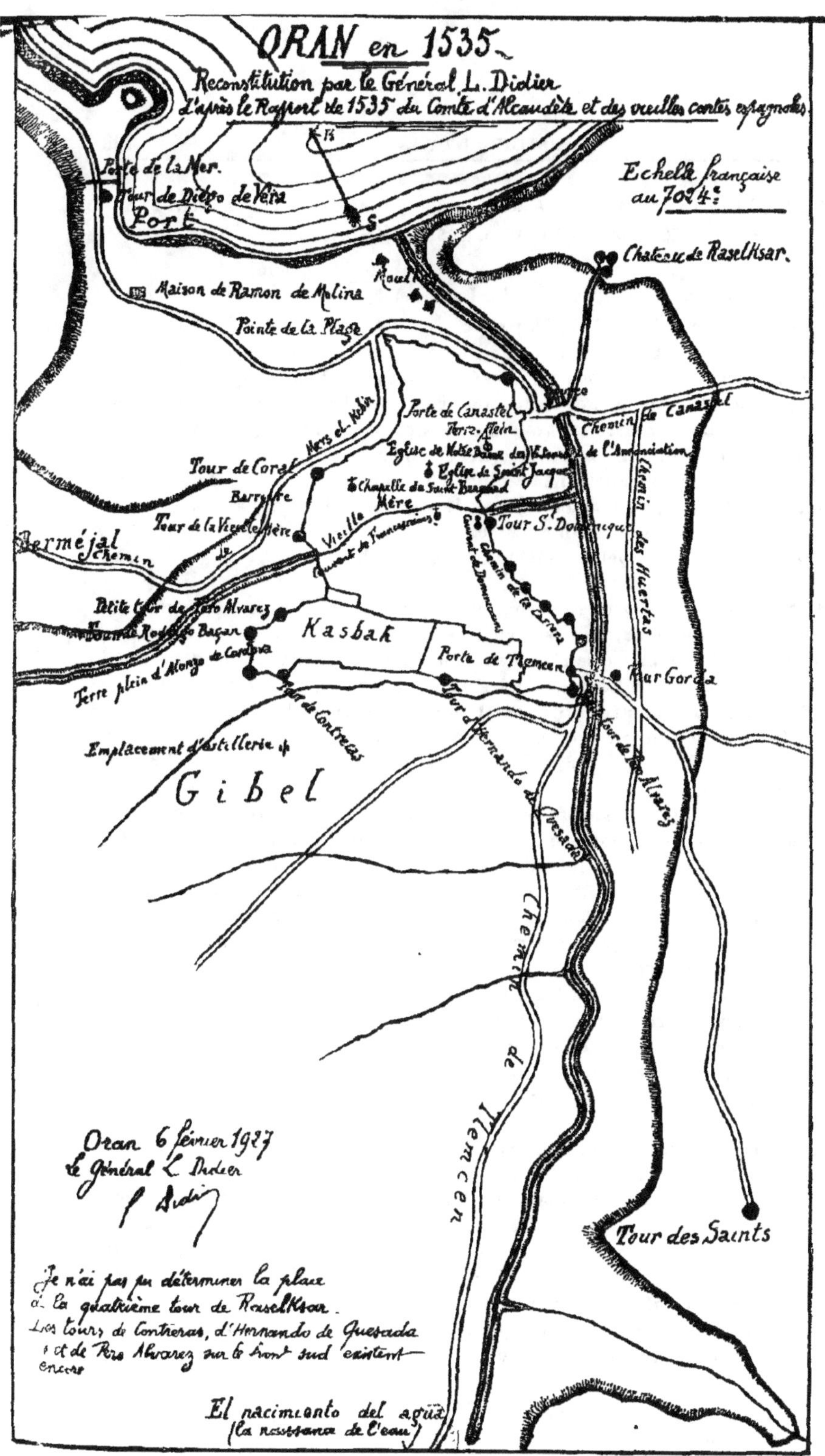

Le dessin ci dessus est une réduction photographique de celui au 7 024e du Général L. Didier.
Dans cette réduction 1 centimètre représente 13 millimètres au dessin original.

INSTRUCTIONS DU COMTE D'ALCAUDÈTE A GARCIA DE NAVARETTE, COMMANDANT DE MERS-EL-KÉBIR (1).

« 1535.

« (Arch. de Simancas. Estado, Legajo 463).

« Vous direz ce qui suit à Sa Majesté :

« Que j'ai accepté ce commandement, parce qu'il me semblait que je pouvais rendre ici de plus grands services à Dieu et à Sa Majesté que dans celui que j'avais précédemment ; et certes, on peut le croire, puisque je l'ai pris au moment où Barberousse reparaissait dans ce pays avec la puissante flotte que Sa Majesté connait bien, tandis que, en Navarre où je me trouvais auparavant, on ne se souvenait même plus de la guerre ; que Sa Majesté m'a fait une grande faveur en me chargeant de fonctions plus éminentes, et que je me suis réjoui de venir à Oran dans ces circonstances difficiles.

« Que j'ai eu plus de peine à défendre ces 2 places contre la faim que contre l'ennemi.

« Si Sa Majesté trouve que je remplis mes obligations comme il couvient, en exposant chaque jour, pour son service, ma vie, mes biens et mon honneur, je La supplie d'ordonner que l'on me fournisse en quantité suffisante, ainsi qu'on me l'a promis d'ailleurs, tous les approvisionnements nécessaires pour défendre ces places, assurer notre existence et sauvegarder notre honneur à tous. Qu'Elle veuille bien donner des ordres pour qu'on se préoccupe un peu plus de cet objet d'une importance si grande et un peu moins de l'intérêt des fournisseurs.

« Cette année, 3 galiotes, 1 fuste et 1 brigantin des Turcs d'Alger ont croisé sur cette côte, toujours en vue d'Oran, comme je l'ai écrit à Sa Majesté, afin de guetter nos navires qui vont et viennent avec les dépêches. Avec l'aide de Dieu, j'ai si bien pris mes mesures, que ces navires ont pu effectuer 4 ou 5 voyages, sans qu'aucun d'eux ait été capturé par l'ennemi. Le dernier seulement a été pris, mais il était resté 8 jours à Carthagène, contrairement à ce que je lui avais ordonné.

« Vous ferez connaître à Sa Majesté l'ordre que l'on observe ici dans l'expédition de ces navires, pour qu'ils ne puissent être enlevés à moins d'un grand malheur, et vous lui direz que j'ai averti D. Alvaro de Bazan de la présence des bâtiments ennemis, en le priant de nous envoyer 2 ou 3 galères pour leur donner la chasse. Ma lettre aura tardé sans doute, puisque rien n'est encore venu.

« Le corrégidor de Malaga agit tout-a-fait à notre détriment dans le chargement des navires qui doivent nous apporter du blé.

« Les ordonnances de Sa Majesté veulent qu'il soit présent lorsque se font les embarquements ; mais, empêché par ses occupations, il lui est souvent impossible d'y assister, et le départ des courriers se trouve ainsi ajourné indéfiniment, bien qu'il suffise d'un jour ou deux pour opérer le chargement d'un navire quel qu'il soit. Par suite de ces retards, il est arrivé, cette année, que, ayant laissé passer le moment propice, 2 mois se sont écoulés sans que les navires aient pu mettre à la voile.

---

(1) Extrait de l' « Histoire de l'occupation Espagnole en Afrique (1506-1574) », par Elie de la Primaudaie.

« Je supplie Sa Majesté d'ordonner au corrégidor de Malaga que, étant requis par la personne que j'ai commissionnée pour faire charger les navires qui doivent être envoyés à Oran, il ait, toute affaire cessante, à assister au chargement, ou bien qu'il désigne un de ses agents en son lieu et place, afin d'éviter tout retard dans l'opération ; et que, dans le cas où le corrégidor s'y refuserait, il soit fait attestation par témoins de la réquisition. et que, sur le vu d'icelle, les fournisseurs de sa Majesté puissent eux-mêmes désigner une personne pour surveiller l'embarquement, laquelle personne agirait comme si le corrégidor fût présent. De cette manière, le chargement des navires serait toujours fait en temps utile, et nous n'aurions plus à souffrir de ces retards très préjudiciables (1).

« Vous direz aussi à Sa Majesté que je lui ai mandé l'extrême besoin qu'ont ici l'église et les monastères de personnes d'autorité, d'habileté et de bon exemple, pour attirer les Juifs et les Maures à la foi de Jésus-Christ et pour iustruire et éclairer ceux qui veulent embrasser notre sainte religion. Vous demanderez que Sa Majesté fasse donner de quoi manger aux prêtres et aux moines, et que, à cet effet, elle permette qu'on prenne sur l'ordinaire de la guerre 40 ou 50 pains pour les leur distribuer. Vous ajouterez que je trahii ais ma conscience, si je n'informais pas Sa Majesté combien peu d'ailleurs ces gens-là sont méritants. Je la supplie qu'elle veuille bien ordonner qu'on envoie ici, dans tous les monastères et dans l'église, des personnes connaissant les langues hébraïque et arabe, afin qu'elles puissent rendre les services qu'on doit attendre d'elles sur une frontière comme celle-ci, où il y a toujours des Maures et des Juifs dont ils peuvent gagner les âmes, parce que, s'ils n'ont autre chose à faire qu'à dire la messe, mieux vaut pour la défense de cette place avoir 50 soldats que 20 moines.

« Depuis que je suis ici, 16 ou 17 Maures sont venus sə faire chrétiens, et plus de 50 autres, de ceux qui ont été pris dans les razzias, ont été baptisés. Dans toute la ville, il n'y a pas un ecclésiastique qui sache leur dire en leur langue une parole de notre foi, ce qui est cause que 3 ou 4 de ceux qui se sont faits chrétiens sont morts sans confession. Je remplis le devoir qui m'est imposé, en suppliant Sa Majesté de prendre à cet égard les mesures qu'elle jugera convenables pour le service de Dieu et pour le sien (2).

« Le frère Alejo, prieur du couvent des Dominicains de cette place, ne s'est pas encore rendu à son poste ; il s'est même procuré un bref pour se dispenser de venir ici. C'est un abus fâcheux qu'il importe de ne pas laisser subsister, et j'ai dû en donner avis à son supérieur. Vous prierez Sa Majesté de vouloir bien apporter remède à cet état de choses ; autrement il arrivera que nous n'aurons dans ce couvent que des individus déserteurs de la règle et de mauvaise vie (3).

. . . .

« J'ai appris que Ben Redouan avait réuni de nouvelles forces, et il m'a fait dire qu'il perdrait la vie ou s'emparerait du royaume de Tlemsên, afin

---

(1) « On lit en marge : « qu'il soit écrit au corrégidor et aux fournisseurs, afin qu'il n'y ait aucun retard ». (De la Primaudaie).

(2) « On lit en marge : « que le très-révérend cardinal de Tolède avise à ce qu'il est possible de faire ». (De la Primaudaie).

(3) « On lit en marge : « qu'on donne avis au supérieur et qu'il soit écrit au Comte de s'en remettre à ce que le supérieur décidera ». (De la Primaudaie).

de dédommager Sa Majesté de la perte des chrétiens qu'elle lui avait confiés. Jusqu'à ce que je l'aie vu à l'œuvre, je ne lui ferai aucune offre de service. Quant à l'autre (le roi de Tlemsên), je m'en tiendrai aux promesses que je lui ai faites pour la délivrance des soldats prisonniers. J'informerai Sa Majesté sans le moindre retard de ce qui arrivera ultérieurement » (1).

Traduction de M. Saura, Consul d'Espagne à Oran et du Général L. Didier.

2e carton, 8e liasse (2)   Sria de guerra moderna Leg. 4698

Extrait de la liste des Capitaines-Généraux d'Oran.

A don Martin de Cordoba y Velazco conde de Alcaudete hizo S. M. merced del cargo de gobernador y capitan-general de Oran y Mazarquivir en propiedad y lo sirvio desde 4 de junio de 1534 hasta 4 de diciembre de 1545 que con licencia pasó a España y nombró para el govierno a don Alonso de Cordoba y Velazco su hijo mayor este lo histo hasta 7 de julio de 1546 — que habiendo buelto el referido conde a ejercer su cargo tratto de hacer jornada para el lugar de Mostagan y elijio para el gobierno de estas plaças a Don Diego Ponze de Leon, su primo por el tiempo que se detuviese en la faccion y haviendo venydo a Oran con buen suceso sirvio su cargo hasta 26 de agosto de 1558 — que le mataron en Mostagan con 14.000 españoles que llevo en su egercito para la toma de dicho lugar.

2e carton, 8e liasse   Secrétariat de guerre moderne. D. 4698

Extrait de la liste des Capitaines-Généraux d'Oran.

Don Martin de Cordoba y Velasco, comte d'Alcaudéte, que Sa Majesté mit en charge de Gouverneur et Capitaine-Général d'Oran et de Mers-el-Kébir, son fief (sa propriété) où il servit depuis le 4 Juin 1534 jusqu'au 4 Décembre 1545, date à laquelle il passa en Espagne avec permission, nommant pour le remplacer dans son Gouvernement Don Alonso de Cordova y Velazco, son fils ainé, qui fut Gouverneur jusqu'au 7 Juillet 1546. A cette date le Comte susmentionné revint pour exercer sa charge jusqu'à son départ pour l'entreprise de Mostaganem. Il a donné, à ce moment, le Gouvernement des places précitées à son cousin Don Diégo Ponze de Léon, pour le temps qu'il consacrerait à cette entreprise. Revenu à Oran avec succés, Il reprit sa charge jusqu'au 26 Août 1558, date à laquelle il fut tué à Mostaganem avec 14.000 Espagnols qu'il avait emmenés dans son armée pour prendre cette place.

---

(1) « On lit en marge : « que le comte agisse ainsi, mais qu'il ne donne de troupes ni à l'un à l'autre ». (De la Primaudaie).

(2) Pièce des archives Espagnoles du Gouvernement Général de l'Algérie. Extrait du livre « La Domination Espagnole à Oran sous le gouvernement du Comte d'Alcaudète (1534-1558) », par Paul Ruff.

2ᵉ carton, 1ᵉ liasse   Arch. Simancas Leg.
   nº 17 (1)   de Estado nº 462

Memorial que embia el Conde de Alcaudete de lo que se paresce que se deve proveer para Oran demas de lo que embian los proveedores.

Lo que Vuestra Majestad ha de mandar proveer siendo servido para la seguridad de Oran y Mazarquivir es :

Que el trigo que hemando de Baëza es obligado a traer en este año lo trayga luego como V. M. me escrivio que lo havia prometido, y que sea de lonuevo para que se pueda conservar y lo mismo a los Proveedores de Malaga en elo pan que quedo por comprar de los dos mil y quinientos **ducados.**

Que Vra Md mande embiar doce piezas de artilleria desta manera :

Dos culebrinas reforzadas la una para el puerto de Mazarquivir y la otra para el Castillo de Razalcazar, las mayores que le puedan embiar porque alcancen a toda la vega del puerto y desta playa.

Dos cañones dobles reforzados, el uno para el alcazava de Oran y el otro para la fortaleza de Mazarquivir.

Seis falconetes reforzados.

Dos medios cañones pedreros para las défensas basas ;

Pelotas para estos tiros,

2ᵉ carton, 1ᵉ liasse   Ach. de Simancas.
   nº 17   Dᵉ d'Etat nº 462

Mémoire qu'envoie le Comte d'Alcaudete sur ce dont, semble-t-il, on doit pourvoir Oran en plus de ce qui a été envoyé par les pourvoyeurs.

Ce que votre Majesté doit ordonner pour pourvoir à la sûreté d'Oran et de Mers-el-Kébir, c'est :

Que le blé provenant de Baëza et qui doit être transporté cette année le soit comme Votre Majesté m'a écrit qu'elle l'avait promis et que ce soit du blé nouveau afin de pouvoir le conserver, qu'il en soit de même pour les pourvoyeurs de Malaga dans l'affaire du pain qui est resté à acheter pour la somme de 2500 ducats.

Que Votre Majesté ordonne d'envoyer 12 pièces d'artillerie de cette manière :

Deux couleuvrines renforcées, l'une pour le port de Mers-el-Kébir et l'autre pour le Château de Raselksar (2), les plus grandes que l'on puisse envoyer afin qu'elles atteignent toute la berge du port et de cette plage ;

Deux canons doubles renforcés, l'un pour la Kasbah d'Oran et l'autre pour la forteresse de Mers-el-Kébir ;

6 Fauconneaux renforcés ;

Deux demi-canons pierriers pour les défenses basses ;

Des boulets (pelotas) pour ces canons ;

---

(1) Pièce des archives Espagnoles du Gouvernement Général de l'Algérie. Extrait du livre « La Domination Espagnole à Oran sous le gouvernement du Comte d'Alcaudète (1534-1558) » par Paul Ruff.

(2) Château Neuf actuel.

Cincuenta quintales de polvora, esta llevaron las galeras de la de Oney.

Cincuenta quintales de salitre.

Seis mil javas con sus quadrillos porque no han embiado los proveedores mas de quatro mil.

El molino de polvora de bronze que mas conviene que lo haya aqui que en otra parte por la seguridad de la polvora y de otras cosas.

Dos mil madescuelas de hilo de ballesta porque no embiaron los proveedores ningunas.

Mil maderos para reparar.

Ciencuenta tablones para cureñas de todas maneras.

Camones y rayos para hacer veinte carros para el artilleria por que no hay pieza que tenga carretas para tirar seis tiros.

Quatro docenas de exes. Esta firmade : El Conde de Alcaudete.

A la buelta dice. Ay en Oran y Mazarquivir treinta y ocho piezas de artilleria entre cañones y morteros cañones y culebrinas pequeñas y medias culebrinas y sacres y falconetes y ribadogines.

2ᵉ carton 3ᵉ liasse   Arch. Simancas Negociado del Estado
nº 59. Sans date   462 fol.
(juin 1535)

Copia de carta traslada de lengua araviga a romance por el interprete Gonzalo di Alcantara á S. M.

S. C. C. M.

El Rey Muley Boaudila mi nieto y yo con nuestros parientes y

---

50 Quintaux de poudre, transportés par les galères et provenant de la poudre de Hone ;

50 Quintaux de salpêtre ;

Six mille flêches (javas) avec leurs arcs (quadrillos) parce que les pourvoyeurs n'en ont envoyé que 4.000 ;

Le moulin à poudre en bronze qu'il conviendrait d'avoir ici plutôt qu'ailleurs pour la sûreté de la poudre et d'autres choses ;

2 000 « madescuelas » (?) de fil de ballesta (1) parce que les pourvoyeurs n'en ont rien envoyé ;

1000 madriers pour réparations;

50 Tables (tablones) pour affûts de toutes sortes ;

Des demi roues (camones) et des rayons afin de faire 20 charriots pour l'artillerie, car il n'y a pas de pièce qui ait de charrettes à tirer par 6 animaux ;

4 Douzaines d'essieux. Signé : Le Comte d'Alcaudete.

(Au verso il est dit). Il y a à Oran et Mers-el-Kébir 38 pièces d'artillerie (canons, mortiers canons, petites couleuvrines, demi couleuvrines, sacres, fauconneaux et ribandequins).

2ᵉ carton, 3ᵉ liasse   Arch. de Simancas
nº 59 sans date   Bureau d'Etat.
(juin 1535)   Dossier 462

Copie d'une lettre traduite de la langue arabe en castillan par l'interprète Gonzalo di Alcantara et adressée à Sa Majesté.

S. C. C. M.

Le Roi Mouley Boaudila, mon petit fils, et moi, avec nos parents,

---

(1) Espèce de petite arquebuse.

amigos y valedores somos venidos à esta su cibdad de Oran confiados de hallar en vuestra amistad lo que siempre mis antepasados abuelo y padre y tio hallaron ques todo favor y gran merced y pues nuestro deseo y servicios no son ni han de ser menos. Que los dellos con esperanza de mayores mercedes nos hemos venido debajo del amparo y favor de Vra Magd y asi nos ha recibido el magnifico caballero don Alonso de Cordoba con mucha alegria y buen tratamiento ofreciendonos su persona y toda merced de parte de Vra Mgd. Y pues ya Vra Mgd sabe como Muley Mahamete es turco y enemigo del servicio de Vra Magd y asi ha procurado su favor y lo tiene por cierto y en señal desto lo encomiendan en la mesquitas primero que a el y hace la moneda en su nombre y pues es enemigo y nosotros servidores queremos de V. M. nos mande favorescer y ajudar vuestro poder es grande, y à quien à tan gran sombra se allega no es razon que le queme el sol, pues todo el estado que Dios me diere sera por servicio de V. M. yo ando con las alaraves en concierto por dalles mis dineros y porquellos mejor sirvan a V. M. y yo tenga mas seguridad dellos les pido rehenes para ponellos en Oran creo vernan en ello, suplico a vuestro gran poder mande à su Capitan-General nos mande favorecer y ayudar generalmente en toda cosa y que si hobieremos menester

amis et clients, nous sommes venus dans votre ville d'Oran, confiants de trouver votre amitié qu'ont toujours eue mes ancêtres, grand père, père et oncle. Avec toute faveur et grande reconnaissance notre désir et nos services ne seront pas moindres que les leurs. Avec l'espoir de plus grandes grâces nous sommes arrivés sous la protection et la faveur de Votre Majesté. Aussi nous avons été reçus par le magnifique chevalier Don Alonso de Cordoba avec beaucoup d'allégresse et bon accueil. Il nous a offert sa personne et toute aide au nom de Votre Majesté. Votre Majesté sait déjà comme Mouley Mohamed est Turc et ennemi du service de Votre Majesté, Ainsi il a accordé et il accorde sa faveur a certains. On signale qu'il recommande de faire dans les mosquées en premier lieu la prière en son nom (1) et qu'il fait frapper la monnaie en son nom. Il est l'ennemi et nous sommes vos serviteurs et nous demandons que Votre Majesté ordonne de nous favoriser et de nous aider parce que votre pouvoir est grand et celui qui a une si grande ombre il n'y a pas de raison que le soleil le brûle, car tout l'état que Dieu me donnerait serait pour le service de Votre Majesté. Je suis en relations avec les Arabes pour leur donner mon argent et pour qu'ils servent mieux Votre Majesté, Afin d'être plus sûr d'eux je leur demande des otages pour les mettre à Oran. Je supplie Votre grand pouvoir

---

(1) Il manque au moins deux mots dans le texte en espagnol.

cuatro cientos ó quinientos hombres para nuestra guarda a V. M. nos haga merced de mandar nos los porque asi para lo que toca à mi como á la gente se daran rehenes y porque de presente no hay otra cosa que escribir porque a tres de hebrero llegamos con nuestra casa junto con Oran, y de lo que sucediere mas se hara mensagero à Vra Magd y porque al muy magnifico Conde de Alcaudete vuestro Capitan General escrebimos mas largo, a su relacion nos remetimos y tambien alabamos a Dios por haber hallado aqui al muy honrado caballero el alcaide Luis de Cardenas que nos conoce y estuvo Muley Bahami y Muley Audalla año y medio en su compañia y guarda, y sabe nuestras voluntades para el servicio de Vra Magd, y escribela a Don Rahamen ben Redouan.

Esta es traslado de lengua araviga sacado en nuestro romance por la lengua de Gonzalo de Alcantara y interprete de V. M. — Gonzalo de Alcantara.

Sobre de la carta : Al estado muy alto que Dios ensalce.

d'ordonner à son Capitaine Général de nous favoriser et aider généralement en toute choses et autant que nous en aurons besoin. S'il nous faut 400 ou 500 hommes pour notre garde que Votre Majesté nous les fasse donner, parce que, en ce qui nous concerne, pour l'ensemble de ces soldats on donnera des otages et parce que, actuellement, il n'y a pas d'autre chose d'écrit. C'est le 3 Février que nous sommes arrivés à notre maison près d'Oran et de ce qui est arrivé on fera un rapport à Votre Majesté car nous écrivons longuement au très magnifique Comte d'Alcaudéte, votre Capitaine Général. Nous nous en remettons à la relation qu'il vous fera et nous remercions Dieu d'avoir trouvé ici le très honnête chevalier l'alcade Luis de Cardenas qui nous connait. Il a été en compagnie de Mouley Bahami et Mouley Abdallah une année et demie. Il garde et il connait nos volontés pour le service de Votre Majesté. Ecrivez à Don Rahamen ben Redouan.

Traduit de la langue arabe dans notre langage par la bouche de Gonzalo de Alcantara, interprête de Votre Majesté. Gonzalo de Alcantara.

Sur l'enveloppe il y a : A l'état très haut que Dieu soulève.

Le désastre de Tibda (Tifida)

D'après Paul Ruff :

« Ben Redouan comprenait que l'assistance, même purement morale, des Espagnols lui serait très utile. Aussi demandait-il à venir lui même à Oran. Reçu dans cette ville et reconnu ainsi comme le protégé des Espagnols, il espérait rallier la plupart des indigènes et rétablir son petit-fils sur le trône. Abou-Abdallah offrait du reste de se déclarer vassal du roi d'Espagne et de payer le même tribut qu'Abou Hammou III. Le désir du prétendant fut satisfait.

3 Février. — « Le 3 Février 1535, Ben Redouan et son petit fils purent entrer à Oran où ils furent très bien reçus par Alonso de Cordoue, qui avait précédé son père, comme nous l'avons vu. Ben Redouan réclamait plus que jamais la protection des Espagnols et même, si c'était nécessaire, l'appui de 400 à 500 hommes d'armes. Il offrait d'ailleurs des otages qui répondraient de la fidélité de ses partisans. On ne décida sans doute rien avant l'arrivée du Comte d'Alcaudète.....

« Malheureusement, si le Comte avait obtenu l'autorisation de traiter avec Ben Redouan et son petit fils et d'agir en leur faveur, il n'avait pas à sa disposition les forces nécessaires pour que son intervention fut efficace. Il se laissa entrainer par Ben Redouan et l'expédition fut décidée.

« Ben Redouan affirmait que tous les Arabes se joindraient à lui. D'ailleurs, comme il l'avait promis, ses principaux partisans avaient livré comme otages 21 enfants des meilleures familles. On avait d'autres espérances. Le caïd des Beni Rachid, El Mansour ben Bogani, dont on a vu la disgrâce, avait été remis en liberté et rétabli dans toutes ses dignités ; mais on le savait favorable à l'alliance espagnole et l'on comptait peut être que, mis en défiance par sa disgrâce même, il serait disposé à se rallier aux ennemis de Mouley Mohammed. C'est ce qui devait faciliter la ruse, cause dernière du désastre que nous allons raconter.

« Avec les faibles ressources militaires dont il disposait, le Comte ne put donner à Ben Redouan pour le soutenir qu'une troupe de 600 hommes. Du moins choisit-il des vieux soldats aguerris, ayant fait partie des garnisons de Hone, d'Oran et de Mers-el-Kébir. Ils emmenaient avec eux 4 petites pièces d'artillerie.

« A la tête de cette troupe d'élite le comte d'Alcaudète mit un de ses parents, son cousin Alonso Martin de Angulo, alcade d'Alcaudète.

. . . .

« Les troupes indigènes dont disposait Ben Redouan étaient peu importantes. Il n'avait avec lui que 400 cavaliers. Mais il avait affirmé que ses partisans l'attendaient chez eux d'après ses ordres. Il espérait aussi voir les habitants de Tlemcen se tourner contre Mouley Mohammed que l'on savait détesté de ses sujets...

« Mouley Mohammed n'avait point perdu courage, encore que sa situation semblât compromise. Il confia le commandement de ses troupes à son mezouar, El Mansour ben Bogani. Celui-ci, tout en réunissant ses troupes et en se portant au devant de l'ennemi, ne négligea aucun moyen de rallier les hésitants. Il fit courir le bruit qu'une armée marocaine venait au secours de Tlemcen. Il empêcha les Arabes partisans de Ben Redouan de le rejoindre en les faisant attaquer par des hommes des Beni Rachid auxquels se joignirent quelques tribus qui avaient promis leur aide au prétendant...

« Lorsque le prétendant eût été rejoint par A. Martin de Angulo, ils marchèrent sur Tlemcen. Nous ne possédons sur la première partie de l'expédition que le récit de Marmol. Il semble en résulter qu'en ne suivit pas la route ordinaire, par le nord du lac de Misserghin. Marmol dit, en effet : « les chrétiens arrivèrent au rio Ziz qui passe à 6 lieues d'Oran et arrose les campagnes de Ciret ; là ils virent que les troupes sur lesquelles « ils comptaient n'étaient point venues ». Les campagnes de Ciret s'étendaient à l'Est et au Sud Est d'Oran. C'était la grande plaine qu'arrosent le Sig et l'Habra plaine dont les Beni Amer occupaient la partie méridionale. C'est sans doute dans cette plaine qu'avait été fixé le rendez-vous général. Ben Redouan y était en quelque sorte chez lui. Mais il fallait ensuite rejoindre la route ordinaire de Tlemcen et marcher vers l'Oued Isser (1).

Lorsqu'on vit que les Arabes sur lesquels on comptait n'arrivaient point, quelques-uns des capitaines qui étaient sous les ordres d'A. Martin comprirent que le succès de l'expédition était gravement compromis. Ils craignaient de plus une trahison de leurs alliés. Ils conseillèrent à leur chef de revenir à Oran. Mais l'orgueil devait l'empêcher d'écouter la voix de la prudence ; il répondit que les hommes de la maison d'Alcaudète ne reculaient pas et il continua sa marche en avant....

« De la plaine où l'on se trouvait, c'est-à-dire de la région qui s'étend entre Arbal et le Sig, les troupes se dirigèrent à l'Ouest vers l'Oued Isser, de façon à l'atteindre vers le point où cette rivière était le plus facile à franchir, vers Tibda, et passèrent sans doute par la plaine de la Mleta. Elles s'arrêtèrent une nuit sur les bords de l'Oued Cénan (2). où l'on se retrancha, pour permettre aux soldats de réparer leurs forces avant de prendre contact avec l'ennemi.

« *30 Juin*. — Enfin, le lendemain, une dernière étape les amena aux bords de l'Oued Isser, près des ruines de Tibda, c'est à dire aux environs du village moderne de Pont de l'Isser. Ils y arrivèrent le mercredi, 30 Juin.

---

(1) « « Les Espagnols, dans leurs expéditions sur Tlemcen, suivaient la route qui passait au Nord de la Sebkha de Misserghin et conduisait au Rio Salado. Mais la nécessité de rallier les partisans du prétendant explique assez ce changement. De plus, au Sud de la Sebkha, Ben Redouan se trouvait dans ses domaines. Cependant une autre interprétation semblerait possible s'il n'était pas question dans Marmol des champs de Ciret. La relation de l'expédition de 1543 par F. de la Cueva dit, en effet, que l'armée espagnole après avoir quitté la lagune, arriva au rio Ziz à 3 lieues de la pointe de la Sebkha. Ce rio est, pensons-nous, le rio Salado qui, sur un point de son parcours, portait peut-être ce nom. Mais on ne voit point de ce côté les plaines de Ciret. De plus Marmol ajoute que, après être allée du rio Ziz au rio Cénan, l'armée y passa la nuit, après s'être retranchée : « para repara de la gente », ce qui s'explique, car de la vallée du Sig à la région d'Aïn-Témouchent il y a une soixantaine de kilomètres. Ajoutons que, dans la campagne de 1546, le comte d'Alcaudète, avant de marcher sur Tlemcen, alla également rejoindre à Arbal des contingents indigènes. Notre interprétation est à peu près celle adoptée par M. Jacqueton. Mais, a son avis, les alliés n'allèrent pas vers le Sig proprement dit, mais vers le Mokerra. De là, c'est-à-dire de la région des Trembles ou de Bel-Abbès ils se dirigèrent vers l'oued Cénan par la route de Fekkan à Casr — Ibn — Sinan décrite par El Bekri. Nous ne pensons pas qu'ils soient allés si loin vers le Sud pour revenir ensuite sur Aïn-Témouchent. Il nous semble préférable d'admettre le passage par la plaine de la Mléta ». (P. Ruff).

Pour moi les Espagnols ont suivi la route ordinaire, puis ont fait un petit crochet vers Hammam-Bou-Hadjar qui est près du rio Salado et est dans la plaine de la Mléta qui s'étend jusqu'au Nord Est d'Arbal. (Général L. Didier).

(2) « M. Jacqueton place ce point aux environs d'Aïn-Témouchent ». (P. Ruff).

« Jusqu'à ce moment, conformément aux ordres d'El Mansour, les troupes n'avaient pas rencontré un seul ennemi. Sachant, en effet, que leur nombre ne s'accroitrait pas tant qu'ils ne seraient pas victorieux, l'habile caïd des Beni Rachid ne voulait pas leur donner l'occasion d'un facile succès qui aurait pu leur rallier des partisans, et il attendait, dans une bonne position, les renforts qui lui permettraient de remporter une victoire décisive et de détruire ses adversaires à une plus grande distance d'Oran. Il avait donc établi son camp dans les ruines de Tibda ou Tifida, sur la rive gauche de l'Isser. Auprès des ruines, d'origine romaine, selon Marmol, il y avait une petite ville fortifiée (1).

« Mais il avait aussi des troupes sur la rive droite de la rivière et aussitôt qu'il apprit l'arrivée prochaine des ennemis, il engagea une escarmouche, espérant peut être jeter le désordre dans leurs rangs. El Mansour avait avec lui les gens des Beni Rachid, les contingents arabes et des troupes régulieres de Tlemcen. Après un engagement, dans lequel 6 cavaliers maures et beau_coup de chevaux furent tués à coups de canons et d'escopettes, le caïd se retira dans son camp, et les Espagnols s'installérent avec leurs alliés sur la rive droite de l'Isser. El Mansour était décidé à se maintenir dans son camp et ne croyait pas pouvoir en être délogé, quoiqu'il n'eût encore qu'un millier de cavaliers....

1er Juillet. — « Le lendemain la situation se modifia. Ben Redouan et A. Martin avaient décidé de prendre l'offensive. Tandis que l'avant-garde, composée d'Espagnols, attaquait de front les troupes d'El Mansour, le gros de l'armée les tournait et allait occuper la source de Tibda, au dessus de l'endroit où se trouvait le camp ennemi. Se voyant menacé, et n'ayant pas encore toutes ses forces sous la main, le mezouar abandonna sa position et s'établit en arrière.

2 Juillet. — « Dans la nuit il reçut des renforts et le vendredi 2 Juillet, il tenta de reprendre les positions évacuées la veille. Ses adversaires étaient prêts à le recevoir. Ben Redouan ayant rangé ses cavaliers en bataille marcha au devant d'El Mansour, qui fut repoussé et poursuivi jusque dans son camp ; il perdit 7 cavaliers et, avec eux, le fils d'un de ses principaux cheikhs. »

. . . .

« Si, à ce moment, Ben Redouan et A. Martin avaient été audacieux et avaient marché sur Tlemcen, nul doute que la partie n'eût été gagnée...

« Malheureusement Ben Redouan crut pouvoir gagner ceux qu'il aurait pu vaincre et, au lieu de marcher sur Tlemcen, il se mit à négocier. Il offrit des cadeaux aux Arabes du mezouar et parvint à en attirer quelques uns. Mais cet arrêt fut fatal à sa cause. Les habitants de Tlemcen, voyant qu'il négociait avec El Mansour, pensèrent qu'il se défiait de ses propres forces et commencèrent à se déclarer pour Mouley Mohammed. Le bruit de l'approche d'une armée marocaine rassurait les partisans du roi.

4 Juillet. — 2 jours, s'écoulèrent ainsi. Quelques Arabes seulement avaient passé du côté du prétendant. Mais la confiance excessive de Ben Redouan amena une surprise. Le dimanche, 4 Juillet, 200 cavaliers des Beni-Rachid furent accueillis dans le camp ; à peine y eurent ils pénétré qu'ils se préci-

---

(1) « Il y avait là une forteresse comme on le verra plus loin », (P. Ruff).

pitèrent sur les troupes du prétendant et, jetant parmi elles le désordre, les mirent en fuite. Les chrétiens vinrent heureusement à leur secours et repoussèrent l'ennemi en lui infligeant de grosses pertes. Quelques fuyards se rallièrent ensuite et rejoignirent les Espagnols dont la position était assez bonne. Mais cet incident découragea Ben Redouan. Il vit que les habitants de Tlemcen ne se déclaraient pas en sa faveur et, après un conseil de guerre tenu avec les Officiers espagnols, il fut décidé que, dans la nuit du dimanche au lundi, on battrait en retraite. Afin de pouvoir marcher plus vite on prit la résolution d'abandonner, en les mettant hors d'usage, les 4 pièces de campagne que les Espagnols avaient emportées (1). A peine la marche était-elle commencée que les ennemis attaquèrent les troupes en retraite. Aussitôt le prétendant et les Arabes s'enfuirent ainsi qu'un grand nombre de chrétiens. A. Martin de Angulo rallia les quelques Espagnols qui restaient auprès de lui et « voyant qu'il ne pourrait opérer sa retraite, ordonna de regagner le retranchement qu'on venait de quitter, avec la résolution d'y mourir en combattant ou de prendre le meilleur parti ».

Dans ce retranchement, établi au milieu de ruines, les Espagnols étaient du moins à l'abri des charges de cavalerie. Les Arabes de leur parti les avaient abandonnés. Leur résistance ne pouvait être de longue durée ; mais A. Martin pensa pouvoir conduire à bonne fin les négociations engagées la veille avec le caïd des Beni Rachid, et ne voulut pas ou ne put pas se jeter dans la forteresse de Tibda où sa défense aurait pu se prolonger. Il envoya un Juif (2) au mezouar afin d'obtenir la faculté de se retirer librement sur Oran. Mais une dernière ruse le perdit. El Mansour parut disposé à traiter ; peut être même fut-il sincère ; mais, pendant qu'on négociait, les Arabes s'approchaient des retranchements, puis y pénétraient en foule et enfin se jetaient sur les chrétiens qu'ils massacrèrent ou prirent. Le Capitaine Balboa se distingua par son héroïsme et se fit tuer avec tous les hommes de sa compagnie. Alonso Martin de Angulo et les autres se rendirent »·

----

(1) « Lorsque le Comte les retrouva à Tlemcen, en 1543, il n'eut qu'à faire refaire les affûts et put s'en servir ». (P, Ruff).

(2) « Sans doute son interprète ». (M. Jacqueton).

1536 (942 de l'Hégire)

Résumé des faits dans l'ordre chronologique
Documents Officiels. — Les négociations avec Hamida.

1536

Résumé des faits dans l'ordre chronologique

François 1ᵉʳ avec ses alliés les Turcs.

Décembre. — Nouvelle convention entre François 1ᵉʳ et Soliman. François 1ᵉʳ, à qui on reproche cette alliance, invoque la raison d'Etat et ajoute : « Quand les loups viennent fondre sur mon troupeau, j'ai bien le droit d'appeler le chien à mon secours ». Charles Quint qui avait, en vain, fait proposer à Soliman, par son agent secret, le vizir Ibrahim Pacha, de conquérir le monde et de se le partager, déclare alors François 1ᵉʳ apostat.

Galibert dit :

« François 1ᵉʳ paie 800.000 écus d'or le concours de Kheïr ed Dine qui tient en échec les marines de Venise, de Gênes et d'Espagne. Toulon, Marseille, l'accueillent comme un souverain et le fils du duc de Vendôme, le comte d'Enghien, se fait son lieutenant au siège de Nice ».

Portugais.

Au Maroc, le chérif El Aredj prend Agadir aux Portugais.

Sahara (d'après Martin).

Le caïd Taïeb arrive au Touat et fait rentrer les impôts.

Bougie. = En Mars l'armement se compose de 36 pièces d'artillerie, mais la moitié à peine sont en état de servir (1).

Faits particuliers à l'Oranie (1).

Janvier. — 1º Les négociations de paix continuent. Le cheïkh Bou Zian Sahib et Ben Redouan d'un côté ; le chatelain d'Alcaudète (Alfonso Martinez, cousin du Comte d'Alcaudète), le caïd des Beni Rachid, le juif Choa, de l'autre côté, cherchent à faire pencher le plateau de la balance espagnole, les premiers du côté du prince Mouleï Abdallah, les seconds du côté du sultan Mouleï Mohammed, qui en réalité, joue double jeu entre les Espagnols et les Turcs. Le comte d'Alcaudète, pour ne pas s'engager, se retranche derrière son ignorance de ce que décidera Charles Quint.

2º Ben Redouan « s'avance, avec des forces nombreuses, jusque sous les murs de Tlemcen et bloque cette ville ».

Février. — Les négociations avec Mouleï Mohammed sont interrompues.

---

(1) Voir les documents officiels ci-après.

Avril. — Le comte d'Alcaudète écrit au caïd Hamida pour avoir son concours dans l'entreprise contre Alger.

12 Avril. — Le fils du comte d'Alcaudète, D. Francisco de Cordoba, étant sorti d'Oran pour « faire du bois », rencontre et fait prisonnier à 2 kilomètres de la ville, un nègre, renégat portugais. Ce nègre a été mis à terre par un raïs turc qui rôde sur la côte avec 2 galiotes et voudrait tenter une surprise contre Mers-el-Kébir.

28 et 29 Avril. — Le comte d'Alcaudète se plaint que « Oran manque de blé... et les troupes viennent seulement de toucher le deuxième tiers de leur solde de 1535). Il rend compte que :

« il s'attend à une démonstration de Barberousse et il a fait réparer les murailles d'Oran et de Mers-el-Kébir »,

le caïd Hamidi lui a promis, pour l'expédition contre Alger, « 3.000 lances et la fourniture aux troupes, à un prix raisonnable, de tous les vivres dont elles pourraient avoir besoin ».

Début de Mai. — Les Arabes qui bloquaient Tlemcen repartent pour le Sahara « à cause de leurs chameaux ». Ben Redouan se retire à Melilla pour de là venir à Oran ; mais, retardés par des vents contraires, les 2 brigantins espagnols envoyés le chercher arrivent à Melilla après qu'il en est reparti.

25 Mai. — 2 Caravelles apportent à Oran 6.700 fanègues de blé et 500 d'orge ; il était temps.

5 Juin. — Le comte d'Alcaudète se plaint que l'argent nécessaire pour payer « la solde n'arrive toujours pas » et que « les soldats souffrent beaucoup et ne trouvent plus personne qui consente à leur faire crédit ».

12 Juin. — Mouleï Mohammed cherche à renouer les négociations et envoie au Comte d'Alcaudète l'interprète Alcantara, qui avait été fait prisonnier au combat de Tifida avec le châtelain d'Alcaudète Alfonso Martinez.

14 Juin. — Conférence à Oran entre le comte d'Alcaudète et les cheïkhs arabes du parti de Ben Redouan pour la reddition des otages.

21 Juillet. — Le comte d'Alcaudète reçoit les lettres de Charles Quint des 18 et 28 Mai.

25 Juillet. — Il reçoit celle du 16 Juin.

12 Août. — Dans une lettre à Charles Quint il accuse réception de ces 3 lettres, remercie des ordres donnés pour les approvisionnements et la solde, annonce l'arrivée des 200 hommes de renfort qu'il avait demandés et rend compte que « pouvant en ce moment s'absenter sans inconvénient, il s'embarquera dans une quinzaine de jours pour l'Espagne ».

Dans une lettre à D. Juan Vasquez de Molina, Secrétaire du Conseil de Charles Quint, il parle, en outre, d' « une grande mortalité parmi les bestiaux » et de « sa crainte de manquer de viande cet hiver si on ne lui envoie pas 500 quintaux de porc salé ».

Les deux documents officiels (1) suivants sont intéressants aussi.

A) Instruction du Comte d'Alcaudète à Antonio de Villalpando.

Le comte d'Alcaudète y déclare que :

1° Il lui faut 15.000 hommes et 300 ginettes des gardes de Charles Quint pour entreprendre la conquête de Tlemcen,

2° La récolte a été bonne cette année,

3° Par suite de la mortalité sur les chevaux, Mouleï Mohammed en manque pour monter sa cavalerie.

B) Mémoire indiquant : « ce que Mouleï Abd Allah s'oblige à faire si Charles Quint l'aide à recouvrer son royaume ».

Le rapport sur la conférence du 14 Juin donne in-fine les noms des Capitaines en garnison à Oran et des Gouverneurs de Ras-el-Ksar et de Mers-el-Kébir.

Documents Officiels

LETTRE DU COMTE D'ALCAUDÈTE A BEN REDOUAN (2).

« ....Janvier 1536.

« *(*Arch. de Simancas. Estado, Legajo 463).

« Très honorable, vaillant et renommé chevalier Abd-er-Rahusân Ben Redouan.

« J'ai reçu votre lettre le 21 Janvier. Vous me dites que vous avez pu réunir un bon nombre de gens de guerre, et j'ai été heureux de l'apprendre, parce que je vous considère comme un fidèle serviteur de Sa Majesté. Dans votre dernière entreprise contre Tlemsên, vous savez que j'ai fait pour vous tout ce que j'ai pu en me conformant aux intentions de l'Empereur. Nous ne doutions pas du succès ; mais Dieu n'a pas voulu nous favoriser jusqu'au bout. Depuis, la situation a changé. Mouleï Mohammed sollicite comme vous la protection de Sa Majesté : il a offert de rendre les chrétiens prisonniers et m'a envoyé une capitulation que j'ai dû accueillir et transmettre à l'Empereur.

« Vous me demandez que je vous dise ce que vous devez faire et que je vous parle en toute franchise. J'ignore ce que décidera Sa Majesté et jusqu'à ce qu'elle m'ait fait connaître ses instructions, je dois garder entre vous et Mouleï Mohammed une stricte neutralité. Je ne puis que vous dire ce que je dirais au roi de Tlemsên lui-même, s'il me faisait une semblable demande ; que chacun accomplisse le mieux qu'il pourra ce qu'il a promis à Sa Majesté.

LETTRE DU COMTE D'ALCAUDÈTE AU CHEIKH BOU-ZIAN-SAHIB (2)

« Même date,

« (Arch. de Simancas. Estado, Legajo 463).

« Honorable et vaillant Chevalier, Bou-Zian Sahib.

« Votre lettre m'est parvenue ; mais, avant de m'écrire, vous avez bien fait de vous rapprocher d'Oran. J'ai appris avec une grande satisfaction ce que

---

(1) Voir les documents officiels ci-après.

(2) Extrait de l' « Histoire de l'occupation Espagnole en Afrique (1506-1574) », par Elie de la Primaudaie.

vous me dites de la situation des affaires de Mouleï Abd-Allah ; je n'ai jamais douté de sa fidélité, et je le considère comme un fils. Je crois avoir prouvé d'ailleurs que je lui voulais du bien.

« Quant au conseil que vous me demandez, je ne puis vous répondre, comme autrefois je l'aurais fait, parce que Mouleï Mohammed a traité avec moi et qu'il a envoyé à Sa Majesté une capitulation signée de sa main. Je sais que Mouleï Abd Allah et Ben Redouan ont écrit aussi à l'Empereur. J'attends ses ordres. La seule chose que je puisse vous dire, c'est que celui-là fera bien qui montrera le plus d'empressement et d'exactitude à tenir ses promesses. »

LETTRE DU CHATELAIN D'ALCAUDÈTE AU COMTE D'ALCAUDÈTE (1)

« Tlemcen, 26 Janvier 1536.

« (Arch. de Simancas. Estado, Legajo 463).

« Aujourd'hui lundi, 24 du courant, le roi m'ayant fait appeler, je lui ai répété tout ce que Votre Seigneurie m'avait chargé de lui dire par ses 2 lettres du 23 Novembre et du 10 Décembre. Il m'a répondu qu'il avait appris du Kaïd des Beni-Rachid tout ce que je lui disais et que, ayant cru inutile de m'en parler, il vous avait écrit à ce sujet et envoyé le juif Choa, un de ses serviteurs, avec la mission de faire tout ce que Votre Seigneurie voudrait et ordonnerait. S'il n'a pas fait partir, comme il l'avait promis, les chrétiens prisonniers que réclame Votre Seigneurie, c'est qu'il croyait que la capitulation qui a été envoyée à Sa Majesté serait revenue plus vite. Je lui ai dit qu'il avait eu tort de demander qu'elle fût confirmée par l'Empereur, et qu'il suffisait de la ratification de l'Impératrice ; il m'a répondu qu'il ne pensait pas ainsi. Il peut arriver, en effet, je le crois, que l'Empereur ne confirme pas la dite capitulation, alors même qu'elle aurait été acceptée par l'Impératrice.

« Il m'a prié de vous écrire et voici ce qu'il m'a dit :

« J'ai offert et j'offre toujours d'être l'allié et le serviteur de Sa Majesté, « ainsi que l'ami de Sa Seigneurie. En ce moment le Comte peut me rendre « un grand service. Si Ben Redouan vient à Oran avec ses Arabes, je « demande que Sa Seigneurie refuse de le recevoir dans cette ville ou sur « son territoire, qu'elle ne l'écoute que pour lui faire payer ce qu'il lui doit, « et qu'elle l'oblige ensuite à se retirer ; dans le cas où Sa Seigneurie croirait « devoir accueillir Ben Redouan et ses Arabes, je ne m'oppose pas à ce qu'ils « soient reçus dans Oran, mais ils devront y être retenus prisonniers. Que le « Comte fasse cela et qu'il m'avertisse sur-le-champ, sans nouvelle réclama- « tion, et sans attendre que la capitulation soit revenue de la Cour. Je ferai, « en outre, tout ce qu'il me demandera. C'est ainsi que les 2 marquis, l'ancien « et le jeune (2), ont toujours agi avec mon père et mon aïeul, les assistant « contre ceux qui refusaient de les reconnaitre comme légitimes possesseurs « du royaume. Je demande en grâce que l'on se conduise de la même manière « avec moi. »

« Le roi m'a dit tout cela et beaucoup d'autres choses, et il m'a paru si sincère et avoir une si bonne volonté, que je crois qu'il fera ce qu'il promet et même davantage.

---

(1) Extrait de l' « Histoire de l'occupation Espagnole en Afrique (1506-1574) », par Elie de la Primaudaie.

(2) « D. Diégo de Cordoba et D. Luis son fils, marquis de Comarès et gouverneurs d'Oran ». (De la Primaudaie).

« La ville est tranquille. Le roi tient tout en bon ordre, mais il se montre très sévère. Ces jours passés, 2 des principaux habitants de Tlemsên, qui entretenaient une correspondance secrète avec Ben Redouan, ont été mis à mort. Cette semaine, 3 autres habitants ont été pendus pour je ne sais quel délit. On craint beaucoup le roi. Il a fait jeter en prison plusieurs cheikhs et autres Arabes des Beni-Rachid, parce que leurs parents ont rejoint Ben Redouan et le prince Abd Allah ! Ces cheikhs, menacés par le roi d'avoir la tête tranchée si leurs parents et amis persistaient dans leur rébellion, se sont empressés de leur écrire pour les supplier d'abandonner Ben Redouan.

« Cette même semaine, le roi a remis en liberté 2 fils d'un autre cheikh des Beni Rachid, lequel, cédant à leurs instances est venu faire sa soumission. Les principaux de la ville paraissent dévoués au roi. Le caïd des Beni Rachid est sorti de Tlemsên avec beaucoup de monde pour se mettre à la recherche de Ben Redouan et pour le combattre ».

LETTRE DU COMTE D'ALCAUDÈTE AU CHATELAIN D'ALCAUDÈTE (1)

« Oran .... Janvier 1536.

« (Arch. de Simancas. Estado, Legajo 463).

« Chatelain Alfonso de Angelo, mon cousin.

« J'ai reçu votre lettre et j'ai été très heureux d'apprendre que le roi s'est enfin décidé à parler. Son silence prolongé me donnait de l'inquiétude. Il parait qu'il a compris enfin combien il est important pour lui de traiter sans délai avec l'Empereur, et qu'il est convaincu de ma bonne volonté de faire tout ce que vous me demandez de sa part. S'il renvoie les chrétiens, ainsi qu'il le promet, j'agirai avec Ben Redouan de la manière qu'il le désirera.

« Comme garantie de ma résolution bien arrêtée d'accomplir ce que je dis ici, je signe la présente lettre de mon nom et j'y appose le sceau de mes armes ».

LETTRE DE FRANCISCO PEREZ DE IDIACAYZ
A SA MAJESTÉ L'IMPÉRATRICE (1)

« Bougie, 29 Mars 1536.

« (Arch. de Simancas. Estado, Legajo 463).

. . . .

NOTE SUR L'ARMEMENT DE BOUGIE (1) (2)

« Bougie . . . Mars 1536.

« (Arch. de Simancas. Estado, Legajo 463).

. . . .

---

(1) Extrait de l'« Histoire de l'Occupation Espagnole en Afrique. (1506-1574) » par Elie de la Primaudaie.

(2) « Il résulte de cette note que l'armement de Bougie, au mois de Mars 1536, se composait de 36 pièces d'artillerie ; mais la moitié à peine en état de servir. On s'explique difficilement cette incurie du Gouvernement Espagnol. C'était faire aux Turcs la partie un peu trop belle ; Salph-Rois sût en profiter ». (De la Primaudaie).

Le Ras el Ksar (Château-Neuf actuel), la baie de Canastel et la Montagne des Lions en 1927.

Lettre du Comte d'Alcaudète au Kaïd Hamida,
Cheik principal du Levant (1).

« Avril 1536.

« Très honorable Chevalier et renommé parmi les Maures, kaïd Hamida,

« La réception de votre lettre et la venue de vos messagers m'ont rempli de joie. D'après ce qu'ils m'ont répété de votre part et ce que vous m'écrivez, j'ai compris que vous demandez le secours de l'Empereur contre vos ennemis, et que, de votre côté, vous ferez tout ce qu'il vous sera possible pour le service de Sa Majesté.

« Afin que je sache bien ce que vous désirez et que vous soyez instruit de ce que nous attendons de vous, il convient que vous nous envoyiez ici quelques personnes de marque et de confiance, munies d'un pouvoir pour traiter en votre nom.

« Nous avons à conférer des choses suivantes :

« J'aurais besoin d'être renseigné au sujet des forces dont vous pouvez disposer pour l'entreprise d'Alger et des garanties que vous nous fournirez comme sûreté de votre parole. Je voudrais savoir aussi ce que vous demandez que Sa Majesté fasse pour vous, au cas où l'on se rendrait maître de cette place. Vous nous direz tout ce que vous avez appris par vos espions, si les habitants sont bien ou mal disposés pour Barberousse, si la ville est suffisamment approvisionnée, quel est le nombre exact des Turcs et des pièces d'artillerie, en un mot tout ce qu'il vous paraitra utile que nous sachions pour nous aider à chasser ce tyran du pays. Vous pouvez être assuré que si, avec l'aide de Dieu, Sa Majesté s'empare d'Alger, elle fera la part que votre honorable personne mérite.

« En ce qui regarde le royaume de Tlemsên, je désire que vous deveniez l'ami et l'allié de Mouleï Abd-Allah et de son aïeul Abd er-Rahman ben Redouan qui sont des bons serviteurs de Sa Majesté et ennemis de Barberousse. Je vous prie de vous rapprocher du territoire des Beni-Rachid, et, si cela est nécessaire, d'entrer dans le royaume et de vous joindre à Mouleï Abd-Allah. Vous me ferez connaitre, aussi brièvement que possible, ce que vous demandez pour nous rendre service. Je puis vous promettre que, si Mouleï Abd-Allah devient roi de Tlemsên, vous aurez en lui un bon fils et en moi un ami dévoué qui vous viendront en aide dans toutes les affaires du Levant et du Ponant. » (2).

Compte-rendu des lettres que le Comte d'Alcaudète
a écrites les 28 et 29 Avril (1).

« Mai 1536.

« (Arch. de Simancas, Estado, Legajo 463),

« 1, 2, 3. — Les 3 premiers paragraphes sont relatifs aux approvisionnements. La récolte de l'année précédente a été mauvaise, et la ville d'Oran

---

(1) Extrait de l' « Histoire de l'occupation Espagnole en Afrique, (1506-1574) », par Elie de la Primaudaie.
(2) « Il parait que les négociations avec le roi de Tlemsên n'avaient pas abouti mais nous ne savons pas ce qui était arrivé ». (De la Primaudaie).

manque de blé. Le comte se plaint aussi qu'on ne paie pas les troupes régulièrement ; elles viennent seulement de toucher le second tiers de leur solde
de 1535. Les soldats sont mécontents et demandent à s'en retourner en
Castille.

« 4. — On s'attend, cette année, à une démonstration de Barberousse. Le
comte écrit, que, conformément au désir que lui a exprimé Sa Majesté et
bien qu'il ait résidé à Oran 6 mois de plus qu'il n'y est obligé, il n'ira pas en
Espagne avant la fin de l'été.

« 5. — En ce moment il fait réparer les murailles de la ville et de Mers-el-
Kébir, et fortifier la montagne. On presse les travaux autant qu'il est
possible.

« 6. — Il dit que, le 12 Avril, D. Francisco de Cordoba, son fils, étant sorti
d'Oran pour faire du bois, a rencontré à 2 lieues de la ville un nègre, renégat
portugais, que le raïs turc qui rôde sur la côte avec 2 galiotes, avait envoyé à
terre. Ce commandant, dont la croisière n'a pas été heureuse, avait résolu de
tenter une surprise de nuit dans le port de Mers-el-Kébir et, à cet effet il
avait chargé le dit négre de s'informer s'il s'y trouvait quelque bâtiment de
haut bord.

« Voici les nouvelles d'Alger que le Comte a apprises de cet espion :

« Le nombre des Turcs et Andalous (Mudejares) qui se trouvent dans cette
ville, ainsi qu'à Cherchel, Miliana, Medéa et Tenez, ne s'élève qu'à 1200 ou
1500. On ne sait rien de Barberousse ; on dit qu'il est à Rhodes avec la flotte
du Sultan ».

« Alger, comme Oran, souffre de la disette. La mesure de blé, un peu moins
d'une demi-fanègue, s'y vend une dobla et demie.

« Il y a 2 mois à peu près, un gros navire français a mouillé dans le port
d'Alger. Il apportait des draps, du vin, du sel et des épices. Quand les
galiotes ont quitté Alger, il était occupé à charger des cires, du lin et des
laines. On a dit au nègre que ce même navire devait revenir incessamment
avec un chargement d'armes, et un marchand francais, nommé *Juaner*, est
resté à Alger pour attendre son retour. Il y avait à bord de ce navire un gentilhomme bien mis et de bonne mine, porteur d'une lettre du roi de France
pour Hacer. Agha, Lieutenant de Barberousse , c'est du moins ce que l'on a
raconté au négre. Les gens de l'équipage ont dit aussi que, lorsque ce dernier
partit pour Constantinople, le roi de France envoya quelques galères pour se
joindre à lui ; mais qu'elles arrivèrent trop tard.

« Les Algériens (1) qui savent que l'Empereur prépare une grande *armada*,
se fortifient en toute hâte. Ils ont construit, dans l'endroit où se trouvait le
Pénon, un nouveau bastion pour défendre l'entrée du port.

« Le négre assure aussi que le roi de Tlemsên a écrit à Hacen Agha de
prévenir Barberousse, lorsqu'il reviendra, que la ville d'Oran manque de
vivres et que les murailles tombent en ruines. Il a promis, si Barberousse se
présentait avec sa flotte devant la place, de se mettre en campagne avec tous
ses gens.

« 7. — Le comte informe Sa Majesté que Ben Redouan se trouve dans le
voisinage de Tlemsên et qu'il tient la ville bloquée. Presque tous les Arabes
ont cause commune avec·lui, et ils espèrent s'en emparer ; mais le Comte

---

(1) Algérois serait plus juste.

dit qu'il ne le croira que lorsqu'il l'aura vu. Une première fois, Ben Redouan
a été bien près de gagner la partie, et il l'a perdue par sa faute.

« 8, 9. — Le Kaïd Hamida a répondu à la lettre que le comte lui avait
écrite. Il fera en faveur de Ben Redouan ce que demande le comte. Si Sa
Majesté se décide à faire l'expédition d'Alger, il promet de donner 3 000
lances et de fournir aux troupes, à un prix raisonnable, tous les vivres dont
elles pourraient avoir besoin. Le comte est d'avis qu'il faudrait profiter de
l'absence de Barberousse pour faire cette expédition. Le moment serait bien
choisi.

« 10. — Il arrive souvent que le Comte ne peut pas faire partir en temps
utile les messagers qu'il envoie à Sa Majesté. Le payeur répond toujours
qu'il manque d'argent. Le départ d'un brigantin ou même l'envoi d'un espion
est devenu une grosse affaire. Le Comte demande que Sa Majesté lui permette de prendre sur les rentes de la ville l'argent nécessaire pour cet
objet (1).

« 11. — Il réclame aussi les 100.000 maravédis qu'il doit recevoir chaque
année comme corrégidor et qu'il n'a pas touchés ».

LETTRE DE D. BERNARDINO DE MENDOZA AU GRAND COMMANDEUR
DE LÉON (2) (3).

« La Goulette de Tunis, 24 Mai 1536

« (Arch. de Simancas. Estado, Legajo 463).

. . . .

LETTRE DU COMTE D'ALCAUDÈTE A SA MAJESTÉ (2).

Oran, 5 Juin 1536.

« (Arch. de Simancas. Estado, Legajo 463).

« Le 25 du mois dernier, 2 caravelles (4) sont entrées dans le port d'Oran.
Elles nous ont apporté 3700 fanègues de blé que nous envoient les fournisseurs de Malaga, ainsi que Votre Majesté le leur a ordonné J'ai reçu également de chez moi 3.000 autres fanègues de blé et 500 d'orge. L'arrivée de ces
navires a eu lieu bien à propos : nous n'avions plus de pain, et les autres
vivres commençaient à nous manquer.

« D'après ce que Votre Majesté m'avait écrit, je pensais que nous recevrions
en même temps l'argent nécessaire pour payer le terme échu de la solde des
troupes ; mais il n'est rien venu. C'est très fâcheux. Les soldats souffrent
beaucoup et ne trouvent plus personne qui consente à leur faire crédit. J'ai
déjà dit à Votre Majesté combien nous avons de peine à pourvoir à la subsis-

---

(1) « La situation faite au gouverneur d'Oran et aux commandants des autres
places frontières en Afrique, par le manque d'argent où on les laissait, devait être
fort difficile. On était souvent obligé d'attendre, parce qu on manquait des fonds
nécessaires, et on laissait ainsi échapper l'occasion propice. On est un peu moins
étonné, après avoir lu ces détails, de ce que les Espagnols n'aient pas fait en Afrique tout ce qu'ils auraient pu faire ». (De la Primaudaie).
(2) Extrait de l' « Histoire de l'occupation Espagnole en Afrique (1506-1574) »,
par Elie de la Primaudaie.
(3) A propos du partage du p·oduit des razzias d'Alvar Gomez à Bône.
(4) « Caravela, sorte de navire rond ou à formes arrondies, portant des voiles
latines ». (De la Primaudaie).

tance de la garnison. Je l'ai dit et écrit tant de fois que je ne veux pas l'importuner davantage à ce sujet.

« La guerre a duré entre le roi de Tlemsên et son frère Mouleï Abd Allah tant que les Arabes ont pu tenir la campagne. Ainsi que je l'ai mandé à Votre Majesté, Ben Redouan, qui s'était avancé avec des forces nombreuses jusque sous les murs de Tlemsên, a tenu la ville bloquée pendant 4 mois, il a même essayé de s'en rendre maître par surprise ; mais il n'a pas réussi. Ceux des habitants qui étaient pour lui n'ont pas osé se déclarer en sa faveur, parce que le roi avait trop bien pris ses précautions ; la ville était pleine de gens de guerre, et les portes toujours bien gardées. Mouleï Mohammed a fait aussi couper la tête à quelques Maures qui lui étaient suspects, et la crainte a empêcher les autres de remuer.

« Dans les premiers jours du mois de mai, les Arabes sont repartis pour le Sahara : c'est le temps où ils y retournent, parce que leurs chameaux ne peuvent vivre dans ce pays. Ben Redouan m'ayant fait dire qu'il désirait venir ici avec son petit-fils, j'avais donné ordre à 2 brigantins de se rendre a Melilla, afin qu'il pût s'y embarquer. Malheureusement, ces navires ont été retardés par le vent contraire, et Ben Redouan, qui les avait attendus vainement, ne se trouvait plus à Melilla lorsqu'ils s'y sont présentés.

LETTRE DE MOULEÏ MOHAMMED AU COMTE D'ALCAUDÈTE (1).

« Tlemsên, 12 Juin 1536.

« (Arch, de Simancas. Estado, Legajo 463).

« Il y a longtemps que je ne vous ai écrit. Le grand embarras dans lequel je me suis trouvé en a été la cause ; mais je me souviens des promesses que je vous ai faites et je suis toujours disposé à les tenir. Je vous prie de mettre en oubli tout ce qui s'est passé jusqu'à ce jour. Qu'il n'en soit plus question, et que chacun fasse ce qu'il doit et accomplisse ce qui a été convenu (2).

« J'ai causé de toutes ces affaires avec votre chatelain. Il vous écrira à ce sujet, et je m'en remets à lui. Je vous envoie Alcantara (3), votre serviteur, qui vous dira ma volonté et vous racontera ce qui est arrivé ici. Veuillez le renvoyer à Tlemsên le plus tôt possible avec une bonne réponse, ainsi que je l'espère de vous. »

_(1)_ Extrait de l' « Histoire de l'occupation Espagnole en Afrique (1506-1574) », par Elie de la Primaudaie.

_(2)_ « Le roi de Tlemsên cherche à renouer les négociations, mais toujours avec l'arrière pensée de dégager sa parole, aussitôt que l'occasion s'en présentera. Il faut avouer que les rois Beni-Ziân, placés entre les Espagnols et les Turcs, se trouvaient fort embarrassés. Au fond, ils n'aimaient ni les uns ni les autres et les redoutaient également ». (De la Primaudaie).

_(3)_ « L'interprète Alcantara avait été fait prisonnier, avec Alfonso Martinez, au combat de Tifida ». (De la Primaudaie).

PROCÈS VERBAL DE LA CONFÉRENCE QUI A EU LIEU ENTRE LE COMTE D'ALCAUDÈTE ET LES CHEIKHS ARABES DU PARTI DE BEN REDOUAN, POUR LA REDDITION DES OTAGES (a) (1) (3)

« 14 Juin 1536.

« (Arch. de Simancas. Estado, Legajo, 463).

Traduction de M. Pedro Saura, Consul d'Espagne à Oran et du Général L. Didier.

« En la noble y leal ciudad de Oran, quatorce dias del mes de junio, año del nacimiento de Nuestro Salvador Jesus-Cristo, de mil y quinientos y treinte y tres años. El muy ilustre señor Don Martin de Cordoba y Velasco, conde de Alcaudete, señor de la casa de Montemayor, capitan-general de los reynos de Tremecen y Tenez, y justicia mayor en la dicha ciudad por Su Majestad, etc.

« Al tiempo que Su Majestad mando ayudar y favorescer à Muley Baudila, rey foragido de Tremecen, y a Cid Aburrahamen Ben Redouan, su abuelo, para le meter en su reyno, el dicho rey y el dicho Ben Redouan metieron en esta ciudad, ciertos Moros rehenes que le dieron los xeques y caballeros alarabes, que en la jornada fueron à servir al dicho señor rey, los quales dichos rehenos su señoria recibio para seguridad de la gente que desta ciudad enbio por mandado de Su Majestad, con el dicho Muley Baudila y Ben Redouan, y para

« Dans la noble et loyale cité d'Oran, le quatorzième jour du mois de Juin, de l'année de la naissance de Notre Sauveur Jésus-Christ 1533 (2), le très illustre seigneur D. Martin de Cordoba y Velasco, comte d'Alcaudète ; seigneur de la casa de Montemayor, capitaine général des royaumes de Tlemcen et de Tenez, et Grand Justicier en la dite cité pour Sa Majesté, etc...

« Au temps où sa Majesté fit aider et favoriser Mouley Baudila (Abdallah), roi fugitif de Tremecen et Cid Aburrahame (Abderrahman) Ben Redouan, son grand-père, pour les placer dans leur royaume, le dit roi et le dit Ben Redouan firent entrer dans cette ville (d'Oran), comme otages, certains Maures que leur avaient donnés les cheikhs et les chevaliers arabes qui, pendant la campagne, avaient servi le dit seigneur roi. Ces otages, Votre Seigneurie les accepta pour la sûreté des gens de cette ville (d'Oran) envoyés par l'ordre de

---

(a) Extrait de l' « Histoire de l'occupation Espagnole en Afrique (1506-1574) », par Elie de la Primaudaie.

(1) « Ceux-ci redemandent leurs fils et leurs parents ; mais le Comte ne veut pas s'en dessaisir. Pour terminer la contestation, Ben Redouan et le prince Abdallah offrent de se remettre eux mêmes entre les mains du comte d'Alcaudète en échange des otages que, sur leur demande, les cheikhs avaient consenti à donner ». (De la Primaudaie)

(2) Faute d'impression ou de copie du livre De la Primaudaie. (Général L. Didier).

(3) Ce procès-verbal est adressé au comte d'Alcaudète. (Général L. Didier).

satisfacer y pagar los otros gastos que en la dicha jornada se hiciesen, conforme al asiento que Su Señoria tomo con ellos.

« Agora el dicho rey y Ben Redouan, con los dichos xeques y caballeros alarabes son venidos obra de dos leguas de esta ciudad y desde donde han enbiado à dezir à Su Señoria, los dichos xeques y caballeros alarabes, esp ecialmente los del linage de Aulete Muça, que le suplican salga con la gente de guerra al campo, porque ellos le quieren hablar en presencia del dicho rey y Beduan, cerca de los rehenes que en esta dicha ciudad tienen.

Su Señoria, por complacer à los dichos caballeros, ha respondido que iria al campo ; mas porque podria ser que lo que se platicase allà conviniese que paresciese asentado por escrito para si fuese necesario informar dello à Su Majestad y por otros justos respetos, mando al licenciado Rodrigo de Contreras, su teniente de la justicia de la dicha ciudad, se hallase presente à lo susodicho, y à nos los escribanos publicos del número de la dicha ciudad que diesemos por testimonio, lo que, cerca de la negociacion susodicha, sucediese y se platicase y concertase con el dicho señor rey su abuelo y los dichos xeques y caballeros alarabes, para que todo paresciese por **asiento.**

Sa Majesté, avec les dits Mouley Baudila et Ben Redouan, et pour satisfaire et payer les autres dépenses qui, dans la dite campagne, ont été faites d'accord avec l'inscription (la connaissance) que Votre Seigneurie en a eue.

« Actuellement le dit roi et Ben Redouan, avec les dits cheikhs et chevaliers arabes, sont arrivés jusqu'à 2 lieues de cette ville (d'Oran), et, de là, ils ont envoyé dire à Votre Seigneurie que les dits cheikhs et chevaliers arabes, en particulier ceux de la lignée de Aulete Mousse, vous supplient de sortir avec vos gens de guerre dans la campagne parce qu'ils désirent vous parler, en présence du dit roi et de Ben Redouan, des otages qui sont retenus dans la dite ville (d'Oran).

« Votre Seigneurie, pour complaire aux dits chevaliers, a répondu qu'elle irait dans la campagne, mais, comme il pourrait se faire que des conversations il doive rester fixé quelque chose par écrit, s'il était nécessaire d'en informer Sa Majesté et pour d'autres justes motifs, elle a envoyé le licencié Rodrigo de Contreras, son lieutenant de justice dans la dite ville (d'Oran) et nous, les greffiers publics attitrés de la dite ville, afin de donner témoignage sur la dite négociation, sur ce qui pourrait arriver et être concerté avec le dit roi, son grand-père et les dits cheikhs et chevaliers arabes ; de cette façon tout serait inscrit ».

« In continente Su Señoria partio con la genta de guerra caminando hacia donde estavan las tiendas y aduares del dicho rey y su real, y yendo cerca de una torre que dicen la *Torre Quebreda*, se vinieron à juntar y hablar Su Señoria y el dicho señor rey y Ben Redouan y otros muchos xeques y caballeros alarabes y otros Moros y escopeteros turcos que venian en compañia y guarda del dicho señor.

« Y asi juntos, Su Señoria dixo à Gonzalo Hernandez, jurado, y Alonso de Cabra, y Juan de Medina, y Juan de San Pedro, Lenguas y interpretes de la dicha ciudad que preguntasen a los dichos caballeros que era lo que le querian dezir y que lo dixesen, en presencia del dicho señor rey y su abuelo y de los otros caballeros cristianos que presentes estaban.

« Luego con aprobacion de los otros interpretes, el dicho Gonzalo Hernandez hablo en arabigo à los dichos caballeros y xeques, especialmente à los de Aulete Muça, en presencia de los otros caballeros de Aulete Abrahen y Benarax, y ellos dixeron que ya Su Señoria sabia como habian venido à servir al dicho señor rey, que para ello habian dexado en esta ciudad sus hijos y parientes, en rehenes y que el termino que con el habian puesto era cumplido ; que [ellos le ha-

« Tout de suite Votre Seigneurie partit avec ses gens de guerre (son escorte) pour cheminer vers l'endroit où se trouvaient les tentes et les douars du dit roi et de sa cour, et alla près d'une tour qu'on appelle la *Tour Quebrada*, (1), où étaient venus se rassembler et parler à Votre Seigneurie le dit seigneur roi et Ben Redouan et d'autres nombreux cheikhs et chevaliers arabes, ainsi que d'autres Maures et des escopetiers turcs qui étaient venus en compagnie et commè garde du dit seigneur (roi).

« Et tous étant ainsi réunis, Votre Seigneurie dit à Gonzalo Hernandez, juré (jurado), à Alonso de Cabra, á Juan de Medina, à Juan de San Pedro, interprètes en langues de la dite ville, d'interroger les dits chevaliers sur ce qu'ils désiraient et de leur dire de parler en présence du dit seigneur roi, de son grand-père et des autres chevaliers chrétiens qui se trouvaient présents.

« Aussitôt après, avec l'approbation des autres interprètes, le dit Gonzalo Hernandez parla en arabe aux dits chevaliers et cheikhs, en particulier à ceux de Aulete Moussa, en présence des autres chevaliers de Aulete Abrahen et Benarax. Ceux-ci dirent que Votre Seigneurie savait déjà comment ils étaient venus servir le dit seigneur roi, que, pour cela, ils avaient laissé dans cette ville leurs fils et parents comme otages et que le délai pour lequel ils étaient d'accord était expiré. (Ils

---

(1) Je n'ai pas pu trouver son emplacement. (Général L. Didier).

bian servido muy bien hasta llegar à las puertas de la ciudad de
Tremecen dos vezes, la una habian sido desbaratados y ido con
el señor rey à la Zahara y de alli
habian tornado à rehacerse de
gente ; y con ella el señor rey fué
esta ultima vez sobre la dicha
ciudad de Tremecen y la habia
tenido cercada mas de seis meses,
en la qual no entro por no acu-
dille sus amigos y servidores de
dentro ; que pues ellos habian
tan bien servido haziendo lo que
habian sido obligados, que Su
Señoria les mandase dar sus rehenes que en esta ciudad tenia.

« Mando Su Señoria à los interprêtes que dixesen à los dichos
caballeros Moros que el no habia
recibido dellos los dichos rehenes, sino del señor rey y de Ben
Reduao para seguridad de la
gente que les dio y para pagar
otras costas y gastos que en la
dicha jornada se hizieron ; y que
quando le dieron los dichos rehenes no pusieron tiempo limitado
para ello, y que cerca desto no
tenian que hablar con Su Señoria, sino con el señor rey y su
abuelo que estaban presentes.

« Luego el dicho Gonzalo Hernandez hablo con los dichos caballeros, y à lo que les dixe le replicaron el señor rey y Ben
Reduan, diziendo que era verdad

ajoutèrent) qu'ils avaient très bien
servi (le roi) au point d'arriver, 2
fois, jusqu'aux portes de la ville
de Tlemcen ; la première (fois) ils
avaient été défaits et étaient partis
avec le seigneur roi dans le Sahara d'où ils étaient revenus se refaire avec du monde ; la dernière
fois, avec le roi, ils étaient allés
jusqu'à la ville de Tlemsen qu'ils
avaient tenue assiégée plus de 6
mois et dans laquelle ils n'étaient
pas entrés, parce que leurs amis
et serviteurs qui étaient dedans
n'avaient pas répondu (à leur
appel).

« Mais, pour eux mêmes, comme ils avaient très bien servi, tenant toutes leurs obligations, ils
demandaient que Votre Seigneurie ordonne de leur rendre leurs
otages qui étaient retenus dans la
dite ville.

« Votre Seigneurie ordonna aux
interprêtes de dire aux dits chevaliers maures : que vous n'aviez
pas reçu les otages d'eux mais du
seigneur roi et de Ben Redouan,
pour la sécurité des gens (soldats)
que vous leur aviez donnés et
pour payer d'autres dépenses faites pendant la campagne ; que, en
recevant les dits otages, on n'avait
pas établi une limitation de temps
pour cela (leur temps de séjour à
Oran) et que de ceci, ils (les chevaliers maures) ne devaient pas
parler avec Votre Seigneurie, mais
avec le seigneur roi et son grand-
père qui étaient présents.

« Après que le dit Gonzalo Hernandez eût parlé avec les chevaliers en question et à ce qu'il
avait dit, le seigneur roi et Ben
Redouan lui répliquèrent que

que los dichos caballeros de Aulete les habian venido à servir
por tiempo de un año y que para
ello les habian dado los dichos
rehenes ; que el dicho año era
cumplido y que ellos les habian
prometido de volverles sus rehenes ; que sublicaban à Su Señoria se les mandase dar porque
los dichos caballeros fuesen con-
tentos, pues el dicho señor rey se
lo habia prometido.

« Su Señoria, respondiendo à la
susodicho, mando al dicho Gonzalo Hernandez que dixese al
señor rey y Ben Reduan que
Rejusto era, que con los dichos
caballeros se hiziese todo buen
cumplimiente, pues tan bien habian servido ; pero que porque
quando el recibio los dichos
rehenes dio noticia dello à la
Corte, no se le podia dar ni
soltar sin escrebillo à Su Majestad, para que cerca dello mandase lo que se debiese hazer,
y que escribiese, que dandole
otros rehenes ó seguridad tan
bastante como ellos, holgaria
por hazelle plazer al señor rey de
soltar los rehenes que pedian
los dichos caballeros de Aulete
Muça.

« El dicho Gonzalo Hernandez
hablo con el señor rey y Ben
Redouan y respondiendo à ello
dixo que el dicho señor rey y su
abuelo dezian que los dichos

c'était vrai, que les dits chevaliers
d'Aulete étaient venus les servir
pour la durée d'une année et que
c'était pour cette durée qu'ils
avaient donné les otages ; que la
dite année était écoulée ; que eux
(le roi et Ben Redouan) leur
avaient promis de leur rendre
leurs otages et que, par suite, ils
suppliaient Votre Seigneurie de
renvoyer ces otages afin que les
dits chevaliers fussent contents,
car le seigneur roi l'avait ainsi
promis.

« Votre Seigneurie répondit à
ce qui venait d'être dit, en prescrivant à Gonzalo Hernandez le
dire au seigneur roi et à Ben Redouan qu'il était juste que, avec
les dits chevaliers, tout bon engagement fut tenu puisqu'ils avaient
si bien servi ; mais que quand
vous aviez reçu les otages vous
en aviez informé la cour et que,
par conséquent, vous ne pouviez
ni les donner ni les relâcher sans
écrire à Sa Majesté, afin que celle-
ci ordonne ce qu'on devrait faire.
(Votre Seigneurie a ajouté) que si
le Seigneur roi et Ben Redouan ne
voulaient pas attendre que vous
écriviez, ils devaient vous donner d'autres otages comme sécurité d'une garantie aussi sûre
que celle des otages actuels, et
que, alors, vous vous feriez un
plaisir de rendre service au seigneur roi en relâchant les otages
demandés par les chevaliers d'Aulete Moussa.

« Le dit Gonzalo Hernandez parla avec le seigneur roi et Ben Redouan et ils lui répondirent que le
dit seigneur roi et son grand-père
voulaient ce que les chevaliers

caballeros de Aulete Muça querian, con empeño, que se le diesen sur rehenes, que Su Señoria se les mandase dar y sacar luego de la ciudad, y que el señor rey y Ben Reduan, y la reyna, madre del dicho señor rey, quedarian por fiadores para cumplir y pagar todo lo que los dichos rehenes debian y eran obligados y debaxo de la misma obligacion, y que mañana vendrian à la ciudad à dar asiento cerca desto con Su Señoria.

« Mando Su Señoria al dicho interprète que dixese al señor rey y su abuelo que este negocio era importante y cosa que tocaba a Su Majestad ; que no haria lo que debia en soltar los dichos rehenes hasta tener dentro de la ciudad de Oran otros tales rehenes y seguridad que cumplan y esten debaxo de la misma obligacion y segun y de la manera que ellos estaban ; y que, en querer el señor rey y Ben Reduan y la señora reyna poner se por rehenes en lugar de los susodichos hacien mucho y que lo mirasen bien, y que cosa nueva era que el rey y su abuelo se pusiesen en rehenes por sus criados y vasallos.

« El dicho Gonzalo Hernandez hablo al señor rey y à Ben Redouan, y ellos le replicaron à el, y el dicho interprète dixo à Su Señoria que el señor rey y su abuelo dezian que ellos, de su voluntad por cumplir con los

d'Aulete Moussa désiraient, avec insistance, c'est à dire qu'on leur donne leurs otages et que Votre Seigneurie ordonne de les donner et de les faire sortir de suite de la ville. (Ils ajoutèrent) que le seigneur roi et Ben Redouan et la reine, mère du dit seigneur roi, resteraient comme garantie de l'observation et du paiement de tout ce que devaient les otages, de leurs obligations et sous la même obligation. (Ils terminèrent en disant) que demain matin ils viendraient dans la ville pour donner inscription de tout ceci à Votre Seigneurie.

« Votre Seigneurie ordonna au dit interprète de dire au seigneur roi et à son grand-père que, puisque cette affaire était importante et une chose qui touchait à Sa Majesté, vous (Votre Seigneurie) ne feriez pas ce que vous deviez en relâchant les dits otages, avant d'avoir, dans la ville d'Oran, d'autres otages semblables et dans les mêmes conditions qu'eux. (Votre Seigneurie a terminé en disant) que, en voulant se mettre eux-mêmes comme otages au lieu des susdits, le roi, Ben Redouan et la senora reine faisaient beaucoup et devaient bien le considérer ; la chose étant nouvelle qu'un roi et son grand-père se donnent comme otages au lieu de leurs serviteurs et vassaux.

« Le dit Gonzalo Hernandez parla au seigneur roi et à Ben Redouan. Ils lui répliquèrent et le dit interprète dit à Votre Seigneurie : que le seigneur roi et son grand père affirmaient que c'était de leur propre volonté et afin de

dichos caballeros de Aulete Muça lo que les habian prometido, querian quedar y quedaban por rehenes, poniendose en las manos del señor Conde, y que el dicho señor rey y Ben Redouan se querian ir luego con Su Señoria à la ciudad para estar dentro en ella y de la manera que Su Señoria fuese servido ; y que ellos idos à Oran, Su Señoria mandase dar luego los dichos rehenes à los dichos caballeros, pues ellos le habian servido muy bien y tenian por cierto que ansi lo horian de aqui adelante.

« Su Señoria, visto lo susodicho, mando al dicho interprète que dixese al señor rey y Ben Reduan que, pues ellos querian entrar en Oran y quedar en rehenes, el los recibia y era dello contento, pues de su propia voluntad lo hacian ; y que dixese à los dichos caballeros moros que eran en mucho cargo y obligacion à su rey que por ellos quisiese quedar en rehenes de sus criados, que nunca rey tal habia hecho, y que eran obligados de aqui adelante à serville bien y lealmente y como buenos vasallos.

« Los dichos caballeros moros replicaron que habian servido y servirian lealmente al señor rey que lo hazia tan bien con ellos, y que con una soga al pescuezo moririan à su servicio.

« Passada la dicha platica y concertado lo susodicho en cum-

tenir leur promesse aux chevaliers d'Aulete Moussa, qu'ils voulaient rester et resteraient comme otages, en se remettant entre vos mains, seigneur Comte ; que le seigneur roi et Ben Redouan voulaient aller de suite à la ville (d'Oran) avec Votre Seigneurie, et y rester dedans, de façon que Votre Seigneurie soit servie selon sa volonté ; que, une fois eux à Oran, Votre Seigneurie ordonnerait de livrer les otages aux susdits chevaliers puisque ceux-ci avaient très bien servi et que (le roi et Ben Redouan) tenaient pour sûr qu'ils feraient ainsi dorénavant.

« Votre Seigneurie, vu ce qui précède, ordonna au dit interprète :

« 1°) De dire au seigneur roi et à Ben Redouan que, puisqu'ils voulaient entrer dans Oran et y rester en otages, elle les suivrait et était contente de cela puisqu'ils le faisaient de leur propre volonté; et 2°) de dire aux dits chevaliers maures qu'ils devaient rester dévoués et obligés à leur roi, puisque celui-ci voulait rester en otage à la place de ses serviteurs, ce que jamais roi n'avait fait ; et qu'ils étaient, par suite, obligés désormais de le bien servir, loyalement et en bons vassaux.

« Les dits chevaliers maures répondirent qu'ils avaient bien servi et serviraient loyalement le seigneur roi qui leur faisait tellement de bien, et que, avec une corde au cou, ils mourraient à son service.

« La conversation terminée et d'accord avec l'observance de cela

plimiento dello, Su Señoria se vino à Oran con el señor rey y Ben Redouan, y se entraron en la ciudad para soltar los dichos rehenes.

« Y nos los dichos escribanos damos fé que los dichos Alonso de Cabra, y Juan de Aranda, y Juan de San Pedro, interprètes, dixeron que todo lo que Su Señoria habia mandado dezir al señor rey, y à su abuelo y à los dichos caballeros moros, por lengua del dicho Gonzalo Hernandez, que el lo habia dicho y lo que ellos habian respondido asi mismo.

« A esta platica fueron presentes por testigos los señores capitanes D. Francisco de Cordoba, y Mendez de Benavides, y el señor Comendador Fray Antonio de Caravajal, y Pedro Davila y los capitaines Luis de Rueda, y Luis Alvarez, y Diego de Navariete, alcayde del Castillo de Raçalcaçar, y Garcia de Navarrete, alcayde de Maçarquivir, y Juan Diaz Romero, contador del sueldo de Su Majestad ; y presente tambien el dicho señor Rodrigo de Contreras, teniente de la justicia, que aqui firmo su nombre. »

(ce qui avait été convenu) Votre Seigneurie revint à Oran avec le seigneur roi et Ben Redouan. Ils entrèrent dans la ville pour faire relâcher les otages.

« Et nous, les dits greffiers certifions que les dits Alonzo de Cabra, Juan de Aranda et Juan de San Pedro. interprêtes, dirent tout ce que Votre Seigneurie avait commandé de dire au seigneur roi, à son grand-père et aux chevaliers maures, par la bouche de Gonzalo Hernandez, que celui ci le leur a dit et qu'ils ont répondu ainsi (qu'il est dit ci-dessus).

« A cette conversation furent présents, comme témoins, les seigneurs capitaines D. Francisco de Cordoba et Mendez de Benavides, et le seigneur commandeur Fray Antonio de Caravajal, et Pedro Davila, et les Capitaines Luis de Rueda, Luis Alvarez et Diego de Navarreté alcade (gouverneur) du chateau de Raselksar et Garcia de Navarrete alcade de Mers-el-Kébir et Juan Diaz Romero comptable de Sa Majesté ; était présent aussi le susdit seigneur Rodrigo de Contreras, lieutenant de justice, qui a signé en votre nom. »

LETTRE DU COMTE D'ALCAUDÈTE A MOULEI MOHAMMED ROI DE TLEMSEN (1).

« Oran, 15 Juin 1536.

« (Arch. de Simancas. Estado, Legajo 463).

« Gonzalo de Alcantara m'a remis la lettre de Votre Seigneurie. Vous me mandez que vous êtes toujours dans les mêmes dispositions et que vous me renverrez les chrétiens prisonniers. Je veux bien le croire, puisque vous me

---

(1) Extrait de l' « Histoire de l'occupation Espagnole en Afrique (1506-1574), par Elie de la Primaudaie.

le dites ; le châtelain d'Alcaudète m'écrit la même chose, et Alcantara me l'a assuré aussi de votre part. Vous demandez que tout soit oublié, que les bonnes volontés se manifestent de nouveau, et que, de mon côté, j'accomplisse ce que j'ai promis et signé de mon nom.

« Que Votre Seigneurie soit bien persuadée que je n'ai pas changé de sentiments et que je n'ai jamais eu l'arrière pensée de manquer à mes engagements lorsque je lui ait fait une promesse. Il me paraît fort inutile d'entamer de nouvelles négociations à cet égard. Votre Seigneurie a donné sa parole et son honneur exige qu'elle rende les chrétiens.

« Tant qu'elle ne l'aura pas fait, je ne puis ni ne dois rien lui dire de ce qu'a pu m'écrire l'empereur et des nouvelles qui me sont venues de Castille. J'ai longuement conféré de cette affaire avec Gonzalo de Alcantara, et je lui ai donné mes instructions ; il vous dira aussi ce qui vient de se passer à Oran (1). Ainsi que le demande Votre Seigneurie, je le renvoie immédiatement à Tlemcen

« J'espère que votre réponse ne se fera pas attendre, dans ces sortes d'affaires il convient d'agir promptement ».

LETTRE DE MOULEI MOHAMMED, ROI DE TLEMSÈN,
AU COMTE D'ALCAUDÈTE (2).

« Tlemsên, 9 Août 1536.

« (Arch. de Simancas. Estado, Legajo 463).

« Votre lettre m'a été remise par Abed.... Je vous prie de m'envoyer une copie du pouvoir que vous avez dû recevoir de l'empereur et de me faire connaître, en même temps, les 2 clauses du traité qui concernent Ben Redouan et les Arabes. Je vous demande aussi de prolonger de quelques jours le délai de 20 jours que vous m'avez accordé pour la reddition des prisonniers.

« Ce n'est pas une affaire que l'on puisse terminer aussi promptement que vous paraissez le croire. Vous désirez que les chrétiens se rendent à Oran par terre, et je ne dois pas les laisser partir avant que toutes les précautions aient été prises pour que leur voyage puisse s'effectuer sans danger. J'ai fait dire au Kaïd El Mansour de venir à Tlemsên et d'amener avec lui une troupe de ses cavaliers. Mon intention est de le charger d'escorter lui-même les chrétiens, et aussitôt qu'il sera arrivé je les ferai partir. Vous avez bien voulu attendre jusqu'à ce moment, et j'espère que, par amitié pour moi, vous ne refuserez pas d'attendre encore un peu.

« Si j'ai tant différé à vous répondre, c'est que je croyais qu'El Mansour viendrait plus tôt. Il m'avait écrit qu'il avait seulement quelques petites affaires à terminer. Ne soyez pas fâché de cela. Pour ma part, je suis vraiment désolé de ce qui arrive, mais vous connaissez les Arabes : dans ce pays, on ne peut pas toujours faire les choses comme on le voudrait ».

---

(1) « Allusion à l'échange des otages, dont il est parlé dans la pièce précédente ». (De la Primaudaie).

(2) Extrait de l'« Histoire de l'occupation Espagnole en Afrique (1506-1574) », par Elie de Primaudaie.

Lettre du Comte d'Alcaudète a Sa Majesté (1).

« Oran, 12 Août 1536.

« (Arch. de Simancas, Estado, Legajo 463).

« J'ai reçu, le 21 juillet, les lettres que Votre Majesté m'a écrites les 18 et 28 Mai, et le 25, celles datées du 16 Juin. J'ai été très heureux d'apprendre le succès de la campagne de Votre Majesté en Italie pour l'affaire du duc de Savoie (2). J'espère que Dieu lui donnera toujours la victoire et déjouera les projets du roi de France. Ce sera justice, et le roi le mérite bien pour s'être allié avec les Turcs contre des chrétiens. Si Votre Majesté n'a pas pu mener à bonne fin la sainte croisade qu'Elle avait entreprise contre les infidèles, c'est le roi de France qui en a été cause. Nous sommes très affligés de cela, car nous savons qu'on aurait pu, cette année, faire de grandes choses en Afrique. Je prie Dieu de conserver Votre Majesté, afin que, après avoir châtié les mauvais chrétiens, elle puisse continuer la guerre contre Barberousse.

« Je la remercie aussi des ordres qu'elle a bien voulu donner pour l'approvisionnement d'Oran. J'ai reçu l'argent qu'elle m'a envoyé pour payer aux troupes le premier terme échu de la solde de cette année. Les 200 hommes que j'avais demandés sont arrivés : ce sont de très bons soldats. D'ici à une quinzaine de jours, si Dieu le permet. j'embarquerai pour l'Espagne. En ce moment, je puis m'absenter sans inconvénient, et je sais que je rendrai plus de services à Votre Majesté en me rendant auprès d'Elle pour l'informer de tout ce qui se passe dans le royaume et des affaires de Barberousse, qu'en continuant à résider ici. Grâce à Dieu, tout va bien à Oran.

« Il y a 2 jours, l'espion que j'entretenais à Alger est arrivé ici ; le pauvre diable était fort effrayé ; il m'a dit qu'il a vu mettre à mort sous ses yeux 3 de nos espions venus de Bougie à Alger. Je communiquerai à Votre Majesté le rapport qu'il m'a fait.

« J'ai essayé de traiter avec le roi de Tlemsen et fait tout mon possible pour obtenir de lui la remise des chrétiens. Lorsque, s'il plait à Dieu, je pourrai partir, je raconterai longuement toute cette affaire à Votre Majesté· Le roi m'ayant demandé un dernier délai de 20 jours, j'ai cru devoir le lui accorder ; mais je sais qu'il a envoyé un messager à Alger pour conférer de cela avec Hacen Agha.

« J'ai reçu une lettre du Kaïd des Beni-Rachid, le principal conseiller du roi et celui qui conduit tout à Tlemsên. Il me mande que Mouleï Mohammed a la ferme volonté de faire ce qu'il a promis ; mais, comme il a contracté certaines obligations, il cherche un prétexte pour dégager sa parole. A cet effet, il a écrit à Hacen Agha et lui a demandé, pour se défendre contre nous et contre Mouleï Abdallah, 1.000 Turcs et 30 ou 40 pièces d'artillerie ; il lui a dit que, s'il ne pouvait lui envoyer ce secours, il serait obligé de traiter avec les chrétiens d'Oran afin de sauver sa personne et son royaume.

---

(1) Extrait de l' « Histoire de l'occupation Espagnole en Afrique (1506-1574) », par Elie de la Primaudaie.

(2) « Au mois de février de cette année, François 1er avait donné ordre au comte de Saint Pol d'envahir les Etats du duc Charles de Savoie. A l'approche des Français, Turin et presque toutes les villes du Piémont, mal défendues, s'étaient empressées d'ouvrir leurs portes ; mais la défection du marquis de Saluces, le seul allié que la France aît conservé en Italie, vint compromettre le succès des plans du roi. Attaquées par l'Empereur en personne, les troupes françaises furent obligées d'évacuer le Piémont ». (De la Primaudaie).

« Le Kaïd m'assure que c'est pour cela que le roi m'a demandé un délai de
de 20 jours, et que, aussitôt qu'il aura reçu la réponse d'Hacen Agha, il ren-
verra les prisonniers. 5 Jours se sont déjà écoulés, et bien que j'eusse fait
toute mes dispositions pour partir avec le temps propice que nous avons en
ce moment, j'ai décidé d'attendre afin de savoir ce que fera le roi. Plaise à
Dieu qu'il nous renvoie enfin les prisonniers ! ».

Lettre du Comte d'Alcaudète a D. Juan Vasquez de Molina, secrétaire du Conseil de Sa Majesté (1).

« Oran, 12 Août 1536.

« (Arch. de Simancas. Estado, Legajo 463).

« Comme je sais que vous lirez la lettre que j'adresse à Sa Majesté et que
vous apprendrez ainsi ce qui se passe de ce côté et mon départ prochain
pour la Cour, je ne vous écrirai pas longuement, afin de ne pas gâter le
plaisir que j'aurai de causer avec vous. Le pays est tranquille, et les choses
vont de manière que ma présence est plus nécessaire là-bas qu'elle ne le serait ici. En partant, je laisserai tout en bon état.

« J'ai fait publier les bonnes nouvelles que nous avons reçues du duché de
Savoie. Tout le monde s'en est réjoui. Pour ma part, j'ai attrapé, au milieu
de l'allégresse générale, un coup de canne à la jambe qui m'a obligé de garder le lit 10 ou 12 jours. J'aurais pu partir néanmoins ; mais j'ai voulu rester
pour en finir une bonne fois avec les mensonges du roi de Tlemsên. Ses
amis m'assurent qu'il tiendra les promesses qu'il nous a faites. Dieu le veuille :
car il y a bien longtemps que nos pauvres soldats sont prisonniers : mais je
ne puis le croire (2).

« Il y a eu ici une grande mortalité parmi les bestiaux, et nous craignons
de manquer de viande cet hiver. Je vous prie d'informer de cela Sa Majesté,
afin qu'elle donne des ordres en conséquence aux fournisseurs de Malaga.
S'ils peuvent nous envoyer, pour cette époque, 500 quintaux de porc salé ; ils
nous rendrons un grand service.

Instruction du Comte d'Alcaudète a Antonio de Villalpando sur ce qu'il devra dire a Sa Majesté, relativement a la venue de Moulei Abdallah et de Ben Redouan, et a l'entreprise de Tlemsên (1).

« ..... 1536.

« (Arch. de Simancas. Estado, Legajo 463) (1).

« Voici ce que vous, Antonio de Villalpando, aurez à dire de ma part à Sa
Majesté :

« J'ai fait tout ce que j'ai pu pour attirer à Oran le roi Moulei Abd-Allah.

« Ce qu'il me parait convenable de faire maintenant, c'est d'agir activement
pour le placer sur le trône, ce qui importe beaucoup au service de Sa Majesté. On aura ainsi l'assurance d'être remboursé des dépenses de la pre-

---

(1) Extrait de l' « Histoire de l'occupation Espagnole en Afrique (1506-1574) », par
Elie de Primaudaie.
(2) « Comme on le voit, le comte d'Alcaudète n'etait pas la dupe du roi de Tlemsên Il était convaincu depuis longtemps de sa mauvaise foi ». (De la Primaudaie).

mière expédition, et on ne craindra plus de voir Barberousse s'emparer du royaume.

« Je demande 15.000 hommes et 300 ginetes des gardes de Sa Majesté pour entreprendre la conquête de Tlemsên. Je pense que 4 mois me suffiront pour me rendre maître de tout le pays. Mouleï Abd-Allah accepte à l'avance toutes les conditions qu'on voudra lui imposer.

« Si Sa Majesté veut garder pour elle Tlemsên, je m'engage à défendre cette place, pendant un an. avec 4 000 hommes et 400 lances. Sa Majesté paiera la solde de la garnison, ainsi qu'elle le fait a Oran, et donnera l'artillerie et les munitions nécessaires. Quant à tout le reste, j'y pourvoirai moi même.

« Il me semble, si la guerre d'Italie est enfin terminée, qu'on peut me fournir sans inconvénient ce que je demande. Je ne doute pas de pouvoir réunir facilement 15 ou 20 000 hommes, si Sa Majesté veut bien me donner des navires pour les transporter à Oran et me permettre en même temps de disposer des approvisionnements amassés depuis longtemps à Malaga.

« Sa Majesté donnera aussi les instructions suivantes '

« On ne pourra pas exiger des soldats le droit du cinquième (quinto), ou toute autre contribution, soit ici, soit en Espagne, sur le butin qu'ils auront fait.

« Ils ne devront rien payer pour le passage de leurs prisonniers, s'ils veulent les emmener avec eux.

« Il me sera loisible de choisir les capitaines et les officiers que je voudrai, me chargeant d'ailleurs de payer leur solde, sans que Sa Majesté y contribue en aucune manière.

« Si l'on réussit à s'emparer de Tlemsên, Sa Majesté désignera, pour les lieutenances et autres emplois supérieurs, mes fils ou mes parents, reconnus habiles et suffisants pour remplir les dites fonctions.

« Elle me nommera aussi Commandant en Chef, dans le cas où l'on ferait l'expédition d'Alger avec l'Armée de Tlemsên, et elle donnera des ordres pour que les troupes soient payées conformément à la coutume d'Espagne.

« Si Sa Majesté veut, au contraire, que l'on attaque Velez (1) avec la même armée, et si le marquis de Mondejar est chargé de l'entreprise je me montrerai satisfait et aiderai de tout mon pouvoir ledit marquis, si celui-ci le désire.

« Dans le cas où Sa Majesté ne pourrait rien faire en ce moment en faveur de Mouleï Abd-Allah, je demande qu'on veuille bien lui accorder quelque chose pour son entretien, ainsi qu'on l'a fait pour d'autres infants et rois Maures. Il conviendrait également que Sa Majesté écrivit au prince, à la reine, sa mère, et à son aïeul, qu'elle a été heureuse d'apprendre leur venue à Oran et qu'elle les tient pour de bons serviteurs.

« Mouleï Abd-Allah a amené avec lui 14 ou 15 Turcs et Azouagues (2), que l'on ne peut laisser résider à Oran ; Sa Majesté devra aussi l'inviter à les congédier.

---

(1) « Le Pénon de Velez. En 1522 une trahison avait enlevé aux Espagnols ce poste important, dont s'était emparé, en 1508, le comte Pierre Navarro ». (De la Primaudaie).

(2) « Kabyles du Djurjura. Les Azouages, dit Marmol, « sont des gens belliqueux, qui vivent la plupart du temps sans reconnaître aucun seigneur, ni payer tribut à personne ; mais ils sont si brutaux, qu'ils s'entretuent pour peu de chose. Il y a parmi eux d'excellents arquebusiers » Ce nom se retrouve dans celui de *Beni-Azzoug*, très commun en Kabylie ». (De la Primaudaie).

La face Sud de la Kasbah (tours de Contreras, d'Hernando de Quesada
et de Pedro Alvarez) en 1927.

« **Si** Mouleï Mohammed faisait demander la permission d'envoyer à la Cour des ambassadeurs par une autre voie que celle d'Oran, je prie Sa Majesté de ne pas lui accorder cette permission et de lui répondre que, jusqu'à ce qu'il ait renvoyé les chrétiens prisonniers, ainsi qu'il l'a promis, on n'écoutera aucune de ses propositions.

« Si j'insiste autant pour que l'on fasse l'expédition de Tlemsên, c'est que le moment me parait très favorable.

« Barberousse est toujours absent, et on ne sait pas à Alger quand il reviendra.

« Dans le Maroc, la guerre a recommencé entre le roi de Fez et le chérif, et tous 2 sont trop occupés pour songer à secourir Tlemsên ou Velez.

« La récolte a été bonne, cette année, et le royaume est bien approvisionné de blé et d'orge. Mouleï Mohamed manque aussi de chevaux pour monter sa cavalerie. Cette année, il en est mort un grand nombre.

« On a fait à Malaga de grands approvisionnements en prévision de l'expédition projetée, et, si on ne veut pas qu'ils achèvent de se perdre, il importe d'agir sans plus attendre.

CE QUE MOULEI ABD-ALLAH S'OBLIGE A FAIRE, SI SA MAJESTÉ L'AIDE A RECOUVRER SON ROYAUME (1) (2).

« . ... 1536.

« (Arch. de Simancas. Estado, Legajo 463).

« La ville de Tlemsên étant prise, le roi Abd-Allah, avant toutes choses et dans le délai de 10 jours, remboursera les frais de l'expédition.

« Il acquittera immédiatement le tribut de 10.000 doblas, qui a été convenu, et prendra l'engagement de le payer toujours une année à l'avance.

« Si l'on pense qu'il soit nécessaire d'envoyer ailleurs l'armée qui aura fait l'expédition de Tlemsên, il fournira, sur ce qu'il doit payer, la quantité de blé et d'orge et le nombre de bœufs (vacas) (3) que Sa Majesté exigera. Dans le cas contraire, il acquittera le tribut en argent, comme il est dit.

« 3.000 Cavaliers, commandés par Ben Redouan, se joindront à l'armée chrétienne si l'on se décide à attaquer Alger, et, pour aider aux dépenses de cette expédition, le roi Abd-Allah donnera et fera conduire à Oran 15.000 fanègues de blé, 5.000 d'orge et 1500 bœufs.

« Il livrera au Capitaine-général de Sa Majesté 50 otages, choisis parmi les principaux cheikhs arabes, ses parents et amis.

« Si Sa Majesté veut faire construire un chateau dans le port d'Arzew et un autre à Archgoun, positions importantes dont l'occupation mettrait pour toujours le dit royaume à sa dévotion, le roi Abd-Allah fournira les matériaux pour la construction des 2 forteresses, et lorsqu'elle seront achevées, il ne s'opposera pas à ce que Sa Majesté y mette garnison et les munisse de

---

(1) « Ce mémoire fut remis avec la pièce précédente à Antonio de Villapando ». De la Primaudaie).

(2) Extrait de l' « Histoire de l'occupation Espagnole en Afrique (1506-1574) », par Elie de la Primaudaie.

(3) « En Espagne, quand on veut parler de la viande que l'on vend ou que l'on mange, on ne se sert pas du mot bœuf (buey) mais du mot vache (vaca) ». (De la Primaudaie).

l'artillerie qui sera nécessaire pour interdire l'entrée de ces 2 ports aux flottes des Turcs, ou de toute autre nation ennemie de Sa Majesté.

« Non seulement le roi Abd Allah servira Sa Majesté en ce qui vient d'être dit, mais il fera tout ce qu'il a promis dans le premier traité conclu avec le comte d'Alcaudète.

« Enfin, si, pour plus grande sûreté de la parole du roi, Sa Majesté demande que le *Mezouar*, le plus fort château de Tlemsên, soit occupé par ses troupes, Mouleï Abd Allah permettra au capitaine-général d'Oran d'y mettre le nombre de soldats, qui lui paraîtra nécessaire pour la défense du château, et aucun Maure, à moins d'y être autorisé par le capitaine-général, ne pourra entrer avec le roi dans le château ; de plus, Mouleï Abd Allah et Ben Redouan approvisionneront la garnison de farine, de blé et d'orge, pendant tout le temps que Sa Majesté l'ordonnera.

« Si, en raison de l'absence de l'Empereur, Sa Majesté (1) ne croit pas devoir permettre de faire ce que demande le roi Abd-Allah, il la supplie de vouloir bien lui accorder, pour son entretien, le même subside qu'elle a fait donner à d'autres princes maures, ses alliés et ses serviteurs (2).

LETTRE DU ROI DE TUNIS AU GRAND COMMANDEUR (3).

« Tunis.... 1536.

« (Arch. de Simancas. Estado, Legajo 463).

. . . .

« J'ai demandé à l'Empereur de m'envoyer une armée pour chasser les Turcs du royaume ; ils ne sont que 500, mais tous ceux qui me veulent du mal se sont joints à eux.

. . . .

« Je ne puis rester une heure dans Tunis, si Sa Majesté refuse de me venir en aide.

COMPTE RENDU DES LETTRES QUE LE ROI DE TUNIS ET D. BERNARDINO DE MENDOZA ONT ÉCRITES A SA MAJESTÉ (3).

« Sans date (1536).

« (Arch. de Simancas. Estado, Legajo 463).

..... (Proposition d'expédition contre Africa (Mehdia). Le roi s'est rendu insupportable à tous. L'avis de D. Bernardino est que « Sa Majesté prenne possession de Tunis) ».

---

(1) « L'Empereur était toujours en Italie, et ce mémoire, ainsi que la lettre précédente, étaient adressés à l'Impératrice ». (De la Primaudaie).

(2) « Les autres documents ne parlent pas des négociations du comte d'Alcaudète avec le roi de Tlemsên, et on ignore si ce dernier consentit enfin à renvoyer les soldats prisonniers. Dans une lettre de D. Alonzo de Cordoba à son père, qui porte la date du 4/1/1542 et que nous publions plus loin, il est question du châtelain d'Alcaudète (Alfonso Martinez de Angulo) qui doit se rendre en Espagne pour conférer avec le Comte des affaires de Tlemsên. Si les soldats ne furent pas rendus, le Commandant espagnol, du moins, recouvra sa liberté. On sait que, en 1544, le comte d'Alcaudète, ayant enfin obtenu de l'Empereur l'autorisation de faire l'expédition de Tlemsên, autorisation qu'il sollicitait depuis près de 7 ans, se dirigea sur cette ville avec une armée de 9.000 hommes et s'en rendit maître sans beaucoup de peine. Mouleï Mohammed n'avait pas osé attendre les Espagnols et s'était enfui. Le Comte demeura 40 jours à Tlemsên, et, y ayant laissé le prince Abd-Allah, revint à Oran ramenant avec lui les 4 canons pris lors de la défaite d'Alfonso Martinez ». (De la Primaudaie).

(3) Extrait de l' « Histoire de l'occupation Espagnole en Afrique (1506-1574) », par Elie de la Primaudaie.

MÉMOIRE SUR LES CHEIKHS ET LES ARABES DU ROYAUME DE TUNIS (1).

« .. ., 1536.

« (Arch. de Simancas. Estado, Legajo 463).

... (nombre, forces, territoires). Au total 27 050 cavaliers.

<table>
<tr><td>

COPIA DE OTRA DE UNA CARTA QUE EL CONDE DE ALCAUDETE ESCRIBIO A 8 DE ENERO DE ANO 1536 A HUMIDALAUDE JEQUE MUY PRINCIPAL DE LEVANTE.

</td><td>

COPIE D'UNE AUTRE LETTRE QUE LE COMTE D'ALCAUDÈTE ÉCRIVIT LE 8 JANVIER DE L'ANNÉE 1536 A HUMIDALAUDE CHEIKH PRINCIPAL DU LEVANT.

</td></tr>
</table>

Traduction de M. Saura, Consul d'Espagne a Oran et du Général L. Didier.

<table>
<tr><td>2e carton, 3e liasse
nº 43 (2)</td><td>Arch. de Simancas.
Negociado y legajo
espresados.</td><td>2e carton, 3e liasse
nº 43</td><td>Arch. de Simancas,
Bureau et dossier
mentionnés.</td></tr>
</table>

Muy honrado y esforzado buen caballero Humidalaude, muchas veces os he escrito y no he visto respuesta de mis cartas en esta os quiero decir mas claramente lo que os conviene y tambien lo que querria que hicierdes en servicio del Emperador mi Señor. Ya sabeis que vuestros enemigos los de Uled Aques han tenido y tenien por su valedor a Barbarroja y si esta ayuda les faltase todos sabemos que seriades mucha parte en Levante porque toda la que ellos tienan se pasaria a vos. S. M. tiene voluntad de destruir a Barbarroja y a todas sus cosas yo como buen criado y servidor suyo querria ayudar a buscar medios para que esto se pudiese hacer con mas brevedad y asi por esto como por llegar tan honrado y nombrado caballero como vos a su servicio. Deseo que querrais serville y ayudalle en esta jorna-

Très honorable et courageux bon chevalier Humidalaude, bien des fois je vous ai écrit et je n'ai pas vu de réponse à mes lettres. Dans celle-ci, je veux vous dire plus longuement ce qui vous convient et aussi ce que je voudrais que vous fassiez pour le service de l'Empereur mon Seigneur. Vous savez que vos ennemis les Ouled Aquès ont eu et ont comme protecteur Barberousse. Si cette aide venait à leur manquer, nous savons qu'une grande partie du Levant, toute celle qu'ils tiennent, passerait de votre côté. Sa Majesté veut détruire Barberousse et toutes ses affaires. Moi, comme son bon subordonné et serviteur, je désire aider à chercher par tous les moyens que ça se fasse au plus vite, et pour cela, arriver à nommer à son service un chevalier comme vous si honnête et renommé. Je désire que vous entriez à

---

(1) Extrait de l' « Histoire de l'occupation Espagnole en Afrique (1506-1574) », par Elie de la Primaudaie.

(2) Pièce des Arch.ves Espagnoles du Gouvernement Général de l'Algérie. Extraite du livre « La Domination Espagnole à Oran sous le Gouvernement du Comte d'Alcaudète (1534-1558) », par Paul Ruff.

da hacemos saber si querreis serville y ayudalte agora como otras veces la habeis ofrecido para la conquista de Argel porque sabida vuestra voluntad yo lo hare saber a S. M. para que os escriba y me envie a mandar como se ha de asentar y capitular con vos y lene por cierto que haciendole vos servicio en esta jornada que podreis mas descansadamente tener la parte que deseais en aquellas tierras y en esta siempre terne yo respeto al servicio y ayudo que a S. M. hicieredes para hacer lo que mandaredes. — Nro Sor el Conde.

son service et que vous l'aidiez. Faités-moi savoir si vous voulez la servir et l'aider dans cette affaire, comme autrefois vous l'avez offert pour la conquête d'Alger, parce que, connaissant votre volonté, j'en informerai Sa Majesté afin qu'elle vous écrive et me donne ses ordres pour traiter et m'entendre avec vous. Vous pouvez être certain qu'en servant ainsi vous pourrez plus tranquillement avoir la partie que vous voulez dans ces terres, et, dans ce cas, je tiendrai scrupuleusement compte de la manière dont vous servirez et aiderez Sa Majesté dans ce qu'elle vous demanderait. Notre Seigneur le Comte.

Lo quel Conde de Alcaudete Capitan General de Africa pide en nombre de S. M. que haga (Humidalaude) a lo siguiente :

Ce que le Comte d'Alcaudète, Capitaine Général d'Afrique, demande, au nom de Sa Majesté de faire a Humidalaude qui suit :

2e carton 3e liasse nº 44. (1).   Arch. de Simancas. Negociado y legajo espresados.

2e carton, 3e liasse nº 44   Arch. de Simancas, Bureau et dossier indiqués.

Que el prometa como caballero y jure en su ley de hacer en servicio de S. M. todas las cosas siguientes :

Primeramente que sea obligado a ser servidor de S. M. en todas las cosas de guerra que se ofrescieron en Berberia y a ser verdadero amigo de sus amigos y servidores y enemigo de sus deservidores y enemigos.

Que en las cosas de Argel si S. M. fuere servido de hacer armada para tomar la dicta Cibdad se obligue a ir con tres mil lanças

Qu'il promette comme chevalier et jure dans sa loi de faire au service de Sa Majesté toutes les choses ci-après :

Premièrement qu'il s'engage à être le serviteur de Sa Majesté dans toutes les affaires de guerre qui se présenteraient en Berberie et à être le vrai ami de ses amis et serviteurs et l'ennemi de ses ennemis et de leurs serviteurs.

Que, dans les affaires d'Alger, si Sa Majesté ordonne de faire l'expédition pour prendre cette ville, il s'engage à y participer

---

(1) Pièce des Archives Espagnoles du Gouvernement Général de l'Algérie. Extraite du livre « La Domination Espagnole à Oran sous le Gouvernement du Comte d'Alcaudète (1534-1558) » par Paul Ruff.

a juntarse con el egercito de S. M. y a estar en la parte que se le ordenare y proveera de bastimientos el dicho Real a prescios moderados y que en esto hara toda su diligentia con la fidelidad que debe al juramento y promesa que hiciere y que porna en rehenes para la seguridad desto un hijo suyo y otros hijos y deudos de los principales de sus caballeros.

Que despues de ganado Argel siendo el jeque del Campo por S. M. proveera la gente que estuviere en la Cibdad de Argel de trigo y cebada y otros bastimentos a convenibles prescios y que no impedira que vengan a tratar a la dicha Cibdad todos los que quisieren viniendo de paz antes los favorescera y hara venir siguros porque la contratacion de la Cibdad no se pierda.

Que si algunos otros alaraves à moros de la tierra quisieren hacer guerra a Argel que sea obligado a hacenela a ellos como a enemigos y deservidores de S. M. y que en esto caso y en todas las otras cosas hara lo que en nombre de S. M. le ordenare el que estubiere por capitan general en Argel.

Que si supiere que en la tierra se trata alguna cosa en deservicio de S. M. y daño de la dicha Cibdad de Argel que avisara en tiempo que se pueda remediar al Capitan General que alli estuviere.

Y que porque para la conquista de la dicha Cibdad de Argel ayudara mucho quel Rey de Treme-

avec 3000 lances, à se joindre à l'armée de Sa Majesté, à rester à l'endroit qu'on lui fixera et á approvisionner l'expédition royale à des prix modérés ; que, dans ceci, il fera toute diligence avec la fidélité qu'il doit à son serment et à la promesse qu'il a faite ; et qu'il fournira, pour la sûreté (garantie) de ceci, en otages, un de ses fils et d'autres fils et parents de ses principaux chevaliers.

Que, après la prise d'Alger, quand il sera le Cheikh du Camp pour sa Majesté, il approvisionne la population qui serait dans la ville d'Alger en blé, orge et autres vivres à des prix raisonnables et il n'empêche pas l'entrée dans cette ville de tous ceux qui voudraient y venir en paix ; mais, au contraire, il les aide et les fasse venir afin que le libre commerce (contratacion) de la ville ne se perde pas.

Que si d'autres Arabes ou Maures de l'intérieur, veulent faire la guerre à Alger, il s'engage à la leur faire comme ennemis de Sa Majeste, et que, dans ce cas et dans toutes les autres choses, il fasse ce que lui ordonnera, au nom de Sa Majesté, celui qui serait Capitaine Général à Alger.

Que, s'il apprend que, dans l'intérieur, on traite de quelque chose contraire au service de Sa Majesté et portant préjudice à la dite ville d'Alger, il en rende compte à temps afin que le capitaine Général qui se trouverait la puisse y porter remède.

Comme, pour la conquête de là dite ville d'Alger, il importe beaucoup que le Roi de Tlemcen soit

cen sea servidor y aliado de S. M. y enemigo del turco y porque Muley Baudila se ha declarado por servidor de S. M. es condicion quel dicho (Humidalaude) entre por Benarax en favor del dicho Muley Baudila y haga la guerra a sus deservidores y moncafiles y ayude todo lo que pudiere al dicho Muley Baudila hasta meterlo en Tremecen y que este en conformidad y amistad con el y con Benreduan su abuelo para que en conformidad puedan mejor servir à S. M. en lo que dicho es.

Que si supiere de algunos navios de turcos o moros que anduvieren por la costa de aquel Reyno que sea obligado a dar aviso, al capitan general de Argel o al del Reyno de Tremecen si en aquella comarca se hallare.

Lo que Humidalaude dice que hara en servicio de S. M.

Que si S. M. manda ir armada para tomar a Argel quel ira por tierra con tres mil lanças y se porna en sa parte quel Capitan General de S. M. mandare y traera bastimentos al Real de trigo y cebada y carne de toda mucha cantidad y hara la guerra a los amigos de Barbarroja y a todos losotros que fueren deservidores de S. M. con las condiciones siguientes :

Que despues de ganado Argel S. M. le haga su jeque de Campo de toda aquella tierra y le mande favorecer contra sus enemigos

le serviteur et l'allié de Sa Majesté et l'ennemi du Turc, comme Mouley Baudila s'est déclaré être le serviteur de Sa Majesté, il est indispensable (c'est une condition) que le dit Humidalaude entre, par Benarax, en faveur de Mouley Baudila et fasse la guerre à ses ennemis et à leurs serviteurs et « moncafiles » (?) et aide, en tout ce qu'il pourra, le dit Mouley Baudila jusqu'à ce qu'il l'ait fait entrer à Tlemcen et soit toujours en accord et amitié avec lui et avec Ben Redouan, son grand-père, afin que tous ensemble puissent mieux servir Sa Majesté dans ce qui vient d'être dit.

Que s'il apprend que quelques navires turcs ou maures longent la côte de ce Royaume, il s'engage à en donner avis au Capitaine Général d'Alger, ou à celui du Royaume de Tlemcen, s'il se trouvait dans ce pays.

Ce que Humydalaude dit qu'il fera une fois au service de Sa Majesté.

Si Sa Majesté ordonne l'expédition pour prendre Alger, il ira par terre avec 3000 lances ; il promet de faire, pour sa part, ce que commandera le Capitaine Général, il fournira les approvisionnements au réal en blé, orge, viande, tous en grande quantité, et il fera la guerre aux amis de Barberousse et à tous ceux qui seraient les adversaires de Sa Majesté aux conditions suivantes :

Après la prise d'Alger, Sa Majesté le nommera son Cheikh du Camp de tout ce territoire et le fera aider contre ses ennemis les

los del Uled Aquis que han sido y son servidores de Barbarroja y ellos ha sostenido en aquella tierra contra el dicho Humydalaude porque fue el principal en ayudar à los cristianos que S. M. envio à Tremecen contra su hermano cuando lo echaron de aquella ciudad y lo tomaron.

Que si S. M. recibiere en su servicio y amistad el Rey de Tremecen Muley Baudila o a otro cualquier que estuviere en el Reyno que se saque por condicion en la capitulacion que con el se hiciere que sea obligado a ayudar y favorecer a Humydalauda contra sus enemigos y quel dicho Humydalaude prometera y jurara de hacer lo mismo en servicio y favor del Rey de Tremecen que fuere servidor de S. M. contra todos los del.

EL CONDE DE ALCAUDETE.

COPIA DE CARTA ORIGINAL DEL CONDE DE ALCAUDETE AL SECRETARIO JUAN VAZGUEZ DE MOLINA. DE ORAN A 28 DE ABRIL DE 1536.

2e carton, 3e liasse n° 54 (1)

Arch. de Simancas. Negociado de Estado Africa. Legajo 463

Muy Magnifico Señor,

Por la carta de S. M. y por lo que los mensageros me dijeron en virtud de la creencia de Vra Mrd y de esotros mis Señores del Consejo de la guerra entiendo que S. M. no recibe servicio de aceptar lo que yo he ofrecido y que quiere mandar proveer lo de aqui

Ouled Aqués qui ont été et sont les serviteurs de Barberousse lequel les soutient dans cette région contre le dit Hamydalaude parce qu'il a été le principal chef à aider les chrétiens que Sa Majesté a envoyés à Tlemcen contre son frère lorsqu'ils le chassèrent de cette ville et la prirent.

Que si Sa Majesté reçoit dans son service et amitié le Roi de Tlemcen Mouley Baudila ou un autre personnage qui se trouve dans le royaume, il sera mis comme condition, dans le traité (capitulation) qui sera fait avec lui, qu'il sera obligé d'aider et favoriser Humidalaude contre ses ennemis et le dit Humydalaude promet et jure de faire de même pour le service et en faveur du Roi de Tlemcen qui serait le serviteur de Sa Majesté contre tous ceux qui seraient ses adversaires.

LE COMTE D'ALCAUDÈTE.

COPIE D'UNE LETTRE ORIGINALE DU COMTE D'ALCAUDÈTE AU SECRÉTAIRE JUAN VAZGUEZ DE MOLINA, ENVOYÉE D'ORAN LE 28 AVRIL 1536.

2e carton, 3e liasse n° 54

Arch. de Simancas. Bureau d'Etat Afrique Dossier 463.

Très Magnifique Seigneur,

Par la lettre de Sa Majesté et par ce que les messagers m'ont dit, en vertu de la créance de Votre Seigneurie et des autres Messeigneurs du Conseil de la Guerre, j'entends (j'apprends) que Sa Majesté n'agrée pas le service d'accepter ce que je lui ai offert et

---

(1) Pièce des Archives Espagnoles du Gouvernement Général de l'Algérie. Extraite du livre « La Domination Espagnole à Oran sous le Gouvernement du Comte d'Alcaudète (1534-1558) », par Paul Ruff.

por otras vias. El Señor Cardenal de Siguenza ha jusgado mi ofrecimiento tan mal que no me maravillo que su parecer hiciese impresion ; yo he dicho verdad en tomo como la suelo decir y el tiempo lo mostrara y porque a S. M. respondo largo a todo lo que me manda y el despacho ha de venir a manos de Vra Merced remitome a lo que en el se contiene. Beso las manos a Vra Merced por loque en su carta dice y por lo que ha dicho a mis criados ques como yo lo tengo creido de la voluntad que se que teneis de hacerme merced. Tambien la he recibido muy grande de avisarme Vra Mrd de la salud de S. M. y del Comendador mayor y de las nuevas de Italia. Maldito sea este Rey de Francia que tan grandes males hace à la cristiandad y tanto bien a los moros en excusar que no se les haga la guerra como se podia hacer, creo que no dejara comenzar cosa buena hasta acabarse primero el.

De Navarra y desa Corte me escriben que hay nueva de venir Don Enrique de Labrid con pujante egerelto y que le ayudan Francia y Ingalaterra con gente y dinoros, si asi es no estara Vra Mrd. muy ocioso ni aun sera razon que lo este nadie en Castilla, hagame Vra Mrd. saber lo que se trata desto.

qu'elle désire ordonner de pourvoir à ce qu'il faut ici par d'autres voies. Le Seigneur Cardinal de Siguenza a jugé mon offre si mal que je ne m'étonne (m'émerveille) pas que son opinion ait fait impression. J'ai dit la vérité comme j'ai l'habitude de la dire et le temps le prouvera. Comme je réponds longuement à Sa Majesté sur tout ce qu'elle me mande et que ma dépêche (lettre) arrivera entre les mains de Votre Excellence (Merced) je m'en remets à ce qu'elle contient. Je baise les mains de Votre Excellence pour ce qu'elle dit dans sa lettre et pour ce qu'elle a dit à mes serviteurs (criados) car j'ai confiance dans votre volonté de me soutenir. J'ai reçu aussi avec reconnaissance les renseignements de Votre Excellence sur la santé de Sa Majesté et du Commandeur majeur ainsi que sur les nouvelles d'Italie. Maudit soit ce Roi de France pour les si grands maux, qu'il fait à la chrétienté et pour tant de bien qu'il fait aux Maures en excuse de ce qu'il ne leur fait pas la guerre comme il pourrait la faire. Je crois qu'il ne faut pas laisser commencer une chose bonne jusqu'à la finir avec lui.

De Navarre et de la Corse on m'écrit que Don Enrique de Labrid est, de nouveau, venu avec une puissante armée et que la France et l'Angleterre l'aident avec des hommes et de l'argent. Si c'est vrai, votre Excellence ne sera pas peu occupée (oisive) et ce sera une raison pour que personne ne le soit en Castille. Que Votre Excellence me fasse savoir ce qu'il y a là-dessous.

Tambien tenemos aca nueva del armador que Barbarroja hace y no creo que ie estorbara mucho el sentimiento de la muerte de su muger segun lo poco due la conversaba hasta que tenga por mas cierta su venida no pido mas que lo ordinario. Aquello suplico a Vra Merd. que se despache luegos.

A ocho y a diez leguas de esta Cibdad no hay moro, sera el año aca muy fertil qual sera menester para desembarcar en Oran veinte mil infantes y mil ó mil quinientas lanças. Plega a Dios que yo me vea en este Reyno con arto menos gente que esta, que poco quedaria por acabar en el.

A Su Md. escribo que mande enviar dos mil hanegas de cebada con los cuatro mil hanegas de trigo ; el trigo conviene que se envie luego. La cebada bastara que se traiga de la nueva. Nuestro Senor la muy magnifica persona y estado de Vra Mrd. guarde y acreciente. De Oran à 28 de Abril de 1536.

Al servicio de Vra Mrd.

EL CONDE DE ALCAUDETE.

Sobre de la carta : Al muy magnifico Señor Juan Vazguez de Molina secretario y del Consejo de S. M.

Nous avons appris ici la nouvelle que Barberousse prépare une expédition. Je ne crois pas que le sentiment de la mort de sa femme lui fasse beauconp défaut d'après le peu qu'il en parle, et je ne demande rien jusqu'à ce que je tienne sa venue pour certaine. Pour cela je supplie Votre Excellence qu'il soit donné une suite officielle,

A 8 et 10 lieues de cette ville (Oran) il n'y a pas de Maures. L'année sera ici très fertile comme il le faudrait pour débarquer à Oran 20.000 fantassins et 1000 à 1500 lances. Plaise à Dieu que je me voye dans ce Royaume avec un peu moins de monde que cela et que très peu restent pour y finir (leur vie).

A Sa Majesté j'ai écrit pour lui demander d'envoyer 12.000 fanégues d'orge avec les 4.000 fanégues de blé. Pour le blé, il convient qu'il soit envoyé de suite. Quant á l'orge il suffirait qu'on apporte de la nouvelle. Que Notre Seigneur garde ét grandisse (accroisse) la très magnifique personne et la situation de Votre Excellence. D'Oran le 28 Avril 1536.

Au service de Votre Excellence.

LE COMTE D'ALCAUDÈTE.

Sur l'enveloppe : au très magnifique Seigneur Juan Vazquez de Molina, Secrétaire et du Conseil de Sa Majesté.

Les négociations avec Hamida

D'après Paul Ruff,

« Ben Redouan reparaissait avec son petit fils et sa cause semblait se relever. D'autre part, le comte d'Alcaucète était entré en relations avec un personnage influent qui pouvait servir ses projets sur Tlemcen comme ceux de Charles Quint sur Alger. Ce personnage était Humidalaude ou Hamida El Aouda, l'ancien roi de Ténès, qui porte dans sa correspondance avec le gouverneur d'Oran le titre de Cheikh principal du Levant. Rétabli à Ténès par Kheir-Ed-Din, Hamida était resté fidèle à son protecteur ; mais il est permis de penser que la défaite de ce dernier à Tunis modéra le zèle de son vassal qui, détestant les Turcs, comme tous les Arabes, songea dès lors à se ménager un appui plus solide. De plus, les tribus voisines de Ténès étaient belliqueuses et hostiles au cheikh. Enfin les projets attribués à Charles Quint pouvaient lui permettre d'espérer un grand profit de la réussite de l'Empereur.

« Aussi, dès les premières semaines de 1536 des négociations s'engagèrent-elles avec ce personnage. Ce fait prouve que, à ce moment déjà, les Espagnols songeaient réellement à entreprendre contre Alger une nouvelle expédition. Il s'agissait d'anéantir complètement la puissance de Barberousse, dont on redoutait toujours quelque entreprise du côté de Tlemcen ou d'Oran. On ne pouvait guère compter sur le concours de Mouley Mohammed trop hésitant ni sur Ben Redouan qui avait d'abord à établir son petit-fils sur son trône. On s'adressait donc au cheikh de Ténès, en lui faisant de belles promesses. Lorsque, ensuite, les négociations avec Mouley Mohammed parurent rompues, on sollicita aussidôt Hamida de prêter à Ben Bedouan son utile concours ».

1537, 1538, 1539 (943-944-945 de l'Hégire).

RÉSUMÉ DES FAITS DANS L'ORDRE CHRONOLOGIQUE

1537

Résumé des faits dans l'ordre chronologique

Kheir ed Dine étant encore à la tête de la flotte turque, Hassan Aga conserve le gouvernement de l'oudjak d'Alger,

MAROCAINS ET PORTUGAIS. — (D'après Garrot).

« Mouleï Ahmed est battu par le Chérif dans les Beni Djaher. Les marabouts, partisans du Chérif, et les tholbas, partisans d'El Ouattasi s'interposent. Traité. Le Mérinide conserve le pays entre Tadla et le Moghreb central ; le Saadien a le reste du Maroc, avec le Sous.

« Mohammed el Mehdi enlève aux *Portugais* le port de Santa Cruz (au cap d'Aguer), fait prisonnier le gouverneur Guttierez de Mauroy, épouse sa fille qui vit à sa guise, en chrétienne, dans le harem, mais se brouille avec son frère pour le partage du butin. Les chorfas les réconcilient. Accord : Mohammed el Harran, fils aîné de Mohammed, est couronné héritier présomptif, mais Moulaï Zidan, fils aîné d'El Aredj, lui succédera. Puis Mohammed el

Mehdi attire dans son Etat (Taroudant) des *commerçants anglais*, avec lesquels il échange cuirs, cire et sucre brut des plantations de cannes, contre des armes et des munitions.

SAHARA. — (D'après Martin) :

« Le caïd Mansour vient au Touat et fait rentrer les impôts. »

1538

TURCS. — D'après Garrot :

« Dragut, lieutenant de Kheïr ed Dine, qui occupe Mahdiya, tient en échec l'Hafside Moulaï Hassen, vassal de l'Espagne (1). ·

D'après Galibert :

« Kheïr ed Dine se rend dans les eaux de Corfou à la recherche de la flotte d'André Doria. Bataille du golfe d'Ambracie (près du promontoire d'Actium). Victoire des Turcs. La flotte chrétienne comptait pourtant 167 navires (36 du pape, 50 des Espagnols et 81 à la république de Venise). En l'apercevant Kheïr ed Dine hésitait ; un ennuque de la cour le menace de l'indignation de Soliman. Se tournant vers son état-major, Kheir-ed-Dine dit : « Il faut, je le vois, que nous hasardions une bataille avec beaucoup de désavantage, de peur que nous périssions par les clameurs de ce demi-homme ». Sa circonspection et celle d'André Doria avant le début de la bataille ont fait penser à une connivence entre eux deux. »

1539

TURCS ET ALGÉROIS.

D'après Garrot :

« Une escadre algérienne de 16 navires, montée par 1.300 Turcs, surprend et pille Gibraltar et va vendre les captifs à Tétuan.

« *1er Octobre*. — Au retour, Bernard de Mendoza, amiral espagnol, l'attaque, lui tue 700 hommes, lui capture 12 navires et délivre 750 rameurs chrétiens, près de l'île d'Arbalon. Il perd, lui même, près de 800 hommes.

D'après Galibert :

« De 1537 à 1540, les corsaires algériens, conduits par Hassan Aga avaient interrompu tout commerce dans la Méditerranée occidentale et si bien dévasté les côtes d'Espagne que celle-ci avait dû élever, sur son littoral, un cordon de tours de vigie destinées à donner l'alarme. »

---

(1) Dragut fut pris le 15 juin 1540 à Giralta, près d'Ajaccio, par Jeannetin Doria, neveu de l'Amiral, et rama à la Chiourme pendant 4 ans.

1540 (946 de l'Hégire)

RÉSUMÉ DES FAITS DANS L'ORDRE CHRONOLOGIQUE.
DOCUMENTS OFFICIELS. ' .

1540

Résumé des faits dans l'ordre chronologique

Piquet dit juste le contraire de Garrot pour 1539. Il dit, lui, pour 1540 :

« Apogée de la domination des Espagnols en Afrique. Ils tiennent, par des garnisons, Mélilla, les côtes d'Oranie, la Goulette, Bougie et Bône. Presque toutes les villes du littoral algérien ou tunisien sont plus ou moins tributaires; les dynasties de Tunis et de Tlemcen sont vassales. La flotte espagnole est maîtresse de la mer (1). Les chevaliers de Malte se sont emparés de Tripoli et de Djerba.

PORTUGAIS. — (D'après Garrot) ;

« Ahmed el Aredj chasse les Portugais du Doukkala, mais échoue devant Safi, malgré 3 mois d'effort, faute d'artillerie.

SAHARA. — (D'après Martin).

« Le Caïd El Addaï vient au Touat, où il séjourne 3 ans, pour « *refaire le recensemeul pour l'impôt et dresser la liste de toutes les eaux d'irrigation* ».

Documents Officiels

RELATION DE CE QUI S'EST PASSÉ A BONE (2).

« Octobre 1540.

« (Arch. de Simancas. Estado, Legajo 463).

(Assassinat, le 26 Septembre, du payeur Miguel de Penagos par le Commandant Alvar Gomez et tentative de suicide de celui-ci. 16 Octobre, arrivée à Bône du Commandeur D. Giron qui fait arrêter Alvar Gomez et fait une enquête).

« Les enseignes, sergents et caporaux de la garnison écrivent que le capitaine Godinez s'est très bien conduit dans cette triste circonstance. Ils rappellent à Sa Majesté qu'ils sont à Bône depuis 5 ans ; et, comme beaucoup d'entre eux sont mariés et ont des enfants, ils la supplient de leur permettre de rentrer en Espagne ».

---

(1) Je ne suis pas de l'avis de Piquet et je crois même que la diminution rapide de la puissance espagnole dans l'Afrique du Nord a été une des raisons qui ont déterminé Charles Quint à décider en 1541 et à brusquer son expédition sur Alger. (Général L. Didier).

(2) Extrait de l' « Histoire de l'occupation Espagnole en Afrique (1506-1574) », par Elie de la Primaudaie.

LETTRE DE FRANCISCO DE ALARCON A SA MAJESTÉ (1).

« Bône, 8 Novembre 1540.

« (Arch, de Simancas......

(Le Commandeur Giron termine son instruction).

. . . .

« Les soldats qui par désespoir, voulaient se faire Maures, se confessent aujourd'hui et communient....

« Ils aiment le commandeur Giron ; bien traités par lui, ils sont redevenus ce qu'ils étaient autrefois, gais et contents.

1541 (947 de l'Hégire)

RÉSUMÉ DES FAITS DANS L'ORDRE CHRONOLOGIQUE.

LES NÉGOCIATIONS DE CHARLES QUINT ET DU COMTE D'ALCAUDÈTE.

DOCUMENTS OFFICIELS.

1541

Résumé des faits dans l'ordre chronologique

EXPÉDITION DÉSASTREUSE DE CHARLES QUINT CONTRE ALGER (2)

Juillet. — Après les diètes de Worms et de Ratisbonne où il obtient le concours des princes Allemands contre les Turcs qui envahissent la Hongrie, Charles Quint, pour faire brèche à l'alliance de François 1er et des Turcs, part pour l'Italie, d'accord avec le pape Paul III qui lance une Croisade contre les Infidèles.

Août. — Charles Quint décide une expédition immédiate contre Alger, malgré les avis contraires, à cause de la saison déjà avancée, d'André Doria, du marquis de Guast, du prince de Melphy et même du pape Paul III.

Concentration à Port Mahon (Minorque) (3) ;

Flotte (sous André Doria) : 65 galères et 450 navires de transport. 12.000 marins.

Troupes de débarquement : 24.000 hommes ; 2.000 chevaux ; 150 chevaliers de Malte avec 500 lances.

---

(1) Extrait de l' « Histoire de l'occupation Espagnole en Afrique (1506-1574) » par Elie de la Primaudaie.

(2) Parmi les nombreuses causes de ce désastre il faut compter : le mauvais choix de l'époque, la présomption de l'armée, les défauts de la noblesse italienne, le fatalisme de Charles Quint.

(3) A Majorque, d'après Galibert, qui donne les effectifs suivants :
« Flotte (sous André Doria) : 65 galères et 451 navires de transport : 12.330 marins.
« Troupes de débarquement : 22 000 hommes (6.000 Allemands, 5 000 Italiens, 6.000 Espagnols ou Siciliens, 3.000 volontaires, 1.500 cavaliers, 200 gardes de la Maison de l'Empereur, 150 officiers nobles, 150 chevaliers de Malte). Féraud donne 516 vaisseaux et 23.900 hommes de débarquement.

Faisaient partie de l'expédition : Fernand Cortez avec ses 2 fils (2) ; le duc d'Abbe ; les princes Colonna, Virginius, Urbin d'Anguillara ; (1) le comte d'Alcaudète ; Ferdinand Gonzague, vice-roi de Sicile ; Bernardin de Mendoza, capitaine général des galères espagnoles.

Octobre. — La flotte appareille enfin. Hassan Agha avait eu le temps de se préparer. Il avait fait ajouter des nouvelles fortifications à celles élevées par Kheïr Ed Dine, avait fait armer toutes les batteries de la Marine, flanquer de tours le mur d'enceinte couvrant Alger du côté de la campagne, raser les jardins, abattre les arbres pouvant favoriser les approches de la place, et défendre sous peine de mort que personne quitte Alger. Ses forces comprenaient ; (3).

pour Alger
{
800 Turcs de l'Oudjak
5000 Algérois et surtout Maures andalous, très adroits au tir à *l'escopette* et au maniement de puissants *arcs en fer ;*
}

pour la défense extérieure { les Arabes et les Kabyles.

16 Octobre. — Départ de l'expédition de Carthagène.

17 Octobre. — La flotte arrive à Oran et y embarque une partie de la garnison avec le capitaine général, le Comte d'Alcaudète.

19 Octobre. — Son Officier observateur (Sahib el Nadour) annonce à Hassan Agha l'approche de la flotte de Charles Quint. Hassan Agha monte à cheval, parcourt tous les quartiers, rassure la population, vérifie que tout est prêt et que chacun est à son poste. Puis il monte à la batterie de la porte Bab Azoun et fait hisser, au dessus de cette porte, le drapeau de l'Oudjak : rouge, vert et jaune. Tours, forteresses et remparts se pavoisent de drapeaux. Confiance des Algérois dans une *prédiction* d'après laquelle : « Les Espagnols seraient détruits dans 3 expéditions différentes, dont une commandée par un grand prince et Alger ne serait prise que par des soldats *habillés en rouge.* »

21 Octobre. — Toute la flotte impériale est dans la baie d'Alger.

23 Octobre. — Débarquement sur la plage, au fond de la baie, près de la rive gauche de l'Oued Harrach, entre cet oued et la ville, au pied des hauteurs dominant la plaine de Mustapha. Charles Quint regarde le débarquement de la poupe de « La Reale » qui porte l'éten dard impérial. Les bordées des galères qui se sont rapprochées de terre tiennent à distance les nombreux Arabes accourus pour s'opposer au débarquement.

Aussitôt l'infanterie débarquée, Charles Quint, comme il l'avait fait à Tunis en 1535, envoie un parlementaire à Hassan Agha, pour le sommer de se rendre. « Dis à ton maître, répond celui-ci, qu'Alger s'est déjà illustrée par les défaites successives de Francisco de Vera

---

(1) Qui avait accompagné Charles Quint en 1535
(2) Don Martin et Don Luis
(3) Piquet donne : 1 500 Turcs et 6.000 Maures. Gairot donne : 500 banissaires et 5.000 habitants armés dont 3 000 Maures andalous récemment ramenés d'Espagne.

et de Hugues de Moncade, et qu'elle espère acquérir une gloire nouvelle par celle de l'Empereur lui-même ».

24 Octobre. — Sans attendre le débarquement de l'artillerie de siège (1), Charles Quint marche sur Alger en 3 groupes, *la gauche en avant :*

1er groupe (gauche : Sud) : les Espagnols, sous Ferdinand de Gonzague, par le haut de la plaine ;

2e groupe (centre) : les Allemands, sous Charles Quint, avec le duc d'Abbe pour lieutenant ,

3e groupe (droite, nord) : les Italiens, les Volontaires et les chevaliers de Malte, sous Camille Colonna, suivant le bord de la mer.

Harcelés par les Arabes, les 3 groupes, au bout de 6 heures n'ont pas avancé d'un mille.

Arrêt le soir à El Hamma. Escarmouches toute la nuit.

25 Octobre. — Les forces de Charles Quint parviennent à gagner les hauteurs dominant Alger. Le 1er groupe arrive près du ravin de Bab el Oued. Charles Quint, avec le 2e groupe, s'établit sur la colline de Koudiat es Saboun (où avait campé de Moncade, en 1518, et où fut construit plus tard le fort de l'Empereur). Le 3e groupe est entre le pied des montagne et le cap Tafoura (où est aujourd'hui le fort Bab Azoun).

Les Arabes sont ainsi isolés de la ville, dans laquelle Hassan Agha s'est enfermé avec toutes les forces de sa défense.

Charles Quint donne l'ordre de débarquer la grosse artillerie et de faire approcher la flotte assez près de terre pour qu'elle puisse canonner aussi la ville. A la fin de l'après-midi, petit orage.

Soir. — Abaissement considérable de la température, puis pluie diluvienne.

Nuit de 25 au 26. — Tempête. Charles Quint rassure son entourage par son calme et par ses discours (1).

26 Octobre. — Au lever du jour, pluie et épais brouillard. Surprise du 3e groupe par les Turcs et les Arabes. Gênés par le vent et la pluie en face ; ne pouvant se servir de leurs armes à feu, mouillées ; subissant de lourdes pertes par les flèches des arcs en fer des Maures ; Italiens et Chevaliers de Malte finissent par refouler Turcs et Arabes jusque dans Alger. Mais ceux ci, du haut des remparts, dirigent, sur les assaillants, un feu de mousqueterie tel et si bien ajusté que les

---

(1) On a prétendu qu'il comptait sur la connivence d'Hassan Agha, gagné, croyait-il, par le comte d'Alcaudète, gouverneur d'Oran.

(2) Feraud donne les détails suivants d'après lesquels, semble-t-il, Charles Quint aurait été non pas à terre, mais à bord : « Une tempête disperse la flotte en même temps qu'une pluie torrentielle, inondant les soldats, les empêche de se servir de leurs arquebuses contres les Maures qui les déciment avec leurs yatagans. « Combien de temps, demande Charles Quint à son pilote, les navires peuvent-ils tenir encore ? » « 2 heures, répond le marin ». Ah ! tant mieux, dit l'Empereur d'un air satisfait, il est 11 heures et demie et c'est à minuit que nos bons religieux se lèvent pour faire la prière. Ils auront le temps de nous recommander à Dieu »

Italiens s'enfuient. Les Chevaliers de Malte se replient en bon ordre et repoussent une sortie. Charles Quint accourt avec le 2ᵉ groupe. Les Chevaliers de Malte, reprenant l'offensive et, bien qu'à pied, refoulent si bien les cavaliers Turcs et Arabes dans le faubourg Bab Azoun que, pour les empêcher d'entrer dans Alger, Hassan Aga fait fermer la porte avant la rentrée de tous les siens. Le porte étendard des Chevaliers de Malte, Ponce de Balagnier, Sire de Savignac, plante, de dépit, son poignard dans la porte de Bab Azoun qui se ferme devant lui. Frappé à mort par une grêle de balles et de flèches, il expire en disant : « Nous reviendrons ».

Charles Quint donne l'ordre de regagner les retranchements. Les Chevaliers de Malte, chargés de protéger la retraite, se font superbement massacrer près du Pont des Fours ; l'endroit s'appelle, depuis, « le tombeau des Chevaliers ».

Le brouillard se dissipe. L'armée, atterrée, s'aperçoit que la flotte a été très éprouvée par la tempête (150 navires ont coulé), que les vivres les tentes, la grosse artillerie, le matériel de siége, ont été détruits. Pour augmenter sa démoralisation, elle voit les vaisseaux restants gagner le large. André Doria, qui se porte au cap Matifou, écrit, dans son compte rendu à Charles Quint : « Mon cher Empereur et fils, l'amour que j'ai pour vous m'oblige à vous annoncer que si vous ne profitez pas pour vous retirer de l'instant de calme que le Ciel vous accorde, l'armée navale et celle de terre, exposées à la faim, à la soif et à la fureur de l'ennemi, sont perdues sans ressource. Je vous donne cet avis parce que je le crois de la dernière importance. Vous êtes mon maître ; continuez à me donner vos ordres, et je perdrai avec joie, en vous obéissant, les restes d'une vie consacrée au service de vos ancêtres et de Votre personne ».

Charles Quint décide la retraite vers le cap Matifou, avec abadon de l'artillerie et des bagages et l'utilisation des chevaux de trait pour l'alimentation des troupes. Les nombreux malades et blessés, placés au centre, sont protégés, sur leurs flancs, par les divisions allemande et italienne. Les Espagnols, les débris des chevaliers de Malte et la cavalerie forment l'arrière-garde.

Poursuivies par les Turcs et les Maures, les forces impériales s'arrêtent derrière l'oued Khemis.

27 Octobre. — Toujours poursuivies par les Turcs et les Maures, elles traversent l'Harrach au gué près de l'embouchure (Charles Quint, avec de l'eau jusqu'aux aisselles, entre 2 lignes de mousquetaires.)

Les Maures (Arabes) seuls, les poursuivent au delà,

28 Octobre. — Les forces impériales passent le Hamiz.

29 Octobre. — Elles arrivent au cap Matifou. Depuis Tafoura elles ont perdu plus de 2.000 tués ou disparus.

30 Octobre. — Conseil de Guerre. Charles Quint rejette l'offre de

Almeira (Murdjadjo actuel), le Pic d'Aïdour (aujourd'hui Santa Cruz), la Vedette du Fanal (maintenant Batterie de Saint Grégoire), la Punta de la Mona (fort Lamoune actuel), le Berméjal, le Port (vieux port aujourd'hui) en 1927.

Fernand **Cortez** et « du Comte d'Alcaudète » (1) de prendre Alger si on leur permet de faire appel à des Volontaires.

1er Novembre. — Embarquement (11.000 hommes à peine reviendront en Espagne).

2 et 3 Novembre. — La plupart des vaisseaux jettent l'ancre dans la rade de *Bougie* où ils sont encore battus, pendant quelques jours, par une nouvelle tempête qui leur cause des nouvelles avaries. Des autres, les uns, très avariés, sombrèrent, les autres atteignirent la Sardaigne. Les vivres manquent et ce que la place peut fournir, même avec les apports des indigènes est insuffisant. Un navire sicilien, chargé de blé, qui arrive, est jeté à la côte et sombre au moment où il cherchait son mouillage.

Charles **Quint**, descendu à terre avec son état-major, ordonne des prières, se confesse et communie. Les Espagnols passent leur temps à faire des processions générales « étant chacun confessé et priant Dieu de vouloir envoyer le temps propice afin de pouvoir partir au plus vite... L'Empereur fait ordonner un boulevard triangulaire pour fortification de la place, tout environnée de Maures jusqu'aux portes ».

Les quelques *Juifs* restés à Bougie sont persécutés, emprisonnés ; leurs biens sont pillés, leurs livres religieux sont brûlés, puis ils sont chassés de la ville. Ils se réfugient dans les tribus Kabyles des environs où ils exerceront désormais les professions d'orfèvres et de bijoutiers (2).

18 Novembre. — Le vent et la mer se calment. On part aussitôt pour l'Europe. Mais de nombreux navires, dont celui de Charles Quint, sont contraints de relâcher dans des ports étrangers.

2 Décembre. — Charles Quint, dont l'annonce de la mort avait circulé en Europe, arrive à Carthagène.

Cette expédition lui avait coûté une quinzaine de mille hommes, marins et soldats, morts ou réduits en esclavage.

---

(1) D'après Garrot.

(2) Feraud donne les intéressants renseignements ci-après : « En préparant sa campagne contre Alger, Charles Quint avait chargé le gouverneur de Bougie de nouer, en secret, des intelligences avec les chefs des tribus établies entre Bougie et Alger pour les attirer dans le parti espagnol Un seul y consentit ; le chef de la principauté Kabile de *Koukou*, alors en guerre avec les Turcs, et qui s'engagea à fournir 2000 hommes bien armés. Fidèle à sa promesse ; il descendit de sa montagne avec sa troupe et ne s'en retourna qu'en apprenant le désastre d'Alger. Dès qu'il sût l'arrivée de Charles Quint à Bougie, il lui envoya des vivres et des ambassadeurs, qui lui offrirent des munitions, de l'argent et des troupes auxiliaires s'il voulait retourner devant Alger. *Charles Quint refusa ses offres.*

« Pendant son séjour à Bougie, reconnaissant son importance militaire, il avait exprimé le regret de n'avoir été mieux renseigné, car il s'y serait établi solidement, pour mettre ensuite Alger à la raison. Il en fit augmenter les défenses, surtout celles du fort Moussa et fit terminer la Kasbah, commencée sous son grand-père Ferdinand, à qui il avait succédé ».

Conséquences de l'échec de Charles Quint.

Douloureux retentissement en Europe, effet moral, considérable, dans toute la Berbérie (1). Soliman comble de présents les défenseurs d'Alger « si manifestement protégés par Dieu » (2). Réjouissances sans fin dans Alger.

Les négociations de Charles Quint et du Comte d'Alcaudète

D'après Paul Ruff :

« Si Charles Quint, profitant des renseignements fournis par le comte d'Alcaudète, avait attaqué Alger en 1535, il l'eut trouvée à peu près dégarnie de défenseurs et hors d'état de résister longtemps Mais, à cette époque, l'Empereur était occupé en Europe par la guerre contre le roi de France, et il crut pouvoir arriver à son but par d'autres moyens. Il engagea, en effet, une curieuse négociation avec Kheïr-Eddin qui parut s'y prêter André Doria et le vice-roi de Sicile, Fernando de Gonzague, crurent à la bonne foi du célèbre corsaire et lui envoyèrent plusieurs émissaires, Alonso de Alarcon, Gallégo, et, à Constantinople même, le docteur Romero et le capitaine de Vergara On offrait à Barberousse de le reconnaitre comme roi d'Alger, de lui livrer Bougie, Bône, Tripoli et même Tunis, si le roi, vassal de l'Espagne, se montrait infidèle à ses engagements. En échange, il devait mettre au service de l'Empereur la plus grande partie de la flotte turque qu'il aurait entrainée dans sa défection.

« Les négociations durèrent 3 ans, de 1538 à 1540. Mais, soit que Barberousse ait été un moment de bonne foi et qu'il ait rompu seulement au moment où il vit son secret trahi par l'habile envoyé du roi de France, Rincon (3), et où il sut le Sultan informé de toute l'intrigue, soit que, au contraire, l'amiral turc n'ai vu là qu'un moyen de tromper l'Empereur, de se faire peut être livrer les places occupées par les Espagnols, de retarder enfin l'expédition qui menaçait Alger, en tout cas la tentative échoua complètement et la duplicité de Kheïr Eddin fut dévoilée.

« En même temps que l'on essayait ainsi d'acheter Barberousse, le Comte d'Alcaudète s'efforçait d'obtenir un aussi important résultat en gagnant son lieutenant Hassan Agha, qui gouvernait Alger depuis le départ de son chef. Nous ne possédons, malheureusement, que des renseignements tout à fait incomplets sur cette intéressante tentative. Elle eut lieu au moment où se préparait l'expédition et lorsque déjà l'on savait que l'on ne pouvait plus compter sur Kheïr Eddin, c'est à dire vers la fin de 1540 ou dans les premières semaines de 1541. Il est possible que ce soit Hassan Agha lui même, qui, redoutant l'attaque des Espagnols, ait tenté de traiter avec eux. Ce qui est certain, c'est

----

(3) Piquet dit : « Les Turcs, rendus libres en Afrique par le désastre de Charles Quint, se portent contre les Kabyles puis contre les Arabes Douaouïda du Hodna »

(4) Il élève Hassan Agha, du rang de bey, conféré par Kheir ed Dine à celui de Pacha.

Dès le départ de Charles Quint, Hassan Agha fait commencer le fort de Soultan Kalassi (fort l'Empereur) à l'endroit où Charles Quint avait mis sa tente

(1) « Espagnol originaire de Medina del campo et qui, selon la Fuente, avait été proscrit après le mouvement des communeros et, pour se venger de l'Empereur, servait François 1er ». (P. Ruff)

que la négociation eut lieu et que, sans doute, on put espérer avoir gagné le célébre lieutenant de Barberousse

. . . .

« Il est probable que le gouverneur d'Oran avait intrigué pour provoquer contre les Turcs un soulèvement des Arabes.

. . . .

« Nous n'avons pas à raconter les détails du siège fameux d'Alger. Rappelons cependant que lorsque l'Empereur arriva sur les hauteurs du Koudiat-es Saboun, il envoya à Hassan Agha un parlementaire pour le sommer de se rendre. Hassan, d'après certains historiens espagnols (1), hésita un moment, ce qui permettrait de croire qu'il penchait à la trahison ; il ne reprit courage que grâce aux protestations indignées de quelques chefs, notamment du caïd Mohammed le Juif.

« Quel fut le rôle du comte d'Alcaudète dans cette funeste campagne, c'est ce que nous ignorons. Nous pouvons cependant être assurés qu'il se montra digne de la réputation qu'il avait acquise. Nous savons du moins qu'il fut de ceux qui dans le désastre, conservèrent tout leur sang froid et qui, même après la retraite, ne désespérèrent pas du succès final. En effet, lorsque l'armée se trouva réunie au cap Matifou, le 30 Octobre, et que Charles Quint, avant de céder aux instances de Doria qui voulait qu'on s'embarquât aussitôt, réunit un conseil de guerre, 2 capitaines seuls se prononcèrent contre l'abandon complet de l'entreprise. Ce furent Cortez et le comte d'Alcaudète. Le premier avait l'habitude de ces opérations hardies et savait quels grands résultats on pouvait obtenir avec une petite armée bien conduite et confiante dans son chef. Quant au capitaine-général d'Oran, il espérait certainement que la fermeté d'Hassan Agha ne tiendrait pas longtemps s'il voyait ses ennemis s'acharner dans leur entreprise, et il comptait venir aisément à bout de sa résistance. Mais Charles Quint redouta sans doute un nouvel échec, ou peut être ne voulut-il pas laisser à ses lieutenants l'honneur d'un succès qu'il n'avait pu remporter lui-même Toute l'armée se rembarqua.

« Le comte d'Alcaudète ne rentra pas dans son gouvernement. Il vint se reposer dans son château de Montemayor, laissant à son fils, don Alonso, le soin de le remplacer et de veiller aux conséquences que pourrait avoir le désastre d'Alger.

« Il ne semble pas que ces conséquences aient été très graves. On voit, en effet, que les négociations avec Hassan Agha ne furent pas tout de suite abandonnées et que celui-ci, de son côté, parut redouter une nouvelle attaque plus dangereuse. Il s'efforçait de resserrer les liens toujours fragiles qui le rattachaient au roi de Tlemcen. Il voulait s'assurer de son appui contre la nouvelle flotte qui devait, croyait-il, l'attaquer au printemps de 1542. Il s'adressait aussi au caïd El Mansour, à Ahmed ben Sliman, cheikh du camp du roi de Tlemcen et grand chef saharien. Mais, en même temps, don Alonso de Cordoue était informé de la venue prochaine d'un Maure, le même qui, l'année précédente, était venu lui faire des propositions de la part d'Hassan Agha. Nous ne savons pas si la tentative fut renouvelée ; nous pouvons supposer que, trop heureux d'avoir échappé à un si grand péril, Hassan Agha essaya de s'en garantir dans l'avenir. Du reste Charles Quint n'était pas dis-

---

(2) Dont Marmol : les historiens Arabes affirment le contraire (Général L. Didier).

posé à entendre parler d'une nouvelle expédition contre Alger et déjà un autre projet occupait le comte d'Alcaudète Si l'on n'avait pu détruire la puissance turque à Alger il fallait cependant l'empêcher de s'étendre jusqu'aux portes d'Oran. L'établissement d'un prince dévoué sur le trône de Tlemcen et la conquête de Mostaganem tel fut, dès ce moment, le but double poursuivi par le capitaine-général ».

Documents Officiels

Lettre de D. Juan Vasquez de Molina,
Secrétaire de l'Empereur, au Révérendissime Cardinal
de Tolède (1).

« Bougie, 14 Novembre 1541.

« (Arch. de Simancas. Estado, Legajo 461).

« Très illustre et Révérendissime Seigneur,

« Le courrier expédié par Votre Seigneurie, le 2 du mois dernier, nous a rejoints au moment où Sa Majesté se disposait à abandonner la place d'Alger et elle n'a pu prendre connaissance des dépêches qu'il apportait qu'après son arrivée à Bougie. Elle a éprouvé une grande satisfaction de recevoir des nouvelles de la santé de ses enfants et de la situation des choses dans ses royaumes.

« Comme l'Empereur répond particulièrement à Votre Seigneurie et qu'il l'informe de tout ce qui s'est passé jusqu'à ce jour, ma lettre sera courte. Nous attendons un vent favorable pour retourner en Espagne. Le port, où nous nous trouvons, est d'une certaine importance ; et, si nous n'avions pas pu nous y réfugier, nous aurions couru les plus grands dangers ; nous avons eu un temps épouvantable.

« Les fortifications de Bougie sont très mauvaises, et tout est dans un tel désordre, que, si l'on veut conserver cette place, il est urgent de porter remède au mal. Sa Majesté a ordonné la construction d'une tour et de quelques autres ouvrages ; et, afin que l'on puisse commencer immédiatement les travaux et venir en aide en même temps à la garnison, qui manque des choses les plus nécessaires, elle a laissé l'argent dont elle parle dans sa lettre à Votre Seigneurie.

« Grâce à Dieu, nous sommes sains et sauf, mais nous avons beaucoup souffert et nous en aurons long à raconter. Sa Majesté se porte bien ; elle considère ce qui est arrivé comme un effet de la volonté divine.

« En ce qui concerne la flotte, bien que nous n'ayons pu mettre à profit tout ce qu'elle apportait. Sa Majesté a été très contente de l'activité que l'on a déployée pour qu'elle fût équipée en temps utile. Elle sait tout la peine et les soins que vous vous êtes donné, et elle vous en remercie.

« La lettre de chancellerie, relative aux renégats, nous est parvenue à temps ; mais la manière dont les choses se sont passées n'a pas permis d'en faire usage.

---

(1) Extrait de l' « Histoire de l'occupation Espagnole en Afrique (1506-1574) », par Elie de la Primaudaie.

LETTRE DE D. ALONSO DE CORDOBA
A SON PÈRE LE COMTE D'ALCAUDÈTE (1) (2).

« Oran, 25 Décembre 1541.

« (Arch. de Simancas. Estado, Legajo 463).

« Les nouvelles fraiches et certaines d'Alger que je puis donner à Votre Seigneurie, sont que les Turcs ont renfloué 5 des galères qui avaient été jetées à la côte ; 4 sont entières et la cinquième n'est que très peu endommagée.

« Ils ont tiré de l'eau 60 pièces d'artillerie, grandes et petites. On dit que 20 sont de gros canons et les autres d'un calibre moindre.

« Hacen Agha a envoyé un ambassadeur au roi de Tlemsên pour lui demander du secours contre la nouvelle *armada* qui doit venir au printemps. Ce même ambassadeur est allé à Velez pour faire construire des navires (3) et pourvoir aux autres choses qui manquent à Alger. Il doit être déjà rendu à sa destination, ce dont j'informe Votre Seigneurie, parce que, si, par là on pouvait empêcher que le roi de Velez donnât des navires aux Turcs d'Alger, ce serait une très grande chose.

« Je fais savoir également à Votre Seigneurie que la seconde tempête, survenue après le départ de Sa Majesté, a emporté la moitié du môle d'Alger. La plus grande partie des navires qui se trouvaient dans le port ont été mis en pièces et ceux qui sont partis pour Velez sont dans un fort mauvais état.

« Hacen Agha a envoyé aussi des messagers, gens de bien, en bon équipage et traitement, à Hamed Ben Sliman, actuellement cheikh du camp du roi de Tlemsên, le priant de vouloir bien venir à son secours, quand il lui indiquerait le moment. Hamed lui a répondu que, s'il était toujours alors cheïkh du camp, il le ferait volontiers et que, s'il ne le faisait pas, c'est qu'il se trouverait dans le Sahara.

« Il a fait dire la même chose au Kaïd El Mansour et à tous les principaux marabouts du royaume.

---

(1) Extrait de l' « Histoire de l'occupation Espagnole en Afrique (1506-1574) », par Elie de Primaudaie.

(2) Berbrugger a donné dans la *Revue Africaine* (n° 53 septembre 1865) la traduction de cette lettre et des 2 suivantes (4 et 16 janvier 1542). Voici ce qu'il dit au sujet de ces 3 documents : « Parmi les nombreux faits incertains ou contestés de l'histoire algérienne pendant la période turque, il faut ranger les négociations de Hacen Agha avec le représentant de Charles Quint, lorsque ce dernier vint attaquer Alger en 1541. Le Chef musulman a-t-il rendu alors tout arrangement impossible par une réponse insultante à l'Empereur, comme le prétendent les auteurs indigènes, ou bien, au contraire, comme l'assurent les écrivains espagnols, inclinait-il fort à traiter avec lui et n'y a-t-il renoncé que devant une manifestation populaire qui pouvait mettre sa vie en péril ? Sans être encore en état de trancher directement et complètement la question, nous sommes du moins en mesure de produire des preuves nouvelles qui pourront aider à sa solution ». (De la Primaudaie)

(3) « Au temps de leur prospérité, dit Marmol, les habitants de Velez s'enrichissaient de 2 choses : les uns, des sardines qu'ils vendaient aux Berbères des montagnes voisines ; les autres, par le moyen des fustes et des galiotes qu'ils armaient et avec lesquelles ils couraient les côtes de la chrétienté. Les montagnes d'alentour sont fort commodes pour cela, à cause de la multitudes des chênes, des lièges et des cèdres dont elles sont pleines. Sur le bord de la mer, il y avait un arsenal où l'on construisait les navires que faisait équiper le gouvernement ». (De la Primaudaie).

Marzo (1), qui est à Mostaganem, viendra ici dans 4 ou 5 jours ; on sera fixé par lui sur le degré de certitude de tout cela. Que Votre Seigneurie veuille bien me faire savoir si elle désire que l'on touche quelque chose de l'affaire passée. Qu'elle s'informe là-bas à ce sujet et m'en donne avis, parce que je crois que Marzo voudra s'en retourner promptement.

« Je n'ai rien de plus à dire. »

1542 (948 de l'Hégire)
RÉSUMÉ DES FAITS DANS L'ORDRE CHRONOLOGIQUE.
LES PRÉPARATIFS DE LA CAMPAGNE DE TLEMCEN.
DOCUMENTS OFFICIELS.

1542

Résumé des faits dans l'ordre chronologique

PORTUGAIS ET MAROCAINS (d'après Garrot) :

« Jean III de Portugal, absorbé par l'organisation des Indes Orientales et du Brésil, évacue Safi, Azemmour et Arzila, après les avoir fait raser. Il ne conserve en Berbérie que Mazagan et Ceuta.

« Nouvelle discorde entre les 2 frères Saadiens pour l'occupation des territoires abandonnés. Mohammed el Mehdi occupe la capitale (Marrakech) de son frère El Aredj qui se réfugie chez ses parents du Tafilalet, les Chérifs hassanides.

« Mohammed el Mehdi est proclamé sultan à Marrakech.

ESPAGNOLS D'ORAN ET TLEMCEN. LES TURCS RENTRENT A TLEMCEN.

Version de Piesse et Canal. — « Tlemcen avait, grâce à son alliance avec les Espagnols, recouvré son indépendance. Son sultan était Muley Mohammed. Profitant de ses succès sur les Espagnols, Hassan Agha, dey d'Alger, marche sur Tlemcen Muley Mohammed lui ouvre les portes sans résistance et fait sa soumission. Une nouvelle garnison turque (400 janissaires) est installée dans le Méchouar. »

« *Version Garrot.* — « Hassan Agha, appelé par Mouleï Mohammed, sultan de Tlemcen, détrôné par ses 2 fils Abou Abdallah et Abou Zeyan en guerre l'un contre l'autre, marche sur Tlemcen, bat Abou Abdallah et donne le trône, moyennant un tribut, à Abou Zeyan à qui il laisse 400 janissaires. Puis il rentre a Alger. Abou Abd-Allah se réfugie à Oran. »

SAHARA (d'après Martin) :

« Le Souverain envoie au Touat un nouveau caïd, originaire du pays, Amor et Tamentiti, qui ne réclame aucun impôt aux habitants.

---

(1) « Dans une lettre du gouverneur de Bône, D. Vallejo Pacheco, du 13 mars 1534, il est parlé d'un certain *Marzo* (Marzouk) qui faisait la guerre à Barberousse. Il s'agit, sans doute, ici, du même personnage ». (De la Primaudaie).

Je n'ai pu, malheureusement, trouver aucun document ni même renseignement au sujet du rôle joué par ce Marzo en Oranie et au sujet de l'Oranie. (Général L. Didier).

Faits particuliers à l'Oranie
(d'après moi)

Les 2 documents officiels ci-après (des 4 et 16 Janvier) sont particulièrement intéressants.

La fin du second (lettre du comte d'Alcaudète alors en congé en Espagne à Matemayor) est dure comme fond pour la question argent et crédit.

Quoiqu'il en soit, Paul Ruff, aux côtés de qui je me range, n'admet pas l'occupation turque de Tlemcen en 1542. Voici, le résumé des faits d'après ce qu'il écrit :

Juillet. — Une tentative turque pour surprendre Mers-el-Kébir échoue.

9 Septembre. — Ayant reçu pleins pouvoirs pour organiser une expédition contre Tlemcen, le comte d'Alcaudète va en Espagne pour s'occuper des préparatifs et recruter des troupes.

22 Decembre. — Embarquement à Malaga des troupes recrutées par Francisco, un des fils du Comte d'Alcaudète.

27 Décembre. — Elles arrivent à Carthagène.

29 Décembre. — Le comte d'Alcaudète y arrive aussi, avant les troupes qu'il a recrutées lui même. Il s'embarque sur la « Capitana ». Sa flotte compte 22 vaisseaux.

Fey situe à la fin de 1542 le fait suivant qui m'a l'air d'être une déformation romanesque indigène du désastre de Tibda de 1535 combiné avec l'opération du début de 1518 du Colonel Martin d'Argote :

« Avec l'autorisation de Charles Quint, le Comte d'Alcaudète, gouverneur d'Oran, envoie Abou Abdallah, 1000 hommes (1) de la garnison d'Oran et 4 canons sous le commandement d'Alphonse de Martinez. Celui-ci rejoint sur l'Oued Senan (rivière d'Aïn-Témouchent) Abou Abdallah, qui, malgré ses affirmations, n'a été rejoint que par fort peu de partisans : tous les autres ayant fait défection sur les instigations de marabouts fanatiques. N'osant pousser jusqu'à Tlemcen, Abou Abdallah engage Martinez à rentrer dans Oran. Celui-ci répond que « ceux de sa maison ne tournent pas le dos », et prend l'offensive. Il est écrasé dans le *Chabel el Laham* (ravin de la chair) (2). Le Colonel De Argote est tué, Martinez est enlevé et décapité. 13 Hommes, seuls survivants du massacre, peuvent regagner Oran.... Charles Quint averti donne l'ordre au Comte d'Alcaudète de tirer vengeance, et lui envoie des renforts ».

Les Préparatifs de la campagne de Tlemcen

D'après Paul Ruff.

« La défaite de Charles Quint avait dû naturellement surexciter les ennemis des Espagnols dans la région d'Oran. Le comte d'Alcaudète, qui revint bientôt dans son gouvernement, comprit qu'il importait de relever le prestige de ses armes. C'était d'autant plus nécessaire que Hassan-Agha profitait

---

(1) 400 hommes, d'après Garrot.
(2) à 4 kilomètres, environ à l'Est de Rio-Salado.

habilement de l'effet produit par sa victoire pour affermir partout la puissance turque. Tandis qu'il allait soumettre à l'est le roi de Kouko (1), il envoyait du côté d'Oran des troupes qui tentèrent de s'emparer par surprise de Mers-el-Kébir. Les Turcs possédaient des renseignements fournis par un déserteur espagnol qui s'était fait renégat (2). Ils arrivèrent jusqu'aux hauteurs qui dominent la forteresse vers le sud (3). Mais leur embuscade fut découverte et la plupart d'entre eux furent tués ou se noyèrent en regagnant les galères qui les avaient amenés (Juillet 1542) ».

« Quelle avait été pendant ces évènements l'attitude du roi de Tlemcen ? Nous l'ignorons et nous n'avons aucun renseignement précis jusqu'en 1542. Il est probable que, au moment où se préparait la grande expédition de Charles Quint, il redouta le triomphe des Espagnols et tenta de se rapprocher d'eux en négociant, peut être même en signant un traité. Mais le désastre d'Alger eut pour conséquence de le rejeter plus que jamais du côté des Turcs. Hassan Agha fut-il obligé de diriger pour cela une armée vers Tlemcen ? Rien ne confirme sur le point le récit d'Haëdo (4).

« En tous cas le comte d'Alcaudète insistait d'autant plus sur la nécessité de détruire la puissance turque à Tlemcen. Il passa une partie de l'année 1542 à négocier pour obtenir enfin l'armée dont il avait besoin. Abdallah, toujours réfugié à Oran, devait, de son côté, multiplier les promesses et les engagements.

« Mais Charles Quint, depuis son échec, était bien peu disposé à entreprendre de nouvelles expéditions en Afrique. De plus, la guerre continentale absorbait toutes ses ressources. Il aurait donc repoussé les demandes du comte si celui-ci, dans son désir de se distinguer et de satisfaire enfin son

---

(1) ! ?

(2) « Les Turcs ne voulurent pas l'emmener, craignant qu'il ne jouât double jeu ». (P. Ruff).

(3) A l'endroit où s'éleva 20 ans plus tard le fort de San Salvador, dit Diégo Suarez » (P, Ruff).

(4) « Haëdo dit que le roi de Tlemcen, soit qu'il fut fatigué de la tyrannie des Turcs, soit qu'il obéit au naturel versatile des Maures, se tourna vers l'Espagne. Hassan aurait marché sur Tlemcen au printemps de 1543 (ce qui est évidemment inexact puisque l'expédition d'Alcaudète eut lieu en Janvier) avec 14.000 hommes. Le roi effrayé lui envoya des présents, vint au devant de lui faire acte de soumission, jura qu'il n'avait feint de se soumettre aux Espagnols que par crainte et pour les tromper, et reçut Hassan à Tlemcen. Il parvint ainsi à éviter la garnison turque qu'Hassan voulait laisser dans la ville. Mais cette attitude du roi de Tlemcen au moment où les Espagnols, vaincus à Alger, menacés à Mers-el-Kébir, semblaient précisément avoir perdu de leur prestige, semble inexplicable. Elle est, du reste, en contradiction avec les renseignements tirés des lettres d'Alonso de Cordoue et qui parlent des messages d'Hassan à El Mansour et aux autres marabouts. Nous estimons donc qu'il y a erreur et peut être confusion avec l'expédition que dirigea Hassan Pacha en 1545. Cependant nous devons ajouter que, dans le *Dialogue des Guerres d'Oran*, il est dit que le roi de Tlemcen, vassal de l'Empereur, s'allia ensuite aux Turcs. Mais rien ne confirme ces détails. Du reste, il est certain que Mouley Mohammed n'était pas vassal de l'Espagne au commencement de 1542 et on ne s'expliquerait pas qu'il le fut 3 mois plus tard sans avoir été même menacé. M. Grammont, qui accepte le récit d'Haëdo, ajoute que Hassan installa 400 Janissaires dans le Méchour. Son erreur est évidente, car si ces janissaires étaient restés à Tlemcen, le comte les y eût trouvés 6 mois plus tard. Ce qui peut expliquer cette erreur c'est que, en 1543, Mouley Mohammed eut, en effet, l'aide de 400 Turcs, mais ils venaient de Ténés et d'autres localités (guerre de Tlemcen et Rapport du Comte d'Alcaudète) ». (P. Ruff).

ambition n'avait offert de se charger lui même de tous les frais (1) bien qu'il fut assez pauvre (2). Alors l'autorisation qu'il sollicitait lui fut accordée, et son parent, Alonzo Hernandez de Montemayor, qu'il avait envoyé à la Cour, lui apporta un brevet le confirmant dans sa charge de capitaine général et lui donnant de pleins pouvoirs pour organiser l'expédition de Tlemcen. Aussitôt après le Comte d'Alcaudète passa en Espagne pour s'occuper de tous les préparatifs et recruter les troupes (9 Septembre 1542).

« Après s'être reposé quelques jours dans ses domaines de Montemayor, il convoqua tous ses parents et ses amis pour leur demander de le suivre et sans doute aussi de lui prêter leur concours financier. La plupart répondirent avec enthousiasme à son appel, notamment ses cousins Martin de Cordoue, Diégo Ponce de Léon, Alonso de la Cueva, etc. Les 2 fils du Comte, Francisco et Martin, furent envoyés, le prèmier à Malaga, l'autre a Carthagène, pour y réunir les approvisionnements, biscuits, vin, viande salée, huile, etc... et embarquer les troupes. Celles-ci furent recrutées comme toujours dans les provinces méridionales, notamment en Andalousie (3). Le gouverneur de Mers-el-Kébir, Garcia de Navarette, intendant du Comte, fit fabriquer à Cordoue les 44 bannières sur lesquelles s'étalaient la croix de Jérusalem et le manteau de Saint-Jacques de Compostelle dont le comte était chevalier.

« Le rendez-vous général était à Carthagène. C'est là qu'arrivèrent, le 27 Décembre, les troupes réunies par Francisco et embarquées le 22 à Malaga. Le comte qui, après un séjour à Montemayor, était allé compléter ses préparatifs dans ses domaines d'Alcaudète, en était parti le 22 Décembre et, devançant les troupes qu'il avait lui même recrutées, il arriva le 29 à Carthagéne où il fut reçu avec des acclamations. De toute l'Espagne méridionale afluaient les volontaires, bien que leurs services dussent être gratuits (4). Après avoir fait embarquer ses troupes et ses munitions et avoir reçu la communion au couvent de San Francisco, le chef de l'expédition monta lui même sur un navire gênois, *la Capitana*. Sa flotte comptait 22 vaisseaux. »

---

(1) (Dialogue des guerres d'Oran et Haedo). « Cependant cette assertion est contredite par l'historien espagnol Mariana. D'après lui, il arriva, vers cette époque, d'Amérique, de grandes quantités d'argent, ce qui permit de recruter des troupes et d'acheter des navires. Un corps d'armée fut envoyé en Flandre avec le comte d'Olivarés, un autre fut mis à la disposition du comte d'Alcaudète. Il est possible que B. de Moralés, panégyriste ardent du comte, eût exagéré, et que celui-ci ait pris seulement à sa charge la solde des Officiers, comme il l'avait proposé quelques années auparavant ». (P. Ruff).

(2) « De Moralés dit qu'il n'avait pas alors 1.000 ducats et il ajoute que, après l'expédition, il était si pauvre qu'il fallut lui prêter de l'argent pour qu'il put passer en Espagne » (P. Ruff).

(3) « Cependant il y eut aussi des soldats du Nord de l'Espagne, par exemple l'un des héros du Dialogue de B. de Moralés, Navarette ; celui-ci raconte que, après la retraite du roi de France qui était venu assiéger Perpignan, il se trouvait avec ses camarades tous perdus par là lorsque le comte les embaucha. » (P. Ruff).

(4) « Tous ces volontaires espéraient certainement payer leurs frais avec le butin qu'on ferait à Tlemcen dont on connaissait la richesse ». (P. Ruff).

Documents Officiels

LETTRE DE D. ALONSO DE CORDOBA, AU COMTE D'ALCAUDÈTE (1)
(SON PÈRE)

« Oran, 4 Janvier 1542·

« (Arch. de Simancas. Estado, Legajo 463).

« Par le scorciapin (2) qui a été à Alméria, j'ai écrit à Votre Seigneurie comment ma maladie avait abouti à une fièvre double-tierce ; j'ai eu 7 accès qui m'ont passablement fatigué. Il a plu à Dieu qu'avec 2 saignées qui m'ont été faites, j'en aie été délivré. Elles m'ont laissé assez faible, mais enfin débarrassé, Dieu soit loué ! Grâce à une sueur très abondante, survenue après la dernière saignée. Je le fais savoir à Votre Seigneurie, parce que je sais qu'elle s'en réjouira.

« Le navire est arrivé au port de Mers-el-Kébir un jour après Pâques. Alonso…, toute la maison de Votre Seigneurie et les autres passagers sont arrivés en bonne santé et vous baisent les mains. Je ne parle pas à Votre Seigneurie de ce que contient ce navire, parce qu'on n'a pas encore fini de le décharger. Je vous aviserai de tout particulièrement par le châtelain d'Alcaudète qui doit se rendre en Espagne sur ce même navire. et par Miguel de Antillan.

« Je supplie Votre Seigneurie de me pardonner l'emploi d'une main étrangère, car n'étant pas encore guéri de mes yeux, je ne puis écrire moi-même. »

LETTRE DU COMTE D'ALCAUDÈTE A SA MAJESTÉ (1).

« Montemayor. 16 Janvier 1542.

« (Arch. de Simancas, Estado, Legajo 463).

« Le 7 de ce mois, il arriva ici un messager de mon fils, D. Alonso, avec des nouvelles d'Alger. Je l'envoie à Votre Majesté, avec un mémoire, en la priant d'ordonner qu'il soit examiné. Le Maure, que D Alonso dit qu'il attend à Oran, est le même qui vint le sonder de la part de Hacen Agha, il y a un an ou un peu plus, au sujet d'une négociation dont j'ai rendu compte, pendant l'absence de Votre Majesté, au révérendissime cardinal de Toléde et au Grand Commandeur. Tout ce que je sais, jusqu'à présent, c'est que Don Alonso attend le dit Maure, ainsi qu'il l'écrit. Que Votre Majesté veuille bien me faire savoir ce qu'on devra lui répondre s'il vient pour renouer la négociation.

« D. Alonso me mande qu'il a un grand besoin d'argent. Je supplie Votre Majesté de donner des ordres pour que la plus grande partie des 30.000 ducats qui doivent être envoyés à Oran soit en espèces monnayées, afin que l'on puisse aviser aux nécessités les plus pressantes et, pour conserver le crédit, payer quelque chose de ce que l'on doit.

---

(1) Extrait de l'Histoire de l'Occupation Espagnole en Afrique (1506-1574) », par Eliz de la Primaudaie.

(2) Archapin, corchapin, scorciapino, bâtiment court (pino pin, nazires, scorciato raccourci). Les scorciapins sont fréquemment nommés dans les documents espagnols » (De la Primaudaie).

« Au dos de la lettre, on lit l'analyse suivante, annotée de la main de Charles Quint.

« A Sa Majesté,

« Du Comte d'Alcaudète. Il adresse un mémoire des nouvelles que Don Alonso, son fils, lui a envoyées sur ce que l'on a su d'Alger depuis que Sa Majesté a quitté ce littoral. Il dit que le Maure, qu'attend son fils, est le même qui, il y a un peu plus d'un an, entreprit D. Alonso au sujet des négociations de la part de Hacen Agha, et il ajoute qu'il en a rendu compte au Cardinal de Tolède et au Grand Commandeur de Léon (a) (1).

« Il demande que la majeure partie des 30.000 ducats que l'on doit envoyer à Oran soit en espèces monnayées, parce qu'on en a un grand besoin là-bas pour se mettre en point et conserver quelque crédit (b).

ANNOTATIONS DE CHARLES QUINT.

a) « On lit en marge : « Que D. Alonso entende ce que lui veut ce Maure et qu'il avise. » (De la Primaudaie).

b) « On lit en marge : « Qu'il soit ainsi et qu'on envoie une bonne quantité d'argent (que ya sea y veydo que vaya buen golpe de dinero) ». Voici la traduction de Berbrugger : « Qu'il soit ainsi et qu'on voie que l'argent soit bien employé ». Nous croyons qu'il a eu raison de ne pas la garantir, ainsi qu'il le dit ». (De la Primaudaie).

1543 (949 de l'Hégire)

RÉSUMÉ DES FAITS DANS L'ORDRE CHRONOLOGIQUE.
RAPPORT DU COMTE D'ALCAUDÈTE A CHARLES QUINT.
L'EXPÉDITION DE TLEMCEN (COMBAT DU 2 FÉVRIER ; PASSAGE DE VIVE
FORCE DE L'ISSER LE 3 FÉVRIER ; COMBAT D'HAOUDA BEN DJAFAR
LE 5 FÉVRIER ; DÉPART DE TLEMCEN ; COMBAT DES OLIVIERS,
LE 1ᵉʳ MARS). — LA PREMIÈRE EXPÉDITION DE MOSTAGANEM (PRISE
DE MAZAGRAN ; LE RETOUR A ORAN). — LA VISITE DE DON ALONSO
AU CHEIKH GUIRREF. — NÉGOCIATIONS, DÉMONSTRATION MILITAIRE
ET TRAITÉ DE PAIX AVEC EL MANSOUR ET HAMIDA.
COMBATS DE BEN ARADJ ET DE L'ACEITUNO. — LA FIN DE L'ANNÉE
1543 EN ORANIE. — DOCUMENTS OFFICIELS.

1543

Résumé des faits dans l'ordre chronologique

A. — EN DEHORS DE L'ORANIE

Bougie. — Don Luis de Peralta, fils de Don Alonso Carillo de Peralta et de Doña Anna de Velasco, marquis de Falces est commandant et alcade d'un fort de Bougie.

---

(1) Ne l'auraient-ils pas caché à Charles Quint ? (Général L. Didier).

TURCS ET FRANÇAIS. — KHEIR ED DINE A MARSEILLE.

20 Mai. — Kheïr ed-Dine se présente avec 150 vaisseaux de guerre devant Reggio, s'en empare, la pille, l'incendie, contraint à se faire musulmane la fille, remarquable par sa beauté, du gouverneur Diego de Gaëtan, l'épouse et reste quelques jours avec elle.

5 Juillet. — Après avoir occupé les 7 embouchures du Tibre et envoyé ses lieutenants sur Rome, Kheïr ed Dine vient mouiller dans la rade de Marseille pour prêter son appui à la France, menacée par Henri VIII et Charles Quint. Il est reçu avec les plus grands honneurs.

« Il se montrait en public, dit Vieilleville, accompagné de deux Bachas (car il portait lui même le titre de roi) et de 12 autres personnes vêtues de longues robes de drap d'or. Il était, en outre, suivi d'une foule de gens et d'officiers qui lui servaient de secrétaires et d'interprètes ».

Impatienté par le retard de la flotte française (20 galères et 18 navires de transport lui avaient été promis) il allait se retirer quand arrive enfin le jeune comte d'Enghien, commandant les forces françaises, qui lui fait des excuses et se met sous ses ordres. Il était accompagné de nombreux gentilshommes qui avaient quitté la cour galante de François 1er, plutôt pour voir des Turcs que pour se battre. Kheïr ed Dine se porte sur Nice, l'emporte, mais doit entamer un siège en règle contre la citadelle. Les Français lui annoncent qu'ils n'ont ni poudre ni boulets, et il apprend l'approche de Doria et du Guast avec des forces considérables.

Abandonnant en hâte leur camp et leur artillerie, les assiégeants se rembarquent après avoir incendié Nice : le comte d'Enghien, avec sa flotte, se retire derrière le Var, Kheir ed Dine gagne Toulon.

En même temps que les Algérois apprennent ces évènements désagréables pour eux, ils voient revenir dans leur port l'escadre (25 galères) d'Hassan Kaleb, lieutenant de Kheir ed Dine, avec un immense butin ramassé sur les côtes d'Espagne et ils apprennent que Charles Quint, probablement pour détacher les Turcs des Français, a libéré, sans rançon, Dragut, fait prisonnier par Doria et qui était un des meilleurs Lieutenants de Kheir ed Dine. Celui-ci avait offert pour lui 3.000 ducats.

ESPAGNOLS DE TUNIS ET HAFSIDES.

Version de Galibert. — « Révolte de Tunis contre les Espagnols en apprenant le voisinage de la flotte de Kheïr ed Dine. Muley Hassan passe en Italie, après avoir confié ses trésors au gouverneur espagnol de la Goulette et la défense de Tunis à son fils Hamida (1), qui en profite pour s'emparer aussitôt du trône. Revenant immédiatement avec 1800 hommes fournis par le vice roi de Naples, Muley Hassan débarque à La Goulette, près des puits où Charles Quint avait battu Kheïr ed Dine et marche sur Tunis. Découvert par

____

(1) Ahmed Sultan.

les parfums s'exhalant de ses vêtements, il est pris et son fils lui fait crever les yeux ».

Version de Piquet. — « Ahmed Sultan, fils de Moulaï Hassen, souverain hafside de Tunis, exite le fanatisme des populations contre son père, en faisant ressortir les complaisances de celui-ci pour les chrétiens. Il marche contre lui, s'empare de lui et lui donne à choisir, dit-on, entre la prison perpétuelle et la perte de la vue. Moulaï Hassen choisit ce dernier supplice et a les yeux crevés ».

Tabarka. — Kheïr ed Dine céde Tabarka au Gênois Lomellini, comme prix de son intervention dans le rachat de Dragut.

B. — EN ORANIE

Prise et occupation momentanée de Tlemcen
par le Comte d'Alcaudète.

Nuit du 10 au 11 Janvier. — La flotte de 22 vaisseaux, transportant le corps expeditionnaire du Comte d'Alcaudète, part de Carthagène. Le comte est sur le navire gênois « La Capitana ».

Nuit du 11 au 12. — Une violente bourrasque disperse les navires. Quelques-uns, sous la direction de Francisco (1), arrivent péniblement à Mers el-Kébir. Les autres se réfugient dans le port de Jub sur la côte d'Espagne.

13 Janvier. — Le comte d'Alcandète repart du port de Jub avec 5 vaisseaux. Une nouvelle tempête les disperse ; 4 se réfugient dans le port d'Arzew ; les troupes qui en débarquent sont attaquées par les Maures.

15 Janvier. — « La Capitana » entre seule à Mers-el-Kébir. Il fait très froid et les montagnes sont couvertes de neige, au grand étonnement des habitants.

17 Janvier. — Le comte d'Alcaudète envoie son fils aîné Alonso au secours des troupes débarquées à Arzew. Alonso les rencontre à une lieue (2) d'Oran et les ramène après avoir combattu en chemin (3).

20 Janvier. —   **Composition du Corps expéditionnaire**

Commandant en Chef...	Comte d'Alcaudète (avec ses fils Alonso et Francisco).
Porte-étendard..........	Garcia de Navarette (4)
Mestre de camp.........	Don Alonso de Villaroel.
Sergent-major (5)........	Melchior de Villaroel.

---

(1) Un des fils du Comte d'Alcaudète.
(2) 8 kilomètres.
(3) D'après Paul Ruff, Alonso serait parti d'Oran avec 3.000 fantassins et 150 cavaliers pour aller, avec le renfort des troupes d'Arzew, s'emparer de Mostaganem. Après avoir eu à lutter contre les douars insurgés, il s'était trouvé arrêté par une inondation de la rivière de Chiquizuaque (la Macta).
(4) Gouverneur de Mers-el-Kébir et Intendant du Comte.
(5) « C'est-à-dire Major général ». (P. Ruff).

Commandant la cavalerie   Don Juan Pacheco (avec son frère Don
                                 Mendo et Juan de Villaroel)

   11.775 fantassins
    1.725 cavaliers (1).

Le Comte d'Alcaudète remet à son fils cadet, Martin, le commandement d'Oran en lui recommandant beaucoup de prudence et de
vigilance.

Son fils Alonso décide les chefs des Ouled Moussa Abdallah et le
cheikh Guirref du Tessalah à fournir au corps expéditionnaire des
chameaux et des bêtes de somme en échange d'argent et de pièces
d'étoffe.

22 Janvier. — Accompagné du prétendant Abdallah, le comte d'Alcaudète passe en revue le corps expéditionnaire campé près de la
Tour des Saints.

Le roi de Tlemcen, Mouley Mohammed, persuade les chefs des
Ouled Moussa Abdallah et le cheikh Guirref de ne pas tenir leurs
engagements, tout en dissimulant leurs intentions jusqu'au dernier
moment. En même temps il fait offrir 200.000 ducats au Comte d'Alcaudète pour qu'il renonce à son entreprise. Le comte refuse.

26 Janvier. — Mouley Mohammed offre, sans plus de succès, 400.000
ducats.

Les approvisionnements, les munitions, l'artillerie ont été transportés au camp ; le corps expéditionnaire est prêt à partir.

Samedi (2) 27. Après la messe et un sermon, l'avant garde (3000
hommes sous Alonso de Villaroel) se met en mouvement et gagne
Misserghin où elle attend le reste du corps expeditionnaire (3).

28 Janvier. — Le Comte d'Alcaudète va, en grande pompe, faire
ses dévotions au couvent de San Domingo. Puis il se rend au camp,
accompagné du prétendant qui a déployé son étendard.

Lundi 29 Janvier. — Le gros du corps expéditionnaire se met en
mouvement par un temps pluvieux qui rend la marche pénible. Les
chefs indigènes, sur lesquels on comptait pour les transports, ayant
fait défection à la dernière minute, les soldats emportent sur eux 8
jours de vivres, les officiers (le comte lui-même) en prennent autant
sur leurs chevaux et on n'emmène pas d'artillerie ; le comte d'Al-

---

(1) Chiffres des effectifs présents à la revue du 22 Janvier, d'après P. Ruff.
F. de la Cueva dit qu'il y avait en tout 13.500 hommes, dont 11.775 fantassins,
sans compter la Maison du Comte et ses vassaux. Marmol donne seulement 9 000
fantassins et 400 cavaliers Haedo parle de 14.000 hommes. Garrot donne 15.000
Espagnols et 15.000 auxiliaires indigènes. Plesse et Caual donnent 12 000.
Pour moi le gros écart résulte de ce que certains ajoutent au corps expéditionnaire la garnison laissée dans Oran et dont aucun ne donne la composition et la
force. (Général L Didier).
(2) D'après P. Ruff Dans le rapport du comte d'Alcaudète il y a « lunés » (lundi)
Mais P. Ruff affirme que c'est une erreur « car le 1er janvier 1543 était un lundi »
(3) « D'après Mohammed ben Youssef ez Ziani, auteur récent, l'armée fut guidée
par Ahmed El Euldj Ben Redouan (peut être grand père d'Abdallah, en tout cas un
parent) et par Grab, chef des Ouled Khalfa ». (P. Ruff).

caudète « ne pouvant retarder le départ de crainte d'épuiser les approvisionnements d'Oran et de voir les Turcs intervenir ». (1) Le convoi qu'on peut emmener est peu important.

Le gros du corps expéditionnaire va camper dans les jardins de Tensalmet (ou Tenecelme ; un peu à l'ouest de Misserghin).

30 Janvier. La pluie commence à tomber et tombera, presque sans interruption, pendant 3 jours et 3 nuits. Des groupes ennemis et montrent de loin sur les crêtes. Un traînard est décapité.

Le corps expéditionnaire campe, après la marche, à la pointe occidentale de la grande lagune de Misserghin (Sebkha) (2).

Mercredi 31 Janvier. — Il traverse le Rio Ziz (Rio Salado) et sous une pluie battante, presque continue, arrive et campe près d'Aïn-Témouchent.

Jeudi 1er Février. — Repos le matin (fatigue des troupes et nécessité de nettoyer les armes).

Reprise ensuite du mouvement en avant. Des groupes ennemis se montrent et observent toujours de loin sur les crêtes. Vers le soir, une soixantaine de cavaliers armés de lances apparaissent sur le sommet d'une colline voisine. Malgré les ordres du comte d'Alcaudète, D. Martin de Cordoue les charge avec quelques seigneurs ; ils s'enfuient avant d'être rejoints, mais le caïd Abraben (Ibrahim), « un des principaux chefs de l'armée de Tlemcen » (3), manque être pris dans la poursuite.

2 Février. — Combat heureux pour les Espagnols qui arrivent et campent, de nuit, à 4 kilomètres de l'Oued Isser.

Samedi 3 Février. — Passage de vive force de l'oued Isser. Le Comte d'Alcaudète a pris une formation de combat en carré (4). Les Espagnols campent à Tibda (Pont de l'Isser).

Dimanche 4 Février. — Repos jusqu'à midi. Reprise du mouvement en avant après un bon repas. Bond de 16 kilométres (5), malgré le harcèlement de nombreux Arabes (6).

« Aussi était-il interdit de s'écarter sous aucun prétexte. Le comte choisit une bonne position (7) pour y passer la nuit et campa tout près de l'ennemi (8). Informé que le roi devait venir à sa rencontre, il lui adressa, suivant

---

(1) D'après son Rapport.
(2) C'est-à-dire vers Lourmel. (Général L. Didier).
(3) « Ce caïd était nn renégat et était peut être le renégat biscayen dont il sera question plus loin ». (P Ruff).
(4) « Nil novi sub sole ». Le Maréchal Bugeaud n'a donc pas inventé cette formation. D'ailleurs, en 106 avant Jésus-Christ, Marius avait déjà « marché en carré » dans son expédition contre Jugurtha (face droite Sylla avec la cavalerie ; face gauche, A. Manlius avec les frondeurs, les archers et les cohortes liguriennes ; faces avant et arrière, des tribuns avec les compagnies légères. Eclaireurs autour du carré et guides, les transfuges). (Général L. Didier).
(5) « Jusqu'à 2 lieues de Tibda ». (P. Ruff).
(6) « F. de la Cueva évalue leur nombre à 30.000 » (P. Ruff).
(7) « Sitio fuerte » (Rapport du Comte). D'après F de la Cueva, le camp était installé près d'une hauteur protégée par 2 ruisseaux ». (P. Ruff).
(8) « A 2 portées d'arbalète », dit F. de Cueva et si près que, à une certaine distance, les 2 camps n'en paraissaient faire qu'un. (P. Ruff).

l'usage chevaleresque, un cartel pour le défier au combat (1) ». (P. Ruff).

« Déjà la nouvelle du grave échec subi par El Mansour avait inquiété la population de Tlemcen. Les habitants, dans la nuit du 4 au 5 Février, emmenèrent leurs femmes, leurs enfants et tout ce qu'ils possédaient dans les montagnes voisines et revinrent aussitôt pour combattre ».

Lundi 5 Février. — Nouveau combat heureux, à Haouda Ben Djafar, pour les Espagnols. Une demi-heure avant la nuit ils arrivent aux portes de Tlemcen.

Mardi 6 Février. Le Comte d'Alcaudète fait son entrée dans Tlemcen, abandonnée par presque tous ses habitants.

« Il prit aussitôt des mesures pour qu'on recueillit les vivres (blé, orge, huile, vin, etc..) qui s'y trouvaient. Mais le butin trompa les espérances des vainqueurs et du Comte lui même qui comptait sans doute sur cette ressource pour payer les frais de l'expédition. La ville avait été pillée après le départ des habitants, probablement par les troupes irrégulières au service de Mouley Mohammed. Les Espagnols achevèrent le pillage (2) et Tlemcen fut ruinée pour de longues années ».

« Ils allèrent ensuite occuper les hauteurs qui dominent Tlemcen et en ramenèrent un grand nombre de captifs, ainsi que 2.000 Maures et Juifs qui s'étaient enfuis de la ville.

« Abdallah se rendit au Méchouar (3) où il reprit possession de son trône.

7 Février. — Les notables de Tlemcen viennent « se plaindre à Abdallah de ce que les Espagnols profanaient, déchiraient, jetaient au ruisseau leurs livres sacrés ; ils étaient aussi indignés de voir célébrer la messe dans une salle du Méchouar. Mais le roi refusa d'écouter leurs plaintes, déclarant qu'il n'avait d'obligations qu'envers ceux qui lui avaient rendu son pouvoir » (P. Ruff).

Le comte d'Alcaudète envoie, jusqu'à l'Oued Zitoun (4) une reconnaissance sous Don Martin de Cordoue « afin de s'assurer que l'ennemi ne songeait pas à recommencer la lutte ».

Le caïd Ibrahim vient faire sa soumission à Abdallah.

« Les jours suivants d'autres grands personnages suivirent cet exemple, notamment des chefs du sud. Quant aux habitants de Tlemcen, la plupart y revinrent bientôt » (P. Ruff).

---

(1) « Il envoya ce cartel durant la nuit et non le matin à 9 heures, comme le dit F. de Cueva. Suivant ce dernier, le messager, effrayé par les ennemis, s'enfuit en déposant le cartel sur une broussaille où les Maures le prirent pour l'apporter à Mouley Mohammed. F. de Cueva donne la teneur de ce défi ; il y était dit que le roi avait signé un traité et ne l'avait pas observé ». (P. Ruff).

(2) « Suivant Marmol, ils massacrèrent ou prirent tous ceux qu'ils rencontrèrent. Selon de Rotalier, le massacre et le pillage s'expliquent par la colère des soldats lorsqu'ils apprirent que les puits étaient empoisonnés. Mais nous avons vu que rien ne justifie cette assertion de Marmol ». (P. Ruff).

(3) « F. de la Cueva nous a laissé, dans sa relation de la guerre, une description de Tlemcen et du Méchouar qui, suivant lui, « en muchas cosas excede la casa Real de Granada » Il y admire, non seulement les fontaines et les jardins, mais aussi la force des murailles Il décrit aussi la mosquée dans laquelle on retrouva une ancienne cloche d'église transformée en lustre. Le Comte ordonna de l'envoyer à Oran d'où, plus tard, elle fut transportée au château d'Alcaudète ». (P. Ruff).

(4) « Hasta el rio del Aceituno, hasta a vista de la cibda de Usda ». « Des montagnes d'où sort l'Oued Zitoun on peut, en effet, apercevoir le bois d'oliviers où se trouve Oudjda ». (P. [Ruff).

21 Février. — « Sur les indications du caïd Ibrahim, le comte d'Alcaudète va razzier un grand convoi, d'orge et de blé que les ennemis avaient pris à des Arabes fugitifs de Tlemcen. Il emmena 150 lances et 1000 fantassins, et, malgré l'infériorité du nombre, on tua une soixantaine d'Arabes, on en prit 40, ainsi que 350 chameaux ; cette capture fut très utile, car l'armée eût ainsi les bêtes de somme qui lui avaient manqué dans la marche sur Tlemcen.

« Mais les partisans de Mouley Mohammed restaient encore nombreux. Ce prince excitait leur fanatisme religieux en leur représentant Abdallah comme corrompu, et vendu aux chrétiens. D'ailleurs El Mansour lui demeurait fidèle et entrainait avec lui une foule considérable d'Arabes. L'immobilité des Espagnols au début avait enhardi leurs ennemis... Les Moulins étaient situés hors de la ville. Des soldats isolés ayant été attaqués de ce côté, le Comte ordonna d'y poster 2 Compagnies. Mais, au bout de quelques jours, l'un des Capitaines crut pouvoir ramener ses soldats. Les Arabes, informés aussitôt, attaquèrent la compagnie qui restait seule ; lorsque la garnison accourut pour la dégager, il était trop tard ; il y avait déjà 35 hommes tués avec le capitaine et l'enseigne. Le drapeau avait été enlevé par les Maures qui le promenèrent dans toutes les tribus pour les soulever contre les Espagnols » (1).

23 Février. — « Enhardis par ce succès, les Arabes tentent une nouvelle surprise. Mais le caïd Ibrahim leur avait tendu une embuscade où ils tombèrent et perdirent beaucoup de monde.

« Cet échec décida quelques chefs à faire leur soumission et les parents d'Abdallah cherchèrent à lui ménager des alliances de famille en lui faisant épouser les filles des principaux personnages » (P. Ruff) (1 bis).

26 Février. — Le Comte d'Alcaudète signe, avec Abdallah, un traité conforme à celui antérieurement conclu avec Mouley Mohammed ; Abdallah se déclarait vassal de l'Empereur et paierait un tribut annuel de 4.000 doblas, de chevaux harnachés et de faucons (2).

Jeudi 1er Mars. — Départ de Tlemcen, à 8 heures du matin, du corps expéditionnaire alourdi par son convoi (captifs et butin). Combat. des Oliviers. Les Espagnols campent le soir à 2 kilomètres du pont de la Safsaf, et, jusqu'au 4 Mars, n'aperçoivent plus d'ennemis (3).

Dimanche 4 Mars. — Dans la matinée un millier de Maures menacent l'arrière garde ; ils sont rapidement repoussés.

---

(1) « Marmol dit que 2 compagnies, comptant 200 hommes, furent massacrées et que les 2 drapeaux furent enlevés. Nous préférons le récit de F. de la Cueva, dont la véracité nous est démontrée ». (P. Ruff).

(1 bis) « Suivant l'Abbé Bargès et Fey, le comte d'Alcaudète aurait poursuivi le roi vaincu et lui aurait infligé une défaite décisive dans la région du désert d'Angad, sur les bords de la Moulouia. Mais nous n'avons pas trouvé trace de cette poursuite ni de cette bataille. Il y a peut-être confusion avec la reconnaissance effectuée par Don Martin de Cordoue ». (P. Ruff).

(2) « Les conditions étaient, on le voit, moins avantageuses que celles dont il était question en 1536. Il est vrai que le pillage de Tlemcen pouvait être considéré comme constituant le remboursement des frais de l'expédition puisque le Comte avait perçu un cinquième du butin. Mais, si l'on en croit B. de Moralès, il ne garda rien et distribua tout ». (P. Ruff).

(3) D'après d'autres historiens, dont Fey « son repli, ensuite, avec des hommes harassés par des marches de nuit et harcelés sans relâche, aurait été difficile ». Je crois qu'ils ont exagéré. (Général L. Didier).

Lundi 5 Mars. — Au passage du Rio Ziz (Rio Salado), 2 coups de canon dispersent une centaine de cavaliers semblant disposés à combattre.

Mardi 6 Mars. — Le matin, un certain nombre de cavaliers de Meliona (Mediouna) (1) font mine de vouloir attaquer. Aux premiers coups de canon ils repassent le lac de Misserghin qu'ils avaient traversé.

Mercredi 7 Mars. — Arrivé à 2 lieues et demie (20 kilomètres) d'Oran, le comte d'Alcaudète y envoie le convoi, les bagages, les malades et les blessés (200 environ), avec une escorte, sous les ordres de Don Francisco et Luis de Rueda.

Le corps expéditionnaire campe à une lieue (8 kilomètres) de la ville, c'est à dire vers Pont Albin. Don Martin, gouverneur provisoire depuis le 20 Janvier, vient embrasser son père et lui remettre ses pouvoirs.

Jeudi 8 Mars. — A la tête du corps expéditionnaire, le comte d'Alcaudète rentre dans Oran, au son des cloches et des salves d'artillerie et aux acclamations de la population. Il entend un Te Deum, d'abord dans l'Eglise principale (iglejia mayor), puis dans le couvent de San Domingo, et rentre ensuite dans son palais de la Kasbah.

Le corps expéditionnaire traverse la ville et va, avec Alonso et les autres Officiers, camper sur le plateau de la Rambla Onda (Gambetta (2) ou plutôt Montplaisant).

Le recensement des troupes fait connaitre le total des pertes : 2300 hommes environ (3) (soldats, valets, porteurs, etc...)

Quelques jours après, les blessés et les malades sont évacués en Espagne.

La première expédition de Mostaganem (4).

Voulant utiliser, le plus et le mieux possible, les forces et les moyens matériels, dont il pouvait disposer momentanément, pour rétablir, en Oranie tout au moins, le prestige espagnol fortement ébranlé dans toute l'Afrique du Nord par le désastre de Charles Quint

---

(1) « C'étaient des cavaliers de cette tribu que Marmol appelle « Galanes de Meliona » et qui occupaient les montagnes au Sud de la Mleta vers Ain el Arba (Arba de Meliona) Nous avons vu qu'on les appelait aussi Médiona ou Mediouna ». (P. Ruff).

(2) « C'était « un pequeño puerto de poniente » dit un document extrait des papiers de Jean Perez de Castro. Cette petite anse devait se trouver au dessous du plateau de Gambetta, et c'est sur ce plateau que campa l'armée. De ce point à Oran, dit le même extrait, il y a un mille ». (P. Ruff).

(3) « Chiffre indiqué par Diégo Suarez qui l'a peut-être tiré de documents officiels ». (P. Ruff).

(4) Paul Ruff dans lequel j'ai trouvé presque tous les renseignements que je donne s'exprime ainsi : « Pour cette campagne et celle des Beni Rachid, nous avons encore le récit de F. de la Cueva (2e et 3e journées). Mais ce n'est plus en témoin oculaire qu'il raconte. Son récit nous semble cependant en général plus sincère que celui de B. de Moralès ».

devant Alger, le Comte d'Alcaudète décida de tenter un raid sur Mostaganem.

Cette tactique de « mouvement sans occupation » a été la nôtre après notre débarquement à Casablanca. Le résultat a été le même : une empreinte légère et fugitive sur du sable.

Composition du nouveau corps expéditionnaire

Commandant en chef : Comte d'Alcaudète (accompagné de son fils ainé Alonso).

Major de l'armée : Melchor de Villaroël.

Commandant de l'avant-garde : Don Martin, quatrième fils du Comte.

Infanterie. — 7000 hommes, dont 5000 armés d'arquebuses ou d'arbalètes.

Cavalerie (1). — 170 lances.

Artillerie. — 1 grosse pièce de siège et 5 canons de campagne.

Vivres. — Chaque soldat emportait 4 jours.

21 Mars. — Départ du camp de la Rambla Onda. Le corps expéditionnaire campe, après la marche, vers le Domaine actuel de la Montagne des Lions.

La garde d'Oran a été confiée à Don Francisco, blessé dans l'expédition de Tlemcen.

22 Mars. Le corps expéditionnaire campe près de l'ancienne Arzew (St-Leu).

23 Mars. — (Vendredi Saint). — Le matin, 6 vaisseaux turcs (2), tirent, sur le corps expéditionnaire en mouvement, des coups de canon et d'arquebuse qui font quelques victimes. L'artillerie espagnole riposte. Les vaisseaux turcs s'éloignent et, « le vent les empêchant de tenir la mer, se réfugient dans le port d'Arzew, où on n'alla pas les attaquer » (P. Ruff).

Le corps expéditionnaire, qui s'était arrêté, reprend sa marche.

Vers midi. Il est rejoint par les contingents indigènes du cheikh Guirref (3) qui amènent un troupeau de 4.000 têtes environ.

Vers 15 heures. — Les Espagnols arrivent sur les bords du Rio Chiquiznaque (Macta) dont les eaux sont si hautes qu'il n'y a plus aucun gué. Le Comte d'Alcaudète fait abattre des arbres et jeter un

---

(1) « Elle avait été particulièrement éprouvée dans l'expédition de Tlemcen. B. de Moralès dit que, en arrivant à Mazagran, l'armée comptait 5 à 6.000 hommes. Mais F. de la Cueva affirme qu'elle comptait 160 à 170 lances et 7.000 fantassins, dont 5.000 armés d'arquebuses ou d'arbalétes ». (F. Ruff).

(2) D'après P. Ruff « ils avaient été envoyés au secours de Mostaganem par le vice roi d'Alger, Hassan Agha, imploré par Mouley Mohammed, qui, du pays des Beni Rachid s'était enfui vers Alger ».

(3) « Ils venaient du Tessalah et l'hostilité des gens de Meliona les avait retardés ». (P. Ruff).

pont, (1) sur lequel passent l'artillerie, les bagages et les hommes (peu nombreux) qui n'ont pas traversé à la nage.

Le corps expéditionnaire campe sur la rive droite dans des dunes de sable (2) qui l'abritent contre le feu des galères turques.

24 Mars. — En avant de l'avant-garde, le comte d'Alcaudète fait marcher les contingents indigènes. Ils rencontrent 2000 cavaliers Maures qui s'enfuient à l'approche des Espagnols et plus loin, 4000 autres guerriers qui s'enfuient de même.

25 *Mars*. — (Dimanche de Pâques). Attaque et prise de Mazagran. Les Espagnols campent hors de la ville, près de la mer.

Mercredi 28 *Mars*. — Apprenant que Mostaganem était défendue par 1500 hommes avec 29 grosses pièces d'artillerie, le comte d'Alcaudète renonce à l'attaquer et ordonne le retour à Oran.

29 *Mars*. — A 2 heures du matin le mouvement commence. Combat au jour. Retraite difficile.

A la fin de la journée les Espagnols harassés campent sur la rive droite du Rio Chiquiznaque (Macta) qui a baissé. Alertes pendant la nuit.

30 Mars. — Harcèlement de l'arrière-garde. Le corps expéditionnaire va camper près des Salines d'Arzew.

31 Mars. — Campement près du village actuel de Saint-Louis. Départ des contingents indigènes.

1er *Avril*. — A 15 heures le corps expéditionnaire arrive à Oran.

Visite de Don Alonso au cheikh Guirref.

Négociations, démonstration militaire et traité de paix avec El Mansour et Hamida.

Combats de Ben Aradj et de l'Aceituno.

24 *Juin*. — (St-Jean) Retour à Oran du Comte d'Alcaudète. Sur l'ordre de Charles Quint qui a envoyé, pour cela, les capitaines Varaez et Aguilera à Oran les troupes vont en Sardaigne.

Le comte d'Alcaudète va se reposer dans ses domaines, après s'être rendu en Belgique afin d'obtenir des nouvelles troupes pour continuer sa guerre de mouvement qui avait relevé le prestige espagnol : mais il n'avait obtenu que la promesse de 4.000 hommes.

Sorties et razzias de son fils Alonso qui le remplace à Oran, réussit un coup de main sur Arzew et s'empare ensuite du caïd Bullaharray.

---

(1) Je n'ai pas pu savoir où il avait trouvé des arbres et comment il avait fait faire et lancer le pont. (Général L. Didier).

(2) Elles existent encore, mais couvertes de végétation.

PAPIERS D'ETAT | PARIS-IMPRIMERIE ROYALE 1849
DU CARDINAL DE GRANVELLE | TOME II p. 657 — CXLVII

Traduction de M. Pedro Saura, Consul d'Espagne à Oran et du Général L. Didier. (1).

EL CONDE DE ALCAUDETE AL EMPERADOR DON CARLOS V.
(Mémoires de Granvelle III 89 à 91)

Tremecen, a 8 de ebrero 1543.

Dende Oran escrivi a vuestra Majestad los dias que alli me havia detenido por hazer la jornada de Mostagan como vuestra Majestad me lo havia mandado, y como el rio de Chiquizña que nunca se pudo passar, y que, por no acavar los bastimientos daquella ciudad y por no poner el exército en aventura de perderse, me era forcoso venir a poner en Tremecen a Muley·Boabdila y asi mesmo porque sabia que Muley-Mohamete tractara con Cenaga (2), como Vuestra Majestad mas largamente havra visto por mi carta. Parti el lunes à XXVII de enero, y a dos jornadas de Oran me comenco a llover tanto que entres dias y tres noches pocas horas dexó de caer agua, y con todos essos infortunios caminé y hasta tres leguas de Tibida no pudieron juntar caudal de moros para poder pelear conmigo alli. El biernes II de ebrero salieron a la retaguardia yendo caminando, mil y quinientos lanças, poco más ó menos, y siete ù ocho mil

LE COMTE D'ALCAUDETE A L'EMPEREUR DON CARLOS V. (3)

Tlemcen le 8 Février 1543.

D'Oran j'ai écrit à Votre Majesté le jour où je m'y suis arrêté pour préparer l'expédition de Mostaganem comme Votre Majesté me l'avait commandé. Comme le Rio Chiquizna (la Macta) n'aurait jamais pu être passé, afin de ne pas épuiser les approvisionnements de cette ville (Oran) et pour ne pas mettre l'armée en danger de perdition, j'ai été forcé de venir à Tlemcen afin d'y placer (sur le trône) Mouley Boabdila et aussi parce que je savais que Mouley Mohamete traitait avec Senaga (Hassan Agha), comme Votre Majesté l'aura largement vu par ma lettre. Je suis parti le lundi 27 Janvier. A 2 journées d'Oran, il a commencé à pleuvoir et il a plu tellement pendant 3 jours et 3 nuits que, pendant quelques heures seulement, il a cessé de tomber de l'eau. Avec toutes ces infortunes, j'ai marché jusqu'à 3 lieues de Tibida (4), sans arriver à faire réunir un nombre de Maures suffisant pour pouvoir les faire se battre avec moi. Le vendredi 2

---

(1) Les traducteurs font toutes leurs réserves sur le texte en espagnol ci-contre. Ce texte contient, en effet, des erreurs (fautes d'orthographe pour l'époque) qui donnent lieu de craindre que ce texte, tel qu'il est ci-contre, ait été fait. ou copié, par un étranger à la langue espagnole. (M. Saura et Général L. Didier, 29 octobre 1927).

(2) Hassen Agha.

(3) Charles Quint.

(4) Pont de l'Isser.

hombres y en un paso estrecho dieron en el esquadron dela retaguardia con tan buena determinacion que llegaron algunos à hechar lancas dentro del esquadron. Llevava por capitanes de la retaguardia, demas de los de infanteria, à don Martin de Cordova, mi primo, hermano mayor d'Andrés Ponce, y a don Francisco, mi hijo, con cincuenta lanças, y una compañia de hombres sueltos, de escopeteros y ballesteros ; y cuando vi dende la vanguardia, donde yo hiva que cargaran tantos moros en la retaguardia, enbié a don Alonso, mi hijo, con los capitanes de Don Joaquin de Villarreal y Alonso (3)... que son cient lanças, y con otros doscientos hombres sueltos, y el socorro llegó a tiempo que andaran tan a las manos los moros con los christanos que murieron muchos dellos antes que pudiessen volver las espaldas, y del exercito de Vuestra Majestad, à Dios sean dadas gracias, ny fué herido ny fué muerto aquel dias mas de uno ; y acabada la batalla, caminé en orden hasta media legua de Tibida.

Février sont sortis à la retaguardia (queue de la colonne), pendant la marche, 1500 lances à peu près, et 7 á 8000 hommes, (hommes, fantassins). Dans un passage étroit, ils arrivèrent sur l'esquadron (bataillon) (1) de la retaguardia avec une telle décision que quelques uns parvinrent à jeter des lances dans l'esquadron. Il y avait, comme capitaines de la retaguardia, en plus de ceux de l'infanterie, Don Martin de Cordoba, mon cousin, frère ainé d'Andrés Ponse, et Don Francisco, mon fils, avec 50 lances et une compagnie de hombres sueltos (hommes combattant isolément (2), piquiers, hallebardiers, d'infanterie légère) d'escopetiers et de balistiers. Quand j'ai vu, de la Vanguardia (tête de la colonne) où j'étais, que tant de Maures chargeaient la retaguardia, j'ai envoyé D. Alonso, mon fils, avec les capitaines Don Joaquin de Villareal et Alonso.... qui faisaient en tout 100 lances, avec 200 autres hombres sueltos. Le secours arriva au moment où les Maures en venaient tellement aux mains avec les chrétiens que beaucoup d'entre eux furent tués avant de pouvoir tourner le dos. Dans l'armée de Votre Majesté, Dieu soit loué, il n'y a pas eu plus d'un blessé et d'un mort ce jour là. La bataille terminée, nous avons cheminé en ordre jusqu'à une demi-lieue de Tibida.

---

(1) Dans l'armée espagnole de cette époque, notamment dans la milice, le terme « esquadron, escuadron ou scuadron » veut dire « corps de troupe, groupement de plusieurs compagnies », aussi bien d'infanterie que de cavalerie et même des 2 armes réunies. Dans le Rapport ci-dessus, le mot français traduisant le mieux est le mot « bataillon ».

(2) « Tirailleurs », sous la Révolution.

(3) Ici se trouve une abréviation illisible.

Otra dia supe que me esperaban en el paso d'aquel rio à darme la batalla la mayor parte de la gente desto regno, y fué tan grande el regozijo que de saber esta nueva tuvo el exército, como si seles ofreciera de parte de Dios por muy cierta la victoria. Levanté el campo temprano, y ordene la batalla a proposito de disposito de dispusicion de la tierra, y quando llegué sobre el paso del rio, vi quel numero de la gente de los moros era muy grande de a pie y de a cavallo y que stavan ordenados a proposito, de dar en mi por todas quatro partes del exercito en la una parte y dela otra del rio, y conosci tan grande ànimo en el exército de Vuestra Majestad quando vinieron los enemigos, como si no fueran hombres aquellos con quientes havian de pelear; y a propósito de lo quentendi que los moros quieran hazer puse en todas partes de los escuadrones demas de los capitanes ordinarios, cavalleros con la orden siguiente. Hize ordenar al maestro del campo Don Alonso de Villarreal los scuadrones de la mano derecha y esquierda tan largos que entre ellos cupiesa todo el bagage, y delante de la batalla de la gente à cavallo, y quel escuadron dela retaguardia cerrase estos dos escuadrones, e hize poner à la parte de fuera de todos los escuadrones al cabo de las hileras quatro ó cinco tiradores de arcabuzeros y ballesteros, porque quando los enemigos aco-

Le lendemain je sus que la majeure partie de la gente (les combattants) de ce royaume m'attendait au passage de cette rivière (1) (de Tibida). En apprenant cette nouvelle, la gaité de l'armée a été très grande, comme si, de la part de Dieu, on lui avait offert la victoire pour très certaine. J'ai levé le camp de bonne heure et j'ai formé mon ordre de bataille d'accord avec la disposition du terrain. Lorsque je suis arrivé au passage de la rivière, j'ai vu que le nombre de la gente des Maures à pied et à cheval était très grand et qu'ils s'étaient rangés de façon à me donner pour les 4 parties (côtés) de l'armée une seule partie (côté) et de l'autre (côté) de la rivière. J'ai pu apercevoir le si grand courage dans l'armée de Votre Majesté lorsque les ennemis arrivèrent, comme s'ils n'étaient pas des hommes avec lesquels on devait combattre. Puis, renseigné sur ce que les Maures voulaient faire, (2) j'ai placé, dans toutes les parties des esquadrons, en plus des capitaines ordinaires, des cavalléros (chevaliers) avec l'ordre suivant. J'ai prescrit au Mestre de Camp Don Alonso de Villaréal de faire élargir assez les esquadrons de la main (face) droite et de la main (face) gauche pour que, entre eux, on puisse placer tout le bagage (convoi), avec, devant, la ligne de bataille de la gente à cheval (cavalerie), pendant que l'esquadron de la retaguardia fermerait ces 2 esquadrons. Je fis pla-

---

(1) Oued Isser.

(2) Traduction littérale, « Et à propos de ce que j'ai entendu que les maures voulaient faire... »

metiesen por todas partes y calasen las picas, los tiradores quedasen debajo dellas en el lugar que hay vacio entre hilera e hilera ; en la avanguardia puse mas de mil y quinientos hombres sueltos y dozientos ginetes en que havia cincuenta arcabuzeros y ballesteros con esa gente da cavallo. Yvan por capitanes Alonso Hernandez, mi sobrino, y Luis de Rueda, alcalde de Oran, con la gente suelta ; yva con la dela mano derecha don Mendo, mi sobrino, y con la dela siniestra el maestro de campo don Alonso Villarreal, y con los scuadrones dela avanguardia y ivan demas delos capitanes ordinarios don Alonso, mi hijo, en el dela mano derecha con otros cavalleros, y en el dela mano sinistra don Juan Villarreal y en las banderas yvan otros cavalleros, algunos capitanes de la infanteria la batalla ; con el standarte del rey yva don Juan Pacheco, mi sobrino, con el resto dela gente de a cavallo e yo llevavan los scuadrones dela avanguardia y la batalla de gente de a cavallo con el standarte que si la avanguardia tuviese necessidad de socorro que le socorriessen. La batalla de gente de cavallo y davanguardia delos squadrones, desde las banderas adelante, y ordenado desta manera començamos a caminar hasta el paso del rio el qual iva harto crecido, y alli cargaron los scopeteros de los moros y alguna otra

cer à l'extérieur de tous les esquadrons, au bout des hileras (1) (fractions constituées), 4 ou 5 tireurs d'arquebuse ou de baliste, de telle sorte que lorsque l'ennemi attaquerait de tous côtés et qu'on croiserait les piques (2), ces tireurs restent dans la position du tireur à genou, sous les piques, dans les intervalles entre les hileras. A la vanguardia j'ai mis plus de 1500 hombres sueltos et 200 ginetes, cavaliers avec lesquels il y avait 50 arquebusiers et balistiers. Avec les sueltos il y avait, comme capitaines, Alonso Hernandez, mon neveu, et Luis de Rueda, alcade (maire) d'Oran. Il y avait, à main (à la face) droite Don Mendo, mon neveu, et à main gauche le Mestre de Camp Don Alonso de Vilsaréal. Avec les esquadrons de la vanguardia il y avait, en plus des capitaines ordinaires, Don Alonso, mon fils, dans celui de droite avec d'autres chevaliers, et, dans celui de gauche, Don Juan Villaréal. Avec les banderas (3) il y avait quelques capitaines d'infanterie de bataille (4). Avec l'étendard du Roi, il y avait Don Juan Pacheco, mon neveu, avec le restant de la cavalerie et moi. Don Juan Pacheco dirigeait les esquadrons de la vanguardia et la ligne de bataille de la cavalerie avec l'étendard, de façon à pouvoir secourir la vanguardia si elle en avait besoin. La ligne de bataille de la cavalerie et la vanguardia des esquadrons, avan-

---

(1) Traduction littérale « rangées filières ».
(2) C'est notre mouvement actuel de « croiser les baïonnettes ».
(3) Compagnies particulières levées par des seigneurs.
(4) Infanterie de ligne chez nous.

gente de a cavallo y da pié.
Hecha la oracion, en tocando la
trompeta passo toda la gente dela
avanguardia de cavallo y dapié
como si passaran por puente,
dàvales el agua à los peones a los
pechos, y con la misma presteza
passo la batalla de acavallo y
davanguardia de los squadrones,
y en rehaziendo los desta otra
parte del rio dieron la carga a
lors moros el avanguardia dela
gente dacavallo y la gente suelta,
y subieron tras ellos por la sierra
arriba que està cerca del paso de
este rio donde pensaran defen-
derse y defendernos el paso, y
ganaronsela muy presto, aunque
havia en ello muy grande numero
de gente de pié y algunos scopeteros a cavallo. Pelearon muy va-
lientemente los de la avanguardia y mataron muchos moros e
hizieron alto en la sierra. Yo hize
un escuadron en pasando el rio,
y estuve firme hasta que fué passado todo el exército, y como los
moros vieron romper tan fàcil-
mente su avanguardia, no nos
acometieron por otra ninguna
parte, y assi caminamos y toma-
mos esta noche a Tibida, que fué
sabado tres de ebrero. Dizen los
moros dela tierra y los que zus-
gàmos que havia cinco mil lanças
y treze a quatorze mil hombres
de pié. En éste dia no murió,
màs que uno delos primeros sol-
dados que comenzaron a passar
el rio, y ubo otros tres o quatro
heridos.

cèrent, à partir des banderas. De
cette façon nous commençâmes à
cheminer jusqu'au passage de la
rivière qui était assez grossie. Là,
les escopetiers et quelques gens à
cheval et à pied chargèrent les
Maures. La prière faite, la trompette sonna et tous les gens à cheval et à pied de la vanguardia
passèrent, comme s'ils étaient
passés sur un pont (a). L'eau arrivait jusqu'à la poitrine aux piétons. Avec la même prestesse passèrent la ligne de bataille de la
cavalerie et la vanguardia des esquadrons (de flanc). De l'autre
côté de la rivière on se remit en
ordre. Les cavaliers et les sueltos
de la vanguardia chargèrent les
Maures, Ils montèrent après eux
jusqu'en haut de la sierra (colline)
qui était près du passage de la
rivière et où les Maures pensaient
se défendre et nous défendre le
passage. Nous l'avons (2) gagné
très rapidement, quoiqu'il y eût
un très grand nombre de gente
(Maures) à pied et quelques escopetiers à cheval. Ceux de la
vanguardia ont combattu très
courageusement, ils tuérent beaucoup de Maures ; ils en blessèrent
encore plus. et ils firent halte sur
le haut de la sierra. Je plaçai un
esquadron (en tête de pont) après
avoir passe la rivière et je me suis
maintenu ferme jusqu'à ce que
toute l'armée fut passée. Comme
les Maures avaient vu rompre si
facilement leur vanguardia, ils
ne nous attaquérent plus d'aucun

(a) Ça veut-il dire « aussi tranquillement que sur un pont » ou « en harde serrée comme sur un pont », je ne puis pas le préciser.

(1) Pour moi, ce n'est pas « le passage », mais « le sommet de la colline ».

(2) Traduction littérale « rangée ».

Aquella noche alojé el campo en Tibida y otro dia domingo reposé alli hasta medio dia, porque se halló bien de comer y paraque se enxugasen y refrescassen del gran trabajo que havian passado en passar el rio y en pelear dos dias areo (1). Aquella noche alojé el campo a dos leguas desta ciudad en un sitio fuerte, porque truximos gran numero de moros sobre nos otros todo el dia y tuve aviso que el rey quiere salir a darme la batalla y embiéle un cartel aquella noche, desafiandole por ella ; y como los dela ciudad supieron que havia desbaratado al alcayde de Benarax dos bezes en viérnes y sabado, el domingo a la noche se salieron todos los mas della y llevaron sus mugeres y hijos y haziendas à la sierra, y volvieron el lunes à pelear, por la mañana muy de mañana. Caminamos en orden á esta ciudad y en el camino tuve aviso adonde mesperavan y que venia toda la gente del reyno y trescientos o quatrocientos Turcos que havian podido llegar dela

autre côté. Nous avons cheminé et, cette nuit là, nous avons pris Tibida ; c'était le samedi 3 Février. Les Maures du pays et ceux que nous avons soumis nous ont dit qu'il y avait eu (contre nous) 5000 lances et 13 à 14.000 hommes à pied. Ce jour là, (chez nous), il n'est mort qu'un des premiers soldats qui ont commencé à passer la rivière et il n'y a eu que 3 ou 4 autres soldats blessés.

Cette nuit là, j'ai campé à Tibida. Le lendemain, dimanche, j'ai reposé là jusqu'à midi parce qu'on a trouvé bien à manger et pour que les hommes se remettent et se rafraichissent du grand travail qu'ils avaient eu en passant la rivière et en combattant 2 jours environ (1). Cette nuit là, j'ai campé á 2 lieues de cette ville (Tlemcen, d'où il écrit) sur une forte position, parce que nous avions eu un assez grand nombre de Maures sur nous toute la journée et j'avais été avisé que le roi voulait sortir pour me livrer bataille. Je lui ai envoyé cette nuit-là un cartel de défi. Quand les habitants de Tlemcen (2) surent que j'avais défait le caïd de Benarax deux fois le vendredi et le samedi, tous ceux qui le purent partirent de la ville le dimanche à la nuit en emmenant leurs femmes, leurs enfants et leurs biens dans la montagne ; ils revinrent le lundi pour combattre de très bon matin. Nous nous sommes mis en route, en ordre, vers cette ville (Tlemcen) et, sur le chemin, j'ai

---

(1) Le mot « areo » est incompréhensible ; c'est probablement « cerca ».
(2) Traduction littérale « ceux de la ville ».

frontera de Tunes y de otros lugares daquella comarca, y sabido esto ordené la batalla en la manera siquiente. En los escuadrones de la vanguardia de la mano derecha puse à don Alonso, mi hijo, con otros capitanes, y en el de la mano sinistra a don Juan Villarreal ; à las vanderas puse la metad de los capitanes de infanteria y otros cavalleros, y por defuera delos scuadrones puse los tiradores a la parte de fuera de la manera que se hizo en Tibida, y me me puse entre estos dos escuadrones con toda la gente de a cavallo que son poco menos de CCC lanças, y don Mendo, mi sobrino ; y don Alonso de Villarreal y van com mil CCCCC hombres sueltos, el uno a la mano derecha dela gente da cavallo y el otro á la sinistra. En la retarguardia dexé à Don Francisco, mi hijo, con otros siette o ocho cavalleros ; Los Moros eran tantos que pareceria mentir a dezirlo. Dióse órden a todos dela cada uno havia de hazer en su quartel, y que ninguna pidiese socorro sino con muy grand necessidad y que no fuese con vozes sino con persona particular, porque los renegados aljamiados de los Moros no sintiessen donde havia flaqueza. Los Moros ordenaron desta manera su batalla ; en el avanguardia con las banderas del rey pusieron mas de mil y quinientas lanças delos de la casa del rey y delos principales dela ciudad y algunos de Benarax, y dos mil scopeteros y ballesteros, algunos con arcos, y un gran nùmero de gente de pié à la retaguardia.

été averti de l'endroit où ils m'attendaient et qu'il y venait tout le monde du royaume ainsi que 300 ou 400 Turcs qui avaient pu arriver de la frontière de Tunes (Ténès) et d'autres lieux de cette région. Sachant cela j'ai pris mon ordre de bataille de la façon suivante. Aux esquadrons de la vanguardia j'ai placé, à celui de la main (face) droite, Don Alonso mon fils avec d'autres capitaines et à celui de la main gauche, Don Juan Villaréal. Aux banderas j'ai mis la moitié des capitaines d'infanterie et d'autres chevaliers. En dehors des esquadrons j'ai placé les tiradores (tireurs) de la façon que j'avais employée à Tibida. Je me suis mis entre ces 2 esquadrons avec toute la cavalerie qui comptait à peu près 300 lances. J'ai placé Don Mendo, mon neveu, et Don Alonso de Villaréal, avec 1500 sueltos, l'un à la main droite de la cavalerie et l'autre à la main gauche. A la retaguardia j'ai laissé Don Francisco, mon fils, avec 7 ou 8 autres chevaliers. Les Maures étaient tellement qu'il semblerait un mensonge de le dire. On prescrivit à tous ce que chacun devait faire dans son quartier (secteur). (Je donnai l'ordre que) personne ne demandât du secours sans en avoir un très grand besoin et que le secours ne fut pas demandé à la voix mais par persona particular (porteur ou agent de liaison choisi), afin que les renégats aljamîados (incorporés) des Maures ne se rendent pas compte du point faible. Les Maures ont pris l'ordre de bataille suivant. A la vanguardia,

Cargàron mas de tres mil lanças, en que havia mas de los mil con adargas de gente scogida y CCC ó CCCCC scopeteros y ballesteros â pié y dacavallo ; por esta parte dizen ellos que pensavan romper-me por los lados de los scuadrones. Hubo mucho nùmero de gente dacavallo, y los de pié eran tan gran nùmero que nos tenian por todas partes cercados, y cer-tifico a Vuestra Majestad que con ver esto mas que á tiro de arca-buz los christianos los tenian en tan poco que parescia ponerles Dios animo de su mano. Y en esta órden caminamos, y al subir de una ladera de un cerro donde los Moros tenian la celada, asso-maron con las banderas del Rey los scopeteros y hasta CC lanças, y con tan grande ànimo que pa-rescia que no nos tenian en nada, y vinose un scopetero a la parte donde estava don Alonso de Villa-rreal dos carreras de cavallo ade-lante de su gente ; yo pensé que se venia tornar christiano, y puso la mano en la cara para tirar a don Alonso, y él arremetió y ma-tóle antes que pudiesse dar fuego, y dieron nos una rociada de sco-petazos, y pensé que nos mataria mucha gente, y quiso Dios que ninguno de los nuestros fuese herido de scopeta, y porque no me hiziesse daño comenzé à ca-minar con el avanguardia y los cavalleros Moros que parescieron retirarse. Entónces acabé d'enten-der que tenia celada y embié à mandar à los scuadrones que en partiendo yo con la batalla dela

avec les banderas du roi, ils ont placé plus de 1500 lances de la maison du roi et des principaux de la ville et quelques uns de Be-narax ainsi que 2000 escopetiers et balistiers, quelques uns avec des arcs. Ils ont mis un grand nombre de gens à pied à la reta-guardia. Ils ont chargé avec plus de 3000 lances, dans lesquelles il y avait plus de 1000 adargas (?) de gens choisis et 400 ou 500 es-copetiers et balistiers à pied et à cheval. De cette façon eux disaient qu'ils pensaient me rompre par les côtés des esquadrons. Il y avait un grand nombre de gens à cheval et ceux à pied étaient si nombreux qu'ils nous tenaient en-cerclés de tous côtes. Je certifie à Votre Majesté que les chrétiens, malgré qu'ils les vissent à plus d'une portée d'arquebuse, les te-naient pour si peu qu'il semblait que Dieu leur donnait du courage dans les mains (3). Nous avons cheminé dans cet ordre. Pendant que nous montions la déclivité d'un sommet où les Maures avai-ent (tendu) leur embuscade, sont apparus, avec les banderas du roi, les escopetiers et jusqu'à 200 lances. (Ils se sont avancés) avec un si grand courage qu'il sem-blait qu'ils nous tenaient pour rien. Un escopetier vint du côté où se trouvait Don Alonso de Vi-llaréal, à 2 sauts de cheval, de-vant ses soldats. J'ai pensé qu'il venait se rendre pour devenir chrétien ; mais il mit la main au visage (il mit en joue) pour tirer sur Don Alonso. (Aussitôt) celui-

---

(1) Ou « de sa main » (?).

vanguardia que caminase con gran órden que de la retaguardia no se detuviesse a pelear sino quando le fuesse forçado y que, si cargasse sobre mi mucha gente, que la vanguardia delos scuadrones de las banderas ade lante me socorriessen en orden. Y hecha la oracion caminamos à hechar los scopetteros del cerro, y antes que llegassemos salio su celada de cavallo y de pié con mucha gente y gran denuedo, y llegàron con sus banderas junto a las nias. Yvamos en el avanguardia dela gente de cavallo don Martin, mi primo, e yo, porqué fué menester este dia que todos pussiessemos las manos en el hecho ; con mi standarte y con el Rey iva don Juan Pacheco, mi sobrino, con cuarenta lanças, y fué menester que nos socorriesse.

ci l'attaqua et le tua avant qu'il eût pu faire feu. Alors ils nous donnérent un arrosage de coups d'escopette et j'ai pensé qu'ils nous tueraient beaucoup de monde. Dieu a voulu qu'aucun de nous ne fut blessé par les escopettes. Afin qu'ils ne nous fissent pas beaucoup de mal, j'ai commencé à marcher avec la vanguaidia et les chevaliers maures semblèrent se retirer. Alors j'ai fini par comprendre qu'ils avaient une embuscade. J'ai envoyé l'ordre aux esquadrons que, pendant que j'étais moi avec le front de la vanguardia, ils devaient marcher avec beaucoup d'oidre ; que, à la retaguardia on ne devait pas s'arrêter pour combattre, à moins qu'on n'y fut forcé et que, dans le cas où beaucoup de monde chargerait sur moi, la vanguardia des esquadrons et les banderas en avant devaient me secourir en ordie. La prière faite, nous marchâmes en donnant l'ordre aux escopetiers de pousser en avant pour s'emparer de la colline. Avant que nous arrivions, l'embuscade, de cavalerie et d'infanterie, se démasqua avec beaucoup de monde et avec un grand mordant ; leurs banderas arrivant près des miennes. Nous allions à la vanguaidia de la cavalerie, Don Martin, mon cousin et moi, parce que, ce jourlà, il était nécessaire que tous nous mettions les mains dans l'affaire (la main à la pâte). Avec mon étendard et celui du Roi, il y avait Don Juan Pacheco, mon neveu, avec 40 lances, et il fut néccesaire qu'il vint à notre secours.

Hizieron en la batalla la gente de cavallo y gente suelta de las cosas señaladas que se han oydo ny visto ; matomosles muchos cavalleros de los principales y la mayor parte de los Turcos y otros muchos Moros de pié. Derribaronsles dos banderas, la un setomó y la otra salvaron porque mataron el cavallo a don Martin, mi primo, que havia muerto el alférez y él se perdiera sino fuera buen socorro. Dieron la batalla en la avanguardia màs de dos horas y media, y en la retaguardia mas de tres, porque pensaron rompernos por alli, y dióse tan buen recaudo don Francisco, mi hijo, que con estar herido y los cavalleros y capitanes de su compañia, nunca los moros les pudieron mover el pié atraz. En reconosciendo que yo reconoci la victoria de la vanguardia, embiéle dos compañias, de gente suelta con don Mendo, mi sobrino, y con don Juan Villarreal, porque como los desbaratamos, en la vanguardia, toda la gente cargó en la retaguardia. En llegando estas compañias hiziéronles mucho daño con las ballestas y arcabuzes y retiraronse. Quedamos tan ordenados en acabando la batalla para poder caminar como quando començamos. Pusiéronse en el camino hasta dos mil lanças a manera de quererse rehazer y hizeles acometer con la gente suelta y de cavallo, y volvieronse todos las spaldas y dende una hora no pareció Moro. El Rey estuvo fuera desta ciudad

La cavalerie et l'infanterie légère firent, pendant la bataille, des choses signalées que jamais on n'avait entendues ni vues (1). Nous avons tué beaucoup des principaux chevaliers, la plus grande partie des Turcs et beaucoup d'autres Maures à pied. Nous leur avons mis par terre 2 bannières, l'une a été prise, mais l'autre a pu être sauvee parce qu'ils tuèrent le cheval de Don Martin, mon cousin, qui avait tué le porte-étendard ; lui-même aurait été perdu si on ne l'avait pas secouru. La bataille a duré, à la vanguardia, plus de deux heures et demie et, à la retaguardia plus de 3, parce qu'ils pensèrent nous rompre par là. Ils se sont si bien arrangés, Don Francisco, mon fils, quoique blessé, les chevaliers et les capitaines de sa Compagnie, que jamais les Maures ne purent les faire reculer d'une semelle. M'étant rendu compte de la victoire de la vanguardia, je lui ai (à Don Francisco) envoyé 2 compagnies d'infanterie légère avec Don Mendo, mon neveu, et Don Juan Villarreal, parce que, lorsque nous l'avons eu battue à la vanguardia toute la gente (ennemie) a été charger, la retaguardia. En arrivant, ces Compagnies lui (à la gente ennemie) ont fait beaucoup de mal avec les balistes et les arquebuses. Ils (les ennemis) se sont alors retirés. Nous étions restés si bien en ordre en finissant la bataille que nous avons pu nous remettre en marche comme quand nous avions commencé

---

(1) Il manque une négation dans le texte en espagnol.

a una legua de donde la batalla se dió ; en desbaratandola le hizieron ahumadas y se huyó. Si este dia yo tuviera mil lanças, y se determinarà en darme la batalla, les màtara XX mil Moros, con infinitas gracias à Dios, por haverme dado gracia paraque en servicio suyo y de Vuestra Majestad se acabasse esta jornada que tantos años ha que desseo, y con tanta prosperidad de los christianos y con tanto miedo de los Moros que no creo que hay hoy puxanca entre ellos que osase pelear con este exército de Vuestra Majestad.

Han hecho todos estos cavalleros muy señaladas cosas, porque no creo que huvo ninguno que peleasse con menos que tres, y algunos huvo que con muchos mas, y oso lo certificar assi à Vuestra Majestad, porque como fuimos pocos, cada uno veya bien lo que el otro hazia. De Christianos murieron ocho, y ninguna personna principal ; heridos hay otro dies o doze, y entre estos hay otros dos cavalleros. Tengo por gran milagro que haviendo el nùmero de scopeteros que he dicho, no se hallasse hombre muerto

la bataille. L'ennemi a placé sur le chemin plus de 2000 lances de façon à pouvoir se refaire. Je les ai fait attaquer par l'infanterie légère et la cavalerie. Ils tournèrent tous le dos et 1 heure japrès il n'y avait plus aucun Maure (devant nous). Le roi était resté hors de cette ville (Tlemcen) à une lieue de l'endroit où s'était livrer la bataille. Au moment de la défaite, ils (les siens) l'avertirent par des ahumadas (fumées signaux) et alors il s'enfuit. Si, ce jour là, j'avais eu 1000 lances et s'il s'était déterminé à me livrer bataille. j'aurais tué 20.000 Maures, avec l'aide infinie de Dieu ; il m'a donné la grâce puisque, dans son service et dans celui de Votre Majesté, j'ai fini cette journée, que pendant tant d'années j'avais souhaitée, pour la prospérité des chrétiens et avec une telle peur pour les Maures que je ne crois pas qu'il y ait actuellement puissance (capable de les réunir) entre eux pour oser combattre cette armée de Votre Majesté.

Tous les chevaliers ont fait des choses très signalées, parce que je ne crois pas qu'aucun d'entre eux ait eu moins de 3 adversaires à combattre ; quelques uns en ont eu beaucoup plus. J'ose le certifier ainsi à Votre Majesté, parce que, comme nous étions peu, chacun voyait bien ce que son voisin faisait. Parmi les chrétiens, 8 sont morts, mais aucune personne de qualité ; comme blessés, il y en a 10 ou 12 autres, et, parmi eux, il y a 2 chevaliers. J'ai consideré comme un grand miracle, vu le grand nombre d'esco-

de scopeta, ny heridos tres, y la mayor parte delos muertos y heridos son de ballesta, y no trahyan cient ballesteros. Allegué à esta ciudad media hora antes que anocheciesse, y porque la gente se me desordenava por entrar al saco, hize gran diligencia en detenerlos y alojarlos aquella noche en un olivar cerca dela ciudad, porque no se matasse la gente en la ciudad, siguiendo de noche, y porque no me dejassen las armas a la puertas y me las llevassen los Moros. Martes de mañana entré en la ciudad quedo, dando órden de recoger todos los bastimientos della y procurando traer toda la gente que pueda de los que han huydo a servicio de Vuestra Majestad para dexar lo de aqui en la órden que conviene y volver a lo de Mostagan. Con la razon de todo lo que hiziére despacharé a don Alonso, mi hijo, lo mas breve que pueda. Dios nuestro señor la vida y imperial personna de Vuestra Majestad guarde y prospere con el acrescentamiento de mas reynos y señorios.

petiers dont j'ai déjà parlé, qu'il n'y ait eu aucun mort par escopette et seulement 3 blessés (1). La plupart des morts et des blessés l'ont été par baliste et ils (les Maures) n'avaient pas amené avec eux 100 balistiers. Je suis arrivé devant cette ville (Tlemcen), une demi-heure avant la tombée de la nuit. Comme la gente (colonne) commençait à se mettre en désordre pour entrer au sac, j'ai fait grande diligence pour l'arrêter et la loger, cette nuit-là, dans des oliviers près de la ville, afin d'empêcher qu'on s'entretue dans la ville pendant la nuit et afin qu'ils (mes hommes) ne laissent pas leurs armes devant les portes, d'où les Maures les emporteraient. Mardi matin je suis entré dans la ville, en silence. J'ai donné l'ordre d'en recueillir tous les approvisionnements. J'ai tâché d'attirer au service de Votre Majesté tout le monde que j'ai pu parmi ceux qui ont fui, afin de laisser ici l'ordre établi qui convient et de retourner à ceux de Mostaganem. Avec le détail de tout ce qui a été fait, j'enverrai, aussitôt que je le pourrai, Don Alonso, mon fils. Dieu, Notre Seigneur, garde la vie et l'impériale personne de Votre Majesté et la fasse prospérer avec l'extension de plus en plus grande de ses royaumes et seigneuries.

Del mesuar de Tremecen,
à VIII de ebrero XC^c XLIII.

Du Méchouar de Tlemcen,
le 8 Février 1543.

---

(1) Les escopetiers maures ont dû tirer horizontalement c'est-à-dire trop haut, puisqu'ils étaient sur une crête et que les Espagnols grimpaient la pente assez dure.

Combat du 2 Février.

D'après P. Ruff :

« Le roi de Tlemcen n'avait pas perdu courage. Il avait sollicité l'appui des Turcs et signé un traité avec Hassan Agha, mais il n'en reçut que de faibles secours. Ce furent les indigènes qui, grâce à l'influence d'El Mansour ben Bogani, vinrent défendre Mouley Mohammed. Le caïd des Beni Rachid, le vainqueur de 1535, réunit les contingents Arabes et Berbères et se prépara à défendre contre les Espagnols la route de Tlemcen. La principale ligne de défense était évidemment l'Isser. Ce fut donc encore à Tibda qu'il conduisit le gros de ses troupes. Mais des corps furent envoyés en avant de cette rivière pour inquiéter et retarder la marche des chrétiens.

« Le 2 Février, les Espagnols aperçurent, dès le matin, un nombre considérable d'ennemis courant sur les crêtes voisines et s'approchant des Espagnols assez près pour qu'on pût causer avec eux (1). Ils semblaient surtout menacer l'arrière garde. Le comte avait chargé son cousin, don Martin de Cordoue et son fils Francisco (2) de couvrir l'armée de ce côté ; ils avaient 50 cavaliers commandés par Diégo Ponce de Léon et 1 compagnie d'infanterie légère armée d'escopettes et d'arbalétes. L'ennemi, de son côté, comptait environ 1500 lances et 6000 ou 8000 fantassins. Bientôt après apparut de ce côté une masse plus considérable de troupes bien équipées ; c'était l'armée d'El Mansour ben Bogani qui essayait ainsi de couper la retraite aux Espagnols, tandis que, à l'avant-garde, le Comte avait à lutter contre le caïd Ibrahim (3). Les Espagnols se trouvaient dans des ravins encaissés, entourés de montagnes occupées par les Arabes. Le Comte eut vite raison des ennemis qui lui faisaient face. Il les aborda de front, pendant qu'Alonso de Villaroel les attaquait par le flanc avec 500 hommes, et il s'empara des crêtes. Mais il ne put poursuivre les fuyards parce que le sol trop détrempé était dangereux pour la cavalerie. La colonne reprit sa marche, tandis que, à l'arrière garde, on continuait à tirailler. El Mansour se décida enfin, vers 3 heures, à ordonner l'attaque qui fut très impétueuse. Les Espagnols chargèrent à leur tour, mais ils étaient trop peu nombreux. On avertit le comte qui, de l'avant-garde, put voir le danger et qui envoya aussitôt 100 lances et 200 hommes d'infanterie légère sous les ordres de son fils Alonso et de Juan de Villaroel. Ces renforts arrivèrent au moment décisif et l'ennemi s'enfuit en perdant du monde. Les Espagnols n'avaient eu qu'un soldat tué et quelques hommes blessés légèrement, entre autres le neveu du Comte, Alonso Hernandez de Montemayor.

« Après ce premier succès qui encouragea vivement les troupes, l'armée sortie des ravins où elle avait combattu, poursuivit, aussi vite que possible, sa marche vers l'Isser. Le Comte voulait, en effet, profiter de l'effet produit par sa victoire et passer la rivière pendant la nuit. Mais le passage d'un

---

(1) « Le fils du Comte, Alonso, parla quelque temps avec eux ». (P. Ruff), (d'après le livre « Guerre de Tlemcen » de F. de la Cueva).

(2) « F. de la Cueva dit que c'est à 8 heures du matin que le Comte envoya Don Martin renforcer l'arrière garde et que, un peu plus tard, Francisco y vint à son tour. Or le Rapport du Comte dit très nettement qu'il y avait à l'arrière garde, outre les capitaines d'infanterie, Don Martin et Francisco. Plus tard Alonso y fut envoyé ». (P. Ruff).

(3) Tactique des Africains depuis Massinissa au moins. (Général L. Didier).

marais, formé sans doute par la pluie, dans le lit d'un ruisseau, retarda le mouvement. La vase était si profonde et la nuit si noire qu'on y perdit des bagages et des chevaux ; en outre, il en résulta beaucoup de désordre. Un grand nombre de soldats apercevant les feux du camp arabe établi sur une montagne vers la droite s'y dirigèrent, croyant rejoindre leurs compagnons et il fallut que le comte fit allumer des torches pour les détromper. Cependant, par suite de ce retard et de ce désordre, l'opération était manquée. Le comte ordonna donc d'installer le camp. L'armée se trouvait à une demi-lieue de la rivière. Le reste de la nuit, fort avancée d'ailleurs, se passa sur le qui-vive ; l'ennemi ne cessait d'inquiéter les Espagnols ; il parvint même à tuer une sentinelle qui fut ensuite mutilée.

Passage de vive force de l'Isser le 3 Fevrier.

D'après Paul Ruff.

« N'ayant pu forcer le passage de l'Isser pendant la nuit (1), le Comte d'Al-caudète devait s'attendre à rencontrer au jour une vive résistance sur ce point. Au moment où il levait le camp, le samedi matin, il fut, en effet, informé qu'El Mansour l'attendait avec toutes les forces du royaume (2). Cette nouvelle fut accueillie avec joie par l'armée qui tenait la victoire pour assurée. Les Espagnols s'étaient mis en mouvement vers 8 heures et ils arrivèrent bientôt sur les bords de la rivière. Là on aperçut la foule considérable des ennemis qui s'étaient placés de façon à pouvoir attaquer les Espagnols de tous les côtés à la fois et sur les 2 rives.

« Après avoir observé la disposition des troupes de Tlemcen, le Comte adopta son ordre de bataille. Il ordonna au mestre de camp, Alonso de Villaroel, de placer des escadrons de cavalerie sur les 4 faces de l'armée, en plus des compagnies d'infanterie. 2 escadrons devaient encadrer le convoi à droite et à gauche ; l'avant-garde était précédée de cavaliers ; à l'arrière-garde un escadron fermait la marche en se reliant à ceux des côtés. En dehors du corps principal, le Comte disposa des tirailleurs entre des files de piquiers qui devaient les protéger contre les charges de l'ennemi (8). A l'avant-garde (4), il y avait 10.700 hommes, dont 1.500 fantassins. Ils étaient armés de piques,

---

(1) Si le comte d'Alcaudète a eu réellement cette intention, elle était très audacieuse. (Général L. Didier).

(2) « D'après F. de la Cueva, El Mansour devait commander ces troupes avec un renégat Biscayen, capitaine des escopeteros et de la gente del campo du roi Mouley Mohammed. Ce renégat est sans doute celui dont Abdallah épousa la fille un peu plus tard, que Marmol appelle Haston et que M. de Rocalier appelle Hamu. C'était peut être le même personnage que le caïd Ibrahim dont il a été question plus haut ». (P. Ruff).

(3) « Les termes du rapport présentent une certaine obscurité et ne correspondent pas tout à fait au récit de F. de la Cueva, qui cependant, en général, emploie les mêmes termes et semble avoir connu le Rapport. Le Comte dit qu'il fit placer à la tête des files 4 ou 5 arquebusiers et arbalétriers, afin que lorsque l'ennemi attaquerait de tous côtés et baisserait les piques les tirailleurs fussent au-dessous des piques dans l'espace laissé libre entre les files. Suivant F. de la Cueva, les tirailleurs furent placés à l'extrémité des files de piquiers de manière que ceux-ci baissant leurs piques au moment de l'attaque, les tirailleurs se trouvassent au-dessous dans l'espace libre entre les files. Ce texte nous parait plus clair que le premier ». (P. Ruff).
Voir ma traduction page 304. (Général L. Didier).

(4) Non, c'est une hérésie militaire ; voir ma traduction (page 304) et le schéma (Général L. Didier).

sauf 50 qui avaient des arquebuses ou des arbalètes (1) ; leurs chefs étaient Alonso Hernandez de Montemayor, qui avait été légèrement blessé la veille, et Louis de Rueda, alcade ou commandant de place d'Oran. L'infanterie de l'aile droite était commandée par un neveu du Comte Don Mendo de Benavidés, et celle de l'aile gauche par Alonso de Villaroel. Enfin, à l'arrière garde, se trouvaient le fils aîné du général, Alonso, et Juan de Villaroel. Le reste de la cavalerie accompagnait le Comte et l'étendard royal et pouvait soutenir l'avant-garde si c'était nécesssaire.

« Ces dispositions prises, l'armée se mit en marche vers l'Isser, qui était grossi par les pluies et, à ce moment, l'ennemi attaqua. Mais le mouvement ne fut pas arrêté. Après une prière faite en commun (2), l'avant-garde s'élança au son des trompettes, et passa le gué « comme sur un pont », bien que les fantassins eussent de l'eau jusqu'aux épaules. Les chefs passèrent les premiers. Aussitôt qu'ils furent de l'autre côté de la rivière, les Espagnols chargèrent l'ennemi et le poursuivirent jusqu'au sommet de la montagne qui domine l'Isser (3). Là s'arrêta l'avant-garde ; une trentaine d'ennemis étaient tués, quelques uns pris. Le Comte, pendant ce temps, protégeait le passage du reste de l'armée avec un millier d'hommes qu'il avait placés au pied de la montagne (4). L'ennemi déconcerté par la rapidité de ce succès d'avant-garde, n'osa plus disputer le terrain, et l'armée espagnole, poursuivant sa route, arriva jusqu'à Tibda où elle occupa une forteresse. Il n'y avait eu qu'un soldat tué (5) et 3 ou 4 blessés, bien que l'armée de Tlemcen comptât, d'après les Maures, 5.000 lances et 13.000 à 14.000 fantassins.

« Pendant la nuit que les Espagnols passèrent à Tibda, les Maures tentèrent plusieurs surprises, mais furent repoussés ».

Combat d'Haouda ben Djafar le 5 Février

Voir pages 306 à 311, ma traduction avec M. Saura.

D'après Paul Ruff :

« Le lundi 5 Février, dès l'aube, les ennemis commencèrent à s'agiter et il fallut contenir énergiquement l'ardeur impétueuse des chevaliers ; le Comte d'Alcaudète menaça de frapper de sa lance quiconque quitterait son rang. L'armée se mit en marche et, vers 10 heures du matin, le Général qui savait déjà que son défi était accepté, fut informé que le roi de Tlemcen s'avançait avec ses troupes renforcées d'un corps de 400 Turcs (6). L'endroit où allait se

---

(1) « Le Comte dit 50 ; F. de la Cueva 40 » (P. Ruff).

(2) « La prière ressembla, dit F. de la Cueva, à un gémissement ». (P. Ruff).

(3) La principale résistance avait donc eu lieu sur la rive droite : le défilé de l'Isser avait donc été défendu en avant (! ?)
C'est en désaccord avec le Rapport du Comte d'Alcaudète. Voir ma traduction. (Général L. Didier).

(4) « D'après F. de la Cueva, le passage fut marqué par un incident curieux qui montre que, malgré le défaut des moyens de transports, l'armée trainait après elle des femmes et des enfants. Au passage de la rivère, en effet, des femmes et des enfants faillirent périr et furent sauvés par une femme de mauvaise vie que le Comte félicita et récompensa. » (P. Ruff).

(5) « Encore fut-il tué en traversant l'Isser, non en combattant. » (P. Ruff).

(6) Ils avaient pu venir de Ténés et d'autres localités. Le Rapport du Comte dit qu'ils venaient de la « Fontera de Tunez » mais il y a là une erreur évidente de copiste. Ce détail montre que, à cette époque, le cheikh Hamida était retombé dans la dépendance des Turcs. Nous aurons, du reste, à le constater plus loin ». (P. Ruff).

livrer la bataille décisive s'appelait Hauda-ben-Djafar (ou Hauda beni Aphar) (1).

« Le Comte arrêta ses dispositions de combat assez semblables à celles qu'il avait adoptées au passage de l'Isser. Il plaça 2 escadrons sur les 2 côtés de l'avant-garde et leur donna pour chef son fils Alonso et don Juan de Villaroel. Entre ces escadrons, il disposa la moitié de son infanterie avec quelques cavaliers et les étendards. Comme dans la bataille précédente, il mit des tirailleurs en avant des files Lui même se plaça au centre avec tout le reste de sa cavalerie, environ 300 lances. Sur les flancs furent postés 1.500 hommes d'infanterie légère (2). Enfin, à l'arrière-garde qui ne semblait pas cette fois devoir soutenir le principal effort, le général envoya son fils Francisco remplacer Don Martin de Cordoue qui avait sollicité la faveur de combattre auprès du Comte lui-même. Francisco témoigna le même désir, mai « il arriva le contraire de ce qu'il pensait, car ce fut à l'arrière-garde que le combat fut le plus acharné ». Comme instruction, le Comte avait interdit de demander du secours à moins d'absolue nécessité (3).

« Les Maures avaient mis à l'avant-garde (4), avec les bannières royales, plus de 1500 lances de la maison du roi, avec des notables de Tlemcen et quelques guerriers des Beni Rachid (5), puis environ 2.000 hommes armés d'escopettes, d'arbalètes, d'arcs, commandés par le caïd Ibrahim, enfin beaucoup de fantassins (6). L'arrière garde comptait plus de 2000 lances (7) dont un millier de soldats d'élite, protégés par des boucliers et revêtus de vêtements aux couleurs éclatantes ; ils avaient avec eux 400 ou 500 cavaliers et fantassins armés d'escopettes et d'arbalètes. Il y avait enfin tout autour des troupes espagnoles une foule considérable de combattants à pied et à cheval. L'armée du Comte ne s'effraya point du nombre des ennemis. Animée au contraire à cette vue et sûre de vaincre, elle marcha en bon ordre à leur rencontre. Le Général en chef, suivi de religieux, parcourut les rangs, exaltant l'enthousiasme de ses troupes. Puis il se plaça près de l'avant-garde.

« Les Espagnols, conservant l'ordre qui leur avait été fixé (8) marchèrent à l'ennemi qui les attendait sur les hauteurs où il avait disposé une embuscade. Aussitôt qu'ils commencèrent à atteindre le plateau et que les trompettes

---

(1) F. de la Cueva, qui l'appelle ainsi, dit que le père et l'aieul du roi de Tlemcen y avaient triomphé de leurs ennemis ». (P. Ruff).

(2) « Ces dispositions rapportées par le Comte ne correspondent pas tout à fait au récit de Marmol, suivant lequel il aurait formé 2 corps d'infanterie de 4 000 hommes chacun, l'un en avant, l'autre en arrière du convoi, mis sur une des ailes toute la cavalerie avec de l'infanterie légère et envoyé sur les flancs 2 compagnies de 500 arquebusiers. Nous avons naturellement préféré la version du Comte conforme du reste à celle de F. de la Cueva » (P Ruff).

(3) « Il recommandait de ne pas demander du secours à haute voix, de crainte d'être compris par les renégats et les aljamiades (Maures qui parlaient un patois mélangé d'espagnol et d'arabe). » (P. Ruff).

(4) « Sur leur première ligne » serait plus juste et exact. (Général L. Didier).

(5) « F de la Cueva dit 3.000 lances et ajoute qu'elles furent mises en embuscade avec le reste de l'avant-garde ». (P. Ruff).

(6) « Le texte du Rapport, qui, d'ailleurs, diffère peu de celui de F. de la Cueva, semble ici obscur par suite d'un défaut de ponctuation. Les mots « à la retaguardia » doivent se rattacher à la phrase qui les suit, non à celle qui les précède ». (P. Ruff).

(7) « F. de la Cueva dit plus de 4.000 ». (P. Ruff).

(8) « Marmol dit que le comte avait défendu aux soldats, sous peine de la vie, de quitter leurs rangs pour combattre isolément et que cet ordre fut strictement observé ». (P. Ruff).

donnérent le signal de la charge, on vit apparaitre les drapeaux du roi de Tlemcen et 200 lances qui se jetérent sur les chrétiens. Ce fut un des capitaines de l'avant garde, le mestre de camp de l'armée, Alonso de Villa-roel, qui tua le premier Maure au moment où celui-ci le visait avec son arquebuse. Après une décharge des Arabes qui n'atteignit personne, le Comte donna à son escadron l'ordre de charger, et l'ennemi parut se retirer. Mais ce n'était qu'une feinte destinée à faire tomber les escadrons dans l'embuscade. Le Général s'en aperçut, et, tout en continuant la poursuite, il ordonna au reste de la cavalerie de marcher et de le soutenir s'il était trop vivement pressé. Quant à l'arrière-garde, elle ne devait combattre que si elle y était forcée. Le Comte tenait à pouvoir disposer de toutes ses troupes pour la lutte décisive qui allait s'engager. Avant de l'entamer, on pria suivant l'usage.

« Les escadrons d'avant garde ne tardèrent pas à s'approcher des Maures assez près pour que le feu de l'ennemi fit des victimes Le cheval du Comte fut même blessé. Les chevaliers le pressaient de donner le signal de la charge (1). Mais après avoir consulté son cousin, Don Martin de Cordoue, qui ne voulut pas se prononcer (2), le Comte pensant qu'on était encore trop loin, ordonna de poursuivre la marche.

« Enfin, avant que l'on eût rejoint les arquebusiers qui occupaient la colline, les troupes placées en embuscade, cavaliers et fantassins apparurent en poussant de grands cris et pénétrèrent, dans un élan vigoureux, jusqu'aux étendards espagnols. La situation était critique. Le comte donna alors l'ordre de charger à Don Martin et à Diego Ponce de Léon. Lui même, il se jeta dans la mêlée avec son fils Alonso, et don Juan Pacheco, son neveu, qui gardait son étendard et celui du souverain, vint le soutenir avec 40 cavaliers. Don Martin tua de sa main un porte-drapeau de l'ennemi et l'on s'empara de son drapeau (3). Ce combat, qui dura 2 heures et demie ou 3 heures, coûta aux troupes du roi de Tlemcen un grand nombre de cavaliers et de fantassins. Presque tous les Turcs périrent.

« Pendant ce temps, l'arrière-garde était aussi vivement attaquée. Les Maures, suivant leur tactique habituelle, essayaient de rompre de ce côté les troupes espagnoles, pour y jeter le désordre et leur couper la retraite. Mais Alonso tint ferme bien qu'il eût été blessé au poignet. Le comte fut Informé de la gravité de la situation, mais, selon le conseil de don Martin, il voulut compléter d'abord la victoire de l'avant garde. Dès qu'elle fut assurée, il envoya son neveu, don Mendo de Benavidés, renforcer l'arrière garde avec des troupes légères ; il y envoya aussi Luis de Rueda et Jean de Villaroel qui revenaient victorieux. Ces renforts mirent fin au combat d'arrière-garde qui avait duré 3 heures.

« Les ordres du Comte avaient été si bien exécutés que l'armée, après cette lutte acharnée, conservait l'ordre de bataille adopté au début de l'action. Les Maures parurent cependant disposés à disputer la route et 2000 lances s'y placèrent, faisant de mine de recommencer ; mais il suffit d'y envoyer des

---

(1) « Que diese Sanctiago ». C'était ordonner la charge qui se faisait en poussant ce cri de guerre ». (P. Ruff).

(2) Don Martin répondit : « Ce n'est pas le moment de donner son avis, mais d'exécuter les ordres de Votre Seigneurie ». (P. Ruff).

(3) « Don Martin eût son cheval tué sous lui et courut un grand danger ». (P. Ruff).

troupes légères et de la cavalerie pour les mettre en fuite. Une heure après on ne voyait plus un seul ennemi (1).

« Le roi Mouley Mohammed avait attendu le résultat à une lieue du champ de bataille (2), Lorsqu'il connut sa défaite, il s'enfuit chez les Beni Rachid (3). Ses troupes avaient subi de grandes pertes ; quant aux chrétiens, ils n'eurent que 8 hommes tués, dont aucun soldat de marque, et 10 ou 12 blessés, parmi lesquels 2 chevaliers (4). Nous n'avons que des renseignements insuffisants sur l'importance des forces auxquelles les Espagnols eurent affaire dans cette journée. D'après le Comte, chacun de ses soldats eût à combattre contre 3 adversaires au moins. L'armée de Tlemcen aurait donc compté de 40 à 45.000 hommes (5). Le Général regretta de n'avoir pas eu assez de cavalerie pour anéantir les forces ennemies (6).

« La victoire n'en était pas moins décisîve. Le soir même, une demi heure avant la nuit, les Espagnols arrivaient aux portes de Tlemcen (7). Aussitôt les soldats, avides de piller. se débandèrent. Mais le Comte, craignant le désordre qui se serait forcément produit pendant la nuit et dont l'ennemi aurait pu profiter pour s'emparer des armes des soldats, fit de grands efforts pour les arrêter. L'armée, après avoir franchi le pont du Saf-Saf (8), passa la nuit dans le bois d'oliviers situé près des remparts Durant cette nuit, un grand nombre d'indigènes vinrent faire leur soumission au roi Abdallah (9). »

---

(1) « Le récit de la bataille d'après Marmol diffère de celui du Comte. Suivant Marmol, l'armée espagnole fut attaquée de tous côtés par les Arabes qu'elle repoussa par de nombreuses décharges d'arquebuses ; elle marcha toute l'après-midi en combattant et arriva à un retranchement défendu avec des fascines et des gabions (un fuerte de faxina y serones) où le mezouar avait mis des provisions d'eau et de vivres. C'est là que les Espagnols auraient passé la nuit et c'est le lendemain seulement qu'ils seraient arrivés à Tlemcen, d'où le roi s'était enfui en empoisonnant les sources. Mais le rapport officiel du Comte fait ici autorité, d'autant plus qu'il est confirmé de tous points par le récit de F. de la Cueva qui suivit l'expédition et par celui de B. de Moralès, qui, peut-être, y assista aussi ». (P. Ruff).

(2) Il n'avait guère répondu personnellement au défi du comte d'Alcaudète. (Général L. Didier).

(3) « Après son retour à Oran, le Comte apprit que le roi s'était enfui de Benarax (ville des Beni Rachid) où il s'était réfugié après sa défaite ». (P. Ruff).

(4) « Le Comte remarque, comme un fait miraculeux, qu'il n'y ait eu que 3 hommes blessés par les escopettes, tandis que la plupart des tués et des blessés furent atteints par les flèches des arbalètes bien qu'il y eût beaucoup d'escopettes et seulement une centaine d'arbalètes. Cela prouve que les Maures étaient peu habiles dans le maniement des armes à feu. Du reste, ils ne se servirent pas des pièces d'artillerie qu'ils avaient à Tlemcen ». (P. Ruff).

(5) « F. de la Cueva l'évalue, avec exagération, à 8.000 cavaliers et 60.000 fantassins. B. de Moralès, plus exagéré encore, l'évalue à 150.000 hommes ». (P. Ruff).

(6) « Si este dia yo tuviera mil lanças, y se determinara en darme la batalla, les matara XX mil Moros ». (Rapport du comte d'Alcaudète)

(7) Le 5 février, il commence à faire jour à 6 heures et il fait nuit à 18 heures. En 12 heures, au maximum, les Espagnols ont donc parcouru une quinzaine de kilomètres et livré le combat, le tout en terrain montagneux C'est bien. (Général L. Didier).

(8) « Il existe quelques vestiges de ce pont que gardait une tour complètement détruite ». (P. Ruff).

(9) « Marmol dit que la plupart des troupes de Mouley Mohammed passèrent à l'ennemi. Il dit aussi que le vaincu en s'enfuyant fit empoisonner les puits avec le blé et d'autres choses, ce dont le Comte fut informé. On ne trouve pas d'autres traces de ces faits qui ne nous paraissent nullement exacts. » (P. Ruff).

Départ de Tlemcen, combat des Oliviers (1er Mars).

D'après Paul Ruff :

« Un trop long séjour à Tlemcen aurait affaibli l'armée du comte d'Alcaudète, qui avait déjà éprouvé des pertes sensibles (1). Il fallait songer au retour. Le capitaine-général eût, un instant, l'idée de laisser une garnison de 1200 hommes pour défendre Abdallah. Mais il y renonça pour plusieurs raisons : d'après les renseignements qu'il avait recueillis, une masse considérable d'ennemis devait lui disputer la route d'Oran ; d'autre part, il songeait à marcher sur Mostaganem et toutes ses troupes lui étaient nécessaires pour cette nouvelle entreprise ; enfin l'Empereur, lui même, lui fit peut-être donner l'ordre de hâter son retour parce qu'il avait besoin d'une partie de son armée (2).

« On commença donc à faire les préparatifs du départ et le Général fit réunir tous les bagages. Il emportait aussi quelques petites pièces de campagne qu'il avait trouvées dans l'arsenal de Tlemcen et notamment les 4 canons pris aux Espagnols hors du désastre de 1535 (3). On les répara, car les Arabes ne s'en étaient point servis ; on les monta sur des affûts, et cette artillerie fut très utile.

« Le départ qui était fixé au 28 Février, fut retardé jusqu'au lendemain, parce que les ennemis, auxquels on avait, suivant l'usage, envoyé un défi, négocièrent comme s'ils avaient voulu se soumettre.

« Enfin, le jeudi 1er Mars, avant l'aube, l'ordre de lever le camp fût donné (4) ; Un interminable convoi de captifs et de butin embarrassait la marche de l'armée, et des officiers, inquiets du danger qui pourrait en résulter, proposèrent au Comte de faire faire égorger les prisonniers et de brûler le butin. Mais il ne partagea pas leurs craintes ; il redoutait surtout de décourager ses soldats et don Martin de Cordoue exprima le même avis.

« L'avant-garde se mit en route vers 8 heures. Derrière elle venait le convoi protégé par des troupes. Enfin l'arrière-garde devait soigneusement veiller à ce qu'aucun chrétien ne restât dans la ville ; elle était commandée encore par le fils du général, Francisco, assisté de don Mendo de Benavidés et du mestre

---

(1) « Suivant Marmol, l'armée perdit un millier d'hommes à Tlemcen. Selon Diego Suarez, le chiffre total des pertes de l'expédition s'éleva à 2.300. La plupart durent succomber à Tlemcen ». (P. Ruff).

(2) « C'est du moins ce que dit B. de Moralès. Mais, d'après F. de la Cueva et Cat, le Comte ne reçut l'ordre de renvoyer les troupes à Barcelone qu'en Juin, au retour de Mostaganem et de la campagne des Beni Rachid ». (P. Ruff).

Pour moi, les forces que le comte d'Alcaudète avait emmenées d'Espagne n'avaient été mises que momentanément à sa disposition par Charles Quint (ou n'avaient été enrôlées par le Comte que pour un temps limité, si c'est réellement lui qui les a payées). Cette opinion ressort des faits et de la lecture entre les lignes des documents. Elle explique tout. Le comte d'Alcaudète n'ayant pas ces forces en permanence n'a pas pu laisser des garnisons à Tlemcen et à Mazagran. Nous avons fait comme lui après notre débarquement à Casablanca. (Général L. Didier).

(3) « Suivant Marmol, il emmena 9 pièces. Suivant F. de la Cueva, il n'en prit que 6, mais celui-ci commet une erreur en disant qu'elles avaient été toutes les 6 prises à Tibda, alors que Martin de Angulo n'en avait que 4. B. de Moralès parle seulement de quelques pièces. ». (P. Ruff).

(4) « Marmol se trompe en parlant d'un séjour de 40 jours. En réalité, le Comte ne resta dans Tlemcen que du 6 février au 1er mars, c'est-à-dire environ un mois comme le dit Diégo Suarez qui attribue au mauvais temps ce long séjour ». (P. Ruff).

de camp, Alonso de Villaroel. Aussitôt qu'elle eût quitté Tlemcen, Abdallah en fit fermer les portes.

« L'armée espagnole se trouvait alors dans une situation périlleuse. Elle était, tout entière, engagée au milieu d'un bois d'oliviers, dans des sentiers étroits où le convoi devait forcément s'allonger beaucoup De tous côtés, d'innombrables ennemis se disposaient à l'attaquer.

« L'avant garde engagea tout d'abord l'action et il fallut employer l'artillerie pour chasser les Arabes d'une position qui commandait le passage. Le Comte s'y porta lui-même. Mais, pendant ce temps, une masse plus considérable d'ennemis se jetait impétueusement sur l'arrière-garde. Le général y courut aussitôt. Il fallut bientôt faire venir des renforts, car le danger était grand ; les ennemis étaient très nombreux (1), et, comme ils s'abritaient derrière les arbres, les combats individuels, où les Espagnols triomphaient presque toujours, étaient impossibles. La victoire resta longtemps indécise. Enfin, le Comte cherchant un terrain plus favorable où il put utiliser sa cavalerie, atteignit une clairière et y devança l'ennemi qui voulait s'y porter pour envelopper l'arrière-garde. Cependant cette portion de l'armée espagnole se trouvait séparée de l'avant-garde. Don Martin de Cordoue reçut l'ordre de ramasser les morts et les blessés de l'arrière-garde, de rallier les tirailleurs, puis de se porter à l'avant-garde qui débouchait dans la plaine. Lorsqu'il fut arrivé en traversant la masse des ennemis, non sans courir un grand danger, il y rétablit l'ordre suivant ses instructions et, pour protéger le convoi, fit lancer quelques boulets sur les Arabes qui luttaient encore dans le bois. Cette rigueur déconcerta les Maures et l'arrière-garde fut dégagée (2).

« Cette batataille, appelée combat des Oliviers (3), avait duré 6 ou 7 heures, depuis 10 heures du matin jusque vers 5 heures du soir. Le Comte et ses fils avaient dû donner à leurs soldats l'exemple de la bravoure. Quant au nombre des ennemis, il est impossible de l'évaluer, mais on peut le considérer comme étant au moins double de celui des chrétiens (4). Ils appartenaient, en grande partie, aux Beni Rachid (5) et avaient pour chef un capitaine du roi de Fez, Ahmed Segheur (6). Leurs pertes s'élevèrent à 1500 hommes dont 500 tués (7).

« Mais tout n'était pas terminé. Des Maures pouvaient, en effet, couper la retraite en s'emparant du pont du Saf-Saf. Aussi, la victoire une fois décidée, le Comte envoya don Martin occuper le pont avec l'avant-garde. Les ennemis le suivirent, tout en combattant ; ils rompirent même les troupes auxiliaires (8) qui protégeaient le convoi. Il fallut que Don Martin vint rétablir l'ordre. Le Comte, qui craignit à ce moment, que les forces dont dis-

---

(1) « Ils comptaient de ce côté, selon F. de la Cueva, 3000 lances et 15000 fantassins ». (P. Ruff).

(2) Ça prouve que toute l'artillerie était à l'avant-garde. (Général L. Didier).

(3) « Batalla del Olivar ». (P. Ruff).

(4) « Suivant Marmol, il y avait plus de 100.000 Maures. Mais cet auteur exagère toujours. (P. Ruff).

(5) « Des Ulet-Harrax, dit F. de la Cueva ». (P. Ruff).

(6) « Hamet Caguer, d'après F. de la Cueva ». (P. Ruff).

(7) « Nous n'avons pas de renseignements sur les pertes des chrétiens ». (P. Ruff).

(8) « Le cheikh Guirref, avec lequel don Alonso avait négocié un accord avant l'ouverture de la campagne et qui avait manqué de parole, avait été ensuite pris de remords et avait rejoint le Comte à Tlemcen ». (P. Ruff).

posait son lieutenant fussent insuffisantes, lui fit dire de s'arrêter ; mais il ne le voulut pas, et lorsqu'il en reçut l'ordre formel il avait déjà pris possession du pont (1). Les Maures essayèrent de le reprendre ; alors le général en chef les chargea et termina ainsi cette glorieuse journée. L'armée continua sa marche et alla camper à un quart de lieue du pont. Le roi Abdallah envoya au Comte une lettre de félicitations. Ce qui est plus remarquable c'est que, le lendemain, le chef marocain, qui avait, la veille, dirigé les troupes maures, se. déclara l'ami et l'allié des Espagnols ».

Prise de Mazagran (25 Mars). Le retour à Oran (Ier Avril)

D'Après Paul Ruff :

Le dimanche de Pâques, on attaqua Mazagran. Mais, comme le chemin suivait le rivage et que l'armée eût été exposée sur son flanc gauche au feu des galères turques, le Comte d'Alcaudète modifia son itinéraire et s'avança par le plateau qui domine Mazagran. Les Espagnols aperçurent bientôt dans la plaine une foule considérable d'Arabes. Ils entouraient Mazagran et semblaient se disposer à défendre ce village sous la direction d'El Mansour ben Bogani et d'Hamida El Aouda (2), mais, au dernier moment, ils se retirèrent sans combattre. Le Comte fit aussitôt occuper le village où l'on trouva de l'orge et du blé. Le camp fut installé hors de l'enceinte (3), près de la mer.

« Les Espagnols passèrent 3 jours près de Mazagran. repoussent les ennemis qui venaient les assaillir jusqu'aux abords du camp et échangeant quelques coups de canon avec les galères. Pendant ce temps, le capitaine-général envoyait à Mostaganem des espions qui devaient s'informer des moyens de défense de la place (4). Il sut ainsi qu'il y avait dans la ville 1500 soldats maures ou Turcs, et 29 grosses pièces d'artillerie. Dans ces conditions une attaque lui parut impossible, car il n'avait qu'une pièce de siège et n'aurait pas pu ouvrir une brèche. L'expédition était donc manquée et, dans la nuit du mercredi au jeudi, le camp fut levé. L'armée partit à 2 heures du matin afin de devancer l'ennemi. L'avant-garde, protégée par 2 escadrons et 3 pièces d'artillerie, était guidée par 3 cavaliers munis de torches au moyen desquelles on devait faire les signaux. Mais les ennemis avaient aussi des espions et ils connurent de suite la résolution des Espagnols. Tandis que la garnison de Mostaganem célébrait sa joie par des salves et des illuminations, les Maures

---

(1) Il a eu raison et son coup d'œil tactique a été beaucoup plus clair à ce moment que celui du comte d'Alcaudète. (Général L. Didier).

(2) « Nous retrouvons Hamida El Aouda parmi les ennemis des Espagnols et, par conséquent, parmi les vasseaux d'Hassan Agha. Ce fut, sans doute, le résultat du désastre de 1541. F. de la Cueva dit qu'il y avait à Mazagran, outre ces 2 personnages, l'alcade de Ténès. Il est possible qu'il y ait là une confusion et qu'Hamida fit lui même l'alcade, à moins que ce cheikh n'ait eu auprès de lui un officier turc chargé de le surveiller ». (P. Ruff).

(3) « Cette enceinte était une « muralla en piedra sin traves ». (Cat et P. Ruff).

(4) « On voit avec quelle négligence était préparée cette expédition, puisque c'est seulement à ce moment que le Comte se préoccupa de savoir si une attaque était possible ». (P. Ruff).

Je ne suis pas de l'avis de Paul Ruff ; la garnison de Mostaganem avait très bien pu être renforcée en hommes et en matériel par les Turcs et les Arabes depuis le moment où le comte d'Alcaudète avait recueilli des renseignements à ce sujet, pour la force à donner à son corps expéditionnaire et, peut-être même, depuis le départ d'Oran de ce corps expéditionnaire. (Général L. Didier).

qui étaient restés dans le voisinage des chrétiens se mirent à les sui.
vre sur les hauteurs. Ils étaient fort nombreux, car le roi détrôné de
Tlemcen, Mouley Mohammed, avait fait proclamer la guerre sainte jusqu'à
Fez (1).

« Dès le matin, il fut évident que l'on aurait à combattre. Aussi le Comte
prit-il ses dispositions. Il se plaça lui même à l'avant garde avec son fils
Alonso, et confia l'arrière garde à Don Mendo de Benavidès et à Don Alonso
de Villaroel. L'artillerie placée près de la plage devait répondre au feu des
galères turques. La bataille devint bientôt générale et le comte lui même dût
payer de sa personne. Enfin les galères se retirèrent sur Mostaganem (2), et
le général put tourner ses canons contre les Maures qui se replièrent après
avoir subi de grosses pertes (3). Celles des Espagnols étaient sensibles ; ils
avaient 20 morts, parmi lesquels Don Pedro de Rueda, frère du Commandant
de la place d'Oran.

« Il se passa, pendant la bataille, un fait caractéristique, qui démontre le
peu de confiance que méritaient les indigènes alliés. Croyant la défaite des
chrétiens assurée, leurs auxiliaires arabes avaient fait à l'ennemi des signes
d'intelligence : (4) ils essayèrent en vain, (5), après le combat, d'expliquer
leur attitude. Dans la crainte d'une défection, le comte leur enleva la garde
des munitions et des bagages. (6)

« Cependant l'ennemi n'avait pas perdu courage, et, tandis que l'armée
espagnole reprenait sa marche, il attaquait l'arrière-garde et y jetait le désordre. Il fut repoussé, mais le Comte reprocha vivement à son fils Alonso,
qu'il avait envoyé de ce côté, d'avoir fait charger des troupes harassées de
fatigue, au lieu de rester sur la défensive. A la fin de cette pénible journée
les Espagnols arrivèrent sur les bords de la Macta et y campèrent. Les soldats
étaient épuisés (7). Pendant la nuit, il y eût encore des alertes.

« Le lendemain, l'armée traversa facilement la rivière, dont les eaux
avaient baissé. Dans l'après-midi, les Maures renforcés par des cavaliers de
Meliona, attaquèrent l'arrière garde que le Comte dût faire dégager.

« Mais, suivant ses ordres, on ne poursuivit pas l'ennemi. Pour ne pas
s'exposer au feu des galères turques, le général abandonna la route du littoral et inclina vers la gauche. Il alla camper près des Salines d'Arzew (8). Les
auxiliaires indigènes le quittèrent alors après avoir donné dans la dernière

---

(1) « Les historiens espagnols montrent une exagération très grande dans l'éva-
luation de ces forces. F. de la Cueva parle de 25.000 cavaliers et plus de 110.000
fantassins. B. de Moralès, qui prétend le tenir d'El Mansour lui-même, parle de
30 000 cavaliers et 150.000 fantassins » (P. Ruff).

(2) « B. de Moralès dit qu'on en coula une ». (P. Ruff)

(3) « F. de la Cueva les évalue à 4.000 morts, mais il exagère certainement ».
(P. Ruff).

(4) Je n'ai pas pu découvrir lesquels (!-?). (Général L. Didier).

(5) ! ? (Général L. Didier).

(6) « Il leur fit même enlever leurs chevaux qu'il donna aux arquebusiers espagnols ». (P. Ruff).

(7) « Leur fatigue était telle que la plupart d'entre eux s'endormirent sans manger
et que, pour faire ramener les canons à l'avant-garde, le Comte dut faire croire aux
soldats que l'ennemi voulait s'en emparer ». (P. Ruff).

(8) « Le Comte fut informé qu'il y avait des salines à un quart de lieue du campement et il alla lui même les reconnaître ». (P. Ruff).

journée des preuves de fidélité (1). Enfin, le 1er avril, le fils du Comte, Francisco, vint le recevoir avec un grand nombre de gentilshommes et, à 5 heures de l'après-midi, l'armée rentrait à Oran.

« Les troupes étaient mécontentes et, sans doute, déçues de se voir privées du butin qu'elles avaient espéré. Ce mécontentement gagna même les officiers et l'un d'eux, le capitaine Don Luis Mendez de Sotamayor, engagea ses soldats à se soulever aux cris de : « Espagne ! Espagne ? » Le Capitaine fut dénoncé, arrêté et exécuté avec un de ses sous-officiers.

Visite de Don Alonso au cheïkh Guirref

D'après Paul Ruff :

« Quelques jours après le retour de l'armée (de Mazagran) Don Allonso alla visiter le cheikh Guirref dont le douar était situé près du lac de Misserghin. (2). Le fils du Comte avait emmené un millier d'arquebusiers et quelques cavaliers. Il fut bien reçu et, à la requête du cheïkh, il relâcha des Maures qu'il avait fait prisonniers parce qu'ils s'étaient enfuis à son approche.

« Un peu plus tard, Don Alonso et Guirref marchèrent ensemble contre les indigènes de Meliona qui avaient attaqué le corps expéditionnaire de Mostaganem ; mais ils ne purent les surprendre (3). Ils firent cependant des prisonniers et prirent surtout du bétail On partagea le butin entre les soldats.

Négociation, démonstration militaire et traité de paix avec El Mansour et Hamida. Combats de Ben Aradj et de l'Aceituno

D'après Paul Ruff :

« Tandis que les Espagnols entreprenaient contre Mostaganem une expédition infructueuse, les choses se gâtaient de nouveau à Tlemcen... »

(ALLIANCE AVEC LES TURCS DU ROI DÉTRÔNÉ MOULEY MOHAMMED ; DÉCLANCHEMENT DE LA GUERRE SAINTE ; IRRITATION DES HABITANTS DE TLEMCEN CONTRE ABDALLAH).

Du reste, El Mansour, bien qu'il fût resté fidèle à sa politique d'alliance avec les Espagnols, soutenait toujours Mouley Mohammed...

« Cependant il est possible que, dès ce moment, le caïd des Beni Rachid, ait songé à se tourner du côté des maîtres d'Oran et a jouer auprès d'eux le rôle qu'avait si longtemps tenu Ben Redouan (4). Peut être vit-il avec inquiétude Mouley Mohammed se placer trop ouvertement dans la dépendance des

---

(1) « Au moment du passage de la Macta, ils demandèrent qu'on leur rendit leurs leurs chevaux et dispersèrent des ennemis qui se trouvaient dans le voisinage ». (P. Ruff).

(2) « Dans la vallée d'Agabel, c'est-à-dire d'Arbal ». (P. Ruff).

(3) « F. de la Cueva dit que ces indigènes qu'on alla attaquer étaient campés dans les montagnes au sud du lac de Misserghin. Il s'agit donc des cavaliers de Méliona qui avaient pris part à la dernière escarmouche pendant la retraite des Espagnols (de Mazagran) et qui habitaient cette région montagneuse ». (P. Ruff).

(4) « Il n'est plus question de Ben Redouan à partir de 1543. Sans doute ce chef mourut peu après, peut-être même avant l'avènement de son petit fils, à moins qu'il ne soit cet Ahmed El Eudj ben Redouan dont il a été question ». (P. Ruff).

Turcs qu'il redoutait plus encore que les Espagnols (1). En tout cas il allait
bientôt se déclarer contre son ancien protégé. Celui-ci avait marché contre
Abdallah mais avait été repoussé Il revint bientôt et, cette fois, Abdallah
sortit lui-même de sa capitale pour le combattre. Mouley Mohammed fut
encore une fois vaincu, mais loisque Abdallah voulut rentrer dans la ville il
en trouva les portes fermées par les habitants eux mêmes qui ne les ouvrirent qu'à son rival.

« Ainsi abandonné, Abdallah se réfugia dans le Sud (2) où son jeune frère
Ahmed vint le rejoindre. Mouley Mohammed, maître de Tlemcen, n'en fut
pas pour cela plus tranquille. El Mansour, qui avait sans doute à se plaindre
de lui, se déclara en faveur de son concurrent Abdallah et de son frère
Ahmed. Devenu, dès lors, l'ennemi avoué des Turcs, il devait chercher à
s'entendre avec les Espagnols. Des négociations s'engagèrent donc et Hamida
El Aouda, qui avait combattu aux côtés d'El Mansour dans la dernière campagne (de Mostaganem) et qui se trouvait avec lui à Ben Aradj, chez les Beni
Rachid, y prit part.

« Le Comte d'Alcaudète avait résolu de faire une démonstration militaire
pour aider au succès de cette tentative de rapprochement. Mais les soldats,
fatigués par les 2 campagnes précédentes, étaient peu disposés à entreprendre une nouvelle expédition. Le Capitaine général les décida cependant à le
suivre, en invoquant l'ordre de l'Empereur (3) et en leur promettant formellement de les rapatrier vers la fin du mois de Juin. Il emmena pour cette
expédition 2.000 fantassins, 70 lances et quelques pièces de canon. L'armée (3)
s'avança par les Salines jusqu'à l'*Oued Tlélat* (*Tililalo*) où elle s'arrêta pour
attendre le résultat des négociations avec les chefs arabes, négociations dont
fut chargé l'alcade de Mers-el-Kébir, Garcia de Navarette. Pendant ce temps
une reconnaissance fut envoyée *vers l'Habra*. Les négociations réussirent
complètement (4), et quelques jours après, les délégués d'El Mansour et
d'Hamida vinrent arrêter les dernières conditions du traité et jurèrent de
l'observer fidèlement. Une entrevue, dans laquelle les otages devaient être
livrés par les chefs, fut décidée (5).

« Le Comte, alors, se porta au devant de ses alliés, à la tête de toute son
armée rangée en bataille. El Mansour et Hamida furent accueillis par des
salves d'artillerie et de mousqueterie et au son des tambours et des trompettes. Après l'échange de compliments, les 2 chefs très flattés de cet accueil
livrèrent leurs otages. Mais le Comte, voulant les frapper d'étonnement par

---

(1) « Mouley Mohammed avait reçu, en effet, des secours des Turcs et les Espagnols eurent à les combattre dans la campagne des Beni Rachid ». (P. Ruff).

(2) « F. de la Cueva dit, dans le Sahara ». (P. Ruff).

(3) ? ! (Général L. Didier).

(4 « C'est peut être à ce moment qu'il faut rapporter l'acte de loyauté chevaleresque attribué par B de Moralès à El Mansour et raconté d'une façon assez obscure El Mansour aurait été invité par le Comte à livrer le roi, son ennemi (qui ne
pouvait être que Mohammed) qu'il tenait en son pouvoir, avec promesse qu'on
élèverait au trône son neveu alors fugitif (c'est-à-dire Abdallah ou Ahmed). Mais il
ne le voulut pas et informa, de l'approche, le roi qui s'enfuit ». (P. Ruff)

(5) « Nous ne connaissons pas les clauses de ce traité, mais on peut supposer que
le Comte promettait sa protection aux 2 chefs qui devaient en échange l'assister et
que, de plus, le prétendant de Tlemcen, Abdallah, devait rester le vassal de l'Espagne ». (P. Ruff).

sa générosité, les leur rendit après avoir pris l'avis de ses officiers Hamida, touché de cette confiance, déclara que si l'Empereur attaquait de nouveau Alger, il le soutiendrait avec 3.000 cavaliers et 2.000 fantassins et qu'il entrainerait avec lui un autre chef influent (1).

« Puis, l'armée, grossie de 2.000 cavaliers indigènes, se dirigea sur Ben Aradj (2). Le roi Mouley Mohammed occupait dans cette région la place de *Mascara* qui était défendue par 400 arquebusiers Turcs et 2.000 Maures. Ces troupes reçurent des renforts (3) et se disposèrent à surprendre les Espagnols pendant la nuit ; mais un transfuge en avertit ceux-ci et les dispositions nécessaires furent prises. Lorsque les Turcs et les Maures se présentèrent, ils trouvèrent devant eux des adversaires prêts à leur répondre et la nuit se passa ainsi à tirailler. Le jour venu, l'ennemi, voyant qu'il allait être lui même attaqué, se retira vers le sud. On le poursuivit durant 4 heures, mais sans l'atteindre. (4)

« Après ce succès, El Mansour et Hamida demandèrent l'autorisation de lever des troupes pour aller soutenir Abdallah et son frère Ahmed. Mouley Mohammed avait essayé vainement d'obtenir l'appui du Com'e.

« Les 2 grands chefs une fois partis, le capitaine général parcourut la région qui s'étend à l'est du lac de Misserghin (5), soumettant les indigènes sur son passage. Mais il faillit être surpris par les gens de Meliona qui lui dressèrent une embuscade. Il se laissa entrainer dans une poursuite avec 60 cavaliers seulement (6) et fut tout à coup entouré par plus de 600 ennemis. Il se défendit avec acharnement derrière un fossé qui entourait un olivier isolé et sa résistance donna au reste de l'armée le temps d'accourir. Cette rencontre reçut le nom de combat de l'Aceituno, de l'olivier. Afin de punir les ennemis, le Comte fit incendier leurs moissons et cet incendie s'etendit jusqu'aux bords du rio Salado (7). »

La fin de l'année 1543 en Oranie

D'après Paul Ruff :

« Enfin le comte d'Alcaudète revint à Oran (8), le 24 Juin, jour de la Saint-Jean. Il y trouva 2 Capitaines, Varaez et Aguilera, qui venaient sur l'ordre de l'Empereur, chercher les troupes pour les emmener en Sardaigne. La flotte

---

(1) « On se souvient que c'était à peu près l'engagement pris par Hamida en 1536 ». (P. Ruff)

(2) « Petit village. Les Espagnols y trouvèrent des fruits en abondance et l'abus qu'on en fit amena même des maladies » (P. Ruff).

(3) « Elles comptaient lors de la rencontre environ 15 000 hommes » (P. Ruff).

(4) « El Mansour et Hamida ne voulurent pas que leurs hommes prissent part à la poursuite sous prétexte qu'ils avaient presque tous des parents ou des amis parmi leurs adversaires ». (P. Ruff).

(5) « F. de la Cueva appelle cette région *Zafina* La Zafina est, selon Marmol, une grande habitation (lieu habité) près d'Oran, où il y a des douars arabes et berbères. Selon Diégo Suarez, on donne ce nom à toute agglomération ». (P. Ruff).

D'après le Colonel Cadi c'est peut-être une déformation espagnole du mot arabe « Sfina » qui voudrait dire « embarcation, bateau ». (Général L. Didier).

(6) « D'après B. de Moralès, il y avait 40 chrétiens et 20 Maures ». (P. Ruff).

(7) « C'est-à-dire dans toute la plaine de la Mléta ». (P. Ruff).

(8) F. de la Cueva prétend qu'avec les 2.000 hommes qu'il avait le Comte avait pénétré jusqu'à 27 lieues dans l'intérieur du pays, c'est à dire jusqu'à 250 kilomètres environ de la côte, mais rien ne justicie cette assertion. (P. Ruff).

sur laquelle montèrent 2.000 hommes, se dirigea vers Barcelone, tandis que les autres soldats, qui ne devaient pas tenir garnison à Oran, partaient pour Malaga. Le capitaine général lui même s'embarqua pour ce port et alla se reposer dans ses domaines (1). Si l'on en croit un de ses historiographes (2), il était alors très pauvre, malgré les campagnes qu'il venait de diriger, si pauvre même qu'il dût emprunter de l'argent pour aller en Espagne.

« Ce fut encore son fils Alonso qui le remplaça (3). Il dirigea plusieurs razzias. Ayant appris que des galères turques se trouvaient dans le port d'Arzew, il s'y rendit, surprit les ennemis au moment où ils débarquaient leurs vivres et en tua ou en prit beaucoup (2). Le roi Mouley Mohammed, avait envoyé des troupes pour empêcher l'approvisionnement d'Oran où les vivres manquaient. Pendant une sortie de Don Alonso, le canon de la place lui apprit que les Maures couraient la plaine. Il prit aussitôt d'habiles dispositions et mit l'ennemi en déroute en faisant prisonnier leur chef le caïd Bullaharraz (4). Celui-ci livra pour sa rançon des quantités considérables de blé dont on avait grand besoin. »

Documents Officiels

DÉCLARATION DU ROI MOULEI HACEN.
DESCRIPTION DES PIERRERIES, DE L'ARGENT ET DES AUTRES OBJETS PRÉCIEUX QUE LUI A PRIS D. FRANCISCO DE TOVAS (5) (6).

« Sin data.

     « (Arch. de Simancas...) »
... (Texte espagnol)...

LETTRE DE L'INGÉNIEUR LIBRANO A SA MAJESTÉ (5).

« Bougie, 9 Janvier 1543.

     « (Arch. de Simancas, Mar y Tierra, Legajo 23).

« Après avoir baisé les pieds de Votre Majesté, je dois l'informer de ce qui se passe à Bougie, au sujet des fortifications de cette place où j'ai été envoyé

---

(1) « Il se serait rendu aussi en Belgique, d'après Cat, afin d'obtenir des troupes et de pouvoir continuer la lutte contre les Turcs, mais il n'obtint que 4.000 hommes ». (P. Ruff).

(2) B. de Moralès.

(3) « Ces différents intérims de peu de durée ne sont pas indiqués sur la Liste des Capitaines-Généraux d'Oran ». (P. Ruff).

(4) « Suivant M. Franc-Michel, c'est Bou Lahraz, l'homme aux boucles » (P. Ruff).

(5) Extrait de l' « Histoire de l'occupation Espagnole en Afrique (1506-1574) », par Elie de la Primaudaie.

(6) « Cette déclaration est fort curieuse. Lorsque, en 1542, Moulei Hacen, dont la position était devenue très difficile à Tunis, se rendit en Italie, espérant déterminer l'Empereur à tenter un nouvel effort, en sa faveur, il fit porter dans le port de la Goulette les joyaux de la couronne et le trésor royal.

« Le roi Maure ne croyait pas qu'il existât dans Tunis une fidélité au-dessus d'un pareil « appât » ; mais, ainsi que le prouve cette singulière *confession* de Moulei Hacen, il avait assez mal choisi son dépositaire. Marmol mentionne ce fait, sans entrer d'ailleurs dans aucun détail. « Le roi de Tunis, dit-il, s'étant rendu à Angsbourg auprès de l'Empereur, se plaignit à lui que le gouverneur de la Goulette lui avait dérobé l'argent et les pierreries qu'il lui avait données en garde, lors de son voyage à Naples ». (De la Primaudaie).

par le vice roi de Sicile D. Fernando de Gonzaga, avec la mission de diriger leur reconstruction (1).

« Votre Majesté a confiance dans D. Fernando de Gonzaga, et elle peut être certaine qu'ayant été choisi par lui je la servirai bien, étant son serviteur et son vassal, comme les autres ingénieurs Martinengo, Faust Marie de Viterbe, Jean Marie Lombardo, Jean Jacob Bazan et Ferra Molin.

« D. Luis de Peralta, commandant de Bougie, m'accuse de ne pas savoir diriger les fortifications de cette ville comme il conviendrait ; il prétend s'y connaître et veut m'empêcher de continuer mon travail. Votre Majesté n'ignore pas cependant comment il a exécuté certains ouvrages, en agissant seulement à sa tête ; ces ouvrages démontrent qu'il n'a aucune idée de l'architecture militaire. Tout en ayant l'air d'épargner 1.000 ducats à Votre Majesté, il risque de tout perdre, ou il se verra obligé de refaire son travail avec une dépense beaucoup plus grande ; car Votre Majes'é sait fort bien qu'on ne bâtit pas des forteresses pour un an ou 2 et que, pour leur construction, il faut dépenser ce qui est nécessaire. Je suis ingénieur, et j'ai été envoyé à Bougie pour réparer les fortifications de cette place, ce dont je rendrai compte plus tard. Je prie en conséquence Votre Majesté d'ordonner à D. Luis de Péralta de me laisser libre d'agir dans cette affaire comme je l'entends et comme il convient.

« En ce qui concerne le château impérial... le commandant de Bougie s'est également opposé à ce que l'ouvrage fut construit, ainsi qu'il me paraissait devoir être exécuté dans un tel lieu ; il a voulu le faire lui-même, sur mon refus de me conformer à sa volonté et de me guider d'après ses plans. A mon avis, je ne pouvais pas consentir à ce qu'il me demandait, puisque j'étais venu à Bougie pour exécuter moi même ce travail. Construit comme il l'est, on doit craindre que le château impérial ne vienne par terre avec 2 volées de canon et même par le seul tir de notre artillerie : on a donné à l'ouvrage une élévation trop grande et les murs n'ont pas été convenablement reliés les uns aux autres. »

---

(1) « On a vu (lettre du 14 Novembre 1541) que l'Empereur Charles Quint, lorsqu'en 1541, il relâcha à Bougie à son retour d'Alger, avait donné des ordres pour qu'on réparât d'urgence les fortifications de cette place qui étaient en fort mauvais état. L'ingénieur italien Librano fut chargé de ce travail ». (De la Primaudaie).

« Les lettres qui suivent ne nous disent pas comment se termina le conflit entre l'ingénieur Librano et D. Luis Peralta. On doit croire d'après ce qui arriva 12 ans plus tard (en 1555), lorsque Salah Reïs s'empara de Bougie, que D. Luis obtint gain de cause à la cour et que l'empereur, toujours à court d'argent et empressé d'accueillir les économies qu'on lui proposait, le laissa diriger à sa guise la reconstruct on des fortifications de la place. Ce qu'il y a de curieux, c'est que la prédiction de l'ingénieur Librano s'accomplit à la lettre. Quelques volées de l'artillerie turque suffirent, en effet, pour démanteler le château impérial ». (De la Primaudaie).

1544 (950 de l'Hégire)

RÉSUMÉ DES FAITS DANS L'ORDRE CHRONOLOGIQUE.

1544

Résumé des faits dans l'ordre chronologique

ESPAGNOLS DE TUNIS ET HAFSIDES

D'après Galibert :

« Bloqués dans la Goulette, les Espagnols, dans un sursaut d'énergie, attaquent Hamida, le battent et le forcent à renoncer au trône. Abd-ul-Malek, frère de Muley Hassan, qui vivait retiré à Biscari, est mis à sa place. Il paie aussitôt tribut à l'empereur et fournit 6.000 ducats pour l'entretien de la garnison de la Goulette Au bout de 36 jours de règne, il est atteint d'une maladie qui l'emporte. Hamida offrant alors de reconnaitre l'autorité de Charles Quint est replacé sur le trône. Il y restera paisiblement jusqu'en 1569.

TURCS ET FRANÇAIS

N'ayant reçu aucun ordre de François 1er (plongé dans les plaisirs) pour dévaster les côtes d'Espagne de concert avec la flotte française, Kheïr ed Dine quitte Toulon, mécontent, mais comblé d'or et de présents : « Les sommes que les Barbares reçurent alors de la France, dit Vieilleville, dépassèrent 800.000 écus ; il y avait à Toulon 2 trésoriers qui, 3 jours durant, ne cessèrent de faire des sacs de 1000, 2000 et 3000 écus, et passèrent à cet emploi la plupart des nuits ».

Mai. — De Toulon, Kheïr ed Dine gagne Gênes où le Sénat lui offre des présents magnifiques, puis l'ile d'Elbe où il écrit au gouverneur Jacopo d'Apiano, de lui rendre un jeune Juif, Sinan, élevé par ses soins et fait prisonnier à Tunis. Jacopo hésite ; Kheïr ed Dine commence à saccager l'ile, Jacopo cède. De l'ile d'Elbe, Kheïr ed Dine gagne les côtes de Toscane, met à feu et à sang Télamone, Montéano (à 3 lieues dans les terres) et Porto Hercole, et emmène les habitants captifs. Il pille les 3 principaux bourgs de l'ile d'Ischia, entre dans le golfe de Pouzzole, canonne la ville et enlève plus de 7000 habitants dans Carreoto et Lipari.

Puis il rentre à Constantinople. « Il avait un si grand butin de toutes sortes de personnes que, dans le cours de cette navigation, plusieurs corps de ces captifs, tués de faim, de soif et de tristesse, comme ils étaient fort étroitement serrés ensemble, au plus bas des carénes, entre les immondices de nature, presque à toute heure étaient jetés à la mer ».

TURCS D'ALGER (d'après Galibert).

« A Alger, Hassan Agha (ou Aga) meurt au moment où il préparait une expédition contre Tlemcen. Les janissaires proclament aussitôt Gouverneur un Turc, nommé Agi (el Hadj Bechir). Le sultan de Constantinople envoie une escadre de 12 galères sous le commandement de Hassan (fils de Kheïr ed

Dine), à qui il a donné l'investiture du gouvernement d'Alger. A l'approche des troupes de débarquement tout rentre dans l'ordre à Alger ».

Gênois a Tabarca.

Les Lomellini, riches marchands gênois, qui ont obtenu de Charles Quint l'île de Tabarca (1) y transportent le comptoir du golfe de Bône (voir 1451).

Au Maroc (d'après Garrot).

« Le Saadien Ahmed el Aredj avait, comme général, son frère Mohammed Ech Cheïkh qui, après avoir livré plusieurs combats aux Beni Ouattas, à Bou Ogba, Aderna et Tadla, se révolte, chasse Ahmed el Aredj de Merrakech, envoie celui-ci et son fils Zeïdane dans le Draa et se fait reconnaitre souverain du pays de Merrakech et du Sous. Puis il cherche à entamer la guerre contre Ahmed le Mérinide, mais chaque fois qu'il sort de Merrakech, Ahmed el Aredj, qui s'est installé à Sidjilmassa, envoie son ffils Zeïdane provoquer des désordres dans la Faïdja et dans le Sous.

Faits particuliers à l'Oranie

Version Fey (il mélange 1543 et 1544).

« A Tlemcen, Abd Allah devenu odieux aux habitants est obligé de s'enfuir au désert avec quelques cavaliers.

« Il est traqué et pris par des Arabes qui lui coupent la tête et l'apportent à Muley Ahmed, son successeur, qui lui avait tendu ce guet apens.

« Muley Ahmed, assiégé, peu après, dans Tlemcen, par Hassan, fils de Kheïr ed Dine, s'enfuit à Oran avec ses trésors et quelques membres de sa famille.

« Alcaudète va en Espagne renseigner Charles Quint, qui ne veut pas que Tlemcen reste la proie des Turcs ».

Version Garrot. (Il mélange également 1543 et 1544).

« Abou Zeyan, qui a reconstitué ses forces marche sur Tlemcen. Sortie d'Abou Abd-Allah. Les Tlemceniens lui ferment les portes aussitôt après et proclament Abou Zeyan. Abou Abd Allah obtient un nouveau secours des Espagnols mais est battu par Abou Zeyan au combat *d'Ez Zeïtoun*. Il finit par tomber entre les mains des partisans de son frère qui le tuent et envoient sa tête à Tlemcen.

D'après P. Ruff :

Vers la fin de 1543 ou au début de 1544 « le comte d'Alcaudète revint à Oran et Alonso se rendit en Espagne où il se maria. Vers cette époque, les Turcs aidés des Arabes firent une nouvelle tentative pour surprendre Oran. Au nombre d'un millier, ils s'embusquèrent près du Chateau Neuf (Raçalcazar) et surprirent une patrouille. Mais le comte sortit aussitôt et les mit en

---

(1) Charles Quint avait reçu cette île de Soliman, en échange du corsaire. Dragut, rendu à Kheïr ed Dine.

Après sa capture, sur les cotes de la Corse par Jeannetin Doria, Dragut avait été vendu par celui-ci aux Lomellini qui l'avaient embarqué comme rameur sur une de leurs galères. Ils l'avaient revendu à Charles Quint en échange de la cession de Tabarca.

déroute après un brillant engagement (1). Cette défaite des Turcs semble avoir eu pour conséquence un nouveau changement de souverain à Tlemcen, Abdallah, trahi par des chefs arabes chez lesquels il s'était réfugié, avait été assassiné. Il est probable qu'El Mansour put, avec l'aide d'une petite troupe espagnole, renverser Mouley Mohammed et placer sur le trône le jeune frère d'Abdallah, Mouley Ahmed (2), qui était à la fois son neveu et son gendre. Quant à Mouley Mohammed, ne pouvant obtenir l'appui des Espagnols, il s'adressa de nouveau à ses protecteurs, les Turcs, dont il s'était depuis long-temps déclaré le vassal (3).

1545 (951-952 de l'Hégire)

RÉSUMÉ DES FAITS DANS L'ORDRE CHRONOLOGIQUE.

1545

Résumé des faits dans l'ordre chronologique

Espagnols de Bougie (d'après Féraud).

Le jour de l'Epiphanie, victoire de Sébastien de Castille, gouverneur de Bougie et du Général Luis de Péralta.

Au Sahara (d'après Martin).

Au Touat, le caïd Amor et Tamentiti est suivi par son fils le caïd Ahmed ben Amor et Tamentiti qui, après un an de séjour à Timmimoun se rend à son pays d'origine Tamentit. Il ne réclame aucun impôt aux gens du Touat.

« 2 Mois après son départ du Touat, il y revient à la tête d'une troupe. Avertis dès son arrivée à El Amira par les Oulad ben Taïa, les habitants de l'Oasis de Deldoul s'enfuient (200 hommes dont 100 cavaliers, 60 chamelles pour porter les tentes). Ils gagnent Haci bou Khenafis, y trouvent les Oulad Hoseïn, Oulad Atia, Oulad Abid, Oulad Slimane et s'installent là avec eux. Le caïd ignorant leur départ coupe les foggara de l'oasis de Deldoul ; les Oulad Meriem et les Merabtines sortent et vont l'avertir ».

Faits particuliers à l'Oranie.

Juin. — Pour rétablir Mouley Mohammed (4) sur le trône de Tlemcen, Hassan Pacha part d'Alger avec 3.000 Turcs et Renégats, 1000 spahis à cheval et 10 canons.

______

(1) « Suivant l'usage, on rapporta un grand nombre de têtes coupées que l'on suspendit aux portes d'Oran ». (P. Ruff).

(2) « Fey confond Mouley Mohammed et son frère Ahmed. Ce dernier est évidemment le prince que B. Moralès appelle Montaraz. Il convient de dire cependant qu'il est difficile d'établir la vérité au milieu de ces prétendants dont les noms changent avec les documents Quant a la chronologie, elle est plus qu'incertaine. Il serait nécessaire d'avoir quelques documents officiels, par exemple les lettres et rapports du comte d'Alcaudète, pour éclairer cette partie de l'histoire d'Oran ». (P. Ruff).

(3) « On disait même qu'il faisait frapper la monnaie au coin d'Alger et que l'on récitait la khotbah au nom du sultan de Constantinople ». (P. Ruff).

(4) « Suivant Haëdo, Mouley Mohammed (qu'il appelle Ahmed) se serait enfui au Maroc et ce serait un autre frère qui aurait obtenu l'appui des Turcs. B. de Moralès parle d'un prince appelé Montaraz ; nous avons vu que ce Montaraz devait, selon nous, être identifié avec Ahmed, le neveu d El Mansour. Ce fut donc probablement Mouley Mohammed qui se rendit à Alger ». (P. Ruff)

Hamida El Aouda, qui s'était de nouveau soumis aux Turcs lui donne 2000 cavaliers.

Ces forces arrivent rapidement à Tlemcen.

« Le roi Mouley Ahmed, qui, sans doute, malgré l'appui d'El Mansour, n'avait pas beaucoup de partisans à cause de son alliance avec les Espagnols, s'enfuit aussitôt et Hassan put rétablir son vassal Mouley Mohammed sur le trône. Il reçut de lui de grosses sommes d'argent et repartit pour Alger en laissant à Tlemcen une garnison turque (1).

« El Mansour ben Bogani ne se résigna pas à la ruine de son neveu. Il s'était réfugié d'abord au Maroc (2). Mais il vint ensuite à Oran accompagné de ses 2 fils qu'il offrit comme otages (P. Ruff).

4 Décembre. — Après avoir négocié un traité d'alliance (3), il part pour l'Espagne avec le Comte d'Alcaudète afin d'obtenir de Charles Quint l'autorisation d'entreprendre une expédition, en offrant de payer les troupes qu'on lui fournirait.

« Charles Quint autorisa la levée de 2.000 recrues que le Comte d'Alcaudète trouva en Andalousie ». (P. Ruff).

1546 (943 de l'Hégire)
Résumé des faits dans l'ordre chonologique

1546
Résumé des faits dans l'ordre chronologique

Au Maroc (d'après Garrot).

Mohammed el Mehdi envahit le territoire du Mérinide de Fez.

Bataille de Fechtala. Les mercenaires turcs ou renégats d'El Ouattasi passent au Chérif. El Ouattasi doit se rendre avec son fils aîné Abou Beker. Mais le Chérif échoue devant Fez, défendue par En Nasseur El Kasri, second fils de El Ouattasi et par son oncle Moulaï Ben Hassoun.

Au Sahara (d'après Martin).

Le Caïd Messaoud fait rentrer tous les impôts du Touat et du Tigourarine.

Faits particuliers à l'Oranie

7 Juillet. — Le Comte d'Alcaudète débarque à Oran avec la moitié des 2000 recrues que lui a accordées Charles Quint. Il a laissé à Malaga l'autre moitié qui le rejoindra un peu plus tard.

---

(1) « Cela résulte du récit des négociations qui eurent lieu entre le comte d'Alcaudète et Hassan Pacha, et dont on verra le récit un peu plus loin ». (P. Ruff).

(2) « Selon B. de Moralès il fut, un moment, prisonnier du roi de Dubudu ou Doubdou au Maroc, mais parvint à s'échapper ». (P. Ruff).

(3) « Diégo Suarez dit qu'il s'agissait de mettre El Mansour lui même sur le trône. Mais c'est évidemment une erreur et il soutenait en réalité son neveu Ahmed ». (P. Ruff).

D'après P. Ruff :

« Avec ces 1000 soldats, auxquels il adjoint 150 cavaliers et 650 fantassins de la garnison, il marche contre le village de Canastel. Il voulait punir les habitants qui avaient reçu des armes pour se défendre contre les Turcs et qui, tout au contraire, les avaient bien accueillis et leur avaient livré les armes. On en prit 200 et l'on en pendit 3 des principaux. Cet acte de vigueur rétablit la sécurité dans la région (1) ».

1547 (954 de l'Hégire)
Résumé des faits dans l'ordre chronologique.
L'expédition d'Arbal et d'Ain-Témouchent. Le traité de paix avec Hassan Pacha. La deuxième expédition de Mostaganem

------

1547
Résumé des faits dans l'ordre chronologique

MORT DE FRANÇOIS 1er ET DE KHEIR ED DINE (2).

31 Mars. — Mort de François 1er. Son fils et successeur Henri II froisse Soliman en ne l'informant ni de la perte de son père, ni de son propre avènement. Charles Quint cherche à en profiter.

Mai. — Mort à Constantinople de Kheïr ed Dine, *ami de la France*, à l'âge de 80 ans, après une maladie de quelques jours (3). Il n'avait eu qu'un fils Hassan né d'une Mauresque d'Alger et qu'il avait fait nommer par le sulan Pacha d'Alger en 1544. A sa mort son fils est nommé Beylerbey (ou Beylerbeg) d'Afrique.

Faits particuliers à l'Oranie.

Peste à Oran ; les habitants campent hors de la ville. (?)

4 *Juillet*. — Le comte d'Alcaudète part en colonne mobile, après avoir réduit la garnison de défense d'Oran au strict minimum et en emmenant 10 canons (4) Après avoir assisté à une fantasia à Arbal, où El Mansour le rejoint avec 5.000 cavaliers, il va à Ceñan (Aïn-Témouchent). Apprenant alors l'approche d'Hassan Pacha il revient sur ses pas et s'arrête sur l'Oued Tlélat, en face des Turcs arrivés au Sig.

------

(1) « Selon Marmol, la razzia de Canastel aurait eu lieu seulement en 1556 après la levée du siège d'Oran par les Turcs ». (P. Ruff).

(2) Henri VIII et Luther sont aussi morts cette année là. (Général L. Didier).

(3) « Galibert attribue la rapidité de sa mort à ce que « depuis son retour à Constantinople, il vivait dans les voluptés du harem ». A mon avis ses 80 ans ont suffi. Galibert ajoute : « Il fut enterré dans une riche chapelle où il avait fait construire son tombeau, dans le faubourg de Bissislach, à 5 milles de Constantinople »

(4) « Marmol dit, en effet, que lorsqu'il rentra à Oran le 30 Août il y avait 57 jours qu'il en était sorti. Diégo Suarez place cette expédition en 1546. Mais B. de Moralès, qui est plus précis et que confirme ici Marmol dit que l'expédition de Mostaganem qui suivit immédiatement celle-ci eut lieu en août 1547 ». (P. Ruff).

Mais Hassan reçoit la nouvelle de la mort de son père Kheïr-ed-Dine. Pour pouvoir rentrer de suite à Alger, il signe aussitôt un traité de paix avec le comte d'Alcaudète (évacuation de Tlemcen par les Turcs ; reconnaissance par, Hassan, de Ahmed comme sultan de Tlemcen).

Le comte d'Alcaudète décide de marcher alors sur Mostaganem. El Mansour ne veut pas le suivre et va à Tlemcen.

21 Août. — Après s'être renforcé en artillerie amenée d'Oran par Don Martin, le comte d'Alcaudète arrive à Mazagran puis pousse jusque devant Mostaganem dont il fait aussitôt bombarder les murailles. Il n'y a, à ce moment là, dans Mostaganem, que 42 Turcs et 2 fauconneaux.

Mais le comte d'Alcaudète doit envoyer un brigantin chercher de la poudre à Oran ; les Turcs en profitent pour renforcer la garnison.

27 Août. — L'assaut tenté par les Espagnols échoue. Démoralisation.

28 Août. — Embarquement des blessés et des malades. Retraite pénible et difficile (chaleur et tentatives d'enveloppement des Turcs et des Arabes).

29 Août. — Arrivée de la colonne à Arzew ; où elle stationne en partie.

30 Aout. — Le comte d'Alcaudète rentre à Oran.

Quelques jours après il repart à Arzew chercher le blé du tribut du sultan de Tlemcen. Au retour, il razzie quelques douars de fidélité douteuse.

L'expédition d'Arbal et d'Aïn-Témouchent. Le traité de paix avec Hassan Pacha.

(Version Garrot). « Hassan en expédition contre les Espagnols d'Oran, apprend la mort de son père par un *envoyé de la Cour de France*, le *Chevalier Lanis*. Il revient aussitôt à Alger. .

(Version Fey). Le comte d'Alcaudète, qui a ramené à Oran des troupes d'Espagne, allait attaquer Hassan Pacha, campé devant Tlemcen, lorsque celui-ci apprend par le chevalier de Lanis, envoyé du roi de France, la mort de son père Kheïr ed Dine. Un traité de paix est conclu et la garnison turque évacue Tlemcen.

D'après P. Ruff :

« Le Comte d'Alcaudète se dirigea d'abord sur Agabel (Arbal), où vint le rejoindre El Mausour suivi de 5.000 cavaliers.

« Beaucoup de chefs vinrent faire leur soumission. Les Maures offrirent au capitaine général le spectacle d'une grande fantasia rappelant les épisodes d'un combat qu'ils avaient récemment livré à 300 Turcs. Pour décider les Arabes à combattre, un de leurs chefs avait mis, sur des chameaux, 6 de leurs plus belles jeunes filles et avait dirigé les montures vers l'ennemi ; il avait alors fallu se battre et les Turcs avaient été vaincus. Les Maures représentèrent le simulacre de cette bataille avec leurs démonstrations et leurs cris ordinaires. Le camp fut installé dans la ville ruinée d'Arbal. On y resta 3 jours en attendant l'arrivée des 1000 recrues laissées à Malaga. Ne les voyant pas venir, le Comte se dirigea vers la route de Tlemcen, faisant encore

2 haltes, l'une de 10 jours, l'autre de 16 (l). Enfin il apprit que les navires amenant les soldats se trouvaient près du cap Figalo, sans qu'on pût débarquer à cause du vent contraire. Il marcha au devant de ces troupes, les rejoignit et les ramena au camp (8).

« Il atteignit ensuite les ruines de Cenan (2) et là il connut l'approche d'Hassan-Pacha qui venait au secours de son vassal avec des forces considérables (3). Le capitaine général voulut le prévenir et marcher à sa rencontre. Mais il exigea tout d'abord des chefs indigènes un serment solennel de fidélité (4).

« Il semble que, à ce moment, les habitants de Tlemcen aient éprouvé des craintes, ou bien qu'ils aient été fatigués du joug des Turcs. car ils offrirent à El Mansour de les chasser et de lui ouvrir leurs portes pourvu qu'ils n'amenât point les chrétiens. Il repoussa, du reste, ces propositions qui ne lui inspiraient aucune confiance.

« Les Espagnols et leurs alliés revinrent sur Arbal par le même chemin qu'ils avaient suivi (5) et, arrivèrent à l'Oued Tlélat (6). Les Turcs de leur côté, étaient parvenus jusqu'au Sig. Le Comte s'approcha de leur camp, sans se douter, du reste, qu'ils fussent si près, et une bataille parut imminente.

« C'est à ce moment que se produisit un brusque changement. Le vice-roi d'Alger renonça tout à coup à son expédition et se hâta de traiter avec son adversaire. Il avait appris, pendant la nuit qui précéda le jour fixé pour la bataille, que son père Kheïr ed Din était mort (7). Soit que la douleur l'absorbât entièrement, soit plutôt qu'il craignit de voir sa propre situation compromise, il voulut revenir aussitôt à Alger. Le traité fut vite conclu ; les Turcs devaient évacuer Tlemcen et Hassan reconnaissait Ahmed (9) comme roi

---

(1) « Cette dernière halte fut faite près d'une mosquée que le traducteur de Marmol, d'Ablancourt, appelle la Rabita del Ziz et qui se trouvait certainement dans la vallée de cet oued, située à l'ouest du lac de Misserghin. et qui, selon nous, n'est autre que celle du Rio Salado ». (P. Ruff).

(2) « L'antique Casr-Ibn-Sinan près de la moderne Aïn-Témouchent ». (P. Ruff).

(3) « B. de Moralès dit qu'il avait 12.000 hommes, mais Haëdo, qui, d'ailleurs se trompe en plaçant cette expédition en 1548, dit qu'il emmenait 3.000 Turcs et renégats, 1.000 spahis à cheval et 2.000 Maures fournis par le roi de Tenès (Hamida) ; enfin il aurait eu 8 canons qu'il envoya par mer à Ténès. Il est vrai qu'Haëdo attribue au comte d'Alcaudète une armée de 6.000 hommes sans compter 6.000 cavaliers arabes et ce chiffre est exagéré, la garnison d'Oran n'ayant certainement pas pu fournir 4.000 hommes. En tout cas, il nous semble certain que Marmol qui parle de 1.200 Turcs seulement s'est encore trompé ». (P. Ruff).

(4) « On suspendit, d'après Marmol, un Coran à un turban dont 2 cavaliers tenaient les extrémités ; tous les chefs, passant dessous et mettant la main sur le livre sacré, juraient de faire ce que le Comte ordonnerait. B. de Moralès confirme que les Maures jurèrent au Comte de ne pas l'abandonner et de le suivre jusqu'à Alger s'il le fallait ». (P. Ruff).

(5) « Ce nouvel exemple montre qu'il existait bien une route au Sud de la lagune de Misserghin ; et que cette route passait par Aïn-el-Arba, car Marmol dit qu'on passa par Arbe de Melioua ». (P. Ruff).

(6) « Marmol dit : « Le Rio de Ferilet ». B. de Moralès dit : « Tililet que es un rio ». (P. Ruff).

(7) « Suivant Haedo. qui explique ainsi la retraite précipitée de Hassan, la nouvelle lui fut apportée par un envoyé du roi de France, le chevalier de Lanis, ou plutôt, d'après M. de Grammont, d'Albisse ». (P. Ruff)

(8) La proportion trop considérable des recrues est, pour moi, la vraie cause de l'échec ensuite contre Mostaganem. (Général L. Didier).

(9) « C'est Ahmed, suivant Marmol et B. de Moralès. Seul Diégo Suarez se trompe en disant que le Comte, marchant sur Tlemcen, apprit, avant d'y arriver, que les Turcs s'étaient enfuis ». (P. Ruff).

sans s'opposer à ce qu'il fut vassal de l'Empereur. En vertu de cette convention la garnison turque sortit de cette ville (1).

« Hassan parti, l'expédition espagnole devenait inutile. Le comte résolut de diriger ses forces sur Mostaganem. El Mansour refusa de le suivre, malgré son serment, parce que, disait-il, sa présence était nécessaire à Tlemcen. Ils se séparèrent donc (2)

La deuxième expédition de Mostaganem.

1° D'après Fey (qui place cette expédition en 1548) :

- Quelques complications, sans suites pour les Espagnols, avec les Turcs du côté de Tlemcen. Mais les Turcs renforcent leur garnison de Mostaganem. Le vieux Gouverneur d'Oran, le comte d'Alcaudète, veut supprimer ce voisinage gênant.

16 Août. — Il part d'Oran avec des forces sérieuses et un canon de gros calibre.

20 Août au soir. — Il enlève Mazagran sans coup férir et se présente devant Mostaganem.

21 Août matin. — Il ouvre le feu contre la place et épuise en vain ses munitions. Les artilleurs turcs répondent très bien.

Les jours suivants, les Espagnols attendent un brigantin envoyé d'Oran.

Hassan Pacha en profite pour envoyer des renforts à la garnison, que renforcent les Arabes des tribus voisines, au nombre de plus de 20.000.

Le bâtiment d'Oran arrivé avec de la poudre et des projectiles, les batteries espagnoles ouvrent une brèche ; Les Espagnols donnent l'assaut et plantent l'étendard de Castille sur les murailles, mais ils sont repoussés. Plusieurs assauts échouent de même. Conseil de guerre espagnol qui décide la retraite.

Levant son camp, de nuit, en silence, Alcaudète se dirige sur Arzew, en mettant ses blessés et son gros canon au centre de sa colonne. Mais 2 misérables vont avertir les Turcs. Poursuite acharnée par la garnison de Mostaganem et ses contingents arabes. Panique des Espagnols dont beaucoup se jettent dans la mer. Le fils du comte d'Alcaudète s'empare d'une hallebarde, arrête les fuyards et, aidé par quelques officiers, leur fait faire face à l'ennemi. Le Commandant de la cavalerie, don Luis de Rueda, ramente 50 cavaliers et, chargeant à leur tête, crève le centre de la colonne turque. 500 piquiers espagnols, enflammés par ce trait d'audace, suivent, élargissant la trouée. Les poursuivants s'enfuient.

---

(1) « Il se produisit là un incident caractéristique : les Espagnols exigèrent que l'étendard turc fut abaissé et plié parce qu'il ne devait pas flotter devant celui de l'Empereur ». (P. Ruff).

(2) « El Mansour marcha sur Tlemcen et y fut bien reçu ». (P. Ruff).

Les Espagnols, exténués, se reposent quelques instants sur le champ de bataille, puis se réorganisent à Arzew et rentrent le lendemain soir du combat à Oran.

2° D'après P. Ruff.

« Le Comte d'Alcaudète se mit en marche sur Mostaganem. Il avait envoyé son fils, don Martin, à Oran, pour y chercher l'artillerie qui lui était nécessaire (1). Diégo Ponce de Léon, qui remplaçait le gouverneur, donna les canons et les munitions et don Martin rejoignit son père à l'endroit fixé, sur les bords du Sig ou de l'Habra.

« De là, le Général continua sa marche et, le 21 Août ¡2). il arrivait à Mazagran. Le jour même, il s'avança jusqu'aux abords de Mostaganem et engagea le combat en faisant tirer plus de 100 coups de canon contre les murailles.

« Les Turcs qui défendaient la ville essayèrent de riposter avec 2 fauconneaux qui furent vite démontés. Le comte fit, en même temps, opérer, autour des remparts une reconnaissance pendant laquelle les assiégés firent une sortie. On continua pendant quelques jours à tirailler ainsi sans résultats. On avait cependant appris par des prisonniers qu'il n'y avait à Mostaganem que 42 Turcs pour diriger la résistance. Voyant le peu d'effet de son attaque, le comte changea son camp de place et, comme la poudre commençait à manquer, il envoya un brigantin en chercher à Oran (3). Mais ce retard permit à la ville assiégée de recevoir d'importants renforts. Les Turcs qui avaient évacué Tlemcen apprirent la marche des Espagnols sur Mostaganem et s'y portèrent aussitôt. Ils y pénétrèrent, amenant avec eux un grand nombre de Maures (4).

« Cependant, la brèche étant assez large, le Comte résolut de donner tout de même l'assaut. Malheureusement l'indiscipline des troupes fit tout manquer. Le 27 Août, tandis que le général donnait les ordres pour l'assaut qui devait être livré le lendemain, un capitaine chargé d'occuper un faubourg voisin de la brèche crut qu'il pourrait y pénétrer facilement et s'y précipita. Les Turcs, d'abord, parurent prêts à se retirer ; mais, lorsqu'ils virent le désordre qui

----

(1) « Marmol dit qu'il alla lui même chercher l'artillerie à Oran. Le récit de B. de Moralès semble plus exact, d'autant que Diégo de Suarez le confirme ». (P. Rnff).

(2) « Cette date fournie par Marmol, est confirmée par B. de Moralès qui dit : 2 jours avant la Saint-Barthélemy ». (P. Ruff).

(3) « Suivant B. de Moralès dont le récit, du reste, complète et confirme celui de Marmol, Diégo Ponce de Léon envoya aussi de grosses pièces d'artillerie. On voit, d'autre part, quelle négligence présidait toujours aux préparatifs d'expédition puisque, au bout de 3 ou 4 jours, la poudre manquait. Il semble que les Espagnols fussent convaincus qu'ils n'avaient qu'à paraître pour vaincre ». (P. Ruff).

Je ne suis pas de l'avis de Paul Ruff dans ses 2 dernières phrases. Les faits eux mêmes montrent, en effet, que :

1° le comte d'Alcaudète avait utilisé à plein tous les moyens de transport par terre et par mer dont il avait pu disposer pendant son mouvement en avant ;

2° ses liaisons avec Oran, ses ravitaillements par Oran, ses évacuations sur Oran, se faisaient surtout, sinon uniquement, par mer. Or, c'étaient, à l'époque, des navires à voile et le vent n'était pas, lui, sous les ordres du comte d'Alcaudète ; en outre, l'union et la liaison étaient loin d'être bonnes entre le gouverneur d'Oran et le Commandant de la flotte espagnole. La seule chose qu'on puisse affirmer c'est que la chance lui a été encore contraire dans cette expédition. (Général L. Didier).

(4) « Marmol dit que les Turcs de Tlemcen avaient rejoint Hassan Pacha, mais il ajoute plus loin que ce sont ces mêmes Turcs qui vinrent à Mostaganem. B. de Moralès dit qu'il y avait dans ce renfort 800 Turcs et 10.000 auxiliaires. Marmol parle de 25.000 Maures ». (P. Ruff).

régnait parmi les assaillants, ils ripostèrent et leur tir fit beaucoup de victimes, entre autres le mestre de camp général. Voyant le nombre des morts, le Comte fit sonner la retraite. Les assiégés poursuivirent alors les Espagnols, marchèrent sur leur batterie et faillirent s'en emparer (1).

« La situation des chrétiens devenait très grave, d'autant plus que la confusion qui s'était produite pendant l'attaque avait naturellement contribué à augmenter la démoralisation après l'échec. Quelques officiers conseillaient au général d'enclouer les canons, de mutiler les chevaux et d'embarquer les troupes pendant la nuit sur quelques navires qui se trouvaient près du rivage. Le Comte s'y refusa énergiquement, préférant mourir, disait-il ; et, grâce à son activité (5), lorsque le jour parut, toute l'armée se trouva rangée sur le rivage pour protéger l'embarquement des blessés. On n'avait abandonné qu'une grosse pièce dont l'essieu s'était brisé et que l'on encloua. On transporta aussitôt sur les navires les blessés et les malades.

« Mais, à ce moment, les Turcs, informés de la retraite des Espagnols (2) et croyant qu'ils allaient tous partir par mer, sortirent avec des forces considérables, dans l'espoir de les anéantir complètement. La chaleur suspendit la lutte pendant le milieu du jour. Vers le soir, 2.000 Arabes se placèrent en arrière des chrétiens, tandis que les Turcs les attaquaient du côté du Sud et que la grosse masse des fantassins s'avançait le long de la mer. Leur tactique était, évidemment, d'envelopper leurs ennemis et de les éloigner de la plage. Le découragement était tel parmi les Espagnols qu'ils ne songeaient qu'à fuir. Ils furent cependant sauvés, grâce au sang-froid du comte et à la bravoure de son fils, Don Martin, et de l'Alcade d'Oran, Don Luis de Rueda. Le Général disposa 2 Compagnies en face des 2.000 cavaliers qui menaçaient les derrières de son armée. Luis de Rueda réunit une soixantaine de cavaliers avec lesquels il chargea les Turcs, pendant que Don Martin, ramenant au combat les soldats qui fuyaient vers la mer, les rangeait en bataille pour soutenir l'attaque. La charge fut si impétueuse que les Turcs, voyant leur opération manquée, s'enfuirent vers Mostaganem. Si les Espagnols avaient eu assez de cavalerie, ils auraient peut être pu s'emparer de la ville à ce moment (3).

« La bataille terminée, on acheva d'embarquer les blessés, et, le comte ayant rallié ses troupes reprit la route d'Oran (4). La première nuit, l'armée

---

(1) « Le récit de Marmol est ici très différent. Suivant lui, l'assaut aurait été donné, conformément aux ordres du Comte, par 15 compagnies, pendant que les 3 autres restaient à la garde du camp. Après une heure de lutte acharnée, les assaillants auraient été repoussés et poursuivis dans leur camp, en perdant 200 hommes tués et 250 blessés. Nous avons préféré suivre le récit de B. de Moralès qui fut probablement un témoin oculaire, et qui explique mieux les causes de l'échec ». (P. Ruff).

Je l'ai dit, et je le répète, pour moi la vraie cause de l'échec est la présence de trop nombreuses recrues, non aguerries, dans le corps expéditionnaire. (Général L. Didier).

(2) « Par 2 traitres chrétiens, suivant Marmol ». (P. Ruff).

(3) « C'est du moins ce que prétend B. de Moralès ». (P. Ruff).

Hum ! Je suis sceptique. (Général L. Didier).

(4) « M. Franc-Michel traduit le passage de B. Moralès relatif au départ : On embarqua ce qui restait de l'artillerie, les blessés, puis nous tous, et, la nuit nous fîmes voiles, etc... ». Le texte même nous paraît avoir un autre sens, conforme du reste au récit de Marmol et de Diégo Suarez : (« embarcose lo que restaba de la artilleria y heridos, y nosotros, en siendo de noche, fuimos la vuelta de Arzeo... »). Il ne s'agit donc pas d'un retour par mer ». (P. Ruff).

(5) J'ajoute « et à son énergie ». (Général L. Didier).

alla sans doute jusqu'à la Macta qu'elle passa le lendemain. A ce moment elle eût à repousser une attaque. Elle atteignit enfin Arzew, et, le jour suivant, le Comte rentrait à Oran ..

Si le Comte d'Alcaudète doit supporter une partie des responsabilités, il serait injuste de ne pas ajouter qu'il aurait pu obtenir des résultats tout différents si l'on avait mis à sa disposition les ressources militaires et financières qui étaient nécessaires (1). Quant à sa bravoure sur le champ de bataille, à son sang-froid, à son habileté même, on avait pu en voir dans cette malheureuse expédition de nouvelles et admirables preuves.

« Le comte d'Alcaudète ne sembla pas, du reste, avoir renoncé à prendre Mostaganem. Il se mit à négocier avec un Maure influent que l'on avait fait prisonnier pendant le siège (2), et dont le frère se trouvait dans cette ville. Pendant ce temps arrivèrent les galères, commandées par Don Bernardino de Mendoza, dont le concours eût été précieux. Mais, au dernier moment, lorsque l'artillerie était déjà embarquée, la flotte reçut contre-ordre et il fallut reconcer à ce projet (3).

« Le comte dût se borner à marcher vers Arzew où le roi de Tlemcen devait envoyer le blé qui représentait son tribut, et, au retour, on razzia quelques douars (4). Ainsi se termina la guerre si pénible de cette année (5) ».

1548 (955 de l'Hégire)
Résumé des faits dans l'ordre chronologique.

1548

Résumé des faits dans l'ordre chronologique

Création du Beylik turc du Sud par Hassan, capitale Médéa.
Turcs et Hafsides. (D'après Garrot).

Dragut qui a succédé sur mer à Kheir ed Dine ravage les côtes d'Italie.

Doria riposte en s'emparant de Sousse et de Monastir, qu'il remet à Ahmed, sultan de Tunis, vassal du roi d'Espagne.
Maroc (d'après Garrot).

ENTRÉE EN ACTION DES TURCS,

Les chérifs saadiens, issus de Mahomet par Ali et Fatima, se déclarent les descendants légitimes du titre et des prérogatives de

---

(1) « On peut rapprocher cet échec de 1547 du siège de Constantine de 1836 Les mêmes causes amenèrent les mêmes résultats et l'on put constater le même héroïsme des chefs dans la défaite ». (P. Ruff).

(1) « C'était dit, B. de Moralès, le frère du pape des Maures ». (P. Ruff).

(2) « Il y avait, semble-t-il, rivalité entre le Gouverneur d'Oran et l'Amiral espagnol ». (P. Ruff).

(3) « Il suffisait que l'on eût des soupçons contre les Maures soumis pour qu'on les razziât. Dans cette circonstance, l'armée espagnole revenant d'Arzew fut harcelée par des Maures. On soupçonna que c'étaient des douars soumis qui avaient rompu leur traité et on les razzia en leur faisant 450 prisonniers et en leur prenant 10.000 têtes de bétail ». (P. Ruff).

(4) « B. de Moralès page 315 ». (P. Ruff).

Khalife de l'islam contre Soliman, sultan de Constantinople, qu'ils traitent d'usurpateur.

Celui-ci, poussé par Moulaï Bou Hassan qui commande à Fez pour le compte du jeune En Nasseur, déclare que la captivité des Beni Ouattaz chez des Musulmans est contraire au Coran et envoie, par un ambassadeur, l'ordre à Mohammed el Mehdi de reconnaître sa suprématie, de dire la prière à son nom et de mettre en liberté les princes mérinides.

Le chérif éconduit l'ambassadeur et ravage le territoire de Fez.

Sahara (d'après Martin),

Le saadien Mohammed ech cheikh (1) marche sur Sidjilmassa.

Son frère Ahmed el Aredj s'enfuit dans le Touat.

Faits particuliers à l'Oranie.

D'après P. Ruff.

« Que se passa-t-il à Tlemcen après la retraite d'Hassan Pacha ? Il est difficile de le savoir exactement. Il semble cependant que l'échec de Mostaganem ait eu pour conséquence de relever le parti turc, que Mouley Mohammed soit de nouveau rentré dans sa capitale avec l'aide de ses anciens protecteurs (2) et que les Espagnols ne l'aient pas inquiété. Du reste le comte d'Alcaudète était parti pour l'Espagne où il avait ramené ses troupes et il avait laissé pour le remplacer, son fils, Don Martin, avec Diégo Ponce de Léon comme lieutenant.

« La sécurité laissait toujours à désirer dans la banlieue d'Oran, et, fréquemment, les Maures s'approchaient tout près des murailles pour tenter des surprises. Les Turcs prenaient quelquefois part à ces attaques (3) ».

---

(1) « Le chérif de Marrakech, Mohammed Ech Cheikh fut, d'après Mercier, un grand colonisateur : constructions magnifiques à Taroudant, propagation de la culture de la canne à sucre dans le Sous, refonte et réorganisation du système des impôts, cadastre, impôt foncier sur toutes les parties productives ». (Martin).

(2) « Diégo Suarez dit nettement que, en 1548, les Turcs revinrent occuper Tlemcen. Marmol prétend que Mouley Hamete Ben Zeyen (c'est-à-dire Mouley Mohammed, comme nous l'avons vu) régna paisiblement jusqu'à sa mort qui paraît être survenue en 1550. Il confirme donc le rétablissement de la suzeraineté turque ». (P. Ruff).

(3) « Diégo Suarez parle d'une petite troupe (mahala) de Turcs qui, en 1549, vint, sous la conduite d'un tambour renégat s'embusquer près de Raçalcazar. Ils surprirent un détachement et le repoussèrent jusqu'à la porte du château. Peut-être cet engagement est-il celui dont il a été question plus haut et qu'il faut placer, vers 1544 ou 1545 ». (P. Ruff).

1549 (956 de l'Hégire)

RÉSUMÉ DES FAITS DANS L'ORDRE CHRONOLOGIQUE

1549

Résumé des faits dans l'ordre chronologique

TURCS ET HAFSIDES.

Dragut reprend Sousse et Monastir.

Maroc. (D'après Garrot).

Moulaï Ahmed el Ouattasi achète sa liberté par la cession de Miknasa au Chérif de Merrakech. Rentré à Fez, il s'allie avec les chrétiens et El Aredj contre Mohammed el Mehdi. Celui-ci, averti, marche aussitôt sur Fez que Moulaï Ben Hassan (ou Hassoun) a eu le temps de mettre en état de défense.

Août. — Il commence le siège.

Faits particuliers à l'Oranie

D'après P. Ruff :

« En 1549, le Comte d'Alcaudéte revint d'Espagne avec quelques troupes. Il parcourut le territoire d'Oran, la Zafina et alla châtier des Maures qui, bien que soumis, avaient accueilli des ennemis et facilité leurs tentatives. Mais l'expédition ne réussit pas très bien parce que les rebelles étaient nombreux. On prit seulement quelques captifs et un peu de bétail. Au retour, il fallut encore tirailler. Ce butin médiocre fut cependant bien reçu car, d'après le chroniqueur (B. de Moralés), les Espagnols n'avaient pas touché d'argent depuis longtemps. Cet acte de vigueur n'effraya point les Maures qui, peu après, tentèrent une nouvelle surprise. Ils se cachèrent dans un ravin voisin de la ville et essayèrent d'enlever le troupeau qui était allé paître dans le ravin de Ras el Aïn, sous la garde d'une compagnie. La Tour des Saints donna l'alarme en sonnant la cloche, et le comte sortit avec ses troupes. Mais il rentra bientôt parce qu'on lui dit que les Maures étaient peu nombreux. A ce moment parurent 200 ou 300 cavaliers qui s'étaient bien dissimulés. Le Capitaine Général envoya Diégo Ponce les repousser, et le fils de cet officier, Alonso Martin, déjà connu pour sa bravoure malgré sa jeunesse, se distingua en triomphant, dans un véritable combat singulier, de l'un des principaux chefs Maures.

En somme, le Gouverneur d'Oran se débattait au milieu des mêmes difficultés. Ne pouvant tenir tout le pays, faute de troupes et d'argent, il en était réduit, après chaque expédition même victorieuse, à se renfermer dans sa forteresse où bientôt l'ennemi venait le harceler ».

1550 (957 de l'Hégire)

RÉSUMÉ DES FAITS DANS L'ORDRE CHRONOLOGIQUE

1550
Résumé des faits dans l'ordre chronologique

D'après Piquet : « Il y a à Tunis une population de chrétiens indigènes.

Turcs, Hafsides, Français (1) d'après Garrot.

Février. — Dragut entre dans Mahdiya, ralliée aux Espagnols.

10 Septembre. — Profitant de son départ en mer, Doria reprend Mahdiya après l'avoir assiégée.

Henri II, continuant la politique de son père, se rapproche de Soliman et obtient de lui le concours de Dragut, qui était à Djerba.

Au Maroc. (D'après Garrot).

15 Février. — Le siège de Fez durait depuis 6 mois quand les confréries religieuses ouvrent les portes à Mohammed el Mehdi qui y est proclamé sultan de l'empire marocain. Il interne les Beni Ouattas au Sous, au Draa et au Tafilalet. Moulaï Bou Hassan, qui a pu s'enfuir à Velez, gagne l'Espagne.

« *Les premières dynasties africaines arabes,* (*Edrisides et Fatémides*) *avaient disparu devant les dynasties berbères. Celles-ci disparaissent devant une nouvelle dynastie d'origine arabe.* Les Saadiens gouverneront jusqu'en 1659 En 1667 le pouvoir passera à leurs parents les Hassanides ou Filalides.

« (D'après Martin). Ahmed el Aredj entre à Merrakech révolté contre Mohammed ech cheïkh.

---

(1) Galibert donne une autre version de ces évènements de 1550 et 1551 et de ceux antérieurs qu'il situe, tous, en 1554.

« Malgré la trêve signée par Charles Quint avec le Sultan de Constantinople, après la mort de Kheïr ed Dine, la capture des navires espagnols et de leurs équipages avait continué dans la Méditerranée. Dragut, successeur et émule de Kheïr ed Dine, après s'être montré dans le Golfe de Naples, s'être emparé, dans le port de Pouzzoles, d'une galère de Malte, avoir surpris de nuit Castellamare, avoir mis à feu et à sang les côtes de la Calabre, s'était établi dans l'île de Gelves (Djerba) pour la mauvaise saison et y préparait la conquête de Méhédia, qui s'était constituée en république après la prise de Tunis par Charles Quint et, très jalouse de sa liberté, ne souffrait qu'avec peine les étrangers dans son port, dont l'entrée avait été refusée plusieurs fois aux vaisseaux turcs.

« Méhédia était déchirée par les dissensions intestines. Dragut achète un de ses principaux magistrats, Ibrahim Brambarac, qui la lui livre. Il y fait reconnaître sa souveraineté, confie le commandement à son neveu Hez Reïs, laisse une garnison de 400 Turcs, fait mettre à mort Brambarac puis reprend la mer en emmenant avec lui, comme otages, les plus riches habitants.

« Charles Quint donne l'ordre à Doria de reprendre de suite Méhédia. Doria part de Gênes avec 50 vaisseaux auxquels se joignent les galères du Grand Duc de Toscane et du Pape. A Naples, il embarque 800 Espagnols, commandés par Don Garcia de Tolède, fils du Vice Roi. A Palerme, Don Juan de Vega, Vice Roi de Sicile, fournit 5 galères, commandées par son fils Alvarez ; enfin les chevaliers de Malte fournissent 4 navires, 140 chevaliers et 400 soldats.

(*Voir la suite de ce renvoi page suivante*).

Faits particuliers en Oranie

D'après P. Rnff.

« Fatigué de n'arriver à aucun résultat, le comte d'Alcaudète repartit pour l'Espagne en 1550. Il se rendit d'abord à Valladolid où se trouvaient la Cour et le prince Maximilien, fils du roi de Bohême (2), qui gouvernait en l'absence de l'Empereur Il passa ensuite en Allemagne (3) afin d'y voir l'Empereur lui même. Il sollicitait pour l'un de ses fils la charge de Général des Galères qui appartenait alors à Don Bernardino de Mendoza. Il offrait d'entretenir la flotte à moins de frais que celui-ci. L'Empereur accorda au Comte ce qu'il demandait ; mais ensuite Don Philippe, qui gouvernait l'Espagne au retour du Capitaine-général, lui refusa les galères que conserva Don Bernardino

« L'absence du Comte se prolongea cette fois durant 4 années. Il fut encore suppléé par Don Martin ; mais il y eut des dissentiments entre le jeune gouverneur intérimaire et Diégo Ponce dont il ne voulait pas toujours écouter les conseils. Don Martin dirigea un certain nombre de petites expéditions et razzia notamment une importante caravane chargée de sel des salines d'Arzew. »

« Cette flotte va mouiller à l'île de Fabiana, où elle trouve Pérez de Vargas, Gouverneur de la Goulette, venu la rejoindre avec quelques navires. Puis elle se dirige sur Méhédia. Débarquement.

« Pendant ce temps Dragut avait introduit dans Méhédia 3 vaisseaux chargés de vivres et de munitious, fait arrêter tous les habitants suspects et cherché à intercepter les convois.

« Après le débarquement des chrétiens, il quitte l'île de Gelves avec 7 fustes et 4 brigantins, débarque de nuit, près de Méhédia, 1200 soldats turcs ou maures et environ 2000 Africains, et attaque, au lever du jour, les Impériaux en train de couper un bois pour faire leurs fascinages.

« Pérez de Vargas est tué par une balle au milieu des rangs ennemis où il s'était élancé pour sauver un jeune officier. Succès des Impériaux (500 hommes hors de combat du côté des Turcs ; 70 morts et 90 blessés du côté des Impériaux). Deux mois après ils prennent Méhédia d'assaut.

« Soliman irrité fait partir de Constantinople 112 galères et 3 galions sous le commandement de Sinan Pacha avec Dragut sous ses ordres. Un débarquement dans l'île de Malte est repoussé. Mais le Gouverneur de l'île de Gozo (deux lieues au nord-ouest de Malte à qui elle appartenait) capitule. Tripoli subit le même sort.

« Soliman conçoit alors le plan de conquérir l'Europe et contracte une alliance avec le Roi de France Henri II ».

(2) « B. de Moralès dit que c'était le roi de Bohême lui-même Mais, à cette époque, le roi Ferdinand était en Allemagne avec Charles Quint et le prince Philippe, et c'était son fils Maximilien qui, depuis le mois d'octobre 1548, gouvernait l'Espagne. Philippe n'y revint qu'en juillet 1551 » (P. Ruff).

(3) « D'après Diégo Suarez. B. de Moralès dit que le Comte alla en Flandre, mais Charles Quint était à cette époque en Allemagne ». (P. Ruff).

ANNEXE I.

1516

Diégo de Vera échoue dans son expédition contre Alger, défendu par Aroudj (1)

. . . .

« Désolé de la mauvaise issue de l'expédition, le Cardinal Ximénés prit le plus grand soin d'en tenir les affligeants détails ignorés du public...

. . . .

LETTRE DE DIÉGO DE VERA A MOSSEN (MONSEIGNEUR), NICOLAO DE QUINT, ALCAYDE (GOUVERNEUR) DU PÉGNON D'ALGER.

« Carthagène 18 août 1516.

« Noble seigneur, je suis venu dans cette ville (Carthagène), pour aller au secours de la forteresse (d'Alger) ; et, pour que vous le sachiez, je vous adresse ce messager par lequel vous m'informeraz tout de suite de la nécessité où vous êtes ; parce que, si vous vous trouvez en peine, je puis aller vous secourir avec 2.000 hommes, mais, s'il vous est possible d'attendre 10 ou 12 jours, je serai à même de vous en amener 6.000, et même davantage si vous le voulez ».

LETTRE DE DIÉGO DE VÉRA AUX FILS DU DÉFUNT SULTAN SALEM ET TEMI (2) (3).

« Carthagène 18 Août 1516.

« Honorables, courageux et loyaux seigneurs, le Roi, notre seigneur et le révérendissime cardinal, gouverneur du royaume d'Espagne, ont appris le décés de l'honorable et très loyal seigneur votre père ; et ils en ont éprouvé le chagrin que la mort d'un tel homme doit inspirer. Pour le venger et châtier l'audace (de son meurtrier), l'ordre est donné de rassembler une flotte nombreuse en navires et en troupes (3.000 soldats), ainsi qu'en artillerie. Le forfait recevra telle punition que ce sera à la fois un châtiment pour ses auteurs et un exemple à ceux qui en entendront parler.

« En conséquence, seigneurs, tenez vous prêts et disposés pour le moment où je serai à Alger avec la flotte et l'armée ; afin que les Turcs et les Arabes qui se sont rendus coupables envers votre père ne m'échappent point par terre ; car ils ne fuiront pas par mer sans que je les attaque. allassent-ils jusqu'à Constantinople.

---

(1) Extrait de l'ouvrage de « le Pégnon d'Alger » d'Adrien Berbrugger. (Alger. Février 1860).

(2) Sultan d'Alger, tué par Aroudj pour prendre sa place.

(3) « Il n'y a pas eu de réponse, semble-t-il « les fils de Salem et Temi s'étant réconciliés avec Aroudj par l'entremise du marabout Sidi Abd-er-Rahman. Dans cette correspondance, il n'est nullement question de Yahya, ce fils de Salem-et-Temi qui, selon quelques auteurs, se serait réfugié en Espagne après la mort de son père, et que Diégo de Véra aurait ramené à Alger sur sa flotte pour l'installer dans la dignité de son père ». (Berbrugger).

« Pour cela, il est nécessaire que les anciens serviteurs de votre père reçoivent des libéralités, des distinctions et non des châtiments ; il faut qu'ils conservent les charges et offices qu'ils avaient. C'est à vous, seigneurs, en gens intelligents que vous êtes, d'ordonner que ces amis soient placés de manière à ne recevoir aucun dommage.

« Et, puisque vous devrez rester dans la ville, en considération de la loyauté de votre père, ou en d'autres endroits de ce royaume, tâchez d'agir comme il convient à votre honneur. Car je tiens du révérendissime cardinal un mandat qui intéresse votre honneur et celui de vos parents.

« Que notre seigneur Dieu tout puissant vous garde et vous guide dans son saint service.

« Diégo de Véra ».

Lettre de Diégo de Véra a Moula Abou Abdallah
roi de Ténés

Carthagéne 18 août 1516..

« A l'honoré et loué entre les Arabes, Muley Bavdeli, roi de Ténés :

« Je suis venu dans cette ville pour organiser la flotte que le Roi notre maitre et le révérendissime seigneur cardinal d'Espagne, gouverneur de ces Royaumes, ont ordonné d'assembler à l'encontre des Turcs et des Arabes qui se sont révoltés contre leur service.

« Ayant été jadis grand serviteur de votre père à cause de son extréme loyauté et bonne amitié envers le Roi notre seigneur qui est à présent dans la gloire (de Dieu), j'ai teujours eu et aurai toujours cette même disposition à votre service. Comme je suis dans l'incertitude, quant à certaines parties de vos Etats, dont on me dit ici des choses que je ne croirai qu'autant que vous même me les attestcrez, je vous prie de m'écrire ce qui en est, afin que je les garde ainsi que l'exige le service du Roi notre seigneur et le vôtre. Car la volonté du Roi notre seigneur et celle de tous les membres de son conseil est que votre personne et vos Etats soient protégés et gardés comme il convient envers un prince aussi loyal que vous l'êtes et fils d'un roi aussi loyal.

« Le capitaine Vergara qui vous remettra cette lettre vous parlera plus au long de ma part. Votre Altessse voudra bien lui accorder le même crédit qu'à ma propre personne. Que Dieu fasse prospérer votre existence et votre Etat royal à son service ».

Réponse du roi de Ténés (25 août) (1)

Moula Abou Abd Allah, roi de Ténés, au très honorable
et très vertueux cavalier le seigneur Diégo de Vera
capitaine de la Armada.

« Très humble et très vertueux seigneur, nous avons reçu votre lettre et nous avons appris avec un plaisir inexprimable que vous veniez comme commandant de cette flotte, parce que tout notre désir est de vous voir toujours chargé de ce qui nous concerne. Vous savez que le roi mon père en mourant m'a recommandé au roi d'Espagne (que Dieu lui soit miséricordieux !)

---

(1) Du 18 au 25 août ça fait 7 jours ; c'est un record de rapidité à cette époque. (Général L. Didier).

et maintenant je suis dans les mains de mon Seigneur, le prince Don Carlos :
il fera de moi tout ce que son Altesse élevée ordonnera. Je serai toujours son
vassal et vous serez toujours mon bon intermédiaire. Je vous prie en grâce
que mes terres soient gardées et qu'on ne fasse pas attention aux paroles des
méchants.

« Ce qu'il vous faut garder s'étend depuis le Chélif jusqu'à la *fosse de la
chrétienne*. Ne vous arrêtez pas à ce que les barques de Cherchel ont marché
par force, et que même on les a retenues là-bas contre leur gré : sur tout cela
le capitaine Vergara vous parlera et vous dira au vrai mes dispositions à
votre égard. Il me suffit de vous écrire, que moi et mes États sommes à votre
honneur. »

« Fait à Ténès, aujourd'hui dimanche 25 août,
« Moula Bou Abd-Allah, roi de Ténès ».

« Il est à remarquer que la signature de Moula Abou Abd-Allah est suivie
d'une autre en arabe et, en outre, de l'alama des sultans Zianites de
Tlemcen. »

« Voici l'explication.

« Il est dit, dans le *Razaoual Kheir-ed-Din*, que le neveu du Roi de Tlemcen, n'ayant pas réussi à détrôner son oncle, se réfugia auprès du roi d'Espagne qui le reçut très bien et lui promit un établissement sur la côte de
l'Algérie, dans le territoire où régnaient les Beni Abd Aborad (?). En effet,
ce roi envoya une expédition qui se rendit maitresse de Ténès et y établit le
neveu du roi de Tlemcen. Après ce succès, la flotte retourna en Espagne,
laissant 4 vaisseaux avec 500 hommes d'équipage pour défendre la place.

« On remarque encore que, à cette époque, le Tombeau de la chrétienne
(Fueza de la cristiana) jalonnait la limite orientale du royaume de Ténès, ce
qui indique en même temps où finissait le territoire d'Alger du côté de
l'ouest. »

Situation au Pegnon (1)

« Les Turcs et les Mores d'Alger gardaient les fontaines avec tant de vigi-
lence que la garnison du Pégnon et les navires ne pouvaient plus s'approvisionner d'eau sur ce rivage comme par le passé ; il fallait la faire venir de
Majorque ! Aussi, à la date du 8 août 1516, les 200 individus environ, enfermés
dans cette forteresse ou dans l'île, n'avaient plus que 15 outres d'eau. Le
gouverneur, Nicolao de Quint, fut obligé d'aller en personne en chercher à
Majorque, et aussi du biscuit, et autres victuailles, ainsi que de l'argent pour
payer une somme de 1.286 ducats à des patrons de navires.

« A la date du 25 août, l'eau continuait à manquer au Pégnon ; et des gens
étaient morts pour avoir bu du vin mêlé à de l'eau de mer ou mangé du pain
à la fabrication duquel celle-ci avait été employée. La pénurie des objets de
première nécessité avait obligé de renvoyer tous les Juifs et les individus
établis dans l'île, à côté de la forteresse, en tout 150 hommes et femmes qui
étaient partis avec le gouverneur, Nicolao de Quint. Malgré cette évacuation,

---

(1) D'après « les lettres du gouverneur Mossen Nicolao de Quint, de Juan
Negrylli, un de ses officiers, de Carpio, de Juan de Tudela, d'Augustin Velasquez,
tous établis dans la citadelle ». (Berbrugger).

ce qui restait allait mourir de soif, si un brigantin de Majorque n'avait apporté quelques barils d'eau. Déjà on avait résolu de sauter tous à terre, le jour où le liquide ferait complètement défaut, et de mourir en combattant contre les Mores d'Alger, plutôt que de se laisser périr de soif. Il n'y avait presque plus de poudre. Des 200 hommes de garnison, on ne pouvait compter que sur 100 ou même moins, les autres étant d'.: paysans majorquins, que l'aspect d'une arme, disait-on, aurait fait se fourrer dans un trou. »

Lettre du 27 Aout de Carpio, de la garnison du Pégnon

« Il n'est pas d'ermites qui, en fait d'extrême faim et soif, aient enduré ce que nous souffrons ici. On aurait déjà abandonné la position sans les égards que l'on a pour l'inspecteur (veedor) la plus noble personne du monde et le plus grand serviteur de Diégo de Vera.

« On ne possédait, en fait d'artillerie, qu'un fauconneau et un canon serpentin. Il n'y avait de munitions de bouche que pour un mois et elles consistaient en orge, eau et vinaigre...

« On ne comptait pas dans toute l'île 80 hommes que l'on pût dire de combat. »

Lettre du 27 Aout de Juan de Tudela, également de la garnison du Pégnon

« Il y a environ 200 hommes dans cette forteresse, dont il n'y a pas 90 de guerre, le reste étant des gens de travail. Tout cela fatigué d'endurer des privations, d'être sans pain depuis 18 mois et de coucher sur le roc.

« Il a fallu la nouvelle de la future expédition pour qu'on ne s'abandonnât pas au désespoir.

« Agustin Velasquez, aussi de la garnison, reproduit les faits précédents et ajoute qu'on avait perdu toute espérance, et qu'on se croyait abandonnés, voyant que les seigneurs cardinal et ambassadeur après avoir promis prompt secours et ravitaillement, toutefois tant de temps s'écoulait sans qu'on vit rien venir ; point de vin, 4 quintaux de poudre seulement, des vivres pour 40 jours, et encore en rationnant.

« Le gouverneur Nicolao de Quint, revenu de Majorque, reproduit, dans une lettre du 27 août, ses premières doléances ; il rappelle qu'il a sauvé le Pégnon cette année, comme il a sauvé Bougie l'an dernier. Il parle de 1.5000 ducats qu'il a avancés pour ravitaller le Pégnon. »

. . . .

« Dans tout cela, il n'est nullement question du roi de Tlemcen, qui, d'après certains historiens, aurait excité l'Espagne à faire l'expédition en promettant une diversion puissante. Ce silence, le récit de l'attaque contre Alger et d'autres preuves établissent nettement que Diégo de Véra n'avait aucune intelligence dans le pays. »

Préparatifs de défense d'Aroudj.

Lettre d'un officier de la garnison du Pégnon, Juan Négrylli,

« Ile d'Alger, 25 Août 1516,

« En fait de nouvelles de Barberousse (Aroudj), je vous dirai que chaque jour il se fortifie de tout son pouvoir, qu'il a jusqu'à 100 Turcs en tout et qu'il attend son frère d'un instant à l'autre. Toutefois, je vous engage à ne

pas le dédaigner, parce que, avec les progrès quotidiens qu'il fait en fortification de la place et d'après les secours qu'il espère, je dois vous dire qu'il faudra
bien 9 à 10.000 hommes pour prendre la ville sans péril. On peut s'en emparer
à moins, mais avec beaucoup de peine, parce que Barberousse a pour amis
tous les Arabes qui le favorisent. Il a d'ailleurs fait sa paix avec les fils du
cheikh (1), dont l'aîné s'est marié avec une fille du marabout de Barberousse.
Vous ne devez donc pas compter qu'en Berbérie, il se trouve un seul indigène de votre parti. Il vous faut donc arriver ici assez fort pour résister à
tout le monde. Et là dessus je reste l'obéissant serviteur de votre seigneurie ».

LETTRE DE CARPIO,

« Voici les nouvelles de Barberousse. Il se fortifie tant qu'il peut depuis
plus de 15 jours, il a cessé le feu, gardant sa poudre pour une meilleure
occasion. Ses batteries disponibles sont celles-ci :

« A la porte des Arabes (2), une bombarde et un ribaudequin là où vous
devez jeter du monde ; du côté de la mer, il y a 2 pièces dans la Courtine,
une de 12 livres et l'autre de 8. Aux arsenaux (3) il a une grande bombarde
qui pourra tirer 30 livres de pierres ; et, plus en avant, en suivant la Courtine, il a 2 bombardes, l'une de 14 livres et l'autre de 9 livres. Ils ne tirent
pas beaucoup avec celles-ci, parce que nous ne les laissons pas s'établir et
que nous sommes aussitôt à eux. Ils ont 4 autres embrasures ouvertes dont
ils ne tirent pas, nous ne savons pas pourquoi. Elles sont à plus de 200 pas.

« Au delà, au coin de la Tour postérieure, il y a 2 pièces, l'une desquelles
tire 55 livres et l'autre 20. Plus avant, est l'embrasure d'une autre bombarde
qui donne sur le bout de l'île et tire 20 livres. Il y a aussi une bombarde à la
porte Bab-Azzoun et 2 autres sur ladite porte. Ils ont placé plus haut une
grande bombarde et un fauconneau de 8. Au delà est une autre bombarde
dans la tour de Gibil (4), là où est une poterne près d'un afayala (tour d'observation) qui avoisine les vignes ; et enfin une autre sur la muraille qui
touche aux vignes auprès du chemin qui vient de Miliana ».

LETTRE DE JUAN DE TUDELA.

« Parmi les nouvelles que nous avons eues ici de Barberousse, je vous
dirai qu'il se fortifie tant qu'il peut, faisant fossés et tranchées, car il sait
déjà que votre seigneurie arrive avec l'armada. Je dis ceci parce qu'ils nous
le disent tous les soirs. Il pourra bien entreprendre ce qu'il n'a pas entrepris jusqu'à présent, dans la pensée que votre seigneurie, une fois arrivée, il
n'aura pas le temps de se fortifier et sera détruit. De la sorte, les navires
partis, ils pourraient nous placer en grand embarras. Pour nous mettre à
l'abri de ce péril, votre seigneurie devrait envoyer 1.000 hommes en avant,
afin que s'il a quelque mauvais dessein il ne puisse l'exécuter ; afin aussi
que vous ayez l'esprit tranquille de ce côté et que vous puissiez faire les
choses comme vous les avez toujours faites ».

---

(1) Salem-et-Teni.
(2) Bab-el-Oued (?).
(3) « L'arsenal — *Dar senaa* — était auprès de la porte de la Pécherie ». (Berbrugger).
(4) « Tour de Gibil veut dire, sans doute, *Tour de la montagne* (Djebel). L'autre
tour, dite *Atalaya*, devait se trouver près des Tagarins Il y a une vingtaine d'années on en a trouvé les substructions en fouillant pour construire ». (Berbrugger).

Situation en Espagne.

« Les affaires intérieures d'Espagne n'étaient pas dans une situation favorable pour attaquer avec avantage un ennemi aussi actif et habile que l'était Aroudj. Le roi Fernando venait de mourir et les grands du pays, n'étant plus contenus par son extrême sévérité, revenaient à leur ancienne habitude d'en appeler à la force pour tout ce qu'ils voulaient obtenir. Le peuple, de son côté, se montrait enclin à profiter d'une minorité pour reconquérir d'antiques franchises. Malaga se mit en état de révolte. Vallalolid leva une armée et d'autres villes manifestèrent leur opposition, en empêchant, sur leur territoire, les levées de troupes que le cardinal Ximénès ordonnait sous prétexte de contenir les Mores, mais, dans le fait, pour éteindre l'esprit séditieux qui éclatait dans les classes extrêmes de la société. C'est au milieu de ces difficultés que Diégo de Véra dût procéder au recrutement de son corps expéditionnaire, et si celui-ci ne fut pas composé tout entier d'hommes de guerre comme il en aurait fallu pour une pareille entreprise, on voit que la faute ne venait pas tant de lui que des circonstances ».

INSTRUCTIONS ÉCRITES DONNÉES LE 17 SEPTEMBRE 1516 PAR DIÉGO DE VERA ET JUAN DEL RIO, SON COLLEGUE, A VICENTE PEREZ ALBORNOZ POUR TRAITER AVEC LE CARDINAL XIMÉNÉS LA QUESTION DE L'ARMADA QUI ÉTAIT EN PARTANCE.

« Après avoir expliqué les causes qui avaient retardé le départ de la flotte, Diégo de Vera donne les renseignements suivants :

Il y avait *1.000 soldats, 2.000 marins* ou autres, tous gens choisis et de guerre (1) (muy escogida gente y gente de guerra).

« Les navires étaient :

« Une carraque de 1.000 tonneaux, bien ordonnée et armée de très bonne artillerie, grosse ou petite, tant de campagne que de siège ; les 2 très bons navires de Portundo (2) de 300 tonneaux chacun, bien en ordre ;

« 4 Navires de Séville, l'un de 250 tonneaux, les autres de 150 ;

« Le navire du comte Don Fernando de Andrada, sur lequel était venu le commandeur Diégo de Vera avec 300 hommes qu'il avait amenés de Séville et Xérès ;

« Les 4 navires qui étaient à la solde de leurs Altesses pour le service de la place d'Alger et qui étaient venus à Carthagène, dès qu'ils avaient eu connaissance de l'armada destinée à secourir le Pégnon et à recouvrer Alger ;

« 2 autres très bons navires de Biscaye, de 350 tonneaux chacun ;

« 2 autres navires de même provenance, de 250 tonneaux chacun ;

« Un navire de Gallice de 200 tonneaux ;

« 3 Caravelles, 1 gallion et 2 brigantins.

« Après cette énumération, Diégo de Vera ajoute :

« On attend de Malaga un autre navire et une autre caravelle qui apportent les biscuits.

« De sorte que, en tout, il y aura de 24 à 25 voiles toutes bien approvisionnées et payées pour quelque temps.

----

(1) « Appréciation qui ne s'accorde pas avec ce que l'on verra plus loin ». (Berbrugger).

(2) Commandant des galères, plus tard.

« Avec ces voiles viendront 4 galères, 1 brigantin, 8 fustes et le brigantin de Don Alonso Vanegas, sans compter beaucoup de brigantins d'Almeria et de Carthagène. Ces derniers ne seront pas armés, il est vrai, mais ils feront une démonstration d'un bon effet. On peut donc affirmer que l'armada comptera de 30 à 35 voiles carrées ou latines et d'autres navires marchant pour leur compte ».

LETTRE DU 3 OCTOBRE 1516 DE MOSSEN NICOLAO DE QUINT, ALCAYDE DE LA FORTERESSE D'ALGER AUX ILLUSTRISSIMES ET RÉVERENDISSIMES SEIGNEURS GOUVERNEURS D'ESPAGNE.

« Vos lettres apportées par mon frère et son camarade m'ont largement informé de tout ce que vous lui avez dit, a savoir qu'on avait abondamment pourvu à tout ce que je demandais ; de sorte que je désirais beaucoup la flotte et ses capitaines, parce que je pensais que l'Afrique allait être bien châtiée. Il me semble qu'il est arrivé tout au contraire ; car les musulmans aujourd'hui ont repris tant de cœur au ventre qu'ils se figurent être des lions ; malheur qui résulte du mauvais accord des chefs, lesquels, sans conseil ni gens, ont voulu faire des choses qui paraissaient ici à tout le monde devoir causer leur perte.

« Vos seigneuries sauront que je les ai amplement informées par une lettre adressée à Diégo de Vera dont je vous envoie copie avec sa réponse (1) afin que vous voyiez qu'il était bien averti de tout ce qui se passait ici. Il me semble qu'il a fait tout au contraire de ce que ces avis indiquaient : il n'a pour ainsi dire pas amené de troupe et celle qu'il amenait n'était point propre à la guerre ; de sorte que le service de Dieu et de son Altesse n'a pas été accompli comme il l'eût été si l'on avait suivi les conseils de nous qui sommes ici ; si l'on avait eu des hommes propres à la guerre et en nombre suffisant et non de jeunes laboureurs qui semblaient n'avoir jamais manié une arme.

« Pour cela, il m'a retiré tout mon monde de l'île ; et de 250 très bons soldats, il n'en reste que 40. De sorte que, au lieu de me secourir, il m'a désorganisé en me perdant de braves gens ; il ne me reste ni escopetier, ni archer pour que je puisse défendre mon île...

« De cette forteresse et île d'Alger, le 3 octobre 1516.
« NICOLAO DE QUINT ».

RÉQUISITION FAITE PAR DIÉGO DE VERA AU GOUVERNEUR DU PÉGNON D'AVOIR A LUI LIVRER UNE PARTIE DE SON ARTILLERIE.

« Dans la journée du 4 octobre 1516, un bateau se détachait de la carraque capitane, mouillée dans le port d'Alger et où Diégo de Vera devait faire alors d'amères réflexions sur l'instabilité de la fortune. Cette embarcation conduisait au Pégnon le capitaine Salazar le Grand, porteur de la lettre de réquisition du Général en chef adressée à Nicolao de Quint ; ce messager était suivi d'un écrivain de justice et de quelques témoins. Ils trouvèrent le gouverneur à la porte de son château, où Salazar lui présenta la missive du capitaine-général. Dans ce document, Diégo de Vera somme le Gouverneur, Nicolao de Quint, — qu'il qualifie de *magnifique seigneur*, — de lui remettre ce qu'il a d'artillerie en trop dans la place ; parce que, dit-il, cet excédent est

---

(1) Je n'ai pas pu trouver ces 2 pièces. *(Général L. Didier).*

inutile à la défense du Pégnon et est nécessaire à celle de l'escadre. D'ailleurs, la garnison n'a pas assez de poudre pour servir tant de canons, et les vaisseaux sont dans l'impossibilité de lui en fournir. Diégo de Vera rappelle qu'il a pourvu ce poste très largement de soldats, d'argent, de pain pour 200 hommes pendant 6 mois et de vin pour 50 jours, sans compter l'eau et les autres provisions de sardines et de poissons , le tout de son mouvement propre et sans y être autorisé par le gouvernement. Il lui annonce, en outre, que, avec sa carraque et les 7 ou 8 navires qui l'accompagnent, il n'abandonnera pas l'île d'Alger de 7 ou 8 mois ; et que, le plus qu'il s'en éloignera sera pour aller à Iviza, afin d'envoyer à la garnison du Pégnon 2 ou 3 navires chargés d'eau et des provisions qui leur seront nécessaires. Il rappelle qu'il leur a déjà fait remise de toutes les armes qu'il a pu recueillir sur ses navires, telles que corselets, balistes, lances, épées ; et il annonce qu'il leur donnera encore des escopettes, des dards et des lances à feu.

« Diégo de Vera recommande au gouverneur de bien traiter les hommes dont on a renforcé sa garnison et qui ont, d'ailleurs, reçu leur paie. Ceux-ci, ajoute-t-il, s'étaient d'abord refusés à rester avec Nicolao de Quint et il a fallu leur donner l'assurance que Don Gaspard de Villasand demeurait au Pégnon comme leur capitaine. »

Réponse de Mossen Nicolao de Quint, gouverneur du Pégnon, a la réquisition ci dessus.

« Aux premiers points indiqués dans la réquisition, je réponds ceci :

« Le capitaine Diégo de Vera m'a écrit de Carthagène qu'il faisait ses préparatifs pour se rendre à Alger avec 2.000 hommes, à cause des grandes extrèmités où nous étions réduits dans cette forteresse du Pégnon. Il ajoutait que, si on lui donnait 12 jours, il viendrait avec 6.000 hommes ou même avec le nombre que l'on voudrait. Quand son messager, Vergara, s'est présenté ici, je lui ai dit, comme réponse .

« qu'il fallait nous expédier des vivres dont nous manquions, ainsi que de poudre et de pièces en fer ;

« qu'il fallait envoyer aussi des maîtres ouvriers pour bâtir (dans le cas où l'on prendrait Alger) une tour ou forteresse qui permit d'y faire aiguade ; car le Pégnon est incapable de tenir si on ne lui assure pas dans la ville un endroit où la garnison puisse prendre de l'eau avec sécurité. »

« Pour tout ce qui concerne le service du roi, j'ai informé et averti amplement le capitaine Diégo de Vera, comme le savent tous les officiers et l'inspecteur du Pégnon et comme j'en possède la preuve dans les copies de mes lettres au dit capitaine général et dans les réponses que j'ai reçues de lui. J'ai communiqué cette correspondance et tout ce qui se passait ici aux seigneurs gouverneurs et à Son Altesse en Flandres, d'après les ordres de Sa Majesté.

« Il me semble que Diégo de Vera n'a rien fait ni tenu de ce qu'il avait écrit et n'a pas pourvu aux nécessités qu'il y avait au Pégnon ; car, après que je l'en ai eu instruit, il a laissé s'écouler 1 mois et 5 jours sans donner aucunement de ses nouvelles.

« Sans les bons capitaines et la courageuse garnison de cette forteresse, l'ennemi en serait déjà maitre, tant Diégo de Vera a été peu diligent et avisé en ce qui concerne cette place.

« Il s'est présenté ensuite en grand désordre devant Alger ; des fustes et des galères s'y étaient d'abord montrées, comme pour engager l'ennemi à se tenir prêt ; à leur suite, le chef de l'expédition. arrivé avec plus de désordre encore, était venu mouiller dans le port au beau milieu du jour. C'était dire à l'ennemi d'aviser et de faire diligence, car on les voulait prendre. Aussi, ces gens qui sont Turcs, guerriers et intelligents, ont amassé tant de provisions, ont réuni une si grande quantité de Mores qu'ils pouvaient se défendre contre la plus grande armée.

« Après l'arrivée du capitaine Diégo de Vera, j'allai le trouver et lui dis tout ce que je pensais. Il n'en a tenu aucun compte, imaginant qu'il pourrait prendre la ville avec moins de monde encore que ce qu'il amenait. Alors, j'allai, en personne, reconnaître les endroits où l'on devait combattre : et Diégo de Vera fut d'opinion qu'on attaquât par en haut, au-dessus de la ville, ce qui ne fut jamais mon avis, lequel était de s'emparer d'un gros rocher qui est près de la porte de la ville, où les assaillants pouvaient très bien se loger, ayant leurs derrières assurés et de l'eau à discrétion.

« Je voulais battre la ville avec l'artillerie de l'île, mais Diégo n'y consentit pas et permit seulement qu'on tirât sur les hauts quartiers, ce qui a été de peu d'effet, la batterie étant éloignée. Le Pégnon n'a donc pas pu rendre les services qu'on en aurait obtenus si l'on avait canonné la ville. Dans ce dernier cas, on aurait fait un grand carnage des ennemis ; et l'on aurait pu entrer sûrement dans la place, si l'on avait suivi le conseil des capitaines de l'île, de l'inspecteur et du payeur ; car, dans le Pégnon, nous ne pensions qu'à une chose, qui était le service de Dieu et de Son Altesse et la destruction des ennemis.

« Il me semblait que les dits capitaines ayant aussi tiré sur la ville et fait un si grand carnage des Mores et qu'y ayant aussi aidé et défendu Diégo alors qu'il était près d'une montagne et si bien perdu que j'en eus la plus grande pitié du monde ; il me semblait qu'il n'était plus à propos de rester à la garde de la forteresse, puisqu'on y avait fait tout ce qu'on pouvait. J'allai donc en personne pour sauver le chef et tout son monde. J'ai marché en personne pour combattre les Mores et empêcher les gens (de l'armada) de fuir, mais je n'ai pu arrêter ceux-ci, malgré mes efforts extrêmes. Ce que voyant, j'allai aux galères, les requérant de la part du roi notre seigneur de ne pas laisser perdre tant de monde comme il en périsssait à la marine, à cause de la démoralisation qu'ils causaient en s'enfuyant à toute vitesse. Mais, quoi que j'ai pu faire, il m'a été impossible d'obtenir qu'ils retournassent les proues, manœuvre à la faveur de laquelle les bateaux et les fustes auraient recueilli tout la monde et qui aurait empêché les pertes qui se firent en morts et prisonniers.

« Par toutes ces causes, il me semble que le capitaine Diégo de Vera me doit être fort obligé, puisque j'ai tenu à honneur de l'appuyer et y ai employé ma garnison ; tandis que lui veut desservir grandement Sa Majesté en m'ôtant l'artillerie, qui est la plus grande protection du Pégnon ; protection si grande que les soldats seraient fort découragés, si peu qu'on enlevât de la place. D'autant plus que Diégo veut prendre les canons, c'est à dire ce qui leur fait le meilleur service. L'ennemi, en présence des grands dommages qu'il en reçoit, vient à composition avec le gouverneur et lui apporte toute espèce de provisions : moutons, poules, pain et autres. De sorte que, bien que peu nombreux, mes hommes se sentent le courage de se défendre contre toute l'Afrique et de réparer la honte et le dommage fait à la chrétienté, surtout en Espagne.

« Il serait bien que le capitaine Diégo de Vera non seulement me donnât ce que j'ai, mais mit sa personne à ma disposition avec beaucoup plus d'artillerie qu'il ne m'en a laissé. Etant le grand artilleur de S. M., il peut faire de bien meilleure artillerie que celle qu'il nous a remise. Et d'ailleurs, si celle-ci est à lui — ce que je ne sais pas avec certitude — il peut envoyer la nôtre au Pégnon et nous lui rendrons la sienne. Je ne ferai pas autrement — dussé-je perdre la vie — car il s'agit ici du service de Dieu et du Roi notre seigneur, de mon honneur, de ma vie à moi et à tous ceux qui sont avec moi. Il ne sortira donc aucune artillerie du Pégnon ni de l'île.

« Je m'étonne, d'ailleurs, que Diégo de Véra, pour sauver son navire, veuille perdre cette forteresse qui coûte si cher à S. M. et importe tant à l'honneur de la chrétienté et surtout de l'Espagne. Car si on la perdait, on perdrait Malaga, Carthagène, Alicante, Valence, Barcelone, Ivica et Majorque ; la multitude des galères du grand Turc devenant telle que ces villes ne se pourraient défendre sans l'aide de Dieu et du grand Roi d'Espagne. Pour ces motifs, je prie Don Diégo de Vera comme un frère, et il m'a vu tel à l'œuvre, de mettre beaucoup de diligence pour qu'il vienne ici beaucoup de monde et beaucoup d'argent pour me pourvoir de monde Pour moi, quoique le Roi me doive 10.000 ducats et plus, j'ai ici du drap que j'offre a tous les soldats pour couvrir leurs nudités ; et quant à toute autre chose au monde — je ne l'ai pas eue que je ne l'aie donnée. Pour ce motif, le capitaine Diégo de Véra devra faire beaucoup de diligence sur mer, car moi j'en fais beaucoup sur terre. Je lui certifie que, avant qu'il revienne sur ses navires, nous, gens de l'île, nous aurons gagné la ville et pris Barberousse. Dans ce but, j'ai écrit à Majorque pour que l'on vende mes rentes territoriales et tout ce que je possède et pour qu'on m'envoie autant de poudre et d'autres objets qu'il en faudra. Tout cela, je le fais pour le service de Dieu d'abord et du Roi notre seigneur et pour réparer son honneur. Et puisque moi j'agis de la sorte, Diégo, en bon chevalier qu'il est, doit faire en mon absence ce que je ferai pour lui ; pour tout autre chose, qu'il voie ce qu'il veut et je le ferai.

« Telle est la réponse que je donne à la dite réquisition et que je signe de mon nom.

« Nicolao de Quint. »

« Kheïr-ed-Din, dans son *Razouai*, explique l'attaque des Espagnols par ce raisonnement qu'il attribue à leur grand conseil :

« Si les Turcs viennent à bout de s'établir solidement à Alger et de réduire tous les pays d'alentour sous leur domination, ils augmenteront nécessairement le nombre de leurs vaisseaux et de leurs troupes ; il ne nous sera plus possible alors de naviguer ; et nos côtes mêmes ne seront pas à l'abri de leurs insultes. Heureux celui qui pourra acheter la tranquillité par un tribut annuel.

« Il ajoute que ce qui déterminait surtout les infidèles à tenter la conquête d 'Alger, c'est qu'ils avaient, dans le chateau bâti et occupé par eux sur l'îlot voisin, un précieux point d'appui, d'où l'on pourrait inquiéter la ville par le canon et même par la mousqueterie.

« L'expédition, toujours selon Kheïr ed Din, comptait 15 000 hommes de débarquement sur 320 navires de toute grandeur (1) ».

« Aroudj, à la tête de ses Turcs et des habitants, se chargea de la défense de la ville. Ni le *Razoual* ni le *Zohrat* ne parlent de la multitude d'Arabes et de Berbers qui prêtèrent leur concours, d'après les hauteurs européens ; toutefois ce fait est confirmé par un passage de la réponse du gouverneur du Pégnon à la réquisition de Diégo de Vera. Mais on comprend que le *Turc* Kheïr ed Din ait passé sous silence le concours de *Kabiles* et de *Mores* qu'il méprise en sa qualité d'Osmanli.

« Le *Razaoual*, (qui fait, sans doute, dater l'arrivée de la flotte de l'apparition des premiers navires), dit que les Espagnols ne débarquèrent que quelques jours après que la flotte eut mouillé ; et qu'alors Aroudj rassembla tous ses moyens de défense, fit fortifier les points les plus importants de la ville et ordonna d'arborer les étendards de guerre sur les remparts.

« L'ennemi s'approcha assez près de la ville, se mettant à l'abri par de larges fossés ; et de là commença à canonner Alger. Aroudj, craignant que ce mode d'attaque ne fût trop avantageux aux chrétiens, proposa à sa troupe, dans un grand divan, d'exécuter une sortie, ce qui fut unanimement accepté. Faisant alors ouvrir les portes de la ville, il s'élança le premier, et, suivi de son monde, courut sur les Espagnols qui venaient à lui. Le choc des Turcs fut tellement impétueux que les chrétiens ne pouvant y résister, se réfugièrent en toute hâte derrière leurs retranchements. Aroudj y pénétra avec eux, s'empara de leur étendard ainsi que de leurs tentes, et les poussa, sabre en main, jusqu'à la plage, où un millier à peine pût regagner la flotte, qui mit à la voile à l'instant pour retourner au port d'où elle était partie.

« Le *Zohrat* ne fait que paraphraser ce récit. La seule chose qu'il y ajoute c'est qu'Aroudj vint, avant l'action, reconnaître le camp espagnol et que, en examinant les dispositions d'attaque et de retranchement, il ne put se défendre d'un sentiment de surprise et même de vague inquiétude, surtout quand il eût constaté les précautions prises par l'ennemi pour se maintenir sans danger dans sa position. C'est alors que, craignant d'avoir plus tard trop de peine à l'expulser, il proposa l'attaque immédiate qui lui réussit si bien ».

. . . .

D'après Mayerne Turquet, Aroudj, averti depuis longtemps qu'une expédition se préparait en Espagne, avait mis Alger en état de défense et avait pu rassembler de nombreux combattants, parmi lesquels 600 Turcs déterminés qu'il avait amenés de Caramanie.

« Les esprits s'exaltèrent par la prédiction d'une femme qui annonça la défaite des chrétiens dans cette expédition, puis dans une deuxième qui la suivrait de près (Hugo de Moncada, en 1518) et même dans une troisième qui serait dirigée par un grand prince (Charles Quint, en 1541).

« Le débarquement s'opéra avec assez de succès ; mais Diégo de Vera, contre l'avis de ses capitaines, divisa son armée en 4 corps, de sorte que ces fractions, partout où elles se présentèrent, se trouvèrent inférieures en nombre à l'ennemi et furent partout culbutées. La cavalerie d'Aroudj rendit la déroute encore plus sanglante (2).

----

(1) Les chiffres réels sont multipliés par 10. Ce coéfficient d'exagération se trouve, à peu près, sous toutes les latitudes. (Général L. Didier).
(2) ! ! ?

« Diégo de Vera, voyant ce massacre, abandonna son monde; emmenant son fils avec lui. Après être resté caché une partie de la journée dans des rochers, il parvint à se sauver à bord d'un de ses navires. C'est probablement à cette circonstance que le gouverneur du Pégnon fait allusion quand il rappelle le danger que ce général courut auprès de certaine montagne où il alla le secourir.

« Malgré toutes les précautions du cardinal Ximénès, les détails de ce désastre se répandirent dans le public : les enfants mêmes s'en préoccupèrent, et, quand Diégo de Vera paraissait dans les rues en Espagne, ils le poursuivaient d'une chanson dont voici le sens : *Certes, Vera n'a été ni fort, ni habile, puisque, ayant ses 2 bras, il s'est laissé battre par un manchot.*

« Aroudj, on le sait, avait perdu un bras au siège de Bougie ».

ANNEXE 2.

1519

Expédition désastreuse de Hugues de Moncade contre Alger (1).

« Les espérances que la mort d'Aroudj et la destruction des Turcs qu'il avait amenés avec lui dans l'Ouest et de ceux que son frère lui avait envoyés de renfort avaient fait concevoir aux Espagnols, étaient assurément très bien fondées en principe. Elles se seraient certainement réalisées, si la rapidité des attaques eût été à la hauteur de la justesse des conceptions.

« Kheïr-ed-Din appréciait si bien sa situation à cet égard qu'il voulut un instant quitter Alger et se retirer dans le Levant. De fait, les soldats turcs, sa principale force, étaient réduits à un petit nombre. Il supposait, d'ailleurs, que le marquis de Comarès s'efforcerait de tirer tout le parti possible de sa victoire et que, secondé par le roi de Tlemcen, il viendrait le relancer jusque dans Alger.

« En effet, le gouverneur d'Oran, en rendant compte au nouveau souverain Charles Quint, de ses brillants succès, lui exposa tout ce que la conjoncture présentait de favorable pour aller étouffer la piraterie barbaresque dans son principal repaire. Il demandait une flotte avec des troupes de débarquement pour s'emparer d'Alger et laver par cette conquête l'humiliation de l'échec subi par Diégo de Vera.

« Mais lorsque Kheir-ed-Din vit que le marquis de Comarès, cessant de poursuivre ses avantages, était rentré à Oran et que même il avait renvoyé une portion notable de ses troupes en Espagne, il reprit courage et écouta la parole de ses compagnons, qui lui conseillèrent de ne pas abandonner la partie. Il se laissa donc proclamer sultan d'Alger en qualité de successeur de son frère Aroudj. En homme habile, qui comprenait fort bien qu'un titre qui lui était contesté par une puissante nation chrétienne et même par une très grande partie de ses prétendus sujets, risquait fort de n'être qu'un vain mot, il chercha un point d'appui solide, qui pût suppléer efficacement à sa faiblesse actuelle. C'est ce qui lui suggéra la pensée de faire hommage de ses Etats au grand sultan comme un pachalik qu'il reconnaîtrait tenir de lui seul. Selim accepta le cadeau, nomma Kheir-ed-Din pacha et lui envoya 2 000 hommes des mieux disciplinés, proclamant en outre que ceux qui voudraient aller guerroyer en Algérie y seraient transportés par ses soins et considérés comme des janissaires ayant droit aux mêmes avantages que la milice de Constantinople.

« Telle était la situation des choses quand l'expédition de Hugo de Moncada fut en mesure de commencer ses opérations...

« L'armée espagnole n'était pas cette fois — comme dans la tentative de Diégo de Vera — une troupe de jeunes laboureurs étrangers au métier des armes. C'étaient ces redoutables vieilles bandes dont le prestige, alors dans tout son éclat, ne devait s'affaiblir que longtemps après, sous les coups du

---

(1) Extrait de l'ouvrage de « le Pégnon d'Alger » d'Adrien Berbrugger (Alger Février 1860). Berbrugger situe ce désastre en 1518.

grand Condé, dans les champs de Rocroi. Et, cependant, malgré l'heureuse réunion d'une infanterie excellente, éprouvée par les guerres d'Italie, avec l'élite des soldats d'Oran, rompus aux combats africains, le résultat fut encore plus malheureux.

. . . .

« Un des écrivains contemporains de ce grand désastre, Francisco Lopez de Gomara, raconte ainsi les faits dans sa *Chronique :*

« A cette époque, Don Carlos de Flandres, élu récemment empereur en Allemagne (1), vint en Espagne. Sitôt qu'il fut au courant des affaires de Berbérie, il envoya un message à Don Hugo de Moncada, qui se trouvait alors en Sicile, avec 4 500 soldats espagnols de vieilles troupes, lui donnant l'ordre de les amener à Alger, contre Barberousse, afin de détruire cette ville rebelle et son nouveau souverain. Peu après avoir reçu cette dépêche, Don Hugo partit de Sicile pour Alger avec les 4.500 soldats ; mais il passa par Oran, comme il lui avait été enjoint, pour y prendre les troupes disponibles. Il arriva ensuite à Alger, sain et sauf, avec toute sa flotte, mit son monde a terre, ainsi que l'artillerie et les vivres. Pendant 8 jours qu'il passa sous les murs de la ville, il fit de très bonnes choses, s'emparant de la montagne, tuant un grand nombre de Turcs dans des escarmouches et prenant beaucoup de Mores et d'Arabes. Après ces 8 jours, la passion et la discorde se mirent entre Don Hugo et le capitaine Gonzalo Mariño, homme habile, sage à la guerre et de bon conseil, sans l'avis et l'aveu duquel rien ne se pouvait faire dans cette entreprise, d'après ce que l'Empereur avait ordonné (2).

« Gonzalo Mariño disait qu'il ne fallait pas combattre en rase campagne, ni attaquer, ni escalader la place, jusqu'à l'arrivée de Moula Abd-Allah, roi de Tlemcen, qui devait venir à leur secours avec beaucoup de monde ; lequel ne pouvait tarder, puisqu'il était proche et qu'il y avait plusieurs jours qu'on l'avait appelé et aperçu.

« Don Hugo prétendait que lui seul et ses troupes suffisaient pour donner ¡a bataille et prendre la ville.

« Ils furent tous 2 si divergents et obstinés sur ce chapitre, que Don Hugo, furieux de ce que, étant capitaine-général, on ne faisait pas ce qu'il voulait, ce qui lui semblait et lui convenait, ordonna la retraite de l'armée et l'embarquement, lequel fut achevé, personnel et matériel, la veille de la Saint-Barthélemy (3), de l'année 1523 (4). Dans la nuit, il s'éleva une si grande tempête, que la majeure partie de la flotte alla à la côte : il se perdit là 26 gros navires sans compter bon nombre de petits. Le lendemain matin, on reconnut que beaucoup de capitaines, soldats et chevaliers s'étaient noyés, triste spectacle et de grande compassion. Il n'était pas moins déplorable de voir la quantité considérable de captifs qui restèrent ce jour-là au pouvoir des Turcs et des Mores et dont beaucoup furent tués, par ordre de Barbe-

---

(1) Ce qui situe bien l'expédition en 1519, puisque c'est le 28 juin 1519 que Charles Quint fut élu Empereur.

(2) « Ce Gonzalo Mariño était gouverneur de Bougie en 1513 où il s'attira une attaque des Kabiles pour avoir, le premier, rompu les trêves, imprudence qui motiva son remplacement par le Capitaine Don Ramon Carroz ». *(Mariana)*.

(3) 23 août.

(4) 1 ?

rousse, pour venger, disait-il, la mort de ses frères (1). Car il savait à qui il avait affaire et que c'étaient des soldats espagnols de la garnison d'Oran. Ce qui resta de la flotte leva l'ancre et s'en fut.

« Ce désastre et cette perte furent des plus grands que les nôtres aient souffert sur la côte d'Afrique ; on les ressentit d'autant plus vivement, quand on sut que cela arriva par la faute du général. Car, certainement, (2) si Don Hugo avait eu la patience de suivre le conseil de Gonzalo Mariño et d'attendre le roi de Tlemcen, comme il avait le courage qu'il fallait pour attaquer Alger et le prendre, on n'aurait point perdu la flotte, tant d'Espagnols n'auraient pas péri et il eût été facile de s'emparer de la ville.

« J'ai ouï dire à de très bons soldats de cette époque, Italiens comme Espagnols, que Don Hugo était le plus vaillant capitaine et soldat et le plus doué de qualités militaires de tous ceux qui d'Espagne ont passé en Italie.

Selon Haëdo :

« Don Hugo de Moncada, chevalier de St. Jean, qui avait bravement combattu en Italie sous le Grand capitaine et après lui, était parti de Naples et Sicile avec une flotte de plus de 30 navires, 8 galères et quelques brigantins, où il y avait plus de 5.000 hommes et beaucoup de vieux soldats espagnols, spécialement les compagnies qui avaient défendu longtemps l'Etat de Francisco Maria de Monte Feltrio, duc d'Urbino, et qui étaient très braves. Charles V, nouveau roi d'Espagne et de Naples, les envoyait pour chasser Barberousse d'Alger. Car on pensait que, après la mort récente de son frère, il devait être mal en mesure de se défendre. Arrivés à la plage d'Alger, par une tempête qui s'éleva subitement, la plupart des navires donnèrent à la côte : et les Arabes et les Mores de la campagne, ainsi que les Turcs de Barberousse sortis d'Alger, firent un grand massacre des chrétiens et en prirent beaucoup prisonniers, gagnant, en outre, de très riches dépouilles.

« C'est à peine si Don Hugo, avec quelques hommes et quelques navires, put se sauver.

« Paul Jove dit que Don Hugo débarqua et mit son monde en bataille, que Barberousse sortit pour le combattre, le défit et le força à se rembarquer avec grande perte ; et que ce fut après son rembarquement que survint la tempête qui jeta ses navires à la côte et donna aux Turcs d'Alger, ainsi qu'aux Arabes du dehors, l'occasion de tuer et de prendre beaucoup de chrétiens ».

Récit du Razaouat (3).

« Le sultan de Tlemcen, marchant sur Alger, n'était plus qu'à quelques lieues de cette ville, lorsque Kheir-ed-Din, qui l'attendait de pied ferme, aperçut tout à coup les vaisseaux des chrétiens qui s'avançaient à pleines voiles. Il les avait découverts à midi, et, vers 4 heures du soir, ils étaient déjà mouillés près du rivage. Le chef de la flotte espagnole lui écrivit de songer au sort de ses frères Ishak et Aroudj et d'éviter, en se rendant, un destin analogue.

---

(1) Ishak et Aroudj.

(2) Ce n'est pas certain du tout à mon avis, car Kheïr-ed-Din aurait suivi son plan de manœuvre par la ligne intérieure et après avoir battu le sultan de Tlemcen, il serait revenu battre les Espagnols. (Général L. Didier).

(3) L'auteur de cette Chronique était Kheïr-ed-Din lui-même

« (Kheïr-ed-Din fait une réponse qui se résume dans cette phrase : Le sabre décidera qui de vous ou de moi sera le plus digne de commander à cette ville).

« Les troupes espagnoles débarquent le jour même de leur arrivée. (1).

Le *Zohral* dit *une partie sulement des troupes ;* et il ajoute que l'attaque suivit de près le débarquement.

« Kheïr-ed-Din laisse 300 Turcs et autant de Mores pour la garde d'Alger et il choisit 5.000 hommes (2) pour faire une sortie en temps opportun. L'ennemi emploie 2 jours entiers à débarquer son artillerie et ses munitions ; puis il se divise en 2 corps, dont l'un aborde la ville du côté du Midi et l'autre du côté du Nord. En même temps, les vaisseaux s'embossent devant la ville, qui se trouve ainsi attaquée par terre et par mer.

« Kheïr-ed-Din, pensant que le moment était venu de faire une sortie, divise son monde en 3 corps, allant tantôt à l'aile droite, au centre et à l'aile gauche. Toutes ses dispositions faites, il attaque les Espagnols dans leurs retranchements et leur fait éprouver un tel échec qu'ils se débandent et courent vers leurs vaisseaux. Les Musulmans en font un horrible carnage ; et des 20.000 hommes débarqués (3), 6.000 à peine atteignent la plage, où le canon de la flotte pouvait les protéger. Cela n'arrêta pas la poursuite des Musulmans, qui ne cessent de combattre qu'à la nuit. « (Le Zohrat dit que le combat fut meurtrier pour ces derniers). »

« Une tempête, qui survint alors, empêcha les Chréttens de regagner leurs navires ; mais ils se fortifièrent de leur mieux, et l'artillerie de la flotte les mettait à l'abri des attaques des Musulmans, jusqu'à ce que Kheïr-ed-Din, ayant fait transporter quelques grosses pièces d'artillerie vis-à-vis de leur camp, ne cessa de les inquiéter pendant 48 heures que dura la tempête.

« Le troisième jour, la mer s'étant calmée, les Espagnols se rembarquèrent ; mais la flotte était à peine un peu éloignée de la baie qu'un nouveau coup de vent jeta à la côte la plupart des bâtiments.

« On fit ainsi 3.036 prisonniers, parmi lesquels se trouvaient le commandant de l'armée et celui de la flotte. Ce dernier fut sacrifié plus tard au fanatisme des oulema, ou, pour mieux dire, à la crainte que les Turcs avaient de leurs nombreux esclaves, qui avaient conspiré, d'accord avec leurs chefs, et d'intelligence, sans doute, avec la garnison espagnole du Pégnon, pour recouvrer leur liberté. Kheïr-ed-Din fit trancher la tête à ce commandant, que les relations indigènes qualifient de *général,* et à 35 autres officiers espagnols.

« Il va sans dire que ce prétendu général était sans doute quelque officier supérieur que les Algériens qualifiaient ainsi pour rehausser le prix de leur victoire. En tout cas, ce n'était pas Hugo de Moncada, qui mourut en Europe, 10 ans après sa défaite devant Alger ».

. . . .

« Le roi de Tlemcen ne fut, dans tout ceci, qu'un spectateur très éloigné ; en apprenant la défaite des Espagnols, il abandonna précipitamment le territoire algérien et se retira dans ses Etats ».

. . . .

« Il ne parait pas que la garnison du Pégnon ait joué un rôle actif dans cette affaire, sauf lorsqu'il s'est agi de traiter de la rançon des prisonniers. »

---

(1) 17 août 1518 d'après Berbrugger.
(2) Les effectifs en présence étaient donc à égalité. (Général L. Didier).
(3) Le coéfficient d'exagération n'est que 4 ; c'est rare ! (Général L. Didier,.

ANNEXE 3.

1529

La prise du Peñon d'Alger par Kheïr-ed-Dine.

A. — D'après Berbrugger. (1).

« Gomara raconte ainsi la prise du Pégnon, qu'il place au 21 mai 1529 ».

« Le pégnol ou pégnon, comme d'autres disent, est un écueil dans la mer où l'on avait bâti (en 1510) un château assez fort qui avait en permanence une garnison espagnole et d'où l'on faisait beaucoup de mal à la ville (d'Alger).

« Kheïr-ed-Dine, pour se débarasser de ce poste dominant, combattit sérieusement et longtemps cette forteresse. A la suite de ces luttes répétées et par la longueur du siège, la poudre manqua aux Espagnols. Barberousse s'en aperçut très bien en voyant que le château tirait très peu. Cela fit qu'il le resserra d'autant plus : avec 18 couleuvrines ou canons de bronze qu'il avait faits, il démolit tout ce qu'il y avait de tours et défenses. La garnison ne pouvant plus tenir comme elle en avait l'intention, fit connaitre sa situation à S. M. qui était alors à Barcelone en partance pour aller se faire couronner en Italie, le suppliant de les approvisionner et secourir le plus promptement possible s'il voulait conserver sa place et garder ce pied sur le cou de Barberousse, cet ennemi si puissant et si voisin de l'Espagne, et qui commettait tant de pillages et de meurtres dans ses Etats. L'empereur les oublia au milieu des grandes affaires dont il était alors occupé et il n'envoya pas le secours que cette garnison réclamait (2).

« Pendant que cette dépêche était en route, Kheïr-ed-Dine fit proposer aux Espagnols du Pégnon de se retirer de ce poste et qu'il les laisserait aller libres en Espagne, emportant armes, artillerie et tout ce qu'ils avaient dans le fort qu'ils lui abandonneraient pacifiquement.

« Il s'engageait, de son côté, à leur fournir les otages et sûretés qu'ils indiqueraient. Le capitaine et ses soldats refusèrent, répondant qu'ils aimaient mieux mourir en défendant la place qu'on leur avait confiée, que de vivre en la livrant. Cela se peut plutôt appeler folie que vaillance puisqu'ils n'avaient pas ce qu'il fallait pour se défendre ni espérance certaine de secours (3).

« Kheïr-ed-Dine aurait voulu éviter la lutte, de peur d'y perdre beaucoup de monde, mais après cette réponse et voyant que la garnison était décidée à mourir, il résolut de les attaquer très vigoureusement avant qu'il leur vint des secours de n'importe où et d'assaillir le château et l'emporter de vive force, quoi qu'il dût lui en coûter en morts. Il n'y avait pas plus de 150 Espagnols pour garder le Pégnon, plus 21 femmes qui les servaient.

« Dans la matinée du vendredi 21 mai 1529, il entoura le Pégnon avec 45 galères, fustes, brigantins et grandes barques, portant tout ce qu'il avait de

---

(1) « Le Pégnon d'Alger ». (Alger. Février 1860).

(2) « Charles Quint songeait alors à aller se faire couronner empereur à Rome. Il fallait, pour cela, se réconcilier d'abord avec le pape, ce qu'il effectua au commencement de cette année 1529 ». (Berbrugger).

(3) « On voit bien que Gomara est prêtre ». (Berbrugger).

Turcs et de Mores. Il l'aborda résolument, battit et combattit si rudement le château et le Pégnon, que si les Espagnols eussent été plus nombreux et bien approvisionnés, il aurait triomphé ; à plus forte raison lorsqu'il les trouvait sans abri et mal pourvus de poudre qui était leur principale défense. Les 150 Espagnols combattirent depuis le matin où l'on commença à battre leurs fortifications, jusqu'à midi où les ennemis arrivèrent très bravement à l'assaut. Ils eurent, pendant tout ce temps, 8 000 Mores et Turcs sur les bras ; et si un capitaine qui défendait résolument une maison n'était pas mort, ils auraient bien pu tous succomber, mais l'ennemi n'aurait pas pénétré sitôt dans la place. De 150 qu'ils étaient 25 restèrent vivants, captifs, grièvement blessés et bien tristes de vivre encore.

« Kheïr-ed-Dine demeura très fier de cette victoire — quoiqu'elle lui eût coûté un assez grand nombre des siens — car Alger était enfin libre de sa garnison d'Espagnols. (1).

« Sitôt après la prise du Pégnon, il fit démolir le château et détruire toute la fortification qu'on y avait faite, et y fit faire le très gentil belvéder et port qu'il possède aujourd'hui. Un peu après avoir pris les Espagnols du Pégnon il fit brûler le capitaine alcayde de ce poste, fit couper la tête à quelques prisonniers et subir à d'autres des tourments insupportables.

« Haedo ajoute au motif exprimé par Gomara le désir que Kheïr-ed-Dine avait de posséder un port à Alger et de ne plus être obligé de tirer à grand peine les navires musulmans sur la plage de Bab-el-Oued et de n'offrir aux bâtiments chrétiens, appelés par le commerce ou d'autres motifs, que le mouillage du Palmier (entre Sidi-Abd-el-Kader et l'ancienne porte Bab-Azzoun) où ils étaient en perdition pour peu qu'il survint du gros temps. Son parti était donc bien arrêté de se rendre maitre du Pégnon, lorsqu'une circonstance assez bizare vint hâter l'exécution de ce projet. Deux jeunes Mores s'étaient rendus dans l'île, prétendant avoir l'intention de se faire chrétiens Le gouverneur Martin de Vargas les accueillit fort bien et les garda dans sa propre maison. Mais, le jour de la résurrection de Jésus Christ, les jeunes Mores, soit pour faire des signaux, soit pour s'amuser, arborèrent un drapeau sur une des tourelles et l'agitèrent en vue de la ville. Une femme espagnole remarqua ce manège et courut avertir le Gouverneur qui, sans plus ample information, fit pendre aux créneaux les 2 coupables (qui n'étaient peut-être que 2 étourdis) du côté qui faisait face à la terre ferme. Les gens d'Alger remarquèrenr les cadavres et avertirent Kheïr-ed-Din qui crut ou feignit de croire que c'était une insulte à l'islamisme. Il n'eût pas de peine à surexciter ainsi le fanatisme des siens et à les préparer convenablement à l'entreprise qu'il méditait.

« Cependant, il voulut d'abord essayer des moyens pacifiques et envoya en parlementaire un de ses renégats qu'on appelait le caïd Ouali, afin de sommer le Gouverneur du Pégnon de se rendre, ce qui amena le refus dont on a déjà parlé. Mais, comme il se doutait bien que l'affaire ne se terminerait point

---

(1) « Laugier de Tassy, dans son *Histoire des Etats Barbaresques* raconte ce qui suit sans indiquer à quelle source il a puisé : Un vaisseau français échoua sur la côte d'Alger. Le capitaine vint demander au vice-roi la permission de transporter sa cargaison et de radouber le navire, ce qui lui fut accordé. Pendant qu'on travaillait à cet ouvrage, Chérédin (Kheir-ed-Din) employa les canons du vaisseau pour battre le fort ». (Berbrugger).

pacifiquement, il fit établir une batterie sur un terre-plein qu'il avait fait faire en face de l'île et de sa forteresse.

« La colère de Kheir-ed-Din s'était accrue par la réponse fière et méprisante de Martin de Vargas. Le hasard voulut que, en ce moment, il y eût au mouillage d'Alger un galion de France qu'on appelait le navire de Frajucanas (un chevalier français de l'ordre de Saint Jean de Malte). Il y prit un grand et fort canon en bronze, avec lequel et d'autres grandes pièces qu'il avait depuis longtemps déjà, il commença bientôt à battre le Pégnon furieusement nuit et jour. Il entama le feu le 6 mai et le continua pendant 15 jours sans discontinuer : les Turcs abattirent ainsi 2 grosses tours et leurs courtines.

« Un vendredi matin, avant le lever du soleil, le 21 mai, Barberousse alla à l'assaut avec 14 galiotes pleines d'hommes choisis, parmi lesquels il y avait 1.000 à 1.200 escopetiers, 200 archers turcs et beaucoup de gens armés de flèches. Les Chrétiens étaient peu nombreux, tous blessés et fatigués, et ne purent empêcher les Turcs de débarquer au pied de la muraille abattue. Il ne trouva de vivants que le capitaine Martin de Vargas, grièvement blessé et 53 soldats très malheureux et à peu près hors de service. Il y avait aussi 3 femmes, dont 2 Espagnoles, l'une desquelles au moment où j'écris vit encore et est au caïd Ramdan ; une troisième, majorcaine, vit aussi et est belle-mère de Hadji Mourad et aieule de la femme de Moula Melouti (Malek) qui fut roi de Fez et du Maroc.

« Haëdo dit que Kheïr-ed-Din fit mourir le brave Martin de Vargas sous le bâton ; et il raconte cette exécution barbare avec détail, dans le chapitre des martyrs.

« Une fois maitre de l'île, Kheïr-ed-Din fit démolir la citadelle jusqu'aux fondements ; et, par l'immense travail de plusieurs milliers de captifs chrétiens, il fit la jetée qui rattache l'île à la terre ferme et obtint en 3 ans le port d'Alger, tel que nous l'avons trouvé en 1830.

Le *Zohrat* se contente de mentionner en quelques mots la prise du Pégnon.

« Quant au récit du *Razaouat*, en voici l'analyse :

« Les motifs de Kheir-ed-Din pour tenter l'attaque du Pégnon furent ceux-ci.

« Ce chateau surveillait sans cesse ses opérations maritimes et contrariait ses projets de domination sur la mer. D'ailleurs, la garnison du fort faisait tous les jours de nouvelles insultes aux habitants d'Alger.

« Kheir-ed-Din somme le gouverneur de mieux contenir ses gens dans les bornes de l'équité ; sinon menace de les sacrifier tous à sa légitime vengeance.

« Le Pégnon était solidement construit et rien n'avait été négligé pour le rendre imprenable ; il était même considéré comme une des forteresses les plus importantes que les Chrétiens possédassent.

« Sa vue était comme une épine aigue qui perçait le cœur des Algériens.

« Toute la chrétienté contribuait à l'entretien de ce château (1).

« Quand Kheïr-ed-Din résolut l'attaque, il manquait de poudre et venait d'ordonner d'en fabriquer en toute diligence, lorsqu'il apprit que des corsaires de Gerba avaient pris un bâtiment vénitien qui en était chargé. Il fit

---

(1) « Ce n'est pas exact ». (Berbrugger).

acheter, par un de ses officiers, cette cargaison, ainsi que quelques grosses pièces d'artillerie dont il avait un pressant besoin.

« Il se prépara à son entreprise par le jeûne et la prière. La nuit du jour qui précéda l'attaque, il la passa tout entière en oraison.

« A l'aube (un vendredi) il fit établir une batterie sur un des forts d'Alger qui se trouvait situé vis-à-vis du château des chrétiens et donner l'ordre de commencer le feu.

« Les chrétiens avaient eu connaissance des préparatifs de Kheir-ed-Din ; (1) Ils avaient reçu de leur pays des secours extraordinaires. (2) Dès que la garnison eut entendu les premiers coups de canon, elle fit pleuvoir sur la ville une grêle de balles, et de boulets, pointant surtout contre les minarets dont une grande partie fut abattue, entr'autres celui de la grande mosquée ; détruisant également la plupart des maisons qui dominaient les autres et n'étaient pas garanties par les remparts. Cette lutte, peu avantageuse pour les Algériens, dura une semaine entière. Le vendredi suivant, les Turcs demandèrent et obtinrent l'assaut.

« Embarqués sur des bateaux, ils arrivent au pied des murailles de la forteresse à travers les balles et les boulets ; ils dressent les échelles et entrent enfin dans la place.

« On trouva dans le Pégnon, 500 hommes de garnison et un butin immence en munitions de guerre de toute espéce (3).

« Kheir-ed-Din ordonna aussitôt la démolition du château, pour que les chrétiens ne fussent pas tentés de le reprendre ; et des matériaux il fit faire la chaussée qui joint maintenant le littoral à l'îlot et ferme le port du côté du Nord.

« Il employa les prisonniers du château à réparer les dommages faits à la ville par l'artillerie du Pégnon, leur disant : « Puisque vous avez détruit Alger, il est bien juste que vous le rebâtissiez ».

« Le roi d'Espagne expédia 9 vaisseaux chargés de combattants et de munitions pour secourir le Pégnon dont ils ne trouvèrent plus trace en arrivant dans la rade d'Alger. Ils virèrent de bord, mais la flotte musulmane les atteignit et leur prit 2.700 prisonniers, plus ceux qu'on avait tués.

« Kheir-ed-Din a même eu le projet de prendre Charles-Quint entre Barcelone et Gênes. A cette époque, en effet, Charles-Quint ayant réglé les affaires de Castille et laissé l'Impératrice pour gouvernante du royaume, se rendit à Sarragosse au mois de mars. Il tint les Cortès d'Aragon à Monzon, puis alla à Barcelone sitôt qu'on eût fait les préparatifs de son embarquement : c'est là qu'il signa le traité d'alliance avec le Pape. Enfin, il s'embarqua pour Gênes vers la fin de juillet ou au commencement d'août 1529, avec une armée de 8.000 Espagnols, 1.000 chevaux, et arriva, sans accident à Gênes, où Doria le conduisit dans un navire très orné (4).

« Il est probable que la manière imposante dont Charles-Quint était accompagné empêcha Kheir-ed-Din de donner suite à son projet de le prendre au passage.

« Quant au supplice de Don Martin de Vargas, il n'en est pas question dans le *Razaoual*, mais seulement d'une exécution de 20 captifs espagnols à la suite d'une conspiration où le Guardian Bachi avait joué le rôle d'agent provocateur.

---

(1) « C'est vrai ». (Berbrugger).
(2) « Ce n'est pas exact ». (Berbrugger)
(3) « C'est une exagération manifeste ». (Berbrugger).
(4) (Mariana).

« Le secours dont parle le *Razaouat* fut envoyé tardivement au Pégnon d'Alger. On en a la preuve dans une lettre écrite de Barcelone, le 12 mai 1529, par l'empereur Charles Quint à l'Impératrice (1).

« Par lettre du 8 mai, l'Impératrice avait annoncé à son mari que Kheir-ed-Din assiégeait le Pégnon d'Alger et les mesures qu'elle avait prises à ce sujet. L'Empereur approuve et ajoute que la personne chargée de conduire le secours sera Jorge Ruiz de Alarcon, corrégidor de Murcie et Carthagène ; attendu qu'il a été pourvu de ces fonctions précisément en prévision d'éventualités de guerre de ce genre. Il dispose que, au lieu des 2 navires de 300 tonneaux désignés par l'Impératrice pour cette expédition, on enverra 2 carraques génoises actuellement à la solde de l'Espagne dans le port de Carthagène et qui sont bien armées et pourvues d'artillerie.

« Jorge Ruiz s'y embarquera (dit-il), avec 200 hommes valides qui soient bons escopetiers et arquebusiers, avec les vivres et munitions nécessaires... Si Don Beltran de la Cueva, qui levait 500 hommes dans le marquisat de Villena pour cette expédition, n'est pas parti, qu'ils s'embarquent sur ces navires... « Vous manderez à ceux qui ont charge d'envoyer des vivres et des munitions au Pégnon d'Alger, qu'ils préparent leur envoi sans délai, afin que le secours qu'on envoie ne soit pas retardé par ce fait...»

« J'écris aussi à l'archevêque (de Bari, pourvoyeur général de l'armada de Malaga) et au comte Don Hernando de Andrada, notre capitaine général de la dite armada, qu'il mette une grande diligence à embarquer son monde et mette à la voile le plus tôt qu'il pourra et que s'il leur est possible de venir dans la direction d'Alger sans perte de temps ni navigation inutile, qu'ils le fassent, parce que la seule vue et l'importance de cette armada suffiraient pour dégager le Pégnon.

« Pendant que Charles Quint prenait ces dispositions, le Pégnon d'Alger soutenait depuis quelques jours les attaques de Barberousse et n'était pas éloigné de tomber aux mains de l'ennemi.

« La prise du Pégnon eût bien l'effet qu'on en avait redouté ; l'audace des Algériens s'en accrut aussi considérablement et les positions des Espagnols sur la côte de Berbérie furent sérieusement menacées ».

B. — *D'après de La Primaudaie* (2).

LETTRE ÉCRITE D'ALGER PAR UN ESPION JUIF (2).

« Sans date (reçue à Oran le 7 Juin 1529).

« (Arch. de Simancas. Estado, Legajo 461).

Prise du Peñon, le vendredi 27 Mai (3).

« Le mardi, un navire français vint mouiller dans le port d'Alger. Un marchand descendit à terre, demanda être conduit en présence de Barberousse (Kheïr-ed-Din), et lui dit que les chrétiens ayant mis à mort son frère qu'ils

---

(1) « Pièce portant le n° 24 dans l'Appendice de la Chronique de Gomara ». (Berbrugger).

(2) « Histoire de l'occupation Espagnole en Afrique (1506-1574) ».

(3) « Le Peñon fut pris un *vendredi* par les Turcs. Haédo et Gomara disent la même chose ; mais, quant à la date du jour, ils ne s'accordent ni avec l'espion juif, ni avec Pedro de Godoy. Au rapport de ce dernier, les Turcs s'emparèrent du Peñon, le *vendredi 27 mai* ; suivant l'espion juif, ce même vendredi était le *23 mai;* enfin d'après Haédo et Gomara, le Peñon fut pris le *vendredi 21 mai* ». (De la Primaudaie).

Pour moi c'est la lettre du 7 Juin de Pedro de Godoy qui fait foi, lettre d'après laquelle le Peñon a été pris le vendredi 27 Mai. (Général L. Didier).

retenaient prisonniers, il lui indiquerait le moyen de s'emparer de l'île. Il l'informa que les soldats, lorsque les batteries turques tiraient, s'abritaient derrière certaines....... (1). Le lendemain, Barberousse ordonna d'armer toutes les galères et fustes, et fit courir le bruit qu'elles allaient partir pour croiser sur les côtes d'Espagne. Elles mirent, en effet, à la voile, mais au milieu de la nuit, elles rentrèrent dans la rade et vinrent se cacher dans le port de Tomendfous, au levant d'Alger.

« Le jeudi toute l'artillerie turque recommença à battre le Peñon : le feu ne cessa que le lendemain, une heure avant le jour. Les chrétiens étaient très fatigués, et, après avoir placé une sentinelle pour surveiller la mer, ils crurent pouvoir prendre un peu de repos. Les fustes s'approchèrent alors de l'île qu'elles entourèrent au levant et au couchant. La sentinelle donna l'alarme, mais trop tard. Les Turcs étaient déjà dans l'île, lorsque les chrétiens se réveillèrent. 11 Turcs principaux et 35 Maures ont été tués. De leur côté les chrétiens ont eu 65 morts ; 90 soldats avec 25 femmes et enfants ont été réduits en esclavage. Le Commandant a été fait prisonnier ; les Turcs l'ont torturé, pour qu'il leur donnât 2.000 ducats qu'il avait cachés dans le fort ; ils l'ont établi ensuite chef des autres captifs condamnés à reconstruire le minaret de la mosquée (2).

« La forteresse du Peñon a été rasée. 2 tours seulement sont restées debout, l'une au levant, l'autre au couchant. En ce moment on s'occupe à combler le canal entre l'île et la terre ferme.

« Barberousse a fait publier que tous ceux qui voudraient gagner le paradis se hâtent de le rejoindre. Son intention est d'attaquer Oran et Mers-el-Kébir. Il a envoyé en même temps un messager à ... .. (1) de Tunis, qui commande 40 fustes pour lui demander de l'aider dans cette entreprise. Les dites fustes sont mouillées dans le port de Tedlès, toutes prêtes et armées.

« 4 jours après la prise du Peñon, un brigantin se présenta devant l'île. Les galères lui donnèrent la chasse et le capturèrent. Il y avait à bord 16 chrétiens. Un d'eux a été tué par les Turcs, les 15 autres ont été faits esclaves. Ce brigantin apportait à ceux du Peñon de la poudre et d'autres munitions de guerre, avec 600 ducats.

« Un ambassadeur de Barberousse est parti pour Tlemsên, afin d'inviter le roi à se mettre en campagne avec tous ses gens. Le même embassadeur se rendra ensuite auprès du roi de Fez et de Velez, pour lui demander d'envoyer devant Oran toutes les fustes dont il peut disposer. »

---

(1) « Les mots laissés en blanc sont lacérés dans l'original. Le fait raconté par l'espion juif n'est mentionné par aucun historien. Haëdo dit seulement que lorsque les Turcs commencèrent à battre le Peñon, nuit et jour, de leur artillerie, il se trouvait par hasard au mouillage d'Alger un galion de France, commandé par un chevalier de Malte, et qu'ils y prirent un grand et fort canon de bronze ». (De la Primaudaie).

(2) « Le commandant du Peñon se nommait Martin de Vargas. Les historiens espagnols racontent que, pris vivant et conduit à Kheïr-ed-Din, celui-ci le traita d'abord avec distinction, mais que, plus tard, il le fit mourir, parce qu'il refusait d'entrer à son service en embrassant la religion musulmane. Nous croyons que Pellissier a eu raison de considérer ce récit comme apocryphe ». (De la Primaudaie).

ANNEXE 4.

1535

Prise de Tunis par Charles Quint

A. — D'après les historiens les plus récents.

Charles Quint projetant de soumettre définitivement la Berbérie, décide 2 expéditions, véritables croisades, l'une, de suite, sur Tunis, l'autre pour 1536 sur Alger (elle sera ajournée pendant 5 ans).

31 Mai. — Charles Quint part de Barcelone avec une flotte de 400 vaisseaux sous André Doria et 30.000 hommes de troupes de débarquement (1).

16 Juin. — Il débarque à Carthage, à l'endroit où Saint Louis avait débarqué en 1270. L'ex-souverain hafside, Moulaï Hassen, que les Espagnols ont ramené avec eux pour le restaurer sur le trône de Tunis, s'enfonce dans l'intérieur du pays pour y chercher « ses nombreux cavaliers » ; il en ramène 150. De son côté Kheïr-ed Dine qui n'a que 7.000 Turcs et 2.000 Tunisiens (2), s'efforce en vain de surexciter les populations contre les chrétiens par des prédications dans les mosquées. Les indigènes restent indifférents.

14 Juillet. — Prenant l'offensive (3), Charles Quint emporte facilement La Goulette où il trouve 87 vaisseaux turcs dont les équipages avaient été débarqués pour combattre à terre. Kheïr-ed-Dine se replie sur Tunis.

17 Juillet. — Charles Quint marche sur Tunis, bouscule le faible rideau commandé devant lui par Kheïr-ed-Dine lui-même et arrive devant les remparts. A ce moment 10.000 (6) esclaves chrétiens se révoltent dans Tunis, s'emparent de la Kasbah, en tournent les canons contre Kheïr ed Dine et ferment à celui-ci les portes de la ville. Kheïr ed Dine se retire vers le Sud puis se dirige vers l'Ouest (4). A peine poursuivi, car Charles Quint avait très peu de cavaliers, il envoie ses soldats à Constantine (où Hassan Aga les) rallie et va lui-même à Bône où il s'embarque (5).

Il échappe, on ne sait comment, à André Doria qui arrivait à ce moment (on a parlé de connivence ou, tout au moins, d'accord tacite entre les 2 amiralissimes). Puis il va piller Minorque et revient à Alger avec 6.000 captifs et un riche butin.

21 Juillet. — Entrée de Charles Quint dans Tunis. Il livre pendant 3 jours, la ville à ses soldats qui la pillent de fond en comble et massacrent plus de 70.000 (6) personnes. Ces excès, dans une ville rendue à un souverain allié,

---

(1) Piquet donne 100 voiles et 20.000 hommes ; Galibert 400 navires et 26.800 combattants qu'il fait rassembler en Sardaigne.

(2) Piquet donne 5.000 et 2.000.

(3) Il y avait eu sûrement des essais de tractations, mais je n'ai pu savoir lesquels ni comment. (Général L. Didier).

(4) Galibert lui fait gagner Bizerte.

(5) Galibert dit : « Kheir-ed-Dine, avec 4.000 Turcs et ses trésors, gagne (de Bizerte), par terre, Bône où étaient ses vaisseaux. André Doria, envoyé par Charles Quint avec 30 galères et 2.000 hommes arrive trop tard. Les vaisseaux sont partis, avec l'infanterie, pour Alger que Kheir-ed-Dine gagne par terre avec la cavalerie ».

(6) Encore un zéro de trop comme pour la population et les maisons d'Oran. (Général L. Didier).

seront une des causes pour lesquelles la domination des Espagnols ne durera que 30 ans et sera plus nominale que réelle (3).

Moulaï Hassen, rétabli sur le trône de Tunis :

reconnait la suzeraineté de l'Espagne,

s'engage à payer un tribut annuel de 12.000 ducats d'or, 6 chevaux et 12 faucons,

abandonne aux chrétiens le droit de pêche du corail à Tabarca et à la Calle,

s'engage à mettre en liberté les captifs chrétiens, « 25.000 (2) le sont »,

s'engage à n'aider ni les Corsaires ni les Maures d'Espagne, récemment convertis au christianisme, ni les Juifs d'Espagne, laisse aux Espagnols qui les fortifient, la Goulette, Bizerte (1), Bône et Mahdiya (4).

Charles Quint disloque alors son armée et passe en Sicile.

B. — Documents officiels

COMPTE-RENDU D'UNE LETTRE DE L'EMPEREUR, ÉCRITE DU CAMP
DEVANT LA GOULETTE (5) (6).

« 29 Juin 1535.

« Arch. de Simancas.

« Le samedi, 12 Juin, l'Empereur aborde en Sardaigne, où il s'arrête 2 jours. Le 14, la flotte remet à la voile, et, le lendemain, de bonne heure, on découvre la côte d'Afrique. Charles-Quint donne l'ordre de courir des bordées le long de la côte, en vue de Porto-Farina, pour attendre les bâtiments de transport restés en arrière avec une partie des galères.

« Dans l'après-midi, toute la flotte, se trouvant réunie de nouveau, continue sa route, et, le même jour, dans la soirée, elle vient jeter l'ancre à 3 milles du fort de la Goulette.

« Quelques galères s'approchent du rivage afin de reconnaitre le lieu qui a été choisi pour le débarquement. Un combat à coups de canon s'engage avec la forteresse et 10 ou 11 navires mouillés à l'entrée du canal ; mais la nuit oblige les galères espagnoles à se retirer (7).

---

(1) Garrot dit Carthage au lieu de Bizerte.

(2) Encore un zéro de trop comme pour la population et les maisons d Oran. (Général L. Didier).

(3) Piquet dit : « La puissance des souverains hafsides, régnant à Tunis sous les auspices des Espagnols, va décliner de jour en jour. Moulaï Hassan n'est pas assez fort pour tenir tête à la fois, aux Turcs et aux Arabes. Les premiers se retirent à Kairouan : le sultan, appuyé par les troupes espagnoles, échoue devant cette ville. Les Arabes Chabbia de l'intérieur sont toujours intraitables. A Tunis même, le parti turc est puissant. Bizerte, seule soumise, voit démanteler ses remparts. »

(4) Sousse a été bombardée par André Doria. « Sous le règne de Charles-Quint, Monastir est enlevée d'assaut, à 2 reprises différentes, par les troupes Espagnoles ». (Zaccone. Notes sur la Régence de Tunis).

(5) Extrait de l' « Histoire de l'occupation Espagnole en Afrique (1506-1574) », par Elie de la Primaudaie.

(6) « Cette lettre, adressée au marquis de Canete, vice-roi et capitaine-général de la Navarre, a été publiée par Sandoval dans sa volumineuse histoire de Charles-Quint ». (De la Primaudaie).

(7) « Tunis est située à l'extrémité d'un lac ou étang, qui communique avec la mer par un canal étroit, dont un fort défend l'entrée. Les Européens ont appelé ce fort la Goulette par corruption du nom de *Alk-el-Oued* (la gorge de la rivière) donné au canal. Les Arabes le désignent sous le nom de *Bordj-el-Aioun* (le fort des sources) » (De la Primaudaie).

« Le mercredi, 16 Juin, le débarquement commence. L'empereur, accompagné de la plus grande partie de sa noblesse, descend à terre avec les premières troupes et vient camper dans le voisinage d'une vieille tour (La Tour des Salines), « là où s'élevait l'ancienne ville de Carthage ».

« Pendant les 2 jours suivants, le jeudi et le vendredi, les chaloupes sont occupées à débarquer le reste de l'armée, l'artillerie et les munitions.

« L'Empereur, ayant appris, par des transfuges, que la forteresse de la Goulette était parfaitement approvisionnée et munie d'une nombreuse garnison, fait examiner s'il ne conviendrait pas de se porter immédiatement sur Tunis. Diverses considérations le déterminent à entreprendre d'abord le siège de la Goulette, et les troupes s'établissent fortement dans la position qu'elles occupent entre la Tour des Salines, le Fort de l'Eau et les ruines de Carthage.

« On dit que Barberousse a 6.000 ou 7 000 Turcs et janissaires avec lui, sans compter les Arabes.

« Il y a eu quelques escarmouches sans importance de part et d'autre ; les pertes ont été légères. Malgré les ordres que l'on a donnés, plusieurs hommes, s'étant écartés des rangs pour marauder dans les jardins, ont payé de la vie leur indiscipline. Ce sont, pour la plupart, des gens de galères ou des valets de l'Armée.

« On ne sait pas où se trouve le roi de Tunis, on n'a pas entendu parler de lui. Quelques Arabes, qui ont été faits prisonniers, disent qu'il est campé dans le voisinage. On les a envoyés à sa recherche.

« Presque tous les jours, il arrive de Naples, de Sicile et de Sardaigne des navires chargés de vivres. Le marquis Alarcon a rejoint aussi l'armée avec un renfort de 1.200 hommes.

« On s'occupe des travaux du siège. La tranchée est ouverte.

« La garnison de la Goulette a essayé inutilement, à 2 reprises, d'enlever un bastion construit par les Espagnols. Dans la seconde sortie des Turcs, qui a eu lieu le 23 Juin, veille de Saint-Jean, l'infanterie italienne, commandée par le comte de Sarno, a été chassée du bastion ; mais, l'infanterie espagnole étant venue à son aide, elle est parvenue à le reprendre et à repousser l'ennemi. Le comte de Sarno a été tué.

« Le 25 Juin, il y a eu une nouvelle attaque des Turcs. Elle a eu lieu avant le jour et dans le plus grand silence. Cette tentative n'a pas été plus heureuse que les 2 premières. Le marquis de Mondejar a été blessé.

« Le commandeur Rosa, que l'on attendait de Barcelone, est arrivé enfin avec la grosse artillerie.

« 3 Maures, envoyés par le roi de Tunis, se sont présentés au camp, et ont annoncé qu'il se disposait à se rendre auprès de l'Empereur, afin de se concerter avec lui. Charles-Quint a fait partir 12 galères pour l'amener avec ses parents et les cheikhs qui doivent l'accompagner ».

ORDRE POUR L'ATTAQUE DE LA GOULETTE (1).

« Au camp devant la Goulette, 12 Juillet 1535.

« (Arch. de Simancas. Estado, Legajo 462).

« Les batalllons (escuadrones) (2) d'infanterie qui ont été désignés pour garder le camp, même après la prise de la Goulette (3), ne quitteront pas, sans un ordre spécial de Sa Majesté, le poste qui leur aura été assigné. Les mestres de camp et capitaines veilleront à l'exécution de cet ordre.

« Demain, mardi, avant le jour, tous les gentilshommes et officiers de la cour et de la maison de Sa Majesté devront être armés et avoir leurs chevaux sellés et brides, afin que, au premier son de la trompette, ils puissent se réunir autour de l'étendard et faire ce qui leur sera ordonné. Aucun d'eux ne devra s'éloigner de son poste pour voir la batterie ou pour toute autre chose. Ils doivent être prêts à monter à cheval au moment indiqué.

« Tous les volontaires, Espagnols et Italiens, qui sont montés et équipés suivant l'ordonnance, se joindront aux gentilshommes et officiers de Sa Majesté ; nul ne devra quitter son rang. Ceux qui sont à pied occuperont les postes que leur assignera le marquis Alarcon ; Sa Majesté leur fera connaitre plus tard ce qu'ils auront à faire.

« Tous les domestiques non montés des seigneurs de la cour et de toutes autres personnes se réuniront, au premier roulement des tambours des gardes de Sa Majesté, dans l'endroit qui leur sera indiqué par Don Sancho Alarcon, et, sous peine de mort, aucun d'eux ne devra s'écarter de ce lieu.

« Sa Majesté promet et assure à tout homme de terre ou de mer qui entrera le premier, par la brèche, dans la Goulette, sans quitter son guidon et son corps, conformément a l'ordre d'attaque, 300 ducats de rente pendant sa vie, au deuxième, 200 ; au troisième, 100. Celui qui arborera le premier un drapeau sur la Goulette aura 400 ducats de rente ; le deuxième, 300 ; le troisième, 200 » (4).

---

(1) Extrait de l' « Histoire de l'occupation Espagnole en Afrique (1506-1574) », par Elie de la Primaudaie.

(2) « Dans l'ancienne milice espagnole, on appelait indifféremment « escuadron » un corps d'infanterie ou de cavalerie appartenant à une armée ». (De la Primaudaie).

(3) « La Goulette fut emportée d'assaut, ce même jour, 12 juillet. Le lendemain matin, de bonne heure, Charles-Quint fit son entrée dans la forteresse, ayant à sa gauche le roi de Tunis, Mouleï Hacen. On trouve dans Sandoval une lettre de l'Empereur annonçant la prise de la Goulette ». (De la Primaudaie).

L'ordre ci-dessus est plutôt un ordre préparatoire pour l'entrée de Charles-Quint qu'un ordre d'attaque. (Général L. Didier).

(4) « Les historiens racontent qu'un chevalier catalan, nommé Pedro de Tunienté et un soldat sicilien, dont ils ont oublié de faire connaitre le nom furent les premiers qui pénétrèrent dans la Goulette ; mais, comme tous 2 prétendaient avoir arboré le drapeau qui flottait sur les remparts, et que, de part et d'autre, de nombreux témoins affirmaient ce que disait chacun des concurrents, Charles-Quint ordonna que la contestation serait jugée par 6 personnes, 3 chevaliers italiens et 3 capitaines flamands, en présence de l'amiral André Doria. Les voix s'étant partagées également, et Doria ayant déclaré qu il n'osait se prononcer entre les 2 prétendants, l'empereur trancha la difficulté en décidant que tous 2 avaient mérité la récompense promise qui leur fut accordée en effet ». (De la Primaudaie).

DISPOSITIONS POUR OUVRIR LE FEU CONTRE LA GOULETTE ET DONNER L'ASSAUT (1)

« 12 Juillet 1535.

« (Arch. de Simancas — Estado, Legajo 462).

« Les 23 pièces d'artillerie qui se trouvent dans le camp des Espagnols battront la tour pour détruire les ouvrages que les Turcs y ont élevés. Elles tireront en même temps sur les galères ennemies et leur feront le plus de mal qu'elles pourront.

« L'artillerie de la tranchée des Italiens battra le bastion qui est à la pointe de l'étang.

« Lorsque les feux de l'ennemi seront éteints et que la brèche paraitra particable, on enverra des personnes expérimentées pour la reconnaitre, afin que suivant leur rapport, l'on prenne immédiatement les dispositions nécessaires pour donner l'assaut.

« Les Espagnols vétérans, au nombre de 3.600, formeront 3 détachements d'égale force. 2 sortiront des tranchées par les passages que l'on y aura pratiqués ; le troisième ne se mettra en marche, pour soutenir les deux autres, que lorsqu'ils seront arrivés au pied de la muraille.

« Mêmes dispositions pour les Italiens, qui devront faire ce que feront les Espagnols.

« 2.000 Allemands viendront se placer entre les 2 colonnes d'assaut et se tiendront prêts à venir en aide à l'une ou à l'autre. 1.000 autres resteront avec l'artillerie du camp des Espagnols, et 1.000 avec celle des Italiens. Ces 2 détachements agiront suivant les circonstances ; ils ne sortiront des tranchées, pour prendre part à l'attaque, que s'ils voient les troupes pénétrer dans la forteresse.

« Chaque compagnie recevra 6 échelles d'escalade. Il est recommandé aux capitaines de ne les confier qu'à des soldats bien connus, qui ne se contenteront pas de les appliquer contre la muraille, mais qui seront déterminés à en faire bon usage.

« Les Espagnols de Malaga, 2600 Allemands et toute la cavalerie, demeureront à la garde du Camp. Un drapeau, placé au bout d'une pique, sur le retranchement, du côté de la plage, servira de signe aux galères, pour qu'elles commencent le feu ».

RÉSUMÉ DE LA CONFÉRENCE QUI A EU LIEU AUJOURD'HUI, PAR ORDRE DE SA MAJESTÉ, AVEC LE ROI DE TUNIS. (1) (2)

« 23 Juillet 1535.

« (Arch. de Simancas............).

. . . .

« Passant ensuite à ce qu'il serait utile de faire, non seulement pour rétablir sur le trône le roi de Tunis, mais aussi pour le consolider, de même que pour garantir le bon voisinage et la sécurité de la chrétienté et des

____

(1) Extrait de l' « Histoire de l'occupation Espagnole en Afrique (1506-1574) », par Elie de la Primaudaie.

(2) « Charles-Quint fit son entrée dans Tunis, le 21 Juillet. Le présent document fait connaitre le résultat d'une première conférence qni eût lieu avec Moulei Hacen, après la prise de cette ville, conférence dans laquelle furent discutées, par les par-

(Voir la suite de ce renvoi page suivante).

royaumes et possessions de Sa Majesté, il a été généralement reconnu que le projet de traité, envoyé par Luis Presenda au roi de Tunis et accepté par ce dernier dans un écrit signé de sa main, était ce qui paraissait le plus convenable...

« Les conditions que le vice-roi de Sicile avait chargé Anfrande Camugio d'offrir au roi de Tunis étaient les suivantes :

« Le roi de Tunis remboursera les frais de l'expédition ;

« Il s'engagera à payer un tribut de 12 000 ducats ;

« Il consentira à ce qu'on construise une forteresse dans un certain endroit :

« Il remettra à Sa Majesté la ville d'Africa (1) ;

« Il ne recevra dans les ports du royaume aucun corsaire ; cette disposition sera réciproque ;

« Les sujets de Sa Majesté seront admis à faire le commerce à Tunis, en ne payant pour tous droits que 5 pour 100 :

« Le roi mettra en liberté les esclaves chrétiens et permettra aux Rabatins de vivre conformément à la loi chrétienne,

. . . .

« Le roi de Tunis a accordé tout ce que demandait Sa Majesté, à l'exception de.... (2), parce que, s'il acceptait cette clause, il ne serait plus le maitre du commerce ;

« Il a offert, en échange, la libre pêche du corail.

« Il a fait également observer que, la ville d'Africa s'étant révoltée et donnée aux Turcs, il ne pouvait, ainsi qu'il l'a dit à Luis Presenda, la remettre entre les mains de l'Empereur. Il a même ajouté que, si la place lui appartenait encore, il se trouverait fort embarrassé d'accéder au désir de sa Majesté, car, s'il le faisait, il serait lapidé par les Maures (3).

« De son côté il demande :

« 4.000 escopettes avec de la poudre ;

« Quelques pièces d'artillerie, de celles qui ont été prises dans la forteresse de la Goulette, avec des munitions ;

« Quelque galères, dont il a un grand besoin, et qu'il fera armer.

« Sa Majesté devra promettre aussi :

« Que les nouvelles fortifications de la Goulette n'apporteront aucun empêchement au commerce, et que les soldats qui tiendront garnison dans la forteresse n'essaieront pas de pénétrer dans le pays ; toutes les fois qu'ils voudront venir à Tunis, ils devront être munis d'un sauf conduit du roi.

« Pour la sûreté personnelle de ce dernier, il sera également permis aux Rabatins de tenir garnison provisoirement dans le château ».

---

ties contractantes, les conditions qui devaient servir de base au traité de paix conclu solonnellement quelques jours après (le 6 Août) dans le camp impérial Nous donnons le traité un peu plus loin, et nous n'avons pas cru devoir reproduire ici tous les paragraphes de cette conférence. On remarquera que les noms de Luis Presenda et d'Afran Camugio se trouvent cités dans les articles que nous publions ». (De la Primaudaie).

(1) « Africa ou Mahidia, la plus forte place du royaume. Elle fut fondée, en l'an 300 de l'hégire, sur les ruines d'une ville romaine, l'ancienne *Zella*, au rapport de Mac-Carthy, par l'iman el Mahedi, deuxième prince de la dynastie des Fatimites, qui lui donna son nom ». (De la Primaudaie).

(2) « Illisible ». (De la Primaudaie).

(3) « Moulei Hacen consentit cependant à céder Africa, ainsi qu'on le vera par le traité ». (De la Primaudaie).

Lettre de Sa Majesté au Commandant de Bougie (1).

« Tunis, 23 Juillet 1535.

« (Arch. de Simancas — Estado, Legajo 462).

« Vous savez que, avec notre Armada, nous sommes venus à Tunis, pour en chasser Barberousse et les autres corsaires, ennemis de notre sainte foi catholique et, pour rétablir sur le trône le roi Mouleï Hacen, qui avait imploré notre assistance. Nous avons pris de vive force la forteresse de la Goulette, où les Turcs ont perdu beaucoup de monde, ainsi que toutes leurs galères, galiotes et fustes, et laissé entre nos mains une nombreuse et excellente artillerie. Après avoir occupé la Goulette, nous avons marché sur Tunis ; le mardi, 21 du présent mois, Barberousse étant sorti de la ville avec ses Turcs pour nous présenter la bataille, nous l'avons attaqué et défait complètement ; un grand nombre de ses gens sont restés sur la place ; de notre côté, nous n'avons éprouvé aucune perte notable (2). Barberousse s'est enfui, et, le même jour, nous avons pris possession de Tunis ; mais, comme les habitants n'ont pas accueilli leur souverain, ainsi qu'ils devaient le faire et qu'il avait le droit de l'être, nous avons cru devoir, pour les punir de leur obstination, permettre le pillage de la ville (3).

« Barberousse s'est enfui, comme je viens de le dire, avec les autres corsaires. Si nous devons croire ce que nous ont appris plusieurs esclaves qui se sont échappés, les Turcs sont encore 5.000 (3.000 fantassins et 2.000 cavaliers), mais ils manquent de tout : ils sont sans vivres, sans eau, et les Arabes se sont mis à leurs poursuite, comme ils font après toute armée en déroute. Un grand nombre d'entre eux accablés par la chaleur sont morts de soif.

« On ne connait pas le chemin qu'a pris Barberousse. Quelques uns pensent qu'il cherchera à gagner Alger par terre, et, à cause de cela, nous avons donné ordre au capitaine de la galiote que vous avez envoyée pour prendre part à l'expédition, de retourner à Bougie et de vous remettre cette lettre. Informez le plus tôt possible Ben el Kadi (4), qui est l'ennemi de Barberousse, et les autres cheikhs du pays, de ce qui est arrivé, ainsi que de la fuite des Turcs, et faites en sorte qu'ils se réunissent pour, fermer à Barberousse le chemin d'Alger, si, en effet, il essaie de se sauver par terre, et pour lui faire le plus de mal qu'ils pourront. On dit qu'il serait facile de l'empêcher

---

(1) Extrait de l' « Histoire de l'occupation Espagnole en Afrique (1506-1574) », par Elie de la Primaudaie.

(2) « Les Espagnols n'eurent, en effet, que 18 hommes tués ou blessés. Les Turcs qui avaient si bien défendu la forteresse de la Goulette, ne montrèrent pas leur valeur accoutumée en cette circonstance ; la bataille de Tunis fut moins un combat qu'une déroute ». (De la Primaudaie).

(3) « Ceci n'est pas exact. L'Empereur n'ose pas avouer qu'il avait promis aux soldats le pillage de Tunis. Lorsque les principaux habitants vinrent lui présenter les clés de la ville en se recommandant à sa clémence, il regretta la promesse qu'il avait faite et chercha même un moyen de ne pas la tenir ; mais, averti que les soldats murmureraient, il leur abandonna Tunis. On sait que cette malheureuse ville fut horriblement pillée et saccagée. Dans une lettre que Charles-Quint écrivit le lendemain (24 Juillet) à son ambassadeur en France et qui a été publiée dans les *Papiers d'Etat du Cardinal de Granvelle* T. II p. 366, on trouve la même raison donnée par lui du sac de Tunis ».

« Voyant, dit-il, que les habitants ne s'étaient mis en nul devoir envers nous ni « leur roi, le lieu a été saccagé et pillé par les soudards de notre armée ».

« L'Empereur ajoute même que ce fut du consentement du roi de Tunis, ce qu'il est difficile d'admettre ». (De la Primaudaie).

(4) « Ahmed ben el Kadi, roi de Koukou ». (De la Primaudaie).

de passer, en occupant une montagne voisine de Koukô (1), ce qui l'obligerait à faire un très grand détour.

« Faites dans ce but tout ce qui vous sera possible et agissez promptement. Vous me ferez connaître les mesures que vous aurez cru devoir prendre et ce que vous aurez appris relativement à la marche de Barberousse (2) ».

TRAITÉ DE PAIX ENTRE L'EMPEREUR CHARLES QUINT ET LE ROI DE TUNIS (3).

« 6 Août 1535.

« (Arch. de Simancas. Estado, Legajo 462).

« A tous ceux qui ces présentes verront soit notoire, comme au jour de cette date, que :

« Entre le très-haut, très excellent et très-puissant prince Don Carlos par la divine clémence, empereur des Romains, toujours auguste, roi d'Allemagne, des Espagnes, des Deux-Siciles, de Jérusalem, etc....., et Mouleï Hacen, roi de Tunis, etc... (4)

« Ont été faits et arrêtés les articles suivants :

« Premièrement, le dit roi de Tunis reconnait avoir été dépossédé de son royaume par Khaïr ed Din Pacha, surnommé Barberousse, naturel de Turquie, lequel a envahi et occupé le dit royaume tyranniquement, par des moyens pervers, en usant de cruauté et de violence envers les sujets du dit royaume ; que lui, roi de Tunis, il était chassé et exilé, sans espoir aucun de recouvrer son royaume, sinon par la volonté et la clémence du Dieu tout-puissant ; que le dit seigneur empereur est venu avec une puissante armée de chrétiens, pour châtier et renverser le dit Barberousse, et pour venger le roi, qui s'est remis aux mains de sa dite Majesté impériale, sa dernière espérance ; que, par la force des armes, Sa Majesté s'est emparée de la place et forteresse de la Goulette, laquelle, fortifiée et bien approvisionnée, était défendue par un grand nombre de Turcs et autres gens et par une nombreuse artillerie ; et que successivement, après avoir vaincu et défait, dans divers combats et en bataille rangée, le dit Barberousse, et avoir pris de vive force la ville de Tunis, l'Empereur l'a rendue, ainsi que le royaume, au dit roi de Tunis, avec promesse de sa protection et de son assistance pour soumettre ses sujets.

---

(1) « Sans doute, le Djebel Djerjera, le Mons Ferratus des anciens, où se trouve le fameux défilé des Bibân ou Portes de fer ». (De la Primaudaie).

(2) « On sait que Khcïr ed Din n'essaya pas de gagner Alger par terre. Il avait pris ses précautions et laissé 15 de ses galères à Bône, mouillées à l'embouchure de la Seybouse ; ce fut par là qu'il s'enfuit. Le frère Juan de Iribès, dans sa relation de la conquête de Tunis, par Kheïr ed Din, parle de ces 15 galères, et on s'étonne que l'Empereur n'ait pas fait occuper ce point important, avant de se présenter devant la Goulette. Lorsqu'il y songea, il était trop tard ». (De la Primaudaie).

(3) Extrait de l' « Histoire de l'occupation Espagnole en Afrique (1506-1574) », par Elie de la Primaudaie.

(4) « Cet acte important a été publié en langue française, dans la collection des documents inédits sur l'histoire de France (Papiers d'Etat du Cardinal de Granvelle, t. II., p. 368-377) On a comparé avec soin les deux documents : la version espagnole est plus complète que la traduction française. La teneur de ce traité est curieuse ; les précautions minutieuses et surabondantes, qu'il accuse, nous font connaître que l'Empereur n'avait pas une bien grande confiance dans la bonne foi du roi de Tunis. On trouve dans Sandoval (L. XXII) un extrait assez étendu de ce même traité ». (De la Primaudaie).

« Pour ces causes, le roi s'est engagé et a consenti, de son propre mouvement, à remettre en pleine et entière liberté tous les chrétiens, hommes, femmes, et enfant·, qui sont ou seraient détenus prisonniers, esclaves ou serfs dans la ville et dans son royaume, pour quelque motif que ce soit ou puisse être ; et cela, libéralement, franchement et volontairement, sans demander, exiger ou prendre aucune chose aux dits captifs et esclaves, ni permettre ou souffrir qu'il leur soit fait aucun mauvais traitement ; il devra au contraire, les aider et assister dans leurs traversées et retours sur les terres de la chrétienté. Le tout avec bonne foi (1).

« En outre, le roi de Tunis s'est engagé et a consenti, s'engage et consent, pour lui et pour ses héritiers et successeurs, rois du royaume de Tunis, dès à présent et pour toujours, à ne jamais détenir comme esclave, dans son royaume, pour quelque cause que ce soit, aucun chrétien, homme, femme ou enfant, tant de l'empire romain, nations et terres qui en dépendent, que des royaumes et domaines patrimoniaux que possède ou possédera l'empereur, soit de l'Espagne, du royaume de Naples, de la Sicile et autres îles, des états de la Basse-Allemagne, de la Bourgogne et des pays de la maison d'Autriche, appartenant au sérénissime roi des Romains, frère de Sa Majesté impériale.

« Et pareillement, Sa Majesté s'engage à ce que, dans les états de l'Empire et dans ses royaumes, comme dans les possessions du roi des Romains, son frère, aucun sujet du roi de Tunis ne puisse être fait esclave. Ainsi le dit seigneur empereur et le dit seigneur roi de Tunis et leurs héritiers feront garder, observer et durer à perpétuité et inviolablement le présent article.

« De même, le roi de Tunis, ainsi que ses successeurs et héritiers, permettront que, dès à présent et pour toujours, les chrétiens puissent venir, vivre et résider dans le royaume de Tunis, en restant fidèles à la foi chrétienne, sans être troublés ou molestés directement ni indirectement ; que les églises des dits chrétiens, tant de religieux que d'autres, soient entretenues et réparées sans opposition et sans aucun empêchement ; et que les dits chrétiens puissent fonder et faire construire d'autres églises, quand ils le voudront, selon leur dévotion, et dans les lieux où ils auront leurs maisons et demeures. De plus, le dit roi de Tunis ne recevra et n'accueillera dans son royaume aucuns Maures, nouvellement convertis, sujets de Sa Majesté impériale, tant de Valence et de Grenade que de tout autre royaume ou pays de Sa Majesté, et ne les autorisera à y venir et demeurer ; au contraire, il les expulsera et les fera expulser entièrement par ses officiers, les tenant et faisant tenir comme ennemis, et ordonnant de procéder contre eux comme tels, toutes les fois qu'ils viendront ou se trouveront dans son royaume pour y résider ou faire le commerce, à moins que ce ne soit de l'exprès commandement de Sa Majesté impériale, lequel sera constaté par ses lettres patentes ou par celles de ses vice-rois, lieutenants ou capitaines-généraux.

« Comme il existe des points fortifiés sur la frontière et le littoral de ce royaume, qui ont été pris et occupés par Barberousse, tels que Bône, Bizerte,

---

(1) « En marge est écrit : « Su Majestad imperial redimio en la dicha em· resa XXII mil cautivos ». Cette note ne donne pas le chiffre exact des chrétiens qui furent délivrés. L'empereur dit lui-même, dans une lettre à son ambassadeur en France, que nous avons déjà citée, qu'il fit mettre en liberté dix-huit à vingt mille captifs, tant de ses sujets que de diverses nations ; dans ce nombre, il n'y avait que 70 Français ». (De la Primaudaie).

Africa et d'autres, au moyen desquels le dit Barberousse pourrait continuer les actes de piraterie et de violence qu'il a exercés jusqu'à ce jour contre les chrétiens, porter préjudice au seigneur roi et à ses successeurs, fomenter des troubles dans le royaume de Tunis ; et comme le dit roi ne saurait recouvrer ces points fortifiés, en raison des dommages et pertes considérables que lui a causés Barberousse, en pillant et s'appropriant ses trésors, le roi a consenti expressément et accordé, consent et accorde que toutes les places fortes ou lieux maritimes que Sa Majesté Impériale jugerait à propos de prendre, maintenant ou plus tard, pendant qu'ils sont au pouvoir de Barberousse ou d'autres Turcs, soient et demeurent avec leurs dépendances à Sa Majesté et à ses successeurs en toute prééminence ; en même temps le roi abandonne, cède et transmet, purement et à perpétuit⁴, dès à présent et pour l'avenir, au dit seigneur empereur, qui les admet pour lui et pour ses successeurs, les revenus, profits, bénéfices et tous les droits, quels qu'ils soient, que le dit roi ou ses héritiers avaient, afin que l'empereur les ait, tienne et possède en entier et pacifiquement. pour la sécurité du royaume de Tunis, et afin d'obvier aux inconvénients qui d'autre manière pourraient résulter pour la chrétienté, les royaumes, pays et sujets maritimes de Sa Majesté.

« Considérant que l'expérience a démontré qu'il importe grandement et nécessairement de conserver le fort de la Goulette, à la faveur duquel Barberousse s'est rendu maitre de la ville de Tunis et successivement du royaume ; considérant qu'il avait réuni et logé, dans la dite forteresse, une grande partie de ses forces pour la garder et défendre, et de la sorte se maintenir dans le royaume, et que, si l'on n'avait pas soin de fortifier, approvisionner et préserver le dit lieu de la Goulette, Barberousse, avec l'assistance des Turcs et de tous autres, pourrait s'en emparer de nouveau, par mer ou par terre, et remettre en péril les états du roi de Tunis, lequel n'a aucun moyen de le fortifier et défendre ; considérant qu'il en résulterait, non seulement pour le roi, mais encore pour toute la chrétienté et particulièrement pour Sa Majesté impériale et ses royaumes, possessions et sujets, autant et plus de dommages que n'en ont déjà occasionnés l'usurpation et l'occupation du royaume de Tunis par Barberousse, dommages qui auraient été bien plus grands encore sans le secours efficace de Sa Majesté impériale ; considérant aussi que Sa Majesté, par la force de ses armes, avec grand danger, dommage et perte de ses troupes et au prix d'énormes dépenses. a conquis la dite Goulette, laquelle lui appartient par le droit de la guerre.

« Pour ces causes et d'autres, le dit seigneur roi a cédé, abandonné et transféré, comme par le présent il cède, abandonne et transfère, en son nom et celui de ses héritiers, au dit seigneur empereur, qui accepte pour lui et les siens, tous les droits, quels qu'ils soient, que le dit roi et ses héritiers, tiennent, peuvent et pourraient prétendre et contester comme leur appartenant, et ce, pour le présent et pour l'avenir, sur la dite place de la Goulette, avec toutes ses dépendances intérieures et extérieures, et deux milles d'étendue à l'alentour, en y comprenant la Tour de l'Eau. sous la condition que la garnison de la Goulette n'empêchera pas les habitants du camp de Carthage de venir prendre de l'eau aux puits qui sont voisins de la dite tour, lesquels puits devront être considérés comme une de ses dépendances.

« Le dit roi veut et permet que l'empereur puisse fortifier la dite place dans les limites ci-dessus spécifiées, et qu'il la tienne et possède à perpétuité, avec ses appartenances, pour lui et ses héritiers. Il consent aussi à ce que la navigation soit libre pour tous les navires, quels qu'ils soient, et en tel nombre que voudra Sa Majesté, depuis la Goulette, par l'étang et le canal conduisant à Tunis et à la darse qui est auprès, et à ce que les gens appartenant à Sa Majesté impériale ou à ses successeurs, qui tiendront garnison dans la Goulette, puissent aller et venir et résider dans la dite ville de Tunis et dans tout le royaume, pour y acheter à prix raisonnable les vivres et autres approvisionnements nécessaires à la dite forteresse et à sa garnison, le tout franchement, librement, pacifiquement, sans opposition, et sans payer aucune taxe, gabelle ou droit ancien et nouveau.

« Toutefois, il est convenu que, si les dites gens veulent trafiquer ou vendre aucunes marchandises, ils devront payer les droits accoutumés, et que, pour cet objet, les personnes députées par le gouverneur et capitaine de la Goulette pourront seules venir à Tunis ; en cas de fraude ou d'abus, ou si les personnes désignées pour se rendre à Tunis commettent quelque délit ou autre acte repréhensible, le dit gouverneur et capitaine de la Goulette les fera punir conformément à la justice, et ces personnes encourront et subiront les peines établies, dans le dit royaume, contre ceux qui se rendent coupables de fraudes dans le transport et le commerce des marchandises ; le dit gouverneur et capitaine de la Goulette devra prêter serment de garder et faire observer les présents articles.

« En outre, il a été convenu que le trafic de toutes les marchandises se ferait auprès de la dite place de la Goulette, comme auparavant, au profit du seigneur roi et de ses successeurs, sans qu'il y soit apporté ni trouble ni empêchement de la part de ceux qui auront autorité dans la forteresse, lesquels devront, au contraire, prêter leur assistance et appui à cet effet. Les taxes, impositions et autres droits de douane sur les marchandises et le trafic par mer seront recouvrés pour compte du dit roi et de ses héritiers, et, sur le produit net, avant toutes choses, il sera prélevé, chaque année, la somme de douze mille ducats d'or qui seront payés, à partir de ce jour, en deux termes :

« Le premier, le jour de Saint-Jacques, c'est-à-dire le 25 juillet ;

« Le second, à la fin du mois de janvier,

« à raison de six mille ducats à chaque terme. Le premier terme commençant à courir au mois de janvier de l'année prochaine 1536, le premier paiement devra avoir lieu le jour de Saint-Jacques de la même année, et les autres successivement à leur échéance. Ceux qui seront chargés de recouvrir et percevoir les dits droits et impositions seront tenus d'effectuer les paiements aux dits termes, et, s'ils y manquent, le gouverneur et capitaine de la Goulette pourra, pleinement et de sa propre autorité, procéder incontinent au recouvrement, perception et administration des dits droits, et contraindra, au nom du roi, et de fait, les dits receveurs a payer la dite somme d'un terme à l'autre.

« De plus, le commerce, trafic et vente de tout le corail qui sera transporté sur le dit marché est expressément et spécialement réservé à l'Empereur et à ses héritiers à perpétuité, et ce, pour le compte et au profit de Sa Majesté et de ses successeurs, par les soins de la personne qu'elle aura désignée, sans que nulle autre que la dite personne puisse faire commerce ou trafic du dit corail.

« Il a été aussi convenu qu'il y aura à l'avenir un consul et juge commissionné envoyé par Sa Majesté, pour connaitre, juger et décider toutes les contestations entre les sujets de Sa Majesté, à quelque royaume qu'ils appartiennent, traitant et faisant le commerce dans cette partie de l'Afrique ; le dit consul rendra la justice et la fera rendre sans empêchement aucun du roi de Tunis ou de ses officiers, qui ne devront se mêler en rien et n'intervenir en aucune manière dans ces jugements, contre lesquels il n'y aura aucun recours.

« Le roi de Tunis, reconnaissant le signalé service que lui a rendu Sa Majesté impériale, et combien il lui importe d'avoir et de conserver le seigneur empereur et ses successeurs pour protecteurs et défenseurs de ses états, a consenti et promis, consent et promet, pour lui et pour ses héritiers, de donner et livrer, chaque année, au seigneur empereur et à ses successeurs, rois d'Espagne, et, en leur nom, au gouverneur et capitaine de la Goulette, le jour de la fête de Saint-Jacques, laquelle se célèbre le 25 Juillet, six bons chevaux mauresques et douze faucons, en perpétuel et sincère témoignage et reconnaissance du bienfait reçu, sous peine, s'il ne les donne, d'avoir à payer à l'empereur : la première fois, cinquante mille ducats d'or ; la seconde, cent mille ; et, pour la troisième, de voir son royaume confisqué au profit de l'empereur et de ses successeurs, rois d'Espagne, qui pourront s'en emparer et l'occuper de leur propre autorité.

« Le roi de Tunis promet encore, pour lui et pour ses héritiers, de ne faire aucun traité, convention ou alliance avec princes, communautés ou autres états quelconques, soit chrétiens, turcs ou autres, au préjudice direct ou indirect du dit empereur, de ses successeurs et de ses royaumes, possessions et sujets ; et, dans tout traité, convention ou négociation, de garder et faire garder les droits du seigneur empereur, de ses royaumes, états et vassaux, et d'avertir, de temps à autre, le dit seigneur empereur de tout ce qu'il verra, apprendra ou entendra comme pouvant intéresser son honneur et la prospérité de ses royaumes et vassaux, et cela sincèrement et de bonne foi.

« De même, Sa Majesté impériale s'engage à ne faire ni conclure aucun traité au préjudice du roi de Tunis et de son royaume, et à lui donner avis de ce qu'il saura être important pour le bien et l'avantage de son royaume, et pour empêcher qu'il lui soit causé aucun dommage.

« De plus, il a été convenu, entre les dits empereur et roi, pour eux, leurs héritiers et leurs successeurs, qu'il y aura mutuellement et constamment entre eux et leurs royaumes, possessions et sujets, bon et pacifique voisinage, avec libre commerce, par terre et par mer, de toutes les marchandises licites et permises ; et, que les vassaux de l'empereur et du roi pourront aller, venir, demeurer et trafiquer réciproquement dans les royaumes, pays et dépendances de chacune des parties contractantes, en toute sécurité, liberté et bonne foi.

« Le roi de Tunis et ses successeurs, rois du dit royaume, n'accueilleront, n'aideront et n'assisteront, au moyen de vivres ou de toute autre manière, les corsaires et pirates qui viennent par mer dans ses ports, ni tous autres qui seraient ennemis de Sa Majesté impériale, ni les gens qui chercheraient à occasionner quelque dommage à ses royaumes, possessions et vassaux ; au contraire, le dit roi et ses successeurs feront tout ce qui sera en leur pouvoir pour les châtier et détruire ; promettant, le dit seigneur empereur et le dit roi de Tunis, chacun d'eux respectivement et individuellement, sur leur foi de prince et sur leur honneur, et en engageant tous leurs biens, quels qu'ils soient, et ceux de leurs successeurs, d'observer, maintenir et accomplir, inviolablement et perpétuellement, toutes les conditions ci-dessus et chacune d'elles, le tout de bonne foi, et de ne jamais entreprendre ni souffrir chose qui y porte atteinte.

« En témoignage de quoi et pour que le présent traité soit, à perpétuité, stable et invariable, ledit empereur et ledit roi de Tunis ont signé de leurs noms et seings quatre expéditions du dit traité, deux en langue castillane et deux en langue arabe, et ont fait apposer leurs sceaux sur lesdites expéditions, deux devant rester ès-mains du seigneur empereur et de ses successeurs, et les deux autres ès-mains du roi de Tunis et des siens ; lesquelles expéditions ont été rédigées et échangées dans la tente de sa Majesté Impériale, dans son camp situé auprès du Fort de l'Eau, à deux milles de la Goulette, le six du mois d'août de l'année mil cinq cent trente cinq de la naissance de Jésus-Christ, selon la manière de compter des chrétiens, et, selon les Maures, le sixième jour de la lune du mois de zaphar de l'année neuf cent quarante-deux de l'hégire, étant présents, pour être témoins, et, à cet effet, mandés et appelés :

« Messer Nicolas Perrenot, seigneur de Granvelle, du conseil d'Etat de l'Empereur ;

« Le Capitaine Alvar Gomez de Horosco el Zagal ;

« Mohamed Tate, Maure et serviteur du roi de Tunis ;

« Ahmed Gamarazan,   id.   ;

« Abderrahman,   id.

« Moi le Roi ».

« Pour plus grand éclaircissement et déclaration des intentions des dits empereur et roi, il est expressément convenu entre eux que dorénavant ledit seigneur empereur, ses successeurs et héritiers ne pourront occuper de force ni acquérir d'aucune manière terres, forteresses ou villes de ce royaume que possède le dit roi de Tunis ou qui seront possédées par lui ou ses héritiers et successeurs, le présent traité étant fidèlement gardé et observé par eux ; moyennant quoi, le roi de Tunis, indépendamment de ce qui est stipulé plus haut, relativement à la ville, territoire et forteresse d'Africa, a expressément consenti et accordé qu'au cas où ladite place d'Africa viendrait à rentrer au pouvoir dudit roi de Tunis, soit par la force des armes ou de toute autre manière, le dit seigneur empereur pourra toujours disposer entièrement, suivant son bon plaisir et sa volonté, de ladite ville d'Africa, et, s'il lui convient, la garder pour lui et pour ses successeurs, rois et reines d'Espagne.

« Fait au lieu, jour, mois et an susdits, en présence des mêmes témoins,

. . . .(1).

« Moi, Francisco de los Cobos, grand commandeur de Léon, secrétaire et conseiller du seigneur empereur, j'atteste qu'en ma présence et celle d'Abraham Almazarati, secrétaire du roi de Tunis et en présence des témoins ci-dessus nommés, lesdits seigneurs empereur et roi ont signé de leurs mains et seings le présent traité, en quadruple expédition, deux en langue castillane, et deux en langue arabe.

« Etant interprètes, pour attester, ainsi qu'ils l'ont fait, le contenu des deux expéditions en langue castillane au roi de Tunis et aux témoins maures, et

---

(1) « Les paragraphes qui suivent ne se trouvent pas dans la traduction française donnée par le cardinal de Granvelle ». (De la Primaudaie).

25

les deux expéditions en langue arabe au seigneur empereur et aux témoins chrétiens :

« Le capitaine Alvar Gomez de Horosco el Zagal ;

« Frère Barthélemy de los Angeles ;

« Frère Diego Valin, religieux de l'observance de Saint-François.

« Lesquels ayant, par ordre de l'Empereur, interpellé ledit roi de Tunis, il fut par lui répondu qu'il tenait lesdits interprètes pour fidèles et dignes de confiance, lorsqu'ils disaient, affirmaient et certifiaient que la substance des quatre expéditions, deux en langue castillane et deux en arabe, contenaient toutes les quatre la même chose ; ledit roi de Tunis, ayant d'abord entendu la lecture du traité écrit en langue castillane, au moyen de la traduction et déclaration desdits interprètes, et lu celui qui est écrit en arabe, avant que lesdits seigneurs empereur et roi se réunissent pour l'accepter, et l'avoir ensuite entendu lire par son secrétaire, en présence de Sa Majesté et des susdits témoins, a déclaré qu'il tenait ledit traité pour bien et dûment compris, et qu'il l'avait accepté, comme il l'acceptait, de son plein gré, avec sa propre et libre volonté, confessant que toujours....... ... . (1). Sa Majesté avait reçu ; et les dits seigneurs empereur et roi jurèrent solennellement, l'empereur, en posant la main sur la croix, et le roi de Tunis, suivant la coutume des Maures, de garder et observer tous les articles du présent traité et de n'y contrevenir jamais en aucun point.

« Et de même, par ordre de l'empereur, Bernardino de Mendoza, nommé gouverneur et capitaine de la Goulette et ayant reçu commission de Sa Majesté, a prêté serment et promis, la main posée sur l'habit de l'ordre de Saint-Jacques, qu'il portait en qualité de chevalier et commandeur dudit ordre, de garder, observer et accomplir tout ce qui le concernait dans la teneur dudit traité.

« En foi de tout quoi, j'ai signé de mon nom, avec mon paraphe habituel, les deux expéditions en langue castillane, et ledit secrétaire du roi de Tunis en a fait autant sur les autres expéditions en langue arabe, pour attester à jamais tout ce qui est dit ci-dessus. »

---

(1) « Lacune dans le texte ». (De la Primaudaie).

ANNEXE 5.

Rachgoun et Hone (1).

RACHGOUN

« En longeant la côte oranaise vers l'Ouest, après avoir dépassé les *Portus Divini* (ports divins), c'est à dire les belles rades d'Oran et de Mers-el-Kébir, les navigateurs trouvaient jadis *Portus Sigensis*. Il était sis à l'embouchure de la Tafna, juste en face de Carthagène. A quatre kilomètres en amont du fleuve, sur un plateau peu élevé, florissait l'opulente ville de *Siga*, ancienne colonie phénicienne, qui devint la capitale de la Numidie. Syphax, roi des Massessiliens, y établit sa résidence. Ce souverain barbare joua un grand rôle au début du IIIᵉ Siècle avant J.-C., au moment de la lutte acharnée entre Rome et Carthage. Il dominait tout le Nord de l'Afrique, de la frontière marocaine jusqu'au delà de Constantine. Les deux adversaires cherchaient à se concilier son amitié.

« Au cours de l'été de l'an 206 (avant J.-C.), Syphax eut l'insigne honneur de recevoir dans sa Capitale Siga, les deux grands généraux de l'époque : Scipion l'Africain et Asdrubal, fils de Giscon. Voici dans quelles circonstances. Scipion, recherchant l'alliance du roi numido, lui envoya comme ambassadeur son lieutenant Laelius. Syphax se montra bien disposé envers les Romains et demanda un entretien avec Scipion lui-même. Celui-ci, qui guerroyait en Espagne, partit aussitôt, s'embarqua à Carthagène et fit voile avec deux vaisseaux. Mais, en vue du port de Siga, il constata que sept trirèmes puniques y jetaient l'ancre : c'était Asdrubal qui, vaincu en Espagne, était parti de Gadès et, faisant route vers Carthage, s'était arrêté à Siga. Le vent qui soufflait du Nord, très violent, l'empêcha de capturer son ennemi. Scipion put pénétrer dans le port et se mettre sous la protection de Syphax.

« Les deux généraux, qui représentaient Rome et Carthage, reçurent un accueil cordial dans la ville Africaine. Ils furent traités avec les mêmes égards et les mêmes honneurs ; à la table royale, ils prirent place sur un même lit : ils mangèrent et causèrent comme des amis. Asdrubal avouait, par la suite, que le Romain possédait au plus haut point le don de la parole et qu'il était encore plus à craindre dans une conversation qu'à la guerre. Syphax se montra tout heureux de recevoir de tels hôtes et, en habile diplomate qui craignait de voir la guerre portée sur le sol africain, il essaya, dans une conférence, de les amener à signer la paix. Il n'y réussit pas, car Scipion se récusa, alléguant qu'il ne pouvait s'engager sans un ordre formel du Sénat. Quelques jours après, les vaisseaux emportaient les représentants des deux grandes républiques méditerranéennes. Syphax devait, plus tard, être vaincu par Scipion qui n'oublia pas l'hospitalité cordiale reçue naguère.

« *Portus Sigensis* (le port de Siga) formait la partie maritime de cette ville, en bas du plateau, non loin de la mer, dans un coude du fleuve. Il survécut à la destruction de la capitale numide, qui, aujourd'hui, s'appelle *Takembrit* (les voûtes). La Tafna, le long de laquelle on a récemment retrouvé les antiques murs de quai, débouche dans une baie qu'une île protège

---

(1) Extrait du Livre d'Or de l'Oranie, août 1925, article de M. Jean Cazenave.

contre la houle et le vent du large. Ce rocher, assez vaste, dressé à l'embouchure, fut appelé *Insula acra* par les Romains, l'île des Escargots *(de los Alimaques* ou *de los Caracoles)*, par les Espagnols. Un chenal de 2.500 métres de large le sépare de la terre. En 932, Abderrahmann, calife ommiade de Cordoue, chargea Mousa, un de ses lieutenants, de s'en emparer avec une flotte de quinze navires. Le blocus durait déjà depuis longtemps et les défenseurs allaient mourir de soif, ayant épuisé l'eau des citernes, lorsque tomba une pluie abondante et les assiégeants découragés, retournèrent en Espagne. En 1836, l'île servit de point d'appui au corps de débarquement des généraux Bugeaud et d'Arlanges, qui y établirent leurs magasins et leurs hôpitaux.

« Quant à Portus Sigensis, fréquemment visité par les vaisseaux qui sillonnaient la Méditerranée, il fut occupé par les Romains, sous la domination desquels il obtint le rang de municipe. Au moyen âge, avec les Berbères et les Arabes, il prit le nom de *Rachgoun,* dont les Espagnols firent *Risgol* (1). La ville était enfermée dans une enceinte dont il ne reste plus guère de traces. C'est à peine si quelques stéles et quelques marbres ensevelis sous les arbustes, ont permis de situer exactement ce port jadis si florissant.

« Dès l'invasion musulmane, il est mentionné par les historiens ; au milieu des bouleversements et des luttes entre princes berbères ou arabes pour la possession du Maghreb, Rachgoun passait des Fatimites de Cairouan aux Ommiades d'Espagne, subissait des sièges meurtriers, était mis à sac et se voyait obligé, sans toutefois interrompre son commerce, de reconnaitre l'autorité des diverses dynasties qui montaient au pouvoir. Il eut des rois aussi : Idris, le plus connu, régna sur toute la plaine environnante. En 949, cependant, un général, nommé El-Bouri, le prit d'assaut, le saccagea et en transporta toute la population à Cordoue, où l'établit le sultan Abderrahman.

« Peu après, Rachgoun se repeupla, prospéra rapidement et devint le port naturel de Tlemcen, capitale du royaume, dont le séparait seulement la riche plaine de Zidour. L'historien arabe El Bekri nous le décrit ainsi : « La ville était importante et possédait de nombreuses maisons, une grande mosquée à sept nefs, flanquée d'un minaret artistique, des palais et deux grands bains publics. On y pénétrait par trois portes cintrées et garnies de meurtrières : *Bab-el-Emir* au midi, *Bab-Mernisa* à l'Ouest et *Bab-el-Fotouh* au couchant. La muraille avait huit empans d'épaisseur. Les navires vénitiens, qui y faisaient régulièrement escale, y possédaient, pour leur trafic, un fondouk et une loge consulaire ». Mais, peu à peu, à cause de l'insécurité et de l'incurie des rois de Tlemcen, Rachgoun déclina et finit par disparaitre tout à fait, au cours du XVI° siècle, pour ne plus se relever. »

HONE

Gypsaria, enfin, dont parle Ptolémée, fut le dernier grand port de l'Oranie jusqu'à l'orée des temps modernes, situé à quatre lieues de la Tafna vers l'Occident, au fond d'un golfe allant de la pointe d'El-Mokreun au cap Noun (Noé), qui le protège des vents d'Ouest. La cité ne devait pas avoir, dans l'antiquité, une très grande étendue, car les géographes la mentionnent à peine. Cependant elle prospérait peu à peu ; Germanus, un de ses évêques, assistait, en 411, à la Conférence de Carthage.

----

(1) Ou Harchgoun. (Général L. Didier).

« Plus tard, Gypsaria devint un port de premier ordre et prit le nom de
Honâin. Dès 831, les historiens arabes le mentionnent comme « la plus solide
forteresse du littoral, célèbre par ses jardins et la variété de ses fruits ».
Ce fut un des grands centres de la tribu des Koumia, d'où sortit Abd-El-
Moumen, le fondateur de la dynastie almohade. Dans son enceinte de
murailles, il y avait de nombreux bazars où se faisait un commerce actif.
Dans ses chantiers navals, bien outillés, Abd-El-Moumen, voulant passer en
Espagne pour une expédition de grande envergure, faisait construire une
quarantaine de vaisseaux de guerre. Quelques années après, Honaïn tombait
au pouvoir des rois Berbères de Tlemcen qui l'embellissaient et l'utilisaient,
comme Rachgoun, pour leur trafic avec l'Espagne et les pays chrétiens de la
Méditerranée, surtout avec Marseille et les Républiques Italiennes.

« La ville possédait de nombreux palais, ornés intérieurement de mosaïques,
des mosquées et des écoles, où des hommes pieux et savants enseignaient le
dogme et le droit. La population, très dense, comptait des ouvriers habiles
qui fabriquaient des étoffes de toile et de coton fort estimées. Dans les
environs, on pouvait admirer « diverses contrées d'oliviers, de vergers et de
terre labourable, tant autour de la ville que le long de la rivière qui la
borde ».

. . . .

« De la ville de Honaïn il ne reste guère aujourd'hui que les murs, en partie
délabrés. L'enceinte, du côté Est, a presque disparu ; on peut, avec peine, en
suivre la trace ; mais, du côté de la mer, elle est restée debout. Elle englobait
la casbah (ou citadelle) placée sur un rocher dominant la ville et la plage.
Elle est flanquée de trois tours reposant sur de vastes citernes voûtées. Les
murs, de 6 à 7 mètres dé hauteur sur 2 mètres d'épaisseur, sont en pisé, den-
telés, avec des tours distantes de 7 à 8 mètres. De larges brèches, que des
blocs de pierre obstruent, marquent l'emplacement des portes.

« A l'intérieur, c'est la désolation : parmi les ruines poussent au hasard les
arbres fruitiers, les lentisques et les lauriers roses. Le minaret de la grande
mosquée résistait encore, il y a quelques vingt ans ; mais n'ayant pas été
réparé à temps, il s'est écroulé aussi. Honaïn est une ville morte, déserte,
qu'égayent seuls de leur murmure deux petits fleuves, l'oued Honaïn et
l'oued Reggou, qui vont disparaître dans la mer après avoir circulé parmi les
monuments effondrés ».

ANNEXE 6.

Liste des Sultans, Beylerbeys, Pachas et Deys d'Alger

(D'après M. Henri Garrot)

Sultans

Aroudj.	1516
Kheïr-ed-Dine.	1518

Beylerbeys et Pachas de la Porte

Kheïr-ed-Dine.	1519
Hassan Aga (intérimaire).	1533
id. (Pacha).	1542
El Hadj Bechir, Pacha.	1543
Hassan, fils de Kheir-ed-Dine, Pacha.	1544
id. Beylerbey.	1547
Saffah, Khalifa, intérimaire.	1551
Salah Reïs. Beylerbey.	1552
Hassan Corso, Khalifa, intérimaire.	1556
Mohammed Tekerli, Pacha	1556
Youssouf, intérimaire .	1556
Yahia, intérimaire	1557
Hassan, fils de Kheïr-ed-Dine, 2e fois.	1557
Hassan Agha.	1561
Kousa Mohammed, intérimaire	1561
Ahmed Pacha, capidji.	1561
Yahia, intérimaire, 2e fois.	1562
Hassan, fils de Kheïr-ed-Dine, 3e fois.	1562
Mohammed, fils de Salah Reïs, Pacha.	1567
Euldj Ali, Beylerbey	1568
Arab Ahmed, Khalifa du précédent	1570

Memmi (1), intérimaire	1571
Achmed, intérimaire	1572
Caid Ramdan, khalifa	1574
Hassan Veniziano, Pacha.	1577
Djafer, Pacha.	1580
Ramdan, Pacha, 2e fois.	1582
Hassan Veneziano, 2e fois.	1582
Mohammed (2)	1583
Achmed, 2e fois	1586

Pachas triennaux

Dali Ahmed	1587
Kheder (3).	1589
Chaban.	1592
Mustapha	1595
Kheder, 2e fois	1595
Mustapha, 2e fois.	1596
Dali Hassan Bou Richa	1599
Sliman.	1601
Kheder, 3e fois	1604
Mohammed Kousa	1605
Mustapha	1606
Redouan	1607
Kousa Mustapha.	1610
Hussein	1613
Kousa Mustapha.	1613
Husseïn, 2 fois.	1617
Sidi Saref.	1620
Mourad.	1621
Khosrou	1621
Husseïn, 3e fois	1622
Ibrahim	1623
Sidi Saref, 2e fois.	1624
Husseïn, 4e fois	1624

---

(1) Ou Mami Arnaute (renégat albanais).

(2) Ou Mehmet.

(3) Ou Keder, qui, d'après Galibert, « transmit aux corsaires l'ordre de courir sus aux navires de Marseille, pour punir cette ville de s'être rangée du parti de la Ligue contre son roi légitime ».

Younès.	1629	
Husseïn, 5e fois	1629	
Youssof,	1634	
Ali	1637	
Cheikh Hussein	1640	
Youssof Kortandji	1640	
Mourad.	1641	
Youssof Kortandji, 2e fois	1642	
Mohammed Boursali	1642	
Omar	1642	
Ali Bitchenin.	1645	
Mahmoud Boursali	1645	
Youssof Kortandji, 3e fois	1647	
Othman.	1647	
Mohammed el Alem.	1652	
Ahmed.	1654	
Ibrahim	1655	
Ahmed, 2e fois	1656	
Ibrahim, 2e fois	1657	
Ali	1659	
Ismaïl	1659	

Aghas et Divan

Khalil	1659
Ramdan	1660
Ibrahim.	1661
Chaban.	1661
Ali	1665

Deys et Pachas Deys

Hadji Mohammed	1671

Baba Hassan, intérimaire.	1682
Hadji Husseïn Mezzo Morto	1683
Ibrahim Khodja.	1686
Hadji Chaban.	1689
Hadji Hamed.	1695
Baba Hassan Chaouch.	1698
Ali	1699
Hadj Mustapha	1700
Husseïn Khodja.	1705
Mohammed Baktache.	1707
Dely Ibrahim.	1710
Ali Chaouch	1710
Mohammed ben Hassan	1718
Kourd Abdi	1724
Baba Ibrahim.	1732
Ibrahim El Seghir	1745
Mohammed Ben Beker.	1748
Baba Ali MeKeis, dit Bou-Seba	1754
Baba Mohammed ben Osman	1766
Hassan.	1790
Mustapha	1798
Ahmed Khodja	1805
Ali el Rassal	1808
Hadj Ali.	1809
Mohammed	1815
Omar Agha	1815
Ali Khodja	1817
Husseïn	1818
Fin de l'oudjak d'Alger.	1830

Liste des Consuls et Vice-Consuls de France à Alger

(D'après M. Henri Garrot)

Bartholle.	1564
Maurice Sauron. . .	1578 1585
François Guighigotto, consul suppléant. .	1579
Le Père Bionneau. .	1585-1587
Jacques de Vias. . .	1587-1627
Jean Ollivier, consul suppléant. . . .	1587-1596
François Chaix. . .	1618-1623
Etienne.	1623-1624
Thomassin. . . .	1624-1625
Martelly.	1625-1626
Anselme.	1626-1627
Balthazar de Vias. .	1627-1647
Clavel, consul suppléant.	1627-1628
Thomas Fréjus, consul suppléant. . .	1628-1629
Thomas Ricou. . .	1629-1631
Blanchard, consul suppléant.	1631-1634
Jacques Piou, consul suppléant. . . .	1634-1639
Thomas Piquet, consul suppléant. . .	1639-1646
Charles Moulard. .	1646
Lambert aux Coustaux.	1646
Le Père Jean Barreau.	1646-1661
Le Père Jean Armand Dubourdieu. . .	1661-1673
Laurent d'Arvieux. .	1674-1675
Le Père Jean Levacher.	1673-1683
Denis Dusault, consul suppléant. . . .	1683-1684
Sorhainde, consul suppléant. . . .	1684-1685
André Piolle. . . .	1685-1688
Le Père Michel Montmasson, consul suppléant. . . .	1688
Barthélemy Mercacadier, consul suppléant.	1689-1690
René Lemaire. . .	1690-1697
Jean de Clairambault, consul suppléant.	1697
Philippe Jacques Durand.	1698-1705
Jean de Clairambault.	1705-1717
Jean Baume. . . .	1717-1719
Antoine Gabriel Durand.	1720-1730
Thomas Natoire, consul suppléant . .	1731
Léon Dolane. . . .	1731-1732
Benoit Lemaire. . .	1732-1735
Alexis Jeau Eustache Taitbout. . . .	1735-1740
De Jonville, consul suppléant. . . .	1740-1742
François d'Evant. .	1742
Pierre Thomas. . .	1743-1749
André Alexandre Lemaire.	1749-1756
Le Père Bossu, Consul suppléant. . . .	1757
Joseph Barthélemy Perou.	1757-1760
Le Père Théodore Groiselle, consul suppléant. . . .	1760-1763
Jean Antoine Vallière.	1763-1773
Robet Louis Langoisseur de la Vallée. .	1773-1782
Renaudot, consul suppléant. . . .	1782
Jean Baptiste Michel de Kercy. . . .	1782-1791
Philippe Vallière. .	1791-1796
Louis Alexandre Herculais, consul suppléant.	1796
Jeanbon Saint André.	1796-1798
Dominique Marie Moltedo.	1798-1800
Charles François Dubois-Thainville. .	1800-1814
Alexandre Louis Ragueneau de la Chais naye, consul suppléant. . . .	1809-1810
Roche Ferrier, consul suppléant. . . .	1814
Pierre Deval. . . .	1815
Charles François Dubois Thainville. .	1815
Pierre Deval. . . .	1815-1827

Liste des Commissaires et Envoyés de la France près la Régence d'Alger

De la Forest . . .	1534	Duguay-Trouin. . . .	1731
De Montluc. . . .	1537	De Caylus	1731
D'Aramon	1551	De Watan	1732
D'Albisse	1552-1553	De Court de la Brnyère	1734
San Pietro d'Ornano .	1561	De Maissiac. . . .	1742
De Ménillon. . . .	1573	Du Revest	1748
Savary de Brêves . .	1605	De Rochemaure . .	1762
Du Mas de Castellane.	1618	De Cabanous . . .	1762
De Mortier	1619	De Fabry	1763 1764
Sanson Napollon . .	1525-1628	De Sade	1764
D'estampes, seigneur		De Forbin	1776
de l'Isle Antry. .	1632	De Bonneval. . . .	1777
Sanson Le Page . .	1634-1637	De Tott	1777
De Mantin	1637	De Vialis.	1777
Du Coquiel	1639	De Martelly. . . .	1778
De Montigny . . .	1640	De Cypières. . . .	1781
De Montmeillan . .	1641	De Vialis	1781
De Rominhac . . .	1659	De Martinenq . . .	1781
De Clerville. . . .	1661	De Bessay	1783
Trubert	1666	De Ligondez . . .	1785
De Martel	1668-1672	De Blachon	1788
De Vivonnne . . .	1668	Venture	1788
D'Alméras	1673	De Senneville . . .	1789
De Gabaret	1675	Brueys	1791
De Tourville . . .	1679	De Missiessy . . .	1791
Duquesne	1680	Gavoty	1792
Hayet.	1681	Rondeau.	1792
De Virelle	1681	Raccord	1793
Dusault	1683	Herculais	1796
De Tourville . . .	1684-1685	Barré.	1797
De Blainville . . .	1686	Demay	1801
Dortières.	1687	Leysségue	1802
Marcel	1689-1690	Hulin.	1802
Dusault	1697	Berge.	1802
Duquesne-Monnier .	1714	Bonaparte (Jérôme) .	1805
Dusault	1719	Troude	1808
D'Andrezel	1724	Boutin	1808
De Granpré. . . .	1724	De Meynard. . . .	1811-1814
De Beaucaire . . .	1724	De Saint-Belin. . .	1814
De Monts	1727	Touffet	1815
De Gencien	1730	De Parseval. . . .	1815
		Raynouard	1816

Jurien de la Gravière. .	1819	Bézard.	1828
Duval d'Ailly. . . .	1819	De la Bretonnière. . .	1829
De Méry.	1822	De Nerciat. . . .	1829
Drouault	1824	De Clairval. . . .	1830
Fleury.	1826	Bézard.	1830
Faure.	1827	De Bourmont. . .	1830
Collet	1827	Duperré. . . .	1830

FIN

Éditions « JEANNE D'ARC », 6, Boulevard Marceau — ORAN.

TABLE DES MATIÈRES

ANNEXES

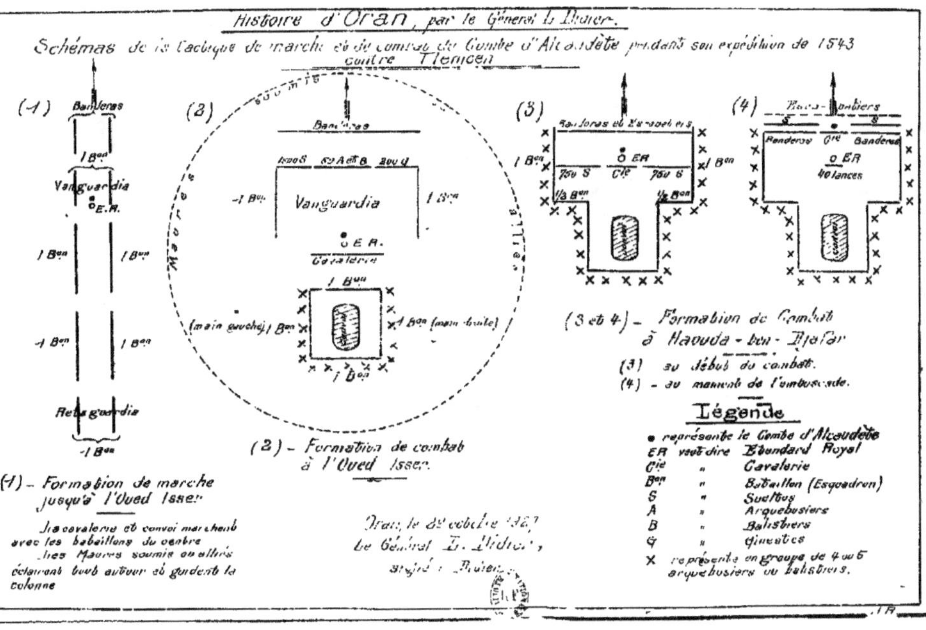

Histoire d'Oran, par le Général L. Didier.
Schémas de la tactique de marche et de combat du Comte d'Alcaudète pendant son expédition de 1543 contre Tlemcen
(1)
Banderas
1 Bon
Vanguardia
O E.R.
1 Bon
1 Bon
1 Bon
1 Bon
Retaguardia
1 Bon
(1) - Formation de marche jusqu'à l'Oued Isser
La cavalerie et convoi marchent avec les bataillons du centre
Les Maures soumis ou alliés éclairent tout autour et gardent la colonne
(2)
Banderas
1500 S   69 A et B   200 G
1 Bon
Vanguardia
1 Bon
O E.R.
Cavalerie
1 Bon
(main gauche) 1 Bon
1 Bon (main droite)
1 Bon
(2) - Formation de combat à l'Oued Isser.
(3)
Banderas et Escopeteros
1 Bon
O ER
Cie
1 Bon
750 S   Cie   750 S
1/2 Bon   1/2 Bon
(4)
Haca-fombiers
S   S
Banderas   Gre   Banderas
O ER
40 lances
(3 et 4) - Formation de Combat à Haouda - ben - Djafar
(3) au début du combat.
(4) - au moment de l'embuscade.
Légende
● représente le Comte d'Alcaudète
ER veut dire   Étendard Royal
Cie   "   Cavalerie
Bon   "   Bataillon (Esquadron)
S   "   Sueltos
A   "   Arquebusiers
B   "   Balistiers
G   "   Ginetes
✗ représente en groupe de 4 ou 5 arquebusiers ou balistiers.